国家哲学社会科学成果文库

NATIONAL ACHIEVEMENTS LIBRARY
OF PHILOSOPHY AND SOCIAL SCIENCES

踌躇的霸权：美国崛起后的身份困惑与秩序追求(1913-1945)

王立新　著

中国社会科学出版社

图书在版编目(CIP)数据

踌躇的霸权：美国崛起后的身份困惑与秩序追求：1913 – 1945 / 王立新著.
—北京：中国社会科学出版社，2015.4（2025.8重印）
（国家哲学社会科学成果文库）
ISBN 978 – 7 – 5161 – 5517 – 2

Ⅰ.①踌…　Ⅱ.①王…　Ⅲ.①美国对外政策—研究—1913 – 1945
Ⅳ.①D871.20

中国版本图书馆 CIP 数据核字（2015）第 026870 号

出 版 人	季为民	
责任编辑	张　湉	
责任校对	李　莉	
责任印制	戴　宽	

出　　版	中国社会科学出版社
社　　址	北京鼓楼西大街甲 158 号
邮　　编	100720
网　　址	http://www.csspw.cn
发 行 部	010 – 84083685
门 市 部	010 – 84029450
经　　销	新华书店及其他书店

印刷装订	北京君升印刷有限公司
版　　次	2015 年 4 月第 1 版
印　　次	2025 年 8 月第 5 次印刷

开　　本	710 × 1000　1/16
印　　张	38.5
字　　数	616 千字
定　　价	128.00 元

凡购买中国社会科学出版社图书，如有质量问题请与本社营销中心联系调换
电话:010 – 84083683

重印说明

　　本书于 2015 年 4 月出版，距今已逾十年。作者利用此次重印的机会，对全书内容进行了校订，纠正了个别讹误，对一些段落的文字进行了润色，其他一切如旧。最后还要特别感谢广大读者对本书的厚爱。

《国家哲学社会科学成果文库》
出版说明

为充分发挥哲学社会科学研究优秀成果和优秀人才的示范带动作用，促进我国哲学社会科学繁荣发展，全国哲学社会科学规划领导小组决定自 2010 年始，设立《国家哲学社会科学成果文库》，每年评审一次。入选成果经过了同行专家严格评审，代表当前相关领域学术研究的前沿水平，体现我国哲学社会科学界的学术创造力，按照"统一标识、统一封面、统一版式、统一标准"的总体要求组织出版。

全国哲学社会科学规划办公室

2011 年 3 月

目　　录

Contents

导　言

1913—1945 年是人类历史上最动荡的时期之一，也是美国对外关系史上的"多事之秋"。在近三十年的时间里，美国两次卷入世界大战，经历了美国历史上空前的经济萧条，动用武装力量对墨西哥、多米尼加和俄国进行干涉。从国家实力与国际地位来看，美国从一个影响力局限于西半球和东亚的地区性大国成长为超级大国和世界领袖，拥有了在全球范围内投射经济和军事实力以及为国际社会制定规则的能力。这一时期，整个世界和国际关系的面貌也由于美国力量的增长和对这一力量的运用而发生了巨大的改变。但是，与美国力量持续增长和国际地位不断提高相对照的却是美国国内社会围绕美国在国际事务中应该扮演何种角色的激烈争论。美国的外交政策以及美国与外部世界的关系也因此经历了剧烈的摇摆：第一次世界大战开始时美国宣布中立，但后来又突然介入，并试图在战后领导世界；但是，美国民众却对世界领袖的角色不感兴趣，参议院拒绝批准《凡尔赛和约》和加入国联；接着是 20 世纪 20 年代共和党政府对国际事务的有限卷入和对集体安全原则的放弃；到 30 年代，极力避免承担任何国际义务并带有隔岸观火性质的孤立主义主导了美国外交政策；而珍珠港事件后美国又开始全面参与世界战争，并在战争即将结束时承担起重建国际秩序和领导世界的责任。这种剧烈的摇摆表明这一时期的美国社会就美国应该在国际社会扮演何种角色、如何处理美国与外部世界的关系以及如何维护和促进美国的安全与利益等问题上严重缺乏共识，其结果就是 1913—1945 年的美国缺乏一以贯之的对外政策和战略。与第一次世界大战前和第二次世界大战后美国具有明确持久的大战略（即孤立主义和遏制苏联）不同，这是美国外交史上少有的战略迷失和"范式失落"时期。

关于 1913—1945 年的美国对外关系，绝大多数美国学者将其划分为三个时期加以研究，即第一次世界大战和战后媾和时期、两次世界大战之间外交和战时外交；或按照总统任期划分为伍德罗·威尔逊的外交（1913—1920）、共和党的外交（1921—1932）和富兰克林·罗斯福的外交（1933—1945）。关于每个时期都有大量著作出版，对各个时期的具体政策、外交人物和重要问题的专题研究更是举不胜举。这种分段研究的方法没有把 1913—1945 年间的美国外交纳入某种连贯的叙事框架中去，实际上是不认为这一时期的美国外交有贯穿始终的主题。[①]

最早把 1913—1945 年间的美国外交政策作为一个整体加以考察的是乔治·凯南。凯南在其 1951 年出版的《美国外交》中提出，从美西战争到第二次世界大战结束期间的美国外交政策反映出美国决策者处理外交与国际问题的"法治主义—道德主义取向"（the legalistic-moralistic approach），即"认为通过接受某种法规和制约的体制有可能抑制国际领域中各国政府一些混乱而危险的想法"，相信可以在道德上对国家行为进行评判，并可以通过司法途径对国家间的纠纷进行调解和判决。凯南把仲裁条约、裁军计划、国际联盟、国际法院、凯洛格公约和联合国都视为这种法治主义—道德主义取向的典型表现，并认为这一取向部分源于美国的国内政治经验，即"试图将适用于个人的盎格鲁–萨克逊式法律观念移植到国际领域，并使之适用于各国政府，正如在美国国内适用于个人那样"。[②] 法治主义—道德主义取向的实质是坚信通过国际法、国际舆论和国际机制，而不是建立均势

[①] 美国学者对 1913—1945 年间美国对外关系史研究状况的梳理也反映出这种分段研究的特点，即将其划分为三个时期分别加以介绍和评述。关于这一时期美国对外关系史研究状况的介绍，可参见 David Steigerwald, "The Reclamation of Woodrow Wilson," Brain McKercher, "Reaching for the Brass Ring: The Recent Historiography of Interwar American Foreign Relations," Justus D. Doenecke, "The United States and the European War, 1939 – 1941: A Historical Review," and Michael A. Barnbart, "The Origins of the Second War in Asia and the Pacific: Synthesi Impossible?" in Michael J. Hogan, *Paths To Power: The Historiography of American Foreign Relations to 1941*, Cambridge, UK: Cambridge University Press, 2000, pp. 148 – 295; Lloyd Ambrosius, "Woodrow Wilson and World War," Justus D. Doenecke, "Recent Exploration Concerning the Interwar Period," and Mark A. Stoler, "World War II," in Robert D. Schulzinger, ed., *A Companion to American Foreign Relations*, Malden, M. A.: Blackwell Pub., 2003。

[②] George F. Kennan, *American Diplomacy*, Chicago: The University of Chicago Press, 1984, pp. 95 – 96.

（balance of power）就能够保障美国的安全和实现世界的和平。凯南称"这一取向像一条红线贯穿于"从美西战争到第二次世界大战结束期间的美国外交政策。①

凯南通过对美西战争、门户开放政策、两次世界大战的考察详细阐释了美国外交中的法治主义—道德主义取向，认为这种取向使美国领导人把战争视为正义与邪恶、民主与专制之战，在两次世界大战中追求全面胜利和无条件投降，其结果就是欧洲均势被打破和苏联对东欧的主宰，美国从"一个极安全的国家……变成了一个极不安全的国家"。② 因此，这种处理外交与国际问题的取向不仅在理论上有一些固有的缺陷，而且还带来了灾难性的后果，必须抛弃。凯南从现实主义立场出发对现代美国外交的阐释和批判是关于第一次世界大战至第二次世界大战时期美国外交史最早的连贯性综合叙事。③

另一位现实主义者汉斯·摩根索也从现实主义出发，对美国建国以来直至第二次世界大战结束的美国外交政策进行了解释。他认为，欧洲通行的"古老观念"是认为"国际政治是一种无休止的权力斗争，各国必须根据权力来界定其国家利益"；而"美国人思想中有一种根深蒂固的幻想，即一个国家如果愿意是可以逃脱权力政治而进入由道德原则而不是权力考虑指导行动的领域"。这两种截然对立的观念自建国以来一直相互争斗，其结果就是美国历史上曾出现三种类型的外交：联邦政府建立最初十年的现实主义外交（the realistic type of American foreign policy），美国无论是思想还是行动都以权力为标准，代表人物是亚历山大·汉密尔顿；19 世纪初到美西战争之间的意识形态外交（the ideological type），这种外交在思想上以道德原则为标准，行动上以权力为标准，代表人物是托马斯·杰斐逊和约翰·

---

① George F. Kennan, *American Diplomacy*, Chicago: The University of Chicago Press, 1984, p. 95.

② Ibid. , p. 3.

③ 诺曼·格里伯纳发展了凯南的命题，认为自威尔逊以后的美国领导人追求普世的法律和道德等乌托邦目标，而没有认真考虑实现这些目标所需要的实力。他主张美国应该将其对外政策建立在清晰的国家利益基础上，认识到武力在国际关系中的作用，通过维持均势防止国家间冲突的发生。Norman A. Graebner, *America as a World Power: A Realist Appraisal from Wilson to Reagan*, Wilmington, Del. : Scholarly Resources Inc. , 1984.

昆西·亚当斯,特别是亚当斯,在思想和言辞上是一个政治道德主义者,在政治上则是一个现实主义者;美西战争后半个世纪的道德主义外交(the moralistic type),这一时期美国领导人无论在思想上还是行为上都以道德原则为标准,道德原则不再像第二个时期那样被用来论证国家利益的正当性,而是"取代国家利益成为行动的指南"。摩根索认为无论是孤立主义还是国际主义都忽视了国际政治是权力政治这一现实,把战争变成一种道德讨伐,追求全面胜利,而不是作为建立新均势的政治手段,因此都是乌托邦;而不相信均势思想的国务活动家们就像不相信万有引力定律的科学家一样,其后果就是"发现自己面对一个新的更加可怕的安全威胁"。他将第三个时期称为"乌托邦时期"。①

面对冷战初期现实主义者对美国外交政策的批评,最早从事美国外交史研究的历史学家塞缪尔·比米斯(Samuel Bemis)和德克斯特·珀金斯(Dexter Perkins)等人则竭力为美国外交政策辩护。他们辩称,美国外交政策并没有像现实主义者批评的那样幼稚地忽视国家利益和权力政治,而是把国家利益考量与支持自决和民主的理想主义目标很好地融合在一起,既保卫了美国的安全和利益,又促进了自由和民主的理想,因而在大部分历史时期都是非常成功的。这种以歌颂为主调的美国外交史叙事被称为民族主义史学(Nationalist School)。珀金斯指出,美国对外关系虽然贯穿着一些普遍的道德观念,如"民主是最好的政府形式,具有普遍的适用性,侵略是不道德的,国家应该根据伦理原则行事"等,但美国的国民性格中又存在"强烈的讲求实际的倾向"。② 他认为从整体上,美国外交"在应对现实世界方面足够现实(sufficiently realistic),同时又足够理想(sufficiently idealistic),从美国的理想主义中获取巨大力量"。美国外交"不仅很好地适应并实际表达了美国的气质,而且还反映了更广大的联合起来的各国人民的愿望",③ "在追求和实现其主要目标上,美国外交从整体上看一直都惊人

---

① Hans Morgenthau, *In Defense of the National Interest: A Critical Examination of American Foreign Policy*, New York: Alfred A. Knopf, 1951, pp. 13 – 14, 33.

② Dexter Perkins, *Foreign Policy and the American Spirit*, Ithaca: Cornell University Press, 1957, p. 9.

③ Ibid. , p. 15.

地成功"。① 珀金斯赞扬美国在世界政治中的作用是积极的，深以美国对外
政策为荣。比米斯虽然认为美国历史上的对外政策不无失误，但他坚决反
对美国过分的"自我批评"（self-criticism），认为过分的"自我批评"和
"自我审视"（self-study）会使一个民族意志衰弱。他声称在历史上，"自由
为美国的重大活动奠定了基调"，美国应该为其悠久的传统而感到自豪。他
引用肯尼迪总统在就职演说中的话为美国外交政策辩护，称"为了确保自
由的生存和成功，我们不惜付出任何代价，承受一切负担，迎接任何困苦，
支持任何朋友，反对一切敌人"。② 比米斯把美国外交史划分为五个阶段：
美国革命前欧洲国家体系（state system）得以产生的三个世纪；1773—
1823 年间急风暴雨般的革命与解放时代；1815 年后近一个世纪的孤立与安
全；19 世纪末出现的作为 20 世纪历次世界大战前奏的权力与政治新图景；
以迅速变化的原子时代为开端的冷战。③ 他认为，三个新兴的世界性大国，
即德国、美国和日本的突然出现带来的地缘政治方面的变化结束了美国
"幸福的孤立时代"。第一次世界大战爆发时，除了艾尔弗雷德·马汉（Al-
fred T. Mahan）和西奥多·罗斯福等少数美国人认识到德国战胜英国将打破
世界力量的平衡并对美国产生影响外，包括威尔逊总统在内的大多数美国
人都认为这场战争与美国无关，因而选择了中立，但是德国的无限制潜艇
战打破了美国的中立，使美国被迫参战。美国在第一次世界大战中战胜德
国的真正价值在于暂时维护了建立在大西洋世界均势基础上的"自由的赐
福"（Blessings of Liberty），调整了与日本的关系，从而为维护太平洋地区
的均势提供了可能性。第一次世界大战后，由于没有来自海外的危险威胁
美国安全，共和党政府又回到了华盛顿和门罗时期的对外政策。而美国在
第二次世界大战中对抗德国和日本是维护美国自由所必需，如果德国和日
本胜利，美国就不可能作为一个享有"自由赐福"的民族生存下去。他认
为，罗斯福在第二次世界大战中的重大失误不在于其为了维护美国的自由
而抛弃中立政策，加入全球战争，而是天真地以为美国能与苏联合作，而

---

① Dexter Perkins, *Foreign Policy and the American Spirit*, Ithaca: Cornell University Press, 1957, p. 174.

② Samuel Flagg Bemis, "American Foreign Policy and the Blessings of Liberty," *American Historical Review*, Vol. 67, No. 2, Jan. 1962, pp. 304, 305.

③ Ibid. , p. 293.

实际上苏联并不需要这种合作。① 关于美国外交的这一民族主义叙事是对美国外交史的最早研究,其有关美国外交是现实主义和理想主义相结合的观点主导了绝大部分美国历史教科书。

威廉·威廉斯在其1959年出版的划时代著作《美国外交的悲剧》中提出著名的"门户开放帝国主义"命题,并以此解释美西战争后的美国外交政策。他认为,自19世纪末以来,美国人具有一种"坚定的,甚至是教条式的信念:美国国内的繁荣依赖于可持续的、不断增长的海外经济扩张",因此必须打破各国的封闭状态,让整个世界对美国开放。② 在这种"门户开放意识形态"的指导下,自麦金莱至艾森豪威尔的历届政府都被一种以开拓海外市场为目标的经济帝国主义动力所驱使,从这个意义上说,"门户开放照会的历史就是美国对外关系史"。③ 威廉斯以此来解释两次世界大战期间的美国外交,他认为无论是威尔逊还是罗斯福,抑或是20世纪20年代的共和党政府都寻求海外经济扩张,致力于为银行家和企业家服务。不同时期美国帝国主义的形式或许有所不同,但动机都是相同的,即扩大海外市场,其结果就是美国对其他国家的经济和文化控制,美国成为一个"无形帝国"(informal empire)。在威廉斯看来,威尔逊之所以鼓吹美国加入国联不是为了"让民主在世界上享有安全"(make the world safe for democracy),而是因为国联所代表的集体安全体系可以让门户开放政策在世界上享有安全(keep the world safe for Open Door Policy),国联的支持者和反对者其实都把门户开放政策作为美国外交战略,国联之争"实际上是一场围绕如何贯彻这一战略计划的策略和方式之争"。④ 而两次世界大战之间的孤立主义外交也不过是一个神话,美国在20世纪二三十年代奉行的并不是孤立主义政策,而是扩张主义政策,在经济领域更是如此。美国卷入第二次世界大战也是因为日本和德国的扩张威胁了美国的门户开放原则,因此美国参

---

① Samuel Flagg Bemis, "American Foreign Policy and the Blessings of Liberty," *American Historical Review*, Vol. 67, No. 2, Jan. 1962, pp. 298 – 300.

② William A. Williams, *The Tragedy of American Diplomacy*, New York: W. W. Norton & Company, Inc., 2009, p. 15.

③ William A. Williams, *The Tragedy of American Diplomacy*, New York and Cleveland: The World Publishing Company, 1959, pp. 39 – 40.

④ Williams, *The Tragedy of American Diplomacy*, 2009, pp. 110 – 111.

加第二次世界大战实质上是参加一场"保卫美国（商业）边疆的战争"。威廉斯认为第一次世界大战后美国对世界各地的政策都是在门户开放战略框架内制定的。他说：

> 在每一种情况下，美国的主要动机都是推行门户开放政策。在每一个事件上，美国目标都是获取美国工业品出口市场、美国工厂所需的原料，以及通过建立工厂和其他企业直接参与其他国家经济生活的权利。这种经济扩张使美国对当地的政治和经济决策产生了越来越大的影响，制造了进一步渗透的基础，并最终赋予了该地区以军事上的意义。①

威廉斯对美国外交政策的解释构成了美国外交史研究中的"修正派"史学（revisionist history）或新左派史学（New Left history），被视为对美国外交史的激进解释。瓦尔特·拉菲伯在其《美国时代》中发展了威廉斯的观点，在强调美国商业扩展的同时，也注意到总统权力的扩大以及美国对民主的渴望与推动市场资本主义之间的矛盾和冲突。②

迈克尔·霍根（Michael Hogan）等人延续了新左派外交史学家关注国内社会与外交政策关联性的思路，提出了解释 20 世纪上半期美国外交政策的新范式，即"合作主义"（corporatism，一译"法团主义"），也被称为"合作主义综合"（corporatist synthesis）。合作主义范式认为：至少自第一次世界大战以来，美国外交的一个显著特点是，美国工业、商业、农业和劳工界在向外扩张方面同政府密切配合。美国外交政策是政府同这些利益集团妥协与合作的产物。合作主义范式侧重于研究内政对外交的影响，但与以威廉斯为代表的"新左派"史学不同，不认为联邦政府仅仅是资本家的代言人，而认为两者并重、密切合作，共同制定美国的对外政策和推进美国的海外利益。合作主义范式还认为，影响决策的利益集团不仅是大企业，还包括其他有组织的团体，如劳工和农场主组织等。

---

① Williams, *The Tragedy of American Diplomacy*, 1959, p. 114.

② Walter LaFeber, *The American Age: U. S. Foreign Policy at Home and Abroad since 1750*, New York: Norton, 1994.

合作主义范式的重点是解释美国外交政策的形成过程,相关著作多是一些专题研究,①并没有把这一时期美国对外关系纳入统一的主题中进行考察。

1993年,著名历史学家入江昭出版了《剑桥美国对外关系史》第三卷。这是目前仅见的唯一一部以1913—1945年间美国对外关系为题材的外交史著作。入江昭教授在一个全球化的时代,从国际史的视角重新审视了从第一次世界大战到第二次世界大战的美国对外关系史,将这一时期美国对外关系的主题确定为"美国的全球化进程","突出分析了美国稳步地走向全球化,即卷入世界各地的安全、经济和文化事务的方式"。②作者叙述了1917年以后美国作为世界强国的崛起,20世纪20年代美国在经济、安全和文化三个领域对世界事务的参与以及政府和民间组织对和平的追求,30年代美国对民族主义和单边主义的热衷,以及从珍珠港事件开始美国在军事、经济和政治方面全面卷入世界各地的过程。入江昭认为,到第二次世界大战结束的时候,美国的全球化实际上已经实现,美国成为世界领袖。作者把美国的全球化和全球美国化视为同一进程的两个方面,提供了一个关于美国全球化进程的故事,可以视为关于1913—1945年美国对外关系史的国际主义叙事。

弗兰克·宁科维奇在其1999年出版的《威尔逊世纪:1900年以来的美国外交政策》③一书中摒弃以权力和利益为基础来解释美国外交政策的传统

---

①　Carl Parrini, *Heir to Empire: U. S. Economic Diplomacy, 1916 - 1923*, Pittsburg: University of Pittsburg Press, 1969; Michael Hogan, *Informal Entente: The Private Structure of Cooperation in Anglo-American Economic Diplomacy, 1918 - 1928*, 1977; Melvyn Leffler, *The Elusive Quest: America's Pursuit of Europe Stability and French Security, 1919 - 1933*, Columbia, MO: University of Missouri Press, 1979; Emily Rosenberg, *Exporting American Dream: American Economic and Cultural Expansion, 1890 - 1945*, New York: Hill and Wang, 1982; Frank Costigliola, *Awkward Dominion: American Political, Economic, and Cultural Relations with Europe, 1919 - 1933*, Ithaca and London: Cornell University Press, 1984.

②　Akira Iriye, *The Cambridge History of American Foreign Relations*, Vol. 3, The Globalizing of America, Cambridge, U. K.: Cambridge University Press, 1993, p. xi.

③　Frank A. Ninkovich, *The Wilsonian Century: U. S. Foreign Policy since 1900*, Chicago: University of Chicago Press, 1999.

范式，从文化和意识形态视角对 20 世纪的美国外交史重新进行了阐释。宁科维奇从后现代主义立场出发，认为根本就不存在客观的国家利益，国家利益是通过观念或意识形态建构出来的。在他看来，20 世纪美国外交史上交替出现了共和党的"常规"国际主义和威尔逊的"危机"国际主义意识形态。"常规"国际主义（"normal" internationalism）是指政治上的孤立主义与商业和民间的跨国交往相结合的观念，"危机"国际主义（"crisis" internationalism）则指在出现全球战争或战争危险时美国需要实施全球干涉的思想。他认为威尔逊的"危机"国际主义对两次世界大战和冷战是非常合适的，而和平时期的美国外交政策则受"常规"国际主义主导。国际主义出现于 20 世纪初期，这种国际观念反对大国之间的权力争夺，认为全球合作和商业扩张是实现和平与繁荣的基础，崇尚民主和市场资本主义。威廉·塔夫脱的"金元外交"就是这种常规国际主义的体现。但是第一次世界大战的爆发威胁了常规国际主义所设想的世界，在这种情况下威尔逊提出了"危机"国际主义，威尔逊相信只有建立有组织的集体安全体系和促进民主才能防止未来的冲突。但是参议院拒绝了国联，实际上也就拒绝了威尔逊的"危机"国际主义。在 20 世纪 20 年代和 30 年代的大部分时间里，美国回到 20 世纪初期的"常规"国际主义，而欧亚战争的爆发和后来的冷战又打破了"常规"国际主义的设想，罗斯福在第二次世界大战爆发后开始鼓吹一种修改了的威尔逊世界观，这种修改了的"危机"国际主义持续到冷战时代。苏联解体后，美国又回到了"常规"国际主义。宁科维奇认为，20 世纪是一个危机与战争的时期，威尔逊的"危机"国际主义在冷战时期实现了常规化（normalization），对 20 世纪美国外交政策具有主导性的影响，因此 20 世纪实际上是美国对外关系史上的"威尔逊世纪"。

以上关于 1913—1945 年美国对外关系史的叙述，无论是现实主义批判、新左派（修正派）史学、合作主义范式，还是国际主义叙事以及文化与意识形态解释都反映了这一时期美国对外关系的某些侧面，并与这些叙事各自所产生的时代背景和作者的现实关怀密切相关。

本书则试图从中国学者的现实关怀出发，从一个新的视角，对 1913—1945 年间的美国对外关系史进行解释，认为这一时期美国对外关系的主题是崛起后的美国如何追求新的国家身份与国际秩序。就像个人会在成年过程中面临身份困惑和对现存社会规范的认同危机一样,美国在成长为世界大国和全球领袖过程中也面临相似的问题。到 19 世纪 90 年代,美国已经成为世界第一大经济体,从这一时期起,美国的一些政治和知识精英就开始探讨崛起后的美国在国际社会中的新角色和新身份。美国社会关于国家身份与国际角色的争论主要集中在两个方面:一是崛起的美国究竟在国际事务中应该扮演一个道德的角色,成为促进民主和繁荣的力量,还是效仿欧洲,成为一个像英、法、德那样赤裸裸地追求海外殖民地和扩充国家实力的帝国;二是崛起后的美国要不要积极参与(欧洲)国际政治,承担起领导世界的责任,以维护美国的利益。关于第一个方面的困惑在威尔逊时期大体上即得以解决,美国不应该,也不会成为英、法、德那样的帝国;而关于第二个方面的争论直到第二次世界大战结束后才最终平息。1919—1920 年间的国联大辩论以及珍珠港事件前孤立主义者和国际主义者的外交大辩论都反映出美国社会在国家身份与国际角色方面的巨大困惑与深刻分歧。而国家身份和国际角色问题又与国际秩序问题紧密联系在一起。已经成长为大国的美国如何处理与现存国际秩序的关系,是接受国际社会既有的规范和准则,完成在国际社会内部的"社会化",还是运用自己的力量重塑现存的国际规范,实现国际秩序的"美国化"?实际上,从 1898 年起,美国的国际角色以及美国与国际(欧洲)秩序的关系就成为美国处理对外关系时面临的难题。当第一次世界大战导致欧洲"旧秩序"倾覆之后,如何处理这一问题成为摆在美国人面前的迫切任务。两次世界大战期间的美国历届政府都追求在国际关系中贯彻美国的原则,试图通过国际秩序的"美国化"来维护美国的安全和利益。这一目标在第二次世界大战结束时伴随自由国际主义秩序的建立基本得以实现。

本书即把 1913—1945 年的美国对外关系视为解决国家身份困惑与追求国际新秩序的过程。笔者在兼顾这一时期的重大国际事件和外交政策的同时,将主要考察美国在 20 世纪初崛起为世界强国之后,如何思考和界定自己的国家身份和国际角色,如何运用自己强大的经济、文化和军事实力推行美国版的国际秩序,以此来服务于美国的国家利益。

21 世纪初期的中国实际上与美国在 20 世纪初期面临着相同的问题。英国历史学家克里斯托弗·希尔(Christopher Hill)曾言:"每一代人都需要重新书写历史，因为尽管过去不会发生改变，但现实是不断变化的，每一代人都要对过去提出新问题，发现（与现在）相似的新领域，再现先辈经历的不同侧面。"① 希尔的话虽然是就书写本国历史而言，但对研究外国历史的史学家而言大体也是适用的。正是基于这种理解，本书试图对 1913—1945 年间的美国对外关系进行重新阐释，通过考察美国追求国家身份与国际秩序的过程来为中国思考和解决崛起过程中的身份困惑和秩序忧虑提供某种参照。

近年来，美国对外关系史研究出现了文化转向和国际化的潮流，学者们越来越关注文化与意识形态对美国外交政策的影响以及非国家行为体的作用。本书书名中的"美国"不仅指联邦政府，还包括美国的非政府组织和民间团体等非国家行为体。笔者在主要叙述美国政府的外交政策和行动之外，还将阐述非国家行为体对美国外交的影响和国际秩序的贡献，以及美国文化的全球传播；在探究美国外交政策根源时也将特别重视意识形态和观念因素的作用。

作为一部通论性的著作，本书不打算将这一时期美国对外关系史的所有事件都纳入其中进行详细的阐述。由于许多史实对中国读者来说相当熟悉，相关著作数不胜数，再不分巨细地重建史实和描述事件已无必要。更重要的是，任何对历史的再现都是对过去的一种选择性重建，而选择什么、丢弃什么实际上都与重建者也就是历史学家的观念、眼光、视野和关切有关，随着史学观念的变化，原来被忽视的人类经验会被赋予重要意义，而过去被津津乐道的重大事件则会从历史学家的视野中消失，所谓"全史"其实并不存在。本书将从国家身份与国际秩序的视角审视这一时期美国对外关系史上的政策、人物和事件，挖掘和重建过去被埋没的美国跨国经历，并据此选择材料、排列史实、讲述故事和揭示意义。历史学与自然科学不同，并不存在对历史现象唯一正确的解释，纷繁复杂的人类过去提供的是一个包含各种不同叙事路径的菜单，历史学家在这个菜单中如何选择取决于诸多因素，包括个人偏好、价值信仰、现实关怀、当前事态乃至政治需

---

① Christopher Hill, *The World Turned Upside Down: Radical Ideas during the English Revolution*, London: Penguin Books, 1975, p. 15.

要和偶然事件,而一个好的叙事在于能够提出关于过去的有意义的问题并通过清晰连贯的故事圆满地回答这一问题。当然,本书能否纳入好的叙事之列,还需要读者去评判。

序　章
19 世纪末美国的崛起与身份困惑

　　自美国建国后的 100 多年时间里，美国人在国家身份和国际角色问题上具有高度共识。美国是与腐败、专制和充满压迫的欧洲截然不同的新国度，是代表美德、自由和平等的共和国，是那些在欧洲遭受宗教迫害和政治压迫的人们的"避难所"。① 由欧洲君主国家主导的国际政治是险恶的，卷入国际政治会把美国的"命运与欧洲任何地区的命运交织在一起"，从而把美国的"和平与繁荣陷入欧洲的野心、竞争、利益、好恶和反复无常的罗网里去"。② 美国扮演的国际角色是避免卷入外国（欧洲）事务，与国际政治保持距离，而专心致志地在北美进行伟大的共和试验，成为自由的榜样，让世人去仰望和效仿。乔治·华盛顿在告别词中告诫国人"要与所有国家和平与和睦地相处"，"为人类树立一个高尚的、崭新的，始终由崇高的正义和仁爱指引的民族的榜样"，而不要"卷入变化无常的欧洲政治中去"。③ 托马斯·杰斐逊在第一任就职演说中也提出美国的政策是"与所有国家和平相处、开展贸易和保持真诚的友谊，但不与任何国家结成纠缠不清的联盟（entangling alliance）"。④ 华盛顿和杰斐逊等人提出的外交思想成

---

　　① 托马斯·潘恩在《常识》中详细勾画了美国这个即将出现的新国家的避难所形象。参见托马斯·潘恩《潘恩选集》，马清槐等译，商务印书馆 1982 年版，第 22—23、37 页。

　　② Washington's Farewell Address, Sept. 17, 1796, Henry S. Commager, *Documents of American History*, New York：Appleton-Century-Crofts, Inc., 1958, Vol. 1, p. 174.

　　③ Ibid. .

　　④ Jefferson's First Inaugural Address, Mar. 4, 1801, Commager, *Documents of American History*, Vol. 1, p. 188.

为所谓的"伟大准则"(the great rule),为后来的美国政府所奉行。国务卿约翰·昆西·亚当斯(John Quincy Adams)在 1821 年 7 月 4 日独立日演说中的一段话被普遍认为反映了那个时代美国人对美国国家身份与国际角色的定位:

> 美国不要到国外去寻找恶魔加以消灭,她真诚希望所有人都获得自由和独立。她将只是自身自由与独立的捍卫者和支持者。她将通过声援的方式和树立典范表现出仁爱的同情来支持这一普遍的事业。她清楚地知道,一旦自己投入到其他国家而不是自己国家的旗帜之下,即使这是争取独立的旗帜,那么她就会卷入因争夺利益、阴谋以及个人的贪婪、忌妒和野心而导致的、却以自由的名义或盗用自由的标准而进行的战争之中,并失去拯救其他国家的力量。……她可能会成为世界的独裁女王并失去自己的精神。①

也就是说,美国恰当的国际角色是"自由的灯塔"和共和的"典范",而不是卷入国际事务中去维护"正义"或充当其他国家权利的"捍卫者"。在早期的美国精英们看来,把美国建成一个"榜样"和自由的"避难所"就是对人类自由事业的贡献。富兰克林曾说过,"在美国为热爱自由的人们准备一个避难所的前景就会使人们普遍感到欣喜",② 而为了阻止人民大量移居美洲,欧洲的专制君主们"必须放松对人民的控制,给人民以更多的自由",因此美国人"在捍卫我们自己的自由的时候也是在为他们的自由而战","我们(美国)的事业是整个人类的事业"。③

---

① Walter LaFeber, ed. , *John Quincy Adams and American Continental Empire*: *Letters, Papers and Speeches*, Chicago: Quadrangle Books, Inc. , 1965, p. 45.

② Franklin and Deane to Committee of Secret Correspondence, Mar. 12, 1777, Francis Wharton, ed. , *The Revolutionary Diplomatic Correspondence of the United States*, Washington, D. C. : Government Printing Office, 1889, Vol. 2, p. 287, http: //memory. loc. gon/cgi-bin/ampage. (2008 年 12 月 7 日获取)

③ Franklin to Samuel Cooper, May 1, 1777, Wharton, ed. , *The Revolutionary Diplomatic Correspondence of the United States*, Vol. 2, p. 313, http: //memory. loc. gon/cgi-bin/ampage. (2008 年 12 月 7 日获取)

从建国到 19 世纪末，华盛顿和亚当斯等人的思想一直主导着美国人对自己国家特性与国际角色的理解：美国是与欧洲截然不同的共和国，美国的恰当角色是充当人类的榜样，提供不同于欧洲的另一种道路，供世人效仿，而不是卷入国际政治或试图改变世界。

美国的这一角色认知既源于自殖民地时代逐渐形成的身份意识、政治文化和社会心理，也与美国自身实力弱小有关，在一定意义上可以视为弱国的明智选择。但是，到了 19 世纪末期，美国已经崛起为具有世界影响力的"大国"。在那个时代，"大国"的标志通常包括广袤的国土、众多的人口和强大的工业能力。1890 年，美国人口从 1790 年的 400 万增至 6300 万；领土面积从 90 万平方英里增至 360 万平方英里；而工业实力远远超过其他国家，居世界首位。① 先进的工业技术、大量外来资本的引进、世界各地千百万移民的涌入、大公司的崛起都成为美国实力的保障。从 1860 年到 1914 年，美国的出口贸易总额增加了 7 倍。② 早在 1872 年，美国的国内生产总值（GDP）就开始超过英国。到 1898 年，美国的经济总量已经把英、德、法三国远远地甩在后面。1918 年，美国的 GDP 比紧随其后的英、德、法三国的总和还要多得多。

1872—1918 年欧美主要国家 GDP

（按 1990 年美元币值计算，单位：亿美元）③

年份	美国	英国	德国	法国
1872	1063.60	1057.95	766.58	783.13
1890	2147.14	1502.69	1155.81	950.74
1898	2788.69	1787.96	1502.31	1116.90
1913	5173.83	2246.18	2373.32	1444.89
1918	5939.56	2542.68	1946.12	923.28

① 参见 John C. Chalberg, *Isolationism: Opposing Viewpoints*, San Diego, California: Greenhaven Press, 1995, p. 29。

② David Ryan, *U. S. Foreign Policy in World History*, London and New York: Routledge, 2000, p. 82.

③ Augus Maddison, *The World Economy*, Vol. 2, Historical Statistics, Paris: Development Centre of the Organization for Economic Cooperation and Development, 2006, pp. 426 – 427, 462 – 463.

随着美国经济实力增长,美国国际影响力得到迅速提高。1898 年,美国向西班牙宣战,占领了菲律宾和波多黎各,使古巴沦为美国的保护国,美西战争使美国成为与欧洲列强相匹敌的帝国主义国家。1914 年 8 月,巴拿马运河开通,美国先后在菲律宾、古巴和波多黎各建立了海军基地。除了英、法、荷属圭亚那和英属洪都拉斯以及欧洲列强控制的几个加勒比海小岛外,欧洲在西半球的影响差不多被排挤出去。到 20 世纪初,美国已经崛起为世界强国,在经济和政治上控制了中美洲和加勒比地区,成为西半球无可争议的霸主,并加入远东地区的权力角逐之中。

因此,当 20 世纪到来的时候,在从加勒比到中国的广大地区,人们已经感受到了美国力量的存在,而当时美国总统西奥多·罗斯福更是以其粗犷、尚武、傲慢的牛仔个性和咄咄逼人的大棒外交让整个世界体会到美国的崛起,罗斯福本人也成为日益膨胀的美国力量的代表。面对美国的崛起,欧洲,乃至整个世界开始忧虑美国的崛起究竟意味着什么,强大的美国究竟要在世界舞台上扮演何种角色。英国首相威廉·格莱斯顿(William E. Gladstone)忧心忡忡地说:对于英国人来说,最大的问题"不是美国未来将会成为什么样的生产者,而是成为什么样的人?这个将要成为世界历史舞台上最大而且最强的大人物将会如何使用其力量?它会具有与其物质力量相匹配的道德生活吗?"①

不仅世界各国领导人在关注美国未来的外交政策走向,美国一些精英人士也开始重新思考美国的国际角色以及美国与外部世界的关系:美国还继续保持传统的孤立主义,对欧洲事务不闻不问吗?特别是面对欧洲和日本在世界范围内进行帝国扩张的国际"时尚",美国要不要加入争夺海外殖民地的行列?实力的增强和形势的变化是否要求美国扮演一种不同的国际角色?

1898 年 3 月 2 日,卸任不久的国务卿理查德·奥尔尼(Richard Olney)在哈佛大学发表题为《美国的国际孤立》的演讲,主张美国应该抛弃华盛顿的"伟大准则",扮演与大国地位相称的国际角色。他引用华盛顿的话论

---

① William T. Stead, *The Americanization of the World or the Trend of the Twentieth Century*, New York and London: Horace Markley, 1902, p. 440.

证说，华盛顿提出孤立原则是因为美国当时"年轻而弱小"，应该利用自己"遥远而隔离的地理位置"避免卷入欧洲的纷争之中，以便为自己"赢得时间"，来"建立和完善自己的制度，毫无干扰地积累足以让美国能掌握自己命运的实力和毅力"。而现在，在奥尔尼看来，"美国已经赢得了时间……它不再虚弱无力，也不再缺少掌握自己命运的能力"，"因此，（华盛顿）告别演说的准则不再适用于目前的形势"，美国不能继续奉行"孤立"的原则，满足于充当"榜样"，"逃避大国应该承担的和崇高地位赋予（美国）的责任"。① 奥尔尼称：

> 这个国家有必要认识到形势已经发生变化，自己在世界列强中享有极高的地位。它应该接受属于它的优越地位，既享受好处，也承担这种地位带来的责任。……这个国家的使命（如果它有的话，我确信它有）不仅仅是做出榜样，还应该行动。②

那么美国应该如何去行动呢？什么是美国应该扮演的大国角色呢？以共和党总统威廉·麦金莱（William Mckinley）、助理海军部长（后来担任麦金莱的副总统）西奥多·罗斯福（Theodore Roosevelt）、参议员亨利·卡波特·洛奇（Henry Cabot Lodge）和艾伯特·J. 贝弗里奇（Albert J. Beveridge）为代表的"帝国主义者"主张，美国应该建立强大的海军，攫取海外殖民地，把美国建成像英法那样强大的帝国。1895 年 3 月，洛奇在参议院演讲中称，"现代的潮流就是人口和土地向大国集中"，"伟大的民族为了未来的扩张和目前防务的需要正在迅速地兼并地球上未开发的地区"，而"小国属于过去，没有未来"，"作为世界上的伟大国家之一，合众国决不能在前进中落伍"。③ 1898 年 4 月，贝弗里奇在演讲中也宣称，"同英国一样，我们要在全世界设立贸易站，我们要让我们的商船队驶向各

---

① Richard Olney, "International Isolation of the United States," *Atlantic Monthly*, Vol. 81, No. 487, May 1898, pp. 581, 582, 587.

② Ibid., p. 587.

③ Henry Cabot Lodge, "Our Blundering Foreign Policy," Richard Hofstadter, ed., *Great Issues in American History: A Documentary Record*, New York: Vintage Books, 1958, p. 191.

大洋,我们要建立一支与我们伟大国家相匹配的海军,广大的殖民地将在我们的贸易站周围发展起来,美国的法律、美国的秩序、美国的文明和美国的国旗将在血腥与黑暗的地方扎下根来"①。正是在这一思想影响下,美国占领了菲律宾,加入 19 世纪末帝国主义国家对海外殖民地的争夺,成为一个名副其实的殖民帝国。

1901 年 9 月 5 日,麦金莱总统在纽约州布法罗泛美博览会上发表演讲,讨论美国在世界上应该扮演的新角色。他对大约 5 万名听众说:交通和通信技术已经使世界变为一体,"整个基督教世界阅读的是同一条重要的新闻,只不过以不同的语言";而现代高速远洋客轮也使距离变得不再重要,大西洋不再把北美和欧洲分开,"上帝和人类已经把各国连接在一起,没有国家能够继续对其他国家漠不关心"。其结论是"孤立不再是可能的,也不再是可取的",孤立主义时代已经结束了,美国应该以自己的巨大财富去帮助那些不幸的国家。②

9 月 6 日,麦金莱被暗杀,西奥多·罗斯福接任总统。罗斯福与麦金莱有同样的认识,认为美国应结束孤立状态,积极参与国际事务,承担国际责任。1902 年他在致国会的咨文中称:"(国家间)相互依赖的加深和国际政治、经济事务的复杂性越来越使文明、有序的大国有责任对世界进行适当的管理。"③ 罗斯福认为,在这样的一个危险的世界里,和平不是源自人类的善良和道德自律而是均势,安全依赖于自身的实力而不是其他国家的善意,因此美国应该壮大自己的力量,特别是在英国海军逐渐失去优势地位的形势下,美国应该建立世界一流的强大海军,让自己成为影响全球战略均势的重要力量。在西半球,罗斯福通过建造和控制巴拿马运河以及提出对门罗主义的"推论",实施了对加勒比和中美洲的干涉和控制。对欧洲,他加

---

① Albert J. Beveridge, "The Role of Trade," Apr. 27, 1898, Richard W. Leopold and Arthur S. Link, eds., *Problems in American History*, New York: Prentice-Hall, Inc., 1952, p. 601.

② President McKinley's Last Public Utterance to the People in Buffalo, New York, Sept. 5, 1901, in John Woolley and Gerhard Peters, eds., *The Papers of Presidents* (American Presidency Project at the University of California, Santa Barbara), http://www.presidency.ucsb.edu/ws/index.php? pid = 69326&st = &st1 = #axzz1XEXgQPiD. (2011 年 9 月 6 日获取)

③ Theodore Roosevelt's Second Annual Message, Dec. 2, 1902, http://www.presidency.ucsb.edu/ws/index.php? pid =29543#axzz1WxwYgNFX. (2011 年 9 月 4 日获取)

强英美协调，调解法德关于摩洛哥的纷争，帮助启动 1907 年的第二次海牙和平会议。在远东，罗斯福调解日俄战争，以维护远东的均势。

无论是麦金莱还是罗斯福都试图使美国外交服膺欧洲的传统，使现代美国外交"传统化"（traditionalizing）。① 这里的"服膺欧洲的传统"或"传统化"有两层含义：一是指罗斯福等人的均势外交和对实力（特别是军事实力）的追求与传统的欧洲外交非常类似，与美国建国后要充当人类自由的典范和不参与欧洲事务的孤立主义外交是不一样的；二是指罗斯福时期，美国的外交决策权越来越向总统和行政分支集中，与此前国会与总统分享外交权力大不相同，美国的外交决策机制也越来越向欧洲靠拢。总之，罗斯福把美国视为一个与欧洲大国一样的国家，试图让美国加入"帝国俱乐部"，成为欧洲列强那样的帝国，按照欧洲大国的行为方式来行事，让美国外交"欧洲化"，其外交集中体现出欧洲帝国主义外交"三位一体"的特性：强权政治、经济扩张和种族主义意识形态。在罗斯福看来，美国与其他大国的共性使美国必须卷入国际事务并像其他大国那样在全球权力政治和维护全球战略均势中扮演大国的角色。

但是，很多美国人并不接受罗斯福的外交风格，他们认为美国不是一个"普通的"（normal）大国，而是一个例外的、独一无二的国家。多数美国人仍然不大情愿卷入国际政治，对罗斯福等帝国主义者奉行的对外政策和对帝国身份的追求表示强烈反对。"反帝国主义者"提出，兼并海外领土的帝国主义政策是对美国立国原则和国家特性的背叛。著名的"反帝国主义者"、民主党领袖威廉·詹宁斯·布赖恩谴责这些帝国主义者正在试图"效仿欧洲帝国"，接受"欧洲观念"（European idea），引进"君主制"的原则。② 另一位著名的"反帝国主义者"、共和党参议员乔治·霍尔（George Hoar）则批评帝国主义者的政策将使美国"从一个建立在《独立宣

---

① "传统化"的提法来自美国历史学家弗兰克·宁科维奇。参见 Frank Ninkovich，"Theodore Roosevelt: Civilization as Ideology,"*Diplomatic History*，Vol. 10，No. 3，Summer 1986，p. 222。

② William J. Bryan，"Imperialism," Speech Delivered at Indianapolis in Response to the Committee Appointed to Notify Him of His Nomination to the Presidency，Aug. 8，1900，in Philip S. Foner and Richard C. Winchester, eds. ，*The Anti-Imperialist Reader: A Documentary History of Anti-Imperialism in the United States*，Vol. 1，From the Mexican War to the Election of 1900，New York: Holmes & Meier Publishers, Inc. ，1984，p. 433.

言》之上、在华盛顿的忠告指导下的共和国转变成一个建立在武力基础上、卑鄙不堪的平庸的帝国"。① 显然,在"反帝国主义者"眼中,帝国主义是非美的,是对美国原则的背叛,就像"反帝国主义同盟"纲领所说的那样,"1861年的企图(指南部蓄奴州脱离联邦)是分裂这个国家,而1899年的企图(指兼并菲律宾)是消灭这个国家的根本原则和最高贵的理想"。② 显然,反帝国主义者的主张更符合大多数美国人对美国国家身份的理解,他们虽然没能阻止美国占领菲律宾,但却成功地使占领海外殖民地的帝国主义政策在道义上受到质疑。③ 1900年后,几乎没有国会议员或报纸继续公开发表美国在海外建立新的殖民地的言论。实际上,占领菲律宾是美国扩张的顶点而不是起点。当欧洲面临战争阴云的时候,已经下野的西奥多·罗斯福敦促美国政府加紧军事准备,大战爆发后,他继续呼吁美国加强军事建设,但其主张并没有人响应。罗斯福向英国外相抱怨说,他"对塑造美国的舆论几乎没有影响"。④ 正如学者罗伯特·达莱克所言,"在罗斯福时代,大多数美国人并不愿意接受罗斯福的现实主义作为当时和未来美国对外行动的指南"。⑤

---

① "Mr. Hoar Sees Danger Ahead," *New York Times*, Nov. 2, 1898, Page 3, http://query. nytimes. com/mem/zrchive-free. (2008年12月7日获取)

② "Platform of the American Anti-Imperialist League, 1899," Avery Cravan, Walter Johnson and F. Roger Dunn, eds. , *A Documentary History of the American People*, Boston: Ginn and Company, 1951, p. 643.

③ 1899年2月6日参议院就美国和西班牙签订的含有把菲律宾割让给美国的《巴黎条约》投票时,赞成票仅比批准条约所需的票数多两票,而且至少有十张来自民主党的赞成票是在民主党领袖、著名的反帝国主义者威廉·布赖恩的建议下投出的。也就是说,如果不是布赖恩和一些民主党参议员突然改变立场,《巴黎条约》可能无法获得参议院批准。而布赖恩建议民主党投票批准和约的原因是他认为批准和约可以尽快结束美国在菲律宾的战争,以免造成更多的杀戮,然后他领导的民主党可以再推动参议院通过一项承诺给予菲律宾独立的决议。2月14日,美国参议院就该决议案(Becon Resolution)进行表决,赞成票与反对票票数相等,按照宪法规定,此时由担任参议院议长的副总统投票决定,共和党的副总统加勒特·霍巴特(Garret A. Hobart)投了关键的一张反对票,使该决议案最终流产。这两个事件说明反对兼并菲律宾的力量是相当强大的。参见 Fred H. Harrington, "The Anti-Imperialist Movement in the United States," *The Mississippi Valley Historical Review*, Vol. 22, No. 2, Sept. 1935, pp. 221 – 222。

④ John Milton Cooper, Jr. , *The Warrior and the Priest: Woodrow Wilson and Theodore Roosevelt*, Cambridge, Mass. : Belknap Press of Harvard University Press, 1983, p. 286.

⑤ Robert Dallek, *American Style of Foreign Policy*, New York: Oxford University Press, 1983, p. 35.

因此，试图引领美国走出孤立，踏上世界舞台的罗斯福并没有解决让美国承担何种国际角色这一难题。

20 世纪初期，美国的身份困惑与国际秩序问题紧密联系在一起。在美国人考虑是否参与世界政治的时候，另一个问题也萦绕在他们心头：美国是否准备接受现存的国际政治秩序？

华盛顿和杰斐逊等人厌恶欧洲主导的权力政治（国际）秩序，认为这一秩序是不道德的，体现的是君主制的原则，维护的是君主的利益，他们担心在这样的秩序里，共和国无法获得安全。在他们看来，既然美国没有能力改变这一秩序，那美国就与这一秩序相分离。美洲远离国际政治的中心这一有利的地缘政治位置使这种分离成为可能，门罗宣言就体现了这种两半球互不干涉、把西半球与欧洲体系分隔的思想。这是 19 世纪美国孤立主义外交思想的来源之一。因此，在 19 世纪，美国与当时国际政治的中心——欧洲国际体系基本上是隔绝的，没有卷入欧洲的纷争和参与国际秩序的构建。

但是在美国已经崛起为世界大国，在美国的安全和利益已经与外部世界（欧洲）密不可分以至于美国不得不卷入欧洲体系的情况下，美国是接受欧洲主导的国际秩序，还是运用实力改造这一秩序，推行体现美国价值观的"新秩序"？换言之，美国加入国际政治的代价是改变自己还是改变欧洲？19 世纪末的帝国主义政策和 20 世纪初西奥多·罗斯福的外交继承了建国初期汉密尔顿的思想：美国准备认同欧洲主导的国际秩序，加入欧洲国际体系，通过在这一体系内的"社会化"来赢得欧洲的尊重，获得大国的地位和荣耀。

但是，1909 年上台的共和党威廉·塔夫脱（William Howard Taft）总统反对西奥多·罗斯福在国际上追求强权的"帝国主义外交"，转而试图在国际关系中推行美国的外交思想和国际秩序观念，试图让国际秩序"美国化"。他利用美国的商业力量，通过促进美国在海外的投资和商业利益，即"金元外交"（dollar diplomacy）来扩大美国的利益与影响。在塔夫脱和国务卿菲兰德·诺克斯（Philander C. Knox）看来，推动美国企业向海外投资是促进美国利益的最佳方式。商人代表着美国在海外的最佳利益，商业领袖实际上在道德上优越于军人。通过美国的商业扩张可以促进国际经济的一体化和国家间的相互依赖，从而有助于国际关系的稳定。诺克斯对国会说："真正的稳定，不是通过军事力量，而是通过经济和社会力量得到最好的建立……金融稳定比其他任何因素都更有助于政治稳定。"① 在安全领域，塔夫脱对罗斯福的权力政治和均势外交也无兴趣。塔夫脱倡导用大国之间的相互合作代替权力政治下的破坏性竞争，用美元代替枪弹来结束军备竞赛和殖民争夺，相信国际合作与和平的商业扩张是国际秩序的核心，通过美国的金融资本建立一个经济上互相依赖因而政治上也就更加稳定的世界。金元外交反映出美国传统上对商业力量改造国际关系的重视，其中的大国合作、自由贸易与和平竞争的思想与欧洲奉行的帝国主义外交有很大的不同，终止了罗斯福对欧洲旧外交的仿效和美国外交"欧洲化的势头"。②

　　与大国外交相并行的是国际主义观念在美国的兴起。国际主义者认为，由于美国实力的壮大、交通和通信技术的进步以及工业化带来的国家间相互依赖的加深，美国的安全和福祉与外部世界的局势息息相关，因此，美国必须改变过去的孤立状态，积极参与国际事务。国际主义者还相信，人类可以通过国际合作和国家间的交流实现和平。在国际秩序问题上，国际主义者认为应该超越欧洲的均势体系和权力政治，建立一个以国际合作为基础的新的国际秩序。国际主义思想大体上包括保守的国际主义和自由的国际主义两大分支。③ 保守的国际主义者主张世界和平的维护和美国利益的保障需要世界各国接受某些非权力机制以解决国家间的纠纷，如国际法、国际仲裁和调解机制、国际

---

① Robert D. Schulzinger, *U. S. Diplomacy since 1900*, New York: Oxford University Press, 2008, p. 40.

② Ninkovich, *The Wilsonian Century: U. S. Foreign Policy since 1900*, pp. 26 – 27.

③ 关于国际主义思想，不同的学者根据不同的标准有不同的分类。沃伦·库尔把20世纪初期美国的国际主义者分为五种类型：一般性支持国际合作的一般主义者（generalist），主张通过国际仲裁解决纠纷的仲裁主义者（arbitrationist），主张通过建立司法机构解决纠纷的法治主义者（legalist），世界联邦主义者（federationist）和世界政府的鼓吹者（world government exponent）。桑德拉·赫尔曼则把国际主义者分为政治国际主义者（political internationalist）和社群国际主义者（community internationalist）。政治国际主义者又称制度主义者（institutionalist），把国际社会视为由传统的主权国家组成的政治单位，认为国家之间相互竞争追求国家利益，主张通过建立和平解决纠纷的司法机制、国际法和国际制度，如国际法院、仲裁委员会和国际联盟来稳定各国关系，遏制国家的侵略倾向，使国家间敌对关系得到缓解，从而实现世界和平。而社群国际主义者尽管并不反对建立一些司法和政治组织来维护和平，但认为这些正式的制度安排本身并不足以防止战争；他们把国际社会看作是一个共同体，主张在各国之间培育国际共同体意识、团结精神和全球文化，建立超国家的组织，甚至世界政府。也就是说，社群国际主义者更愿意把国际社会看作是有共同规范、共同法律和共同体文化的类似于公民社会的共同体，并致力于培育这种共同体。Warren F. Kuehl, *Seeking World Order: The United States and International Organization to 1920*, Nashville, Tenn: Vanderbilt University Press, 1969, p. viii; Sondra Herman, et, al., "Internationalism as a Current in the Peace Movement: A Symposium," *American Studies*, Vol. 13, No. 1, Spring 1972, pp. 189 – 196.

法院等；而自由国际主义者除了支持通过建立司法机制来维护和平外，还主张通过建立集体安全组织和促进民主来维护美国安全和世界和平。无论保守国际主义者还是自由国际主义者都认为欧洲的权力政治旧秩序是不合理的，人类不应听任武力原则主导国家间关系，而应运用人的理性，建立一套合理的国际秩序，以避免战争，实现和平。国际法学家如汉密尔顿·菲什（Hamilton Fish）、伊莱休·鲁特（Elihu Root）等在促进海牙会议召开和国际正义法庭建立方面都发挥了重要作用，威廉·詹宁斯·布赖恩（William Jennings Bryan）在担任国务卿期间与多国签订了仲裁和调解条约。更有一些激进的国际主义者，如美国和平协会（American Peace Society）领导人本杰明·特鲁布拉德（Benjamin F. Trueblood）提出建立世界联邦（Federation of the World）或世界政府，试图通过建立超国家权威来维护世界和平。这些都是美国试图在欧洲权力政治和均势外交之外，建立基于理性的国际秩序以维护世界和平的重要努力。但是，国际秩序的建立显然不可能通过个人和民间组织的努力来完成，实际上直到第一次世界大战前，这些努力一直是零星的、局部的，并没有改变欧洲主导的国际秩序的基本原则。当罗斯福和威尔逊试图带领美国踏上世界舞台的时候，面对的仍然是欧洲主导的旧秩序。美国是认同、修正还是推翻这一秩序，这是崛起的美国面临的另一难题。

第一次世界大战的爆发和欧洲旧秩序的崩溃迅速地把这两大难题摆在了美国人的面前，美国一批政治和知识精英由此开始了长达 30 年的努力，即对美国国家身份、国际角色和国际秩序的追求：一方面说服不情愿的民众和国会接受美国的新角色，积极参与国际事务并通过美国对世界的领导来维护美国的安全和促进美国的利益；另一方面，说服其他国家接受以"美国原则"为基础的国际新秩序，以塑造有利于美国制度生存和发展的世界环境和实现持久的和平。

第一章

新角色、新秩序:第一次世界大战与威尔逊自由国际主义的兴起(1913—1921)

一　旧秩序与大战的爆发

20 世纪初期的世界是欧洲主导的世界,国际政治舞台的中心在欧洲,国际秩序也主要是由欧洲列强建立的。从 16 世纪开始的欧洲在全球范围内的殖民扩张使欧洲以外的大部分地区沦为欧洲列强的殖民地和势力范围,欧洲的技术、制度和文化向整个世界传播,欧洲创建的制度和规范,如主权原则、条约制度、同盟体制和国际法规范着国家间的交往,世界经历了一个"欧洲化"的过程。19 世纪末 20 世纪初,欧洲作为世界经济、文化和政治的中心达到其鼎盛时期,欧洲国际政治,乃至整个国际政治是由英、法、德、奥、俄、意六大强国来主导的。虽然美国在 1898 年、日本在 1905 年崛起为大国,但它们对国际事务的影响甚小。

自 1648 年《威斯特伐利亚和约》签订以来,欧洲国际关系的行为准则基本没有发生变化。在《威斯特伐利亚和约》开启的现代民族国家体系中,由于没有超国家的权威,国际社会处于无政府状态,缺乏在国内政治中被普遍遵守的、具有强制力的行为规范和正义标准以及能够制止暴力的政治权威,国家间关系中无法禁止使用武力,国家甚至视武力为谋求国家利益的合法手段。在这样的无政府状态下,国家安全不能依赖他国的善意而只能凭借自己的实力,或通过与他国的联合来保障。国家安全的这种"自助"性质导致各国都寻求经济和领土扩张以及增加军备,同时通过民族主义甚至沙文主义宣传以团结和动员民众支持统治者追求国家强大的政策。威斯特伐利亚体系下的国际政治实际上是一种强权政治,其特性,用修昔底德转述雅典人的话说,就是"强者能够做他们有权力做的一切,弱者只能接受他们必须接受的一切"。①

在威斯特伐利亚体系下,各国普遍相信,和平的唯一保障是在各国之间保持一种力量的均衡(balance of power),即均势。维持均势的目的在于防止任何国家获得对其他国家的力量优势,即防止一国独霸,从而遏止其针对邻国使用武力的野心,以维护各国的安全。换言之,安全依赖于均势,而均势来源于制衡。第一次世界大战前英国外交部的一份文件反映了这种逻辑:

> 人类历史表明,威胁某个国家独立的危险一般来自于或至少部分源于一个军事上强大,经济上富有效率,并怀有拓展其边界或扩大其影响之野心的邻国突然获得优势地位。……这一地位往往导致政治主导权的滥用,对此进行牵制的唯一途径在于有一个同样令人生畏的对手或几个国家联合组织的防御联盟与之相对抗。这种通过力量组合建立的平衡在技术上被称为均势,它差不多已经成为历史上的老生常谈,规定了英国的长期政策是通过向不同的天平盘中投放其筹码来维持平衡,也就是永远站在某一最强大国家或国家集团构成的政治独裁的对立面。②

直到第一次世界大战前,以均势来维护和平和避免战争一直被各国政治家所推崇。均势被视为在国际关系中自动发生作用的法则,仿佛是牛顿经典力学在国际政治中的转化,在一些人眼中甚至被提升到道德的高度。国际法虽然在 17 世纪晚期已经出现,但国际法并不足以构成对国家行为的

---

① ［古希腊］修昔底德:《伯罗奔尼撒战争史》下册,谢德风译,商务印书馆 2008 年版,第 466 页。

② "Memorandum by Sir Eyre Crowe on the Present State of British Relations with France and Germany, Jan. 1, 1907," G. P. Gooch and H. Temperly, eds., *British Documents on the Origins of the War, 1898 – 1914*, London, 1928, Vol. 3, Appendix A., p. 403.

强有力约束，其有效性也依赖于均势的保持，而均势的保持则依靠使用武力或威胁使用武力。因此，军备、联盟体制、带有沙文主义色彩的民族主义成为18—19世纪国家间关系的构成要素。

大国追求均势的目的在于维护国际体系中自身的独立，而不是维护和平，也不是为了维护小国的利益。实际上，为了建构大国之间的均势，小国的利益可以而且必须得到牺牲，因此均势是以牺牲小国利益为代价的。18世纪末，波兰被俄国、奥地利和普鲁士所瓜分，就是为了构建欧洲大陆的均势。因此，我们在18—19世纪的欧洲国际关系中可以看到，均势可以保障大国的安全，而往往以牺牲小国的利益为代价。

与均势原则和强权政治相伴的是外交与国际关系的非道德性和秘密性。各国领导人普遍相信主导个人关系的道德原则不应主导国家间关系，外交行为不从属于道德领域，就像马基雅维利所说的那样，君主的外交必须基于实力与权谋的双重原则，"同时效法狐狸和狮子"。一方面对于君主来说，权力本身就是目的，国家的独立与安全必须以强大的军事力量为基础；另一方面，为了权力和利益，君主在政治与外交中可以不择手段、背信弃义。马基雅维利谆谆告诫说："一位君主，尤其是一位新的君主，不能够实践那些被认为是好人应该做的所有事情，因为他要保持国家，常常不得不背信弃义，不讲仁慈，悖乎人道，违反神道。"① 尽管一些启蒙思想家批评国际关系的非道德性，但马基雅维利主义一直是欧洲各国君主奉行的指导原则。外交人员的活动不受监督和约束，外交活动秘密进行，外交官成了阴谋的策划者。

因此，早在18世纪，均势原则就受到启蒙思想家的批判。当时的一些思想家认为，条约和结盟并不能在国家间建立友好的关系，条约不过是"暂时的停战"，而结盟不过是"为背叛做准备"；而均势体系则是"一个遭到反抗的体系，因而也是一个制造混乱、动荡和爆炸性事件的体系"，不仅不能促进和平，相反还会成为建立持久和平体制的障碍。② 狄德罗评论说，君主"缔造联盟只会播种仇恨，在邻国中间煽动战争并竭力让战争持续下去，向其他国家派出的不是使节，而是间谍"。而"保持中立意味着从

---

① ［意］尼科洛·马基雅维利:《君主论》，潘汉典译，商务印书馆1985年版，第83、85页。

② Felix Gilbert, "The 'New Diplomacy' of the Eighteenth Century," *World Politics*, Vol. 4, No. 1, Oct. 1951, p. 8.

其他国家的灾难中牟利,以便改善自己的处境"。① 因此,在一些自由主义思想家那里,均势是一个邪恶的体系,它不是建立在正义原则之上的,而是建立在弱肉强食的权力原则基础上的。

法国大革命的爆发和拿破仑的崛起打破了欧洲国际政治的均势,英、俄、普、奥组成反法联盟,挫败了拿破仑建立欧洲霸权的野心。拿破仑战争后,欧洲各国在维也纳召开和会,建立了新的欧洲政治秩序——维也纳体系。这一秩序有如下特征:(一) 欧洲国际体系在形状上一开始是一个五边形,后来发展成六边形。在欧洲国际政治舞台上担当主要角色的是五个国家,即英、法、俄、德、奥,1870 年后,意大利加入,变成六国。(二) 管理和调解欧洲各国国际行为的是均势理论。各国相信,它们的安全依赖于各国之间的力量均衡,而通过认真地估算、不断地调换筹码以及各大国之间的相互牵制,欧洲就可以成为一架天平,欧洲的大战就可以避免。为此,五国或六国经常改变结盟对象,以防止某一国家成为欧洲大陆的霸主。而英国是六国中最能从外交天平的一面转向另一面从而改变天平平衡的国家。英国对欧洲大陆的领土没有兴趣,其外交原则是加入欧洲大陆弱的一方,避免欧洲大陆的力量对比失衡或欧洲大陆出现霸权,威胁英国的安全。(三) 为了确保均势的建立和维护,维也纳体系也实行了制度安排,这一安排被称为"欧洲协调"。当代国际政治理论家约翰·伊肯伯里认为其中的三个机制最为重要:

> 第一是处于维也纳和平安排之核心的同盟机制,各盟国同意将战时同盟延续到和平时期,同时这一机制还引进了对权力进行约束的措施。第二是正式国际会议制度,这一制度作为大国间制度化协商的程序,为共同处理冲突、解决领土争端提供了一个机制。第三是欧洲公法的规范和规则的广泛传播,以便赋予欧洲的制度、领土和大国安排以某种基于法律的正当性和权威性。②

---

① Felix Gilbert, "The 'New Diplomacy' of the Eighteenth Century," *World Politics*, Vol. 4, No. 1, Oct. 1951, p. 9.

② G. John Ikenberry, *After Victory: Institutions, Strategic Restraint, and the Rebuilding of Order after Major Wars*, Princeton: Princeton University Press, 2001, p. 98.

从这个意义上说，维也纳会议的安排实际上是将欧洲旧的均势逻辑与新的法律和制度设计相结合，后者旨在对权力进行管理和制约，以便更好地维护均势。

维也纳会议后，欧洲的均势体系一度运行良好。其原因是多方面的:其一，由于法国刚刚战败，德国分裂，俄奥争雄，欧洲没有国家具有追求霸权的能力。其二，各国都意识到均势对欧洲和平的重要性，都致力于维护而不是打破这一均势。其三，欧洲出现几位天才的外交家，如奥地利的梅特涅、英国的本杰明·迪斯累利和德国的俾斯麦，施展其外交艺术，有效地维护了欧洲协调机制。特别是俾斯麦联奥、拉俄、亲英、反法的捭阖之术，使欧洲各国彼此牵制，实现了实力均衡的目标，避免了各国潜在的不和演变为战争。同时俾斯麦采取一种韬晦策略，避免炫耀德国的实力，并抑制容克贵族和德皇的帝国主义野心。这一策略缓和了德国统一对欧洲均势的冲击，避免了欧洲各国建立针对德国的联盟，维持了欧洲以德国为轴心的均势。其四，欧洲共同的价值观也有利于均势的长期维护。如基辛格所言，"欧洲大陆国家被共同的价值观联结在一起，欧洲不仅存在有形实力上的均衡，同时在道德上亦处于均衡状态，权力与正义在根本上协调一致。权力均衡降低诉诸武力的机会，共享的正义观念则减低诉诸武力的欲望"[①]。因此，在维也纳会议之后近一个世纪的时间里，欧洲虽然爆发了克里米亚战争、普法战争和俄土战争，但并没有爆发大战。

1890年俾斯麦下台后，德皇威廉二世改变了俾斯麦的大陆政策，转而奉行在世界范围内攫取殖民地和建立强大海军的"世界政策"，以其咄咄逼人的扩张行动显示自己的实力，向英法的海外利益挑战，企图建立德国的世界霸权，结果造成各国对德国的恐惧。从1890年开始，伴随工业化和对海外市场的追求，帝国主义成为一时之时尚，欧洲列强开始了对海外殖民地的争夺，各国矛盾激化，特别是德国开始挑战英国的海上霸权，支持奥地利在巴尔干与俄国进行争夺，加深了其他国家对德国的恐惧，致使英俄化敌为友，并于1907年达成英俄协约。在这种情况下，维也纳会议所确立的"欧洲协调"不复存在，均势不再建立在大国一致基础上，而越来越依

---

① Henry Kissinger, *Diplomacy*, New York: Simon & Schuster, 1994, p.79.

靠结盟体系,欧洲国家对均势的追求转变为军备竞赛。1890—1914年间,欧洲的均势虽然仍然存在,但已从过去灵活的多极均势变为僵化的两极均势。到1907年,随着英法协约和英俄协约的完成,欧洲已经分裂成两大对立的集团,即德奥意三国同盟和英法俄三国协约,两大敌对阵营之间的均势极为脆弱,似乎一个坛子就可能打破这一平衡,倾覆整个国际体系。

于是,萨拉热窝事件成为打破欧洲均势的坛子,奥地利和塞尔维亚之间的地方性冲突迅速扩大为整个欧洲的战争。1914年7月28日,奥地利向塞尔维亚宣战后,俄国无论出于民族感情还是地缘政治利益都感到不能丢掉塞尔维亚,因此声明支持塞尔维亚。而德国必须对德奥同盟表现出忠诚,不能劝说奥做出让步,否则就会面临失去欧洲最后一个忠实盟友的危险。法国出于同样的原因必须支持俄国。而对于大英帝国来说,历史已经证明对欧洲均势的主要威胁来自德国,法国的失败将使英国单独面对德国在欧洲大陆的霸权,因此必须支持法国。而此时防止战争的欧洲协调机制已经失效,大战由此不可避免。第一次世界大战的爆发暴露了联盟体系的危害和建立在联盟体系上的均势的脆弱。实际上,正是联盟体系把整个欧洲卷入奥匈帝国与俄国的冲突之中。

欧洲列强构建联盟体系的目的是确保国家安全,但运行的结果却是把所有各方带入巨大的灾难之中,欧战的爆发实际上宣布了欧洲"旧秩序"的破产。1915年哥伦比亚大学校长尼古拉斯·巴特勒(Nicholas Murray Butler)说道,"当这场战争的风暴来临的时候……旧的国际秩序就突然地、出人意料地、彻底地死掉了,就好像被一场巨大的洪水、一场巨大的暴风雪、一次火山喷发给毁掉了。……而新的世界秩序正在诞生"。[1] 战争爆发后,在美、英、法等国都兴起对"旧外交"(Diplomatic Ancient Regime)的批评,取消秘密外交、对外交决策过程进行民主控制、通过某种形式的制度安排避免冲突成为英美政界和知识界的共识。[2]

---

[1]　David Allen Rivera, *Final Warning*: *A History of the New World Order*, Oakland, California: Intel iBooks Publishers, 2004, p. 14.

[2]　关于第一次世界大战后英、法、德等国对旧外交的批评,可参见 Michael Hughes, *Diplomacy before the Russian Revolution*: *Britain*, *Russia and the Old Diplomacy*, *1894 - 1917*, New York: Macmillan Press Ltd, pp. 1 - 12。

但是在旧秩序废墟上建立新秩序的不是欧洲的那些老大帝国,而是一直孤立于旧世界,并长期在"实力不均衡"(imbalance of power)的美洲担当霸主的新帝国——美国。

二　对欧战的反应与美国加入国际体系

第一次世界大战的爆发对威尔逊执政构成巨大挑战。1913 年 3 月,他在就职前曾说,如果其政府把主要精力用于处理外交事务,那将是极大的嘲讽。[1] 威尔逊说出这番话是有理由的,他在当选总统前基本没有处理外交与国际事务的经验,对外交事务也缺乏兴趣,当时也没有棘手和重大的外交事务需要处理。虽然墨西哥发生了革命,造成美国南部边境不稳定,但拉美的政治动荡经常发生,美国政府处理拉美事务驾轻就熟,而西半球的其他地方并没有发生值得美国特别注意的大事。在亚洲,虽然发生了中国革命,美日关系紧张,但美国在远东利益有限。在欧洲,美国长期奉行华盛顿告别演说中提出的孤立主义政策,美国不会为欧洲的事务操心。因此,威尔逊的政治抱负主要在内政方面,对美国政治的精深研究和担任州长的丰富经验可以让他在国内社会改革方面大显身手,民众也希望他继续进步主义改革。但是,命运真的对威尔逊进行了嘲讽,威尔逊在任期的八年内,特别是第二个任期的四年里,用绝大部分精力处理与战争、和平相关的对外事务,他主要是以对美国外交的重大贡献和 20 世纪国际关系的深刻影响而非内政方面的成就而名垂史册。

战争爆发后,威尔逊要求美国人"不论在思想上还是在行动上都保持不偏不倚",并称"每一个真爱美国的人在言行上都应该符合真正的中立精神,这是一种对所有交战方都不偏不倚、公正和友好的精神"。[2] 与乔治·华盛顿在告别词中的用语相类似,威尔逊也用美国与欧洲相距遥远以及战

---

① Arthur S. Link, *Wilson the Diplomatist*, Baltimore: Johns Hopkins University Press, 1957, p. 11.

② "American Neutrality-An Appeal by the President," Presented in the Senate, Aug. 19, 1914, Woodrow Wilson, *New Democracy: Presidential Messages, Addresses, and Other Papers (1913 – 1917)*, edited by Ray Stannard Baker and William E. Dodd, 2 vols., New York: Harper, 1926, Vol. 1, pp. 157, 158.

争与美国无关来论证美国中立的正当性，反对美国卷入欧洲的冲突。这一中立政策得到了绝大多数美国人的支持，因为欧洲战争不断，美国已经习以为常，几乎没有美国人想到，美国会卷入这场大战，他们甚至认为，战争不会持续多长时间，因为以往的战争大多都是几周或几个月。战争初期，美国的中立政策至少从表面看也是不偏不倚的，对交战双方的影响也是均衡的。

但是，美国此时的中立并不等同于 19 世纪的孤立，因为威尔逊并不打算让美国像以前那样对欧洲战争完全不闻不问，而是试图让美国在未来议和中充当调停者与和平的促进者。威尔逊看到了国家间相互依赖的加深，认为欧洲战争不可避免地会影响到美国的利益。他在 1916 年 5 月说:"各国的利益也是我们的利益，我们与其他国家是伙伴，影响人类的事务不可避免地也是我们的事务，同时也是欧亚其他国家的事务。"① 他宣称美国愿意扮演调停者，"做一个伟大的和平国家、一个准备扮演以朋友而不是偏袒者的身份进行不偏不倚的调停以及提供和平与和解忠告的民族"，② 并"在重建和平过程中提供帮助"。③ 在威尔逊看来，欧洲的战争是"长期被约束和压制的巨大的盲目物质力量释放"的结果，④ 交战双方是为了自己的国家利益，因此此次战争与以往历次欧洲战争并没有什么不同。美国作为伟大的道义力量当然不能卷入这种争夺自私国家利益的战争，而应在战争中和结束后扮演缔造和平的角色。应该看到，这一角色实际上与 19 世纪美国对待欧洲冲突的态度已经有很大不同:在 19 世纪，美国对欧洲的战争与媾和

---

① "First Commitment to the Idea of a League of Nations," Address before the League to Enforce Peace, May 27, 1916, Woodrow Wilson, *New Democracy: Presidential Messages, Addresses, and Other Papers (1913 – 1917)*, edited by Ray Stannard Baker and William E. Dodd, 2 vols., New York: Harper, 1926, Vol. 2, p. 185.

② "American Neutrality-An Appeal by the President," Presented in the Senate, August 19, 1914, Wilson, *New Democracy: Presidential Messages, Addresses, and Other Papers (1913 – 1917)*, Vol. 1, p. 158.

③ "Call to the Associated Press," Address Delivered at New York, Ap. 20, 1915, Wilson, *New Democracy: Presidential Messages, Addresses, and Other Papers (1913 – 1917)*, Vol. 1, p. 303.

④ "The Great War," Address before the Annual Conference of the Methodist Protestant Church, Apr. 8, 1915, Wilson, *New Democracy: Presidential Messages, Addresses, and Other Papers (1913 – 1917)*, Vol. 1, p. 303.

完全是不闻不问的。

1915 年年初,威尔逊派其顾问爱德华·豪斯(Edward M. House)上校首次出使英、法、德,调停交战双方,建议交战双方停止战争,恢复战前状态,裁军以及重建一个相互依存的全球经济体系。但是,威尔逊的和平倡议没有得到交战双方的响应。1916 年 12 月,威尔逊再次向交战双方提出和平倡议,建议双方说明各自战争目标,由美国进行调停。但是,双方的战争目标相差甚远,美国的调停努力再次失败。1917 年 1 月 22 日,威尔逊在参议院发表演讲,敦促各国吸取战争的教训,不要以战争作为实现国家野心的手段,尽快结束战争,胜者不要"以胜利者的条件把和平强加给失败者",实现"没有胜利的和平",即建立在各国平等基础上的和平。[①]

就在美国试图利用自己的影响实现欧洲和平的时候,美国中立的天平已经倒向了协约国一边。美国虽然宣布了中立,但是并没有割断与欧洲的联系,美国人在思想和情感上也并非没有倾向性。事实上,由于历史、文化、情感和经济上的联系以及英国在美国进行的反德宣传,大多数美国人在感情上偏向协约国一方。美国中立也并不意味着切断与交战国的一切往来,相反,战争为美国提供了更多的与双方贸易的机会,特别是与协约国的贸易。随着战争的进行,美国中立政策执行的后果实际上逐渐有利于协约国方面,特别是英国。

这首先表现在美国对协约国的贸易上。战争期间,英法等国通过贸易从美国获得大量的战争物资和粮食,这倒不是因为美国政府有意向协约国提供这些物资,而是由于中立贸易的繁荣。由于英国海军控制着大西洋,战争爆发后,美国与英国的贸易并没有中断,相反还因为战争而迅速扩大。战争初期,联邦政府出于避免卷入战争的考虑,禁止美国私人银行贷款给交战双方。当时英国向美国大量采购食品和战争物资,正是英国的采购使美国经济走出衰退。但随着战争的进行,英国资金开始紧张,无力继续用现款购买美国的物资,为了避免美国经济出现新的衰退,威尔逊政府改变了政策,允许美国私人贷款给交战国。从国际法来看,这一政策是符合国

---

① "Essential Terms of Peace in Europe," Address to the United States Senate, Jan. 22, 1917, Wilson, *New Democracy: Presidential Messages, Addresses, and Other Papers (1913 – 1917)*, Vol. 2, pp. 410 – 411.

际法的，而且从理论上说，所有交战国都可以向美国私人银行借款。但实际上，美国银行家们更愿意把钱借给英国而不是德国。在美国中立期间，威尔逊政府批准私人银行给协约国的贷款达 23 亿美元，而给德国的贷款只有 2700 万美元。① 这当然不是威尔逊的过错，但这项政策执行的结果则是有利于协约国。同时威尔逊政府允许美国的武器制造商与交战国进行武器贸易，由于英国控制着海上交通，大部分武器贸易都是在美国与协约国阵营之间进行，而包括美国在内的中立国的船只却无法通过英国在北海布雷区把违禁品卖给德国。

在这种形势下，美国与协约国的贸易迅速增长。1914 年，美国对英、法的出口约有 7.54 亿美元，到 1915 年，猛增到 12.8 亿美元，到 1916 年则增加到 27.5 亿美元。与此同时，美国对德国的出口则从 1914 年的 3.45 亿美元跌到 1916 年的 200 万美元。②

因此，德国批评威尔逊的中立政策是虚假的。但在美国方面看来，英国控制大西洋并不是美国的过错，同时美国关注自身的经济繁荣因而允许与英国的贸易也是可以理解的，归根结底美国的一切行为都是国际法所允许的，因此在威尔逊看来，美国实行的是真正的中立，其政策对交战双方来说是公正的。

但是德国并不这样认为，在德国看来，美国的中立不仅有利于英法，而且美国政府还容忍英国海军在公海上对美国权利的侵犯。德国的抱怨当然是有根据的，英国海军任意对美国的船只进行检查，阻止美国同丹麦、荷兰等与德国相邻的中立国进行贸易，以防美国的物资流入德国;扩大违禁品的范围，并加以没收。美国政府当然并非无动于衷，也曾不断向英国政府提出抗议。英国外交部在回答美国的抗议时通常都会表示尊重美国的中立权利，却依然我行我素，或以赔偿美国商人的损失来安抚美国。1916年年底，美国政府曾考虑对英国采取报复性的措施，不过担心造成美国经济衰退而作罢。因此，美国抗议只停留在文字上，对英国践踏美国中立权利的行为只能无可奈何。

---

① Thomas Paterson, et al. , *American Foreign Policy*: *A History*, Since 1900, Lexington, Mass. : D. C. Heath and Company, 1983, p. 266.

② Ibid. .

德国在战争中发现，潜艇这一新式舰艇是对付英国海军的有效武器。关于潜艇战，国际法没有相关规定。威尔逊坚持德国的潜艇应该与其他军舰一样，如果想攻击敌国的商船，必须先浮出水面，发出警告。而在德国看来，潜艇一旦浮出水面就会受到英国军舰的攻击，其攻击能力和效力都会大打折扣，因此坚持对敌国商船发动突然袭击。结果是大量交战国或中立国的商船和客轮遭到德国潜艇的袭击，造成大量人员伤亡。1915年5月和1916年3月相继发生的"卢西塔尼亚"号和"苏塞克斯"号客轮被德国潜艇袭击事件，导致大量美国平民伤亡，美国向德国提出强烈抗议，甚至以断交相威胁。德国认为，美国没有对英国在北海海域布雷提出抗议，却强烈反对德国的潜艇战，这是不公平的。在威尔逊政府看来，交战国在交战区域布置水雷是有先例的，在国际法上是允许的，因此英国在北海布置水雷的行为并未违反国际法。而且，英国的水雷实际上导致中立国家的船只无法直接进入德国，而必须在进入这一区域之前先在英国靠岸，接受检查和从英国获得通过雷区的航行指示，因而其行为是非常有效的。没有哪个中立国家的船只胆敢不接受英国的检查和指导而进入该区域，因此，基本上没有发生人员的损失。而潜艇作为第一次世界大战中才使用的新式武器，在国际法上是没有先例的，同时德国利用潜艇战封锁海域的行为并不是很有效，大量中立国船只进入德国控制的区域，结果遭到潜艇的袭击。而且，英国行为造成的仅仅是财产损失，而德国带来的是无数生命的损失，因此美国无法容忍德国的潜艇战。正如威尔逊在对德宣战咨文中所说的那样，

> 我现在考虑的不是财产的损失，尽管这一损失巨大而严重，我现在想到的是对非战斗人员，包括男人、妇女和儿童生命的大规模和大肆地消灭，这些从事的活动即使是在现代历史最黑暗的时期也一直被认为是正当的和合法的。财产可以补偿，而无辜人们的生命则无法补偿。德国目前针对商业活动的潜艇战是对人类宣战。①

---

① "For Declaration of War against Germany," Address to a Joint Session of Congress, Apr. 2, 1917, Woodrow Wilson, *War and Peace: Presidential Messages, Addresses, and Public Papers* (*1917 - 1924*), edited by Ray Stannard Baker and William E. Dodd, 2 vols., University Press of the Pacific, 2002, Reprinted from the 1927 edition, Vol. 1, p. 7.

针对美国的抗议，德国曾一度尽量避免对商船和客轮的攻击。但是，随着战事的进行，德国发现，力量对比正朝着有利于协约国的方向发展，于是在 1917 年 1 月 31 日宣布将实行无限制潜艇战。德国知道，无限制潜艇战可能会导致美国的卷入，但是德国认为，无限制潜艇战可以迅速使英国经济瘫痪，在美国军队到达法国之前，战争就可以结束，因为美国并没有做好战争准备，参战准备需要很长时间。

面对德国的无限制潜艇战，美国有两个选择:一是禁止所有的美国船只和公民进入交战区域，这样美国就不会卷入战争。但是这种选择等于中断美英贸易，而这是美国经济无法承受的。同时在威尔逊看来，这等于让美国向一个残忍的国家所使用的不道德的武器屈服，是对美国国家荣誉和尊严的极大损害。二是选择武装中立，但这只是权宜之计，美国商船上的大炮无法与潜艇相抗衡。就在威尔逊总统和参议院考虑是否武装美国商船的时候，3 月 1 日，美国报纸披露了一份德国外交大臣阿瑟·齐默尔曼（Arthur Zimmerman）在 1 月 16 日发给德国驻墨西哥公使的电报。齐默尔曼在电报中指示德国驻墨公使，如果德美发生战争，他应向墨西哥政府提议两国结成同盟，德国将帮助墨西哥收复在美墨战争中的失地。在威尔逊看来，在这种情况下，美国除了加入协约国一方来保卫美国的国家安全和荣誉外别无选择。1917 年 3 月 30 日，威尔逊告诉他身边的人，任何人都不要打扰他，他把自己关在图书馆里，开始起草请求国会对德宣战的咨文。他要做出的将是自 1861 年 4 月林肯总统决定武力平定南部叛乱以来美国总统做出的最痛苦的决定。4 月 2 日，威尔逊带着起草好的咨文，来到了国会山。4 月 4 日和 6 日参众两院分别通过对德宣战的决议，美国对德宣战，标志着美国改变了自独立以来一直坚持的不卷入欧洲冲突的外交原则，投入欧洲的竞技场。

威尔逊在宣战咨文中谴责"德国目前针对商业活动的潜艇战是对人类宣战"，是对人类权利的威胁。他提出，战争的根源在于德国的专制制度，德国专制政府是"对和平与自由的威胁"，是"自由的天然敌人"，在一个存在像德国这样有组织的专制力量的世界上，"民主政府的安全不可能得到确保"，和平也不可能得到维护，因此美国接受德国的挑战，而且"在必要的情况下用国家的全部力量去挫败和摧毁德国的野心和力量"。为了让长期恪守孤立主义原则的美国民众接受美国干预欧洲战争这一重大的外交政策转变,威尔逊特别强调美国的道德责任和理想主义目标。威尔逊宣称美国对德宣战的目的不是追求自私的国家利益:"我们没有自私的目标要服务,我们不想征服和主宰(他人),我们不会为我们自己要求赔款,我们不会为我们甘心做出的牺牲寻求物质补偿。"美国是为"美国原则"(American principles)而战:"为民主,为那些服从政府以便在自己的政府中有发言权的人民的权利,为弱小国家的权利和自由,为通过自由人民的一致行动将给所有国家带来和平与安全并让世界最终获得自由从而实现正义的普遍胜利而战。"美国"不过是一个人类权利的捍卫者"。同时,威尔逊声言,"我们是被迫卷入这场战争,因为我们没有其他方式来捍卫我们的权利"。①

威尔逊没有提及美国的安全,也没有提及美英贸易的重要性、美国银行家在协约国的巨大投资,而是大谈美国的中立权利、人类的权利,以及专制对民主的威胁。这是非常耐人寻味的。威尔逊在公开演讲中提出的理由在多大程度上反映了他对战争起因和美国参战目的的真实想法恐怕永远是一个谜。但是,可以肯定的是,至少威尔逊并不是为了谋求领土和赔款等物质利益而投入欧洲竞技场的。② 参战的直接原因是德国的潜艇战侵犯了美国的中立权利并夺去大量美国人的生命,美国要捍卫自己的国家荣耀。德国的无限制潜艇战是促使美国宣战的催化剂,如果没有无限制潜艇战,很难想象威尔逊能说服国会对德宣战,说服民众支持卷入欧洲的战争。但这仅仅是部分原因,威尔逊的真正目的是通过参战来用美国的原则改造世界秩序,实现美国持久的安全,避免未来欧洲再次爆发战争而损害美国的利益。在威尔逊看来,大战的爆发与国际秩序的缺陷和欧洲均势体系的失败相关,如果这一秩序不被改造的话,那么战后美国所面临的还是战前那样的旧体制,这样美国就会被迫加强军备,而强大的军备会威胁美国的自由民主制度。因此,要想避免将来发生类似的战争再把美国卷进去,就必

---

① "For Declaration of War against Germany," Address to a Joint Session of Congress, Apr. 2, 1917, Wilson, *War and Peace*: *Presidential Messages*, *Addresses*, *and Public Papers* (*1917 - 1924*), Vol. 1, pp. 8, 11, 14, 15, 16.

② 事实上,美国在战后也没有向德国索取赔款或割占德国的领土和海外属地。

须对旧的国际体系进行改造,以美国的原则代替欧洲的原则,建立一套新的国际秩序。战争初期,威尔逊曾设想以中立国的身份参与战后和平的缔造,但是他逐渐认识到,只有美国参战才能在媾和中有自己的声音,从而在国际关系中推行美国的原则。1917 年 2 月 28 日,威尔逊在对简·亚当斯(Jane Adams)领导的和平代表团发表讲话时说:"作为参战国的领袖,美国总统会在和平谈判桌旁有一个座位,而如果他是一个中立国家的代表的话,他充其量也只能透过门缝说话。"①

对德宣战使美国终于放弃一直坚持的不卷入欧洲政治的传统,成为国际体系的完全参与者。实际上,自 19 世纪末美国崛起为大国以来,美国在逐渐向这一角色迈进。以其世界第一大经济体的地位和强大的文化与政治影响力,美国走到这一步是迟早的事。值得注意的是美国加入国际体系的方式:以不同于欧洲旧外交的理想主义方式使用美国的力量;加入这一体系是为了改造这一体系。威尔逊声称,放弃孤立、加入战团并不意味着美国接受欧洲旧体制,美国加入世界体系的前提是世界接受美国的原则。1917 年 1 月 22 日,他在参议院的演讲中说,只有一种和平美国人民会参与,那就是"要满足美洲各国政府的原则","和平的要素与美洲各国人民的政治信仰,与他们一直珍视的和一直捍卫的实际信念相一致"。② 也就是说,国际秩序的改变是美国孤立政策改变的条件,应该让世界"美国化",而不是让美国"欧洲化",这是威尔逊为美国确定的新角色。

美国作为新崛起的大国加入国际体系的这一方式不论对美国后来的外交政策,还是对 20 世纪的国际关系都产生了深刻影响。

---

① Jan Willem Schulte-Nordholt, "The Peace Advocate Out of Touch with Reality," Thomas Paterson and Dennis Merrill, eds. , *Major Problems in American Foreign Relations*: *Documents and Essays*, Vol. 2: Since 1914, D. C. Heath and Company, 1995, p. 57.

② "Essential Terms of Peace in Europe," Address to the United State Senate, Jan. 22, 1917, Wilson, *New Democracy*: *Presidential Messages*, *Addresses*, *and Other Papers* (*1913 – 1917*), Vol. 2, p. 408.

三　威尔逊的"新外交"与自由国际主义的兴起

作为一个基督教理想主义者,威尔逊在上任之初就认为,美国的对外政策应该追求与欧洲帝国不同的目标:不是领土的扩张和赤裸裸的物质利益,而是美国的道义影响,为世界树立自由的榜样。威尔逊在 1914 年 6 月的演讲中说,美国不能像其他国家那样,"把自己的力量用于压迫人类和自己的扩张","如果美国也走前人常走的历史道路,那么带给自己的将是耻辱而不是光荣",美国"必须开辟出新的道路"。[1] 这一"新道路"就是用美国的原则为人类服务,做一个"生活在理想中"的国家。[2] 威尔逊问道:"为什么以前在世界上从未有国家在决定其对外关系时毫无私心呢?我的抱负是能看到美国树立一个伟大的榜样,不仅在道德上是一个伟大的榜样,同时在思想上也是一个伟大的榜样。"[3] 而"这才是美国与其他国家的不同"。[4] 威尔逊决心摒弃西奥多·罗斯福的现实主义和威廉·塔夫脱的"金元外交",实施所谓的"新外交":将一个国家的人民与统治者区别开来,重视公众舆论的力量;从道德和原则而不是利益冲突的角度看待国家间关系,对国家行为进行道德评判,甚至将道义目标置于物质利益和权力政治考虑之上;相信民主国家爱好和平,相互之间更容易保持友好的关系。[5]

威尔逊的"新外交"首先体现在对华政策上。武昌起义后,西方列强

---

[1]　"The Idea of America is to Serve Humanity," Address to the Graduating Class of the United States Navy Academy, Annapolis, Jun. 5, 1914, Wilson, *New Democracy: Presidential Messages, Addresses, and Other Papers* (*1913 – 1917*), Vol. 1, p. 130.

[2]　"Meaning of the Civil War," Address Delivered at Arlington, May 31, 1915, Wilson, *New Democracy: Presidential Messages, Addresses, and Other Papers* (*1913 – 1917*), Vol. 1, p. 338.

[3]　"The Day of Isolation is Gone," Speech at Shadow Lawn at a Meeting of New Jersey Citizens, Nov. 4, 1916, Wilson, *New Democracy: Presidential Messages, Addresses, and Other Papers* (*1913 – 1917*), Vol. 2, p. 392.

[4]　"The Idea of America is to Serve Humanity," Address to the Graduating Class of the United States Navy Academy, Annapolis, Jun. 5, 1914, Wilson, *New Democracy: Presidential Messages, Addresses, and Other Papers* (*1913 – 1917*), Vol. 1, p. 130.

[5]　参见 Robert W. Tucker, "Woodrow Wilson's 'New Diplomacy'," *World Policy Journal*, Vol. 21 No. 2, Summer 2004, p. 106。

和日本在很长时期内拒不承认新成立的中华民国政府。当时英、日、俄、美、德、意等国组成六国银行团,与袁世凯政府谈判贷款问题,特别是英、日、俄三国提出苛刻的贷款条件,企图利用袁世凯政府急于获得贷款和国际承认之机,胁迫袁世凯承认三国在中国的特殊利益或攫取新的利益。当时美国塔夫脱政府奉行与其他列强协商一致的原则,在承认中华民国方面迟疑不决,遭到美国舆论的抨击。1913 年 3 月 4 日,伍德罗·威尔逊宣誓就任美国总统。威尔逊相信美国在中国的最大利益是保持美国对中国独一无二的道义影响,为中国提供一个民主的样板,而不是维护银行家的利益。在芮恩施(Paul S. Reinsch)离美赴华就任驻华公使前,威尔逊与芮恩施着重讨论了美国对中国的政治榜样和道义支持以及对中国教育的影响,对商业利益则不怎么关心。他对芮恩施说:"美国应该独立地完成她应尽的义务,给予中国以特殊的道义上和财政上的援助。"芮恩施回忆说:"我从总统那里得到了他将对我在中国的建设性工作给予积极支持的保证,在谈话中,他着重谈到了教育、政治榜样和道义支持三方面的问题,而在财政和商务方面则不怎么热心。"①

威尔逊总统很快决定改变塔夫脱的政策,与其他国家分道扬镳。1913年 3 月 18 日,威尔逊向报界发表了一个长篇声明,宣布美国政府不再支持美国财团留在银行团,因为"贷款的条件几乎触犯了中国本身的行政独立",甚至可能会导致"对中国金融,乃至政治事务的干涉"。声明还表示美国政府对中国的共和运动"寄予深切的同情",并"真诚希望在有助于中国的自由发展并与美国的古老原则相一致的各个方面帮助伟大的中国人民"。②

在对墨西哥的政策上,威尔逊也试图贯彻其新外交的原则。1913 年 2月,维多利亚诺·韦尔塔(Victoriano Huerta)通过军事政变上台。当时美国驻墨西哥大使亨利·威尔逊(Henry Lane Wilson)、美国国务院负责墨西哥事务的官员和在墨西哥有经济利益的商界领袖都呼吁美国政府立即承认

---

① Paul S. Reinsch, *An American Diplomat in China*, New York: Doubleday, Page & Company, 1922, p. 63.

② The Acting Secretary of State to Certain American Diplomatic Officers, Mar. 19, 1913, *FRUS*, 1913, pp. 170 – 171.

韦尔塔政府,以稳定墨西哥的局势。但是威尔逊不顾美国国务院官员和经济利益集团的反对,改变了美国长期坚持的承认事实政府的政策,坚持拒绝承认韦尔塔政权,声称美国只承认具有宪政合法性的政府,而不会承认一个"屠夫政府"。1913 年 3 月 11 日,他在声明中说:

> 我们认为,公正的政府永远是基于被统治者的同意之上的,没有基于法律、公众良心和同意之上的秩序就不会有自由……我们将借助我们一切方面的影响来实现这些原则……我们对于那些谋夺政府权力来推进其个人的利益或野心的人不能有任何同情。①

最终,美国以经济制裁、武力威胁、支持立宪派和阻止其他国家承认等方式迫使韦尔塔于 1914 年 7 月下台,由立宪派接管政府。1915 年 10 月,威尔逊承认贝努斯蒂亚诺·卡兰萨政府为墨西哥事实上的政府。1916 年 3 月,美国任命新的驻墨西哥的大使,从法律上正式承认卡兰萨政府。

在威尔逊"新外交"背后当然还有旧外交存在,美国继续把西半球视为美国的势力范围,并对拉美国家进行干涉。从这一点来看,"新外交"无疑是虚伪的,但新外交也并非毫无新意或仅仅是掩饰美国意图的幌子,它体现了威尔逊对外交事务的新思考,预示着美国将以不同于欧洲的方式处理国际关系。实际上,"伪善常常是提出新准则的前奏"。② 威尔逊在战争结束前提出的旨在实现持久和平的国际关系新秩序就是这样的"新准则"。

在威尔逊看来,欧洲大战的根源在于"旧秩序",或者说旧制度。旧秩序包括国内和国际两个方面:就国内而言是专制制度,专制制度使一个国家的外交政策不受人民的控制,而取决于君主的意志,成为君主野心和反复无常的情感的牺牲品,也就是说,糟糕的国内政治导致了糟糕的对外政策;而国际方面则是建立在武力原则而非道德原则之上的旧外交和旧的均势体系。简言之,旧秩序,包括专制制度和弱肉强食的国际体系,是战争

---

① Samuel F. Bemis, *A Diplomatic History of the United States*, New York: Henry Holt and Company, 1955, p. 547.

② Tucker, "Woodrow Wilson's 'New Diplomacy'," *World Policy Journal*, Vol. 21, No. 2, Summer 2004, p. 106.

的根源。威尔逊在 1916 年 10 月竞选演说中对欧洲旧外交进行猛烈的批评。威尔逊提出，欧洲各国不断增长的相互猜忌、联盟体系以及复杂的阴谋与间谍之网使整个人类大家庭陷入难以摆脱的罗网之中，最终导致战争的爆发，"如果战后这一切又恢复，那么迟早会爆发另一场这样的战争，因此这场战争应该是最后一次这样的战争"。① 战后在争取舆论支持国联盟约的演讲中，威尔逊继续批评战前的旧秩序，指出 "旧秩序不是依赖人类普遍的道德判断，不是把政策建立在国际正义基础上，而是建立在国际权力基础上"，其结果就是把不同的国家吸引在一起组成相互对抗的武装集团，形成所谓的力量均衡。威尔逊说:"注意一下（力量均衡）这个词语吧。它不是你在正义的法庭上试图维持的均衡，均衡的尺度不是正义，而是武力（force），是一个强大的武力去抗衡另一个强大的武力。世界上的每一项国际政策的制定都是为了某一更强大的国家获得利益，或者是德国的利益，或者是英国、意大利、日本的利益。"② 在威尔逊看来，随着大战的爆发，"旧秩序已经过去了，没有人能重建它"，在旧秩序废墟上建立的应该是"新秩序"。③

　　早在 1914 年 8 月大战刚爆发时，威尔逊就与其妻弟谈到他对未来世界的构想，包括:不允许任何国家再通过征服的方式获得一寸土地;必须承认国家无论大小一律平等;未来军火必须由国家来制造而不能由私人企业来制造;必须建立一个国际组织（an association of nations），各国为了保护每一个国家的完整而联合在一起，如果有国家打破这种联合将招致战争，即自动受到惩罚。④ 随着美国调停的失败和最终卷入战争，威尔逊越来越意识到，为了避免将来再发生把美国卷入的大战，战后必须按照美国自己的原则而不是欧洲的原则重建国际新秩序。1917 年 1 月 22 日，威尔逊在参议

① Speech Delivered at Cincinnati, Oct. 26, 1916, Wilson, *New Democracy*: *Presidential Messages*, *Addresses*, *and Other Papers* (*1913 – 1917*), Vol. 2, p. 381.

② "At Minneapolis, Minn. , Sept. 9, 1919," Woodrow Wilson, *War and Peace*: *Presidential Messages*, *Addresses and Public Papers* (*1917 – 1924*), edited by Ray Stannard Baker and William E. Dodd, 2 vols. , New York: Harper, 1927, Vol. 2, p. 67.

③ Ibid. , p. 69.

④ Thomas J. Knock, *To End All Wars*: *Woodrow Wilson and the Quest for a New World Order*, New York: Oxford University Press, 1992, p. 35.

院发表题为《没有胜利的和平》（Peace without Victory）的演讲，首次对其国际新秩序设想公开进行阐述。威尔逊谴责欧洲的帝国主义、黩武主义和均势政治，声称这些是大战爆发的根本原因。在威尔逊看来，在旧秩序下，国家间是相互猜忌和敌视的关系，结盟导致的是"国家间的权力争夺，使这些国家陷入阴谋和自私、敌视的罗网之中"，传统的均势带来的是"有组织的对抗"，而不是"有组织的共同和平"，在未来的世界上，必须以具有共同利益和目标的"力量共同体"（community of power）代替过去相互敌视的"力量均衡"（balance of power）。他说：

> 未来的和平和美国整个政策都取决于下面这一问题：目前的战争是在为一个公正和持久的和平而战，还是仅仅为了一个新的均势而战？如果它仅仅是一场争取新的均势的战争，谁会保证，谁能保证新的安排能带来稳定的平衡？只有一个安宁的欧洲才是一个稳定的欧洲。绝不能再有力量的均衡，而应该是一个力量共同体，不再有组织的对抗，而是有组织的共同和平。[1]

当时美国还没有参战，但是威尔逊提出，为了全人类的利益和持久的和平，美国必须参与未来和平的缔造，没有美国参加的媾和是无法保证未来世界免于战争的，而未来"和平的要素"必须"与美洲各国人民的政治信仰相一致"，即与美国的原则相一致。[2]

那么，什么是与美国人的信仰"相一致"的"和平的要素"呢？

第一个要素是国家间"权利的平等"。威尔逊提出，未来的和平应该是"没有胜利的和平"。"胜利"意味着胜利者把自己的条件强加给失败者，这样的和平只会留下"伤痛、怨恨和痛苦的回忆"，是建立在"流沙"之上的，而"没有胜利的和平"是不分胜者和败者的和平，是"平等者之间的和平"，"持久的和平必须建立在各国平等的基础上"，而且是不分大国

---

① "Essential Terms of Peace in Europe," Address to Senate, Jan. 22, 1917, Wilson, *New Democracy: Presidential Messages, Addresses, and Other Papers* (*1913–1917*), Vol. 2, pp. 410, 414.

② Ibid. , p. 408.

与小国、强国和弱国的"权利的平等"。[1]

第二个要素是民族自决。威尔逊在美国参战前就提出,"不承认和接受如下原则,没有和平能够持久,也不应该持久:政府所有正当的权力来自被统治者的同意,在任何地方都无权把一个民族从一个主权者交给另一个主权者,好像他们是财产一样"。[2] 1918 年 2 月 11 日在国会的演讲中,威尔逊明确地提出"自决"一词。他称"各民族的抱负必须得到尊重,只有得到人民认可之后才能对其进行统治和管理。自决不仅是一个词语,它还是行动必须遵循的准则",这场战争中的每一项领土安排必须"根据有关人民的利益而且为了他们的利益而做出"。[3] 威尔逊把"自决"(self-determination)与"自治"(self-government),也就是民主联系在一起,相信自决是民主制度的条件,而帝国统治是建立民主自治政府的最大障碍。威尔逊提出民族自决原则意在让德、奥、土、俄诸帝国统治下的少数民族独立,瓦解欧洲的帝国统治。他在 1918 年 1 月 8 日提出的"十四点"计划中详细讨论了德国占领的领土和俄、奥、土统治下少数民族自治和自决的问题。威尔逊还依据民族自决原则反对肢解德国领土,坚持保有德国的历史边界。当克里孟梭提出把德国的萨尔地区割让给法国以及劳合 - 乔治提出在萨尔建立一个独立的国家以阻止德国东山再起时,威尔逊表示坚决反对。他告诉克里孟梭:"由法国兼并这些地区没有足够的历史基础。"而对劳合 - 乔治的建议,威尔逊称:"我相信,在一个地区的人民没有要求的情况下给予其独立同把他们从一个主权国家转移到另一个主权国家一样,都是对民族自决原则的践踏。"[4]

在威尔逊的构想中,"自决"包括两方面的含义:一是指每一个民族(nation)都有权决定建立自己的国家(state);二是每一个民族都有权决定自己政府的形式,这一原则类似于人民主权。这里面争议最大,含义也最

① "Essential Terms of Peace in Europe," Address to Senate, Jan. 22, 1917, Wilson, *New Democracy*: *Presidential Messages*, *Addresses*, *and Other Papers* (*1913 - 1917*), Vol. 2, p. 410.

② Ibid., p. 411.

③ "War Aims of Germany and Austria," Address to Congress, Feb. 11, 1918, Wilson, *War and Peace*: *Presidential Messages*, *Addresses*, *and Public Papers* (*1917 - 1924*), Vol. 1, pp. 180 - 181.

④ Paul Mantoux, *The Deliberations of the Council of Four* (*March 24-June 28, 1929*), edited by Arthur S. Link, 2 vols, Princeton: Princeton University Press, 1992, Vol. 1, pp. 62, 67.

模糊的是民族（nation）的概念，如何界定民族？如何确定出现了一个新的民族？根据时人的理解，有两种"民族"（nation）：一是建立在种族和族群特性基础上的民族，支撑这种民族的观念是一种排他性的种族民族主义（racial nationalism）；二是建立在自由主义宪政民主基础上的民族，信奉包容性的公民民族主义（civic nationalism），美国是这种民族的典型。这两种观念都影响到威尔逊的思想和他对民族自决的界定，威尔逊把二者结合起来，认为民族既有族群基础，也应该有政治和法律基础。他只同意在德、俄、奥、土统治下的欧洲少数民族有权自决，建立自己的国家；而对欧洲以外的在欧洲列强和日本统治下的殖民地，他认为缺乏自治能力不能自决。

　　在欧洲少数民族自决问题上，威尔逊后来也有所后退。他意识到，不可能完全按照民族自决原则让欧洲各国的少数民族独立，因为民族混居的情况在欧洲相当普遍，如在奥地利和捷克都有日耳曼人，中欧和东欧国家居住着大量犹太人，完全贯彻自决原则将导致欧洲各国疆界的重新划分，并加剧族群和文化冲突。1919 年 1 月，他对英国人斯普林 - 赖斯（Spring-Rise）说："这一原则如果被推向极端可能意味着现存的很多政府在不同程度上会瓦解，逻辑是一个强有力的好东西，但是如果不考虑现实的环境，逻辑可能会导致危险的后果。"国务卿蓝辛在给威尔逊的一份备忘录中说得非常中肯，表示他不知道对于爱尔兰人、印度人、埃及人和南非的布尔人来说，自决究竟意味着什么，对叙利亚与巴勒斯坦又会发生什么，自决原则又如何适应犹太复国主义。蓝辛称"这一说法充满着危险，它激起人们的希望，而这些希望却永远无法实现"。后来在巴黎，威尔逊进一步认识到应用这一原则的困难，他承认第一次谈论自决的时候，他没有意识到有这么多的民族声称有自决权。①

　　第三个要素是公海自由。威尔逊提出"公海自由是和平、平等和合作的必要条件"，"海上航行无论是在法律上还是事实上都应该是自由的"，每个国家都有权"自由地使用开放的世界商业通道"，"国家之间自由的、

---

　　① Schulte-Nordholt, "The Peace Advocate out of Touch with Reality," Paterson and Merrill, eds., *Major Problems in American Foreign Relations: Documents and Essays*, Vol. 2, p. 58.

不间断的、不受威胁的交流是和平与发展过程不可分割的一部分"。①

第四个要素是裁军。为了确保海上自由,威尔逊提出,各国之间应该限制海军军备和加强海军合作,同时不仅海军,所有类型的军备都应该限制,否则就不会有"安全感和国家之间的平等"。② 在1918年1月8日的演讲中,威尔逊提出各国"相互保证各国军备将裁减至符合维持国内安全的最低点"。③

威尔逊称,"这些就是美国的原则,美国的政策。……它们也是人类的原则",美国人民和政府将在这些原则基础上"与其他文明国家一道来确保永久的和平"。④

1918年1月18日,威尔逊在美国国会发表演讲,再次阐述美国提出的和平条件,威尔逊称为"世界和平纲领",俗称"十四点",并将其作为交战双方谈判的基础,要求各交战国接受。在这次演讲中,威尔逊除了重申和进一步阐述国家权利平等、民族自决、公海自由、裁减军备等原则外,还提出公开外交、自由贸易和建立普遍性的国际组织——国际联盟,并将这些作为战后和平的基础。

公开外交是指"公开地缔结公开的和平条约,缔结后不得有任何种类秘密的国际谅解,外交活动也必须总是坦诚地、在公众的监督下进行"。⑤

自由贸易是指各国"尽可能地消除一切经济壁垒,在所有支持和平并与其他国家一道维护和平的国家间建立平等的贸易条件"。⑥ 美国实际上是要摧毁原来各帝国与其殖民地之间的特殊贸易安排,让各国在相同的基础

---

① "Essential Terms of Peace in Europe," Address to Senate, Jan. 22, 1917, Wilson, *New Democracy*: *Presidential Messages*, *Addresses*, *and Other Papers* (*1913 – 1917*), Vol. 2, p. 412.

② Ibid. , p. 412.

③ The Fourteen Points Speech, Address Delivered at a Joint Session of the two Houses of Congress, Jan. 8, 1918, Wilson, *War and Peace*: *Presidential Messages*, *Addresses*, *and Public Papers* (*1917 – 1924*), Vol. 1, p. 159.

④ "Essential Terms of Peace in Europe," Address to Senate, Jan. 22, 1917, Wilson, *New Democracy*: *Presidential Messages*, *Addresses*, *and Other Papers* (*1913 – 1917*), Vol. 2, p. 414.

⑤ The Fourteen Points Speech, Address Delivered at a Joint Session of the Two Houses of Congress, Jan. 8, 1918, Wilson, *War and Peace*: *Presidential Messages*, *Addresses*, *and Public Papers* (*1917 – 1924*), Vol. 1, p. 159.

⑥ Ibid. .

上进行贸易，实现市场的开放。这实际上是用美国式的门户开放和经济全球化来代替欧洲殖民帝国维护的封闭经济体系。在威尔逊看来，和平还必须建立在新的国际经济秩序基础上，也就是门户开放资本主义基础之上。

而建立普遍性的国际组织的目的是"让各国不论大小相互确保政治独立和领土完整"。① 在 1916 年 5 月 27 日的演讲中，威尔逊首次公开宣称，美国支持建立一个国际联盟以确保各国的主权和领土完整，实现民族自决和维护世界和平。② 在 1916 年 10 月的演讲中，威尔逊又提出"我们的责任是把这个国家的全部力量，无论是道义的还是物质的力量，交给国联，国联将确保不让任何人在没有把自己的问题提交给世界舆论之前扰乱世界和平"。③ 他认为，美国在战后为了保障自己的安全，要么是"武装的孤立"，要么是与其他国家结成"和平的伙伴关系"，而加入国联就是选择后者。④

在威尔逊看来，国联这样的战后国际组织与传统的结盟和均势机制是不同的，它将把世界各国联合起来，组成一个"力量共同体"来维护和平，而不是把世界分为不同的集团，通过"力量均衡"（均势）来实现和平。有了这样的国际组织，各国就不用担心遭受侵略，庞大的军备也就不必要了。国联维护和平的主要手段是仲裁、裁军、舆论谴责和集体制裁。威尔逊特别重视国联的道义影响力，认为国联之所以能够维护世界和平是因为国联可以动员世界舆论，也就是通过人类的道义力量阻止侵略性的战争，维护和平。1918 年 12 月在巴黎大学的演讲中，威尔逊说：

> 我对国联的理解是这样的：它将作为全世界人民有组织的道德力量而发挥作用，无论何时何地有人在筹划或密谋恶行或侵略，人类锐利

① The Fourteen Points Speech, Address Delivered at a Joint Session of the Two Houses of Congress, Jan. 8, 1918, Wilson, *War and Peace: Presidential Messages, Addresses, and Public Papers* (*1917 - 1924*), Vol. 1, p. 161.

② First Commitment to the Idea of a League of Nations, Address before the League to Enforce Peace, May 27, 1916, Wilson, *New Democracy: Presidential Messages, Addresses, and Other Papers* (*1913 - 1917*), Vol. 2, p. 188.

③ "America and the Rights of Humanity," Speech Delivered at Omaha, Oct. 5, 1916, Wilson, *New Democracy: Presidential Messages, Addresses, and Other Papers* (*1913 - 1917*), Vol. 2, p. 348.

④ Address at Coliseum, St. Louis, Mo., Sept. 5, 1919, Wilson, *War and Peace: Presidential Messages, Addresses, and Public Papers* (*1917 - 1924*), Vol. 1, p. 640.

的良知之光将对准他们，全世界各地的人们会问道，你们筹划与世界的福祉背道而驰的行动的目的是什么？一点点揭露就会解决大部分问题。

威尔逊还举例说，如果当初同盟国集团敢在世界人民面前讨论这场战争的目的，哪怕只讨论两星期，这场战争就不会爆发，何况根据国联计划，以后任何国家打算发动战争将会有一年的讨论期，在这种情况下，战争是不可能发生的。[1] 1919年2月14日，威尔逊在把国联盟约提交给国会全体会议时说，"通过这一工具，我们主要依靠一个伟大的力量，那就是世界舆论的道德力量"。他提出，国联维护世界和平的主要方式就是揭露可能发动战争的国家的邪恶阴谋，将其置于"压倒性的世界普遍谴责的舆论阳光之下"，也就是利用舆论的力量防止战争；而"武力是后备力量"，"如果道德力量不够的话，才会使用物质力量"，因此"武力只是最后的手段"。[2]这表明威尔逊作为自由主义者对舆论力量抱有不切实际的幻想。

通过建立普遍性的国际组织代替过去的结盟和均势来维护和平是一种集体安全思想。集体安全是相对于过去欧洲国家追求一己之安全的个体安全思想而言的。在旧秩序下，各国把尽可能地增强自己的实力和通过结盟来维护本国安全视为最重要的目标，丝毫不顾及其他国家的独立与领土完整，甚至以牺牲其他国家的领土为代价来确保自己的安全。这种狭隘的安全观不仅没有保证自身的安全，相反，导致了欧洲不断爆发战争。在威尔逊看来，在一个相互依赖越来越深的世界里，真正的安全与和平必须通过相互确保安全才能实现，国联的宗旨就是各国不分大小相互确保各自的政治独立与领土完整。集体安全原则的贯彻需要建立一个国际组织，其成员承诺用谈判、仲裁、调解和司法等手段解决彼此的纠纷，并承诺使用经济、外交甚至军事手段来反对侵略者，维护成员国的领土完整。国联就是这样

---

[1] "At the University of Paris," Address at the University of Paris upon Receiving an Honorary Degree, Dec. 21, 1918, Wilson, *War and Peace: Presidential Messages, Addresses, and Public Papers (1917–1924)*, Vol. 1, p. 330.

[2] "Presentation of the Covenant of the League of Nations," Wilson, *War and Peace: Presidential Messages, Addresses, and Public Papers (1917–1924)*, Vol. 1, pp. 425–426.

的国际组织,它用更为法治化的、基于规则的权力管理和争端解决机制来取代旧的均势机制,成为威尔逊心中的"力量共同体"和"正义联盟"(a league of right)。[①]

在威尔逊心中,国联不仅能带来和平,还可以推动欧洲的民主化,削弱列宁的革命民族主义;同时国联还能充当美国领导世界的工具,通过这一工具,美国还可以获得物质上的利益和实际的好处。他在1919年9月圣路易斯的演讲中说:"如果我们加入国联,我可以预言,我们将是国联的高级成员。金融领导地位将是我们的,工业优势将是我们的,我们还可以获得商业上的好处。世界其他国家将指望我们的领导和指引。"[②]

除以上国际秩序原则外,在威尔逊的思想中,持久和平的实现必须建立在民主政治的基础上,因为尊重法治的负责任的政府是公正、和平的国际秩序的基石,而自由民主的政府才是负责任的政府。这一思想集中体现在1917年4月的宣战咨文中。在威尔逊看来,专制制度和独裁政府是战争的根源,而民主国家由于对外政策受舆论的监督和民主过程的控制,自然是爱好和平的。民主国家之间相互合作,组成伙伴关系就可以实现和平。他在宣战咨文中说:

> 对和平与自由的威胁在于存在受有组织的势力支持的专制政府,这些政府完全受这些势力的意志的支配而不是其人民意志的控制。……这场战争同过去不幸时代的战争一样,统治者在做出战争决定的时候并没有同人民协商,挑起和发动战争是为了王朝或一小撮野心勃勃的人的利益,他们习惯于把人民视为马前卒和工具。自治的国家不会派间谍遍布其邻国,或者通过实施阴谋的路线制造某种攸关的事态为自己提供可乘之机以便对邻国进行打击和征服,这样的计划只有在秘密情况下和人们不能提出疑问的地方才能被制造出来。……没有民主国家之间的合作,稳定一致的和平就无法保持。专制政府不会信守诺言,

---

① Address at Brussels, Jun. 19, 1919, Wilson, *War and Peace: Presidential Messages, Addresses, and Public Papers* (*1917 – 1924*), Vol. 1, p. 512.

② Address at Coliseum, St. Louis, Mo., Sept. 5, 1919, Wilson, *War and Peace: Presidential Messages, Addresses, and Public Papers* (*1917 – 1924*), Vol. 1, p. 640.

也不会遵守其条约义务。……只有自由的民族才会将他们的目标和荣耀系于一个共同的目的，并将人类的利益置于自己狭隘利益之上。①

他在演讲中提出了被广为传颂的名言："世界必须使民主享有安全，世界的和平必须建立在可信赖的政治自由的基础之上。"②

威尔逊对国际秩序的理解与他对美国国内政治的理解是一致的。他认为，和平是可以实现的，因为各个民族国家之间存在共同的利益，正如在民主国家个人之间存在和谐的共同利益一样。民主政治是建立在人民的自由基础上的，和平也必须建立在国家的自由之上，如果国际社会的组成成员都是自由的民族而不受独裁或军国主义政府所统治，和平自然就会到来。自由的民族追求和谐的共同利益，是和平的基础；独裁国家追求特殊利益，是战争的根源。

但威尔逊也明白，战后的国际新秩序应该是开放的，国联是普遍性的国际组织，所有的国家都可以加入国联，而不管其政府形式如何。威尔逊相信，民主浪潮正在席卷世界，全球变革正朝着民主的方向发展。用威尔逊自己的话说，"民主经受最后考验的时代已经来临"，民主的精神一定会"获得胜利"。③ 非民主国家加入集体安全体系后，会受到民主国家的影响，从而逐渐实现向民主的过渡。也就是说，国联的成功运作就会促进民主在世界的传播。因此，威尔逊在一系列演讲中虽然不断强调民主是和平基础，但是，威尔逊并没有坚持只有民主国家才能加入国联，无论是国联盟约的最初版本还是凡尔赛和会最后采用的版本中都没有"民主"一词出现。

以上就是威尔逊所设计的国际新秩序。威尔逊称，其整个计划所贯穿的只有一个原则，即"正义原则"，美国人民只会根据这一原则，而"不会根据其他原则来行动"，"为了捍卫这一原则，他们准备献出他们的生命、

---

① "For Declaration of War against Germany," Address Delivered at a Joint Session of the Two House of Congress, Apr. 2, 1917, Wilson, *War and Peace: Presidential Messages, Addresses, and Public Papers* (*1917 - 1924*), Vol. 1, pp. 11 - 12.

② Ibid., p. 14.

③ Wilson's 8th Annual Message, Dec. 7, 1920, Wilson, *War and Peace: Presidential Messages, Addresses and Public Papers* (*1917 - 1924*), Vol. 2, p. 514.

荣誉和拥有的一切"。① 在一定意义上说，威尔逊为美国对外政策注入了强烈的道德因素，用凯南的话说，威尔逊提出了处理对外关系的"法治主义—道德主义取向"。② 这是与欧洲权力政治现实主义不同的新路径。

威尔逊的外交思想通常被称为自由国际主义，其所倡导的国际秩序实际上是一种自由主义国际秩序。自由国际主义思想是启蒙思想，特别是自由主义思想在国际关系领域的应用，同时也根植于美国自身的政治实践与历史经验。

与对人性和国际政治持悲观看法的马基雅维利等现实主义思想家不同，18 世纪启蒙思想家对人性抱有乐观的态度，相信人的理性的能力，认为国际关系中邪恶的行为方式来自罪恶的政治生活，即君主专制制度，只有国内政治成为"理性统治"，即共和政治，外交才会摆脱"阴谋的艺术"。如狄德罗言道，"君主轻率盲目的情感"是战争、征服以及伴随而来的所有苦难的根源，而解决外交事务中这些罪恶的总办法是建立理性的统治（a rule of reason），即让人民来控制外交事务。③ 孔多塞、卢梭和康德都提出用共和或民主的办法来消除旧外交中的邪恶和非理性的成分，这样和平自然就会到来。杰斐逊等人在美国建国前后曾试图按照启蒙思想处理对外关系，倡导自由贸易，反对权力政治，在对外关系中引入道德标准，实行不同于欧洲外交的"新外交"，但由于当时美国还很弱小，是大国政治的局外人，"新外交"并没有得到充分的实践。④ 随着美国的强盛，威尔逊认为将英美政治中的自由主义思想应用到国际关系中的时代到来了，他把"理性统治"等同于民主政治，相信民主国家爱好和平；在经济领域，威尔逊认为，经济自由主义应该主导国家间关系，没有壁垒的自由贸易会促进国家间相互依赖，从而有助于国际合作与世界和平。

---

① The Fourteen Points Speech, Address Delivered at a Joint Session of the Two Houses of Congress, Jan. 8, 1918, Wilson, *War and Peace: Presidential Messages, Addresses, and Public Papers* (*1917 - 1924*), Vol. 1, p. 162.

② Kennan, *American Diplomacy*, p. 95.

③ Gilbert, "The 'New Diplomacy' of the Eighteenth Century," *World Politics*, Vol. 4, No. 1, Oct. 1951, p. 10.

④ 关于 18 世纪的新外交，参阅 Gilbert, "The 'New Diplomacy' of the Eighteenth Century," *World Politics*, Vol. 4, No. 1, Oct. 1951, pp. 1 - 38。

　　威尔逊自由国际主义思想还根植于美国的政治实践与历史经验，其中最重要的是组建联邦国家的经历和进步主义改革的经验。美国的建国之父们通过契约的方式，把原来相互竞争和猜忌的十三个拥有主权、自由和独立的邦联合起来，组建成联邦国家，从而摆脱了独立后十三州之间的无政府状态，也避免了欧洲那种由于权力集中带来的专制主义，使美国成为拥有各种不同族群和不同信仰的共和联盟。这一联盟既有效地维护了联盟内部的秩序，也成功地抵御了外部的侵犯。美国的国际主义者相信，第一次世界大战后国际秩序的崩溃使世界面临着类似 1776 年以后美国面临的形势和任务，即如何在相互独立和猜忌的国家之间建立起和平和秩序，而美国制定宪法和建立联邦的方式为解决国际秩序问题提供了模板。1918 年，威尔逊"顾问团"(Inquiry) 成员、犹太裔美国哲学家、国联协会全国理事会的成员霍勒斯·卡伦 (Horace M. Kallen) 说道，1776 年北美各独立邦所面临的形势"处于与目前世界各国和各个政府恰好相同的形势，原则上也面临恰好相同的问题"。① 1920 年，著名的国际法权威詹姆斯·斯科特 (James Brown Scott) 谈道，美国的制宪者实际上已经勾画出国际合作的范围和限度，虽然主权国家之间合作不会达到 13 个殖民地联合成美利坚联邦那种程度，但是他坚持认为"无论各国朝着更紧密的联盟能迈出多大的步伐，曾经详细研究过整个路线的美国宪法制定者的经验应该是他们的指路明灯"。②

　　如果说，组建联邦国家的经验还有些"古老"的话，那么美国卷入战争前正在如火如荼进行的进步主义运动则提供了眼前的经验。20 世纪初，美国的进步主义者通过政府的力量和理性的制度设计对无序的市场进行了规范，对大公司无法无天的行为进行约束，建立起有效的市场与社会秩序，促进了社会正义和公民自由。进步主义者相信，通过强大国家的联合和制度设计，国际社会各种无政府力量也可以得到约束，一个稳定、正义、和

---

① Horace M. Kallen, *The Structure of a Lasting Peace：An Inquiry into the Motives of War and Peace*, Boston, 1918, pp. 136 – 137.

② James Brown Scott, *The United States of America：A Study in International Organization*, New York, 1920. 转引自 David C. Hendrickson, *Union*, *Nation*, *or Empire：The American Debate over International Relations*, *1789 – 1941*, Lawrence：University Press of Kansas, 2009, p. 12。

平的国际秩序可以建立起来。战争爆发后，美国的进步主义者与和平人士就提出需要重新规定国际关系行为准则，在战后建立国际组织以代替过去的结盟体系，通过仲裁来和平解决国际争端，反映出那个时代美国人对改造国际关系和实现和平的前景的乐观。

威尔逊以外交决策者的身份成为自由国际主义思想的集大成者。迈克尔·曼德尔鲍姆把威尔逊比作"国际自由主义的亨利·福特"，"把人们已经发明的东西拿过来，然后以一种普遍可行的形式提供给世界"。[①] 最重要的是，威尔逊把这些思想从民间的主张变成美国的国家政策，并在国际关系中加以应用。如学者戴维·弗洛姆金所言，威尔逊向世界提供的愿景——永久和平、裁军、自由和正义——并非他的首创，教士、预言家和哲学家早在一千多年以前就已经提出，但是，

> 在 1918—1919 年间让人们惊喜的是人们这次不是在布道祈祷中发现这些东西，而是在政治纲领中。新奇之处还在于世界最强大国家的领袖承诺他的国家会尽最大的努力来实现它。对于欧洲人来说，新鲜的事情还包括这位总统不仅在解决他自己国家的关切，而且还在解决整个人类的关切。[②]

威尔逊筹划建立自由主义国际秩序在很大程度上是为了争取美国人民对美国积极参与国际政治的支持。威尔逊深刻地意识到，由于美国实力的增长和国家间相互依赖的加深，美国不可能继续孤立于世界之外，而必须改变外交路线，积极参与国际政治，但是美国长期的孤立主义传统及其对欧洲权力政治的厌恶使美国人不会接受以结盟或加入欧洲某一集团的方式卷入欧洲政治。也就是说，均势原则以及权力和利益话语无法说服美国人参与国际政治，而多边的世界秩序和集体安全原则更容易得到美国公众的支持。1918 年 12 月，威尔逊在英国曼彻斯特的演讲中说：

---

① Michael Mandelbaum，"Bad Statesman，Good Prophet：Woodrow Wilson and the Post-Cold War Order，" *The National Interest*，No. 64，Summer 2001，p. 35.

② David Fromkin，*In the Time of the Americans：FDR，Truman，Eisenhower，Marshall，MacArthur-The Generation That Changed America's Role in the World*，New York：Alfred A. Knopf，1995，p. 217.

你们知道,美国从建国开始就一直认为,她必须避免与欧洲的政治有任何联系,我想坦率地告诉你们,她现在对欧洲政治仍然没有兴趣,但是她对美欧之间基于正义的伙伴关系有兴趣。如未来对我们来说不过是通过均势维持世界安定的新尝试,美国没有任何兴趣,因为美国不会加入强权的联合,除非这种联合包括所有国家。她感兴趣的是世界的和平,而不是局限于欧洲的和平。[①]

1919 年 1 月 25 日,威尔逊在巴黎和会第二次全会上继续阐释这一看法,声称只有多边的集体安全原则才会得到美国的接受。他说:

由于有广袤的领土和漫长的海上边界,美国遭受敌人攻击的可能性要比这里的很多国家小,美国追求建立一个国际社会(society of nations)的热情——其热情是深厚和真实的——不是源于恐惧和忧虑,而是来自在这场战争中逐渐清晰的理想。在卷入这场战争的过程中,美国从未有片刻认为她正在干预欧洲的政治或亚洲的政治或世界任何地区的政治。……因此,如果战后仅仅成立一个机构来解决欧洲问题,那么美国会感到她在这场战争中扮演的角色是没有意义的,她会认为,她不应该参与保证欧洲的议和,除非这种保证是通过世界各国的联合来监管世界的和平。[②]

也就是说,威尔逊必须向美国民众表明,美国加入国际政治不是为了加入欧洲的某一方,维持或恢复欧洲的均势,而是为了普遍的人类自由和世界和平。实际上,美国参战后并没有与协约国结成同盟关系,而仅仅是与英法协同作战,威尔逊把与德、奥作战的国家称为"协约与伙伴国家",

---

① Address in Free Trade Hall, Manchester, Dec. 30, 1918, Wilson, *War and Peace*: *Presidential Messages*, *Addresses*, *and Public Papers* (*1917 – 1924*), Vol. 1, p. 353.

② "Make This League of Nations," Address before the Second Plenary Session of the Peace Conference, Paris, Jan. 15, 1919, Wilson, *War and Peace*: *Presidential Messages*, *Addresses*, *and Public Papers* (*1917 – 1924*), Vol. 1, p. 397.

而不是盟国，以表明美国的参战并没有背离华盛顿在告别词中确立的原则。威尔逊还试图把加入国联与美国传统上不与欧洲结盟的孤立主义政策相协调，不认为美国加入国联破坏了华盛顿在告别词中所确立的外交传统。1916年5月30日，威尔逊在内战纪念日演讲中说道：

> 我相信美国人民已经做好准备，成为任何将保证公共权利，反对自私侵略的国家联盟的伙伴。一些公共出版物提醒我注意华盛顿曾警告我们的事情，就好像我需要被提醒。他曾警告我们不要加入纠缠纷扰（entangling）的联盟，我自己永远也不会同意加入纠缠纷扰的联盟，但我会很高兴地加入一个没有纠缠纷扰（disentangling）的联盟——一个将使世界各国人民摆脱旨在追求单独和自私利益的联合，并团结世界各国人民在共同权利和正义基础上维护世界和平的联盟。……那里有自由，而不是纠缠纷扰的联盟。[1]

在1918年9月27日的演讲中，威尔逊重申"我们仍然在温习华盛顿反对'结成纠缠纷扰的联盟'的警告"，但美国加入国联不是与欧洲结盟，国联是一个"普遍性的联盟"（general alliance），它"为世界各国共同的谅解和维护共同权利创造了条件"。[2]

鉴于美对德宣战后德裔和爱尔兰裔的反战运动已经分裂了美国社会，威尔逊担心，战后建立双边联盟或排他性和歧视性的国际关系安排会造成国内不同族群之间的不和。美国卷入第一次世界大战前，英国驻华盛顿大使曾向伦敦报告说，威尔逊担心，美国明确站在哪一边会带来国内严重的

---

[1] "American Must Become Partners in the Guarantee of a Just Peace," Memorial Day Address Delivered at Arlington, May 30, 1916, Wilson, *New Democracy: Presidential Messages, Addresses, and Other Papers* (1913 - 1917), Vol. 2, p. 195.

[2] "Fourth Liberty Loan," Address Opening the Campaign for the Fourth Liberty Loan Delivered in New York City, Sept. 27, 1918, Wilson, *War and Peace: Presidential Messages, Addresses, and Public Papers* (1917 - 1924), Vol. 1, p. 258.

族群冲突。① 威尔逊主张"没有胜利的和平"在很大程度上也是出于国内种族和谐的考虑，把战后的安全秩序建立在没有双边联盟的普遍原则基础上可以避免国内族群对立，因为多边主义对每个族群的来源国都是有利的。

　　威尔逊的国际秩序思想深刻地体现了美国人根深蒂固的"例外"观念。西奥多·罗斯福和伍德罗·威尔逊都希望美国参与国际政治，以维护美国的安全和促进美国的利益。但是在如何参与，以及美国以何种角色参与问题上，两人的看法则有着根本的不同。罗斯福把美国视为一个与欧洲大国一样的国家，他试图使美国外交"正常化"，即欧洲化，像其他欧洲大国那样成为全球权力政治中的一员，通过维护全球战略均势来维护美国的安全，扮演大国的角色，使美国成为一个像英国和德国那样的强大帝国。而在威尔逊看来，美国要扮演一个与欧洲大国截然不同的角色，因为美国是与欧洲不同的独一无二的"例外"的国家。美国"例外"的思想使威尔逊极力把"旧世界"与"新世界"区别开来，试图用美国所代表的"新世界"的国际秩序准则来代替欧洲"旧世界"的准则。用历史学家劳埃德·安布罗修斯的话说，"威尔逊所希望是新世界的秩序（a *new world* order），而不仅仅是一个新的世界秩序（a new *world order*）"。②

　　当威尔逊把代表"新世界"原则的"十四点"作为未来和谈的基础要求协约国接受时，英、法、意等国并不愿意接受，它们在 1915 年已经签订了瓜分德国领土和殖民地的秘密条约，接受"十四点"无异于要它们放弃付出巨大代价获得的战利品。但美国威胁说，如果协约国方面不同意，美国将与德、奥单独谈判媾和并把协约国的战争目标公之于众。在这种情况下，英、法、意勉强同意以"十四点"为基础进行谈判。

　　但是，美国倡导的"新秩序"能顺利建立起来吗？

---

　　① Sir Cecil Spring-Rise, *The Letters and Friendships of Sir Cecil Spring-Rise: A Record*, edited by Stephen Swynn, Boston: Houghton Mifflin, 1929, Vol. 2, p. 254.

　　② Lloyd E. Ambrosius, "Democracy, Peace, and World Order," John Milton Cooper, Jr., ed., *Reconsidering Woodrow Wilson: Progressivism, Internationalism, War, and Peace*, Baltimore: Johns Hopkins University Press, 2008, p. 227.

四 新旧国际秩序观的冲突
与巴黎和会上的妥协

当大战结束的时候，不仅威尔逊，实际上包括欧洲的很多人都盼望，战后和平会议的任务不仅仅是筹划结束战争的条件，而且应该建立一种新的国际秩序来确保长久的和平。英法领导人也希望美国参与欧洲政治，加入欧洲的安全结构中，成为遏制德国阵营中的一员。他们担心的是美国对欧洲的抛弃，也就是重新回到孤立主义路线。克里孟梭在接受美联社采访时呼吁美国人民"放弃远离（欧洲事务）的传统做法"。① 威尔逊看到这一点，决心积极参与（欧洲）国际政治，与英法一道确保战后的持久和平。威尔逊在战争结束前后的一系列行动实际上也是为了让欧洲放心，美国不会抛弃欧洲，当然美国也不会主导欧洲，而是提供一种制度化的战后秩序。

不过，协约国方面虽然勉强接受以"十四点"作为谈判的基础，它们在和会上却并不打算按照美国的国际秩序观来缔造和平和重建战后秩序。实际上，它们持有与威尔逊截然不同的政治哲学和世界秩序设想，不相信威尔逊的道德理想主义，坚信国家之间的利益冲突是不可避免的，怀疑美国有大西洋保护，不会真正愿意承担维护欧洲和平的责任。

法国总理克里孟梭是一个经典的现实主义者，他相信人性是恶的，国际政治的根本原则是实力而不是道德。1916 年 5 月，克里孟梭在评论威尔逊在"实现和平联盟"（League to Enforce Peace）发表的演讲时嘲讽威尔逊没有看到人性之恶："造物主需要七天来安排各种生物，其中他最先造的那种生物（人）一出生就相互争斗，而威尔逊用一句有威力的话语就能制造出我们以前从未见过的人类，这种人的第一需要是爱和普遍的和谐。"② 在

---

① Lloyd E. Ambrosius, *Woodrow Wilson and the American Diplomatic Tradition*: *The Treaty Fight in Perspective*, Cambridge: Cambridge University Press, 1987, p. 75.

② Schulte-Nordholt, "The Peace Advocate out of Touch with Reality," Thomas Paterson and Dennis Merrill, eds. , *Major Problems in American Foreign Relations*: *Documents and Essays*, Vol. 2, D. C. Heath and Company, 1995, p. 60.

克里孟梭看来，国际政治的本质或者说战争的根源不是独裁或民主的问题，也不是民族自决的问题，而是实力的问题，法国要获得安全必须削弱德国，舍此别无他途。如果说威尔逊是从正义、权利等道德的角度思考战争与和平的问题，从抽象的原则推导出和平的条件，克里孟梭则把他对战争与和平的理解建立在经验基础上，认为国家之间的斗争实际上与国内制度无关，而只与实力的大小有关。在克里孟梭看来，这是一个霍布斯式的、无政府的、自私的世界，每个国家都追求自己的国家利益，甚至不惜以牺牲他国利益为代价，和平的基础在于均势。他认为威尔逊把德国政府与人民区分开来是可笑的。"对于克里孟梭来说，在德国并不存在一个'善良的'人民与'邪恶的'贵族，众多人的无辜与少数人的罪恶，民众的被动盲从与军国主义者的阴谋诡计，德国的罪恶是整个民族的，和约必须建立在这一结论上。"① 他尤其讨厌威尔逊的理想主义辞令，曾对威尔逊的密友豪斯上校说："你很实际，我理解你，但是与威尔逊谈话就像是在与耶稣基督说话。"②

在克里孟梭心中，只有实力而不是威尔逊所设计的国联式的超级议会能保证法国的安全和免遭德国的侵犯，也只有实力才能使德国屈服。因此，法国在和会上的目标是削弱德国，包括肢解德国、索取巨额赔款、解除德国武装、占领对法国安全至关重要的战略地区，以重建有利于法国的均势。他在和会召开前在英国演讲时说："有一种古老的联盟体系叫作均势，我不打算放弃这种联盟体系，它将成为我在巴黎和会的指导思想。"③ 1918 年 12 月 29 日，克里孟梭在法国国民议会的演讲中继续强调恢复欧洲均势和结盟体系的重要性：

我曾说过，存在（维持和平的）古老的方法，包括稳固而明确界定的

---

① K. J. Holsti, *War and Peace: Conflicts and International Order, 1648 – 1989*, New York: Cambridge University Press, 1991, p. 191.

② William C. Widenor, "The United States and the Versailles Peace Settlement," John M. Carroll and George C. Herring, eds., *Modern American Diplomacy*, Revised and Enlarged Edition, Wilmington, Delaware: Scholarly Recourses Inc., 1996, p. 46.

③ Ambrosius, *Woodrow Wilson and the American Diplomatic Tradition: The Treaty Fight in Perspective*, p. 54.

边界、军备和通常所说的均势。……今天这一体系似乎为高高在上的权威所谴责。但是我要说，如果由这场战争刚刚生成的均势早就存在，如果英国、美国、法国和意大利之间达成一致，宣称对它们之中任何一国的攻击就是对整个世界的攻击，那么这场战争本不会发生。……因此，对这种旧式的联盟体系，我们可以公开对你们说，我并不准备放弃。我参加会议的主导想法是，战后没有什么能将在战争中走到一起的四大国分开。为达成这样的协约，我愿意做出任何牺牲。①

克里孟梭相信，法国的安全在于尽可能地削弱德国以防其东山再起，而威尔逊的和平方案则会加快德国复兴的步伐。因此，威尔逊和平计划的每一方面几乎都遭到了法国的挑战：威尔逊设计的是普遍的裁军，法国希望的是裁减德国军备；美国希望建立的是普遍性集体安全组织，而法国试图建立的是决心防止德国东山再起的胜利者联盟；威尔逊设想德国只付出少量的补偿，而法国希望德国支付大量赔款；威尔逊坚持民族自决，法国则渴望肢解德国。法国甚至建议把国际联盟变成一个拥有国际军队和总参谋部的英法美军事同盟（类似于冷战时期的北约），以对付德国的崛起和保障法国的安全。这当然不会得到威尔逊的支持。

英国不乏对威尔逊的和平计划感兴趣的自由主义者，但是英国内部对如何缔造战后和平存在分歧。一些内阁成员希望尽可能地削弱德国，战后重建均势。在1918年的议会选举中，自由党和保守党支持的联盟提出的选举纲领就是报复德国，其口号包括"绞死德皇""让德国付出代价"。该联盟在大选中获胜后，劳合 - 乔治成为英国首相。海军大臣埃里克·格迪斯（Eric Geddes）爵士甚至说："我们将把德国这颗柠檬榨干，直到挤出籽来。"②

劳合 - 乔治同威尔逊一样，都受到自由主义的影响，其本人主张通过仲裁解决国际争端，对外交决策进行民主控制，支持建立战后国际组织。

---

① Ikenberry, *After Victory: Institutions, Strategic Restraint, and the Rebuilding of Order after Major Wars*, p. 133.

② Schulte-Nordholt, "The Peace Advocate Out of Touch with Reality," Paterson and Merrill, eds., *Major Problems in American Foreign Relations: Documents and Essays*, Vol. 2, p. 60.

他在 1918 年 1 月 5 日的演讲中提出英国作战的目的不是瓜分德国，"被统治者的同意必须成为本次战争中任何领土安排的基础"，持久和平的基础包括如下三个条件：重新树立条约的神圣性；基于自决权的领土安排；建立某种国际组织来"限制负担和军备，减少战争的可能性"。①

但英国政府对战争根源的理解仍然是基于历史经验，并且是实用主义的。外交大臣爱德华·格雷（Edward Grey）相信，萨拉热窝事件后，如果维也纳会议确立的欧洲协调与协商机制能够有效运行的话，战争本来是可以避免的，因此最重要的是建立一个强制性的协商机制，来解决国家之间的纠纷。因此，英国主要把战后国际组织作为一个以协商与协调为基础的冲突解决机制，是对传统均势原则的补充而不是代替。英国领导人并不相信威尔逊口中平等、正义、权利等抽象的原则能主导国际关系，国家的行为能真正以正义而不是利益为基础。他们仍然坚持大英帝国的利益至上，对威尔逊的民主共同体和集体安全兴趣也不大。国际关系学家卡列维·霍尔斯蒂对此概括说：

> 对他们来说，大战基本上没有改变什么，没有一个国际组织能够改变国际政治的永恒真理和大英帝国至高无上的战略利益。英国政府领导人中没有一个把国联视为保证帝国安全的传统战略的替代物。当然，国际联盟可以动员美国来维持一个新的欧洲均势。一个民主国家的联盟能够补充而不是取代传统英国战略。②

总的来说，英国把国联视为旧的联盟体系的新版本：它更强大、更稳定和更全面，而不是像威尔逊那样把国联视为处理国际关系的新路线。"威尔逊想把整个 19 世纪的外交大厦都扔到垃圾堆里去，但英国只希望对其进行某些制度化的改革。"③

---

① David Lloyd George, *War Memoirs of David Lloyd George*, Boston, 1936, Vol. 5, Appendix B, pp. 63 – 73.

② K. J. Holsti, *War and Peace: Conflicts and International Order, 1648 – 1989*, Cambridge, U. K.: Cambridge University Press, 1991, p. 196.

③ Ibid. , p. 194.

第一次世界大战媾和的核心是德国问题，如何使德国不再成为欧洲不稳定的因素和战争的根源成为战后协约国和美国考虑的关键问题。在法国看来，最有效的办法是肢解德国，尽可能地削弱它，使其没有力量发动战争，并通过条约和结盟的方式来制衡德国。而威尔逊则主张通过国联把德国纳入美国主导的战后集体安全体系，以此来约束和牵制德国。威尔逊并非没有看到德国问题的重要性，但是他相信，国联在美国的领导下可以解决德国问题：美国参与和领导国联本身就意味着用美国的力量牵制德国，因为加入国联后，美国与欧洲的均势自动地绑在了一起，这样欧洲的战争就可以避免，美国的安全也得到了保障；通过支持魏玛共和国，可以培育和壮大德国的民主力量，削弱支持战争的专制主义势力；通过把德国纳入全球自由贸易体系，使德国可以获得发展经济所需要的资源，其扩张野心自然也会削弱，同时把德国纳入自由主义经济安排和集体安全体系可以逐渐促使德国与欧洲一体化，从而彻底地消解德国问题。威尔逊的理想是，通过建立一个基于民主原则和正式机制的国家间共同体来实现和平。

显然，三大国领导人目标迥异。克里孟梭试图恢复旧的国际秩序——均势秩序，劳合－乔治试图对旧秩序进行有限的改良，威尔逊追求的则是用"新世界"的秩序取代"旧世界"的秩序，把国家政策建立在权利和正义的基础上，而不是建立在国家自私的利益和均势基础上。威尔逊寻求的是对国际观念和国际秩序的根本改变，是国际关系的革命，这一点与维也纳会议颇为不同。维也纳会议上的反法同盟在创建均势和维护正统原则方面有高度共识，而巴黎和会上的英、法、美等国领导人却持有差异巨大的外交哲学，对战争爆发的根源进行了迥然有别的诊断，对如何重建战后国际秩序设计了截然不同的方案。

除了与英法领导人思想上的分歧，威尔逊的和平计划在巴黎遭遇的障碍还有协约国在美国参战前达成的秘密条约和协定。俄国曾答应法国，战后把阿尔萨斯和洛林还给法国，法国还可以拥有萨尔谷地，并在德国的莱茵河左岸地区建立一个独立的缓冲国；意大利将获得奥地利的南蒂罗尔等大片地区，以及控制亚得里亚海；而日本将获得北太平洋上的德国属岛和继承德国在山东的权益；英国将获得德国在南太平洋的属地。

于是，在巴黎和会上，威尔逊与欧洲各国和日本进行了艰难的讨价还价，以确保他的战后和平计划能够实现，特别是国联能得以建立。威尔逊最看重的是国联，其他都是第二位的。在威尔逊心中，国联是他个人的纪念碑，一切问题都可以通过国联得到解决，如果世界有了一个可以防止战争和通过和平手段纠正错误的机制和组织，和会中的一些非正义行为就无关紧要。法国、日本和英国正是看中了这一点，迫使威尔逊做出种种让步，不断地从"十四点"原则上后退。实际上，国联成了协约国手中的人质，威尔逊必须付出巨大的代价才能保证它们不撕票——退出和会，拒绝加入国联。正如豪斯上校所言："事实是，他从一开始就最在意国联，其程度超过其他任何事情。这一点……被法国和日本利用到了极致，来从他那里获得让步，在某种程度上，英国也是如此，其结果就是这个和约。"① 最后，《凡尔赛和约》成为不同国家之间战后和平方案的大妥协。

威尔逊在一定程度上实现了他的计划和原则：使法国放弃了兼并萨尔谷地的要求，而代之以由国联暂时代管，协约国也承诺未来将在德国让出的土地上进行公决，以决定它们是否愿意回到德国；阻止了意大利对阜姆港的要求；挫败了克里孟梭分割莱茵区的企图和波兰对东普鲁士的要求；抵制了对德国的巨额赔款要求，实际赔款数额由一个包括美国代表参加的赔款委员会来决定，其结果就是把德国的赔款数额降低，由最初提出的承担所有战费——约 1200 亿美元，降至德国能承受的程度，1921 年，赔款委员会确定的德国赔款总额是 330 亿美元;② 民族自决原则在一定程度上得到了贯彻，欧洲出现了一批新国家，包括捷克斯洛伐克、波兰、南斯拉夫、芬兰、爱沙尼亚、拉脱维亚和立陶宛，巴黎和会后欧洲的政治地图比此前欧洲历史上任何时期都更接近与族群分布图相吻合；最重要的是，国联得以建立，而且国联盟约写进《凡尔赛和约》，成为媾和的一部分。

---

① Widenor, "The United States and the Versailles Peace Settlement," Carroll and Herring, eds., *Modern American Diplomacy*, p. 43.

② Samuel E. Morison, Henry S. Commager and William E. Leuchtenburg, *The Growth of American Republic*, Oxford, U. K.：Oxford University Press, 1980, p. 402；Paterson, *American Foreign Policy：A History*, 1983, p. 285.

　　但是，威尔逊在和会上做出的让步也是巨大的，很多条款违背了他提出的"十四点"原则：德国和土耳其的殖民地交给英、法、日实行委任统治，虽然国联有权对之进行监督，但委任统治不过是殖民统治的变种；当日本威胁退出和会，不加入国联的时候，威尔逊在山东问题上做出了让步，日本获得了原来德国在山东的权益，这显然违背了美国长期奉行的保持中国领土完整的原则，并构成对民族自决原则的极大践踏；协约国在战时签订的瓜分德奥领土的密约部分得到了实现，包括法国获得萨尔煤矿的开采权，意大利从崩溃的奥匈帝国手中获得了南蒂罗尔和的里雅斯特，结果把22.5万奥地利人并入意大利，显然违反了民族自决原则；德国东部边界被重新划分；德国被剥夺了所有海外殖民地和大片领土，被迫接受发动战争的罪责，并承担巨额的战争赔款。为了说服法国放弃在莱茵地区建立缓冲国的计划，威尔逊不得不与法国签订保障条约，承诺美国会保护法国免受外来侵略。尽管后来美国参议院没有批准该条约，但这一特殊条约的签订本身就是对威尔逊国联思想的一记耳光，因为实际上它暗示了国联可能是无效的，因此需要美国提供单独的、特殊的保障。

　　凡尔赛的和平是有缺陷的和平。在德国人心中，这不是"没有胜利的和平"，而是"胜利者"的和平，甚至是"迦太基式的和平"(Carthaginian peace)，德国人心中埋下了屈辱和仇恨。但在威尔逊看来，只要有国联，这些问题都可以得到纠正。

　　威尔逊在和会中做出的让步是否可以避免？换句话说，威尔逊是否尽了最大努力来阻止其和平计划在和会中遭到破坏，特别是在领土和赔款问题上？赞扬威尔逊的人认为，威尔逊在那种十分困难的形势下，运用自己的策略实现了"十四点"中的大部分目标，特别是在欧洲确立了民族自决原则，建立了国联，他已经尽了自己最大的努力。批评者说，威尔逊善于夸夸其谈，却缺少政治谋略，他本该运用美国巨大的经济实力，对欧洲施加压力，特别是利用贷款和贸易手段迫使欧洲做出让步，甚至可以威胁拒绝在和约上签字。但他却没有这样做，一味地担心其他国家退出和会，天真地把纠正和约弊病的希望都寄托在国联身上。而在威尔逊自己看来，他已经尽力了。威尔逊卸任后曾痛苦地对历史学家威廉·多德(William E. Dodd)说："我还能做什么？我是在十分困难的境地谈判。人们认为我能控制一切，我多么希望我有这样的力量。"①

五　国联之争与关于美国国家身份的大辩论

威尔逊的种种让步虽然保证了和约的最终达成，但在美国国内却造成了巨大分裂。1919 年 7 月 10 日，威尔逊将和约送交参议院，请求国会批准。96 位参议员分裂为 4 个集团:忠于威尔逊的民主党人，约有 40 人，主张无条件通过和约，为"非保留派"，被称为"强硬国际主义者"(strong internationalists);以弗兰克·凯洛格(Frank B. Kellogg)为首的"温和保留派"(Mild Reservationists)，约有 13 人，都是共和党人，主张对和约，主要是国联盟约进行一定的修改;以参议院对外关系委员会主席亨利·卡波特·洛奇(Henry Cabot Lodge)为首的"强硬保留派"(Strong Reservationists)，包括约 20 位共和党人和少量民主党人，主张对盟约做大的修改;以及 16 个"不妥协分子"(Irreconcilables)，大多为共和党人，以威廉·博拉(William E. Borah)为首，完全反对美国加入国联，坚决拒绝国联盟约。②

反对和约的人把矛头对准国联盟约第十条，该条规定:联盟会员国有尊重并保持所有联盟各会员国领土之完整及现有政治上之独立，以抵御外来侵犯之义务，如遇此种侵犯或出现此种侵犯之威胁或危险时，行政院应提出履行此项义务之方法。③反对者认为该款内容损害了美国主权，特别是国会的宣战权，这一点是那些奉行孤立主义的"不妥协分子"绝对不能接受的，也遭到洛奇等人的反对。洛奇等人提出多项保留案，其中针对第十条的保留案最为关键:除非得到国会授权，美国不承担维护他国领土完整和政治独立之义务。而威尔逊坚称第十条确立的集体安全原则是国联的根本，不能有任何保留，支持民主党参议员反对该保留案。威尔逊在与参议院对外关系委员会对话时说:"第十条构成了整个盟约的脊骨，如无第十

①　W. E. Dodd, *Woodrow Wilson and His Work*, New York: Doubleday, 1932, p. 434.

②　Paterson, *American Foreign Policy: A History*, 1983, pp. 287 – 288.

③　Article 10 of the League Covenant, Thomas Paterson, ed., *Major Problems in American Foreign Relations: Documents and Essays*, Vol. 2: since 1914, Lexington, Mass. : D. C. Heath and Company, 1984, p. 70.

条,国联不过是一个有声势的辩论会而已。"① 参议院对附有洛奇保留案②
的和约和未附加任何修正案的条约分别进行了表决,均未通过。美国国会
最终拒绝了含有国联盟约的《凡尔赛和约》。

随后,威尔逊寄希望于 1920 年总统大选,把大选看作在国联问题上的
"全民公决",但"公决"的结果却是反对美国按照威尔逊的设想加入国联
的共和党人沃伦·哈定获胜,当选为总统。哈定上台后公开表示他的政府
"明确地、决定性地抛弃一切加入国联的想法,它现在不准备加入,无论是
从边门、后门还是地下室的门"。③

从表面来看,《凡尔赛和约》在参议院未获批准的责任在于洛奇与威尔
逊之间的个人恩怨、共和党参议员的党派偏见以及威尔逊不妥协的个性。
从这个意义上说,美国没有加入国联是一个由人的缺点和错误政策导致的
基督教式的悲剧,而不是由不可控力量造成的希腊式悲剧。

但是,把参议院对国联盟约的拒绝仅仅归因于个人的仇怨、党派纷争
和威尔逊的个性显然过于简单,美国拒绝加入国联还有着深刻的社会背景
与思想根源。

---

① A Conversation with Members of the Senate Foreign Relations Committee, Tuesday, Aug. 19,
1919, Arthur S. Link, ed., *The Papers of Woodrow Wilson*, Princeton: Princeton University Press, 1987,
Vol. 62, p. 343.

② 洛奇保留案共包括 14 项内容:(1) 当美国退出国联时,完全由美国判定它是否已经完成
盟约所规定的国际义务;(2) 除非经国会授权,否则美国不承担第十条或任何其他条款规定的此
类义务:维护其他国家领土完整与政治独立,或参与任何国家之间的争执等;(3) 未经国会表决,
美国不承担委托管理的义务;(4) 国联理事会或大会不得讨论国内问题;(5) 宣布门罗主义"完
全在国际联盟权限之外"并完全不受条约任何款项的影响;(6) 美国不同意对山东的解决办法,
并保留完全的行动自由;(7) 保留国会制定任命美国驻国联代表的法律的权利;(8) 未经国会批
准,赔款委员会没有干涉美德之间贸易的权利;(9) 美国在国联的费用必须依据由国会颁布的拨
款法案支付;(10) 在美国受到侵略的威胁或进行战争的情况下,美国有不受国联的任何裁军计划
的约束和增加军备的权利;(11) 美国保留允许居住在美国的破坏盟约国家的国民继续同美国国民
保持正常关系的权利; (12) 美国有管制美国公民的私人债务、财产、权利和利益的自由;
(13) 和约中的个别款项并不意味着准予或赞同任何违反美国公民权的行动;(14) 保护美国在国
联内不受整个大英帝国的任何不平等的表决的影响,不承认其自治领或殖民地的投票数。The
Lodge Reservations to the Ratification by the United States of the Treaty of Versailles, Ruhl J. Bartlett, ed.,
The Record of American Diplomacy: *Documents and Readings in the History of American Foreign Relations*,
New York: Knopf, 1954, pp. 470 – 472.

③ Bemis, *A Diplomatic History of the United States*, p. 657.

　　从社会层面来看，威尔逊失败的原因之一在于在国联辩论中他失去了曾拥护其战后和平计划的"进步的国际主义者"（progressive internationalists）的支持。这些人要么是对威尔逊的战时国内政策不满，要么是对威尔逊在巴黎和会中的妥协不满。

　　所谓"进步的国际主义者"是指主张美国参与国际事务，特别是战后国际秩序重建的进步主义者，包括女权主义者、和平主义者、社会主义者和各种改革人士，其中的领袖人物包括简·亚当斯、约翰·里德（John Reed）、马克斯·伊斯特曼（Max Eastman）、奥斯瓦尔德·维拉德（Oswald Villard）和莉莲·瓦尔德（Lillian Wald）。这些人士在大战爆发后支持美国的中立和威尔逊对战争的调停，在他们看来，如果欧洲的战争得不到控制，迟早会把美国拖进去，而一旦美国卷入战争，其各种进步主义改革计划也就无法实现。因此，他们在1916年大选中支持威尔逊，主张通过裁军、消除贸易壁垒、自决和建立国际协调组织来实现世界和平。在他们看来，国内改革的反对者与军国主义和帝国主义的鼓吹者是孪生兄弟。1917年1月27日，威尔逊在参议院的著名演讲吸收了很多进步国际主义者的主张，也受到进步国际主义者的欢迎和赞扬。

　　美国参战后，国内掀起反对德国和鼓吹极端爱国主义的热潮，"百分之百的美国主义"成为一时流行的口号。很多进步的国际主义者，包括和平主义者和左翼分子遭到镇压，一些反战分子被投入监狱，著名的社会主义者尤金·德布斯（Eugene Debs）因反战被判处十年监禁。邮政总监对反战出版物进行新闻检查，严重践踏新闻自由。大多数进步的国际主义者支持威尔逊的战争动员，但是坚决反对新闻检查和镇压异见人士，谴责政府行为践踏公民权利，并认为这一切都应该由威尔逊负责。在1916年大选中曾支持威尔逊的中左联盟由于反对威尔逊的国内政策而解体，并直接影响了1918年11月的国会中期选举，此次选举结果是共和党获得了参众两院的多数席位，并相应地控制了国会的各个委员会，威尔逊的宿敌洛奇成为参议院对外关系委员会的主席。战后，美国国内兴起"红色恐慌"，攻击的重点从德国威胁转为布尔什维克主义赤化危险，司法部长帕尔默对一些所谓激进分子进行镇压，严重践踏公民权利。在外交领域，威尔逊也遭到进步国际主义者的批评。他们认为，不论威尔逊的动机如何，实际上威尔逊在巴黎和会上背叛了"十四点"，对协约国让步太多。凡尔赛和平是胜利者的和平，而不是威尔逊所说的"没有胜利的和平"，国联将成为不公正和平的维护者。著名记者、和会期间担任威尔逊顾问的威廉·布里特（William C. Bullitt）批评威尔逊"没有把我们的战斗进行到底"，默许"世界遭受痛苦的各民族再次被投入到压迫、奴役和瓜分之中"，并愤而辞职。① 总之，在这些进步的国际主义者看来，无论是在国内还是在巴黎和会上，威尔逊都对反动力量做出了过多的让步，因此他们拒绝继续支持威尔逊的内外政策，导致国联盟约在参议院遭遇惨败。②

从观念层面来看，威尔逊失败的根本原因在于大多数美国民众还没有为美国参与欧洲政治和领导世界做好准备，他们仍然沉醉于 19 世纪的孤立主义，相信恪守华盛顿的"伟大准则"可以继续保障美国的安全。第一次世界大战后威尔逊是在缺乏可怕的国家安全威胁情况下谋求重建国际秩序和要求美国承担国际义务的，这一点与第二次世界大战后的形势截然不同。第二次世界大战后，苏联在地缘政治和意识形态方面的双重"威胁"使美国社会在美国是否应该卷入国际政治、重建国际秩序和领导自由世界方面获得了广泛的共识，但第一次世界大战后则没有这样的共识。美国社会在美国究竟应该扮演什么样的角色问题上并没有达成一致，甚至很多国际主义者也不愿意让美国承担维护欧洲安全的责任。正如历史学家理查德·利奥波德所言，"在追求与过去决裂时，总统走得太远，也太快，美国人民还没有准备好总统要求他们承担的道德领导责任或拥抱总统设想的那种类型的集体安全。在 1920 年，就像在 1898 年一样，普通公民认为，美国可以在作为一个世界强国的同时，继续坚持早期的那种外交习惯"。③

---

① William C. Bullitt to Wilson, May 17, 1919, Arthur S. Link, ed., *Papers of Woodrow Wilson*, Vol. 59, Princeton: Princeton University Press, 1984, pp. 232 - 233.

② 详见 Thomas J. Knock, "From Peace to War: Wilson's Battle for the League: Progressive Internationalists Confront the Forces of Realism," Dennis Merrill and Thomas Paterson, eds., *Major Problems in American Foreign Relations: Documents and Essays*, Vol. 2: since 1914, Boston: Houghton Mifflin Company, 2005, pp. 48 - 57。

③ Richard W. Leopold, "The Emergence of America as a World Power: Some Second Thoughts," John Braeman, et al., eds., *Change and Continuity in Twentieth-Century America*, Columbus, Ohio: The Ohio State University Press, 1964, pp. 23 - 24.

美国民众对世界事务的冷淡实际上从最初民众对战争的反应就已经露出了端倪。民众最初的反应是冷淡和不屑,认为这不过是欧洲没完没了的战争的重演,欧洲的战争与和平同美国的利益没有关系。威尔逊在动员民众支持美国对德宣战时,深知民众的这一心理,因此大量使用理想主义话语和道德主义言辞,把美国卷入欧洲事务说成是捍卫民主和实现正义的行动。威尔逊的核心说辞是:美国参战比作为旁观者更能发挥美国的影响力,从而建立一个公正合理的国际新秩序。"十四点"既是美国战争目标的宣言,也是一种宣传工具。而作为宣传工具,"十四点"既针对国外——削弱敌人的抵抗,也针对美国国内——说服美国人支持美国在战后领导国际事务。实际上,正是威尔逊的理想主义言辞使和平主义者和理想主义者认可美国对德宣战。但是,当美国民众发现巴黎和会并没有按照美国的理想主义原则安排战后和平的时候,就产生一种强烈的幻灭感。而威尔逊几乎从未从地缘政治的角度来论证美国参与欧洲事务的重要性,没有说明美国的安全需要欧洲的和平,而欧洲的和平需要美国的干预。沃尔特·李普曼在参议院拒绝《凡尔赛和约》后评论说:

> 他从未让美国人相信……其所谓的理想主义是同欧洲战略边疆和亚洲属地一样至关重要的国家利益。他虽然也说过多次,但是他从未真正领会如下思想:欧洲稳定的和平是美国民主的第一道,也是最重要的防线;就美国人民的安全和繁荣而言,欧洲问题的民主解决比世界上其他任何事情都重要。①

既然欧洲不接受美国的忠告,美国也不能改变欧洲肮脏的游戏规则,那么美国就没有必要去干预欧洲的事务。这是巴黎和会后美国民众的普遍心理。

实际上,国联大辩论反映出来的是美国崛起为世界大国之后,美国社会内部在对美国与外部世界的关系、美国的世界角色和国家身份的不同思考和巨大分歧。以威尔逊为代表的自由国际主义者、威廉·博拉为代表的孤立主义者和洛奇为代表的保守的国际主义者之间争论的核心是:美国要

---

① Walter Lippmann, "Assuming We Join," *New Republic*, Vol. 20, Sept. 3, 1919, pp. 145 – 146.

不要参与国际政治以及以什么样的方式参与国际政治，美国究竟在世界上应该扮演什么样的角色。

作为一位杰出的历史学家和政治学家以及具有重要影响的公共知识分子，威尔逊在世纪之交就已经敏锐地意识到美国实力的迅速增长和国际形势的巨大变化以及这种大变局对美国的意义。他在 1900 年 10 月就撰文提出"世界的新秩序正在展现在我们面前"，"一个新时代正向我们走来，就像一个毫无征兆、突然而至的幽灵一样"。[1] 与此同时，美国也发生了根本的变化，"一组在 125 年前摆脱英国统治的小邦，现在已经成长为一个大国"，特别是美西战争"深刻地改变了美国"，给美国带来"迅速的变化"，使美国"大踏步走进开放的世界舞台"。[2] 而正因为美国和世界都发生了巨大的变化，美国不能继续与世界事务"保持距离"，"继续奉行不偏不倚的中立原则"，[3] 而应"富有远见"，"看到世界的广大"，看到美国的"繁荣和影响正在不断扩大"，"调整自己以适应新形势"，"让新世纪讲述一个不同的故事"。[4] 在威尔逊看来，面对历史大变局，美国需要重新定义自己：美国不仅是自由的"灯塔"和共和的"典范"，还要在全球范围内担当自由的"捍卫者"和"世界领袖"。

威尔逊在第一次世界大战期间和战后的一系列演讲中极力把美国塑造成一个理想主义国家，以便与其他国家以及历史上曾经存在过的大国，特别是欧洲帝国相区别。他说："美国的诞生不是为了向世人展示在这个世界上有过一个有史以来最令人瞩目的积累和使用物质财富的榜样，而是为了向人类展示通向正义和自由的道路"，[5] "不仅应捍卫美国境内的自由，同时也要为美国之外的自由挺身而出"。[6] 威尔逊告诉美国人，"孤立的时代

---

① "Democracy and Efficiency," Arthur S. Link, ed., *The Papers of Woodrow Wilson*, Vol. 12, 1900 - 1902, Princeton: Princeton University Press, 1972, p. 12.

② "The Ideals of America," Link, ed., *The Papers of Woodrow Wilson*, Vol. 12, p. 216.

③ "Democracy and Efficiency," Link, ed., *The Papers of Woodrow Wilson*, Vol. 12, pp. 11 - 12.

④ Lecture at New-Century Club, Link, ed., *The Papers of Woodrow Wilson*, Vol. 12, p. 44.

⑤ "The League of Nations," Speech at Indianapolis, October 12, 1916, Wilson, *New Democracy*: *Presidential Messages, Addresses, and Other Papers* (*1913 - 1917*), Vol. 2, p. 358.

⑥ A Nonpartisan Address in Cincinnati, Oct. 26, 1916, Link, ed., *The Papers of Woodrow Wilson*, Vol. 38, p. 541.

已经一去不复返了",“不管我们如何选择，我们都肯定要在世界上扮演更大的角色"。① 杰斐逊提出的让美国充当自由的“榜样"，“先是在美国，然后通过美国的示范（让自由）扩展到世界各地"的主张已经不合时宜了，美国必须“运用自己的力量"积极促进自由的事业。1916 年，威尔逊在纪念杰斐逊日宴会上说:

> 你无法从托马斯·杰斐逊的事迹中获得榜样，杰斐逊领导的是一个刚刚为获得世界各国的承认而战斗的小国，没有物质实力，没有外国的尊重，没有获得财富的机会，也缺乏经受长期磨难的经历。托马斯·杰斐逊时代的环境与我们生活的这个时代的环境是不可同日而语的。②

在 1917 年 5 月 30 日阿灵顿国家公墓的演讲中，威尔逊进一步阐释说:

> 我们在一开始就说过，我们建立这个伟大的政府，以便渴望自由的人们可以有一个避难所和一个他们可以实现希望的地方。而现在，我们已经建立了这样的政府，已经保存了这样的政府，已经维护了这样一个政府的权力，我们现在要对全人类说:“我们建立这一政府不是为了我们自己单独来享有自由，因为我们现在准备帮助你们，在世界的战场上为人类自由的事业而战。"……在上帝的佑护下，美国将再一次有机会向世界证明，她生来就是为人类服务的。③

---

① “Fighting is the Slow Way to Peace," Address before the Salesmanship Congress, Detroit, Michigan, Jul. 10, 1916, Wilson, *New Democracy: Presidential Messages, Addresses, and Other Papers* (*1913 – 1917*), Vol. 2, p. 229.

② “These are Days That Search Men's Heart," Address at Jefferson Day Banquet, Willard Hotel, Washington, Apr. 13, 1916, Wilson, *New Democracy: Presidential Messages, Addresses, and Other Papers* (*1913 – 1917*), Vol. 2, pp. 141, 143.

③ “America was Born to Serve Mankind," Memorial Day Address at Arlington National Cemetery, May 30, 1917, Wilson, *War and Peace: Presidential Messages, Addresses and Public Papers* (*1917 – 1924*), Vol. 1, p. 53.

威尔逊称"上帝正在以他自己的方式创造一种可以让我们用来最好地为人类服务的方法",即让美国成为"上帝手中确保人类能安享自由的工具"。①

1920 年 12 月 7 日,在向国会发表的最后一个国情咨文中,威尔逊明确提出"在争取民主精神胜利的行动中扮演领导角色是美国的天定命运"。他说:

> 美国可以用两种方式促进这一伟大目标的实现。第一,在自己的疆界内通过制定和实施无可置疑的公正和平等的法律⋯⋯提供显示民主意志和威力的典范;第二,为单个国家的权利和正义挺身而出。民主的法则是为了保护弱者,世界上每个民主国家的力量都应该用来保护弱小民族,保护正在为其权利、为在国际大家庭中获得正当的承认和特权而斗争的国家。如果美国拒绝扮演(民主)卫士的角色,将给那些建立这一政府的⋯⋯伟大而忠诚的人们(指美国的建国之父们——引者注)带来拒绝(其责任)的耻辱。②

不难发现,威尔逊所塑造的美国自我形象和国际角色直接否定了乔治·华盛顿和约翰·昆西·亚当斯等人对美国角色的界定——"所有人自由和独立的真诚祝愿者",但"仅仅是自己自由和独立的捍卫者和维护者",而且"不到国外去寻找恶魔来消灭"。威尔逊实际上是要美国与这一传统角色决裂,不仅"捍卫"自己的自由,而且要到国外去寻找"恶魔"——自由的敌人——加以消灭,充当整个人类权利的"捍卫者",因为国外出现了危害自由的魔鬼和恶徒。

第一次世界大战结束后,在围绕缔造和平、建立新秩序和加入国联的一系列演讲中,威尔逊试图把美国的角色从自由的"卫士"进一步发展为"世界领袖"。威尔逊认为,美国应该承担起领导世界维护战后持久和平的

---

① Address to Confederate Veterans at Washington, Jun. 5, 1917, Wilson, *War and Peace: Presidential Messages, Addresses, and Public Papers* (*1917 – 1924*), Vol. 1, p. 55.

② Wilson's 8th Annual Message, Dec. 7, 1920, Wilson, *War and Peace: Presidential Messages, Addresses and Public Papers* (*1917 – 1924*), Vol. 2, p. 514.

责任,而国联可以让美国提供一种全球性的领导但又不至于使美国再次卷入欧洲的战争中去。威尔逊告诉美国人,美国是唯一有资格担当领袖角色的国家,"因为它从世界每一个文明民族中吸收血液,并且因同情和理解而能够明白世界各国人民的利益、权利、渴望和命运,美国是世界上唯一有此禀赋的国家……是唯一能在组织和平方面对世界进行富有同情的领导的国家"。① 而且,整个世界也盼望美国的领导,作为"唯一能让世界接受其领导和指引的国家",美国如果"不给予这种领导","就将是世界上最不负责任的民族"。② "世界将会经历一次情感的倒退,并做出极度心灰意冷的反应,从而导致普遍的犬儒主义",因为"人类没有其他地方可以指望"。③ 也就是说,美国不仅具有领导世界的能力和资格,同时也具有世界领袖的威望,所缺的不过是决心。

威尔逊还论证说,让美国担当"捍卫全世界自由和有序和平的领袖"其实是共和国缔造者们的期盼,"如果我们不能实现他们怀有和宣布的伟大目标,我们就不配称自己是他们的继承人","美国承受不起沦为其他国家通常占据的那种地位,仅仅成为众多争夺和追求自私利益的国家中的一员"。④ 他说:"上帝正在帮助我们",世界人民在"追随我们","我们应该去领导"。⑤ "美国实现自己使命的那一天已经到来了","她将领导世界摆脱一个世纪的纷争和苦难,让世界不会再陷入这长达一个世纪的苦难之中"。⑥ 如果美国不去领导,"那么美国的全部荣耀都会失去,美国的力量

① An Address at Auditorium, St. Paul, Minn. , Sept. 9, 1919, Wilson, *War and Peace*: *Presidential Messages, Addresses and Public Papers* (1917 – 1924), Vol. 2, p. 79.

② An Address at Minneapolis, Minn. , Sept. 9, 1919, Wilson, *War and Peace*: *Presidential Messages, Addresses and Public Papers* (1917 – 1924), Vol. 2, pp. 70 – 71.

③ An Address at Coliseum, Sioux Falls, South Dakota, Sept. 8, 1919, Wilson, *War and Peace*: *Presidential Messages, Addresses and Public Papers* (1917 – 1924), Vol. 2, p. 52.

④ "League of Nations as a Campaign Issue," Telegram to G. E Hamaker, Chairman of the Multnomah County, Oregon, Democratic Central Committee, May 9, 1920, Wilson, *War and Peace*: *Presidential Messages, Addresses and Public Papers* (1917 – 1924), Vol. 2, p. 484.

⑤ An Address at Minneapolis, Minn. , Sept. 9, 1919, Wilson, *War and Peace*: *Presidential Messages, Addresses and Public Papers* (1917 – 1924), Vol. 2, pp. 75 – 76.

⑥ An Address at Bismark, North Dakota, Sept. 10, 1919, Wilson, *War and Peace*: *Presidential Messages, Addresses and Public Papers* (1917 – 1924), Vol. 2, p. 100.

也会消散"。①

直到去世前三个月,威尔逊仍然劝说美国人"抛弃自私的利益,重新制定具有最高远理想和目标的国际政策,并以此来行动",并称"这样,也只有这样,我们才能回到美国真正的传统"。②

但是,对于博拉等"不妥协分子"来说,威尔逊为美国塑造的角色是绝对不能接受的,美国应该继续扮演自由榜样的角色,远离国际事务,用榜样的力量为世界服务。大多数"不妥协分子"是孤立主义者,他们主要来自中西部各州,相信欧洲是一个滋生腐败、阴谋和专制主义之地,一直对欧洲抱有深深的警惕,恪守华盛顿关于美国不要卷入欧洲政治的准则,担心国联那样的国际组织会成为欧洲和美国东部亲英的金融资本家集团的工具。博拉坚决反对美国加入国联那样的国际组织,认为这一国际组织是将美国置于"欧洲政治风暴中心"的阴谋。③ 他虽然支持威尔逊对德宣战,但他同时声称:

> 只有一个理由能足以让这个国家卷入战争,那就是我们的人民和自己国家的荣誉和安全。……我不加入十字军式的道德讨伐运动,也不寻求和接受同盟,我不愿意我国政府对其他国家承担义务。除非是为了我的同胞和他们的权利,为了我的国家和它的荣誉,否则我不会支持(我的国家)卷入战争。④

博拉根本不相信国联能够制止战争和维护和平,认为国联是欧洲帝国主义的工具,针对威尔逊"让民主享有安全"的说法,博拉认为国联试图使欧洲的帝国主义而不是民主享有安全。⑤ 他声称,即使救世主复临地球发

---

① An Address at Boston, Feb. 24, 1919, Wilson, *War and Peace: Presidential Messages, Addresses and Public Papers (1917 - 1924)*, Vol. 1, p. 438.

② "High Significance of Armistice Day," Wilson, *War and Peace: Presidential Messages, Addresses and Public Papers (1917 - 1924)*, Vol. 2, p. 541.

③ *Congressional Record*, Senate, 64th Cong., 2nd Sess., Vol. 54, Part 1, Jan. 5, 1917, p. 894.

④ *Congressional Record*, Senate, 65th Cong., 1st Sess., Vol. 55, Part 1, Apr. 4, 1917, p. 253.

⑤ Robert J. Maddox, *William E. Borah and American Foreign Policy*, Baton Rouge, La.: Louisiana State University Press, 1969, p. 62.

起支持组建国联的运动，他也会反对国联。① 另一位"不妥协分子"、来自伊利诺伊州的参议员劳伦斯·谢尔曼（Lawrence Y. Sherman）认为国联将被天主教国家所控制，甚至用于进行宗教迫害，因此"国联盟约背后实际上存在一个反动的力量，这一力量比普鲁士更致命，更狡诈，比未来的战争更危险"。② 他认为威尔逊走得太远，而"过于超前于时代的人同落后于时代的人一样糟糕，甚至更糟糕"。③ 来自密苏里州的"不妥协分子"、参议员詹姆斯·里德（James A. Reed）认为欧洲国家并不相信国联，相互之间也不信任，因此不可能带来威尔逊所希望的和平，欧洲希望美国加入国联是利用美国来谋求自己的私利：

> 他们想让我们取消欠我们的债务，他们想让我们为它们承担费用开支，他们希望我们加入（国联）是想当他们想在国联中以多数名义做某件事情的时候，美国的巨大力量将帮助他们完成。……未来的情况是我们将用我们的鲜血和财富去保证他们手中用一个世纪的时间聚敛的、自创世以来数量最大的赃物。④

"不妥协分子"也反对威尔逊促进民主的目标，认为这是不切实际的空想，美国不应承担这样的责任。里德称"让世界民主化是从人嘴里说出来的最没有意义的事情"。他说：

> 由谁来对世界进行民主化？通过什么手段实现民主化？参战的国家中除了我们自己是共和国外，只有一个共和国，其余都是君主国。很难想象在六七种贵族制度支撑下的六七位国王将把王冠从包括他们自

---

① Robert J. Maddox, *William E. Borah and American Foreign Policy*, Baton Rouge, La. : Louisiana State University Press, 1969, pp. 53 – 54.

② *Congressional Record*, Senate, 66ᵗʰ Cong., 1ˢᵗ Sess., Vol. 58, Part 2, 20 Jun. 1919, p. 1437.

③ Ralph A. Stone, "Two Illinois Senators among the Irreconcilables," *The Mississippi Valley Historical Review*, Vol. 50, No. 3, Dec. 1963, p. 457.

④ Senator James A. Reed of Missouri Summarizes Issue in Great League of Nations Debate, Nov. 1918, http: //truthbasedlogic. com/reed3. htm. （2009 年 8 月 18 日获取）

己在内的世界各地的君主头上摘下,把世界变成伟大的民主世界。谁会相信这一幕会发生?如果不是其人民起来反抗,没有一个国王会失去王冠,一些国家的人民一直在努力建立王位,我们扶植起来的一些国家(指第一次世界大战后新成立的波兰、捷克等国——引者注)是君主国或准君主国。①

里德称,那些战胜国并没有用自己的力量去促进民主的事业,相反却从事扩张和掠夺,"旧世界"是无可救药的:

　　在战争结束时我们看到的事实是,那些号称将成为世界民主化和解放弱小民族工具的国家攫取了世界各地无助人民的每英尺土地。作为大战的结果,英国获得的领土比罗马在最傲慢的恺撒时代占领的领土都要多;法国获得了比其本土大好几倍的土地;意大利得到其能力控制范围的一切;希腊目前正从事扩张其领土的战争。我们建立了一个新国家,这是我们帮助建立的第一个新国家,我们用神圣的国际主义泉水为其施洗,用新的人道哲学使其革新,我们把它命名为波兰,但是它做的第一件事就是用火与剑,进军300英里占领临国的领土,开始了征服行动。……在整个人类历史上,关于旧世界的国家从事掠夺和扩张政策的事实,再也没有最近事件提供的例证更完美了。②

在博拉看来,加入国联就是与欧洲国家结盟,就是"把自己卷入欧洲所有利害关系之中",就是陷入欧洲的武力争斗中,"从我们加入国联的那一天起,我们就会成为欧洲动乱和冲突中的一员"。③ 其结果将是美国沾染欧洲的腐败和堕落,失去自己的美德,美国的民主也会再遭到损害。博拉说:

---

① Senator James A. Reed of Missouri Summarizes Issue in Great League of Nations Debate, Nov. 1918, http://truthbasedlogic.com/reed3.htm.（2009 年 8 月 18 日获取）

② Ibid..

③ Wendy Wolff, ed., *The Senate Classical Speeches*, *1789 - 1989*, Vol. 3, p. 571, http://www.senate.gov/artandhistory/history/resources/pdf/BorahLeague.pdf.（2011 年 2 月 4 日获取）

你不可能把一个真正共和国的那些杰出美德与旧世界嘈杂的、毁灭的力量混合在一起后还能保持这些美德。你不可能把一个以自由为根本原则的政府与一个以武力作为首要法则的政府捆绑在一起的同时还希望保持前者。此二者永远是相互冲突的。……你很快会消灭自由的氛围，消灭对大众自治能力充满信心的环境，而只有在这样的环境里，民主才能够生长。我们可能成为世界上四大独裁者（指国联理事会的四大常任理事国美、英、法、日——引者注）之一，但不再是我们自己精神的主人。如果我们去寻求对世界的主导，与其他国家分享控制世界的荣耀，但却失去作为民主之魂的对人民的信任感，我们作为一个民族能得到什么呢？[1]

在博拉的心中，美国恰当的国际角色是充当"自由的灯塔"，而不是介入外国纷争和参与军备竞赛。他坚持认为乔治·华盛顿的对外政策仍然是美国"国家计划、目标和使命中至关重要的、必不可少的要素，放弃它就是对美国人民的背叛"。[2]

实际上，博拉等"不妥协分子"为美国规定的角色是继续远离国际政治舞台，充当世界的道德榜样，而不是所谓的"自由卫士"和世界领袖。

而洛奇等保留派更多地继承了19世纪末共和党人的外交思想。保留派并非是孤立主义者，他们不反对美国加入国际组织，相信美国的利益与海外的事态密不可分，美国已经崛起为世界大国，美国无法继续孤立于世界之外。他们主要从现实主义而非理想主义的角度看待美国的对外关系和美国的国际角色，不反对美国担任世界领袖，但是坚持认为美国担任世界领袖的目的是维护和扩大自己的权力和利益，而不是追求道德目标，做什么"自由的捍卫者"。他们反对美国在国际关系中追求理想主义的目标，也不相信输出民主可以带来和平。一些人对国际法和国际仲裁感兴趣，对集体安全原则却持怀疑的态度，反对美国承担保卫其他国家领土和主权完整的义务，坚持美国应该保留自己行动自由。他们信奉的是现实主义的国际主

---

① William E. Borah's Speech on the League of Nations, Nov. 19, 1919, http：//www. historycentral. com/documents/Borah. html. （2011 年 2 月 4 日获取）

② *Congressional Record*, Senate, 66th Cong., 1st Sess., Vol. 58, Part 9, Nov. 19, 1919, p. 8784.

义（realist internationalism），是一批"保守的国际主义者"（conservative internationalist）。① 而威尔逊等人信奉的是理想主义的国际主义（idealistic internationalism），是"自由国际主义者"（liberal internationalist）。

1919 年 3 月，洛奇在与哈佛大学校长艾博特·劳伦斯·洛厄尔（Abbott Lawrence Lowell）的辩论中称自己并不像传闻所说的那样反对建立任何形式的国家间联盟，相反，他"渴望世界上的自由国家联合在一个我们所说的联盟或法国人所说的协会里，尽一切所能来保证未来世界和平以实现普遍的裁军"。② 关于美国在国际事务中扮演什么角色，洛奇的看法与威尔逊有相似之处，即美国应该在缔造战后和平中发挥重要作用，美国具有领导世界的能力，应该担任世界领袖。洛奇在第一次世界大战刚刚结束的时候说：

> 我们不能在此时停止或是掉头。我们必须像我们共同赢得战争那样共同制定和约……我们不能逃避对那些正在建立有序政府的民族进行援助的责任，我们曾经帮助赋予他们自由与独立，因为除此之外，我们没有办法建立基本的保障，防止德国再次挑起世界战争。③

但是，在洛奇看来，美国要担任的世界领袖不应该是一个道德角色，而应该是一个权力角色。作为一个现实主义者，洛奇曾在美西战争前后作

---

① 这一时期保守的国际主义者主要是一些具有国际思想的共和党人，其中最有影响的是"实现和平联盟"的领导人、美国前总统塔夫脱和参议院对外关系委员会主席洛奇。他们的基本主张有：建立类似世界议会那样的国际组织，美国加入其中，世界议会可以修改国际法，利用仲裁和调解机制来解决国际纠纷。他们认为美国的利益与外部世界息息相关，美国继续孤立于世界之外已不可能，主张美国应该与协约国合作，在重建战后秩序方面扮演积极角色。他们在一定程度上支持集体安全，但是他们同时强调美国应建立自己的军备以及保留在国家利益受到威胁时采取独立行动的权利，因此反对国联盟约第 10 条。他们不关注民族自决，也不热衷于促进民主。Thomas J. Knock，"From Peace to War: Wilson's Battle for the League: Progressive Internationalists Confront the Forces of Realism," Dennis Merrill and Thomas Paterson, eds., *Major Problems in American Foreign Relations: Documents and Essays*, Vol. 2: since 1914, Houghton Mifflin Company, 2005, p. 50.

② Lodge vs. Lowell: *A Joint Debate on the Covenant of the League of Nations*, Symphony Hall, Boston, March 19, 1919, Reprinted from the Boston Evening Transcript Thursday, March 20, 1919, http://www. news. harvard. edu. /gazette/2004/03. 18/league_debate. pdf, p. 3.（2009 年 8 月 18 日获取）

③ *Congressional Record*, Senate, 65th Cong., 3rd Sess., Vol. 57, Part 1, Dec. 21, 1918, p. 725.

为麦金莱政府"大政策"（large policy）的支持者和帝国主义者，主张通过
领土扩张来增强美国的实力。进入 20 世纪后，洛奇虽然不再主张美国在海
外攫取殖民地，但仍然从权力政治的视角来看待国际关系，认为美国参与
国际政治的根本目的是维护和扩大美国实力与利益。在 1920 年参议院演讲
中，洛奇称"为世界服务的第一步是维护美国，如果你们愿意，你们可以
认为我自私、保守或反动，或用任何你们认为合适的形容词。但是我生来
是一个美国人，我终其一生都是美国人……我必须首先考虑美国"①。他在
与洛厄尔辩论时曾就国联第 10 条涉及的集体安全义务问题问现场听众：

> 是否做好了保证地球上每个国家的政治独立和领土完整、抵御外来
> 侵略的准备，是否准备把我们最优秀的年轻人——他们家庭的希望，整
> 个国家的希望——派往全世界去完成这一任务。（很多人回答："不！"
> 只有一位男士说"是"。）如果美国人民还没有做好准备来履行这一任
> 务的话，那么该条款就应在条约中剔除。②

洛奇反对威尔逊支持民族自决和在国外促进民主目标，反对按照自己
的形象去重塑世界，认为"孤芳自赏（unshared）的理想主义是一个极大
的危险"。在这一点上，他与博拉的思想是一致的。1920 年，洛奇在参议
院的辩论中说：

> 美国是世界的最佳希望，但是如果你让美国因与其他国家的争吵而
> 陷入利益的纷争之中，如果你让她卷入欧洲的阴谋诡计之中，你将会
> 消灭她拥有的善的力量（powerful good），威胁她的生存。让她在未来
> 的几个世纪中自由前行吧，就像在过去的岁月一样。强大、慷慨、自
> 信，她已经为人类做出了高贵的服务。如果我们遭遇挫折或失败，世

---

① Henry Cabot Lodge, "On the League of Nations", http：//www. aasd. k12. wi. us/VOS/Text
book_ Links/SS/7th/Audio/audio04. pdf.（2009 年 8 月 18 日获取）

② Lodge vs. Lowell: A Joint Debate on the Covenant of the League of Nations, Symphony Hall, Bos-
ton, Mar. 19, 1919, p. 5, Reprinted from the Boston Evening Transcript Thursday, Mar. 20, 1919, ht-
tp：//www. news. harvard. edu. /gazette/2004/03. 18/league_ debate. pdf.（2009 年 8 月 18 日获取）

界各地的自由和文明也将衰亡。①

洛奇认为，美国参与国际事务的程度应与其自身实力相称，更不能损害美国的主权和行动自由，美国不应该承担有损其主权或其能力所不及的义务。他认为威尔逊的政策是让美国承担不必要的义务，充当整个世界的仲裁人，是不明智的，也是有害的：

　　他（威尔逊）应该对那些战时与我们结盟的国家说："我们反对德国是为了保证世界的和平，而且只要做到这一点我们就满意了。就欧洲事务而言，你们（指欧洲国家）是决定者，所有欧洲事务在你们中间解决就行了，我们将会支持你们。当然，在问题涉及亚洲和非洲时，我们希望能有发言权，而且我们要求在自己的半球自行其是。"假如能够这样做，今天的形势可能就会完全不同。但是威尔逊先生已经承诺要成为欧洲所有问题的最后仲裁人，这使他本人和他的国家遭到了敌视，而且卷入了与美国利益无关的事务中。②

显然，洛奇希望美国有限卷入国际事务，而且美国卷入国际事务、领导世界不是为了实现道德目标——保证其他国家的政治独立和领土完整，而是为了保障美国安全与利益。

关于国联的大辩论深刻地反映了美国社会在美国的国际角色和国家身份问题上的分歧，当多数美国人不认可威尔逊为美国规定的"自由卫士"和"世界领袖"角色的时候，威尔逊让美国参与欧洲的事务、通过国联领导世界的抱负不可能得到支持。这是参议院拒绝国联盟约的最深层原因。实际上，第一次世界大战还不足以使美国人的国际思想经历根本的转变，在经历比第一次世界大战更大的苦难和灾难——第二次世界大战后，美国

---

① Henry Cabot Lodge, "On the League of Nations," http：//www. aasd. k12. wi. us/VOS/Textbook_Links/SS/7th/Audio/audio04. pdf. （2009 年 8 月 18 日获取）

② Lodge to Lord Charnwood, Jul. 2, 1919, Lodge MSS. 转引自 William C. Widenor, *Henry Cabot Lodge and the Search for an American Foreign Policy*, Berkeley：University of California Press, 1980, pp. 326 – 327。

人才完成了这种转变,在美国的国际角色和国家身份问题上达成了共识。

六 威尔逊的外交遗产与自由国际主义的影响

毫无疑问,威尔逊所设计的国际秩序以及通过这一秩序实现和平的目标在第一次世界大战后并没有实现。魏玛共和国很快被德意志第三帝国代替,东欧新独立国家的民主基础薄弱,法西斯主义在意大利上台;大萧条导致威尔逊极力阻止的经济民族主义重新得势,自由贸易原则死亡;国联和集体安全体系无法阻止意大利入侵埃塞俄比亚和日本占领中国东北,结果是权力政治不断腐蚀集体安全原则,最终导致第二次世界大战的爆发。威尔逊一手筹划的凡尔赛和平只维持了20年。按照能否维持持久和平的标准来衡量,和约无疑是一个失败,它没有给欧洲带来长期的和平,特别是与此前曾维持了欧洲一个世纪和平的维也纳会议相比,凡尔赛和会的失败更为明显。

那么,威尔逊是否应该为此负责?当第二次世界大战后人们反思战争根源的时候,总是把第二次世界大战的爆发与《凡尔赛和约》和威尔逊建立的国际新秩序联系起来。信奉现实主义的批评者认为,威尔逊天真地认为依靠国际舆论、国际法和国际组织可以制止侵略,忽视了国际政治是权力政治的这一"现实",把国际秩序建立在空中楼阁之上,因此应该为第二次世界大战的爆发负责。在现实主义者看来,美国恰当的政策应该是动员各种力量遏制德国的崛起,而不是促进民主和改变国际关系的性质。最有名的现实主义批评者是乔治·凯南。1950年,凯南在芝加哥大学演讲时称威尔逊沉醉于"不切实际的理想主义",幻想和平将建立在"能动员人类的良心和力量以反对侵略的国际联盟基础上",而"不是以旧式的力量平衡为基础",其结果是把和平"建立在流沙之上"。凯南称凡尔赛和平是"魔鬼亲手为其未来写好悲剧的和平"。①

而赞扬威尔逊的人则从自由主义立场出发,认为和约的失败和第二次世界大战的爆发不是因为威尔逊的天真,而恰恰是因为凡尔赛会议没有

---

① Kennan, *American Diplomacy*, pp. 67, 69.

贯彻威尔逊的思想，埋下了德国复仇的种子。也就是说，第二次世界大战的爆发不是因为威尔逊的国际秩序没有起作用，而恰恰是因为国际秩序并没有按照威尔逊的理想来构建。他们争辩说，1919 年的巴黎和会的最高任务是制订媾和的计划和重建国际秩序，那么如何建立和平？是像过去那样对战败者进行惩罚从而埋下仇恨的种子还是建立德国人民、法国人民和美国人民都支持的和平？答案只能是后者，《凡尔赛和约》是在 1919 年的形势下可能达成的最好的和平。战争爆发的原因不是因为凡尔赛和平不完美，而是美国拒绝加入国联，丧失了与英法等民主国家一起制止法西斯侵略的机会。世界最强大的国家拒绝承担国际义务，使国联未能按照威尔逊的设想去运作，假使美国加入国联，第二次世界大战本来是可以避免的。以研究威尔逊著称的知名历史学家阿瑟·林克（Arthur Link）认为，"战后时期的巨大悲剧不是《凡尔赛和约》的不完美，而是调和的力量由于没有美国的领导而不能采取迅速的行动，使法国和英国没有意志，也没有力量在 30 年代单独捍卫条约，最重要的是德意志人民服从承诺会迅速纠正《凡尔赛和约》带来的所有不公正的邪恶势力"。①

对威尔逊和凡尔赛和平的评价还涉及如何看待第二次世界大战爆发的根源。法西斯势力的崛起和第二次世界大战的爆发到底是因为凡尔赛的和平还是因为大危机？如果是后者，就没有必要责怪威尔逊。探究 1919 年的和平与 1939 年的战争之间的关系无疑是相当困难的，但是至少有两点是肯定的：一是凡尔赛的和平确实缺乏道德权威性，在德国人心中埋下了复仇的种子，当然这一种子只有在合适的气候条件下才会生长，而 1929 年的大萧条提供了合适的气候；二是如果美国加入了国联，虽然未必能避免战争的爆发，但至少美国可以与英法进行更好的合作以牵制德国和日本的扩张。

马基雅维利曾说过，如何处理被击败的敌人，只有两条稳妥的路线：要么彻底消灭他，要么非常慷慨大度地对待他，以至于他能成为你的朋友，任何中间道路都是灾难性的。②

---

① Arthur S. Link, "The Higher Realism of Woodrow Wilson," Paterson and Merrill, eds., *Major Problems in American Foreign Relations: Documents and Essays*, Vol. 2, 1995, p. 52.

② Widenor, "The United States and the Versailles Peace Settlement," Carroll and Herring, eds., *Modern American Diplomacy*, p. 46.

　　法国试图贯彻第一条路线,在和会上试图尽一切努力削弱德国,同时建立针对德国的同盟来制衡德国。如果从这一现实主义的标准来看,凡尔赛的和平是不成功的,德国并没有遭到太大的削弱,美国拒绝与法国结盟,同时在德国周围也没有建立起有效的牵制力量。战前,德国的西边是法国,东边有俄国,同时英国控制着海洋。而巴黎和会之后,法国削弱,俄国孤立,德国周边是一个个新出现的小国,根本无法抵制德国的崛起。实际上,巴黎和会后的世界可能比第一次世界大战前的世界更有利于德国的扩张。

　　而威尔逊试图走第二条道路,那就是慷慨地对待德国,把德国纳入美国为首的资本主义体系。但在巴黎,协约国显然没有这样对待德国,而是分割德国的领土,占领其全部海外殖民地,让德国承担发动战争的全部责任,索取在德国看来极不公正的巨额赔款。在德国看来,巴黎和会是在威尔逊理想主义伪装下的分赃会议,《凡尔赛和约》建立的是难以忍受的“迦太基式的和平”。

　　也就是说,在巴黎和会上,美国和协约国恰恰走了中间路线。历史学家 A. 伦廷说:《凡尔赛和约》是“女巫调制的适应人口味的什么成分都有一点的药剂……威尔逊主义的成分太少,不足以安抚德国,克里孟梭的成分太少,不足以威慑德国;威尔逊的成分足以招人轻视,克里孟梭的成分又足以激发仇恨”。[1] 其结果就是德国的卧薪尝胆和复仇战争。

　　如果从拿破仑战争后和第二次世界大战后缔造和平的经验来看,凡尔赛和平的这一缺陷就更为明显。同威尔逊一样,拿破仑战争后和第二次世界大战后的大国领袖都寻求在战后通过建立新的国际制度来维护和平,但是与威尔逊不同的是,他们同时又缔结了双边或多边的同盟,以吓阻潜在的侵略者和承担起保护可能的被侵略者的义务,从而稳定了国际局势,保持了长期的和平。也就是说,他们既欣赏国际制度的作用,同时又借助联盟的力量,同时运用现实主义和自由主义的手段,通过建立和维持战略均势以及外交协商机制,建立了稳定、和平的国际秩序,避免了大国之间的全面战争,维持了长期的和平。国际制度当然有助于和平,但是,光有国际制度是不够的,而且国际制度的成功运行和发挥作用通常也是建立在权

---

　　① Antony Lentin, *Lloyd George*, *Woodrow Wilson and the Guilt of Germany*, Leicester, England: Leicester University Press, 1984, p. 132.

力均衡（或霸权）基础上的。特别是在自由主义秩序还无法完全贯彻、民主国家共同体还无法马上建立的情况下，均势结构仍然是必要的。

但是，威尔逊面临的难题是，美国人民能支持美国加入欧洲的均势体系吗? 回答显然是否定的。这就是威尔逊的悲剧。他既不能克服来自欧洲的障碍，又不能克服来自美国国内的反对，前者反对威尔逊的自由国际主义，后者是憎恶欧洲的现实主义。

对威尔逊在政治上的成就众说纷纭，在凡尔赛和平的效果问题上更是见仁见智，但是人们对威尔逊思想深远影响的评价则基本上没有分歧。威尔逊或许是一个糟糕的政治家——他未能使自己亲手缔造的国联计划在国会通过，他缔造的凡尔赛体系只维持了 20 年的和平，但他绝对是一个伟大的思想家。从长远来看，威尔逊无疑是正确的，而且他提出的自由国际主义思想影响了整个 20 世纪的国际关系和美国对外政策。

英国法学家亨利·梅因（Henry Maine）爵士曾说过，"战争似乎同人类一样古老，而和平则是现代的发明"。① 和平的思想，也就是通过对国内社会和国际关系进行安排和重组以积极地缔造和平，而不是消极地把战争之间的间歇作为和平来被动地接受的思想起源于启蒙时代。从那时起，政治家和思想家们不断探索如何实现人类持久的和平，并形成了不同的思想流派。自古希腊以降，共有三种国际关系思想流派思考和平问题，即现实主义、自由主义和社会主义。② 三种流派在第一次世界大战后的代表人物分别是克里孟梭、威尔逊和列宁，其中影响最大的是威尔逊，其外交与国际思想被称为"威尔逊主义"（Wilsonianism）。③

---

① Henry Maine, *International Law*, London, 1888, p. 8 . 转引自 Michael Howard, *The Invention of Peace and Reinvention of War*, London: Profile Books Ltd, 2002, Frontispiece。

② Michael W. Doyle, *Ways of War and Peace: Realism, Liberalism, and Socialism*, New York: W. W. Norton & Company, 1997.

③ 威尔逊主义是学者对威尔逊外交与国际秩序思想的概括，劳埃德·安布罗修斯、弗兰克·宁科维奇和托尼·史密斯（Tony Smith）都曾使用该词。安布罗修斯把威尔逊主义概括为如下四个原则：（1）民族自决原则，包括国家主权和民主自治两个方面；（2）门户开放的全球化；（3）集体安全，体现在国联中；（4）进步历史主义，即对历史的发展抱有乐观的态度，相信可以建立公正的国际秩序。Lloyd E. Ambrosius, "Woodrow Wilson and World War I," Robert D. Schulzinger, ed., *A Companion to American Foreign Relations*, Oxford, U. K. : Blackwell Publishing LTD, 2003, p. 149.

威尔逊主义包括两个方面：一是国际秩序应该建立在自由主义原则基础上，包括集体安全、自由贸易、民主政府；二是美国应该奉行国际主义政策，积极参与国际事务并充当领导的角色。在威尔逊看来，在国外促进民主和民主共同体的扩大可以保障美国的安全；一个开放的、自由的世界经济体系不仅可以使美国经济获益，同时也可以保证整个世界的繁荣；世界和平的维护不能依赖均势，而应依靠集体安全原则和在此基础上建立的国际组织；而美国对世界的领导是实现这一国际秩序的关键。威尔逊主义把自由主义与国际主义相结合，因此又被称为自由国际主义，自由国际主义实际上是国内自由主义理念和实践在国际舞台上的投射。

威尔逊虽然在政治上失败了，但是他的一整套自由国际主义思想却产生长远的影响，并成为 20 世纪美国主导性的外交意识形态，为美国提供了对外政策的基本原则和方向。

首先，威尔逊对美国自我形象和国家身份的重塑改变了美国人对国家利益的理解，自由国际主义者开始把积极"促进民主"和"捍卫自由"视为美国的国家利益和道德责任。这一思想成为"威尔逊主题"，一直影响着后来的美国外交政策。自富兰克林·罗斯福以来的几乎每位总统至少在言辞上都把威尔逊主题作为其对外政策的主要目标之一，就像林登·约翰逊总统在林肯纪念日所宣称的，"历史和我们自己的成就已经把捍卫世界自由的主要责任赋予了我们"。[①] 美国国内的争论主要是围绕着如何践行"威尔逊主题"和实现威尔逊的理想，而不是威尔逊的理想是否值得追求。无论是民主党总统还是共和党总统在外交政策方面都声称是威尔逊主义者，连最不像威尔逊的尼克松也自称是威尔逊的信徒。近百年来，不断有批评者们指责威尔逊的理想主义把美国外交引上错误的方向，无助于在一个复杂的世界上维护美国的利益，但是不可否认的是，威尔逊的原则始终是美国外交政策的基石，"威尔逊主题"——美国负有在全世界"促进民主"和"捍卫自由"的责任的观念几乎从未受到挑战。用入江昭的话说，威尔逊主

① Richard Barnet, *Roots of War: The Man and Institutions behind US Foreign Policy*, New York: Atheneum Publishers, 1972, p. 19.

义是"当代历史强有力的界定者"。①

其次,威尔逊提出的自由主义国际秩序成为美国在 20 世纪推行的国际秩序的蓝本。威尔逊关于美国作为世界领袖的角色定位常常促使美国筹划建立所谓的"国际新秩序"。在 20 世纪的每次世界大战之后,美国领导人都会宣称要建立一个国际新秩序,无论是第二次世界大战结束时的罗斯福、哈里·杜鲁门,还是冷战结束后的乔治·布什、比尔·克林顿,而几乎每一次都以这样或那样的方式回到威尔逊的构想:把所谓的促进"民主"置于突出的地位,将开放市场、国际合作和集体安全作为新秩序的蓝本,并以理想主义的语言和道德辞令来描述美国在新的国际秩序中扮演的角色。②

如果把西奥多·罗斯福外交思想的命运与威尔逊主义的深远影响相比较,或许有助于我们理解威尔逊重塑美国身份所具有的意义。西奥多·罗斯福也是带领美国走出孤立的重要人物,但他主要是以地缘政治和维护均势的需要说服美国人卷入国际政治,与威尔逊诉诸美国理想和国家身份截然不同。第一次世界大战爆发后不久,罗斯福就呼吁美国应该重整军备,必要的时候加入协约国方面作战,他给出的理由是维护欧洲均势,以防止德国在获得欧洲霸权后染指美洲,威胁美国的安全,但罗斯福的呼吁没有得到任何回应。③ 反而是威尔逊以截然不同于罗斯福的理由带领美国走出孤立,实现了罗斯福让美国加入协约国一方作战的目标。而且,尽管罗斯福可能远比威尔逊深谙国际政治之道,但罗斯福的外交思想和国际政治谋略却很少被后来的美国领导人提及。典型的例证是,理查德·尼克松的外交

① Akira Iriye, *The Cambridge History of American Foreign Relations*, Vol. 3, The Globalizing of America, 1913 – 1945, Cambridge, U. K.: Cambridge University Press, 1993, p. 72.

② 例如,1990 年 9 月,乔治·布什总统就海湾战争向国会发表的演讲中称,"在这不同寻常、独一无二的大变动的关头","美国的领导地位是不可替代的",美国必须继续领导世界。而作为世界领袖的"责任"之一就是开辟一个"新时代",建立"一个世界新秩序",在新的世界里,"法治原则取代丛林原则","各国共同承担促进自由和正义的责任","强者尊重弱者的权利"。他称美国的将士们"正在与阿拉伯人、欧洲人、亚洲人和非洲人一道为捍卫原则和世界新秩序的梦想而战"。George Bush, "The Persian Gulf," Delivered before a Joint Session of Congress, Washington D. C., Sept. 11, 1990, *Vital Speeches of the Day*, Vol. 56, No. 24, Oct. 1, 1990, pp. 738 – 741.

③ 罗斯福自己也意识到他的理由无法说服民众"追随"他,美国人对他的想法没有"好感"。Kissinger, *Diplomacy*, pp. 42 – 43.

政策与西奥多·罗斯福非常相像，其国际谋略实际上体现了罗斯福的很多
思想，但尼克松却以威尔逊主义的传人自居，经常使用威尔逊式的语言和
论调，并在他的白宫会议室中悬挂了一幅威尔逊的战时肖像。这是相当耐
人寻味的。

　　基辛格对西奥多·罗斯福和伍德罗·威尔逊外交思想在 20 世纪的命运
曾有过这样一番评论：

　　　　就成熟的治国方略而言，在这两位美国最伟大的总统当中，罗斯福
　　的主张显然高明得多，但是，占优势的却是威尔逊。一个世纪之后，
　　罗斯福的成就固然没有被忘记，但却是威尔逊塑造了美国的思想。罗
　　斯福明白国际政治在当时参与世界事务的国家之间是如何运作的——他
　　是对国家体系的运作最有敏锐洞见的总统。但是，威尔逊把握了美国
　　动机的主要动力，其中最根本的就是美国不能把自己看作是与别国一
　　样的国家。……无论权力的现实和教训是什么，美国人始终不变的信
　　念一直是，美国独一无二的特性在于实践与传播自由。

　　　　只有与美国独一无二的自我认知相吻合的理想与远见才能促使美国
　　采取伟大的行动。无论罗斯福的道路在理智上如何符合大国外交实际
　　操作的方式，它都无法让他的同胞相信，美国需要加入第一次世界大
　　战。反而是威尔逊用崇高的道德言辞打动了美国人们的情感，尽管外
　　国领导人对这些言辞相当难以理解。[①]

　　威尔逊的思想过于超前于那个时代，如果威尔逊的理想在他那个时代
无法实现，这并不意味着它是乌托邦，20 世纪后来的历史见证了其理想的
正确。用学者戈登·莱文（N. Gordon Levin）的话说，威尔逊"虽然在围绕
国联的战斗中失败了，但是他却在更长远的、最后界定 20 世纪本质的斗争
中最终获得了胜利"[②]。显然，威尔逊在思想上的成功远比在政治上更有影
响力，对威尔逊的评价不应该仅仅根据他在自己的时代是否实现了自己的

---

　　① Kissinger, *Diplomacy*, p. 44.

　　② N. Gordon Levin, *Woodrow Wilson and World Politics*：*America's Response to War and Revolution*,
New York：Oxford University Press, 1968, p. 260.

政策目标，还应该根据其思想在后来产生的影响。正如威尔逊自己所说的，"伟大的改革家不会受到时代和环境的限制。他们不追求一时之行动，他们不是着眼于眼前，他们不会妥协。他们是时代精神的先行者，他们出生在一个反对他们的时代。……他们能听到黑夜发出的含混不清声音，把时代的启示告诉孤独的哨兵"。① 威尔逊无疑是国际关系领域"伟大的改革家"。

---

① Woodrow Wilson, *Leaders of Men*, edited by T. H. Vail Motter, Princeton: Princeton University Press, 1952, pp. 51 – 52.

第二章

保守国际主义得势：共和党政府的
外交政策与国际秩序（1921—1929）

一 保守的国际主义：共和党政府的
外交思想与国际秩序观念

经过麦金莱、罗斯福和威尔逊的强势总统领导后，美国民众和国会厌倦了强势总统的霸道作风。在整个 20 世纪 20 年代，三位美国总统，特别是沃伦·哈定（Warren Harding，1921—1923）和卡尔文·柯立芝（Calvin Coolidge，1923—1929）都是缺乏国际眼光和雄才大略的庸碌之辈。哈定是美国历史上最碌碌无为的总统之一，上任后不久就丑闻缠身，并于 1923 年 8 月去世。在担任总统的两年多时间里，哈定对外交事务很少过问，把外交决策权交给了国务卿查尔斯·休斯（Charles Evans Hughes）、商务部长赫伯特·胡佛（Herbert Hoover）和财政部长安德鲁·梅隆（Andrew Mellon）。接替哈定的柯立芝总统继承了哈定的风格，以沉默寡言著称，被人称为"沉默的卡尔"，据说他说话很少超过两个单词。① 柯立芝采取自由放任的政策，没有做出任何重大的外交与内政举措。著名专栏作家沃尔特·李普

---

① 在一次晚宴上，作家多萝西·帕克（Dorothy Parker）坐在总统旁边，对总统说，我与人打赌，能让你说不止两个单词。柯立芝仍然用两个词回答她"你输了"（You lose），帕克果然输了。柯立芝虽然很少说话，但是听见他声音的美国人远比听见此前总统声音的美国人多得多，他于 1923 年 12 月 6 日向国会发表的国情咨文是第一篇通过收音机广播的总统演讲。

曼称"柯立芝先生把无为而治的天才发展到了极致",认为他的无为而治并
非"一种疏懒倦怠的无为","而是不断劳心费力的、坚忍不拔、坚定不
移、时刻警觉的无为"。① 柯立芝虽然不像哈定那样对外交事务不闻不问,
但基本上也把外交大权交给国务卿凯洛格和商务部长胡佛。

在三位总统中,赫伯特·胡佛(1929—1933)远比其前两任总统有国
际经验。胡佛毕业于斯坦福大学,是美国最有名的采矿工程师。第一次世
界大战爆发后,他在欧洲从事救济工作,为战争难民筹集善款和分发食品,
成为国际知名人物。第一次世界大战结束后,他担任美国救济署(Ameri-
can Relief Administration)署长,从事对德国、中欧各国和俄国难民的救济
工作。哈定总统上台后,胡佛担任商务部长,直至1929年柯立芝总统任期
结束。胡佛领导商务部为大企业服务,积极开拓海外市场,在促进美国经
济繁荣方面成效卓著,被誉为美国历史上最优秀的商务部长,其声望和影
响甚至盖过了总统。在胡佛领导下,商务部成为促进美国经济增长和国家
稳定的中枢机构,胡佛因此被称为"商务部长和其他所有各部的副部
长"。② 但是胡佛担任总统后不久,经济危机爆发,他将主要精力用于应对
经济萧条,在外交领域也没有大的建树。

大体说来,在整个20世纪20年代,总统在外交事务上的领导较弱,
大多数外交政策倡议主要是由国务卿和其他内阁部门提出的,国务卿恢
复了他们以前在外交决策中曾经占据的但却被威尔逊等人大大削弱的
地位。

1921—1925年担任国务卿的查尔斯·休斯是美国历史上最能干的国
务卿之一。1882年,休斯进入哥伦比亚大学法学院,毕业后做了七年律

---

① Samuel E. Morrison, et al., *The Growth of American Republic*, New York and Oxford: Oxford Uni-
versity Press, 1980, Vol. 2, p. 418.

② Marc Allen Eisner, *From Warfare State to Welfare State: World War I, Compensatory State-Building
and the Limits of the Modern Order*, University Park, P. A.: The Pennsylvania State University Press,
2000, p. 112. 胡佛就任商务部长时,商务部规模和职权都要小得多,他上任后对商务部进行了大
刀阔斧的改革,并从哈定总统那里获得了较多的授权,负责监督和规范工业统计、人口普查、无
线电广播和航空旅行等各项事务,成为协调政府整个经济事务的部门。胡佛在任内鼓励政府与企
业界之间建立自愿合作的伙伴关系,在外交事务中利用企业精英和私人团体的力量,这一做法被
称为"协作主义"(associationalism)或"合作主义"(corporatism)。

师，然后成为康乃尔大学法学教授，教授国际法课程，后来又重操律师职业，并于 1906 年当选纽约州州长，在纽约州推行进步主义改革。1916年总统大选中，他被推选为共和党总统候选人，但败给了民主党的威尔逊。休斯品格高尚、知识渊博，被公认为 20 年代共和党内最有影响的人物，在哈定政府内极有权威，领导了哈定政府外交政策的制定。休斯离开国务院后被任命为联邦最高法院大法官，仍时常对外交与国际事务发表意见，继续影响着共和党的外交政策走向。

休斯的继任者弗兰克·凯洛格（Frank B. Kellogg）早年在明尼苏达做律师，担任过美国律师协会（American Bar Association）的主席，1916 年当选为联邦国会参议员。在国联大辩论中，凯洛格属于温和保留派，追随伊莱休·鲁特，主张有保留地批准《凡尔赛和约》。凯洛格于 1922 年竞选联邦参议员失败；1923 年，他被柯立芝总统任命为美国驻英国大使；1925 年担任国务卿，直至 1929 年。凯洛格在党内的名望和影响不如休斯，当出现危机和重大问题时，凯洛格经常"谦恭地"向休斯和鲁特请教。[①]

1929—1933 年担任胡佛政府国务卿的亨利·史汀生（Henry L. Stimson）毕业于哈佛大学法学院，曾在伊莱休·鲁特的律师事务所任职，一直视鲁特为其导师，直至 1937 年鲁特去世。1911—1913 年，史汀生担任塔夫脱政府的陆军部长，1927—1929 年间担任菲律宾总督，后来又担任富兰克林·罗斯福政府的陆军部长，是唯一在第一次世界大战前、两次世界大战之间和第二次世界大战期间三个时期都曾参与美国外交决策的人物。

休斯、凯洛格和史汀生均为律师出身，属于来自美国东海岸的法律精英，具有相似的法律观念，他们在担任国务卿之前的主要经历不是在国外而是在律师事务所和法律协会。他们共同的身份和相似的经历为 20 世纪 20 年代的美国外交政策打下深刻的烙印。在美国历史上，由律师等法律人士担任国务卿是普遍的现象，但 20 年代的特殊性在于，由于总统软弱，这些具有法律背景的国务卿成为美国外交政策的最重要制定者。他们特别青睐由律师出任美国外交官，推荐一大批法律人士进入国务院和

---

① L. Ethan Ellis, *Frank B. Kellogg and American Foreign Relations*, *1925 – 1929*, New Brunswick: Rutgers University Press, 1961, p. 233.

外交领域,① 导致美国东海岸的法律精英占据了美国外交决策的关键位置。他们由鲁特和休斯领导,包括凯洛格、史汀生和国际法学家埃德温·博查德(Edwin M. Borchard)等,主要根据其法律观念来观察世界和理解国际事务。

20 年代在美国法律界流行的是经典法律观念(classic legal ideology)。经典法律观念在国家间关系问题上包括如下思想:第一,国家之间同个人之间一样,并不存在根本的、不可调和的利益和价值观冲突,国家间冲突的出现是因为缺乏能够调解矛盾、使国家进行合作从而避免毁灭性竞争的适当制度。正如在进步主义时代美国通过制定法律和市场规则避免了大公司之间毁灭性竞争和实现市场安全一样,国家之间也可以通过制定规则彼此合作,放弃对资源的毁灭性争夺,实现共同繁荣。第二,法律的效力并非仅仅依靠国家强制力,习俗和非正式的社会控制可以在缺乏国家强制力的情况下建立社会秩序,国际法也是如此。即使没有超国家的权威来强制实施国际法,国际法仍然可以有效地规范国际关系从而促进全球稳定。第三,法律是不断进化的,其效力是不断提高的,处理国家间关系的国际法可以通过法律专家的研究和设计而不断完善,从而形成更强有力的法律制度来规范国家间关系。第四,国际冲突可以从政治领域中剥离出来,被置于完全不同的法律领域,并通过法律手段来解决,而政治不必参与其中。②

这些思想比较典型地体现在曾长期担任参议院对外关系委员会主席博拉顾问的耶鲁大学法学家埃德温·博查德的著作中。埃德温·博查德认为,一个有效的外交政策是把政治问题变为法律问题,而这一点可以通过对国家间毁灭性竞争进行规范来实现。他说:

---

① 休斯在任期间把自己的法律伙伴带到国务院。凯洛格被任命为国务卿后,基本上保留了休斯的班底,同时推荐他的律师合伙人罗伯特·奥尔兹(Robert Olds)担任助理国务卿。奥尔兹虽然为助理国务卿,但由于与凯洛格关系密切,实际上扮演了第一副国务卿的角色,成为凯洛格的主要外交政策助手。史汀生也推荐了一批律师担任国务院的职务,包括纽约律师约瑟夫·科顿(Joseph Cotton)担任副国务卿、科罗拉多大学法学院院长詹姆斯·罗杰斯(James Grafton Rogers)担任助理国务卿。科顿于 1931 年去世后,史汀生又推荐波士顿律师哈维·邦迪(Harvey Bundy, Jr)接任副国务卿。史汀生还设立了一个新职位——国务卿特别助理,由纽约律师艾伦·科洛茨(Allan Klots, Jr)担任。在史汀生任内,国务院俨然成了律师事务所。

② Jonathan Zasloff, "Law and the Shaping of American Foreign Policy: The Twenty Years' Crisis," *Southern California Law Review*, Vol. 77, No. 3, Mar. 2004, pp. 588 – 594.

（国际冲突）是由于国家间盛行的无规则竞争和国际活动中最重要领域即商业领域没有引入法治原则造成的。在这一领域，国际生活受丛林法则的主宰，不断产生的经济利益冲突逐渐演变成重要的国家问题，然后由国家问题变成政治利益冲突和政治问题。……因此把法律的范围扩展到新的领域是非常重要的，这样就可以说服追求自我利益的国家把政治问题转化成法律问题。……如果小的政治纷争已经常被和平地加以解决或通常可以和平地加以解决，那么这一事实的不断出现就会造成这样一种思想，即没有什么问题本质上不能够被仲裁或调解，因此也就能够通过与军事手段截然不同的民事手段加以解决。①

休斯也认为，在国际关系中可以把法律问题与政治问题分开，通过没有政治利益考量的、公正无私的法官来解决国家间的纠纷。他在美国国际法协会 1923 年年会上提出:"在国际关系中改善司法过程要解决的问题是尽可能地摆脱政治利益和政策的考虑，根据是非曲直来确定各国的权利和义务。"②

大体说来，是包括律师和法官在内的保守的法学家，而不是威尔逊那样的学者和职业外交官或政治家提供了 20 年代美国思考国际政治和对外关系的认知框架。这种建立在经典法律观念上的国际关系思想的核心是保守的国际主义，休斯等 20 年代的美国外交决策者都是一些保守的国际主义者。

保守国际主义者反对美国继续孤立于世界之外，他们看到了技术进步和工业化导致的国家间相互依赖的加深，认为美国继续孤立于国际事务之

---

① Charles G. Fenwick and Edwin M. Borchard, "The Distinction Between Legal and Political Questions," *Proceedings of the American Society for International Law at Its Eighteenth Annual Meeting Held at Washington*, *D. C.*, *April 24 – 26*, *1924*, Washington, D. C., 1924, pp. 55 – 56. 该文作为国会听证会上宣读的材料被第 69 届国会列入参议院第 118 号文件。

② Charles Evans Hughes, "The Permanent Court of International Justice," Address by the Secretary of State of the United States Before the American Society of International Law, Apr. 27, 1923, *Proceedings of the American Society for International Law at Its Seventeenth Annual Meeting Held at Washington*, *D. C.*, *April 26 – 28*, *1923*, Washington, D. C., 1923, p. 78.

外是不现实的，美国的繁荣和安全与外部世界，特别是与欧洲息息相关，因此美国需要参与国际事务，承担维护国际和平与秩序的责任。在 1929 年 11 月 19 日停战日演讲中，胡佛指出，"我们必须认识到，我们的工业生活、我们的就业、我们的舒适生活以及我们的文化在很大程度上依赖于我们与其他国家进行的商品和思想的交流"。① 史汀生也认为工业发明和技术进步已经使商业和工业活动成为国际性的，"即使是资源自给自足、地理位置优越的美国人也不能在自己的国界之内隐居起来，过与邻国完全孤立的生活"，美国不得不"依赖其他国家来获取我们无法放弃的利益和舒适"。② 就这一点而言，他们与自由国际主义者是相同的。

同自由国际主义者一样，保守国际主义者也对欧洲旧秩序不满，不相信建立在均势基础上的"现实政治"（realpolitik）可以带来和平，致力于通过国际仲裁、调停和国际法等非武力的方式来解决国家间的纠纷，倡导裁军和建立国际法院。休斯反对回到"旧的出于本能的通过均势保卫自己的方式"，批评在旧外交中，国家"根据国家利益的观念和权宜之计，而不是法律和原则"来处理国家间关系。③ 凯洛格在给休斯的信中称"均势安排……在过去一直是灾难性的"；在给柯立芝的信中认为"军事同盟不可能维持世界的和平，从来没有，将来永远也不会带来长久的和平"，而法律可以成为野蛮的"现实政治"的替代物。④ 柯立芝也反对欧洲"现实政治"的原则，声称美国"信赖法律的统治和正义的实施而不是武力"，和平"在很大程度上依赖于情感和愿望"，国家间的纠纷应"根据普遍接受的国际法

---

① Herbert Hoover's Armistice Day Address, November 11, 1929, http：//www. presidency. ucsb. edu/ws/index. php? pid = 21999.（2009 年 10 月 30 日获取）

② Henry L. Stimson, "Bases of American Foreign Policy during the Past Four Years," *Foreign Affairs*, Vol. 11, No. 3, April 1933, p. 385.

③ Charles E. Hughes, "The Development of International Law," *Proceedings of the American Society for International Law at Its Nineteenth Annual Meeting Held at Washington*, D. C., April 23 – 25, 1925, Washington, D. C., 1925, p. 5.

④ Letter from Frank B. Kellogg to Charles Evans Hughes, March 5, 1924; Letter from Frank B. Kellogg to Calvin Coolidge, May 12, 1932. 转引自 Zasloff, "Law and the Shaping of American Foreign Policy：The Twenty Years' Crisis," *Southern California Law Review*, Vol. 77, No. 3, Mar. 2004, p. 612, 注 95。

原则来解决"。①

保守的国际主义和自由国际主义第三个共同点是都主张通过在国际经济关系中推行经济自由主义,即市场开放和自由贸易来维护美国的利益和安全。保守的国际主义者更加重视建立以自由贸易和门户开放为基础的国际秩序以促进美国的利益和维护和平。

但是,保守的国际主义者与自由国际主义者在美国卷入国际事务的程度和实现和平的道路等方面也存在巨大分歧。

其一,保守的国际主义者反对威尔逊十字军式的理想主义,反对美国外交政策追求世界民主化的目标,认为和平依赖国际关系的法治化而不是世界的民主化。自由国际主义把国际冲突视为意识形态与制度之争,而保守的国际主义则视为利益之争。与威尔逊让美国承担向海外"布道"的使命不同,保守的国际主义者认为美国外交的任务是去参与对资源的争夺,保证美国国内的繁荣。在保守的国际主义者看来,民主国家不一定爱好和平,专制国家未必一定会挑起战争。休斯在1923年9月4日的演讲中说:

> 我们必须既考虑民主化的有利之处,也要考虑其不利之处。一般认为民主国家爱好和平,但这尚需证明,特别是在那些具有强烈受害情感的国家。……一个专制君主同其他人一样也可能厌恶战争,而民主国家从不缺少煽动民众情感的领导人。②

休斯还认为,民主制度不利于与其他国家缔结结束争端的国际协定,这是因为国际协定意味着要做出一些让步和妥协,而政府的这些让步就会受到反对党的攻击,给那些"以爱国的名义持极端立场的批评者提供特别的机会",因此,"民主国家可能不愿意卷入战争,但也极难为了和平的利

---

① Calvin Coolidge, Memorial Day Address Delivered at Arlington, Virginia, May 31, 1926, http://www. presidency. ucsb. edu/ws/index. php? pid=402&st=&st1=#axzz1Z7fRSmXY. (2009年10月30日获取)

② Charles Evens Hughes, "The Pathway of Peace," Address Delivered before the Canadian Bar Association at Montreal, Sept. 4, 1923, Charles Evens Hughes, *The Pathway of Peace: Representative Addresses Delivered during His Term as Secretary of State*, New York: Harper and Brothers, 1925, p. 11.

益而达成妥协"。[1]

其二,保守的国际主义者相信国际舆论和国际组织在维护和平方面的作用,但并不像自由国际主义者那样相信集体安全的效力,也不愿意参与促进集体安全的努力,坚持认为美国没有义务去维护其他国家的政治独立和领土完整。他们尤其反对美国在欧洲承担政治和军事义务,主张美国对国际事务的参与主要是经济性的,同时要保持美国的行动自由,奉行单边主义而不是威尔逊多边主义路线。

保守的国际主义者大多是共和党人,在内政方面多为保守主义者;而自由国际主义者大多是民主党人和左翼的进步主义分子。自由国际主义追求的是用美国版的自由主义对世界进行改造,以实现对民族国家治理方式和全球秩序的变革;而保守的国际主义并不抱有这一理想,他们更加强调通过加强国际法和国际仲裁的作用,使国际关系有序化。如果说,威尔逊提出的是处理外交与国际事务的道德主义路径,保守的国际主义提出的则是法治主义路径。保守的国际主义者既从麦金莱和西奥多·罗斯福那里得到启示,也从威尔逊那里得到启发,他们反对欧洲的"旧外交",同时又从威尔逊的"新外交"后退。

如果说,白宫和国务院的外交决策者是保守的国际主义者的话,在国会,特别是参议院则弥漫着强烈的孤立主义情绪。对第一次世界大战和威尔逊理想主义的幻灭使20年代的美国民众具有强烈的"孤立主义冲动"(isolationist impulse)。[2] 同时,孤立主义也从美国传统的民族主义思想中汲取思想资源,相信美国在道德上优越于欧洲,欧洲是腐败和堕落的,而美国是高尚和民主的。在普通美国人看来,欧洲的欺诈、阴谋和权力欲望导致欧洲战争不断,美国为什么要承担保卫贪婪、忘恩负义的欧洲人的安全的责任?而第一次世界大战再一次证明了欧洲政治的无望,今后欧洲无论出现什么样的麻烦,美国都不应该卷入。孤立主义者相信美国的地理位置

---

[1]　Charles Evens Hughes, "The Pathway of Peace," Address Delivered before the Canadian Bar Association at Montreal, Sept. 4, 1923, Charles Evens Hughes, *The Pathway of Peace: Representative Addresses Delivered during His Term as Secretary of State*, New York: Harper and Brothers, 1925, pp. 12, 13.

[2]　Selig Adler, *The Isolationist Impulse: Its Twentieth Century Reaction*, New York: Collier Books, 1957.

和强大的实力可以保障美国的安全，美国用不着去卷入国际事务。他们反对美国加入国联和国际法院，反对美国在欧洲承担任何经济、政治和安全义务。著名的时事政论杂志、一度支持威尔逊国际主义政策的《新共和》报道称："美国人现在如果允许自己卷入欧洲的联盟体系中，那他们就是傻瓜。美国曾承诺确保实现一个稳定的和平，但威尔逊先生失败了，和平无法持久，美国应该从所有可能损害其行动自由的义务中摆脱出来。"① 在孤立主义者看来，美国与外国的关系应局限于经济关系，联邦政府的职责是扩大美国的商业利益和开拓海外市场。

国会孤立主义阵营的核心人物是来自爱达荷州的共和党资深参议员威廉·博拉。博拉早年在堪萨斯大学学习法律，后来成为爱达荷州最有名的律师，1907 年进入联邦国会，担任参议员，一直到 1940 年去世。博拉担任参议员长达 33 年之久，其间有 8 年（1925—1933）担任参议院对外关系委员会主席，是历史上来自爱达荷州任职时间最长的联邦国会参议员。他有雄辩的口才，有"爱达荷雄狮"（Lion of Idaho）之称，在国会内部和美国社会有巨大影响力，坚决反对美国加入国联和卷入欧洲事务。1922 年博拉表示，"我们仅仅要求以我们自己的方式来过我们自己的生活，与所有国家保持友谊，同情所有国家的命运，但不与任何国家结盟"。②

在整个 20 年代，凭借挫败威尔逊国联计划之余威，并出于对 20 多年来总统垄断外交事务的不满，国会在缺乏威尔逊那样强势总统的情况下在对外事务上越来越咄咄逼人。尽管参议院由于人数众多、立场和利益各异无法以一个声音说话，因此难以提出和推行积极的外交政策，但是参议院部分议员的团结一致却足以挫败总统和国务院的外交举措。20 年代国会影响外交政策的主要方式是为行政当局设置障碍，阻挠行政当局的政策，特别是阻止美国卷入国际事务。同时，威尔逊在国联问题上的失败成为总统和国务卿的前车之鉴，无论是总统还是国务卿在提出新的政策倡议之前都

---

① Arthur A. Ekirch, Jr., *The Decline of American Liberalism*, New York: Longman, Green and Company, 1955, p. 228.

② Norman A. Graebner, "Oblivious to Reality: The Extremes of American Isolationism and Internationalism," Paterson and Merrill, eds., *Major Problems in American Foreign Relations: Documents and Essays*, Vol. 2, 1995, p. 100.

会仔细估量国会的态度。

20 年代美国外交决策的这一特点实际上为国会和舆论影响外交决策打开方便之门。与威尔逊在外交领域的独断专行相对照,这一时期的行政当局经常倾听国会的意见,其政策受到国会孤立主义者的极大掣肘,在参与国际事务上不敢走得太远,不愿或不敢冒险提出积极的外交倡议。

大体说来,20 年代的共和党政府与国会合作,主要从三个方面来构建国际秩序:第一,在安全领域拒绝承担集体安全义务,致力于国际关系的法治化和发挥国际舆论的力量来实现和平;第二,推行经济外交,通过门户开放原则的国际化来促进经济繁荣与政治稳定;第三,通过裁军增强大国之间的互信与合作,以避免战争。

国际关系的法治化　第一次世界大战后,尽管法国等一些协约国希望美国继续卷入欧洲的政治事务,成为欧洲均势结构中的重要力量,以防止德国东山再起,但共和党政府拒绝卷入欧洲政治,对法国提出的为法国提供安全保障的要求断然拒绝。实际上,在基本的安全政策上,共和党回到建国初期的对外政策原则,即杰斐逊所说的"与所有国家和平相处、开展贸易和保持真诚的友谊,但不与任何国家结成纠缠纷扰的联盟"。[①]

哈定在就职演说中确立了其政府外交政策的基调:

> 我们的共和国在物质和精神方面都取得了彪炳史册的进步,这本身便表明,我们历来奉行不介入旧世界事务的政策确属明智之举。我们对自己决定自己命运的能力充满信心,并且小心翼翼地捍卫这种权利,因而我们并不谋求左右旧世界的命运。我们无意牵累于此。在每一具体情况下,除非我们自己的良知和判断决定确有必要,否则我们不会承担什么责任。[②]

---

　　① Jefferson's First Inaugural Address, Mar. 4, 1801, Commager, *Documents of American History*, Vol. 1, p. 188.

　　② Warren Harding's Inaugural Address, Mar. 4, 1921, Arthur M. Schlesinger, Jr., ed., *My Fellow Citizens: The Inaugural Addresses of the Presidents of the United States, 1789 - 2009*, New York: Infobase Publishing, 2010, p. 251. 中译文引自李剑鸣、章彤编《美利坚合众国总统就职演说全集》,天津人民出版社 1996 年版,第 307 页。

在哈定看来，美国的国际角色是充当全世界的自由榜样，成为"经受住考验的共和国不可动摇的代表制民主的殿堂"以及"在美欧两个大陆推动亲善和促进和睦的最高工具"。他说：

> 我们已经看到，全世界都把希望的目光凝聚在建国者所提出的那些伟大的真理之上。我们也已看到，公民自由、人类自由和宗教自由均经受了检验而备受颂扬。刚开始的时候，旧世界对我们的实验冷嘲热讽；但在今天，我们的政治和社会信念的基础巍然屹立，不仅成为我们自己的一份珍贵遗产，而且为全人类的自由和文明树立了一个令人鼓舞的榜样。①

哈定称，美国"渴望在对文明进行道义领导方面获得崇高的地位"，但是美国不会充当国际社会的政治领袖，美国不承担确保其他国家安全的集体安全义务，美国不会"加入任何永久性的军事联盟"，"不能做出任何政治承诺，也不可承担任何会使我们的决策服从于我们自己权威以外的其他国家的任何经济义务"。哈定也"认识到随着进步带来的各国之间的联系更加密切，世界出现了新秩序"，但是在哈定看来，新秩序不是集体安全，不是类似国联那样的"世界超级政府"（world supergovernment），而是裁军、国际仲裁、和平解决国际争端和国际法院。哈定称，美国并不打算与其他国家结盟，美国愿意做的仅仅是"与一切国家进行接触，共同召集会议和进行协商"，寻找实现裁军的办法，参与通过调停、和解、仲裁解决国际冲突的计划，以及促进建立世界法院。②

休斯认为，武力和经济制裁都不是维护和平的好办法，威尔逊那样的宏大计划也不可取，实现和平的有效道路是国际协商和发挥国际法的作用：

> 和平的道路不是通过武力，而是通过协商一致。那么，我们面对的

---

①　Warren Harding's Inaugural Address, Mar. 4, 1921, Schlesinger, Jr., ed., *My Fellow Citizens: The Inaugural Addresses of the Presidents of the United States*, *1789 - 2009*, p. 251. 中译文引自李剑鸣、章彤编《美利坚合众国总统就职演说全集》，第307页。

②　Ibid., pp. 251 - 252.

问题也就不是制订雄心勃勃的宏大计划，而是持续不懈地努力在各国人民中间减少诉诸武力的倾向和找到公正、合理的达成协议的基础，这种持续不懈的努力应该成为政治家处理可能的冲突原因时的最高任务。……除非良知和占支配地位的正义感要求和确保法律的至高无上地位，否则就不会有持久的和平。①

接替哈定担任总统的柯立芝在其第一个国情咨文中提出美国对外政策的两项基本原则：一是"避免可能牺牲我们正当独立的长久的政治同盟"；二是"和平解决国家间争端"。②"和平解决国家间争端"的方式就是仲裁、诉诸国际法院和签订多边条约。在 1925 年 3 月 4 日的就职演说中，柯立芝提出"在国际交往中，起决定作用的因素应当是显示理智，而不是挟以武力。我们遵循这一原则，长期以来一直倡导采用仲裁办法和平地解决争端，并议定了多项条约以达到这一目标"。③ 柯立芝谴责传统的依赖武力的外交，称为"旧立场""旧思维方式""旧行为"，美国要"带头走上新方向"，那就是通过会谈、协商、仲裁和国际法院的裁决来解决国家间争端。④ 柯立芝同时还宣称，尽管美国参加一系列维护和平的措施，但美国不会卷入欧洲政治："似乎完全可能的是，我们可以通过保持政治上的超然和独立来为实现这些目标作出最大贡献，我们不认同旧世界的任何利益，这一立场应该在我们与所有国家的关系中得到越来越清楚的展示。"⑤

凯洛格也认为军事手段，包括结盟并不能带来和平。他在 1928 年的一篇文章中说：

---

① Charles Evens Hughes, "The Pathway of Peace," Address Delivered before the Canadian Bar Association at Montreal, Sept. 4, 1923, Hughes, *The Pathway of Peace*: *Representative Addresses Delivered during His Term as Secretary of State*, pp. 6, 10.

② Message of the President of the United States to Congress, Dec. 6, 1923, *FRUS*, 1923, Vol. 1, p. viii.

③ Calvin Coolidge's Inaugural Address, Mar. 4, 1925, Schlesinger, Jr., ed., *My Fellow Citizens*: *The Inaugural Addresses of the Presidents of the United States*, *1789 - 2009*, p. 263. 中译文引自李剑鸣、章彤编《美利坚合众国总统就职演说全集》，第 324 页。

④ Ibid., p. 262.

⑤ Ibid., p. 264.

美国不会加入任何直接地或间接地、明确地或暗示地作为军事同盟的协议，美国不能让自己预先承担使用其武装力量反对世界某一国家的义务，美国不相信世界或欧洲的和平依赖于军事同盟条约或可以通过军事盟约来实现。军事同盟作为和平保障的无效已经在历史上多次证明过。①

在 1929 年 11 月 11 日停战日演讲中，胡佛反对在国际关系中使用武力，反对加入国联，声称用调解和法律的手段可以解决国家间的冲突：

在当前，有两种解决国家间争端的道路。欧洲各国通过国联盟约已经同意，如果两个国家未能和平地解决其分歧，那么其他国家可以采取武力迫使它们变得理智。我们拒绝走这条道路。我们相信，至少在西半球，舆论有能力控制暴力，这是我们建议采取的道路。我们在这一方向上急需的是进一步发展在友好国家帮助下把未解决的争端提交给各方联合调查的方法，以便搁置行动，让侵略者暴露在公众舆论的监督之下。②

胡佛重申美国将采用各种和平手段解决一切争端。他说：

我们需要进一步延长与其他国家的条约，这些条约提供了把争端提交给国际协商、事实调查、仲裁和司法解决的办法。我们需要规定国家间行为的准则以及建立权威的国际法体系。我们需要在做适当的保留之后支持国际法院，以便我们可以通过司法方式解决某些争端和树立可以纳入国际法中的先例。通过这些手段，我们可以把无数的纠纷通过有序的过程加以解决，通过审慎的行动，我们就可以防止这些纠纷发展成为国家之间的

---

① Frank B. Kellogg, "The War Prevention Policy of the United States," *The American Journal of International Law*, Vol. 22, No. 2, Apr. 1928, p. 261.

② Herbert Hoover's Armistice Day Address, November 11, 1929, http：//www. presidency. ucsb. edu/ws/index. php? pid = 21999. (2009 年 10 月 30 日获取)

怒火。①

共和党政府促进国际关系法治化的主要努力有：建立使战争非法化的国际法准则；通过签订仲裁条约解决国家间纠纷；促进美国加入国际法院。

1928 年签订的巴黎《非战公约》典型地体现了美国的这一国际秩序思想。在美国和法国的倡导下，法、美、英、日、德等 15 国于 1928 年 8 月 27 日在巴黎签署了《摒弃战争普遍公约》，简称《非战公约》，又称《白里安—凯洛格公约》。公约第一款和第二款规定：

> 缔约国以各自国家人民的名义庄严宣布它们谴责使用战争来解决国际纠纷，并在它们彼此之间的关系中放弃战争作为国家政策的工具；缔约国同意，将永远不谋求使用和平以外的方式来调整或解决它们之间可能出现的任何性质或任何根源的纠纷或冲突。②

尽管《非战公约》在当时就被认为缺乏对违约者进行惩罚的规定而不可能起到制止战争和维护和平的作用，③ 但美国外交决策者仍对该约抱有很大希望，相信条约的力量。④ 凯洛格称，对《非战公约》的评价涉及究竟是威慑和均势政治，还是国际法和国际舆论有助于全球稳定的"老问题"。他认为，前

---

① Herbert Hoover's Armistice Day Address, Nov. 11, 1929, http：//www. presidency. ucsb. edu/ws/index. php? pid = 21999. （2009 年 10 月 30 日获取）

② C. John Colombos, "The Paris Pact, Otherwise Called the Kellogg Pact," *Transactions of the Grotius Society*, Vol. 14, Problems of Peace and War, Papers Read before the Society in the Year 1928, p. 9, http：// avalon. law. yale. edu/20th_ century/kbpact. asp. （2009 年 11 月 2 日获取）

③ 参议员海厄姆·约翰逊（Hiram Johnson）称之为"没有剑的鞘""没有锤的铃铛""没有齿的锯子"。L. Ethan Ellis, Frank B. Kellogg, Norman A. Graebner, ed., *An Uncertain Tradition：American Secretaries of State in the Twentieth Century*, New York：McGraw-Hill, 1961, p. 166.

④ 《非战公约》虽然未能阻止日本占领中国东北、意大利入侵埃塞俄比亚和德国与苏联入侵波兰，但它在国际法历史上具有重要意义，确定了一项国际法原则：非出于自卫目的使用武力或威胁使用武力以及由此获得的领土都是非法的。这一原则也成为国际法中反和平罪的法律基础，并为战后纽伦堡审判和东京审判提供了法律依据。1945 年的《联合国宪章》对禁止侵略性战争的原则进行了确认和扩大。第二条规定"各会员国在其国际关系上不得使用威胁或武力，或以与联合国宗旨不符之任何其他方法，侵害任何会员国或国家之领土完整或政治独立"。

者只会削弱全球稳定，而《非战公约》虽然不一定"肯定能阻止战争"，但它是一个"补充性的保证"，规定了"巨大的道德义务"，"将产生最有益的影响"。① 史汀生也指出，尽管很多人怀疑《非战公约》的价值，认为没有武力作后盾的条约不过是表达一种立场和姿态，但美国非常重视公约的意义，把公约当作"活的法律力量"，相信公约奠定了"国际基本法体系（a system of organic law）的基础"。1929 年 10 月，胡佛总统与英国首相拉姆齐·麦克唐纳（Ramsay MacDonald）发表一个联合声明，称两国政府"决心接受和平公约，不仅把它作为善良意图的宣言，而且作为积极的责任，去根据公约的承诺来指导国家的政策"。胡佛政府相信，通过这种解释，"《白里安—凯洛格公约》可以成为美国在促进世界稳定与和平方面同其他国家合作的工具，而且在履行这种服务的同时，美国还严格遵循了反对与外国结盟和使用武力促进和平的立场"。② 博拉则认为，通过剥夺战争的合法性和荣耀，通过告诉民众任何战争都不值得为之做出牺牲，就可以防止战争。他相信"宣布战争为非法和对战争发动者进行惩罚的国际法准则可以像美国国内法条款那样得到成功的实施"。③ 史汀生卸任国务卿后撰文认为，就美国外交而言，《非战公约》在以下三个方面发挥了作用：第一，通过该公约，美国政府形成了在出现重大危机时与其他国家政府进行协商的惯例。"当出现涉及世界和平和国际义务神圣性的危机时，我们已经能够突破不切实际的孤立符咒（the false spell of isolation）的束缚，向天平中投放适当的筹码和美国的影响"。第二，由于签署了该公约，国联成员国不再担心在出现国际危机时美国会采取与国联不一致，甚至相矛盾的政策。第三，该公约使"动员有效的世界舆论不仅变得更容易，而且舆论的影响

---

① Letter from Frank B. Kellogg to Robert McCormick, Jul. 21, 1928. 转引自 Zasloff, "Law and the Shaping of American Foreign Policy: The Twenty Years' Crisis," *Southern California Law Review*, Vol. 77, No. 3, Mar. 2004, p. 628。

② Stimson, "Bases of American Foreign Policy during the Past Four Years," *Foreign Affairs*, Vol. 11, No. 3, Apr. 1933, p. 390.

③ Ronald E. Powaski, *Toward an Entangling Alliance: American Isolationism, Internationalism, and Europe, 1901 - 1950*, Westport, C. T.: Greenwood Press, 1991, p. 50.

力和分量也得到了提高"。①

　　美国正是通过对《非战公约》的解释，采取了一系列有助于世界稳定的建设性政策。在 1929 年的中苏冲突中，美国根据该公约，与国联和公约签字国协商与合作，要求冲突双方和平解决争端以及接受国联的调查。九一八事变后，史汀生也正是根据该公约在 1932 年 1 月 7 日提出"不承认主义"(Non-Recognition Doctrine)，即不承认日本通过武力在中国东北获得的利益。1932 年 3 月，国联大会也通过类似的决议，不承认日本侵略行为的成果。巴黎公约与国联盟约相互支持，奠定了反对战争的国际法基础。

　　20 年代的共和党政府秉承保守国际主义者的一贯做法，把仲裁作为和平解决国家间纠纷的重要方式加以推行。国际仲裁起源于 1794 年英美签订的《杰伊条约》。英美之间曾于 1871 年通过第三方的仲裁成功地解决了阿拉巴马纠纷，国务卿鲁特 1908 年与 24 个国家签订了双边仲裁条约，20 年代的共和党政府更是把仲裁作为解决国际纠纷的重要手段。1928 年，国务卿凯洛格与 20 多个非美洲国家续签双边仲裁条约，根据这些仲裁条约，一旦美国与签约国出现通过外交途径无法解决或通过 1914 年布赖恩调解方法不能解决的纠纷，则交给海牙的常设仲裁法庭或其他双方认为胜任的法庭来审理。②

　　在美国的倡导下，美洲国家于 1928 年 12 月 10 日至 1929 年 1 月 5 日在华盛顿召开"美洲国家调解和仲裁国际会议"(International Conference of American States on Conciliation and Arbitration)，又称"泛美调解和仲裁会议"。与会的 20 国签订了《美洲国家间调解协定》(*General Convention of Inter-American Conciliation*) 和《美洲国家普遍仲裁条约》(*General Treaty of Inter-American Arbitration*)。该会议是继签订《非战公约》后美国致力于通过和平方法解决国家间纠纷的重大努力。在共和党政府看来，仅仅宣布战争为非法还不够，还必须找到和平解决国际纠纷的机制。如休斯在会上所言，

----

　　① Stimson, "Bases of American Foreign Policy during the Past Four Years," *Foreign Affairs*, Vol. 11, No. 3, Apr. 1933, p. 391.

　　② 美国与其他国家签订的双边仲裁条约规定，下列四种纠纷不在仲裁范围之内：(1) 属于缔约国一方国内管辖范围内的；(2) 牵涉到第三方利益的；(3) 牵涉到门罗主义的；(4) 牵涉到缔约国履行国联盟约义务的。"Arbitration Treaty between Denmark and the United States," *The American Journal of International Law*, Vol. 23, No. 4, Supplement: Official Documents, Oct. 1929, p. 208.

"很明显,仅仅取消战争是不够的,除非我们准备诉诸和平解决纠纷的程序"①。

美国政府赋予这次会议以极大的意义,称此次会议为"新世界的洛加诺",代表了和平、和解和理性的精神。柯立芝总统在致辞中提出,签订仲裁条约是"用理性的责任取代武力的强迫来促进文明的事业",是"共和国建立者传统的政策";它"把人类提高到比生存更高的水平","正是通过调查、调解和仲裁以及签订双边和多边条约的方法,国家和个人才能发展和平的性格"。②

在第一次世界大战前,美国共将 70 次国际纠纷提交仲裁。③ 从 1910 年至 1932 年,美国通过仲裁解决了美国与英国、委内瑞拉、荷兰、挪威、瑞典的多次纠纷。美国的这些努力也促进了关于仲裁的国际法的发展。

与这一思想相一致,共和党保守的国际主义者认为独立于国联存在的国际法院是解决国际纠纷、实施国际仲裁、促进世界和平的重要机构。美国代表团在第一次海牙和平会议上就提出建立国际法院来解决国家间的纠纷。美国前国务卿、著名的法学家伊莱休·鲁特是国际法院章程的起草人之一,查尔斯·休斯和弗兰克·凯洛格两位国务卿卸任后都担任了国际法院的法官,共和党政府实际上对美国加入国际法院有着浓厚的兴趣。1923年 2 月,哈定在致参议院的信中称,美国在倡导建立国际法院过程中曾扮演重要的角色,而"美国当前的绝大多数舆论都支持美国完全加入国际法院,承担维护国际法院的义务并提高法院的声望",因此他请求国会批准国际法院议定书。④ 柯立芝总统在 1925 年的就职演说中继续呼吁国会批准美国加入国际法院,称这是美国作为大国应该承担的世界责任:

---

① James Oliver Murdock, "Arbitration and Conciliation in Pan America," *The American Journal of International Law*, Vol. 23, No. 2, Apr. 1929, p. 274.

② Calvin Coolidge's Address before the Pan American Conference on Arbitration and Conciliation, Washington, D. C., December 10, 1928, http: //www. presidency. ucsb. edu/ws/index. php? pid = 471. (2009 年 9 月 29 日获取)

③ Clarence E. Martin, "The United States and the World Court," *Annals of the American Academy of Political and Social Science*, Vol. 174, Jul. 1934, p. 134.

④ "President Harding to the Senate," Feb. 24, 1923, *FRUS*, 1923, Vol. 1, pp. 17 – 18.

　　我们不能出卖我们的独立和主权，但是我们也不应该通过运用精巧的逻辑、诡辩和托词来回避无疑属于这个国家的责任，那就是主动地、全面地支持建立一个在国与国之间实施公平正义的法院，并通过真诚而无私的努力来承担我们的全部责任，因为我们人口众多，财力雄厚，并处于世界上的领导地位。我们的巨大影响力必须被用来确保法律和裁判的支配地位，而不是武力的支配地位，必须被用来建立理性的统治，而不是战争的统治。[1]

　　1925年11月，柯立芝在纽约州商会的演讲中称国际法院是"实施国际正义"的一种方式，美国的加入"将是一种新的世界精神的开始"。[2] 接替柯立芝的胡佛和前后三位国务卿也都主张美国应尽早加入国际法院。但国会内强大的孤立主义势力担心加入国际法院会成为加入国联的第一步，因为国际法院是根据国联盟约建立的，至少在理论上与国联关系密切。同时，来自中西部农业州的国会议员还指责国际法院是国际银行家的工具。1926年1月27日，也就是在国际法院成立四年后，美国参议院批准了国际法院议定书，决定美国加入国际法院，但附有五项保留，其中第五项[3]遭到国际法院成员国的反对。1929年12月，胡佛签署了经过修改的美国加入国际法院议定书，但迟至1930年12月才提交给参议院批准，直至1932年6月参议院对外关系委员会才审查完毕，提交给参议院全体会议批准，但此时已值美国第72届国会即将结束，批准议定书一事只得等待第73届国会召开。此后，国会一拖再拖，直至第二次世界大战爆发，美国最终也未能加入国际法院。

　　美国领导人设想，通过建立包括国际法、国际仲裁和国际法院在内的法律机制，政治问题就可以转换为法律问题，国际关系中的无政府状态和

---

　　[1]　Calvin Coolidge's Inaugural Address, Mar. 4, 1925, Schlesinger, Jr., ed., *My Fellow Citizens: The Inaugural Addresses of the Presidents of the United States, 1789 – 2009*, p. 263.

　　[2]　Coolidge's Speech before the Chamber of Commerce of the State of New York, New York City, Nov. 19, 1925, p. 43, http://memory.loc.gov/ammem/coolhtml/coolbibTitles02.html .（2009年9月1日获取）

　　[3]　此项保留是，非经美国同意，美国不受国际法院对非由美国提交的，但涉及美国利益的纠纷或问题做出的裁决意见的约束。

丛林法则就可以被一种普遍的法律秩序所取代。美国总统柯立芝声称美国政府从事经济和政治活动的目标之一就是"把我们的国内和对外关系简化为一种法律体系"，即"确定清晰明确的行为规范"，包括协商、讨论、仲裁等。柯立芝称这是"文明化（civilizing）和人性化（humanizing）的方法"，它"不是用武力把一个国家的意志强加给另一个国家"，而是"基于人们共同的理性思考"，不是使人们崇拜武力，而是"转而崇拜理解和理性之神"。①

在探索用非武力的方式维护世界和平以及在国际关系中建立法治原则的过程中，共和党领导人非常重视国际舆论的作用。第一次世界大战后欧美各国兴起的声势浩大的和平运动使美国领导人看到了舆论的力量。与那个时期的和平主义者一样，他们相信战争的根源在人的心中，因此观念的改变至关重要，只要和平、合作的思想深入人心，战争就可以避免。他们不相信在强大的国际舆论面前，有任何国家胆敢冒天下之大不韪而发动战争。凯洛格在 1928 年 4 月撰文说：

> 我并非坚持认为，依靠仲裁和调解协定或明确谴责以战争作为国家政策工具的条约就可以保证国家之间不会发生自有史以来不断爆发的那种冲突。除了条约之外，还必须唤起公众对战争带来的极端恐怖表示厌憎的道德心，世界各国人民必须在心中渴望和平。……我不会盲目地相信千年王国已经到来，但我确信，世界在和平解决国际冲突方面已经迈出了一大步，人们一致希望看到战争作为一种制度（institution）能被废除。②

胡佛在 1929 年停战日演讲中称，有一种工作比所有大使和公使的工作，比条约、仲裁和调解的机制以及司法判决都更强有力，甚至比废除战

---

① Coolidge's Speech before the Chamber of Commerce of the State of New York, New York City, Nov. 19, 1925, pp. 40 – 41, http：//memory. loc. gov/ammem/coolhtml/coolbibTitles02. html . （2009 年 9 月 1 日获取）

② Kellogg, "The War Prevention Policy of the United States," *The American Journal of International Law*, Vol. 22, No. 2, Apr. 1928, p. 261.

争的国际盟约更重要，也比陆、海军都更强大，"这就是培育善意和友好的精神，树立尊敬与信任，以及促进各国人民之间的相互尊重"。①

史汀生也认为应该用舆论来制止战争：

> 　　本届政府的基本出发点是，世界大战的经历已经使文明国家特别是工业化国家在如何看待战争问题上出现一个明确的转折点。我们相信，对战争的反感在战时和战后逐渐发展起来，已经非常强烈，典型地体现在"它是结束一切战争的战争"的口号中。不能让这种对战争的反感昙花一现，像以前历次战争之后那样。相反，应该让这种对战争的反感成为一个真正的机会，使全世界在有组织地反对战争方面实现永久的、有利的变化。②

史汀生非常看重《非战公约》在动员世界舆论制止战争方面的作用，强调《非战公约》虽然"没有提供强制制裁的手段"，但是"它依赖舆论的制裁，这种制裁可以成为世界上最有力的制裁之一"，当道德谴责遍布整个世界的时候，这种谴责就能发挥重要的作用。③

通过建立国际法和国际机制抑制国家间冲突、避免战争的思想体现的是律师的世界观，这种世界观坚信和平可以通过国际关系的法治化来实现。乔治·凯南称这是处理国际问题的"法治主义取向"（legalistic approach）。④凯南进一步阐释说：

> 　　这一信念的实质在于，不去考虑各国利益的种种棘手的冲突，并根据其本身的是非曲直去寻找最少影响国际生活稳定性的解决办法，而

---

　　① Herbert Hoover's Armistice Day Address, Nov. 11, 1929, http://www.presidency.ucsb.edu/ws/index.php?pid=21999. （2009年10月30日获取）

　　② Stimson, "Bases of American Foreign Policy during the Past Four Years," *Foreign Affairs*, Vol. 11, No. 3, April 1933, p. 384.

　　③ Henry L. Stimson, "The Pact of Paris: Three Years of Development," Address Before the Council on Foreign Relations, Aug. 8, 1932, *Foreign Affairs*, Vol. 11, No. 1, Special Supplement, Oct. 1932, p. v.

　　④ Kennan, *American Diplomacy*, p. 95.

是认为最好能找到某种司法性的正式标准，以此来界定各国可允许的行为。于是就需要有一些司法实体，有权裁夺各国政府的行为是否违反这些标准，并对它们的行为在何种情况下可接受和不可接受做出判决。当然，在这一切的背后美国人有这样一种设想，即认为这个世界上其他国家的人民要争取的东西往往大多是既不可信也不重要，与一个不受国际暴力干扰、有秩序的世界这一理想的目标相比，理应摆在次要地位。……在这一背景下，美国的政治家——他们大部分从事法律专业——便始终坚持不懈地探索某种能发挥这种作用的制度框架。[1]

总之，保守的国际主义者相信司法途径是解决国家间冲突的最好办法。"如果问题在于战争的存在，需要做的就是宣布战争为非法；如果危险在于侵略行为，那么目标就是建立一个精确的法律程序界定它、禁止它，然后不承认侵略带来的成果；如果各国担心自己没有安全，那么就通过相互之间的安全公约来确保他们的安全；如果一个国家威胁了和平，那么就通过适当的决议（阻止它）。"[2] 20世纪20年代堪称美国对外关系史上"律师外交"的时代。

门户开放原则的国际化　除了追求国际交往的法治化外，20年代的美国决策者还倾向于从经济的角度来思考战争与和平问题，认为战争的根源在于对资源的争夺，而经济繁荣可以避免战争。实现经济繁荣的途径是把美国门户开放原则国际化，促进主要工业国在获取原料和开发欠发达地区等方面进行合作。实际上，保守的国际主义者远比自由国际主义者更积极倡导经济外交，把经济外交视为维护和平的主要途径。

柯立芝总统在其就职演说中列举国际法、国际仲裁和国际法院的重要性后接着说:

> 所有这些计划和准备、所有这些条约和盟约本身并不完全足以带来和平。对和平的最大威胁之一在于人们感觉自己所承受的经济压力。目前在

---

① Kennan, *American Diplomacy*, pp. 96 - 97.

② Roger S. Whitcomb, *The American Approach to Foreign Affairs: An Uncertain Tradition*, Westport, C. T. : Praeger Publishers, 1998, p. 50.

国际上最为可行的事情之一就是找到可以消除这种压力的安排,以便重新创造机会和恢复人们的希望。必须确保人们的努力和奋斗能够带来成功和繁荣。在进行这种调整和为这种调整提供资金的过程中,美国不仅有机会,也有实际的责任提供智慧和资源。①

胡佛也有类似的看法,认为缓解国家间的经济摩擦就是防止战争。他在 1933 年的演讲中说:"谁能说,最伟大的防止战争的行动不是缓解经济摩擦?"②

共和党政府外交决策者认为,和平与繁荣是一枚硬币的两面,经济繁荣,特别是欧洲的经济稳定会带来和平;而和平也是经济发展的前提,因为各国在经济上越来越相互依赖,其他地区的政治动荡和军事冲突会影响到国际金融体系的稳定,从而损害各国经济,包括美国经济的发展。从经济的视角来思考国际关系是 20 年代共和党国际秩序观念的突出特点。

那么,这一时期的美国领导人为什么从经济的视角来思考美国对外政策与国际关系?

第一,共和党自麦金莱政府开始逐渐成为大企业家的代言人,共和党与企业家集团结盟,形成伙伴关系,这是共和党政治基础的重大变化。共和党政府也非常自觉地为促进企业界的海外利益服务。柯立芝言道:"不管怎么说,美国人民的主要事务就是商业(the chief business of the American people is business),他们深为关心的是世界上的生产、购买、销售、投资和繁荣。我强烈认为,绝大多数人会发现,这些才是我们生活的驱动力。"③柯立芝的这番话后来被浓缩为"美国的事务就是商业"(The business of America is business)而广被引用,体现出共和党政府把开拓美国在海外的商业利益作为对外政策的主要目标。这一时期不存在对美国的重大战略和安全威胁,经济事务在美国对外关系中具有优先地位。1925—1929 年间,美

① Calvin Coolidge's Inaugural Address, Mar. 4, 1925, Schlesinger, Jr., ed., *My Fellow Citizens: The Inaugural Addresses of the Presidents of the United States, 1789 – 2009*, p. 264.

② Herbert Hoover, Address at the Lincoln Day Dinner in New York City, Feb. 13, 1933, http://www. presidency. ucsb. edu/ws/index. php? pid =23427. (2009 年 10 月 28 日获取)

③ Calvin Coolidge, "The Press Under a Free Government," Address before the American Society of Newspaper Editors Washington, D. C., Jan. 17, 1925, http://www. calvin-coolidge. org/html/the_press _under_a_free_governm. html. (2009 年 10 月 28 日获取)

国是世界所有重要金属原料的最大消费国，大体上消耗了世界生产的 8 种重要原料的 60%，另外 10 种的 40% 和另外 14 种的 20%。[①] 美国的进口贸易总额从 1922 年的 31 亿美元增加到 1929 年的 44 亿美元，石油和橡胶是主要的进口产品。美国的出口贸易总额从 1922 年的 38 亿美元增长为 1929 年的 51 亿美元。[②] 美国企业家和政府都担心重要原料越来越依赖海外市场，因此把门户开放原则的国际化视为获取海外原料和市场的关键。

第二，共和党领导人把国际关系视为利益之争，认为第一次世界大战的根源在于欧洲大国对原料和市场的争夺，而如果各国在一个有序的国际关系框架内可以分享原料和市场，实现繁荣，战争就可以避免。埃德温·博查德在对第一次世界大战后的新形势进行展望时说，在西半球，不存在工业大国之间在争夺资源方面的对抗，因为美国推行门户开放原则，但是，

在世界其他地区，其他资源开采国会认为自己同时也是其控制地区的天然保护人或开发者。于是我们发现日本宣称他们作为中国自然资源的投资者和开发者有种种特权，并通过与西方列强签订诸如《蓝辛—石井协定》那样的协定来巩固其要求，使其他列强在承认日本的优越地位问题上不能反悔。接着我们可能需要为日本宣布亚洲"门罗主义"做准备。如果外国对这些限制不满，而且随着他们日益提高的海外投资和贸易的能力被这些限制所阻碍，这种不满注定会发生，到那时，阻碍就会成为挑战，排斥就会成为一种冒犯，当武力可用时，不可避免的冲突最终就发生了。[③]

①　Michael J. Hogan, *Informal Entente*: *The Private Structure of Cooperation in Anglo-American Economic Diplomacy*, *1918 - 1928*, Columbia: University of Missouri Press, 1991, p. 187.

②　Michael J. Hogan, "Expansionist Impulses and Domestic Constraints, 1921 - 1932," Samuel F. Wells and William H. Becker, eds., *Economics and World Power*: *An Assessment of American Diplomacy since 1789*, New York: Columbia University Press, 1984, pp. 246 - 247.

③　Edwin Borchard, "The Problems of Backward Areas and of Colonies," Stephen P. Duggan, ed., *The League of Nations*: *The Principle and the Practice*, Boston: Atlantic Monthly Press, 1919, p. 209, http://www. archive. org/stream/leagueofnationsp00duggiala/leagueofnationsp00duggiala_ djvu. txt. (2009 年 10 月 30 日获取)

而防止冲突发生的办法就是建立经济竞争的规则和秩序,用博查德的话说,"未来的和平将依赖于对这种竞争进行精明的规范"。[1]

第三,由于工业化、技术和交通的进步导致国家间在经济上相互依赖,特别是美国对海外市场的依赖,美国领导人相信,美国国内的繁荣依赖于对海外市场和原料产地的控制以及投资机会的扩大,美国的国家安全在很大程度上是经济安全,外交政策的首要目标是保证美国获得海外市场、工业原料和投资机会。休斯称,"美国繁荣"是包括国务院在内的美国所有各部的"共同大目标",国务院的宗旨就是"回应美国企业的迫切需要",他"最热切的希望就是(国务院)采取一切可行的措施来促进美国的商业和通过一切适当的渠道传布美国商人所需要的重要信息"。[2] 不仅如此,美国领导人还相信,经济上的相互依赖使美国的繁荣与其他国家的繁荣,特别是与欧洲的繁荣息息相关。参议员约瑟夫·弗朗斯(Joseph I. France)在1922年说:"文明世界是一个经济统一体,是一个活的有机体,其中每一个不同的国家都是至关重要的和不可缺少的器官,除非这个有机体的每一部分都是健康的和充满活力的,否则就不会有整个有机体普遍的繁荣。"[3] 也就是说,促进各国的经济繁荣应当是国际关系的主要议题。

因此,20年代的共和党政策决策者主要从经济而不是安全的角度来思考国际关系,认为美国对外关系主要是金融与贸易关系,美国外交主要是经济外交。他们试图利用美国巨大的经济实力使门户开放原则国际化,建立一种以门户开放原则为基础的世界秩序(open door world order)。这一秩序可以规范主要工业国之间的竞争,为工业国家提供获取世界经济资源的平等机会,从而缓和它们之间的利益冲突,避免大国之间的经济对抗;同时这一秩序也可以满足欠发达国家对资金和技术的要求,有助于这些国家的现代化,从而防止革命。在他们看来,第一次世界大战的教训已经表明,

---

① Edwin Borchard, "The Problems of Backward Areas and of Colonies," Stephen P. Duggan, ed. , *The League of Nations: The Principle and the Practice*, Boston: Atlantic Monthly Press, 1919, p. 211.

② Charles Evans Hughes, "Some Aspects of the Work of the Department of State," Address before the Chamber of Commerce of the United States at Convention held in Washington, D. C. , May 18, 1922, *American Journal of International Law*, Vol. 16, No. 3, July 1922, p. 364.

③ Statement by Joseph I. France, *Congressional Record*, Senate, 67 Cong. , 2 Sess. , Vol. 62, Part 3, Feb. 22, 1922, p. 2883.

均势、联盟和扩大军备并不能带来和平，相反可能导致战争；和平与稳定可以通过与政治无关的经济手段来实现，一个繁荣的世界将是一个和平的世界，经济力量，而不是政治力量将塑造世界的未来；美国作为世界上居于领导地位的工业债权国可以发挥自己的力量，特别是美国的资本和技术可以促进各国的繁荣和稳定。

由于 20 年代美国对外事务主要集中在贸易、金融和裁军等方面，而贸易和金融事务可以由私人部门来承担，因此共和党政府在 20 年代的外交中经常采取"合作主义"的方式，即与企业界合作，共同推行美国的对外政策。美国政府在制定政策时接受经济专家和企业领导人的意见，并通过他们来实现对外政策目标。这种"合作主义"的典型事例是共和党政府利用银行家的专业知识和金融实力，通过制订以美国银行家命名的"道威斯计划"和"杨格计划"，解决了棘手的战债问题，并通过华尔街资本的力量促进了欧洲的经济复兴。20 年代也因此被称为"银行家外交"的时代。

1931 年 11 月，国务院西欧司官员约翰·卡特撰文这样阐述美国的外交政策：

> 美国主要的海外利益是非常简单的……它包括：一个繁荣的世界，美国可以自由地在与其他国家平等的条件下同世界各国进行贸易；一个和平的世界，在这个世界里美国可以自由地开发其资源而不用浪费资源用于国防，美国的政治家们也不用为迫在眉睫的国防需要而烦恼。美国的世界政策可以概括为"繁荣与和平"。……国外的繁荣会有助于美国的繁荣，而普遍的国际和平可以防止战争对经济造成破坏，并使对经济有害的扩军行为失去必要性。

他称这不是"虚伪"，而是"国家的共识"。①

为了使门户开放原则全球化，美国与英、法、比等国签约，在三国控制的近东和非洲的委任统治地贯彻门户开放原则；在 1922—1923 年举行的洛桑会议上，欧洲各国承认美国有同等的权利进入黑海和获取土耳其的资

---

① John Carter, "America's Present Role in World Affairs," *Current History* (New York), Vol. 35, No. 2, Nov. 1931, p. 162.

源；在远东，《九国公约》确定了在华门户开放原则。美国还把战债问题与东欧的门户开放联系起来，向英法等国提出，除非英法同意在东欧实行门户开放和减少德国的赔款，否则拒绝谈判战债问题。

要建立门户开放的世界秩序除了需要防止发达工业国之间的经济冲突导致的混乱和不稳定外，还要阻止欠发达地区爆发革命带来的动荡以及日益高涨的民族主义对门户开放原则的挑战。在美国领导人看来，亚洲和拉美等欠发达地区的革命民族主义威胁资本主义制度和美国的利益，是繁荣与和平的敌人。在欠发达地区，20年代的美国主要通过三种方式来推行门户开放的世界秩序，以促进美国的利益。

一是通过美国的投资来扩大美国的商业利益以及促进欠发达地区的经济发展，以消解激进的、革命的民族主义。1927年，柯立芝在美国记者协会的演讲中称，美国人"带着资本、技术和商业能力去海外"可以"帮助开发欠发达地区"，这是"文明力量的自然表现"，"是强大的社区帮助弱小社区的方式"，可以"给其他国家的人民带来利益和好处"，就像美国曾经从外资中得到好处一样。他宣称，美国在海外的投资不会"沦为单纯的剥削"，美国政府也不会支持"通过武力对外国的自然资源进行掠夺"，美国人必须"带着正义和人道来开展这些活动"。[1]为了获取中国的资源，同时也为了约束日本，美国在20年代重组六国银行团，承揽对中国的贷款，试图在获取中国资源的同时，使中国获得必要的技术和资金。

二是向欠发达国家施加压力，使它们遵守所谓的"国际义务"(international obligations)。"遵守国际义务"就是承认现状，维护美国的利益和向美国开放门户。柯立芝在1923年的国情咨文中指责苏联"拒绝承认国际义务的神圣性"。[2]针对墨西哥政府实施的将外国企业国有化的激进措施，国务卿休斯说："当前国际关系需要维护的最重要原则是，如果一个国家通过没收财产和否认合同效力的方式来摧毁正常往来的基础，那么它就不配在

① Address of President Coolidge at the Dinner of the United States Press Association at New York, Apr. 25, 1927, *FRUS*, 1927, Washington, D. C., 1924, Vol. 3, p. 211.

② Message of the President of the United States to Congress, December 6, 1923, *FRUS*, 1923, Vol. 1, p. viii.

国际大家庭中占有一席之地。"① 1927 年 4 月，柯立芝总统在一次演讲中谈到中国内战、墨西哥外国企业国有化政策和尼加拉瓜内战对美国投资和商人利益的威胁，要求这些国家的政府遵守所谓的文明准则，称"世界文明是通过接受和普遍遵守一定的人类行为准则来实现的。……而那些破坏这些准则的人不会得到我们的认可"②。这实际上是向欠发达国家施加压力，要求这些国家保护美国的商业利益，保护国际资本主义。1921 年 4 月，参议院对外关系委员会主席洛奇督促美国政府保护美国在欠发达地区的商业利益："如果我们想在南美洲和东方扩大我们的对外贸易，必须永远确保在那些国家投资的美国人以及生活在驻在国法律之下的美国人获得美国政府的支持，得到他们有权得到的保护。"他警告说，缺少对美国投资者保护将使美国无法在这些地区扩展商业，削弱美国获取诸如石油和橡胶等美国经济必需的原料的能力。③

　　三是通过意识形态影响和宣传教育来改变精英的价值观，然后通过精英改变普通民众的价值观，从而达到控制欠发达地区和维护门户开放的目的。美国决策者认为，欠发达国家的传统观念不利于其自身的经济发展，更妨碍美国的经济扩张，因此需要向这些国家传播美国的商业观念和商业文化，这些国家一旦接受美国价值观就会愿意接受美国的霸权，从而尊重美国的利益，并自愿向美国打开门户。美国学者罗伯特·史密斯这样概括这一思想背后的逻辑：

　　　　如果欠发达国家的人民接受了北美的价值观，他们就会坚决支持通过私人企业实现经济发展，支持吸收外资和营造有利于企业发展的环境，以及（特别是在工人中间）崇尚耐心和努力工作。其结果将是对契约的尊重，偿还合法的债务，保护私有财产以及为外国企业（特别

---

　　① Hughes' Speech, May 18, 1922, 转引自 Robert Freeman Smith, "Republican Policy and the Pax Americana, 1921 - 1932," William A. Williams, ed., *From Colony to Empire: Essays in the History of American Foreign Relations*, New York: J. Wiley, 1972, p. 271。

　　② Address of President Coolidge at the Dinner of the United States Press Association at New York, Apr. 25, 1927, *FRUS*, 1927, Vol. 3, p. 220.

　　③ Lodge Speech at Senate, *Congressional Record*, Senate, 67th Cong., 1st Sess., Vol. 61, Part 1, Apr. 1921, p. 161.

是美国企业）提供自由开放的空间。美国则不用费力去促进和维护秩序、稳定和投资，相关国家将乐于把美国的主导作为获得保护和繁荣的基础而加以接受。①

因此，国务院官员、政治学家切斯特·琼斯（Chester Lloyd Jones）相信，有必要在欠发达国家培育一种"经济冲动"，这种冲动由"财产意识""对他人经济成功的效仿""对影响力的渴望"和开发各种需求构成。② 20年代向欠发达地区传播美国价值观的不仅仅是基督教传教士，还包括商人和企业家，他们通过传播自由资本主义理念和美国的商业文化来推动门户开放原则的全球化。

简言之，共和党政府在20年代大力推行以门户开放原则为基础的国际秩序，认为这一秩序与欧洲的殖民主义是不同的，它可以推动私人企业资本主义，防止工业化国家之间的恶性竞争，同时也可以促进欠发达地区的发展，从而消解这一地区的革命民族主义，确保美国和整个世界的繁荣和稳定。

国际裁军 20年代的美国领导人还相信裁军会有助于世界的安全与稳定，这不仅因为军备竞赛加剧国家间的安全困境，可能导致第一次世界大战那样的战争，而且大量资金用于军备而不是生产也会损害各国经济和世界贸易，增加各国的财政负担，因而不利于经济繁荣，从而削弱和平的基础。也就是说，共和党政府倡导裁军不仅出于安全的考虑，还与其经济外交思想有关。休斯在华盛顿会议的开幕式上说："如果想恢复经济，如果追求合理进步的渴望不被否定，如果我们想避免那些渴望摆脱无法忍受的负担而变得绝望的人民的起义……军备竞赛就必须停止。"③ 胡佛总统在1931年12月的国情咨文中认为"今天支撑军备的税收负担比大战之前还要大"，而军备过于庞大直接导致"世界经济的不稳定"，"军备竞赛的负担是导致

① Smith, "Republican Policy and the Pax Americana, 1921 - 1932," Williams, ed., *From Colony to Empire: Essays in the History of American Foreign Relations*, p. 273.

② Chester Lloyd Jones, *Mexico and Its Reconstruction*, New York: D. Appleton, 1921, pp. 112 - 113, 159 - 160.

③ Hughes, *The Pathway of Peace: Representative Addresses Delivered during His Term as Secretary of State*, pp. 24 - 25.

这次萧条的原因之一"。① 在声势浩大的和平运动影响下，哈定政府上台之初就把裁军纳入美国外交政策的主要议程。

在共和党执政时期，美国倡导召开了三次裁军会议：1921 年的华盛顿会议、1927 年的日内瓦会议和 1930 年的伦敦会议。在华盛顿会议上，英、美、日、法、意在主力舰问题上达成协议，五国签订了《限制海军军备条约》，即《五强条约》。该约规定：五国海军主力舰②的吨位比例为 5∶5∶3∶1.75∶1.75（1 约等于 10 万吨排水量）。这是第二次世界大战前最成功的一次裁军会议。1927 年的日内瓦会议只有英、美、日三国参加，会议的目的是限制非主力舰的生产。由于三国在各自拥有巡洋舰的吨位比例方面争执不下，会议在限制巡洋舰数量问题上没有达成协议。在 1930 年的伦敦裁军会议上，美国派出由国务卿史汀生担任团长，由经济学家兼历史学家查尔斯·F. 亚当斯（Charles Francis Adams）、民主党参议员约瑟夫·鲁滨逊（Joseph T. Robinson）和共和党参议员戴维·里德（David A. Reed）组成的庞大的代表团。会议签订了《限制和裁减海军军备国际条约》，决定把华盛顿海军协定的有效期再延长 5 年，也就是到 1936 年年底。该约规定：英、美、日三国重型巡洋舰（装有超过 6.1 英寸但不超过 8 英寸口径火炮的巡洋舰）吨位比例为 10∶10∶6（为了平息日本的不满，美国做出一项妥协，即美国将推迟重型巡洋舰的建造，以便给日本一个缓冲期，使美国与日本重型巡洋舰的吨位比例在近期内仍保持10∶7）；三国轻型巡洋舰（装有 6.1 英寸及以下口径火炮的巡洋舰）和驱逐舰的吨位比例则是 10∶10∶7；潜艇数量比例是10∶10∶10，并制定了关于战时使用潜艇的规则。条约还规定美国拥有重型巡洋舰的数量不得超过 18 艘，总吨位不得超过 180000 吨；英国 15 艘，吨位 146800 吨；日本 12 艘，吨位 108000 吨。条约对轻型巡洋舰没有数量限制，但对总吨位有限制：美国 143500 吨、英国 192200 吨、日本 100450 吨；驱逐舰吨位限制是美国和英国各 150000 吨，日本 105500

---

① President Herbert Hoover's Message to the Congress on United States Foreign Relations，December 10，1931，http：//www. presidency. ucsb. edu/ws/index. php？pid＝22936&st＝&st1＝. （2009 年 10 月 20 日获取）

② 主力舰（capital ship），根据该条约规定是指排水量在 1 万吨以上或配有 8 英寸以上口径火炮的战舰，不包括航空母舰。航空母舰是指排水量在 1 万吨以上，专门用来运载飞机和供飞机起降的大型战舰，不得配有超出 8 英寸口径的火炮，排水量一般也不得超过 2.7 万吨。

吨。条款的有效期是 1936 年 12 月 31 日。[1]

1932 年在日内瓦召开世界裁军大会,美国在会上提出取消潜艇、坦克和轰炸机等进攻性武器的建议。由于担心德国重新武装,法国提出裁军协议的签署应以英美为法国提供安全保障为条件,致使裁军会议进展缓慢,难以达成协议。希特勒上台后于 1933 年 10 月退出裁军会议与国联,在这种情况下,裁军谈判失去了意义。会议持续到 1934 年,但没有任何成果。

总之,20 年代共和党政府的外交与国际秩序思想既不同于欧洲的现实主义,也不同于威尔逊的自由国际主义,实际上回到了威尔逊之前的塔夫脱时代的国际主义,即保守的国际主义。这些保守的国际主义者拒绝欧洲的均势政治,也不愿意让美国承担集体安全义务,而试图通过国际关系的法治化、门户开放原则的全球化和国际裁军来维护和平。20 年代美国对欧洲和东亚的政策都体现了这一外交思想。

二　美国与欧洲的稳定和安全

在整个 20 世纪 20 年代,美国外交重心无疑在欧洲。休斯等保守的国际主义者深知,随着工业化和国家间相互依赖程度的加深,美国不可能对欧洲事务不闻不问,何况欧洲还拖欠美国巨额债务,为了收回协约国第一次世界大战期间欠下的巨额战债,美国也需要帮助促进欧洲的复兴。同时欧洲国家间的和平也是美国利益之所在,欧洲爆发另一场战争不仅会损害大西洋两岸的贸易,而且美国也难以置身事外,第一次世界大战已是明证。因此,美国继续像 19 世纪那样保持对欧洲事务的不闻不问已经不可能了。

那么,美国究竟要在多大程度上卷入欧洲事务? 1931 年 11 月,国务院西欧司官员约翰·卡特称美国对欧洲的政策"一直是外交上的疏远和具体事务上的合作","介于孤立和直接参与欧洲事务之间"。他称"我们没有充当骑士","但我们也不是隐士国家 (hermit nation)"。[2] 这大体上道出了

---

[1]　International Treaty for the Limitation and Reduction of Naval Armament, http://www.microworks.net/pacific/road_to_war/london_treaty.htm. (2010 年 10 月 24 日获取)

[2]　Carter, "America's Present Role in World Affairs," *Current History* (New York), Vol. 35, No. 2, Nov. 1931, p. 162.

美国对欧政策的特性。

现实主义者主张美国参与欧洲均势的重建，承担维护法国安全的战略义务和促进欧洲经济复兴的金融义务；孤立主义者认为美国在欧洲没有利益，欧洲发生的一切都与美国没有关系；而自由国际主义者则要求美国加入集体安全体系，即加入国联，通过国联的机制维护法国的安全。共和党政府的政策则不同：既不加入欧洲的结盟体系承担战略义务，也不加入国联承担集体安全义务，但也并非对欧洲局势不闻不问，而是试图用非军事和非政治的手段参与欧洲事务，利用美国巨大的经济实力，特别是金融力量作为杠杆，通过向欧洲提供贷款以及在幕后施加压力的方式，影响欧洲的局势，推行美国的政策，实现欧洲经济复兴与政治稳定的目标。就此而言，共和党政府的对欧政策既不是现实主义的，也不是孤立主义的，更不是自由国际主义的，而是典型的保守的国际主义政策。

美国在欧洲面临两大问题：一是欧洲的经济复兴；二是欧洲的安全和稳定。而两个问题之间又是相互关联的：没有欧洲经济的复兴，赔款和战债问题就无法解决，稳定与和平也就无从谈起；而安全问题不解决带来的欧洲局势不稳定势必又会妨碍美国资本的流入和欧洲经济复兴。更重要的是，欧洲经济的长期萧条还会影响美欧贸易，拖累美国经济，并可能带来欧洲各国严重的社会动荡，导致布尔什维克主义向中欧和西欧传播。共和党政府看到了这一点，把促进欧洲的经济重建和政治稳定视为美国对外政策的重要目标，试图从经济和安全两个方面来影响欧洲的局势。

战后欧洲经济萧条、民生凋敝，而德国经济的复兴是欧洲重建的关键。欧洲经济的复兴和政治的稳定需要把德国融入世界经济体系中去，而完成这一任务则需要削减德国的赔款，稳定马克，并由美国向德国输出资本和信贷。因此，美国有责任促使英法削减德国的战争赔款，促进德国经济复兴，帮助西欧各国稳定货币。同时，德国的复兴还与战债问题联系在一起。美国政府虽然不愿意将赔款与战债问题挂钩，但也深知，没有德国的经济复兴和偿还赔款，战债问题就得不到解决。

从 1917 年开始，直至 1918 年 11 月战争结束，美国向协约国共提供了约 70.7 亿美元的贷款。战争结束后，美国继续向协约国以及新成立的欧洲国家提供了总价值约 32.7 亿美元的贷款和援助，用于救济和重建。两者加在一起共约 103 亿美元，被统称为欧洲欠美国的战债。其中欠债最多的是英国、法国、意大利、俄国和波兰，分别为 42 亿美元、34 亿美元、16 亿美元、1.9 亿美元和 1.6 亿美元。①

早在战争结束前，一些协约国政府就要求美国减少甚至完全放弃战债。它们的理由有：第一，协约国的大部分借款都用于购买美国的物资上，刺激了美国经济的发展，因此从这个意义上说，欧洲在一定程度上已经偿付了战债；第二，美国与协约国是为共同的事业而战，作为战胜国的美国不应该以牺牲其他战胜国为代价获取利益，况且美国加入战团时间较晚，而此时欧洲盟友已经做出了巨大的牺牲；第三，欧洲的经济形势也需要美国放弃战债，美国要求欧洲以黄金或美元支付战债，这对欧洲来说是无法实现的。欧洲各国有限的黄金需要用来稳定本国的货币，而用美元支付则需要欧洲债务国在对美贸易中有大量盈余，但是美国的关税和贸易政策却大大限制了欧洲对美出口，致使欧洲各国实际上无法获得美元。

但美国政府坚决反对取消战债。② 这一立场得到国会和公众的支持。柯立芝在 1923 年 12 月的国情咨文中称，"国家间的金融义务等同于道德义务，国家信誉和荣耀要求它必须得到履行"。③ 美国政府拒绝取消战债主要是出于国内政治考虑，因为美国政府是以向本国公民发行公债（即"自由公债"）的方式筹集的这些贷款，接受贷款的国家以其国家信用做担保，承诺偿还，年利率是 5%。如果取消协约国的战债，联邦政府就得通过增税的

①　Thomas A. Bailey, *A Diplomatic History of the American People*, Englewood Cliffs, N. J. : Prentice-Hall, 1980, p. 657.

②　1922 年，美国国会授权成立一个"世界大战外国债务委员会"（World War Foreign Debts Commission），负责与协约国谈判偿还战债问题。1922 年，该委员会与 15 个欧洲国家签订了协议，根据"偿还能力"原则确定了各国债务数额，分 62 年还清，本息合计总数约 220 亿美元。此后，各国按年度偿还，资金主要来自德国向协约国的赔款。1931 年，面对世界经济危机的严峻形势，胡佛总统宣布延期偿付战债一年。1933 年，希特勒上台后宣布拒绝向协约国赔款。1934 年，除匈牙利和芬兰外，其他所有债务国都宣布停止偿付债务。1918—1931 年，美国从协约国获得的战债赔付大约共 26 亿美元。1939 年匈牙利停止偿付。芬兰则最终偿还了所有战债。Paterson, et al., *American Foreign Policy: A History*, Vol. 2, since 1900, 1983, p. 314; Martin Folly and Niall Palmer, eds., *Historical Dictionary of U. S. Diplomacy from World War I through World War II*, Lanham, U. K. : The Scarecrow Press, Inc, 2010, pp. 369 – 370.

③　Message of the President of the United States to Congress, Dec. 6, 1923, *FRUS*, 1923, Vol. 1, p. ix.

方式来偿还公债的本息，这势必加重美国纳税人的负担，导致民众对共和党政府的不满。

在美国拒绝取消协约国战债的情况下，欧洲主要债务国英、法、意等国宣称，偿付战债需要以德国偿付战争赔款为条件。在巴黎和会上，英法等国就建议一揽子考虑德国的赔款和协约国的战债问题，试图把战债与赔款问题挂钩，但遭到美国政府的断然拒绝。美国的立场是，战债和赔款问题完全不同，不能混为一谈，美国在战后放弃了对德国的赔款要求，美国政府也没有参与赔款问题的讨论。经济危机爆发后，美国政府的立场仍然没有改变。胡佛总统在 1931 年 12 月 10 日的国情咨文中阐述了美国政府在赔款和战债问题上"一贯遵循的方针"，即"赔款完全是欧洲问题"，与美国"没有任何关系"，美国不会参与欧洲问题的讨论，协约国战债偿还问题不应与赔款问题挂钩。[①]

1921 年 5 月，协约国赔款委员会确定的德国赔款数额为 1320 亿金马克，相当于 330 亿美元。这一数额遭到德国的反对，德国采取使马克贬值、通货膨胀等方式加以抵制，并提出延期交付赔款的要求。1923 年 1 月，法国和比利时以德国拒付赔款为由，根据《凡尔赛和约》的有关条款，联合出兵占领德国的鲁尔区。德国宣布暂停支付所有赔款，并在鲁尔区实行消极抵抗的政策。占领鲁尔导致德国社会动荡，经济萧条，引发战后第一场国际危机。鲁尔危机引起美国的极大忧虑，美国担心，如果德国和欧洲局势持续不稳定，美国的经济乃至整个世界的和平都会受到严重的影响，因此，美国有必要介入。

鲁尔危机表面上看是由于德法赔款纠纷引起的，但其深层原因是法国深刻的不安全感。鲁尔危机凸显了欧洲不稳定的根源，即法德矛盾。

凡尔赛会议构建的欧洲国际秩序从一开始就是不稳定的，因为从长远来看，它没有建立起真正的集体安全体系，因为美国没有加入国联；它也没有恢复欧洲的均势，因为德国仍有潜在的巨大优势。也就是说，它拒绝了旧秩序，但新秩序又没有建立起来，这引起了法国极大的担心。

---

① President Herbert Hoover's Message to the Congress on United States Foreign Relations, Dec. 10, 1931, http: //www. presidency. ucsb. edu/ws/index. php? pid = 22936&st = &st1 = . (2009 年 10 月 20 日获取)

众所周知，第一次世界大战主要是在西线，也就是比利时和法国领土上进行的，法国工业中心受到了巨大的破坏，而德国的工业基础基本保持完好。法国在第一次世界大战中伤亡人数是 550 万，虽然不及德国的 600 万，但当时法国的人口不及德国的三分之二，因而就人口比例而言，法国在第一次世界大战中的损失是最大的。① 法国领导人深知，战争已经使法国筋疲力尽，而且从长远来看，法国在人力资源上也处于劣势。以德国的工业基础、人口规模和地理位置，德国东山再起是一件很容易的事情，一旦德国经济恢复、重整军备，法国的梦魇将会重演。因此要么肢解和尽可能地削弱德国，永远消除德国的工业和军事能力；要么美国加入欧洲的均势结构中来，否则法国没有安全可言。在 1919 年 1 月 18 日巴黎和会开幕式上，法国总统雷蒙·庞加莱（Raymond Poincaré）在欢迎词中指出，就在 48 年前的同一天、同一地点，德意志帝国宣布成立，从那时起给欧洲带来巨大灾难。他称和会是"修补德意志帝国犯下的罪恶和防止其东山再起"的机会。② 在巴黎和会上，威尔逊和劳合－乔治与法国订立了一个保障条约，作为法国在莱茵区问题上做出让步的回报。根据该条约，法国遭受德国攻击时英美将给法国以援助。1919 年 7 月，英国议会批准了该条约，但履约的前提是美国国会也予以批准。在随后的美国国会辩论中，美国国会拒绝批准《凡尔赛和约》和该条约，因此法国谋取英美安全保障的计划成了泡影。和会在讨论国联问题时，法国就提出国联是战时同盟的继续，成立后应该成为针对德国的军事政治同盟，但美国和英国对这一主张断然拒绝。巴黎和会后，法国深切地感受到自己是在孤单地面对德国的威胁：法国失去了在西部牵制德国的盟友——俄国，英国不愿意过分削弱德国，美国则拒绝加入国联。实际上，20 年代欧洲的不稳定主要是由于法德矛盾，特别是法国对德国的担心引起的，战后欧洲的赔款、裁军和边界问题迟迟无法解决都与法国的安全担忧有关。法国曾多次向美国提出结盟的要求，法国外长白里安（Aristide Briand）提出与美国签署宣布战争为非法的双边条约

---

① Felix Gilbert and David Clay Large, *The End of the European Era: 1890 to the Present*, New York: W. W. Norton & Company, 1991, p. 152.

② Martin Kitchen, *Europe between the Wars*, Harlow, Great Britain: Pearson Education Limited, 2006, p. 34.

实际上也带有把美国拉入欧洲均势体系的意图，但美国对美法同盟丝毫不感兴趣。① 法国转而试图通过与比利时、波兰和捷克斯洛伐克签订双边安全条约来遏制德国，但这也没有使法国获得安全感，因此法国仍然利用一切机会削弱德国，阻止德国东山再起。在赔款问题上，法国希望尽可能地提高德国的赔款数额，并把占领鲁尔视为削弱德国的机会。面对美国提出的减少德国赔款建议，法国提出减少德国赔款的前提是美国向法国提供安全保障。不仅如此，法国还反对美国的裁军倡议，在获得美英的安全保障之前不愿意裁军。

美国虽然也意识到解决法德矛盾、消除法国对自身安全的担心是实现欧洲稳定的关键，但美国在如何实现欧洲安全问题上的看法与法国大不相同。

由于欧洲特殊的地缘政治格局，自近代以来，欧洲各国把强大的军备和尽可能地削弱对手以及结盟视为国家安全的保证，而美国有利的地理位置却使其长期享有无须建立庞大军备的"免费的安全"（free security），很少有被入侵之虞。这使美欧在安全问题上的看法大相径庭。用学者哈罗德·约瑟夫森（Harold Josephson）的话说，"美国有利的地理位置和历史经验使美国人把战争视为和谐的国际关系中短暂的插曲。他们似乎相信只要各国消除或大幅度地减少枪炮和军舰，和平就会到来。而欧洲人经常生活在战争的威胁之中，非常清楚地认识到和平依赖于国家安全之上而不是建立在军备的算数比率之上的"②。20 年代美国知名的国际主义者詹姆斯·肖特维尔曾这样阐述法美安全观的不同：

　　　　法国人长期以来一直试图教会我们懂得这一简单的教训：必须先有安全，然后才可能裁军。但是我们发现这一教训我们很难学，因为我

---

① 当法国外长提出签订一个双边条约宣布战争为非法时（法国的目的是改善法国在美国的形象，以及间接地让美国承担保证法国安全的义务），柯立芝政府反应冷淡，但是美国国内和平团体强烈要求政府接受法国的建议。迫于舆论的压力，国务卿凯洛格开始考虑，并接受参议院对外关系委员会主席博拉的建议：把双边条约发展成多边条约；不承担使用制裁手段来实施条约的义务，以免美国被拉入法国的联盟体系和欧洲事务中去，同时保持美国行动的自由。

② Harold Josephson, *James T. Shotwell and the Rise of Internationalism in America*, Madison, N. J. : Fairleigh Dickinson University Press, 1975, p. 117.

们拥有安全,并不需要武装,至少不需要土地来维护安全。我们需要做的一切就是确保大西洋和太平洋不要干涸。[1]

第一次世界大战后,美国国内舆论强烈质疑《凡尔赛和约》的正当性,认为凡尔赛和会并没有贯彻威尔逊的"十四点"。20 年代的共和党政府实际上怀疑《凡尔赛和约》对德国战争罪行的认定,认为《凡尔赛和约》对德国是不公正的。[2] 德国承担巨额赔款和法国试图削弱德国的做法也使美国民众产生对弱者——德国的同情。美国相当多的舆论同情德国的遭遇以及德国要求修改《凡尔赛和约》的愿望,对法国削弱德国的努力不以为然。

美国领导人认为,法国的安全和稳定不在于尽可能地削弱德国,不在于维持欧洲的现状,而在于通过复兴德国经济保持魏玛共和国的稳定,并最终使德国融入欧洲。一个繁荣、稳定、融入欧洲的共和制的德国不会威胁法国,并可成为欧洲和平的基础,而保持德国低人一等的地位将是一项失败的政策,欧洲的和平之路是法德和解,而不是法德对抗。在美国看来,支持法国会助长法国在德国赔款问题上的强硬立场,甚至导致法国在欧洲大陆的霸权。英国也有类似的看法。但实际上,美国和英国都高估了法国的能力和心理,法国的不安和不妥协是源自对德国的恐惧,而不是出于谋求欧陆霸权。

同时,在美国领导人看来,德国经济的复兴是整个欧洲经济复兴的关键。威尔逊政府的副国务卿诺曼·戴维斯(Norman Davis)在 1921 年 3 月 12 日给新任国务卿休斯的长信中说:"在战前,德国就已经成为工业高度

---

① James T. Shotwell, "The Problems of Security," *The Annals of the American Academy of Political and Social Sciences*, Vol. 120, No. 1, Jul. 1925, p. 159.

② 和约遭到左翼人士的尖锐批评。《民族》(*Nation*)杂志的编辑奥斯瓦尔德·维拉德(Oswald G. Villard)在给参议院罗伯特·拉福莱特的信中说:"我越研究和约,我就越相信它是人类曾经制定的最不公正的媾和文件。它使美国名誉扫地,因为它违背了停战时美国向德国做出的我们国家的庄严承诺,因为它散发着欺骗、复仇和不人道的臭味,它比《维也纳条约》还要坏。……它不仅保留了旧的邪恶的世界秩序,而且使这一秩序变得更坏,它把形势整个置于四五个政治人物,有时是国际银行家的手中。在我看来,它注定了现代资本主义的毁灭,构成一个名副其实的潘多拉的盒子,我们现在还不知道从中冒出来的是什么。" Arthur A. Ekirch, Jr., *The Decline of American Liberalism*, New York: Longman, Green and Company, 1955, p. 227.

发展的欧洲的轴心,目前欧洲的复兴和持续繁荣主要依赖德国的复兴和繁荣。除非德国正常发展和繁荣,否则法国就不能繁荣,而整个世界的繁荣又依赖于工业化欧洲的生产能力和购买能力。"① 休斯实际上与戴维斯的看法一致,他在 1922 年 12 月的演讲中称,"欧洲的经济形势成为我们最大的忧虑","我们不能把这些问题视为欧洲的问题而对其置之不理,因为它们是世界的问题,如果这些问题得不到解决,我们也无法逃脱其不利影响"。他称美国"不希望看到一个衰弱的德国,如果德国经济不能恢复,欧洲的经济就不会恢复",而欧洲经济的恢复又与和平密切相关,因为"如果经济上的满足不能实现,就不会有持久的和平"。②

而向德国勒索巨额赔款、在德国不履行赔款时对德国进行制裁,以及占领鲁尔区只会使德国政局动荡、社会混乱,从而削弱魏玛共和国的威信,妨碍欧洲经济复兴目标的实现。休斯在 1923 年 11 月与法国驻美大使朱尔·朱瑟朗(Jules Jusserand)谈话时问道:"如果德国垮了,法国就会安全吗?"③ 对法国来说,当然如此,但在休斯看来则未必如此。美国领导人坚信,法国的安全不是通过尽可能地削弱德国来获得,而只能是通过让德国融入欧洲和维护德国的共和体制来实现。1924 年 7 月,总统顾问德怀特·莫罗(Dwight W. Morrow)给休斯的信中说道:

> 赔款问题以前一直被(法国)用来抵消(对)安全(的担忧),好像二者是对立的。我从不相信这一点。这样把二者对立实际上是把安全界定为使你的对手保持虚弱地位。用这种方式不会有真正的安全。④

① Melvyn P. Leffler, "Political Isolationism, Economic Expansionism or Diplomatic Realism: American Policy Toward Western Europe, 1921 – 1933," *Perspectives in American History*, Vol. 8, Cambridge, Mass.: Charles Warren Center for Studies in American History, Harvard University, 1974, p. 439.

② Charles Evens Hughes, "Some Aspects of Our Foreign Policy," Read at the Annual Meeting of the American Historical Association at New Haven, Connecticut, Dec. 29, 1922, Hughes, *The Pathway of Peace: Representative Addresses Delivered during His Term as Secretary of State*, pp. 53, 55.

③ Leffler, "Political Isolationism, Economic Expansionism or Diplomatic Realism: American Policy Toward Western Europe, 1921 – 1933," *Perspectives in American History*, Vol. 8, p. 440.

④ Zasloff, "Law and the Shaping of American Foreign Policy: The Twenty Years' Crisis," *Southern California Law Review*, Vol. 77, No. 3, Mar. 2004, p. 625.

因此，美国并不愿意向法国提供安全保障，不愿意加入法国试图构建的联盟体系，担心联盟体系成为法国谋求维持欧洲现状和建立欧陆霸权的工具。鲁尔危机发生后，美国舆论强烈谴责法国的行为，甚至有人称法国在从事"帝国主义事业"，参议员博拉指责法国总理庞加莱是"世界和平的巨大威胁"，"邪恶的"法国领导人是"人类的敌人""和平和欧洲良好秩序的敌人"。资深参议员罗伯特·拉福莱特（Robert M. La Follette）指责法国总理企图肢解德国和永久占领莱茵河左岸。① 同时，美国还担心会因此卷入欧洲的纷争，包括赔款、修改德国东部边界以及莱茵区非军事化等问题。在美国看来，这些问题与美国的利益无关，欧洲的问题应该由欧洲人自己来解决，美国并没有解决欧洲问题的义务。

正是出于这一考虑，美国反对法国和比利时占领鲁尔区，主张减少德国的赔款，支持德国的重建。美国还支持德国调整东部边界，即波兰走廊的要求，把满足德国的要求看作拯救魏玛共和国的方式之一。

因此，德国的赔款问题表面上看是经济问题，实际上是政治问题。赔款纷争既是法德矛盾的表现，同时也拖延了法德矛盾的解决，在一定意义上说，法德战争实际上以经济的方式还在继续，法国的目的就是削弱德国。对法国来说，赔款还具有象征意义：一旦赔款数额被减少，则证明《凡尔赛和约》并非是不可修正的，和约中有关德国罪行的条款就会动摇；而且，如果在赔款问题上法国的要求被拒绝，那么法国不仅难以获得复兴经济所需的赔款，同时也象征着法国的衰落。实际上，法国大国地位的维护与赔款争端的结果密不可分。

那么，如何实现欧洲的复兴，化解法国对德国的担心，解决赔款和战债问题？美国的计划是利用美国的经济力量来推行共和党政府的国际秩序：在经济上，利用美国的资本帮助欧洲复兴，其前提是协约国把德国的赔款削减到合理的数额后，美国向德国提供资本，德国利用美国的资本实现经济复兴和政治稳定后向协约国偿付战争赔款，然后协约国偿还美国的战债。这样既解决了赔款和战债问题，又促进了欧洲货币和财政的稳定，并最终可以使欧洲经济得以复兴。在安全问题上，以停止向欧洲提供贷款相威胁，

---

① Robert D. Johnson, *The Peace Progressives and American Foreign Relations*, Cambridge, Mass. : Harvard University Press, 1995, pp. 153 – 154.

促使欧洲国家签订安全条约，解决法国及其盟国的安全担忧。这样，在经济和安全领域双管齐下，使德国逐渐融入欧洲，一劳永逸地解决德国问题。同时这一战略还可以避免美国承担政治和安全义务，既不会遭到国会和舆论的反对，又实现了欧洲复兴和稳定的目标。

早在鲁尔危机之前，美国国务卿休斯就向赔款委员会提出，建立一个由独立的商业专家组成的委员会，从纯经济的角度，在不受政治干扰的情况下提出解决赔款问题的方案。1922年12月，他在阐释美国外交政策的著名演讲中说："使赔款问题得到满意解决的第一个前提条件是让这一问题与政治脱离开来，政治家有他们的困难和必须面对的公众舆论以及一些紧迫的需要"，为什么不请各国金融领域"最权威的人士"来为赔款问题提供"最权威的意见"和制定解决方案呢？休斯提出，应该由金融专家凭借"知识和良知"在完全自由的环境中制定解决这一"紧迫和棘手问题"的方案，即使有关政府不接受他们的方案，也可以让公众了解赔款问题的复杂性，"把赔款问题从一方提出和坚持自己的主张，另一方提出反主张的循环中解救出来，使赔款问题走上解决的道路"。休斯这样来陈述专家委员会的优势：

> 我相信一个小组被给予适当的自由，将能够制订出一个正确的计划。……这样一个小组不仅非常专业，而且友善，他们也不会受特定的政府义务的约束，他们没有成见，他们的职责仅仅是发现真相和说明真相。①

休斯认为，赔款问题之所以迟迟得不到解决是因为政治家把赔款问题政治化，将其当作政治问题而不是经济问题，而赔款问题实际上是金融技术问题，不偏不倚的金融专家可以根据一般性"偿付能力"原则，确定德国的赔款数额，而无须政治因素的介入。休斯还提出，美国政府并不想在赔款问题上"扮演仲裁人的角色"，因为那样就会被认为美国是为了各国偿

---

① Hughes, "Some Aspects of Our Foreign Policy," Hughes, *The Pathway of Peace*: *Representative Addresses Delivered during His Term as Secretary of State*, pp. 57, 58.

还战债而把自己制定的赔款方案"强加给各国"。[1]

由于德国偿付战争赔款依赖于德国的经济复兴,而德国的经济复兴又依赖于华尔街的资本,这使美国银行家的意见能够得到各国的尊重,而美国不用承担由此产生的政治后果,也不会卷入欧洲政治纠纷之中。[2] 同时美国进步主义时代的经验也使美国人确信,政治家因为有种种政治利益考量会把经济问题政治化,而专家有能力客观地平衡相互冲突的利益,复杂问题可以交给专家来解决,因此要尽可能地减少政府对国际经济与金融事务的参与,政府的作用应局限于促进和指导私人资本的合理使用以及教育公众。休斯实际上把进步主义时代私人部门与政府合作来解决经济与社会问题的经验运用到国际经济关系中去。

鲁尔危机凸显了解决赔款问题的紧迫性。在美国和英国的支持下,1923 年 11 月,协约国赔款委员会决定建立一个由芝加哥银行家、摩根财团重要成员查尔斯·道威斯(Charles G. Dowes)为主席的专家委员会来研究德国赔款问题,提出赔款偿付计划。该委员会的另一个重要成员是美国通用电气公司的主席欧文·杨格(Owen D. Young)。1924 年 4 月,道威斯委员会制订出关于德国赔款的计划,提交给协约国赔款委员会。1924 年 7 月,协约国在伦敦召开会议,接受了道威斯计划,该计划于 8 月 30 日生效。道威斯计划没有确定德国赔款的总额和赔款偿付的最后年限,但削减了德国每年赔款的数额,规定在第一个年度(1924—1925 年),德国的赔款总额是 10 亿金马克,以后逐年增加;重组德国的财政金融体系,将其置于一位独立的专家,即赔款事务总管(Agent General for Reparations)的监督之下,以确保德国偿付赔款;在赔款问题上以后如发生纠纷,一律交由仲裁委员会解决,任何一国不能单独对德国实行制裁;由私人银行向德国输入资本,帮助德国复兴。美国摩根公司答应向德国提供道威斯计划所需的贷款。1924 年秋,道威斯计划开始实施,美国大量资本涌入德国,德国经济逐渐

---

[1] Hughes, "Some Aspects of our Foreign Policy," Hughes, *The Pathway of Peace: Representative Addresses Delivered during His Term as Secretary of State*, p. 56.

[2] 实际上,美国共和党政府一直拒绝派代表参加关于德国赔款和重建问题的国际会议,因为美国政府担心,一旦美国加入,就得承担确保赔款得到执行的义务。在有关德国赔款的谈判中,其他国家都派财政和金融官员,而美国出席的则是银行家。

开始复兴，出口增加，同时在赔款事务总管的监督下，德国也开始向协约国支付赔款。1928 年 12 月成立的新专家委员会于 1929 年 6 月又制订了新的德国赔款计划——杨格计划。杨格计划把德国赔偿总额确定为 80 亿美元，约合 1139 亿金马克，从 1929 年起，经 59 年还清。

道威斯计划的制订标志着法国在赔款问题上的失败，不仅德国赔款数额大大减少，而且法国也丧失了在德国拒付赔款情况下制裁德国和占领莱茵地区的权利。实际上，美国是利用自己的金融实力向法国施压，法国被迫屈服。当法国打算抵制这一计划时，休斯对法国官员说:"这是美国的计划，如果你们拒绝这一计划，美国就不会再管了。"[1]

道威斯计划的实施使美国政府越发看重美国经济力量的影响力和金融杠杆的有效性，试图以此推行美国的安全观念，促进欧洲国家（主要是法德）之间的和解，实现欧洲的政治稳定。在 1922 年 6 月 5 日全国商会的演讲中，商务部长胡佛就声言，美国会继续给欧洲以援助，美国的援助不会以政府贷款的形式进行，而是"来自私人投资者"，"而为了吸引投资者，必须让人们对那些希望得到美国人民援助的国家走向和平和经济稳定抱有信心"。[2] 美国银行家多次声称，除非欧洲有一个稳定和安全的政治环境，美国的贷款才能流向欧洲。纽约联邦储备银行总裁本杰明·斯特朗（Benjamin Strong）明确告诉欧洲领导人，美国金融界的态度"主要取决于在多大程度上对欧洲政治形势有信心"。[3] 也就是说，欧洲安全形势的改善和政治形势的稳定是获得美国资本的前提。实际上，正是美国的压力促使德、法、英等国认真考虑签订一个欧洲安全条约。[4] 1925 年 6 月，就在关于欧洲安全谈判陷入僵局、停滞不前的时候，新上任的美国驻英国大使阿兰森·霍

---

[1] 转引自 Zasloff, "Law and the Shaping of American Foreign Policy: The Twenty Years' Crisis," *Southern California Law Review*, Vol. 77, No. 3, Mar. 2004, p. 622。

[2] Herbert Hoover, "A Year of Cooperation," *Nation's Business*, Vol. 10, No. 7, Jun. 5, 1922, p. 13.

[3] 转引自 Leffler, "Political Isolationism, Economic Expansionism or Diplomatic Realism: American Policy Toward Western Europe, 1921 - 1933," *Perspectives in American History*, Vol. 8, pp. 426 - 427。

[4] 弗吉尼亚大学教授梅尔文·莱弗勒对此有卓越的研究。参见 Leffler, "Political Isolationism, Economic Expansionism or Diplomatic Realism: American Policy Toward Western Europe, 1921 - 1933," *Perspectives in American History*, Vol. 8, pp. 426 - 427。

顿（Alanson Houghton）于 1925 年 5 月在伦敦发表演讲，称如果欧洲各国人民不能采取决定性的行动达成"长久的和平"，美国可能会停止向欧洲提供贷款。① 这被视为"美国向欧洲发出的最后的和平通牒"（America's Peace Ultimatum to Europe）②。两个月后，柯立芝在马萨诸塞州的演讲中也呼吁"旧世界的人民……为了他们共同的安全相互缔结盟约"，并称这是美国利用金融力量支持欧洲复兴的基础。③ 实际上，正是美国的干预促成了洛加诺会议的召开。

1925 年 10 月 5 日，欧洲各国在瑞士的洛加诺召开会议。洛加诺会议的目的是确保第一次世界大战期间协约国和战后中、东欧新成立国家与德国的边界现状以及实现与德国关系的正常化。与会者于 10 月 16 日签订一系列条约，总称《洛加诺公约》。其中的《莱茵公约》规定德法和德比之间的边界维持现状，双方不得侵犯，并且在任何情况下都不会相互进攻或入侵以及诉诸战争；彼此通过外交途径与和平方法解决一切争端。英国和意大利充当该公约的保证国，一旦德、法、比三国中的一国侵略另一国，英、意将承担援助被侵略国的义务。④ 德国同法国、比利时、波兰和捷克还签订了双边仲裁条约，规定今后发生冲突，如外交方式无法解决时，则提交仲裁法庭和国际法院加以解决。虽然在德波和德捷协定中没有维持边界现状的内容，但是缔约双方承诺以和平的方式解决彼此间的纠纷。

会议结束后，欧洲呈现一派乐观和欣喜的气氛。对于很多人来说，洛加诺会议标志着法德的和解，为欧洲带来了稳定与和平，大大改善了西欧的外交气氛。先前的敌人开始被视为朋友，"洛加诺精神"，即善意与和解的精神取代了过去的猜忌和对抗，似乎第一次世界大战导致的怨恨和痛苦已经结束了，一个和平与和解的时代到来了。《洛加诺公约》的签订使美国

---

① Houghton's Speech to Pilgrim Society, London, May 4, 1925, 转引自 Frank Costigliola, "The United States and the Reconstruction of Germany in the 1920s," *The Business History Review*, Vol. 50, No. 4, Winter 1976, pp. 497–498。

② "America's Peace Ultimatum to Europe," *Literary Digest*, Vol. 85, May 16, 1925, p. 5.

③ Address at the Celebration of the 150th Anniversary of George Washington Taking Command of the Continental Army, Cambridge, Mass., Jul. 3, 1925, http://www.presidency.ucsb.edu/ws/index.php? pid=423&st=&st1=#axzz1YV3TNka6. （2011 年 9 月 20 日获取）

④ http://avalon.law.yale.edu/20th_century/locarno_001.asp. （2010 年 10 月 26 日获取）

的国际主义者异常兴奋。1925 年 12 月 1 日，"国联跨党派协会"（League of Nations Non-Partisan Association）马萨诸塞分会举行晚餐会庆祝洛加诺会议的成功。曾担任过国联副秘书长的著名国际主义者雷蒙德·福斯迪克（Raymond B. Fosdick）称其同道们为会议"欣喜若狂"。著名历史学家和时事评论家威廉·麦克唐纳（William McDonald）称《洛加诺公约》的签订开始了"新的一天"，巩固了国联。[①]

1926 年，德国加入国联，美国和英国设想，德国已经融入战后国际体系。《洛加诺公约》和德国加入国联也表明，法国放弃了遏制德国的政策，转而采取与德国和解的政策。在 1926 年 9 月 10 日的国联大会上，也就是国联接受德国为成员国之后，法国外长白里安动情地说："大炮和机关枪远去了，代之而来的是和解、仲裁与和平。"[②]

对于美国决策者来说，道威斯计划和《洛加诺公约》似乎表明了经济外交的成功。商务部长胡佛在 1925 年 11 月 24 日的一封信中对美国稳定欧洲的努力非常满意，对欧洲的形势也很乐观：

> 每一个国家的生活水平都得到了提高，失业已经大幅度减少。实际上，除法国之外的所有重要国家现在要么是实行金本位制，要么正在以黄金为基础迅速稳定其货币。国联在消除较小国家之间冲突方面毫无疑问已经非常有力。洛加诺协定是向前迈出的最大一步，无疑将进一步减少军备。[③]

在 1925 年 11 月 19 日的演讲中，柯立芝这样称赞美国经济外交在促进欧洲金融稳定和防止革命过程中的作用：

> 每个人都知道，是我们的资源使欧洲免于停战后的完全崩溃。没有

---

① Warren F. Kuehl and Lynne K. Dunne, *Keeping the Covenant: American Internationalists and the League of Nations, 1920–1939*, Kent, Ohio: The Kent State University Press, 1997, p. 185.

② J. B. Duroselle, "The Spirit of Locarno: Illusions of Pactomania," *Foreign Affairs*, Vol. 50, No. 4, Jul. 1972, p. 752.

③ 转引自 Leffler, "Political Isolationism, Economic Expansionism or Diplomatic Realism: American Policy Toward Western Europe, 1921–1933," *Perspectives in American History*, Vol. 8, p. 430。

我们信贷带来的好处,可怕的饥荒早已出现在广大地区。正如过去全部历史表明的那样,混乱和革命……很快就会接踵而至。……当恢复欧洲财政状况的工作开始的时候,它又是在我们的援助下完成的。当奥地利决定要恢复正常的财政运转的时候,我们提供了一部分资本。当德国寻求建立一个坚实的财政体系的时候,我们再一次提供了一大笔必要的贷款。……我们为法国、意大利、比利时、捷克斯洛伐克、波兰和其他国家也做出了同样的努力。……美国的金融力量已经为整个世界的精神复兴做出了贡献。①

1925 年也是欧洲经济从战后的恢复转向发展的一年。正是在这一年,一些国家恢复了金本位,英镑和马克的币值都趋于稳定,英国的自治领、日本和美国都出现了较高速度的经济增长。"到了 1925 年或 1926 年,欧洲国家不再只是缅怀 1914 年,而是怀着更大信心展望未来。"② 道威斯计划的制订,欧洲金融的稳定、经济的复兴和社会矛盾的缓和,特别是《洛加诺公约》的签订在 20 年代后期确实制造了乐观的情绪,美国也受到这种情绪的感染,认为一个合作与和平的新时代已经到来。后来,人们看到了《洛加诺公约》的脆弱性,但在当时的背景下,正如学者威廉·纽曼所言,《洛加诺公约》确实建立了"可行的、稳定的平衡……让人们看到了欧洲外交和国际稳定的巨大希望"。③ 1928 年的《非战公约》又大大强化了这一期望。德国外长古斯塔夫·斯特雷泽曼(Gustav Stresemann)在 1929 年 9 月的演讲中称,"任何回顾过去几年事态发展的人,只要他不是有意视而不见,都会同意国际谅解获得了进展"。④ 人们普遍认为 30 年代将是一个繁荣

---

① *Address of President Coolidge before the Chamber of Commerce of the State of New York*, *New York City*, *November 19*, *1925*, Washington, D. C.: Government Printing Office, 1925, pp. 31 - 32, 35, http://memory. loc. gov/ammem/coolhtml/coolbibTitles02. html . (2009 年 9 月 1 日获取)

② [美] 查尔斯·P. 金德尔伯格:《1929—1939 年世界经济萧条》,宋承先、洪文达译,上海译文出版社 1986 年版,第 16 页。

③ William J. Newman, *The Balance of Power in the Interwar Years*, *1919 - 1939*, New York, 1968, p. 109.

④ J. B. Duroselle, "The Spirit of Locarno: Illusions of Pactomania," *Foreign Affairs*, Vol. 50, No. 4, July 1972, p. 758.

与和平的时代。

在运用美国的经济力量促进战债和赔款问题的解决以及促进欧洲经济复兴和政治稳定时，美国共和党政府始终拒绝卷入欧洲的政治事务，拒绝为法国承担安全保证。国务卿休斯曾对美国的这一政策限度有过详细的解释，大体上代表了一直到罗斯福上台之前共和党政府决策者的一致看法。休斯说：

> 我们对欧洲的政策一直遵循杰斐逊的说法，"和平、商业以及与所有国家真诚友好，但不同任何国家结成同盟"。我们参加大战并没有违背我们的传统，因为那时自由事业本身处在生死存亡之中。我们已经从战争中崛起，但我们追求的总目标与我们参战前是一样的。尽管我们是胜利者，但我们既没有寻求领土，也没要求赔款。……我们继续坚持不卷入欧洲政治纠纷的原则。诚然，民主思想的传播及其带来的政府形式的变化已经消除了100年前曾存在的通过有组织的努力把欧洲"政治制度"扩展到本大陆的危险，但是欧洲仍然有"一套首要的利益"与我们无关。正如华盛顿所言，"欧洲必定会陷入政治纷争之中，其起因实际上与我们的利害毫无关系"。战时的一致并不足以改变和平时期国家目标与政策上的差异。这并不是说，这些纷争对我们的利益没有任何有害的影响，在华盛顿、杰斐逊和门罗的时代，这种影响是真实存在的。时代变化和发展带来的结果是，我们今天远比我们那时能更好地承受这种损害，拿破仑战争期间我们遭受的损害足以说明这一点。但是，尽管有这样大的损害，我们仍然一直相信，我们最好忍受这种不幸，而不是去承受放弃我们的独立地位而带来的更大的罪恶。我们现在仍然坚持这样的观点。……一般说来，我们对欧洲的政策可以这样概括：我们仍然反对结盟。[①]

拒绝与法国结盟的政策实际上与美国促进欧洲经济稳定的目标是矛盾

---

① "The Monroe Doctrine—A Review: Its Relation to American Foreign Policy in the Twentieth Century," Read at a Meeting Held at Philadelphia on Nov. 30, 1923, Hughes, *The Pathway of Peace: Representative Addresses Delivered during His Term as Secretary of State*, pp. 150 – 152.

的，它无助于欧洲局势的迅速稳定，并因此延缓了欧洲经济复兴的进程。美国企图单纯通过经济外交就可以解决欧洲的经济与安全问题，实际上证明不过是幻想。随着 1929 年 10 月 24 日华尔街股票突然暴跌，美国向德国的贷款大大减少，世界贸易锐减，德国面临财政崩溃的危险。在这种情况下，胡佛政府于 1931 年 6 月 20 日宣布协约国延期支付战债一年，并建议协约国同意德国延期支付赔款一年，得到协约国的同意。但这些措施都不足以缓解欧洲的经济危机。1931 年 9 月，英国宣布英镑贬值，结束了长达 80 年的英镑与黄金自由兑换的时代。1932 年年底，德国宣布停止支付赔款，协约国只好同意。1933 年 1 月，希特勒被任命为德国总理，希特勒上台后宣布拒绝偿还所有赔款，并于 10 月宣布退出国联和日内瓦裁军会议。欧洲重新陷入经济萧条和政治动荡，美国和欧洲国家在 1924—1929 年间建立的欧洲和平机制就像积木堆起的房子一样迅速坍塌了。至此，美国以经济外交谋求欧洲经济复兴和政治稳定的努力全面失败。

三　美国与远东国际秩序的重建

如果说第一次世界大战后美国在欧洲主要运用经济力量和非政治的手段影响欧洲局势和促进欧洲稳定的话，美国在远东的卷入则比在欧洲要深得多，在战后远东国际秩序重建过程中，美国实际上充当了领导者的角色。美国在 19 世纪末就开始积极介入远东事务，特别是在第一次世界大战中，欧洲列强在远东的势力急剧收缩，美国对中国的支持和对日本扩张的反对使其成为在远东直接与日本抗衡的力量。美国深深卷入远东事务还因为第一次世界大战后远东的局势不同于欧洲。第一次世界大战后，德国战败，欧洲不存在对美国安全构成威胁的国家，美国乐于让英国在欧洲事务中发挥领导作用。而远东形势则不然，日本第一次世界大战期间在中国的扩张使远东的均势被打破，日本一国独大对美国在远东的门户开放政策以及菲律宾和夏威夷的安全构成严重威胁。第一次世界大战期间，美国还在中国参战问题上卷入中国政治，是唯一公开反对日本"二十一条"的国家，中国社会对美国抱有极大希望，希望美国积极参与远东国际政治。美国国内舆论也强烈要求美国帮助中国恢复山东的权益。这些因素使得美国愿意领导重建远东国际秩序。

实际上，第一次世界大战前美国就已经开始倡导用新的原则代替帝国主义外交。其新原则包括以大国合作取代大国竞争，以经济外交和门户开放取代势力范围和排他性的特殊让与，同时支持中国的国家建设和经济发展。门户开放政策实际上就反映了美国的国际秩序思想以及通过和平手段进行扩张的外交风格，有学者称美国的这种外交风格为"自由主义的扩张主义"（liberal expansionism）。[1] 但是，美国在远东构建新秩序的努力遭到日本和俄国的强烈反对。第一次世界大战后，美国继续谋求在远东建立新秩序，其政策获得英国的支持。战前为了维护其远东利益，英国同日本结盟以抗衡德俄，而战后英国更愿意追随美国，试图通过与美国的联合来维护英国的利益。这一形势无疑非常有利于美国，美国遂与英国联合，在华盛顿会议上实现了对远东国际秩序的重建。

美国倡导召开华盛顿会议有三个目标：一是结束列强，特别是美、英、日三国之间代价高昂的海军军备竞赛，缓和国际紧张局势；二是遏制日本第一次世界大战期间的扩张势头，恢复远东均势，用当时美国国务院远东司司长马慕瑞（John Van Antwerp MacMurray）的话说，就是"恢复已经被日本扩张打破的远东地区的平衡"；[2] 三是建立新的远东国际秩序，这一秩序一方面要稳定大国关系，结束"帝国主义外交"，另一方面要保证在华门户开放原则。

到 20 世纪初期，美国已经崛起为世界最大的商业和金融强国，需要海军保护海外利益。第一次世界大战期间英国和德国对美国中立权利的无视以及对美国海上利益的损害，使美国深刻意识到海军的重要性。从西奥多·罗斯福到威尔逊政府都主张建立强大的海军，马汉关于海上实力和制海权的理论成为美国海军战略的理论基础。1916 年，国会通过海军法，授权总统进行海军建设，决定建立一支不亚于任何其他国家（second to none）的海军，掌握西大西洋和东太平洋的制海权。美国政府的打算是，如果德

---

[1] Akira Iriye, *Pacific Estrangement*: *Japanese and American Expansion*, *1897 - 1911*, Chicago: Imprint Publications, 1994, p. 66.

[2] Akira Iriye, *After Imperialism*: *The Search for a New Order in the Far East*, *1921 - 1931*, Chicago: Imprint Publications, 1990, p. 14.

国在战争中获胜,美国的海军力量要足以遏制德国对西半球的扩张野心;如果英国获胜,美国的海军力量则可以成为美国在战后媾和时贯彻美国意志的后盾,并迫使英国接受与美国分享在新的世界体系中的领导权。在威尔逊看来,英国的海上霸权必须结束,美国必须确保与英国海军平起平坐的地位,只有这样才能领导世界。同时,海军建设也是针对日本,美国要在太平洋保持一支对日本有优势的舰队。尽管接替威尔逊的共和党政府拒绝加入国联和承担领导世界的责任,但美国的海军建设并没有停止,1916年拟订的美国海军建设计划继续执行。

随着日俄战争后美日关系的恶化,日本开始把美国视为潜在的对手。日本在东亚的主导地位依赖于日本海军有能力击败美国跨太平洋的进攻。日本政府1907年制定的"帝国国防政策"关于海军的方针是:日本海军吨位比例最低也应该是美国的70%;造舰计划应该是"八八舰队"(eight-eight fleet),即日本舰队由八艘战列舰和八艘战列巡洋舰(battle cruisers)组成;以美国为日本海军的假想敌。[1] 日本的目的是对美国构成威慑,阻止美国与日本摊牌,以保护日本在东亚的势力范围。

美国和日本海军势力的增长挑战了英国的海上霸权。第一次世界大战后,德国战败,法国和俄国的海军势力被大大削弱,英国在欧洲水域仍然保持着海军优势,但在其他地区,英国优势正在丧失。虽然美日的海军建设主要是针对对方,但英国也担心会针对自己,同时英国海军力量的衰落会直接威胁到英帝国的安全和英国在国际事务中的领导地位。劳合-乔治担心说:"如果日本和美国针对对方建设海军,其中的一个舰队最终可能会用来反对英国。"[2] 1921年3月,英国决定恢复主力舰建造计划,拨款开始建造新的四艘巨型战列巡洋舰,并打算延长即将到期的《英日同盟条约》。

---

① Sadao Asada, "From Washington to London: The Imperial Japanese Navy and the Politics of Naval Limitation, 1921 – 1930," Erik Goldstein and John Maurer, eds., *The Washington Conference*, *1921 – 1922: Naval Rivalry, East Asian Stability and the Road to Pearl Harbor*, Essex, U. K.: Frank Cass, 1994, p. 148.

② John H. Maurer, "Arms Control and the Washington Conference," Goldstein and Maurer, eds., *The Washington Conference, 1921 – 1922: Naval Rivalry, East Asian Stability and the Road to Pearl Harbor*, p. 271.

根据 1916 年的海军建设计划，美国要完成该造舰计划需要 15 亿美元。[1] 这对联邦政府来说是一笔庞大的开支。更重要的是，美国领导人和舆论都意识到，庞大的军备不一定能带来和平，相反可能招致战争。因为如果一个国家拥有巨大的战舰和庞大的陆军，早晚有一天会使用它。参议员博拉要求行政部门与英日接触，讨论裁减海军军备问题，哈定 1920 年的竞选纲领中曾承诺大选后推动裁军。公众也强烈要求美国政府裁减军备，相信裁军有利于和平。促使美国倡导裁军的另一个考虑是军备竞赛对经济的不利影响。军备竞赛带来的巨大财政负担和预算不平衡将会导致通货膨胀和金融混乱，妨碍贸易和影响经济恢复。而裁军在哈定政府看来不仅可以有助于美国经济，也可以带动欧洲国家军备的缩减，有助于欧洲的金融稳定和经济重建，刺激欧洲对美国过剩产品，特别是农产品的需求，从而有助于美国经济的繁荣。在哈定总统的正式邀请信中，哈定称"军备竞赛方面的巨大支出无论对私人经济还是对国家的繁荣都是巨大的负担"。[2]

1919—1921 年，日本经历了经济衰退。军备竞赛带来的日本财政支出的急剧增加使日本政府不堪重负。海军大臣加藤友三郎认为继续与美国进行海军竞赛将导致日本财政破产，他在 1919 年 2 月国会预算委员会会议上说："如果我们与美国进行竞赛的话，结论事先就是确定的，那就是我们无法赶上它"，因此，"通过外交手段避免与美国的战争是国家防务的根本"。他认为避免美国在菲律宾和关岛建设进攻性海军基地比海军的吨位比例更重要。[3]

英国的经济和财政状况使英国无力与美国进行长久的海军军备竞赛，一方面，造舰计划会大大增加政府开支和税收，拖累已受战争影响的英国经济；另一方面，英国欠美国大量的战债需要偿还，因此英国希望停止海军军备竞赛。英国几次向美国提出两国签订海军协定，甚至在第一次世界大战结束后主动停止造舰计划，但是遭到美国的拒绝。

---

① "Did the U. S. Benefit by the Washington Conference?", *Congressional Digest*, Jan. 1925, p. 133.

② The Secretary of State to the Charge in Great Britain (Wheeler), Aug. 11, 1921, *FRUS*, 1921, Vol. 1, p. 57.

③ Asada, "From Washington to London: The Imperial Japanese Navy and the Politics of Naval Limitation, 1921 – 1930," Goldstein and Maurer, eds., *The Washington Conference, 1921 – 1922: Naval Rivalry, East Asian Stability and the Road to Pearl Harbor*, pp. 152 – 153.

在这种情况下，美、日、英等国都希望停止军备竞赛，找到缓解三国日益紧张关系的办法。从一定意义上说，美国发出参加华盛顿会议的邀请对英日来说不啻为意外的惊喜。

五国在会上签订了《限制海军军备条约》(《五强条约》)，规定五国海军主力舰的吨位比例为 5 : 5 : 3 : 1.75 : 1.75。根据这一比例，美英主力舰的吨位限额是 52.5 万吨，日本是 31.5 万吨，法国和意大利是 17.5 万吨；各国航空母舰的吨位限额是英、美为 13.5 万吨，日本为 8.1 万吨，法、意是 6 万吨；销毁超出各国吨位限额、不在条约列举保留范围的已经建造和正在建造的主力舰；① 缔约国放弃各自的主力舰造舰计划，并不得建造条约规定之外的新主力舰；各缔约国不得拥有或建造排水量超过 3.5 万吨或配有口径超过 16 英寸火炮的主力舰。同时条约还规定，在下列领土范围内，在设防和海军基地方面维持签约时的现状，包括：美国在太平洋占有的或可能以后占有的岛屿属地，但不包括美国本土沿岸、阿拉斯加、巴拿马运河地带和夏威夷；香港以及英国在东经 110°以东的太平洋上占有的或可能以后占有的岛屿属地，但不包括英国属地中临近加拿大的海岸、澳大利亚和新西兰；日本在太平洋上占有的岛屿领土和属地，包括千岛群岛 (Kurile Islands)、小笠原群岛 (Bonin Islands)、奄美大岛 (Amami-Oshima)、琉球群岛、台湾和澎湖列岛以及以后可能占有的岛屿领土和属地。维持现状的含义是"不在这些指定的领土和属地上建立新的防御工事或海军基地；不采取措施增加现有的用于修理和海军养护的设备，以及不在上述领土和属地上增加海岸防御工事"②。关于太平洋属地不进一步设防的规定实际上是日本接受海军主力舰吨位比例的条件，这一规定（其中最重要的就是菲律宾和香港不设防的规定）可以使美国无力对日本发动横跨太平洋的进攻性战争，使日本免遭来自太平洋的海军强国（美国）的进攻，维持了日本在西太平洋的海上霸权。这一条款加上海军主力舰的吨位比例限制

---

① 根据该约，美国要拆毁的已经建造和正在建造的军舰有 30 艘，英国是 22 艘，日本是 15 艘。George C. Herring, *From Colony to Super Power：U. S. Foreign Relations since 1776*, New York：Oxford University Press, 2008, p. 454.

② http：//en. wikisource. org/wiki/Washington_ Naval_ Treaty_ 1922（2010 年 10 月 19 日获取）；Samuel F. Bemis, *A Diplomatic History of the United States*, New York：Henry Holt and Company, 1955, p. 694。

实际上使三大海军强国中的任何一国都无力单独发动一场进攻性的战争,满足了相互威慑的需要。

关于第二个目标,美国要遏制日本在远东的扩张势头,结束帝国主义外交,建立规范和稳定大国关系的新秩序,必须先解决作为帝国主义外交和权力政治象征的英日同盟问题。

《英日同盟条约》签订于 1902 年,后来于 1905 年和 1911 年两次续约。英国最初目标是以日本作为英国海上和地区盟友,牵制俄国和德国在远东的扩张。但是,第一次世界大战后,德国战败,其势力退出了远东,俄国(苏联)在远东的影响力也大大降低,倒是日本在中国的扩张和对东亚霸权的追求开始威胁英国的利益。随着美日关系的恶化,英日同盟越来越引起美国的不满,因为随着德俄不再是同盟打击的对象,美国似乎即将成为同盟针对的目标,这使美国政府和舆论深感不安。

关于是否延长英日同盟问题,在英国政府和英帝国内部颇有争议。英国的自治领加拿大强烈反对延长《英日同盟条约》,因为一旦美日发生冲突,根据该约,英国及其自治领需要加入日本一方作战,而加拿大绝不希望与南部邻居为敌。1921 年,加拿大总理阿瑟·梅恩(Arthur Meighen)在伦敦帝国会议上提出,有必要签订一个包括美国、中国和其他在东亚和太平洋地区有利益的国家的多边条约以取代英日同盟。第一次世界大战后,英国越来越需要盟友维护大英帝国的全球利益,而最合适的盟友是美国而不是日本。于是,英国在第一次世界大战后基本上确定了与美国合作的战略。劳合-乔治在帝国会议开幕式上说,"与美国的友好合作是我们的基本原则"。南非总理简·斯马茨(Jan Smuts)也称,"在我看来,非常清楚,唯一能确保大英帝国安全的道路是与美国并肩行动"。[①]

在远东,英国更需要美国的合作。华盛顿会议召开前,英国外交部的报告中说:英国在中国的首要目标之一是中国的门户开放,包括中国的独立与领土完整,而对这一目标的威胁来自中国的衰弱以及由此诱发的日本对华经济渗透和政治蚕食。"是日本的侵略政策连同中国的虚弱一起成为远

---

① Erik Goldstein, "The Evolution of British Diplomatic Strategy for the Washington Conference," Goldstein and Maurer, eds., *The Washington Conference*, *1921-1922*: *Naval Rivalry*, *East Asian Stability and the Road to Pearl Harbor*, p. 11.

东不断出现危险的来源，由此带来的猜忌和敌视构成远东形势真正不稳定的因素，使中国成为国际纷争的战场。"① "而应对这一危险的最好保证是促进中国复兴的建设性政策。"但战争已经使英国筋疲力尽，无力应对如此巨大的难题，"如果英国单枪匹马地或在没有足够海军支援的情况下采取这一政策，肯定是无望的，日本会处处阻挠我们"。因此"为了让这一努力获得成功，与美国的合作是必不可少的"。②

　　在会议之初，英国提出以英、美、日三国同盟取代英日同盟，这样既不得罪日本也不得罪美国，日本也表示赞同。但这一提议遭到美国的拒绝，美国政府认为，像英日同盟这种保护势力范围的排他性军事同盟是旧外交的标志，必须被抛弃，应以促进大国合作与协商的条约取代具有军事同盟性质的两国或三国条约，并把条约的适用范围限制在太平洋上的岛屿领域和属地，而不是原来《英日同盟条约》的中国和朝鲜，这样就可以通过条约保证菲律宾的安全。美国还提出邀请法国加入，这样可以避免给国会造成条约具有同盟条约性质的印象。会议接受了美国的意见，签订了《美英法日关于太平洋区域岛屿属地和领地的条约》（简称《四国条约》）。条约共四款：缔约国相互尊重它们在太平洋区域内岛屿属地和岛屿领地的权利，四国之间如有涉及以上权利的争端发生，而外交手段又无法解决时，则邀请其他缔约方召开联合会议加以考虑和解决；如果缔约国上述权利受到非缔约国侵略行动的威胁，缔约国之间应彼此充分和坦诚相告，以便就单独和联合采取应对紧急形势之最有效之措施达成谅解；条约有效期为10年，期满前12个月内如未有缔约国提出中止，则该约继续生效；从条约开始生效起，《英日同盟条约》即宣告终止。③《四国条约》并不是军事同盟，没

　　① General Survey of Political Situation in Pacific and Far East with Reference to the Forthcoming Washington Conference Foreign Office, Oct. 20, 1921, Rohan Butler, et al. , eds. , *Documents on British Foreign Policy*, *1919 - 1939*, First Series, Vol. 14, London: Her Majesty's Stationary Office, 1966, p. 437.

　　② Report of the Anglo-Japanese Alliance Committee, Foreign Office, Jan. 21, 1921, Butler, et al. , eds. , *Documents on British Foreign Policy*, *1919 -1939*, First Series, Vol. 14, p. 226.

　　③ Treaty between the United States of America, the British Empire, France, and Japan, Signed at Washington, Dec. 13, 1921, http: //avalon. law. yale. edu/20th_ century/tr1921. asp. （2010 年 10 月 19 日获取）

有任何军事意义,而仅仅是一个普遍性的国际协议,其意义在于各国承诺用协商而非战争的办法来解决彼此的争端。

日本在会上还做出一些让步,放弃第一次世界大战期间在中国和远东扩张获得的大部分成果:从西伯利亚撤军（1922年完成）并把库页岛北部交还俄国（1925年实现）;与中国签订《中日解决山东悬案条约》,将山东原德国租借地交还中国,胶济铁路由中国赎买,并宣布放弃"二十一条"中的第五条;不再坚持满洲和内蒙东部铁路建设贷款的保留权,同意贷款向国际银行团开放;承认美国在日本委任统治地雅浦岛铺设海底电缆的权利。其结果就是远东的均势得以恢复。

日本和英国接受新条约是因为两国都认为限制海军军备和与美国的友好关系比维持同盟关系更重要。日本尽管失去了联盟,但是摆脱了外交孤立,同时相信华盛顿会议签订的各项条约可以保证其安全和经济发展。

美国的第三个目标通过会上签订的《九国公约》得以实现。《九国公约》确定了指导列强在华行为的新准则:第一,以国际合作代替国际竞争,在对华关系重大问题上奉行协商一致的原则;[①] 第二,尊重中国主权与独立及领土与行政之完整,不再谋求新的在华特权和势力范围,使中国获得发展机会和必要的援助;[②] 第三,门户开放原则的国际化和制度化,[③] 门户开

---

① 《九国公约》初步拟定了大国协商的机制,规定:"无论何时,遇有某种情形发生,缔约国中之任何一国认为牵涉本条约规定之适用问题,而该项适用宜付诸讨论者,有关系之缔约各国应完全坦白,互相通知。"参见王铁崖编《中外旧约章汇编》第3册,生活·读书·新知三联书店1982年版,第219页。

② 该约第一条规定:"尊重中国之主权与独立及领土与行政之完整";"给予中国完全无碍之机会以发展并维持一有力巩固之政府";"不得因中国状况乘机营谋特别权利而减少友邦人民之权利,并不得奖许有害友邦安全之举动"。第六条规定:"缔约各国,除中国外,协定于发生战事时,中国如不加入战团,应完全尊重中国中立之权利。"参见王铁崖编《中外旧约章汇编》第3册,生活·读书·新知三联书店1982年版,第218—219页。

③ 《九国公约》第一条规定:"除中国外,缔约各国协定施用各国之权势,以期切实设立并维持各国在中国全境之商务、实业机会均等之原则。"第三条规定:"为适用在中国之门户开放或各国商务、实业机会均等之原则更为有效起见,缔约各国,除中国外,协定不得谋取或赞助其本国人民谋取""优越权利",并规定了维护门户开放的具体办法。第四条规定:"缔约各国协定,对于各该国彼此人民间之任何协定,意在中国指定区域内设立势力范围或设有互相独享之机会者,均不予以赞助。"从而,否定了势力范围原则。王铁崖编:《中外旧约章汇编》第3册,生活·读书·新知三联书店1982年版,第218—219页。

放原则从过去各国的非正式承诺变成了国际法。根据《九国公约》,各国在中国有平等的机会获得资源和市场并进行和平的竞争,从而保障了列强在华的权利和利益;另外,列强承诺不在中国追求特殊和独占的利益,这也有助于中国建立稳固的政府和维护自己的独立。《九国公约》代替了以前关于中国的所有声明和条约,实际上纠正了过去美国远东政策的缺点,特别是否定了《鲁特—高平协定》和《塔夫脱—桂太郎协定》中承认日本在中国有"特殊利益"的条款。休斯认为该条约促进了美国的利益,"曾经以不大令人满意的外交照会形式表达的美国政策内容,现在通过更充分、更明确的表达,成为由在远东特别有利益的九个国家签字的庄严的国际协约的一部分"。① 美国代表团在向总统的报告中说道:"相信通过这一条约,在华的门户开放最终变成了现实。"②

华盛顿会议上签订的三大条约实际上是一个整体,是相互制约和互为条件的。用后来的美国国务卿史汀生的话说,华盛顿会议上签署的各项条约和协定都是"相互关联和相互依赖的",抛弃一个条约就会损害整个会议达成的普遍的谅解和架构。③《限制海军军备条约》确保了三大海军强国中的任何一国都无力单独发动一场进攻性的战争,而《四国条约》规定的尊重各国在太平洋地区的权利和出现纠纷时共同协商的机制则消除了三大海军强国中的两国联合起来对付第三国的可能性。《四国条约》的签订,也就是说,英日同盟的废除是限制海军军备条约的前提,因为如果英日保持同盟关系的话,美国的裁军也就没有意义。《九国公约》中日本对维护门户开放原则的承诺也是其获得大国地位,特别是西太平洋地区海上霸权的前提条件。同时正是《限制海军军备条约》中建立的美日之间的战略平衡(通过相互威慑来实现)为大国在远东地区的协商、合作与和平竞争提供了安全的环境。显然,如果各国没有安全感,和平竞争是不可能的。史汀生称:"《九国公约》实际上是签字国在对华关系上自我约束(self-denial)的公

---

① Charles E. Hughes, "The Monroe Doctrine—A Review: Its Relation to American Foreign Policy in the Twentieth Century," Nov. 30, 1923, Hughes, *The Pathway of Peace: Representative Addresses Delivered during His Term as Secretary of State*, p. 148.

② Stimson to Cunningham, Feb. 24, 1932, *FRUS*, Japan, 1931–1941, Vol. 1, p. 85.

③ Ibid. .

约，同时也是在和平基础上重新规定东方局势的总政策的一部分。"①

第二次世界大战后，一些批评者批评华盛顿会议签订的一系列条约和协定缺乏强制实施的条款，因而停留在纸上，无助于遏制日本的扩张。对条约本身的这一批评无疑是正确的，但过错不能归咎于休斯等人，因为实际上，任何带有强制实施条款的条约都不可能在参议院通过。华盛顿会议签订的三项条约送到参议院后，参议院进行了仔细的审查，担心条约是否隐藏涉及美国义务的条款。参议院也仅仅以超出批准条约所需三分之二多数多四票的表决结果批准了《四国条约》，而且在批准《四国条约》时，参议院还增加了一项保留，即"美国明白，无论是条约的序言还是条款都不包含动用武装力量的义务，也没有结盟和参加任何防务的义务"。②

华盛顿会议签订的《限制海军军备条约》在美国遭到了一些议员的反对。反对者称，凭借美国的经济实力，根据美国 1916 年的海军建设计划，美国在不远的将来很快会成为海军第一强国，但休斯主动放弃了这一地位，实际上也就放弃了在全球范围内保卫美国利益的能力；美国要摧毁的主力舰要比其他国家多，美国停止建造和销毁的费用达四亿美元，而美国在轻型巡洋舰等辅助舰艇方面处于劣势。虽然休斯表示希望其他国家销毁部分轻型巡洋舰和其他辅助舰艇，以作为美国销毁较多的主力舰的回报，但会议并没有规定裁减这方面的军备，因此实际上，美国海军的相对实力被严重削弱了。而且日本等国不仅没有销毁非主力舰，相反还加强非主力舰的建设。日本海军的总体实力在几年内会得到提高，裁减军备的原则并没有执行。因此就海军军备而言，会议是得不偿失的。③

海军方面也批评不设防的安排削弱了美国与日本发生战争时投放海军力量的能力，以及在战争最初阶段采取进攻性行动的能力，实际上是赋予了日本在西太平洋的主导地位。但实际上，休斯在同意这一条款前曾仔细与参议院共和党领袖洛奇和民主党领袖奥斯卡·安德伍德（Oscar Under-

---

①　Stimson, "Bases of American Foreign Policy during the Past Four Years," *Foreign Affairs*, Vol. 11, No. 3, Apr. 1933, p. 392.

②　William M. Malloy, ed., *Treaties, Conventions, International Acts, Protocols, and Agreements between the United States of America and Other Powers, 1776–1937*, Washington, D. C.: G. P. O, 1910–1938, Vol. 3, p. 3099.

③　"Did the U. S. Benefit by the Washington Conference?", *Congressional Digest*, Jan. 1925, p. 133.

wood)讨论,他们告诉休斯,参议院绝不会为巨大的设防费用埋单。这样,休斯也就乐于做出这一让步。

从国际关系的角度,会议无疑对美国是有利的。华盛顿会议的成就在于:缓和了大国关系,使危险的军备竞赛得以中止;开始了美日之间的和解,建立了在远东大国合作的基础,对日本在华的帝国主义冒险构成一种限制;对美国来说,华盛顿会议的另一个重要成果是缓和了美英关系。在会前,美英两国的海军竞赛恶化了两国的关系,人们普遍担心,美英的海军竞赛会像第一次世界大战前的英德海军竞赛一样,导致两国的对抗,甚至战争。① 实际上英美都做出了让步,英国结束英日同盟,换取美国停止1916 年的海军建设计划,也就是说,美国不再追求海军第一的目标,而同意在主力舰吨位方面与英国持平,英国也避免了不堪重负的政府开支。实际上,在华盛顿会议上,美英达成谅解,同意分享海上霸权,建立二元海上霸权(dual hegemony at sea)。② 尽管在20 年代英美的海军领导人还把对方视为可能的对手,但英美海军竞争的范围大大缩小了,第一次世界大战前英德关系的悲剧也得以避免。如果华盛顿会议失败,如果英美各自完成了拟订中的造舰计划,那么英美之间的海军竞赛将大大恶化两国的关系。华盛顿会议后,美国在太平洋地区不再有敌对的联盟和毁灭性的军备竞赛。

更重要的是,华盛顿会议的成功举行是一个重大的、具有象征意义的事件,标志着美国在世界事务中的新作用,因为这是由美国发起、在美国召开并由美国国务卿主导的、贯彻美国新的国际秩序原则的会议。这一新的国际秩序就是:门户开放,大国和平竞争,而不再进一步伤害较弱的中国。知名历史学家孔华润称华盛顿会议建立了东亚合作体系,标志着“威尔逊世界秩序观的胜利”。③

---

① 劳合 - 乔治在帝国防务委员会(Committee of Imperial Defense)会议上说:“如果英国与美国展开海军造舰竞赛,这将是1914 年以来做出的最大决策,甚至比1914 年的决策都要重大。……随之而来的肯定是与德国海军竞赛曾经导致的那种紧张关系的重演。”John H. Maurer, “Arms Control and the Washington Conference,” Goldstein and Maurer, eds., *The Washington Conference*, *1921 - 1922: Naval Rivalry*, *East Asian Stability and the Road to Pearl Harbor*, p. 276.

② Ibid., p. 287.

③ Warren Cohen, *Empire without Tears: America's Foreign Relations*, *1921 - 1933*, Philadelphia: Temple University Press, 1987, p. 54.

　　华盛顿会议标志着远东国际政治一个时代的结束和另一个时代的开始。国际合作、大国协商、和平竞争、和平解决国际争端等威尔逊的新外交原则取代了第一次世界大战前和华盛顿会议前的军备竞赛、权力政治和势力范围政策，各国决心致力于通过经济手段来追求国家利益，"经济外交"成为 20 年代列强远东政策的主旋律。用史汀生的话说，华盛顿会议和六年后世界各国签署的《凯洛格—白里安公约》代表的是美国战后建立国际秩序的努力，即依靠世界人民的良知，通过联合世界各国的舆论建立一个"由国际法约束的，通过公正与和平的手段，而不是专断的武力来解决所有纠纷的和平发展的国际体系"。①

　　与会者也对会议成果非常满意。英国代表团团长阿瑟·巴尔福（Arthur Balfour）爵士在会间评论说：没有任何一个参与谈判的国家"赞同旧的势力范围的实践"，势力范围政策与本次会议的精神"不相容"。② 休斯借用巴尔福的话说，华盛顿会议签订的条约"令人尊敬地表达了这样的观点：建立势力范围的习惯不仅已经过去了，而且一去不复返了，现在受到明确的谴责"。③ 休斯还认为，除了门户开放和国际合作的原则得以确立之外，华盛顿会议的另一成果，甚至更重要的成果是在远东国际关系中出现了以和平与和谐为标志的"新的气氛"，他称为"华盛顿会议精神"。④ 休斯称：

　　　　华盛顿会议最重要的成果是没有写在纸上的，同时也是难以衡量的，那就是与情感和目的相关的成果，是善意和更好的相互理解。当存在友谊和信心的时候，维护和平的条约是不重要的，而当猜忌和憎恨主导人们思想的时候，提出一个协调的机制或许是明智的，但和平的最佳保障还是缺乏的。如果你想估价会议的工作，你应该把东方目前对和平的看法与会议召开之前广泛拥有的和经常表达的看法做一比

----

①　Stimson to Cunningham, Feb. 24, 1932, *FRUS*, Japan, 1931 – 1941, Vol. 1, p. 86.

②　Ibid. , p. 85.

③　Hughes, "Some Aspects of Our Foreign Policy," Hughes, *The Pathway of Peace*: *Representative Addresses Delivered during His Term as Secretary of State*, p. 53.

④　Memo of Hughes's Interview with Charles Addis, March 30, 1922, 转引自 Sadao Asada, "Between the Old Diplomacy and the New, 1918 – 1922: The Washington System and the Origins of Japanese-American Rapprochement," *Diplomatic History*, Vol. 30, No. 2, Apr. 2006, p. 229。

较。阴霾，很多人称之为战争阴云已经被驱散了。信心恢复了，恐惧减轻了，新的尊敬与友好的感情出现了。除了具体的协定之外，值得会议全力努力的是在我们与远东的关系中产生了一个新的思想状态。①

日本也有类似的看法，认为华盛顿会议标志着观念的变化，而这比条约更重要。当时日本著名的学者、政治家和教育家吉野作造写道："《四国条约》的缔结是人类的思想发生彻底变化的结果，重要的是精神的更新，相比较而言，单个条约反而是不重要的。"②

实际上，对于远东的"旧外交"被"新外交"所取代，日本方面也是认同的，日本政府也把华盛顿会议视为日本奉行"新外交"的开始和远东国际关系新时代的起点。1924 年，币原喜重郎在被任命为外交大臣时说："马基雅维利式的诡计和侵略政策已经是过去的事情了，我们的外交必须遵循正义与和平的路线。……简言之，日本希望坚持和光大巴黎和约和华盛顿会议各条约和协定中所体现出来的崇高精神，无论是明确的还是隐含的。"日本代表团团长加藤友三郎称："会议之所以获得成功是因为与会各国都看到了实现世界和平和减轻（军备）负担的紧迫需要，而要实现这两个目标，就必须把我们从列强之间排他性竞争的世界中解放出来，建立新的国际竞争的世界。"日本代表团成员、外交史学家林毅陆则明确说道："我们必须决心实施与新时代相符的新外交。"③ 日本政府实际上也认识到帝国主义外交时代已经过去了，因而半情愿地接受美国的新秩序，决定改变处理外交事务与日中关系的方式。

日本之所以在华盛顿会议上做出让步，签署华盛顿会议通过的一系列

---

① Hughes, "Some Aspects of Our Foreign Policy," Hughes, *The Pathway of Peace*: *Representative Addresses Delivered during His Term as Secretary of State*, pp. 39 – 40.

② Asada, "Between the Old Diplomacy and the New, 1918 – 1922: The Washington System and the Origins of Japanese-American Rapprochement," *Diplomatic History*, Vol. 30, No. 2, Apr. 2006, p. 229.

③ Asada, "Between the Old Diplomacy and the New, 1918 – 1922: The Washington System and the Origins of Japanese-American Rapprochement," *Diplomatic History*, Vol. 30, No. 2, Apr. 2006, p. 229.

条约，主要有四个因素：第一，巴黎和会后中国民族主义运动的高涨，特别是抵制日货运动对日本在华经济利益的损害使日本看到中国民族主义的力量。第二，以币原为代表的温和势力主导了日本政府的政策，币原等人相信过去的帝国主义政策是得不偿失的，日本从贸易和海外投资中获得的利益要比单纯追求领土扩张大，特别是美日贸易的迅速增长远远超出对华贸易的增长速度，使日本看到奉行与美国协调的自由主义政策的好处。第三，日本发现，除了放弃在山东的权益外，其在中国做出的让步更多是言辞上的，而非实质上的，自己在中国的实际影响并没有改变，特别是日本在东北的利益更是毫无损害。第四，第一次世界大战后日本越来越深的孤立感使日本迫切希望摆脱外交孤立。日本认识到，由于德国战败、俄国革命和法国的衰落，其所面临的国际环境已经发生了根本的变化，第一次世界大战后的国际秩序将由美国来主导，英日同盟由于美国的反对注定要解散。外务省的备忘录认为，"必须改变我们的政策，否则就会有彻底孤立和与美国发生战争的危险"；而防止与美国的战争被日本外务省欧美局局长松平恒雄称为日本"目前迫切的需要"。[1] 日本实际上是把华盛顿会议视为调整与美国的关系、摆脱外交孤立和提高国际地位的机会。从根本上说，同意美国的裁军计划可以带来外交上的收益，有助于实现日本与英美协调的战略目标。

而就条约的内容而言，《五强条约》虽然规定了对日本海军不利的比例，但是，英美都有两大洋需要保护，而日本则只需要保护太平洋一个大洋，而且条约关于英美在太平洋属地不设防的规定实际上大大提高了日本的战略地位，甚至使日本可以在西太平洋地区维持霸权，这是日本一直希望的。因此，《五强条约》建立了太平洋地区的战略平衡，有利于日本的安全，而且还把日本从根本无法获胜的海军军备竞赛中解脱出来。

华盛顿会议的成功召开[2]在美国也激起了不切实际的期望，认为裁军可

---

① Asada, "Between the Old Diplomacy and the New, 1918 – 1922: The Washington System and the Origins of Japanese-American Rapprochement," *Diplomatic History*, Vol. 30, No. 2, Apr. 2006, p. 215.

② 会议成功的另一个原因是美国密码专家赫伯特·亚德利（Herbert Yardley）破译了日本外交密码，使休斯了解日本的策略和底牌。Herring, *From Colony to Superpower*, p. 455.

以避免战争。休斯在 1924 年私下更是乐观地说:"与日本的战争在下一代是不可能的了。"①

共和党在 20 年代极力构建的远东国际秩序面临一个根本的困境:如果其他国家认为自己的利益无法在美国确定的国际秩序中得到满足,或者认为美国的经济和文化扩张损害了自己的利益,因此拒绝这一秩序,美国怎么办?是选择以武力捍卫这一秩序还是做出妥协?也就是说,美国如何保证这一秩序得到普遍的认可和执行?对秩序破坏者如何处理?按照威尔逊的设想,国联提供了解决这一问题的机制,但美国没有加入国联,那么美国是选择单独诉诸武力还是选择与其他国家合作对秩序破坏者加以制裁或惩罚?共和党外交决策者并没有明确回答这一问题,也许他们根本就没有想到会有国家拒绝美国设计的战后秩序。20 年代国际社会声势浩大的国际主义与和平主义思潮也让美国领导人错误地相信,没有国家胆敢冒天下之大不韪而发动战争。当这一情况后来真的出现时,美国的选择是退却和妥协。1931 年日本发动九一八事变,占领整个东北,这是对《九国公约》和《非战公约》的公然践踏。国务卿史汀生主张对日本实施制裁,但总统胡佛反对制裁,最后的结果就是由史汀生提出温和的"不承认主义"。"不承认主义"根本不足以阻止日本的侵略,美国一手策划并领导建立的远东国际秩序在日本的侵略下逐渐瓦解,美英等国眼看着战后国际安全体系崩溃,却拒绝使用武力来维护这一体系。

四　20 世纪 20 年代美国外交的成就与局限

关于 20 世纪 20 年代美国外交的性质,学者们是有争论的,争论的核心问题是美国在这一时期是否执行了孤立主义的政策。第二次世界大战后,赞同自由国际主义的史学家批评 20 年代的共和党政府奉行孤立主义的政策,拒绝卷入欧洲国际事务和加入国联,放弃了集体安全的原则,导致了 30 年代国际秩序的崩溃和第二次世界大战的爆发。如果美国加入国联,与

---

① Joseph C. Grew, Conversation with Hughes on "The Naval Treaty," May 8, 1924. 转引自 Zasloff, "Law and the Shaping of American Foreign Policy: The Twenty Years' Crisis," *Southern California Law Review*, Vol. 77, No. 3, Mar. 2004, p. 635。

爱好和平的民主国家一道阻止法西斯势力崛起,第二次世界大战本来是可以避免的。而信奉现实主义的史学家则批评 20 年代共和党政府寄希望于国际法、国际舆论和国际道德来维护和平,忽视了权力政治的现实,没有壮大美国的军事实力或运用结盟的方式遏制德日力量的崛起,因而是幼稚和天真的。

从 60 年代开始,以威廉·威廉斯为代表的修正派史学家开始挑战这一看法,认为 20 年代的美国外交不仅不是孤立主义的,相反是扩张主义的,共和党政府在国际事务中极为活跃,积极为大企业开拓海外市场,追求建立由美国经济与文化力量主导的非正式的帝国。20 年代美国外交的实质是门户开放型的帝国主义。

公平地说,20 年代的外交决策者都是具有国际视野的国际主义者,他们认识到形势已经发生变化,美国像 19 世纪那样继续对国际事务不闻不问已经不可能了,美国的安全和繁荣依赖于整个世界的和平与发展,所以美国必须积极参与国际事务。从这个意义上说,20 年代的美国外交显然不是 19 世纪的那种孤立主义。同时,20 年代的美国也并非像修正派史学家所说的那样仅仅追求经济扩张,实际上也关注欧亚地区的和平与安全。但是 20 年代美国对世界事务的参与显然也远远没有达到第二次世界大战后美国干预全球事务的程度,因此充其量是一种有限的国际主义。与威尔逊大力倡导承担国际义务和通过多边国际组织来维护世界和平的主张不同,20 年代的共和党外交决策者反对美国加入多边国际组织,因此它又是一种独立的国际主义。一方面,共和党政府不遗余力地推行门户开放政策,帮助美国企业开拓海外市场,这一点满足了孤立主义者的需要,而且门户开放原则和美国雄厚的商业资本还被赋予了促进繁荣与和平的使命,因而受到和平主义者的赞许;另一方面,美国也参与到裁军、国际仲裁、宣布战争为非法等和平事业中去,满足了国际主义者的诉求。但是共和党的国际主义是有限度的:美国不会承担政治义务,不会使用武力和经济制裁解决国际纠纷。美国银行家在政府的支持下参与了道威斯计划和杨格计划的制订,但美国政府拒绝运用政府的权威来加以实施。《非战公约》宣布战争非法,但并没有规定对战争发动者的惩罚手段。也就是说,共和党政府领导人从未把美国对国际事务的参与发展到使用政治和军事力量维护战后国际秩序的程度。实际上,在两次世界大战之间,美国外交决策者是在传统的孤立主义外交与威尔逊雄心勃勃的改造世界计划之间寻找一种折中路线,即保守的国际主义路线。

史汀生在卸任后曾撰文总结 20 年代美国外交政策。他在 1933 年 4 月发表的文章中说:1919—1929 年,美国谋求"世界政治稳定"的努力大致沿着两个方向:"第一,采取步骤清除战争带来的罪恶和祸害,如过分的军备;第二,采取建设性的行动积极重组国际关系。"在第一个领域,美国取得的成就非常有限,只是在裁减海军军备方面就主力舰吨位比例在华盛顿会议上达成了一致,但大国之间围绕其他军舰特别是巡洋舰的军备竞赛并没有停止。在第二个领域,美国努力通过《国联盟约》《九国公约》《四国条约》《非战公约》和一系列国际会议解决国家间的纠纷和防止战争,"通过这些措施,在欧洲各国之间已经培育出一种共同体精神 (community spirit),这一精神正稳步地发挥作用来制止战争"。按照史汀生的说法,美国之所以拒绝加入国联,一是担心美国卷入欧洲大陆的政治事务;二是不赞同对国联盟约的破坏者使用武力或制裁手段。而美国这一政策的"高明之处"就在于"不会让美国政府对不确定的未来可能发生的不确定的事件做出实施制裁的承诺,相反,让这个国家的代表在发生情况时自己做出独立的判断";"另一方面,它也做好准备,当发生直接涉及美国利益或对世界和平构成重大威胁的事件的时候,让其政府与其他国家合作实施道义制裁"。[1]史汀生的概括大体上是准确的。

那么 20 年代共和党的外交政策到底是成功还是失败呢? 如前所述,第二次世界大战后,无论是自由国际主义者还是现实主义者都激烈批评 20 年代的美国外交与国际秩序存在巨大缺陷,要为后来的法西斯势力的崛起和第二次世界大战的爆发负责。这些批评大多是基于现时主义 (presentism)的视角,从第二次世界大战为什么未能避免的角度来反思 20 年代的外交政策,学者们通常做的是寻找哪些因素为后来法西斯的崛起、世界局势的混乱和第二次世界大战的爆发提供了准备,要探讨的核心问题是为什么第二次世界大战没能避免,20 年代的外交出了什么问题? 这种"问责式"的研

---

[1] Stimson, "Bases of American Foreign Policy during the Past Four Years," *Foreign Affairs*, Vol. 11, No. 3, Apr. 1933, pp. 386–389.

究看到的当然是失误而不是成就，20年代美国外交的历史地位被笼罩在30年代的阴影之下，其意义仅仅在于它是两次世界大战的间歇期。从这一角度来审视和理解20年代的外交当然是必要的，但却是不全面的，完全漠视了20年代外交的成就。不能因为30年代爆发了战争就认为20年代的外交一无是处，况且30年代的战争在多大程度上是由20年代的外交失误造成的，仍是一个需要重新思考和研究的问题。

评价20年代共和党的外交政策应该本着历史主义或语境主义的原则，把共和党决策者的思想和政策置于他们所处的时代中，分析他们所面临的国际局势与国内形势，应该做什么和不应该做什么，而不应单纯地根据后来事态的发展把它放入为什么第二次世界大战未能避免的问题脉络中来评价，更不应该根据评价者的后见之明来评断。研究两次世界大战期间国际史的新方向就是从关注为什么凡尔赛体系会解体（凡尔赛体系破产的不可避免性）转向关注这一时期实际取得的成就，也就是说从其失败的方面转向其成功的或建设性的一面，把20年代的努力视为美欧在战后建立稳定国际秩序的长期过程的一部分，考察那个时期的美英领导人受到哪些因素的局限，他们做出了哪些努力，这些努力在当时是如何被看待的。

如果本着这种态度，我们就会发现，整个20年代是相对和平的新时代，也是美国感到最安全的时代。当时魏玛共和国行事谨慎，与西方合作，被认为目标正当，手段和平，颇得美国政府和舆论的同情。《非战公约》签订后，德国迅速做出反应，表示赞同。反而是法国屡屡与美国意见相左，不让步、不合作，在美国人心中，法国而不是德国成了麻烦制造者。同时，日本也奉行与英美合作的路线。20年代实际上是第一次世界大战后直至苏联解体期间美国最安全的时期。柯立芝在1926年12月7日的国情咨文中对此进行了描述：

美国人民还没有意识到自己在国际地位方面的鸿运高照。我们没有宿敌，也不为任何领土争端所困扰。我们没有什么东西让其他国家觊觎，其他国家也没有什么让我们觊觎。我们的边界不需要设防，我们不害怕任何国家，也没有任何国家害怕我们。①

　　20 年代共和党政府也并没有像凯南等现实主义者所批评的那样天真到认为单纯依靠条约、国际舆论和裁军就可以确保美国安全的地步。共和党政府仍然坚持美国在此前 20 年间一直恪守的基本军事战略：拥有一支不亚于任何国家的强大海军，控制西大西洋和东太平洋，作为美国防务的第一道防线；一支小规模的常备陆军，主要用于传播军事知识和提高军事技术、训练预备役人员以及为可能发生的战争制订军事计划；强大的民用工业经济，能够在紧急情况下转为军事生产。② 20 年代末，由于国会拒绝拨款，美国的陆军规模确实比较小，大约有 118750 人常备军，与 1920 年国防法规定的最低 280000 人的标准还相差甚远。③ 但美国可以在紧急情况下征召预备役，在其他国家军备较少、陆军规模都较小的情况下实际上已足够维护美国的安全。当时法国陆军规模较大，但主要是为了对付德国。苏联陆军规模最大，但是苏联的军事技术和工业实力都比较落后，并集中于国内事务，面对资本主义世界的"包围"，苏联的军事战略是防御而不是进攻，苏联与美国开战是难以想象的。《凡尔赛和约》对德国军备做出了种种限制，在希特勒上台前，德国航空技术还没有发展到实施远程航行威胁美国本土安全的程度，而且事实上美国在远程航空技术方面，特别是远程轰炸机技术方面处于领先地位。1931 年，美国拥有 15 艘战列舰、3 艘航空母舰、18 艘巡洋舰、78 艘驱逐舰和 55 艘潜艇。这支舰队在数量上超过日本，与英国皇家海军旗鼓相当。④ 胡佛总统在 1929 年说："当前，（美国）用在严格意义上的陆军和海军军事行动上的支出超过世界任何其他国家的军事

---

① Message of the President of the United States (Coolidge) to Congress, Dec. 7, 1926, *FRUS*, 1926, Vol. 1, Washington, D. C., 1941, p. xxvi.

② Samuel P. Huntington, "Equilibrium and Disequilibrium in American Military Policy," *Political Science Quarterly*, Vol. 76, No. 4, Dec. 1961, pp. 495 – 496.

③ John Braeman, "Power and Diplomacy: The 1920's Reappraised," *The Review of Politics*, Vol. 44, No. 3, Jul. 1982, p. 347.

④ ［美］埃利奥特·A. 科恩：《幼稚天真的战略：美国（1920—1945 年）》，［美］威廉森·默里、［英］麦格雷戈·诺克斯、［美］阿尔文·伯恩斯坦《缔造战略：统治者、国家与战争》，时殷弘等译，世界知识出版社 2004 年版，第 457 页。

开支，由于广泛的动荡而产生的对和平的真正威胁是半个多世纪以来最少的。"[1] 1930 年，美国的国防预算占财政支出的 17. 47%，英国是 14. 45%，法国是 23. 56%。[2] 在 20 年代末，美国的工业产值是其后英、德、法、苏、意、日六国的总和，其经济实力和工业潜力远远超出其他国家。[3]

在这一背景下，随着法德和解进程的加速，到 20 年代末，美国感到前所未有的安全。柯立芝在 1925 年的就职演说中以近一半的篇幅来讨论外交与和平问题，而胡佛则仅用四分之一的篇幅讨论这些问题，除了称美国将继续"支持一切调停、仲裁和司法解决（国际纠纷）的有效办法"，拥护国际法院以及赞扬《白里安—凯洛格公约》"在我们关于国家间关系的观念中确立一个进步的准则"外，胡佛的演说没有提出任何有价值的国际思想和主张。这反映出 20 年代末美国人认为自己相当安全，和平问题已经退居非常次要的地位。胡佛有一种极为乐观的精神，称"我毫不担心我们国家的未来，它前途光明，充满希望"。[4] 正如学者约翰·布雷曼指出的，"在1921—1923 年的历史背景下，美国的政策既不天真也不愚蠢，也许在美国历史上，无论是之前还是之后，美国没有任何时候比这一时期更安全"。[5] 从这个意义上说，美国对 30 年代法西斯势力崛起应对不力是 30 年代的决策者的过错，而不能归咎于 20 年代的共和党政府。

以威尔逊的雄才大略都无法说服美国人放弃不卷入欧洲政治纷争的政策，在 20 年代这样一个国际形势相对和平，没有重大安全威胁，而其经济实力又远远超过其他国家的时代，共和党的总统和国务卿们更是没有能力改变这一政策。20 年代的很多美国人相信，美国卷入第一次世界大战并非因为美国的国家安全受到了致命的威胁，而是美国自愿加入的，这种自愿

---

① Herbert Hoover, "Statement on Military Expenditures," Jul. 23, 1929, http：//www. presidency. ucsb. edu/ws/index. php? pid =21872. (2010 年 4 月 14 日获取)

② Leffler, "Political Isolationism, Economic Expansionism or Diplomatic Realism：American Policy Toward Western Europe, 1921 - 1933," *Perspectives in American History*, Vol. 8, p. 435.

③ Braeman, "Power and Diplomacy：The 1920's Reappraised," *The Review of Politics*, Vol. 44, No. 3, Jul. 1982, p. 345.

④ Herbert Hoover's Inaugural Address, Mar. 4, 1929, Schlesinger, Jr. , ed. , *My Fellow Citizens：The Inaugural Addresses of the Presidents of the United States*, 1789 - 2009, pp. 277, 280.

⑤ Braeman, "Power and Diplomacy：The 1920's Reappraised," *The Review of Politics*, Vol. 44, No. 3, Jul. 1982, p. 369.

一是来自银行家的阴谋，二是源自威尔逊幼稚的理想主义。在这种情况下，让美国承担所谓政治和军事义务不仅是不可取的，实际上也是不必要的，让美国像冷战时代那样承担保证欧洲安全的责任更是不可想象的。自由国际主义者和现实主义者的批评实际上是非历史主义的苛求。

就国际秩序的重建而言，共和党政府也并非一无是处。由于《凡尔赛和约》并没有完全贯彻威尔逊的国际秩序思想（特别是对德国惩罚）和美国拒绝批准和约，新的国际秩序实际上并没有建立起来，而旧秩序已经崩塌，因此新上台的哈定政府面临的是混乱的国际体系，国际形势极不稳定。从哈定政府开始，三任共和党政府实际上都在继续威尔逊开启的重组国际事务的努力，推行共和党版本的保守主义国际秩序，试图以此修正凡尔赛和平的缺陷，实现国际关系的稳定与持久的和平。从这个意义上说，巴黎和会是第一次世界大战后美国建立战后国际秩序的起点而非终点（终点是巴黎《非战公约》的签订）。而到 20 年代中期，通过凡尔赛和会和华盛顿会议的召开以及《洛加诺公约》和《非战公约》的签署，被第一次世界大战倾覆的国际秩序得到重建，以国际金本位、多边贸易、裁军、国际仲裁、国际合作为内容的国际秩序开始主导国际关系，和平主义和国际主义成为主导性意识形态。

就欧洲而言，20 年代的共和党政府拒绝了威尔逊的集体安全体系，转而试图运用美国巨大的经济实力推行保守的欧洲—大西洋和平秩序，以取代 19 世纪的均势体系，通过使德国融入欧洲，化解法德矛盾，实现欧洲的长期稳定与和平。1924—1929 年的五年间，道威斯计划和杨格计划的制订、《洛加诺公约》和《非战公约》的签订以及协约国军队撤出莱茵区（在 1929 年 8 月的海牙会议同意撤出，1930 年 6 月完成）都是这一努力的一部分，其目的是把德国融入刚刚形成的跨大西洋和平体系中去。五年间，在美国的压力下，欧洲确实建立了一套较为合理的、各方都接受的和平秩序，西欧国家决心通过谈判和仲裁的方式解决彼此的政治分歧，特别是德国承诺不以武力改变现状和修正凡尔赛体系。这一秩序超越了第一次世界大战前的均势政治，也超越了《凡尔赛和约》的惩罚性条款，除集体安全原则外，已经接近于威尔逊对欧洲秩序的设想。"欧洲协调"（Concert of Europe）的观念已经出现，新的友谊与国际合作的精神主导着欧洲外交，出现了所谓的"洛加诺时代"，其核心人物是德国外长斯特雷泽曼、法国外长白里安和美国国务卿凯洛格。这一秩序的破产并不是因为其不公正，而是因为美国没有继续承担义务维护这一秩序，以及历史给美英等国巩固这一秩序的时间太短了。

1928 年后，美国领导人以为新秩序已经建立起来，战后欧洲的危机已经度过，欧洲总体的稳定已经实现，和平已经有了保障，美国进一步卷入欧洲事务已经不必要了。1929 年 11 月，胡佛在停战日演讲中对和平的乐观预测反映了美国决策者的自满情绪。胡佛虽然谈到世界各国的军备仍然非常庞大，各国军队人数加起来比大战前还多，但他认为，"比较而言，今天世界处在和平之中，和平的前景比过去的半个世纪更为明亮"。他乐观地说道：

> 世界正变得更加真心地倾向和平，帝国统治和侵略的力量、恐惧和猜疑的力量正在消失。旧的阴谋性外交的目标正在被以和平为目标的公开和坦诚的关系所取代。在这一进步过程中，最有意义的一步是文明国家已经缔结庄严的条约，宣布放弃战争手段，以和平的方式解决纷争。正是人类思想的这种重组带来了和平的希望。[1]

这种乐观情绪使美英等国没有继续去巩固和扩大这一秩序，解决德国的东部边界问题，进一步把美欧关系发展为更坚实的安全、经济统一体，从而推动对凡尔赛体系的根本改革。

由于法德两国根深蒂固的民族仇怨和欧洲复杂的族群、领土纠纷，战后欧洲的和解与协调必然是一个复杂和渐进的过程，人们观念和心理的改变，特别是法德关系的改变也是一个缓慢的过程，1924—1928 年间建立的欧洲新秩序相当脆弱。但是 1929 年 10 月就发生了经济大危机，德国和日本的国内政治迅速极端化，战后美国重组世界秩序的进程被打断，刚刚建立起来的秩序经不住经济危机的打击，最终解体。也就是说，战后国际体系的崩溃主要并不是因为这一秩序本身存在什么不可克服的缺陷，而是因

---

[1]　Herbert Hoover's Armistice Day Address, Nov. 11, 1929, http：//www. presidency. ucsb. edu/ws/index. php? pid＝21999.（2009 年 10 月 30 日获取）

为历史给这一秩序的时间太短了，和平的变革和新的国际精神的培育在如此短的时期内无法实现。从这个意义上说，20年代美国共和党政府促进欧洲新秩序的努力是"未完成的和平"。[①]

在远东，共和党政府建立新秩序的努力从华盛顿会议开始，并取得了很大的成功。华盛顿会议奠定了美日之间十年的合作与远东的和平，同时华盛顿秩序也为中国建立统一的国家提供了相对有利的国际环境。鉴于后来发生的中日战争和美日战争，很多历史学家批评华盛顿体系缺乏对条约破坏者的惩罚机制，建立在自愿基础上的非强制性条约义务是没有约束力的，美国决策者过于幼稚和天真。但实际上，《华盛顿条约》没有保证持久的和平主要不是因为其自愿性质本身，而是因为美国的经济外交没有创造一个商业体系，让所有国家，特别是日本获得经济繁荣以及其他美国无法左右的力量出现，包括：日本国内政治的变化，特别是反对与英美合作的力量的增长，中国民族主义的兴起以及苏联作为远东力量崛起导致的亚洲大陆均势的变化。从根本上说，日本放弃华盛顿体系内的协调外交，走上对外侵略的道路是对经济形势恶化的反应。因此，华盛顿体系的解体不能简单归咎于决策者的幼稚和天真，而是多种因素造成的。

因此，不能把20年代视为30年战争的插曲或间歇，而应该视为一个相对和平与繁荣的时代，在这个时代里，新的国际秩序观念开始播下种子，国际主义思想开始风靡世界，国际合作与国际交流成为国际社会的关键词，国际法获得巨大发展，特别是战争的非法化标志着国际法体系的重大进步。不能因为30年代发生了危机与战争，就否定20年代这些努力的意义。

但是，20年代共和党政府的外交政策并非没有缺点和失误。共和党的外交决策者试图凭借美国独一无二的经济实力和金融力量来推行美国的国际秩序，促进全球的繁荣和稳定。然而，恰恰是在经济领域，由于国会的掣肘和国内政治考量，20年代的美国政府（包括行政分支与国会）出现种种失误，未能制定一项综合考虑战债、贸易、投资和安全的全面政策，最终导致经济危机的爆发和国际秩序的解体。

---

① 此为美国对外关系史学者帕特里克·科尔斯的说法。Patrick O. Cohrs, *The Unfinished Peace after World War I: America, Britain and the Stabilization of Europe, 1919 – 1932*, Cambridge, U. K.: Cambridge University Press, 2008.

　　一是错误的金融政策，尤其是拒绝取消协约国的战债。拒绝取消协约国的债务导致协约国政府的财政负担加重、欧洲金融体系不稳定和国际收支严重不平衡。在美国一再拒绝取消战债的情况下，协约国将德国偿付赔款作为协约国偿付战债的条件，而德国偿付赔款的前提是其经济复兴。德国经济复兴需要外来资本，美国银行家为了谋求高额贷款利息带来的巨额利润，争相向德国贷款，而美国政府对贷款缺乏监管，致使美国资本大量流向德国。1919—1929 年，美国向外国的贷款总额高达 120 亿美元，其中绝大部分流向欧洲，特别是德国。[1] 这使欧洲国家经济体系非常脆弱，其运行依赖于美国源源不断地向欧洲（主要是德国）提供资本，一旦美元贷款中止，德国乃至整个欧洲的经济就会遭受沉重打击。这是 1929 年 10 月华尔街的股票暴跌导致美国逐渐停止对德资本输出从而引发欧洲各国经济陷入危机的根本症结所在。[2] 因此，20 年代的国际金融和贸易体系实际上极为脆弱。华尔街股票暴跌导致这一脆弱的体系很快崩塌。1931 年年底，英国《泰晤士报》评论说：美国绝大多数国会议员"现在仍然没有真正理解战债的巨大负担和通过禁止性关税使国际贸易瘫痪给世界造成的后果，也还完全没有意识到他们今天的麻烦不过是这种后果的反映"。[3] 而美国不愿意取消战债主要出于对国内政治的考量，共和党政府试图在国内保持低税收的政策，以获取国内选民的支持。

　　二是利己主义的关税政策。在农业集团和中小企业主的游说下，国会相继通过高关税法案，包括 1922 年的《福德尼—迈坎伯关税法》（Fordney-McCumber Tariff Act）和 1930 年的《斯穆特—豪利关税法》（Smoot-Hawley Tariff Act）。[4] 高关税政策导致欧洲国家的商品难以进入美国，加剧了国际收支不平衡和欧洲对美元资本的依赖，不仅滞缓了欧洲经济的复兴，也影响到欧洲币值的稳定。同时，美国的高关税导致外国采取报复措施，向美国关闭市场，不仅使美国经济雪上加霜，而且大大限制了美国领导人促进

---

① Cohen, *Empire without Tears: America's Foreign Relations, 1921–1933*, p. 28. 一说为 150 亿美元，见 Herring, *From Colony to Super Power: U. S. Foreign Relations since 1776*, p. 447。

② 由于美国股票市场疯狂的投机行为，投资股票可以获得巨大利润，因此实际上从 1928 年起美国资本就已经开始大规模地从海外流回美国，美国向德国的资本输出已经开始减少。

③ "Debt Criticism Here Arouses British Ire," *New York Times*, Dec. 21, 1931, p. 2.

④ 《斯穆特—豪利关税法》把平均进口关税率提高到 40%，这是美国历史上最高的关税率。

出口和建立以自由贸易和开放市场为基础的资本主义体系的努力。《斯穆特—豪利关税法》制造了历史学家本杰明·罗兹所称的"自杀性的国际贸易战"。① 共和党本身是主张高关税的中西部农业集团和东部以出口为导向的大企业集团的联盟。来自中西部农业地区、支持高关税的参议员博拉和杰拉尔德·奈（Gerald P. Nye）都是共和党内极有影响的人物。这导致共和党政府在高关税和开放国内市场之间摇摆不定。因此，我们看到的图景是:一方面，美国国务院和商务部的官员们大力倡导自由贸易，为美国的商品寻求海外市场和投资机会;另一方面，总统对国会通过的向其他国家关闭美国市场的高关税法案听之任之。一方面是极力开辟国外市场，另一方面却是在国内竖起高关税壁垒。

高关税政策也与共和党决策者对国外市场的认识有关。尽管20年代的共和党人很看重美国的海外市场，认为欧洲的稳定对美国的利益很重要，但是由于在对外贸易方面，美国的依存度不是很大，外贸在GDP中的份额低于其他国家，共和党政府对国内市场的重视要甚于国外市场，政府官员占主导地位的看法是美国的国内市场为美国繁荣的主要决定因素。一些经济民族主义者甚至认为没有欧洲，美国照样能够繁荣。在他们眼中，欧洲远没有重要到生死攸关的程度，美国离开欧洲仍然可以独善其身，无论是在安全上还是经济上。作为商务部长和20年代美国对外经济政策首席设计师的胡佛相信，无论国外发生什么，美国经济都可以自给自足。他在1922年6月称，"美国人民深深地关注欧洲的繁荣"，对欧贸易对美国非常重要，但是，不应"过高估计美国经济对欧洲的依赖"，"我们的经济进步在某种程度正在使我们摆脱了对国际形势的依赖"。② 胡佛甚至称，在必要的情况下，美国最终也可以"在没有欧洲贸易的情况下重建美国的物质繁荣和舒适生活"。③ 哈定总统更是明确反对削减关税，他在就职演说中认为废除贸易壁垒的理论是错误的，称"事实一再证明，如果把我们自己的市场向世

---

① Benjamin D. Rhodes, *The United States Foreign Policy in the Interwar Period*, *1918 - 1941*, Westport, C. T. : Praeger Publishers, 2001, p. 74.

② Hoover, "A Year of Cooperation," *Nation's Business*, Vol. 10, No. 7, Jun. 5, 1922, p. 13.

③ 转引自 Leffler, "American Policy Making and European Stability, 1921 - 1933," *The Pacific Historical Review*, Vol. 46, No. 2, May 1977, p. 213。

界开放，我们就不能维持美国的生活水平和机会水平，就不能在这种不平等的竞争中保持我们的工业优势"[1]。20 年代的美国实际上有一种一厢情愿的想法，认为美国可以享受贸易保护主义的好处，而不会付出代价，因此，共和党政府乐于让对外经济关系屈从于国内政治，对国会的高关税立法和贸易保护主义听之任之。尽管外国政府、经济学家和媒体都曾警告提高关税可能给世界贸易带来危险后果，国会还是通过了《斯穆特—豪利关税法》。而尽管有多达 1000 位经济学家呼吁总统否决该法案，胡佛总统还是签署了该法案。[2]

　　三是美国没有把经济政策与政治问题联系在一起考虑。实际上，德国赔款问题并非是单纯的经济问题，也是政治问题。法国之所以在赔款问题上态度强硬，主要是出于安全的考虑：减少德国的赔款不仅会壮大德国的实力，而且会为德国修改《凡尔赛和约》打开一个缺口，从而威胁法国的安全。如果法国能够从英国或美国那里获得安全保障，它就不会担心德国经济复兴后会威胁法国，从而会愿意在赔款问题上采取灵活的立场。若如此，欧洲的政治稳定可能会早一点解决，经济复兴的速度也会更快一些。但是，20 年代共和党的外交政策面临来自商业团体、和平组织、国会和公众的压力，共和党决策者自己对国际形势和对外关系的看法也模糊不定。一方面，他们与很多和平组织和国际主义团体一样，相信欧洲的稳定与和平秩序的重建对美国的安全非常重要，因此愿意促进欧洲的和平；另一方面，他们也同孤立主义者一样，不愿意承担维护法国安全与欧洲稳定的政治义务。一方面，他们与东北部的国际银行家和出口商一样，认识到欧洲的重建可以扩大美国的投资和出口，欧洲经济的恢复符合美国的利益；另一方面，他们又与那些商业民族主义者一样，反对向欧洲开放市场，竭力保护美国国内市场，而这种保护显然又与促进欧洲复兴的目标相冲突。共和党政府当然想兼顾国内市场与国外市场，协调内政与外交需要，但是一旦需要在国内优先考虑的事项与对外事项之间做出抉择，对国内市场的保

　　[1]　Warren Harding's Inaugural Address, Mar. 4, 1921, Schlesinger, Jr., ed., *My Fellow Citizens: The Inaugural Addresses of the Presidents of the United States, 1789 - 2009*, p. 256.

　　[2]　John Braeman, "The New Left and American Foreign Policy during the Age of Normalcy: A Re - Examination," *The Business History Review*, Vol. 57, No. 1, Spring 1983, pp. 92 - 93.

护总是被置于优先的位置。这导致共和党政府缺乏连贯的,综合考虑国内市场和欧洲复兴、经济政策与安全需要的对外战略,其促进欧洲繁荣、稳定与和平的任务未能完成。

　　四是错误的移民政策。华盛顿会议后,美日关系大大改善,战后初期美日之间的战争阴霾一扫而光。除了华盛顿会议外,美国的其他行动也促进了日美的亲善和日本国内温和力量的成长。1923年日本发生大地震,造成约20万人死亡,200万人无家可归。美国提供了1160万美元的紧急援助,美国亚洲舰队和在菲律宾的陆军帮助运送和分发紧急救助物资。美国希望这一行动能够改善两国的关系。东京的一家报纸评论说:"美国人在援助他人方面一向是高效的、充满感情的和慷慨的,他们在帮助无助的灾民方面表现出忘我的热情。"① 但是,由华盛顿会议和美国救灾行动培育的日本对美国的好感很快就由于美国移民法对日本的歧视而烟消云散。1924年国会制定新的移民法,规定美国给各国的移民配额为1890年人口普查时已经加入美国国籍的该国人数的2%。由于在1890年加入美国国籍的亚洲人很少,这一法案明显歧视包括日本在内的亚洲国家,根据该法案,美国实际上每年分给日本的移民配额也就250人左右。但国会仍不满足,还特别通过一项修正案,禁止"不适合取得公民资格的外国人"进入美国,这实际上是针对日本人,因为根据最高法院此前的判决,日本人、中国人和其他东方人不适合取得美国公民身份。当国会讨论该议案时,美国官员意识到问题的严重性,远东司司长马慕瑞鼓励日本方面提出抗议。日本驻美国大使向国务院提交一份抗议照会,照会警告说,如果关于限制日本移民的修正案通过,将给日美关系造成"严重后果"。但日本的警告不仅未能阻止国会通过相关法案,相反被洛奇认为是对美国的"威胁",结果该修正案以压倒性多数通过。在移民问题上对日本的歧视政策导致日本国内掀起反美浪潮,为反对与西方协调、鼓吹日本在中国单独扩张的右翼势力提供了弹药,实际上动摇了日本与西方合作的基础。休斯对此非常清楚,他抱怨说:

　　　　这是一项令人遗憾的行动,我非常沮丧。它断送了华盛顿会议的成

---

① Merle Curti, *American Philanthropy Abroad*, New Brunswick, N. J. : Transaction, Inc. , 1996, pp. 345 – 346.

果,播下了注定在未来会结出果实的敌对的种子。⋯⋯这不是战争的问题,而是在远东让敌视代替了合作。我们在参议院的朋友们几分钟的时间就破坏了多年的努力,造成了持久的伤害。①

而这一切失误又与 20 年代美国外交决策特点有关,那就是行政分支决策的分散化以及国会对总统外交权的争夺与挑战。20 年代缺乏西奥多·罗斯福和威尔逊式的人物,没有总统和外交决策者有足够的魅力和影响力,能够英明地使用美国的外交力量来推行富有雄心的外交政策。用学者伊桑·埃利斯的话说,这一时期的美国外交决策者不过是"优秀的外交熟练工","缺少伟大人物的素质"。② 由于缺乏强有力的行政首脑对决策过程加以协调和有效的领导,外交决策过程不集中,我们看到的是美国国务院和商务部争夺经济政策的主导权,决策者在面临各种各样的压力和相互冲突的诉求时常常无所适从,导致一些政策自相矛盾。部门利益、政党政治、个人分歧、行政和立法的冲突都加剧了美国政策的矛盾性和不连贯性。由于缺乏强有力的总统领导,这一时期国会在外交事务中的影响力可能比 20 世纪任何时期都要大。来自中西部少数奉行孤立主义的参议员利用条约需要参议院三分之二多数批准的宪法条款阻挠政府签约动议,通过提出决议案、拒绝足够的拨款和阻挠行政当局行动等方式对总统和国务卿的对外政策构成极大的掣肘。作为中西部农业集团的代言人,这些孤立主义者和经济民族主义者坚持 19 世纪末期在东部大企业和银行的盘剥下濒临破产的中西部农场主的世界观,把国联和国际法院之类的国际组织看作是英国、国际银行家和东部大企业集团的工具,把行政当局签订国际条约视为让美国卷入欧洲政治的阴谋。参议院对外关系委员会主席博拉是这一集团的领袖人物,三任国务卿经常就外交事务征求他的意见。其结果是,总统和国务卿屈从于国会的压力,无法推行连贯和全面的政策,不敢否决关税和移民立法,也不能通盘考虑经济、安全、

---

① Thomas H. Buckley and Edwin B. Strong, *American Foreign and National Security Policies*, *1914 - 1945*, Knoxville, Tennessee: The University of Tennessee Press, 1987, pp. 84 - 85.

② L. Ethan Ellis, *Republican Foreign Policy*, *1921 - 1933*, New Brunswick, New Jersey: Rutgers University Press, 1968, p. 369.

移民等问题。

从现实主义的视角来看，20 年代国际体系的不稳定在很大程度上是因为国际体系既不是多极体系，也不是霸权体系，而是漫长的霸权转移（从第一次世界大战前的英国霸权向第二次世界大战后的美国霸权）过程中的一个阶段。美国的经济实力最强大，具有帮助欧洲实现稳定的经济和金融力量，但在政治上却不愿意卷入欧洲事务，拒绝充当霸权国的角色。英国虽然仍是战后欧洲首屈一指的大国，但是缺乏促进欧洲复兴的经济和金融力量，充当霸权国已经力不从心。欧美之间实际上存在严重的权力不对称和角色错位。法国的衰落和德国的潜在优势使欧洲大陆的均势并没有真正建立起来，而美国拒绝加入国联则使集体安全机制存在重大缺陷。因此，在这一过程中，既不存在以实力维护秩序的霸权国，也不存在可以维护和平与稳定的大国之间的力量均衡（即均势），而集体安全原则也没有真正建立起来。其结果就是国际体系的动荡不安，第一次世界大战后建立的脆弱的国际秩序在经济大危机爆发后迅速崩塌。

第三章

拥抱孤立主义:国际秩序的瓦解与美国的反应(1929—1939)

经过战后秩序的重建,在 1924—1925 年间,主要资本主义国家普遍出现了经济繁荣,交通和通信技术的发展使国家间的人员、商品和资本的流动以前所未有的规模进行。到 1928 年,欧美社会充满一种乐观主义情绪,人们普遍相信,通过国际合作、自由贸易和裁军,一个和平与繁荣的时代正在到来。[①] 但是,1929 年 10 月,华尔街股票暴跌引发的全球性经济危机把 20 年代的乐观情绪一扫而空。伴随经济大危机而来的是极权主义的兴起和战争,战后美国领导构建的国际秩序也逐渐坍塌。面对这一形势,美国却拒绝承担领导世界走出危机和捍卫国际秩序的责任,其外交从 20 年代有限的国际主义转向孤立主义,直至第二次世界大战的爆发。

一 经济危机与国际秩序的瓦解

国际秩序的瓦解是从经济领域开始的。如前文所述,20 年代的国际经济秩序是建立在多边贸易、金本位[②]和资本自由流动基础上的,其思想基础是经

[①] 当时欧洲人把 20 年代称为"金色的 20 年代"(Golden Twenties)和"幸福的 20 年代"(Happy Twenties),美国人称之为"兴旺的 20 年代"(Roaring Twenties)和"爵士时代"(Jazz Age),反映出这种乐观精神。

[②] 英国于 1816 年采用金本位制,这是世界各国实施金本位制的开始。金本位制度具有保持汇率稳定、自动调节国际收支、促进国际资本流动和协调各国经济政策的作用。第一次世界大战爆发后,由于国际金本位制不能适应战争时期增加通货的需要,各国纷纷放弃金本位制,国际金本位制中断运行。战后,各国又相继恢复了金本位制。

济国际主义。虽然国际贸易还不能说是自由贸易,但是在美国的大力倡导下,门户开放的原则大体上在世界各地被广泛接受,无论是美国还是其他主要工业国家都奉行多边主义,国际贸易获得空前发展。人们相信,自由贸易、国际合作和经济上的相互依赖可以带来和平,企业家和国际银行家掌握着繁荣与和平的钥匙。但是,随着各国经济的萧条和世界贸易的急剧萎缩,曾经显赫一时的国际银行家和国际投资者声名扫地。以自由企业制度为核心的资本主义制度被视为制造贪婪、投机和贫富两极分化的罪魁祸首而受到严厉的谴责,[①] 而经济国际主义则作为资本主义的变种和帮凶遭到唾弃。[②]

在这种情况下,各国转而奉行自给自足的经济民族主义。经济民族主义主要表现在:操纵货币,包括放弃金本位制和宣布本国货币贬值以刺激出口;实施贸易保护主义,包括提高进口关税和建立非关税壁垒;对经济活动实行管制,加强政府对经济的干预。1931 年 9 月 22 日,英国放弃金本位制。1932 年,德国、日本、澳大利亚等国都放弃了金本位制。1933 年 3 月 6 日,罗斯福宣布暂停金本位制。4 月 19 日,罗斯福下令禁止黄金出口,宣布暂停国外的美元兑换黄金。放弃金本位制后,各国货币之间的兑换不再依赖以黄金为基础的固定汇率,而依照浮动汇率,这极大地妨碍了国际贸易结算。各国还纷纷采取使本国货币贬值的政策以扩大出口,同时大幅度提高关税以限制进口。美国国会通过《斯穆特—豪利关税法》后,西班牙、加拿大、法国、澳大利亚和新西兰也相继提高关税,以报复美国。到 1932 年年末,大约有 25 个国家对美国提高美国商品的进口关税。法国在提高关税的同时率先在对外贸易中实行大规模进口配额制度,以限制进口,其他一些国家也紧随其后实行进口配额或许可证制度。这一系列经济民族主义政策使各国的出口锐减,世界贸易大幅度萎缩。从 1929 年到 1933 年

①　连教皇庇护十三世在其 1931 年的通谕中也谴责资本主义对世界的支配和个人主义价值观。

②　经济学家通常是经济国际主义的信奉者,而在大危机的影响下,著名经济学家约翰·凯恩斯(John Maynard Keynes)也开始怀疑自由贸易和资本自由流动的好处:"我支持那些把国家间经济往来最小化而不是最大化的人。思想、知识、艺术、服务(hospitality)和旅行——这些东西本质上应该是国际性的。但还是让商品在一切方便和合理的情况下由本国生产,最重要的是,让金融事务主要局限于国内。"Arnold Moggridge, ed., *The Collected Writings of John Maynard Keynes: Activities, 1931 - 1939*, New York: Macmillan, 1982, Vol. 21, p. 236.

年，整个世界贸易额下降了 40%，贸易量下降了 25%。[1] 1929—1933 年间，美国出口量下降了 47%，进口量下降了 34%。[2]《纽约时报》这样描绘 1933 年各国表现出来的炽热的民族主义情绪："在离心力的冲击下，每一个国家都缩减开支以度过这场风暴和保存自己的资源"，"进攻性民族主义的高涨"已经带来"报复性关税、禁运、通货限制、'购买国货'运动"，而所有这一切的合理性都是建立在如下思想基础上的："一个国家为了生存可以做任何事情，而不管它会对邻国产生多大和怎样的影响"。[3]

经济民族主义的泛滥导致原来一体化的世界经济分割成若干相互隔绝的经济区域，一些国家通过签订贸易互惠协定的方式相互之间削减关税，而对其他国家则采取关税歧视，经济区域主义取代原来的经济多边主义。1931 年 3 月 19 日，德国与奥地利签订旨在建立关税同盟的统一关税协定，该协定规定取消两国之间的关税，并共同制定针对其他国家的统一关税法。虽然由于各方特别是法国和国联的反对，德奥于 1931 年 9 月宣布放弃关税同盟，但德奥的做法开创了经济区域主义的先例。1932 年，英联邦国家在渥太华会议上签订互惠关税协定，规定相互之间给予关税优惠，而对英联邦以外的国家征收高额关税，"帝国特惠制"由此发端。日本则企图在东亚建立一个封闭性的区域经济体系，以便掠夺这一地区的资源，排挤欧洲和美国，实现经济上的自给自足。经济民族主义和区域主义泛滥的结果就是多边经济体系的瓦解，世界经济分裂为若干货币集团和保护性的势力范围，陷入没有游戏规则、以邻为壑的丛林状态。

伴随经济民族主义和区域主义而来的是政治上的（武力）扩张主义。经济大危机不仅使人们怀疑资本主义和国际经济秩序的合法性，也导致人们怀疑整个战后国际秩序和资本主义价值观，包括个人主义、物质主义、自由市场制度和民主，并促使一些国家决心冲破战后国际秩序，通过武力来重新分配土地，获取资源。

---

① Paterson, et al. , *American Foreign Policy*：*A History*，p. 313.

② Alfred E. Eckes, Jr. and Thomas W. Zeiler, *Globalization and the American Century*，New York：Cambridge University Press, 2003, p. 83.

③ William C. White, "Nationalism Darkens World Outlook," *New York Times*，Jan. 1, 1933, p. SM3.

最先尝试突破战后国际秩序束缚的国家是日本。在整个20年代，日本文官政府恪守《华盛顿条约》，接受了美国倡导的国际关系新原则，放弃了在华实施单方面武力扩张、追求独占利益的政策，转而与英美合作，奉行多边主义，通过融入世界资本主义体系实现经济发展。日本采取金本位制，推动出口贸易和向海外移民，努力向世界展示自己是发达工业国家共同体的合格成员。同时，日本作为国联理事会唯一的非西方成员而享有世界大国的地位，在国际社会获得了应有的荣耀。但是，在日本社会和日本军政两界却潜藏着一股强大的潮流，反对主张与英美协调的币原外交、国际主义路线以及日本刚刚起步的民主，怀疑文官政府的政策能否给日本带来好处。这股潮流指责币原外交是有害的，认为日本在华盛顿会议上的让步不仅没有给它在中国带来好名声，反而引发中国民族主义的持续高涨。随着南京国民政府的建立和中国的统一，中国政府和民众对日本在华的特殊地位越来越不满，这对日本在东北的存在构成巨大的压力。而苏联在中国影响的扩大，特别是与共产党的密切关系引起日本的极大警觉，加剧了右翼势力试图以武力获取中国资源的紧迫感。30年代的经济危机对日本经济造成沉重打击，给币原外交以致命的一击，成为压倒日本与英美协调路线的最后一根稻草。

日本右翼势力和极端民族主义者认为日本的经济困境是日本错误地融入世界资本主义体系带来的结果，声称英美倡导的国际主义是为英美国家自私的利益服务的，日本的经济繁荣不能依靠外国，而要依靠自己。他们从完全不同的视角来看待国际关系与国际秩序：美国声称20年代国际秩序的原则是平等、合作和互惠；而日本右翼势力从这一秩序中看到的却是贸易歧视、保护主义、种族主义和资源分配的不平等，谴责华盛顿会议确立的国际秩序是使英美利益合法化的工具，鼓吹通过单独行动在东亚建立一个新秩序。新秩序的价值观是对天皇的绝对效忠、家长制、服从、节俭、无私，而不是西方的个人主义、自由主义、物质主义和自私自利；在经济领域，自给自足而不是国际合作，势力范围而不是门户开放被视为国家生存的主要战略；在政治和外交领域，新秩序的鼓吹者主张日本应该通过武力扩张和单独行动，而不是和平竞争与国际合作来追求国家利益。也就是说，在右翼势力看来，与其依赖英美的"善意"，不如依靠自己的扩张，日本不应受华盛顿体系的约束，不应依赖与西方的合作和海外市场，而应自主地在亚洲大陆扩张，以建立一个排他性、封闭性的体系。在这一秩序中，日本是亚洲的领导者。

正是在这一背景下，日本关东军发动了九一八事变，决心以武力占领中国东北。日本通过战争在中国谋求独占利益的行为无疑破坏了《九国公约》第一条第一款"尊重中国之主权与独立及领土与行政之完整"的原则，是对华盛顿会议精神的公然践踏，实际上动摇了整个华盛顿体系的基础。同时日本的行为也违背了《非战公约》中不以战争为谋求国家利益之工具的原则，威胁整个战后国际和平体制。尽管在 1938 年 11 月日本近卫内阁公开提出建立"东亚新秩序"之前，日本政府一直宣称中日冲突并没有违反《九国公约》，日本仍然信守华盛顿体系的各项原则，但是美国政府，特别是国务卿史汀生在日本于 1931 年 11 月占领齐齐哈尔后就意识到，日本的行为是对华盛顿体系的公然破坏。11 月 9 日，史汀生告诉日本驻美大使，他认为日本军队的行动"违反了《凯洛格公约》和《九国公约》的条款"。① 1933 年 2 月，国联通过李顿报告书，指出日本的行为违反了《九国公约》和《非战公约》，并拒绝承认满洲国。日本则选择退出国联，迈出脱离战后国际安全体系的第一步。

1934 年年末，日本政府提出修改《五强海军条约》，要求允许日本可以拥有与英美同等规模的海军，遭到英美的拒绝，日本宣布退出该公约，并加紧建设海军和修建太平洋地区的防御工事。至此，战后裁军体制也被打破。

1935 年 8 月，日本外务次官重光葵发表讲话，明确表示对美国在战后一手建立的国际秩序的不满。他说：

> 在世界大战以后维持和平被定为国际政治的原则目标。……但这只是变相地为维持现状的一种表面和平。……最积极承担现状义务的国家都是胜利者，特别是那些地大物博的国家，其资源和土地占全球所提供的大部分。因为资本主义者惯于维持现状，所以在国际事务中他们也照此惯例。……这些国家已经得到了他们能得到的一切，于是就

---

① Memorandum by Secretary of State of a Conversation with the Japanese Ambassador (Debuchi), Nov. 19, 1931, *FRUS*, Japan, 1931 – 1941, Vol. 1, p. 45.

谈起维持现状来。这种论点在今天正在失去其合法性。……这种维持现状就等于维持和平的观点,正变得越来越难以接受。[1]

1938 年 11 月 3 日,日本近卫文麿内阁公开发表声明,正式提出日本"征战之最后目的"在于"建设确保东亚永久和平之新秩序",而"此种新秩序之建设,应以日、满、华三国合作,在政治、经济、文化等方面建立连环互助的关系为根本",并要求各国"正确认识帝国的意图,适应东亚的新形势"。[2] 随后,日本外相有田八郎在 11 月 18 日给美国的照会中又进一步宣布日本不再坚守《九国公约》和"门户开放"原则。[3] 日本正式脱离华盛顿体系,并谋求在东亚建立"新秩序"。

另一个决心推翻战后国际秩序的国家是德国。大萧条沉重打击了德国经济,在经济危机中上台的希特勒不仅把德国的危机归咎于英美主导的资本主义经济秩序,而且更进一步把德国的苦难归咎于《凡尔赛和约》的不义和战后建立的整个国际秩序。德国从 1933 年开始就决心推翻《凡尔赛和约》对战后世界的安排,以及《洛迦诺公约》和《非战公约》所确立的国际合作、欧洲协调和不以战争作为国家政策工具的国际秩序。德国的具体行为包括:1933 年 6 月,德国宣布不再支付战争赔款,从而推翻了《凡尔赛和约》第 231 条款,即"战争罪行条款"(War Guilt Clause);[4] 同年 10 月,德国宣布退出国联和日内瓦世界裁军会议;1935 年 3 月,德国违反《凡尔赛和约》关于禁止德国进行强制性征兵的规定,宣布实行义务兵役制,重建武装部队,包括新海军和空军;1936 年 3 月,德国军队占领莱茵非武装区,直接违反了《凡尔赛和约》和《洛迦诺公约》关于莱茵非军事

---

[1] 〔日〕臼井胜美:《日本在 30 年代的对华政策》,入江昭、孔华润编《巨大的转变:美国与东亚》,复旦大学出版社 1997 年版,第 95—96 页。

[2] 复旦大学历史系中国近代史教研组:《中国近代对外关系史资料选辑》下卷,第二分册,上海人民出版社 1977 年版,第 93 页。

[3] Arita to Grew, Nov. 18, 1938, *FRUS*, Japan, 1931 - 1941, p. 800.

[4] 根据该条款,德国及其盟国接受发动战争并承担由此给协约国和美国带来的损失和破坏的责任,《凡尔赛和约》第 233—247 条关于德国赔付战争赔款的内容都是根据该条款提出的。该条款由美国人诺曼·戴维斯(Norman Davis)和约翰·福斯特·杜勒斯(John Foster Dulles)起草。由于该条款指责德国为战争的唯一发动者,引起广泛争议,被希特勒所利用,成为纳粹主义在德国兴起的原因之一。

化的条款；1938 年 3 月，德国违反禁止德国与奥地利合并的条款，兼并奥地利；1938 年 10 月，德国在法国、英国和意大利的同意下，违反《凡尔赛和约》的有关规定，兼并捷克斯洛伐克的苏台德区；1939 年 9 月 1 日，德国入侵波兰。德国的目标不仅是恢复第一次世界大战前德国的领土和地位，同时还谋求欧洲乃至全世界的霸权。希特勒在《我的奋斗》中写道：

> 那些真正希望世界和平主义思想赢得胜利的人们，就必须诚心诚意地支持德国征服世界。……一旦最优秀的人征服了世界，成为世界的唯一主人，和平主义和人道主义的思想也许就会成为伟大的思想。①

在完成对凡尔赛体系的修正后，德国还试图在欧洲乃至世界建立新秩序：通过武力扩张和军事征服的方式把所有说德语的人组成一个国家，建立一个泛日耳曼国家，以确保雅利安人的主宰地位；消灭犹太人，征服、驱逐或消灭斯拉夫人和其他"低劣种族"；通过武力将领土扩展到东欧和东南欧，并控制整个欧洲大陆；把欧洲组成一个单一的经济共同体，由德国对这一经济体进行控制，在各地区实行专业分工，以集中的计划取代无组织的自由主义，以保障高水平的就业。这一新秩序将使德国通过在其势力范围内实行自给自足的封闭性经济政策，控制欧洲的劳务、原料、工业生产和市场，把包括美国在内的其他国家的利益完全排除出去。1940 年 7 月，德国经济部长瓦尔特·丰克提出其关于欧洲经济的新设想，即经济新秩序的基础。1941 年 1 月 30 日，希特勒在柏林体育宫的演讲中公开提出 1941 年是"建立伟大欧洲新秩序的历史性一年"。②

第三个挑战战后国际秩序的国家是意大利。1935 年 10 月，意大利入侵埃塞俄比亚，这一行动直接违背了国联盟约第 10 款，是对集体安全原则和国联声誉的极大挑战，但是以英法为首的国联只是对意大利实施了有限的经济制裁。当意大利于 1936 年 5 月宣布兼并埃塞俄比亚后，英法为了避免

---

① 转引自［英］爱德华·卡尔《20 年危机（1919—1939）：国际关系研究导论》，秦亚青译，世界知识出版社 2005 年版，第 212 页。

② Hitler's Speech at the Berlin Sports Palace, Jan. 30, 1941, http://www.jewishvirtuallibrary.org/jsource/Holocaust/hitler013041.html.（2012 年 3 月 20 日获取）

意大利倒向德国,很快予以承认。意大利的行动宣布了国联集体安全原则的无效,是对战后国际秩序的沉重打击。正如埃塞俄比亚国王 1936 年 6 月 30 日在国联演讲中所说的那样,国际社会实际上面临两种选择:一是支持集体安全;二是支持国际上无法无天的行为,"今天遭受入侵的是我们,明天就是你们了"。①

1940 年 9 月 27 日,德、意、日三国签订同盟条约,条约规定日本承认并尊重德国和意大利在欧洲建立新秩序的领导权,德国和意大利承认并尊重日本在东亚建立新秩序的领导权。

毫无疑问,日本和德国以及意大利对战后国际体系的"修正行为"和建立所谓"新秩序"的企图摧毁了战后美国主导建立的国际秩序,国际关系实际上进入弱肉强食的丛林状态,武力和压迫而不是法律和道德成为国际关系的准则,人类再次回到第一次世界大战前的权力政治时代。正如爱德华·卡尔所说:"20 世纪 30 年代的人们,面对世界的自然状态,既感到震惊,又茫然困惑。18、19 世纪只有在文明人和野蛮人之间才发生的那些残酷行为现在却发生在文明人群之间。"② 如果说 20 年代是一个理性和道德占据统治地位、充满理想的乐观时代,30 年代则是一个非理性和邪恶力量占据统治地位、充满暴力的悲观时代;20 年代是和平主义、自由主义和国际主义主导的时代,30 年代则是极端民族主义、扩张主义和帝国主义盛行的时代。经济大危机把 20 年代与 30 年代隔开,好像中间相隔了一个世纪,一个时代结束了,另一个时代开始了。

在这样一个时代,经济实力最强大的美国在国际事务中将扮演什么角色?

二　美国社会的幻灭感与孤立主义思潮的盛行

就在世界经济陷入谷底,国际秩序逐渐瓦解,世界亟须各国通力合作,

① Haile Selassie, "Appeal to the League of Nations," June 1936, http://www.mtholyoke.edu/acad/intrel/selassie.htm.(2012 年 3 月 20 日获取)

② [英]爱德华·卡尔:《20 年危机(1919—1939):国际关系研究导论》,秦亚青译,世界知识出版社 2005 年版,第 204—205 页。

特别是需要经济实力最雄厚的美国①领导世界走出危机的时候，美国社会却越来越倾向于与外部世界相隔绝。反对美国卷入外国事务的孤立主义思潮主导了 30 年代美国民众的对外态度和联邦政府的对外政策，塑造了美国政府对 30 年代危机与战争的反应。

孤立主义是指美国避免在国际事务中承担政治和军事义务或与外国，特别是欧洲国家结盟的态度和政策。②尽管这种态度和政策在很大程度上是 19 世纪美国对外政策和国际观念的延续和发展，但"孤立主义"作为历史名词主要是指两次世界大战之间，特别是 1935—1941 年间美国的对外政策和民众的对外态度，19 世纪的类似政策被称为"不结盟"或"不卷入"（non-entanglement）。威尔逊在国联大辩论中曾指责国联反对者试图让美国保持一种孤立的状态，但威尔逊并没有使用"孤立主义"或"孤立主义者"一词。③《芝加哥每日新闻》（*Chicago Daily News*）驻伦敦记者爱德华·贝尔（Edward Price Bell）最早使用该词来评论美国的对外政策。他在 1922 年 11 月出版的《十九世纪》（*Nineteenth Century*）中，发表了一篇题为《美国与和平》的文章，批评美国对国际合作的消极态度，但同时又指出美国正在从孤立逐渐地走向国际合作；在解释美国 1917 年对德国宣战的原因时，贝尔称美国的"孤立主义发现，反自由力量的可怕增长造成的压

---

①　在 20 年代，美国的石油产量占世界石油总产量的 70%，煤炭和工业品的产量分别占世界总产量的 40% 和 46%。美国当时是世界上最大的出口国，其出口量占世界总出口的 15% 以上；是最大的债权国和资本输出国，美国在海外的私人投资从 1914 年的 35 亿美元增加到 1930 年的 172 亿美元。1935 年，美国的 GDP 超过英法德三国的总和，仅比英法德日四国 GDP 的总和略低，排在第二位的苏联的 GDP 还不足美国的一半。Paterson, et al., *American Foreign Policy: A History*, Vol. 2, 1983, p. 310; G. John Ikenberry, *After Victory: Institutions, Strategic Restraint, and the Rebuilding of Order after Major Wars*, Princeton, NJ: Princeton University Press, 2001, p. 278.

②　Manfred Jonas, "Isolationism," Alexander DeConde, et al., eds., *Encyclopedia of American Foreign Policy*, New York: Scribner, 2002, Vol. 2, p. 337.

③　实际上，无论是早期的建国之父们，还是 19 世纪的美国外交政策制定者都没有自称是"孤立主义者"或者把自己的外交政策称为孤立主义政策。他们称自己的政策为"不结盟""不干涉"或"中立"。1863 年，国务卿威廉·西华德称，美国的"传统政策"是"不干涉"，尽管这一政策"在其他国家眼中可能直率、绝对和奇怪"，但是这一政策"在没有出现最紧急情况因而有明显的必要性时不能放弃"。同时，西华德还第一次提及"孤立"一词，但他是在否定意义上把孤立与美国的对外政策联系起来，认为美国的政策恰恰是抵制了"孤立和冷漠"的诱惑，也就是说，美国的政策是拒绝孤立的。Manfred Jonas, "Isolationism," DeConde, et al., eds., *Encyclopedia of American Foreign Policy*, 2002, Vol. 2, p. 41.

力超出了它能容忍的程度"。① 实际上，后来主要是主张美国积极参与国际事务的国际主义者用"孤立主义"或"孤立主义者"来指称其反对者，因此该词在很大程度上具有贬义，而持有孤立主义思想的人更愿意称自己为"不干涉主义者"（non-interventionist）、"反干涉主义者"（anti-interventionist）和"民族主义者"（nationalist），而不是"孤立主义者"。②

　　两次世界大战之间的孤立主义并非主张美国断绝一切对外往来，与外部世界完全隔离，孤立主义并不排斥美国与外部世界，包括与欧洲发展经济联系。美国孤立主义最有影响的代言人，长期担任参议院对外关系委员会主席的威廉·博拉 1934 年 1 月在纽约外交关系委员会演讲时说，"在贸易和商业领域，我们从来不是孤立主义者，将来也不是"，但是，"在所有的政治问题上，无论涉及何种性质的义务，只要它可能妨碍我们人民不受妨碍的自由行动（哪怕微不足道）或约束我们的自由决定权和判断，我们一直是自由的，我们一直是独立的，我们一直是孤立主义者"。③ 孤立主义者也支持美国通过裁军和仲裁等方式解决国家间的纠纷，例如，国际法学家约翰·穆尔（John B. Moore）虽然是一位孤立主义者，但他积极倡导国际法，并推动国际法在国际关系中的应用。博拉也是华盛顿裁军会议和巴黎

---

　　① Manfred Jonas, "Isolationism," Alexander DeConde, et al., eds., *Encyclopedia of American Foreign Policy*, Vol. 2, p. 337.

　　② 威尔逊的坚定反对者亨利·卡波特·洛奇在参议院演讲时称，他并不想"把美国孤立起来"，自己是一个"民族主义者"（nationalist）。他说："把美国孤立起来是不可能的。……没有人希望把美国孤立起来或使其成为一个隐士国家（hermit nation）。但是适当地参与世界事务和承担适当的责任与让美国陷入地球上的每一场争端和冲突之间是有很大不同的。""你可以说我自私，如果你愿意，你也可以说我保守和反动，或你认为合适的其他刺耳的形容词。但是我生来就是美国人，而且终我一生都是美国人，我不可能是其他什么而只能是美国人，我必须首先考虑美国。……如果美国倒下了，人类的最佳希望也随之倒下了。我只有一种忠诚，我不能把这种忠诚分成两半，我只热爱一种旗帜，我不能把这种忠诚和热爱分给为国联而发明的混杂的旗帜。布尔什维克和那些只要能赚钱就把所有国家一视同仁的人所阐释的国际主义令我厌恶。我一直是民族主义者，我认为只有以这种方式美国人才能对世界作出最大的贡献。美国是世界最佳的希望。但是，如果你让美国陷入其他国家的利益和争吵中，如果你让她卷入欧洲的阴谋中，你将摧毁她行善的力量，威胁到她自身的存在。……如果我们误入歧途或倒下，那么所有地方的自由和文明都会倒下而毁灭。" Henry C. Lodge, "Speech against the League of Nations," Aug. 12, 1919, Bruce Frohnen, ed., *The American Nation: Primary Sources*, Indianapolis: Liberty Fund, 2008.

　　③ William Borah, *Bedrock: Views on Basic National Problems*, Washington, D. C.: National Home Library Foundation, 1936, p. 58.

《非战公约》的积极支持者。30 年代孤立主义思潮的核心主张是美国应该继续坚持 19 世纪不与外国结盟、不在国际事务中承担政治与安全义务的政策,尽可能减少对国际事务的卷入,保持美国的行动自由。为此,孤立主义者在两次世界大战期间反对美国加入国际法院和国联等国际组织,反对美国在对外事务中使用经济制裁手段和诉诸武力,担心制裁或武力威胁会使美国卷入海外的战争。特别是在面对 30 年代中后期爆发的国际危机与战争时,孤立主义者坚持美国应该保持严格的中立,以避免卷入冲突之中,为此甚至可以牺牲美国一贯坚持的中立权利。孤立主义者把外部世界视为危险的来源,相信处理与其他国家(主要是欧洲)关系的最好办法是避免接触。① 孤立主义还坚信美国相对隔绝、优越的地理位置完全可以保障其安全,世界其他地区的战争不会危害到美国。孤立主义虽然不反对美国发展对外经济关系,但是仍然相信美国与外界的经济联系越少越好,特别是经济危机爆发后,一些孤立主义者成为经济民族主义者,主张美国自给自足,相信经济上的自给自足可以把美国与欧洲的战争和冲突隔离开来。孤立主义者反对经济国际主义,他们担心经济国际主义必然导致美国在政治上卷入世界事务,特别是欧洲事务,而这又会把美国拖入未来欧洲的战争之中,就像第一次世界大战一样。著名的孤立主义者、历史学家查尔斯·比尔德(Charles A. Beard)提出,“美国的最高利益是……在国家安全的前提下,为其全体人民建立和保持较高的生活水准和生活方式”,而如果贸易威胁国家安全,就应该放弃贸易,让美国“最大限度地从对国际贸易路线的依赖中解放出来”。他说: “为了增强我们的安全,让我们限制我们的贸易。……贸易越少,我们需要的海军就越少……我们所冒的危险也就越少。”② 参议员霍默·布恩(Homer T. Boone)也主张为了避免卷入外国的冲突,美国应该减少海上贸易。他在 1935 年 8 月的国会辩论中说:“我宁愿暂时放弃所有的对外贸易,也不愿让这个我们的父辈们曾为之而战的共和

---

① 乔治·华盛顿在告别演说中说:“一个自由的民族应该经常保持警醒,提防外来势力的阴谋诡计,因为历史与经验证明外来势力是共和政府最有害的敌人之一。”Commager, *Documents of A-merican History*, Vol. 1, p. 174.

② Hubert C. Herring, “Charles A. Beard: Free Lance among the Historians,” *Harper's*, May 1939, pp. 649 – 650.

国毁灭或遭受另一场大战难以弥补的损害。"① 而一些孤立主义者也具有和平主义思想,反对美国在海外使用武力。

作为一种政治哲学,孤立主义要求美国通过完善国内的民主和充当自由的灯塔来服务于美国和世界的利益,而不是建立殖民地和向海外输出民主。孤立主义者坚信,确保美国繁荣的最佳方法不是干预外部事务而是在国内建设民主。博拉说:"不是俄国土地上发生的事情"而是"我们自己这里的形势","会引起我们自己人民的疑虑和担忧","资本主义应该把目光内转……解决自己国内的问题"。② 而在国内事务上,孤立主义者通常反对行政权力的集中和总统权力的扩大,反对出于国家安全的理由侵犯公民权利和政治自由,也反对战时对经济的管制。一些孤立主义者主张增强国防,以保卫美国的安全。

30 年代的孤立主义者并没有统一的组织,"孤立主义者"是反对美国干预欧洲事务和卷入外国战争的各色人物、组织的统称。直到 1940 年"美国第一委员会"(America First Committee)成立之前,他们也没有采取统一的行动和形成统一的声音,而且同一人物的前后立场也会发生变化。③ 尽管孤立主义情绪在中西部农业州影响较大,④ 在德裔、爱尔兰裔和斯堪的纳维亚裔美国人以及

---

① *Congressional Record*, Senate, 74th Cong., 1st Sess., Vol. 79, Part 13, 20 Aug. 1935, p. 13784.

② Borah, *Bedrock: Views on Basic National Problems*, pp. 52 – 53.

③ 学者曼弗雷德·乔纳斯把 30 年代的孤立主义者划分为五类:第一类是心向外国的孤立主义者(foreign-oriented isolationists),他们是一些同情轴心国或苏联的人;第二类是好斗的孤立主义者(belligerent isolationists),他们主张加强美国国防,依靠国际法,严格坚持美国 19 世纪奉行的单边主义;第三类是胆怯的孤立主义者(timid isolationists),他们准备牺牲美国的中立权利,以尽可能地减少与交战国的直接联系,从而避免卷入战争之中;第四类是激进的孤立主义者(radical isolationists),他们不惜一切代价寻求置身于战争之外,以保证在美国建立新的社会秩序;第五类是保守的孤立主义者(conservative isolationists),他们不顾一切地试图拯救美国的制度和传统,认为战争是对美国自由和传统的毁灭性打击。除了心向外国的孤立主义者外,其他四类有共同的思想和观念,这些共性构成第二次世界大战前美国孤立主义的基础。Manfred Jonas, *Isolationism in America, 1935 – 1941*, Ithaca: Cornell University Press, 1966, pp. 34 – 35.

④ 从地域上看,孤立主义情绪在中西部地区最为强烈。中西部大多为农业州,农业州的农场主不相信东部的企业家和银行家,怀疑国际主义是东部银行家和大企业的工具,认为这些人之所以主张美国参与国际事务、干涉欧洲的危机与战争是为了谋取私利。另外,中西部与欧洲相距遥远,与欧洲的经济联系不多,中西部居民看不到参与欧洲事务的必要性,坚信没有欧洲美国照样繁荣。

共和党内有较多的信奉者，但总的来说，孤立主义思想超越党派、宗教、意识形态、族群和地域的界限，是 30 年代美国社会占主导地位、具有广泛影响力的思潮。① 有影响的孤立主义者在社会领域有只身飞越大西洋的著名飞行员查尔斯·林白（Charles Lindbergh）和著名的社会主义者诺曼·托马斯（Norman Thomas），在知识界有物理学家爱因斯坦、历史学家查尔斯·比尔德和芝加哥大学校长罗伯特·哈钦斯（Robert M. Hutchins），在政界有资深的共和党参议员威廉·博拉、罗伯特·拉福莱特、乔治·诺里斯（George W. Norris）、阿瑟·范登堡（Arthur Vandenberg）、罗伯特·塔夫脱（Robert Taft）、杰拉尔德·奈（Gerald Nye）和众议员亚历山大·菲什（Alexander Fish）。著名的孤立主义组织有"防止战争全国委员会"（National Council for the Prevention of War）、"保持美国不介入战争大会"（Keep America Out of War Congress）。

面对 30 年代的经济危机与国际战争，孤立主义者坚决反对美国参与国际事务，认为美国的最佳选择是从世界舞台上收缩，以免被战火波及，保证美国安全的途径不是干预外部的战争，而是做好自己的事情和远离外国的战争。1935 年 4 月 6 日，也就是美国对德宣战 18 周年纪念日，5 万名第一次世界大战老兵在首都华盛顿游行，反对美国卷入国外的战争。1935 年 4 月 12 日，17 万名大学生在全国举行争取和平罢课运动（Student Strike for Peace）。1936 年 9 月和 1937 年 10 月的两次民调中，分别有 71% 和 73% 的美国人认为国会对外宣战前需要以全民公决的方式获得人民的同意。在 1936 年 11 月的一项民调中，当被问及如果欧洲爆发一场类似第一次世界大

---

① 尽管有影响的孤立主义者主要为共和党人，但民主党内也不乏孤立主义者，如参议员霍默·布恩和贝内特·克拉克（Bennett C. Clark），众议员路易斯·勒德洛（Louis Ludlow）和莫里·马弗里克（Maury Maverick）。同时，尽管很多共和党内的孤立主义者来自中西部，但是共和党参议员海厄姆·约翰逊来自加州，众议员亚历山大·菲什来自纽约，乔治·廷克海姆（George H. Tinkham）来自马萨诸塞。族群基础也不足以解释孤立主义的根源，孤立主义固然在亲德的德裔美国人和反英的爱尔兰裔美国人中有较大的影响，他们反对美国站在英法一边干预欧洲的冲突，但是根据 1937 年 4 月的民调结果，亲德和反英的人在美国社会占据很小的比例。当被问及"你最喜欢欧洲哪个国家"时，回答"英国"的占 55%，"法国"11%，"德国"8%，"爱尔兰"4%。这说明德裔和爱尔兰裔美国人在孤立主义者中只占很小一部分。George Gallup and Claude Robinson, "American Institute of Public Opinion-Surveys, 1935 – 1938," *Public Opinion Quarterly*, Vol. 2, No. 3, Jul. 1938, p. 389.

战那样的大战美国是否应再次卷入时，95%的被访者回答"不应该"。1937年4月的民调表明，70%的美国人认为美国卷入第一次世界大战是个错误。在1937年9月的民调中，当被问及"我们应该把所有军队撤出中国避免卷入冲突之中还是让军队继续留在中国以保护美国公民"时，54%的人回答"应该撤出"；到1938年1月，回答"撤出"的比例上升至70%。①孤立主义成为30年代后期美国社会最普遍、最强大的外交政策思潮。

30年代美国孤立主义思潮的盛行与四大因素有关：长期存在的厌恶欧洲的情感、建国以来一直奉行的"不结盟"和"不卷入"欧洲事务的外交传统、大萧条的影响以及对美国卷入欧洲事务（第一次世界大战）的普遍幻灭感。

欧洲移民是为了逃离欧洲的贫穷、战乱、宗教迫害与政治压迫才来到美洲的，他们并不怀念自己的祖国，反而对欧洲充满了怨气，并因此产生对欧洲的怨愤与厌憎。费孝通在1947年讨论美国人的性格时曾这样描述美国人的这一"逆子"心理：

> 他们对压迫他们到不能自求自由之邦的老家，心理充满着愤恨。……他们有一点像是严父手下，受尽了委屈，发誓不再回家，出门自立的孩子。在父亲眼里是个逆子，在孩子心头有着一肚子总得找机会出一出的怨气。好马不吃回头草，"就是冻死、饿死、被天雷打死，也不再进你这扇门了"。这是一个有志气的孩子。……美国这个负气的孩子唯一希望的是关了门做个样子出来给人看看。他们即使不幸灾乐祸，但是也不会发生姑奶奶对娘家的关切。……他们不是姑奶奶，而是私逃出门的逆子。

这种怨气使很多美国人反对美国管欧洲的闲事，而"决心要在新大陆创立个更好的世界给大西洋那边的人看看"。②因此，当北美13个殖民地人民决定独立的时候，他们就已经决心建立一个完全不同于欧洲的新国家。

---

① Gallup and Robinson, "American Institute of Public Opinion-Surveys, 1935 – 1938," *Public Opinion Quarterly*, Vol. 2, No. 3, Jul. 1938, pp. 387, 388, 389.

② 费孝通:《美国与美国人》，生活·读书·新知三联书店1986年版，第199—201页。

心理学家甚至认为，美国对欧洲的态度是弗洛伊德所说的那种对父亲的叛逆心理（refusal of the father），正是这种心理"成为黏合的力量，筑起美国文化的大厦，从这个意义上说，与欧洲的爱恨关系一直是建构美国身份的基石"。[①] 事实上，从建国一直到 20 世纪初，美国人一直把欧洲视为与自己对立的"他者"，欧洲代表着美国的对立面，欧洲所拥有的和体现的正是美国拒绝的，包括君主制、世袭贵族、等级制、贫富分化、阶级矛盾、阴险的权力政治和无休止的战争。而美国进行的共和试验也需要避开外来的影响，特别是腐败堕落的欧洲的熏染。这一切都促使美国人决心与欧洲保持距离。

美国著名历史学家小阿瑟·施莱辛格（Arthur M. Schlesinger, Jr.）曾指出，美国人对欧洲的情感要素包括："对欧洲以及欧洲没完没了的纷争的厌恶；认为美国纯洁无瑕，因此不应该冒险与外国接触以免被腐蚀的信念；由于形单影只而产生的对更广阔的外部世界的恐惧；长期怀有的能继续依靠自己和为自己而活着的渴望。"他认为正是这些情感"一直在对政策产生破坏性影响"，"一直使美国像是一个倦怠的巨人，不能向其他国家的人民传播其民主的信仰，不能在世界上扮演一个完全的、积极的角色"。[②] 30 年代，当欧洲再次陷入危机、混乱和战争的时候，厌憎欧洲的情感和不管欧洲闲事的心理变得越发强烈。

避免承担国际义务和不卷入欧洲事务的政策在美国革命时期就已经存在。美国革命时期的领导人主张与欧洲发展商业，但反对卷入欧洲的纷争，更反对与欧洲国家建立长期的政治和军事关系。华盛顿在其《告别演说》中说："我们（与欧洲）隔离并相距遥远，这要求我们并使我们可以执行一条不同的路线"；"欧洲有一套基本利益，这些利益与我们无关或关系甚远"，欧洲国家之间的纷争"实际上与我们的利害无关"。因此，美国不应"把自己的命运与欧洲任何地区的命运结合在一起，从而把我们的和平与繁荣陷入欧洲的野心、争斗、利益、情绪和反复无常的罗网里去"。"我们对

---

① Daniela Rossini, "Isolationism and Internationalism in Perspective: Myth and Reality in American Foreign Policy," Daniela Rossini, *From Theodore Roosevelt to FDR: Internationalism and Isolationism in American Foreign Policy*, Staffordshire, England: Keele University Press, 1995, p. 14.

② Arthur M. Schlesinger, Jr., "The New Isolationism," *Atlantic Monthly*, Vol. 189, No. 5, May 1952, pp. 34–38, http://www.theatlantic.com/past/politics/foreign/asiso.htm. （2011 年 12 月 16 日获取）

待外国的伟大行为准则（great rule of conduct）是在扩大我们的贸易关系时，应尽可能地避免政治上的联系"，"我们真正的政策是避免与外部世界任何部分建立永久的联盟"。[①] 托马斯·杰斐逊又多次重申这一原则。1823 年，他在给门罗总统的信中较全面地阐述了美国不卷入欧洲纷争的缘由：

> 我们首要的、根本的行为准则应该是绝不卷入欧洲的纷争；我们第二条准则是绝不允许欧洲干涉大西洋这边的事务。南北美洲有一系列与欧洲迥然不同的、完全是她特有的利益，因此她应该有一套与欧洲不同的、独立于欧洲之外的自己的制度。欧洲力图成为专制主义的居所，而我们则应努力使我们的半球成为自由的家园。[②]

华盛顿和杰斐逊等人提出的政策思想成为所谓的"伟大准则"（great rule），为后来的美国政府所奉行。"不结盟原则"（non-entanglement principle）和新旧大陆"互不干涉原则"（doctrine of mutual non-interference）构成 19 世纪美国对欧政策的两大支柱。在美国人看来，正是美国这一英明的政策保证了美国的安全。

美国在 19 世纪之所以享有安全其实主要并非因为美国"遥远而隔离"的地理位置和美国不卷入欧洲事务的战略，而是欧洲大陆的均势和英国的海上霸权。浩瀚的大西洋固然对欧洲国家进攻北美造成一定的阻碍，但这只是对欧洲陆上强国而言的，实际上对海上强国而言，大西洋是很容易跨越的。1812 年的美英战争已经证明了大西洋这一天然屏障其实无法保证美国的安全。19 世纪美国的安全缘于当时的权力政治状况：一是维也纳会议后欧洲出现多极均势状态，欧洲大陆没有出现觊觎西半球的霸权国，同时美国处于国际政治舞台的边缘位置；二是英国海军控制着大西洋，而英国与美国逐渐实现了和解和利益的汇合，并极力阻止欧洲其他国家染指美洲。正如乔治·凯南所指出的，不是美国决心不卷入旧大陆纷争的"智慧和美

---

① Washington's Farewell Address, Sept. 17, 1796, Commager, *Documents of American History*, Vol. 1, p. 174.

② Jefferson to Monroe, Oct. 24, 1823, Adrienne Koch and William Peden, eds. , *The Life and Selected Writings of Thomas Jefferson*, New York: Random House, 1944, p. 708.

德"，而是英国海军对大西洋的控制和以维护均势为目标的"大陆外交"确保了美国的安全。[①] 因此，凯南认为孤立可以使美国获得安全，地理位置使美国在 19 世纪避开欧洲战乱的看法实际上是一种错觉。而且，从 19 世纪末开始，由于现代蒸汽动力和航海技术的发展，大西洋作为天然屏障对美国安全的意义实际上已经微乎其微了。德国和日本的崛起也开始挑战英国的海上霸权，同时美国已经崛起为世界强国，其安全和利益与欧洲和远东的权力格局紧密地联系在一起，以孤立求安全实际上已经行不通。威尔逊总统深刻地意识到这一点，[②] 他坚信美国的安全取决于与其他大国的合作和按照美国的观念改造国际秩序，美国应该放弃 19 世纪的中立与不结盟政策，承担起领导世界的责任。[③]

国联计划在美国的失败，以及 1920 年大选结果明确无误地表明，美国人不愿意放弃建国之父们制定的政策。反对美国加入国联的人宣称，华盛顿和杰斐逊为美国制定的外交政策原则仍然有效，世界形势的变化并不足以使美国背离传统政策，介入其他国家的事务比美国继续保持不卷入更加危险。美国很多政治和知识精英们仍然抱有孤立可以保障美国安全的信念，相信美国有利的地理位置可以使美国免遭欧亚敌国的入侵。1930 年 4 月，胡佛总统在谈及美国安全问题时说："因为我们的地理位置，因为我们丰富的资源和美国人的组织天才，我们拥有（在某种意义上其他国家没有）那种免遭其他国家进攻和侵害的安全。我们比其他国家更不易受到进攻，我

---

① Kennan, *American Diplomacy*, p. 5.

② 威尔逊在 1919 年的演讲中说："美国的孤立状态现在结束了，这不是因为我们自己选择参与世界政治，而是因为这个民族的聪明才智和我们实力的增长已经使我们成为人类历史中的决定性因素。而你成为决定性因素之后，你就无法继续保持孤立，不管你愿意还是不愿意。"Message Communicated to the Two Houses of Congress at the Beginning of the Second Session of the 66th Congress, Dec. 2, 1919, Wilson, *War and Peace: Presidential Messages, Addresses, and Public Papers (1917 – 1924)*, Vol. 2, p. 431.

③ 需要指出的是，美国卷入第一次世界大战本身并非意味着背离美国的传统政策，因为向德国宣战是保卫美国的利益，这与美国在 1812 年对英国宣战和 1898 年对西班牙宣战并无不同。而且在战争中美国并没有与协约国结盟，而只是作为"联系国"（associated power）与英法协同作战，并没有像第二次世界大战那样建立统一的指挥部，美国和协约国实际上是分别与德国作战。因此，参议院的很多孤立主义者投票支持对德宣战，其中包括约瑟夫·弗朗斯（Joseph I. France）、海厄姆·约翰逊和威廉·博拉。

们的人民也不需要像其他国家的人民那样时刻担心会受到进攻。"① 在 1936 年国会关于中立法的辩论中，多位国会议员都声称美国是安全的，因为数千英里的海洋和天然的屏障把美国与世界其他地区隔离开来。② 当时著名的军事专栏作家乔治·埃利奥特（George Fielding Eliot）赞扬"上帝巨大的恩典和智慧"赋予这个国家可以远离危险的地理位置，并坚信外国的侵略将无法到达美国海岸。③ 1939 年夏，《纽约时报》的编辑汉森·鲍德温（Hanson Baldwin）更是称"我们的大陆和半球坚不可摧，任何军事进攻都不可能获得优势"，对美国安全的威胁不是外敌入侵，而是让美国的军队"远离我们的国境深入到远洋"，那样将会带来"难以预料的财富、生命和国家命运"的损失。"通过在外国战场上消耗我们的力量，我们将彻底摧毁目前仍然为美国城堡提供某种安全的坚不可摧的屏障。"④

如果说，对欧洲的厌憎情感和不结盟的外交原则早已存在的话，那么经济大萧条和第一次世界大战给美国人带来的幻灭感则构成 30 年代的特殊情势，使 20 年代还仅仅作为三大外交思想（自由国际主义、保守国际主义和孤立主义）之一的孤立主义成为美国社会占主导地位的外交政策思潮。

大萧条对美国人心理和国际观念的影响体现在如下四个方面：第一，大萧条使美国人把眼光转向国内，解决国内的就业、金融和经济问题成为举国首要的任务。民众普遍不大关心对外关系问题，并担心卷入国际事务可能会妨碍国内问题的解决。⑤ 第二，大萧条也降低了自由资本主义制度的

① Herbert Hoover's Address to the Daughters of the American Revolution, Apr. 14, 1930, http://www. presidency. ucsb. edu/ws/index. php? pid = 22153. （2010 年 12 月 30 日获取）

② Manfred Jonas, "The United States and the Failure of Collective Security in the 1930s," John Braeman, Robert H. Bremner, and David Brody, *Twentieth-Century American Foreign Policy*, Columbus, Ohio: Ohio State University Press, 1971, p. 250.

③ Ibid. , p. 251.

④ Hanson Baldwin, "Impregnable America," *American Mercury*, Vol. 47, No. 187, Jul. 1, 1939, p. 267.

⑤ 1936 年 12 月的民调表明，当被问及"你认为什么是美国人民当前面临的最重要问题"时，"失业"被排在第一位，"经济"被排在第二位，"中立"被排在第三位。1937 年 12 月，在对共和党选民的调查中，当被问及"如果你代表共和党竞选公职，你将提出什么问题来吸引选票"时，排在前三位的问题是"减少政府开支""恢复商业繁荣"和"减税"。Gallup and Robinson, "American Institute of Public Opinion-Surveys, 1935 – 1938," *Public Opinion Quarterly*, Vol. 2, No. 3, Jul. 1938, pp. 381, 383.

吸引力，在很大程度上打破了美国承担着领导世界走向民主和繁荣的国家身份神话。经济危机及其所暴露的资本主义制度的弊端使美国人开始怀疑美国制度的优越性及其作为其他国家典范的信念，认识到美国制度也是不完善的。在很多美国人看来，当罗斯福宣布三分之一的美国人"缺衣少食，无家可归"[1] 时，这个国家的制度不大可能对其他国家有吸引力。而此时，欧洲的法西斯主义、苏联的社会主义和日本的军国主义都公然挑战美国制度是唯一正确道路的信念。正如匈牙利杰出政治经济学家和哲学家卡尔·波兰尼（Karl Polanyi）所言，随着大危机导致自由企业制度和市场经济神话破灭，很多人认为没有别的出路，"要么继续相信虚幻的自由理念并否认社会现实，要么接受现实并拒绝自由的理念"。[2] 第三，大萧条极大地打击了商人和银行家的声誉，很多人把大萧条归咎于愚蠢的国际银行家、投机者和商人，进步主义时代谴责大企业经济权力的话语重新流行。于是，牺牲美国的商业利益以确保美国不卷入国外的政治和军事事务被认为是值得的。第四，大萧条大大削弱了美国经济实力，制约了美国影响国外事态和解决国际问题的能力，美国人相信，在美国陷入严重经济衰退的情况下，参与解决国外问题实际上是不明智的，也是徒劳的。

　　威尔逊是以一种理想主义话语动员美国支持和参加第一次世界大战的，美国民众相信第一次世界大战是民主与独裁的较量，美国加入协约国一方对德宣战是在为民主而战。但是《凡尔赛和约》的诸多内容，包括对德国的惩罚、同意日本获得山东的权益以及英法对原德国殖民地的瓜分使美国民众极度失望。他们怀疑第一次世界大战是否真的像威尔逊所说的那样是民主的胜利。20 年代逐渐出现的对第一次世界大战起源和美国参战原因的新解释彻底改变了大部分民众对第一次世界大战的看法，使民众产生一种强烈的幻灭感。

　　由美国官方给出的美国卷入第一次世界大战原因的正统解释是：美国在 1914—1917 年间保持了严格的中立，但是德国的无限制潜艇战侵害了美

---

① Walter L. Hixson, *The Myth of American Diplomacy*: *National Identity and U. S. Foreign Policy*, New Haven: Yale University Press, 2008, p. 151.

② Karl Polanyi, *The Great Transformation*: *The Political and Economic Origins of Our Time*, Boston: Beacon Press, 1944, p. 257.

国的中立权利，德国的恶行使美国除了参战之外别无选择；美国参战是自主的选择，是美国单方的行为，目的是保卫美国的权利与利益；美国参战的目的不仅是捍卫中立权，同时也是捍卫民主和消灭德国的军国主义，因为德国的独裁制度是战争的根源。而第一次世界大战后兴起的修正派史学直接挑战关于美国卷入第一次世界大战原因的正统解释。

　　修正派史学起源于史密斯学院历史系教授西德尼·费伊（Sidney B. Fay）从 1920 年 7 月起在《美国历史评论》上连载的关于第一次世界大战起源的三篇论文。① 此后，美国史学家又出版了多部探究第一次世界大战起源和美国参战过程的著作。② 修正派史学家对第一次世界大战及战后媾和做出如下解释：首先，美国战时的政策是自私的，其目的是利用欧洲战争为自己谋取利益。1914—1917 年中立期间美国并非真正的中立，而是向协约国出售武器，当协约国无力购买时则由美国银行家给予贷款，其结果是军火商和银行家从战争中获得巨大利益，同时也刺激了美国经济。其次，美国并没有至关重要的利益遭到德国行为的损害，美国参战是协约国、银行家和军火商共同策划和操纵的结果：协约国在美国国内进行反德宣传，哄骗美国民众和政府；华尔街的银行家们担心如果英法战败，将无法收回贷款，于是鼓动美国参战；而军火商则企图从美国参战中谋利。因此，威尔逊政府向德国宣战既是不必要的，更是愚蠢的。再次，尽管威尔逊摆出理想主义姿态，但是威尔逊政府在媾和时对协约国之间的秘密交易视而不见，与协约国串通一气谋求帝国的扩张，威尔逊关于国际主义可以带来和平的说法不过是骗局。最后，美国参战也是为了转移对国内政治的注意力，而第一次世界大战也摧毁了建立一个更民主、更平等和更人道的美国社会

---

　　① 三篇论文分别是："The Origins of the War," Vol. 25, Jul. 1920, pp. 616 – 639; "New Light on the Origins of the War, I," Vol. 26, Oct. 1920, pp. 37 – 53; "New Light on the Origins of the War, II", Vol. 26, Jan. 1921, pp. 225 – 254。

　　② 主要有: John Kenneth Turner, *Shall it be Again*? New York: B. W. Huebsch, Inc., 1922; Albert Jay Nock, *The Myth of a Guilty Nation*, New York: B. W. Huebsch, Inc, 1922; Harry E. Barnes, *The Genesis of the Great War*, New York: Knopf, 1926; Frederick Bausman, *Facing Europe*, New York: The Century Company, 1926; Sidney B. Fay, *The Origins of the World War*, New York: The Macmillan Company, 1928; C. Haetley Grattan, *Why We Fight*, New York: The Vanguard Press, 1929; C. C. Tansill, *America Goes to War*, Boston: Little, Brown & Co., 1938。

的希望。简言之，是协约国的宣传和压力、银行家和军火商的鼓动，而非德国损害美国中立权利的无限制潜艇战使美国愚蠢地把自己与协约国的事业绑在一起，参加了一场对美国没有任何好处而只使军火商和银行家获益的战争；美国卷入第一次世界大战既没有消除未来战争的危险，也没有使民主获得安全，反而只是使银行家和军火商大发横财，使欧洲帝国扩大了其海外殖民地。从修正派史学还引申出，威尔逊放弃建国之父们的忠告和不卷入欧洲事务的外交传统，试图通过国联计划让美国参与欧洲国际政治不是因为威尔逊正确地看到了形势的变化，而是受到外国诡计的欺骗。①

除了史学著作外，还有大量的流行读物描绘军火商如何影响政府，操纵舆论，通过让美国卷入战争大发横财。1934 年出版的书籍《死亡商人》和《铁、血与利润》称美国是被军火商和银行家操纵卷入第一次世界大战的。② 1934 年 3 月，《财富》（Fortune）杂志发表一篇题为《武器与人类》（Arms and Men）的文章，称军火制造商信奉这样的格言："出现战争时，使战争升级；在和平的时候则打破这种和平。"③

修正派史学和流行读物推翻了威尔逊政府对第一次世界大战的官方解释，产生广泛而巨大的影响力。舆论强烈要求对美国卷入第一次世界大战的原因和军火工业在第一次世界大战期间的赢利状况进行调查。1934 年 4 月，参议院成立了由来自北达科他州的联邦国会参议员杰拉尔德·奈担任主席的委员会，对军火商与美国卷入第一次世界大战之间的关系进行调查。从 1934 年 4 月至 1936 年 3 月，奈委员会召开了 90 多次听证会，传讯了数百名证人。1936 年 2 月公布的奈委员会调查报告虽然未直接证明威尔逊政府对德宣战与军火商的游说有直接关系，但调查证明东部银行家和军火商在美国中立期间和参战后确实获取了巨大利润。调查报告称，军火商人反

---

① Jonas, *Isolationism in America*, *1935 – 1941*, pp. 27 – 31. 有关第一次世界大战的修正史学，可详见 Warren I. Cohen, *The American Revisionists*: *The Lessons of Intervention in World War I*, Chicago: University of Chicago Press, 1967。

② H. C. Engelbrecht and F. C. Hanighen, *Merchants of Death*: *A Study of the International Armament Industry*, New York: Dodd, Mead & Co., 1934; George Seldes, *Iron*, *Blood and Profits*: *An Exposure of the World-Wide Munitions Racket*, New York: Harper & brothers, 1934.

③ David F. Schmitz, *The Triumph of Internationalism*: *Franklin D. Roosevelt and a World in Crisis*, *1933 – 1941*, Washington, D. C.: Potomac Books, 2007, p. 22.

对裁军倡议，破坏裁军协议，经常利用各种机会"强化人们对邻国的恐惧并利用这种恐惧为自己谋取利益"，使用不正当手段贿赂外国政府以获取订单，并经常向陆军部、海军部和美国国务院施加压力，让这些政府部门对先进武器的出口放行。调查还发现，军火供应商与政府服务部门关系密切，形成有害的联盟，"制造一种以爱国主义的名义运作但主要为私人利益服务的自私的政治权力"，而且"这种联系不可避免地成为军国主义的一部分"。[①] 奈在调查结束后说："当美国人走向冲突的战场的时候，他们不会想到，他们去那里是在为挽救美国银行家的钱而战……这些银行家有 20 亿美元对协约国的贷款处在危险之中。"[②] "在上一场战争中，我们并没有赢得我们打算获得的东西，我们付出了巨大的生命损失，而使私人银行家给协约国的贷款获得了安全。"[③] 奈委员会公布的调查报告越发使公众相信是唯利是图的资本家把美国拖入了第一次世界大战，贪婪的银行家和军火商希望美国干预外国事务并卷入国际冲突以便从中牟利。

　　对第一次世界大战的修正性解释和奈委员会的调查使美国民众产生一种强烈的幻灭感：美国卷入第一次世界大战并非为民主而战，而是为资本家的利益而战，民众被愚弄了。正如一位评论者 1932 年所言，"美国人民认为他们被利用了，很多人，甚至是大多数认为他们是'牺牲品'，他们因为总是支持错误的目标而在世人面前让自己变得可笑至极"[④]。在这样的气氛下，来自印第安纳州的联邦众议员路易斯·勒德洛（Louis Ludlow）于 1935 年提出一项宪法修正案，规定除非美国及其海外领地受到攻击，否则国会的宣战必须经过全民公决才能有效。该修正案的目的显然是阻止美国卷入海外的冲突，以避免美国将来重蹈第一次世界大战的覆辙。

---

① Report of the Special Committee on Investigation of the Munitions Industry (The Nye Report), U. S. Congress, Senate, 74th Congress, 2nd Sess., Feb. 24, 1936, pp. 3 – 13, http://www.mtholyoke. edu/acad/intrel/nye. htm. （2011 年 1 月 20 日获取）

② Joseph M. Siracusa and David G. Coleman, *Depression to Cold War：A History of America from Hebert Hoover to Ronald Reagan*, Westport, C. T.：Praeger Publishers, 2002, p. 52.

③ Cabell B. H. Philips, *From the Crash to the Blitz, 1929 – 1939*, Bronx, N. Y.：Fordham University Press, 2000, p. 529.

④ Paul Scheffer, "The United States and War Debts：The Political Aspect," *International Affairs* (Royal Institute), Vol. 11, No. 4, Jul. 1932, p. 451.

1937 年 12 月 14 日，众议院开始对勒德洛修正案进行辩论和表决。1938 年 1 月 6 日，在众议院投票前，罗斯福给众议院议长威廉·班克黑德（William B. Bankhead）写信，坚决反对该修正案。罗斯福在信中提出，美国政府是通过人民自己选择的代表来体现其民治政府的性质，"拟议中的修正案是行不通的，与我国政府的代表制原则相冲突"，而且严重削弱总统处理对外关系的能力，并鼓励其他国家相信可以损害美国的权利而不会受到惩罚。[①] 1938 年 1 月，众议院的投票结果是 209 票赞成，188 票反对，没有达到通过该案所需要的三分之二多数。该修正案在国会未获通过，但其提出本身即说明舆论对美国政府可能会为肮脏的目标卷入海外战争极为担心，对美国干预海外事务强烈反对，也表明国会议员的孤立主义情绪非常强烈。

　　修正派史学对第一次世界大战的解释被孤立主义者引申为关于所有战争的普遍解释，并以此反对美国卷入 30 年代的危机与战争。他们通常把 30 年代的形势与第一次世界大战时期的形势做简单的类比，认为美国的利益并没有受到欧洲战争的威胁，同时欧洲的冲突不过是权力之争，并不涉及道德问题，欧洲并没有正义和民主的力量值得美国去支持。[②] 比尔德认为"贪婪、私欲和野心……似乎并不局限于意大利、德国和日本，美德似乎也并未被英国、法国和俄国所垄断"。[③] 在孤立主义看来，把欧洲的冲突视为专制和民主的对抗就像把第一次世界大战说成是独裁与民主之战一样，都是一种误导。因此，必须避免 1917 年的错误重演成为 30 年代美国人在对外关系领域的基本信念。历史学家曼弗雷德·乔纳斯对此评论说：

　　[①] President Roosevelt to the Speaker of the House of Representatives（Bankhead）on the Ludlow Amendment, Washington, Jan. 6, 1938, http://www. mtholyoke. edu/acad/intrel/interwar/ludlow. htm.（2011 年 1 月 22 日获取）

　　[②] 实际上，几乎在每次对外战争结束后美国都会出现对战争的修正解释，其主题都是一样的：美国参与的战争实际上并没有对美国构成威胁，因此美国的卷入本来是不必要的；美国之所以卷入是因为决策者制造了并不存在的威胁，而这种错觉来自宣传家对舆论的操纵，银行家和军火商的鼓噪。50 年代艾森豪威尔提出的关于军工复合体的警告也反映了类似的担心。

　　[③] Charles A. Beard, "In Time of Peace Prepare for Peace," *New Republic*, Vol. 86, Mar. 18, 1936, p. 158.

　　30 年代的孤立主义者的立场在很大程度上是建立在这一信念基础上：美国没有实质性的动力去参与战争，但却有至关重要的理由保持和平。像其他美国人一样，他们知道这个国家并不渴望获得更多的领土，他们相信世界局势也不需要美国的干预，因为他们并没有看到善恶之战，他们相信美国没有能力使国际问题获得公正的解决。他们确信，美国不会受到攻击，也没有国家有能力攻击美国，因此没有必要预先阻止某个可能的侵略者的崛起。[①]

　　总之，对欧洲的厌憎、建国之父们的告诫、大萧条的影响、对第一次世界大战的幻灭感与欧亚出现的战争共同作用，在美国制造了对所有与外国的来往都表示怀疑的气氛。不仅那些一贯怀疑美国参与国际事务是否明智的人士反对美国干预欧亚的危机与战争，甚至那些曾经支持国际主义理想的人也表现出高度的谨慎。于是，孤立主义思潮在美国大行其道，极大地制约了美国政府的外交政策选择，成为阻止美国承担国际责任、维护国际秩序的难以逾越的障碍。

三　拒绝领导:美国对危机与战争的反应

　　第一次世界大战后的美国拥有世界首屈一指的经济实力，"没有哪一个国家没有感受到美元的力量，也没有哪个国家的政府在重要关头可以把美国排除在考虑之外"，它实际上"赢得了英国在滑铁卢战役至 1914 年间以及法国在此前一个世纪时间里所拥有的那种相对地位"。[②] 经济危机爆发后，作为经济实力最强大的国家和世界金融中心，美国是唯一能在危机中承担领导责任的国家，实际上世界各国也期待美国的领导。而当时在任的美国总统赫伯特·胡佛一向被认为是一位经济国际主义者，因此世界各国对美国领导世界经济走出危机寄予厚望。胡佛政府在经济领域也采取了一些新的措施，如允许欧洲国家暂缓向美国偿付战债一年，呼吁召开国际会议，

　　① Jonas, *Isolationism in America*, *1935 - 1941*, p. 134.

　　② Edwin L. James, "Our World Power and Moral Influence," *The International Digest*, Vol. 1, Oct. 1930, pp. 21, 22.

通过国际经济合作来应对危机，但是其经济政策的主要指向是把美国从世界经济中脱离出来，"以便让已经在美国启动的有助于经济复兴的力量摆脱来自国外的阻碍性影响"。① 胡佛拒绝由美国政府向欧洲国家提供贷款的建议，也拒绝了有关放弃保护性关税的要求。

面对日本以武力占领中国东北，破坏《九国公约》和巴黎《非战公约》的行为，胡佛政府的反应与在经济领域的反应一样，即拒绝在维护远东国际秩序问题上承担领导责任。国务卿史汀生从国际秩序完整性的视角来看待远东的局势，认为日本的行为破坏了国际秩序，并主张对日本实施经济制裁以捍卫条约的神圣性。② 但是胡佛反对采取强制性措施，声称"鉴于目前日本人民的心理状态，任何制裁措施，无论是经济的还是军事的，都会导致已经燃起的战火进一步蔓延，并可能把美国卷入其中"，因此，"只能求助于舆论"，或依靠国联干预中日冲突。③ 胡佛在一份给内阁的备忘录中进一步指出，远东危机"主要是中国与日本之间的冲突"，美国从来没有承担"通过武力方式维护其他国家之间和平"的义务，"无论是我们对中国的责任、我们自己的利益还是我们的尊严都没有要求我们因这些问题而卷入战争"。既然日本的行为也违反了国联盟约，既然国联已经开始采取行动，那么美国的政策就应该是与国联合作，"这是美国政策的限度"。"我们不会诉诸战争，也不会实施制裁，无论是军事上的还是经济上的，因为制裁是通往战争之路。"④

1932 年 1 月 2 日，日本占领锦州。1 月 7 日，美国政府向日本政府递交

---

① President Herbert Hoover's Message to the Congress on United States Foreign Relations, December 10, 1931, http: //www. presidency. ucsb. edu/ws/index. php? pid = 22936&st = &st1 = . （2009 年 10 月 20 日获取）

② 史汀生在日记中写道："在世界最糟糕的地区捍卫和平条约的战斗已经来临。……整个世界都在睁眼看着条约有用还是没用，如果我们无动于衷，把条约当作一堆纸片，好像什么事都没发生，那么未来和平运动将遭受重大打击，并在很长时期内无法在这场打击中恢复过来。"Henry Stimson and McGeorge Bundy, *On Active Service in Peace and War*, New York: Harper & Brothers, 1948, p. 233.

③ William Starr Myers, *The Foreign Policies of Herbert Hoover, 1929 - 1933*, New York: Charles Scribner's Sons, 1940, p. 168.

④ Ray Lyman Wilbur and Arthur Mastick Hyde, *The Hoover Policies*, New York: Charles Scribner's Sons, 1937, pp. 600 - 601.

了被称为"不承认主义"的照会,拒绝承认任何违反《九国公约》和《巴黎公约》条款和义务的"情势、条约或协定"。① 这一软弱的反应与整个20年代美国共和党政府的外交思想是一脉相承的:美国主要利用经济手段,通过国际法和国际舆论来维护和平;美国不会加入集体安全体系,不会与其他国家结盟,也不会运用制裁或武力来保证其他国家的领土完整和政治独立。1933年2月,胡佛在给史汀生的信中一厢情愿地认为不承认主义可以"唤起世界舆论","会极大地缓和目前的紧张局势"。② 但实际上,不承认主义并不能缓和远东的紧张局势,对维护战后国际秩序和阻止日本进一步扩张更是毫无作用。日本对美国照会的回应是轰炸上海和对中国华北地区的进一步蚕食。

1933年上台的罗斯福曾是威尔逊的追随者,在担任总统前被普遍认为是一位自由国际主义者。与威尔逊一样,罗斯福相信集体安全和自由贸易原则,认为美国应该扮演世界领袖的角色,第一次世界大战后曾积极活动,推动国会批准《凡尔赛和约》,加入国联。但是,作为一个精明的政治家,他深知,在美国陷入严重经济危机和孤立主义深入人心的情况下,国会和民众强烈反对美国卷入国际事务,任何外交倡议必须小心谨慎。同时,他也不想让外交争论影响其推行新政,③ 毕竟美国首要的工作是健全国内的经济,必须"把首要工作置于首位"。④ 在1932年总统大选中,罗斯福有意回避外交政策问题,担心受民族主义和孤立主义情绪影响的民众会联想到他过去与威尔逊主义的关系。成为总统后,他并未把自己的自由国际主义信仰转化为政府的国际主义政策。罗斯福深知,鉴于威尔逊国联计划失败的教训,一项连贯的、有力的外交政策必须得到国会和公众的支持。因此,尽管他内心仍然相信世界经济相互依赖,和平与繁荣相互关联,但他改变了原来的立场,在政治和外交领域基本上延续胡佛的政策,在经济领域甚

---

① *FRUS*, 1932, Vol. 3, p. 8.

② Myers, *The Foreign Policies of Herbert Hoover*, *1929 - 1933*, p. 169.

③ 国会中的很多孤立主义者是新政的支持者,他们多是共和党内的进步主义分子,其中包括威廉·博拉、杰拉尔德·奈、海厄姆·约翰逊、罗伯特·拉福莱特和基·皮特曼(Key Pittman)。他们人数虽少,但影响巨大。

④ Roosevelt's First Inaugural Address, Mar. 4, 1933, Schlesinger, Jr., ed., *My Fellow Citizens: The Inaugural Addresses of the Presidents of the United States*, *1789 - 2009*, p. 285.

至在胡佛的国际主义路线上有所后退，拒绝通过多边合作的方式缓解危机，实际上倒向经济民族主义。

在战债问题上，胡佛曾考虑减少战债，但是罗斯福当选总统后坚持协约国必须偿付全部战债。当除芬兰以外的欧洲国家都拖延偿付战债的时候，国会于1934年通过《约翰逊法》，禁止美国私人和政府向拖欠美国战债的国家提供贷款，罗斯福予以签署。

在应对经济危机方面，罗斯福拒绝采取国际主义路线。他在就职演说中提出："我们的国际贸易关系固然极为重要，但与建立一个健全的国内经济相比，在迫切性和必要性上则属于第二位的事情。……我将尽一切努力通过国际经济调整来恢复世界贸易，但是国内的紧急状况不允许等这一工作完成后再处理。"① 这实际上预示了美国政府不会牺牲国内经济利益以换取达成国际协议。1933年6月12日，由国联发起的世界经济会议在伦敦举行，这是国际社会试图通过多边合作拯救世界经济的重要尝试，其成功与否主要取决于美、英、法等国能否合作，恢复金本位，稳定各国货币和国际汇率以及降低关税，以避免国际贸易的进一步混乱。会前，罗斯福曾与英法两国的首脑分别进行了会谈，表示将与英法合作，寻求稳定货币和消除世界贸易障碍的办法。但是，当美、英、法代表达成的稳定汇率计划被泄露，导致美元对主要货币的汇率开始提高、美国国内商品和股票的价格开始下跌后，罗斯福担心该计划会妨碍美国的出口和不利于国内经济的复苏，决定阻止该计划。6月30日，罗斯福在接受记者采访时公开批评稳定货币的行为，并于7月3日向会议致信，宣称"对一个国家的繁荣而言，健全的国内经济体制是比其货币与其他国家货币兑换比值更为重要的因素。……由几个大国实现一种暂时的、人为的外汇稳定这种似是而非的谬见不会使世界长期安定下来"，因此"暂时的汇率稳定"不是缓解经济危机的"正确答案"，必须等大多数国家经济上都恢复了元气，能够达到预算平衡后，货币稳定才有可能。② 伦敦经济会议的主要议题就是探讨通过国际合

---

① Roosevelt's First Inaugural Address, Mar. 4, 1933, Schlesinger, Jr., ed., *My Fellow Citizens: The Inaugural Addresses of the Presidents of the United States*, 1789 - 2009, p. 285.

② Wireless to the London Conference, Jul. 3, 1933, http://www.presidency.ucsb.edu/ws/index.php? pid = 14679. （2009年10月23日获取）

作稳定汇率以恢复世界贸易的办法，如果作为世界上经济实力最强大的美国拒绝支持稳定货币的协议，甚至实行货币操纵，那么任何稳定世界经济的努力都是无效的。这封信被称为"晴天霹雳般的信件"，实际上直接导致了会议无果而终。1934 年 2 月，美国财政部宣布美元贬值，由每盎司黄金兑换 20.67 美元降低到每盎司 35 美元，以保护本国工业和刺激出口。[①]

在罗斯福看来，挽救美国经济的主要途径是提高商品价格，解决通货紧缩问题，而稳定汇率意味着美国要做出一定的经济牺牲，包括输出黄金以支持其他国家的货币，维持美元相对于其他货币的较高价值并因此影响美国的出口。罗斯福认为这与其复兴本国经济的目标相矛盾。实际上，早在会议开始前，负责经济事务的助理国务卿雷蒙德·莫利（Raymond Moley）在 1933 年 5 月 20 日发表的经罗斯福批准的广播演说中就认为"各国出现的问题主要是国内问题"，"单凭召开国际会议采取国际一致行动来解决这些困难是不可能成功的"，"解决这些困难主要靠我们自己"。[②]

罗斯福对 1933 年伦敦世界经济会议的态度和政策表明，他不相信与其他国家合作有助于解决美国国内的经济困难，相反他认为国际合作可能会妨碍其反危机计划的实施。同时，罗斯福政府也拒绝考虑降低关税的问题。这表明罗斯福不再坚持经济国际主义，相信美国自己可以摆脱经济危机，而不用与其他国家合作。其结果就是，货币操纵和贸易保护主义从美国开始并逐渐向全球蔓延。不仅如此，美国还走上对经济实行管制的道路。罗斯福新政的措施，无论是《农业调整法》还是《全国工业复兴法》，都授权行政部门通过政府干预的方式限制进口，以保护国内生产和控制工农业产品的价格，这种政府监管经济的做法显然与经济国际主义思想是背道而驰的。罗斯福反危机的主要思路是把国内经济与世界经济脱钩，从经济国际主义转向经济民族主义。

经济史学家同意，华尔街股票的暴跌可能是无法避免的，但大萧条的深度和危害的程度并非是不可控制的，华尔街的股票暴跌导致历史上最严

---

① Eckes, Jr. and Zeiler, *Globalization and the American Century*, p. 87.

② "Appendix E: Text of Radio Broadcast by Raymond Moley on Prospects of World Economic and Monetary Conference," May 20, 193, Raymond Moley, *After Seven Years*, New York: Harper and Brothers Publishers, 1939, pp. 413 – 414.

重、持续时间最长的经济萧条在相当程度上与国际社会错误的应对有关。美国等国家错误的应对政策包括：没有迅速采取扩张性的金融政策和通过联邦财政赤字来刺激经济，未能协调各国的货币和关税政策以防止货币操纵和贸易保护主义。美国最根本的失误是拒绝牺牲自己的部分利益以承担领导世界共同走出经济萧条的责任。很显然，在世界经济越来越一体化的形势下，国际社会要想走出30年代的那种大危机，必须有强有力的领导国家来提供公共品，稳定世界经济。换言之，要想世界经济稳定，必须有发挥稳定作用的国家，就像第一次世界大战前英国曾经做的那样。但是第一次世界大战后，世界经济的繁荣主要依赖美国的资本和市场，衰落的英国已经无力发挥世界性的领导作用，愿意把制订世界经济计划和领导世界走出经济萧条的角色留给美国去扮演。但是，作为世界最大的经济体，美国却拒绝扮演这一角色。著名经济史家查尔斯·P. 金德尔伯格对此评论说：

> 这次萧条波及面这么宽、程度这么深、持续时间这么长，是由于英国没有能力，美国又不愿意在三个方面承担责任以稳定国际经济体系，致使该体系处于不稳定的状况。这三个方面是：一、为跌价出售的商品保持比较开放的市场；二、提供反经济周期的长期贷款；三、在危机时期实行贴现。……除非某些国家，像英国在19世纪和截至1913年时所做的那样，采取行动去稳定世界经济体系，否则这个体系就不可能稳定。在1929年英国没有能力这样做，而美国则不愿这样做。当每个国家都转而保护它自己的国家私利的时候，全世界的公共利益就遭受到被抛弃、被损害的命运。而这时，所有国家的私利也就随之受到损害。①

如果把世界经济比喻成一辆车的话，30年代世界经济体系的不稳定不是因为英美争夺驾驶权，"不稳定性看来是因为一个司机越来越虚弱，而另一个司机对开这辆车又缺乏足够的兴趣"。②

---

① ［美］查尔斯·P. 金德尔伯格：《1929—1939年世界经济萧条》，宋承先、洪文达译，上海译文出版社1986年版，第348页。

② 同上书，第360页。

美国对国际经济领导权的拒绝无疑与那个时期的孤立主义有关。华尔街的股票暴跌以及随之而来的经济危机被认为是经济国际主义失灵的证明，国际主义被视为富人的工具，国际银行家们已经声名狼藉，孤立主义者主张把国际经济往来减少到最低程度，通过关注国内经济而不是重返多边主义的方法来寻求经济复兴，用当时美国最有影响的天主教神父查尔斯·库格林（Charles Coughlin）的话说，美国要"少关心国际主义，多关心国家的繁荣"。①

罗斯福的经济民族主义政策并没有使美国走出危机，到 1934 年春，他不得不回到胡佛当初建议的道路，即通过扩大出口复兴美国的经济。而扩大美国出口的前提是削减各国的关税和稳定美元与其他国家货币之间的汇率。在国务卿科德尔·赫尔（Cordell Hull）的大力倡导和积极奔走之下，美国国会于 1934 年 6 月通过《互惠贸易协定法》，授权总统在三年内可以与外国政府进行减免关税的谈判，并有权根据互惠原则在现有关税基础上决定幅度不超过 50% 的增减。同时该法还包括无条件最惠国待遇原则，即美国与一国达成的关税改变适用于其他与美国签订了无条件最惠国待遇协定的国家。到 1936 年年底，美国共与 14 个国家签订了《互惠贸易协定》。后来，美国国会又多次延长该法。1934 年 2 月，罗斯福总统根据国会的授权发布行政命令，成立华盛顿进出口银行（Export-Import Bank of Washington），其主要任务是为外国购买美国的商品提供短期或长期的贷款。1936 年 9 月，英、法、美三国签订货币协定，同意共同合作维持汇率的稳定。《互惠贸易协定法》的通过和汇率的稳定促进了美国的出口，美国出口额在接下来的 5 年中增长了 10 亿美元。② 与英国的帝国特惠制不同，《互惠贸易协定法》的最惠国贸易原则反对贸易歧视，持续了美国历史上的自由贸易传统，并成为第二次世界大战后美国倡导建立以美国为中心的全球贸易体系的先声。该法也标志着罗斯福政府逐渐放弃过去的高关税政策和经济民族主义，重新回到经济国际主义的路线上来。

---

① Alan Brinkley, *Voices of Protest*: *Huey Long*, *Father Coughlin and the Great Depression*, New York: Vintage Books, 1983, pp. 151 – 152.

② Schmitz, *The Triumph of Internationalism*: *Franklin D. Roosevelt and a World in Crisis*, *1933 – 1941*, p. 26.

在政治和安全领域，面对极权主义兴起和日、德、意等国对国际体系的修正行为，罗斯福政府在第一个任期内与胡佛政府一样继续采取鸵鸟政策，拒绝捍卫战后国际和平机制和干预德、意、日的扩张行动。在中日冲突问题上，罗斯福表示赞同史汀生的不承认主义，延续了胡佛政府的政策，尽量不触怒日本，避免外交上的麻烦影响其国内的改革计划。由于美日贸易额和美国在日本的投资远远超出美中贸易额和美国在华投资，以恢复经济为首要工作的罗斯福政府和绝大多数商人更关心如何维持与日本现存的贸易而不是保护还未成为现实的中国市场。美国国务院远东司司长斯坦利·亨培克（Stanley K. Hornbeck）是最同情中国的美国政府高官，但是他认为满洲事件对美国经济利益的损害极小。当1933年5月日本开始蚕食华北、中国驻美公使施肇基向美方提出请求美国调停中日冲突时，亨培克提出这一角色应该由国联或英法而不是美国来扮演。他在谈及中日冲突对美国的影响时说，"美国不会蒙受多大的损失，我国远东政策的原则以及我国对维护世界和平的理想虽然有可能进一步受到损伤和削弱，我们贸易前景可能会继续受到某些损害，但从物质利益的角度看，那里没有我们至关重要的利益"。[①] 当时要求美国政府采取行动的压力不是来自商界而是传教士与和平组织，传教士从国际道义和人道主义的角度主张美国对日本实施制裁，和平团体则担心日本的行动破坏了战后和平体制和美国一手缔造的国际秩序，如果日本的行为得不到阻止，那么远东的和平就无法得到维护。

从1934年下半年开始，由于德国重新武装，欧洲的战争阴云也在逐渐地聚集。面对欧洲逐渐恶化的形势和战争危险，美国人开始担心美国有可能再次卷入欧洲战争。在孤立主义思潮影响下，公众和舆论强烈反对美国干预欧洲事务。1935年8月，民主党控制的国会通过《中立法》，规定美国对一切交战国实施武器和军需品的强制性禁运并禁止使用美国船只向交战国运送军火，有效期为6个月。《中立法》的目的是通过限制美国的国际商业与金融活动来减少美国卷入欧洲战争的危险。尽管罗斯福总统并不赞同该法，但考虑到年底的总统大选以及在国内问题上需要国会的合作，还

---

① Hosoya Chihiro, "Britain and the United States in Japan's View of International System, 1937 – 1941," Ian Nish, ed., *Anglo-Japanese Alienation, 1919 – 1952: Papers of the Anglo-Japanese Conference on the History of the Second World War*, London: Cambridge University Press, 1982, p. 73.

是签署了该法。参议员海厄姆·约翰逊宣称 1935 年《中立法》的通过标志着"孤立主义者的胜利"和"国际主义者的失败"。[①]

1935 年 10 月,意大利入侵埃塞俄比亚,《中立法》开始应用于意埃战争。1936 年 2 月,当 1935 年《中立法》期满时,国会又通过法案,把 1935 年《中立法》的有效期延长 14 个月,即到 1937 年 5 月,同时增加了禁止向交战国贷款的条款,并授权总统决定外国战争状态是否存在。由于《中立法》的适用范围并不包括内战,同时禁运物资中也不包括卡车和石油,因此当西班牙内战于 1936 年 7 月爆发时,反对西班牙共和国政府的佛朗哥集团从美国商人手中购买了大量石油和汽车。在这一背景下,美国国会于 1937 年 5 月通过了新的《中立法》,规定该法在总统认为必要时可以适用于内战国家,禁止美国人搭乘交战国船只旅行,同时禁止美国船只向交战国运送任何物资。在罗斯福总统的坚持下,该法增加了一个"现款自运"(cash and carry)条款,允许向交战国出售非军需品,但购买国必须用现金购买,并用自己的船只运走。国会试图通过这一条款避免美国卷入冲突之中,而总统则希望这一条款在英法与德国发生战争时能使美国援助英法,因为英国控制着大西洋,可以利用这一条款获得美国的物资。这一条款的有效期为 2 年。

一系列《中立法》实际上表明孤立主义者的信念:美国的利益仍然不会受到国际形势的实质性影响;欧洲的利益仍然与美国没有关系或关系甚少;美国卷入第一次世界大战不是因为美国至关重要的利益受到了损害,而是军火商和银行家阴谋操纵的结果,通过禁止向欧洲国家贷款和出售军火,禁止美国人乘坐交战国船只,禁止使用美国商船运输军事物资,甚至通过放弃美国的中立权利,美国可以避免卷入战争。

30 年代的《中立法》不区分侵略者和受害者,一律视为交战国,实际上对世界局势产生严重的消极影响。正如参议员汤姆·康纳利(Tom Connally)所批评的,这样的《中立法》实际上是"保证了那些有精心准备、贪婪、野心勃勃,并寻求以武力把自己的意志强加给毫无防卫的弱者的国家的胜利","这不是中立,而是某种形式的不中立(unneutrality),是某种形式的宣言,宣布美国将与强者站在一起反对弱小的、无准备的、毫无防

[①] 转引自 Schmitz, *The Triumph of Internationalism: Franklin D. Roosevelt and a World in Crisis*, p. 23。

卫的国家"。康纳利告诫说："我们现在不能把美国放进一个国际紧身衣
（strait jacket）中，然后据此远离战争。我们不能通过国会的一项法律把美
国固定在一个国际角色上，指望这一角色将适用未来所有的情形和解决未
来所有的问题。"①

虽然罗斯福总统对《中立法》关于总统权力的约束极为不满，但他不
敢突破孤立主义思潮为美国外交设定的限度：拒绝承担国际义务。在1936
年的竞选演说中，罗斯福宣称"无论在其他大陆发生什么，美利坚合众国
都将而且必须继续保持不卷入和行动自由，就像很久以前我们的国父希望
我们做的那样"。② 国务卿赫尔在1936年9月15日演讲中的一段话集中表
达了罗斯福第一任期的外交立场：

> 当我评估我们采取的外交政策路线的时候，我发现我们与托马斯·
> 杰斐逊的表述很相像——"和平、商业以及与所有国家真诚的友谊，
> 但不与任何国家结成同盟"，因为我们没有放弃我们传统的政策，不愿
> 意同其他国家一道通过集体安排承担起在必要时使用武力解决其他国
> 家间冲突的责任。……这一责任会使我们直接卷入外部世界的政治关
> 系，我们是无法接受的，尽管我们很愿意支持各种防止战争的手段。③

总之，在第一个任期内，罗斯福实际上是被舆论和孤立主义思潮牵着
鼻子走，其外交政策比共和党政府更加倾向孤立主义。从第二个任期开始，
罗斯福开始尝试改变对国际事务的不干预政策，试图通过对公众的教育带
领美国逐渐走出孤立主义，走上通过国际合作制止侵略和维护和平的道路。

1937年10月5日，罗斯福在芝加哥发表了著名的"防疫演说"（Quar-
antine Speech，一译"隔离演说"），说明通过国际合作维护国际秩序和制止

---

① *Congressional Record*, Senate, 74th Cong., 1st Sess., Vol. 79, Part 13, Aug. 24, 1935, p. 14432.

② Address at San Diego Exposition, San Diego, California, Oct. 2, 1935, http://www. presidency. ucsb. edu/ws/index. php? pid = 14954. （2011年1月21日获取）

③ Richard Y. Current, "The United States and 'Collective Security': Notes on the History of an Idea," Alexander Deconde, *Isolation and Security*, Durham, North Carolina: Duke University Press, 1957, p. 48.

侵略的必要性，这是他对公众进行国际主义教育的开始。用罗斯福的话说，演说是"与一种长期存在的公众心理作战"的重要尝试，"这种心理已经接近于要宣布'不惜一切代价避免战争'"。① 他在演讲中提出现在世界上正在盛行各种"恐怖行径"和"无法无天的行为"，包括"对别国内部事务的非法干预或违反条约入侵外国领土"，这种行径"已经达到严重威胁文明本身基础的地步"，"代表文明走向法律、秩序和正义的各个里程碑和传统正在被毁灭"，虽然这些事情目前发生在世界其他地区，但是"不要设想美国能够逃脱，美国能够幸免，西半球不会受到攻击，并能继续安宁地、和平地实行文明社会的道德和艺术"。罗斯福对此解释说：

> 在现代世界，无论在技术上还是在道德上都是休戚相关和互为依靠的，这使任何国家都不可能完全孤立于其他地区的政治和经济混乱之外，尤其是当这种混乱似乎正在蔓延还没有止歇的时候。除非法律和道德原则被所有人所遵守，无论是在国家之内还是在国家之间都不会有稳定或和平。国际间的无政府状态破坏着和平的一切基础，它损害每一个大小国家目前的和未来的安全。

因此，恢复国际条约的神圣性和维系国际道德是美国人民至关重要的利益和十分关切之事。②

罗斯福不仅试图教育美国公众和影响美国的舆论，还尝试向世界各国政府和人民宣传国际合作制止侵略的重要性，其演讲实际上还指向"其和平、自由和安全正在遭受其余10％的人破坏"的"世界90％的人口"。他向美国以外的国家和人民呼吁说：

> 爱好和平的国家必须采取一致的行动维护法律和原则，唯有如此，

---

① Roosevelt's Letter to Endicott Peabody, His Former Headmaster at Groton, Oct. 16, 1937, Elliott Roosevelt, ed., *F. D. R.*, *His Personal Letters*, *1928 – 1945*, Vol. 1, New York: Duell, Sloan and Pearce, 1950, pp. 716 – 117.

② Address at Chicago, Oct. 5, 1937, http：//www. presidency. ucsb. edu/ws/index. php？ pid = 15476. （2011 年 1 月 21 日获取）

和平才能获得保障。爱好和平的国家必须采取一致行动反对正在制造国际无政府和不稳定状态的违反条约和无视人性的行为，仅仅依靠孤立或中立是无法逃避这种状态的。珍视自己的自由并承认和尊重邻国有享受自由与和平生活的平等权利的国家必须一道努力争取法律和道德原则的胜利，以使和平、正义和信心遍及世界。

罗斯福最后号召美国与世界爱好和平的国家一道，对"无法无天的流行病"患者进行"隔离"，就像将生理上的病人"隔离开来以保护社会的健康，防止疾病的传播"一样。①

　　罗斯福的演讲得到了现场听众的欢迎，但是，持孤立主义立场的赫斯特报系的报纸和《芝加哥每日论坛报》强烈批评罗斯福的演讲，一些国会议员甚至威胁要弹劾总统，民主党内的一些成员也反对罗斯福在演讲中的一些主张。罗斯福对其演讲撰稿人塞缪尔·罗森曼（Samuel Rosenman）说："当你正在试图带领人们往前走的时候，你回头一看却没有人跟着你，这真可怕。"② 英法等国对罗斯福的演讲也反应冷淡。不过，罗斯福坚信公众会走出孤立主义，他在 1937 年 10 月 19 日的信中说："我确信，随着时间的流逝，我们肯定能慢慢地让人民意识到，我们到街上用我们的影响来帮助制止暴乱远比我们把所有的门窗都关上更能降低战争的危险。"③

　　在对公众进行教育的同时，罗斯福也试图对美国的中立政策进行调整。1938 年 6 月，罗斯福总统宣布对日本实行飞机及其制造材料的道义禁运。1938 年 12 月 5 日，也就是在日本近卫首相宣布建立"东亚新秩序"之后，美国宣布进出口银行向中国提供 2500 万美元的贷款，中国政府则用桐油来偿还，这是自中国抗战以来美国向中国提供的第一笔贷款。美国驻日大使约瑟夫·格鲁于 12 月 30 日向日本政府递交一份照会，对日本的所谓"东亚新秩序"之说法进行了严厉的驳斥。照会说：

---

① Address at Chicago, Oct. 5, 1937, http：//www. presidency. ucsb. edu/ws/index. php？ pid = 15476. （2011 年 1 月 21 日获取）

② Siracusa and Coleman, *Depression to Cold War*：*A History of America from Hebert Hoover to Ronald Reagan*, p. 48.

③ F. D. R. to Edward M. House in New York, Oct. 19, 1937, Roosevelt, ed., *F. D. R.*, *His Personal Letters*, *1928 - 1945*, Vol. 1, pp. 718 - 719.

美国政府清楚地知道形势已经改变，美国政府同样清楚地知道，许多变化是由日本的行动造成的。但是美国政府不承认，任何一个国家有必要和理由，在一个不属于其主权范围的地区内，去贸然规定一个新秩序的条件和状况，并自命为这个新秩序的权力受托人和命运代理人。①

在欧洲问题上，罗斯福行事远比在远东问题上谨慎，因为孤立主义者主要担心美国卷入欧洲的战争，而对美国卷入远东事务则相对宽容。1938 年 3 月 12 日，希特勒通过恫吓和宣传，不顾《凡尔赛和约》禁止德国与奥地利合并的规定，兼并了奥地利。1939 年，希特勒先是提出捷克苏台德地区的 150 万说德语的人应该自治，旋即要求捷克割让整个苏台德区给德国。美国人同欧洲人一样，担心捷克危机会导致战争，希望通过谈判解决这一问题。罗斯福呼吁通过召开国际会议的方式解决捷克危机，但罗斯福深知，美国的孤立主义情绪不会允许他参与捷克危机的解决。当他获知英国首相张伯伦决定赴慕尼黑参加会议时，他称张伯伦为"善人"。1938 年 9 月 27 日，罗斯福致电希特勒，希望各方能吸取第一次世界大战的教训，认识到"诉诸武力并不能带来安宁"，和平解决争端。罗斯福在信中说："美国政府没有卷入欧洲的政治，不会在目前的协商行动中承担义务。"② 像大多数欧洲人和美国人一样，罗斯福对慕尼黑会议关于捷克问题的解决有一种解脱感。

在对待犹太难民问题上，罗斯福的干预也十分有限。希特勒自 1933 年上台后便开始迫害犹太人。1938 年 11 月 9 日"打碎玻璃之夜"后，大批犹太人开始寻求离开德国。很多美国人对犹太人表示同情，对希特勒的行为表示愤怒。罗斯福政府的反应是召回美国驻德国的大使，尽可能地接收犹太人。但是由于 1924 年移民法给来自德国的移民配额每年只有 25957 人，而在美国失业率居高不下、经济不景气的情况下，修改移民法、增加移民配额实际上是不可能的。因此，美国实际上也无法为逃离纳粹迫害的

---

① The American Ambassador in Japan（Grew）to the Japanese Minister for Foreign Affairs（Arita），Dec. 30，1938，*FRUS*，Japan，1931 – 1941，Vol. 1，p. 824.

② Telegram from President Roosevelt to Adolf Hitler，Sept. 27，1939，Richard D. Challener, ed.，*From Isolation to Containment*，*1921 – 1952*，New York：St. Martin's Press，1970，pp. 84 – 85.

犹太人提供避难所。除了移民法外，美国国内的反犹主义也不利于接纳犹太难民，特别是当时颇有影响的天主教神父库格林宣传排斥犹太人。罗斯福最大限度地在现有法律框架下接受犹太人进入美国，但是大批犹太难民到达美国后被拒绝入境，只好又返回欧洲。美国犹太人领袖发起抵制德货运动，希望经济压力会迫使希特勒结束反犹的政策。德国兼并奥地利后，美国国务院表示将给予德国和奥地利的移民配额数合并，尽量把配额留给遭受迫害的犹太人。在罗斯福的倡导下，国际社会于 1938 年 7 月在法国的埃维昂（Evian）召开会议，讨论犹太难民问题。31 个国家与 24 个组织派代表参加了会议，罗斯福派遣著名实业家迈伦·泰勒（Myron C. Taylor）出席。与会的各国代表虽然对犹太人的遭遇表示同情，但是除多米尼加共和国外，均表示无法接受大批犹太难民，美国政府则表示将充分利用移民法给予德国和奥地利的移民配额来接受犹太人。会议成立"政府间难民委员会"，但该委员会也没有提出解决犹太难民的有效办法。

罗斯福政府虽然在欧亚无所作为，但是在西半球，美国却采取积极主动的政策，加强西半球的合作。

自 1823 年提出门罗宣言以来，美国在拉丁美洲的目标一直是排斥欧洲的势力和建立美国在西半球的霸权。随着 19 世纪末英国势力的收缩和英美关系的改善，美国在 20 世纪初已经确立了在西半球的霸主地位。美国通过军事干涉、经济渗透、财政控制和掌控巴拿马运河等手段，实际上在美洲，特别是中美洲和加勒比地区建立了美利坚帝国。1904 年 12 月，西奥多·罗斯福对门罗主义的推论①更是使美国以维护稳定与和平为名对拉美进行的干涉合法化。美国的干涉和霸权行为无疑招致了拉美国家特别是中美洲和加

---

① 1904 年 12 月 6 日，罗斯福致国会的国情咨文中说："这个国家所希望的不过是看到其邻国稳定、有序和繁荣。任何国家如果其人民行为得当，都会得到我们的友谊。如果一个国家表现出懂得如何在社会和政治问题上行为有效，举止得当，如果它能够维护秩序和履行义务，那么它就无须担心美国的干涉。如果有美洲国家恶行不断或长期虚弱，导致文明社会各种联系的普遍解体，最终就需要某个文明国家的干涉。在西半球，出于恪守门罗主义的考虑，美国无论如何不情愿，也不得不在（某个国家）出现明目张胆的恶行或虚弱不堪的形势下履行国际警察的权力。"罗斯福自封的"国际警察权"（international police power）成为后来美国频繁干涉拉美事务的依据。Theodore Annual Message to Congress, Dec. 6, 1904, http: //www. presidency. ucsb. edu/ws/index. php? pid =29545#axzz1aAxEpH6E. （2011 年 1 月 23 日获取）

勒比地区各国对这个北方帝国的怨恨。特别招致怨恨的行为包括：对加勒比地区的武装干涉和军事占领、对拉美的经济渗透和剥削、阴谋策动巴拿马从哥伦比亚独立以使美国获得建造和控制巴拿马运河的权利。到20世纪20年代，美国海军陆战队还对海地、多米尼加和尼加拉瓜实施了军事占领。

　　第一次世界大战后国际形势的变化使美国政府意识到需要改变过去任意干涉拉美事务的帝国做派。门罗主义是以欧洲对西半球的威胁为前提的，而第一次世界大战后欧洲国家的衰落使欧洲势力进入西半球的可能性不复存在，美国继续以反对欧洲威胁为借口来干涉拉美国家的内部事务已经说不通了。在和平主义思潮和威尔逊民族自决思想影响下，美国舆论也开始质疑美国干涉拉美事务的正当性。资深参议员威廉·博拉和乔治·诺里斯等人强烈反对美国以维护稳定和保护美国人财产为名对中美洲国家进行军事干涉，他们担心美国的军事行动会扩大总统的权力和耗费巨额的军费，同时认为干涉也违背了民族自决原则。美国企业家也发现，美国军事干涉的效果适得其反：它激起加勒比地区强烈的反美情绪和经济民族主义，不仅不能保护他们在该地区的利益，相反会损害他们的利益。大萧条不仅突出了拉美市场对美国的重要性，也削弱了美国人的优越感，促使美国人开始以平等的态度对待拉美邻国。另外，美国对拉美的干涉和控制常常被日本用来支持其在中国的扩张行为，日本宣称自己在中国所做的不过是美国在拉美已经做过的事情，其亚洲门罗主义是对美国行为的效仿，[①] 这也常使美国感到难堪。从胡佛开始，美国政府决定放弃美国在拉美一直实行的所谓"仁慈的帝国主义"（benevolent imperialism）政策。他于1933年从尼加拉瓜撤出美国海军陆战队，在巴拿马发生动乱时没有派兵干涉，承认事实上的政权而不管其通过何种方式上台，放弃威尔逊政府实行的拉美新政府必须通过选举的方式上台才能得到美国承认的政策。胡佛访问拉美时多次

---

　　① 1933年率领日本代表退出国联，并在1937—1941年间担任日本外相的松冈洋右曾说："如果美国可以依靠门罗主义来支持其在西半球的主导地位以支撑美国经济的稳定和繁荣，为什么日本不能用'亚洲门罗主义'做同样的事情？"日本驻美大使石井菊次郎也称日本对华政策"受门罗主义所包含的同样原则的驱动"。参见 Kimitada Miwa, "Japanese Images of War with the United States," Akira Iriye, ed., *Mutual Images*: *Essays in American-Japanese Relations*, Cambridge, Mass.: Harvard Press, 1975, p. 133; George H. Blakeslee, "The Japanese Monroe Doctrine," *Foreign Affairs*, Vol. 11, No. 4, Jul. 1933, pp. 671–681。

提到美国要做拉美的"好邻居",实际上是"睦邻政策"的最早提出者,但是胡佛拒绝承诺放弃对拉美国家的干涉。

罗斯福上台后正式推出对拉美的"睦邻政策"(Good Neighbor Policy),强调与拉美国家建立平等、合作和互利的关系。睦邻政策的实施标志着美国对拉美政策的重大改变,其内容包括三个方面:一是不干涉主义,即美国不再干涉拉美国家的内外事务;二是与拉美国家共同维护西半球的稳定与安全,有学者称为"门罗主义的多边化"(multilateralization),即把门罗主义"从美国的理论变成西半球共同承担防务责任"的思想;[1] 三是在经济领域与拉美国家建立互利互惠的关系,这主要通过放弃贸易保护主义、与拉美各国签订互惠贸易协定来实现。

不干涉主义由国务卿赫尔在 1933 年 12 月乌拉圭蒙得维的亚召开的第七次泛美会议上宣布。赫尔宣称"没有国家有权干涉另一个国家的内外事务",[2] 并向与会的拉美国家代表承诺美国今后不会再干涉拉美国家的内部事务,除非有"普遍承认和接受的国际法"为依据。美国还投票支持会议提出的任何国家都无权干涉其他国家内外事务的决议。会后,罗斯福总统也宣布:"从现在开始,反对武装干涉是美国政府的坚定政策。"[3] 1934 年 5 月,美国废除了赋予美国干涉古巴权利的普拉特修正案。1934 年 8 月,美国撤出了驻扎在海地的军队,结束了对海地长达 20 年的军事占领。1936 年,美国与巴拿马签订新约,废除了 1903 年《美巴条约》中美国干涉巴拿马事务的权利,但保留了"在紧急情况下"的干预权。在 1936 年 12 月的布宜诺斯艾利斯泛美特别会议上,赫尔再次做出不会武力干涉拉美事务的承诺。除了在关塔那摩和巴拿马运河区留有军队外,罗斯福政府撤出了其他所有在拉美的军队。

过去,美国政府干涉拉美事务的主要借口是保护美国公司的利益,赫尔宣布不干涉原则后,罗斯福政府在美国公司利益受到威胁时,为了维护

---

① Siracusa and Coleman, *Depression to Cold War: A History of America from Hebert Hoover to Ronald Reagan*, pp. 55 – 56.

② Walter LaFeber, *The American Age: U. S. Foreign Policy at Home and Abroad, 1750 to Present*, New York: Norton, 1994, p. 376.

③ Edgar B. Nixon, ed., *Franklin D. Roosevelt and Foreign Affairs*, Vol. 1, pp. 559 – 560.

与拉美国家的政治关系,确实多次拒绝使用干涉手段。例如,当1937年3月玻利维亚政府没收美孚石油公司的财产时,美国没有进行威胁或惩罚,而只是中止了对玻利维亚的经济和技术援助。1938年3月,墨西哥拉萨罗·卡德纳斯政府宣布石油公司国有化,并没收价值5亿美元的美国石油公司的财产,国务卿赫尔主张采取强硬措施,对墨西哥进行惩罚。但是,罗斯福总统在财政部长小亨利·摩根索(Henry Morgenthau, Jr.)和美国驻墨西哥大使约瑟夫·丹尼尔斯(Joseph Daniels)的影响下,认识到不能因为石油公司的利益影响其睦邻政策,把墨西哥推向德国,遂中止了国务院的制裁措施,并说服石油公司与墨西哥政府达成了和解协议:由墨西哥政府给予美国石油公司2400万美元的补偿。[①] 显然,为了美国和整个西半球的安全,美国政府准备牺牲美国私人资本的利益。

门罗主义的"多边化"则是罗斯福政府面对德国和意大利等法西斯势力对西半球的渗透而做出的明智选择。自30年代中期开始,德国在阿根廷、巴西和乌拉圭等国加紧进行经济扩张和文化宣传,并利用这些国家的德裔移民社区进行情报收集工作,拉美国家还出现了多个法西斯团体。罗斯福政府将这种渗透和宣传视为对西半球稳定的威胁,倡导西半球国家共同承担反对外来颠覆、维护西半球安全的责任,试图把门罗主义所体现的美国单方面反对欧洲向西半球渗透的政策变成维护西半球安全的集体防御计划。1938年9—12月在利马召开的第八次泛美会议上,与会各国发表了一个共同宣言,承诺当西半球的和平受到威胁时,美洲国家就可能采取的集体行动共同协商,会议建立了美洲国家外长磋商机制。第二次世界大战爆发后,美洲国家第一次外长会议于1939年9月在巴拿马城召开,会议通过"巴拿马宣言",宣布美洲国家在大战中保持中立,并通过决议建立"美洲国家金融和经济磋商委员会"。罗斯福通过睦邻政策把美国单方面反对欧洲势力染指西半球的门罗主义转化为西半球的集体安全机制,确保了第二次世界大战期间西半球的安全,也加强了西半球的团结。拉美国家在第二次世界大战中选择站在盟国一边,此为"睦邻政策"的最大成就。

美国政府深知,改善与拉美国家的政治关系和抵御德国的渗透需要加

---

① Siracusa and Coleman, *Depression to Cold War: A History of America from Hebert Hoover to Ronald Reagan*, p. 54.

强与拉美的经济关系。赫尔认为，"没有经济行动的支持，我们针对拉美国家的一切政治行动都不会产生真正的效果"①。美国对拉美国家的经济战略就是推动西半球经济的一体化，促进西半球的贸易。从 1934 年 8 月与古巴缔结第一个互惠贸易协定开始，到 1939 年，美国与 11 个拉美国家缔结了互惠贸易协定，大幅度降低美国进口关税。美国还通过华盛顿进出口银行向拉美国家提供贷款，用于购买美国的商品，后来该银行还为拉美国家提供工业贷款。美国成为拉美国家最大的出口市场，1938 年，拉美国家对美出口额约占拉美国家对外出口总额的 31%。拉美国家在经济上越来越依赖美国，其中古巴的依赖尤甚。古巴对美国的出口从 1933 年的 5700 万美元增加到 1938 年的 1.08 亿美元，而同期美国对古巴的出口则增加了两倍多。② 罗斯福的睦邻政策受到拉美国家的普遍欢迎。巴西驻美国大使奥斯瓦尔多·阿兰哈（Oswaldo Aranha）在 1937 年 7 月说，"如果所有的国家都像美国……这么多年所做的那样友好地（现在比以前更友好）对待巴西"，那么巴西政府将会"感到非常高兴"。③

罗斯福的睦邻政策把拉美与亚洲和欧洲的国际混乱隔离开来，从政治上和经济上把美洲联系在一起，不仅有助于美国摆脱经济危机，同时也有利于抵御欧洲，特别是德国势力向拉美的渗透，从而维护美国的安全。这种安排反映出美国把解决国内和其"后院"问题置于优先地位，从这个意义上说，它是门罗主义的继续，也是 30 年代美国孤立主义政策的一个方面。睦邻政策把拉美作为一个封闭的经济贸易区，试图通过建立区域性的贸易体系，阻止德国的渗透，实际上也表明罗斯福的对外政策从过去的国际主义转向区域主义，开始从区域主义的框架来处理西半球的事务，"注重地区性安排而不是全球性的安排"。④ 这反映出大危机后，世界秩序越来越转向区域主义而背离 20 年代的国际主义和全球主义，世界经济从过去的单

---

① Cordell Hull, *The Memoirs of Cordell Hull*, New York: The Macmillan Company, 1948, Vol. 1, p. 347.

② Joseph Smith, *The United States and Latin America: A History of American Diplomacy, 1776 – 2000*, New York: Routledge, 2005, p. 98.

③ Ibid., p. 99.

④ Iriye, *Cambridge History of American Foreign Relations*, Vol. 3, The Globalizing of America, p. 148.

一整体演变为相互隔绝的若干区域。

大体言之，在德国入侵波兰、欧洲大战爆发之前，除了在拉美实施的"睦邻政策"外，罗斯福在欧洲和东亚几乎没有任何新的外交倡议。美国国内强大的孤立主义思潮极大地削弱了罗斯福寻求通过国际合作来制止侵略、维护国际秩序的决心和能力，他不得不听任战后国际和平体系一点一点地坍塌。尽管罗斯福坚信国际主义理念，但其在公开场合的言论和行事更像是一个孤立主义者。亨利·卢斯评论说，在执政的前七年，罗斯福是一个"彻头彻尾的孤立主义者"，"比赫伯特·胡佛和卡尔文·柯立芝更是一个孤立主义者"，堪称孤立主义团体——"美国第一委员会"的"创会会员"（charter member），其政策导致"美国未能在国际合作方面实施有效的世界领导"。① 卢斯的批评虽然有些刻薄，但基本上是符合史实的。

第一次世界大战后美国筹划建立的国际秩序只维持了20年，这与维也纳秩序维持一个世纪相比显然是一个巨大的失败。维也纳会议后国际秩序的稳定不仅因为欧洲均势的建立，同时还由于英国作为霸权国家对国际秩序的维护。爱德华·卡尔曾这样描述英国在19世纪发挥的稳定国际秩序的作用：

> 19世纪，英国海军的舰队不仅保证不发生大规模战争，而且也管辖着公海，为所有国家提供平等的安全。伦敦货币市场为几乎整个世界确立了一种单一货币标准；英国的商业使世界各国普遍接受了自由贸易原则（尽管是不完善的弱势形式）；英语也成为四大洲的通用语言。这类情景既是英国霸权的产物，也是英国霸权的保障。它创造了一种世界社会具有共同利益和共同情感的幻觉，在某种程度上甚至创造了这样一种事实。于是，国际秩序运行的假定就被一个强大的国家创造出来。②

但是衰落的英国在第一次世界大战后已经无力承担领导世界、维护秩序的任务：英国舰队已经失去了海上霸权，无力阻止日本对美国的进攻；

---

① Henry R. Luce, "The American Century," *Life*, Vol. 10, No. 7, Feb. 17, 1941, p. 61.

② ［英］爱德华·卡尔：《20年危机（1919—1939）：国际关系研究导论》，秦亚青译，世界知识出版社2005年版，第210页。

英国的经济和金融实力已经不允许其扮演信贷提供者和全球市场领导者的角色，英国自己也转向贸易保护主义；英国制定国际议程、提供国际制度、组织国际社会解决国际问题的意愿和能力也大大降低；在文化领域，美国的大众文化而不是英国的绅士文化开始在全球传播并成为全球文化消费的标准。简言之，只有美国可以充当世界秩序维护者和全球经济领导者的角色。而在 1918 年，"在几乎一致赞同的情况下，世界领导权被交付于美国"①。威尔逊总统也很愿意从英国手中接过世界领袖的权柄，但是美国人民和后来的几届美国政府却把这一权柄视为烫手的山芋而加以拒绝。1921—1941 年的 20 年时间里，美国拒绝做出牺牲去维护自己主导建立的战后国际秩序，回避作为世界大国应该承担的世界责任。特别是在民族主义、极端主义盛行，经济混乱和国际秩序动荡不安的 30 年代，世界急需一个发挥团结、协调和领导作用的中心，但美国却拥抱孤立主义，不愿成为这一中心，导致国际领导角色的缺失。其结果就是经济危机的加深、国际秩序的混乱和世界大战的爆发。

---

① ［英］爱德华·卡尔:《20 年危机（1919—1939）:国际关系研究导论》，秦亚青译，世界知识出版社 2005 年版，第 212 页。

第四章

孤立还是干预：外交大辩论与战争的到来 (1939—1941)

德国入侵波兰和日本偷袭珍珠港之间的 27 个月是美国外交史上的"大辩论"（Great Debate）时期。以罗斯福总统为首的国际主义者向孤立主义思潮发起了反攻，孤立主义者和国际主义者围绕美国是否应该援助英法、干预欧洲的战争进行了美国外交史上最激烈的大辩论。大辩论深刻地反映出美国人对美国的国家特性和国际角色的不同思考，反映了美国人在国家身份问题上的困惑与分歧。日本偷袭珍珠港的轰炸声不仅宣布了战争的到来，也结束了美国社会在国家身份与国际角色上的分歧与争论。

一　国际主义的复兴与外交大辩论的展开

虽然在大萧条的影响下，孤立主义主导了 30 年代美国民众的思想和美国对国际危机与战争的反应，但是国际主义并未销声匿迹。30 年代，一些知名的国际主义者和国际主义组织仍然非常活跃，如国际法学者、芝加哥大学教授昆西·赖特（Quincy Wright），哥伦比亚大学教授、《凯洛格公约》的发起者詹姆斯·肖特维尔（James T. Shotwell），以及 1921 年成立、总部设在纽约的外交关系委员会（Council on Foreign Relations）。30 年代国际主义者的重要行动之一就是反对国会通过 1935 年《中立法》。肖特维尔认为《中立法》的最大错误就在于它是建立在错误的设想基础上的，即美国的安全与欧洲权力格局没有关系，其危险在于向美国人掩盖了一个基本的事实——现代战争"会像鼠疫那样传染"，实际上中立既无法使美国远离战争，又会极大地损害美国的贸易。① 虽然国际主义者的反对未能阻止《中立法》的通过，但其努力扩大了国际主义思想的影响。

30 年代国际主义力量的最重要发展是富兰克林·罗斯福的转变。在其第一个任期内，罗斯福认同孤立主义，甚至欢迎孤立主义，因为它可以使国家集中精力解决最紧迫的经济问题。随着法西斯威胁的加剧和欧洲战争的临近，美国国内对欧洲事务的舆论也开始发生变化，加之美国经济形势好转，罗斯福逐渐改变其态度和政策，公开表明其国际主义立场，试图打破孤立主义思潮对美国外交政策的掣肘，带领美国走出孤立主义。1937 年 10 月的"防疫演说"，是其自由国际主义思想发展的重要里程碑。罗斯福等国际主义者主要从两个方面对孤立主义思潮进行反击：一是欧亚的危机和战争不仅涉及利益问题，更重要的是还关乎国际正义和民主等道德问题，即将到来的冲突是民主与独裁、自由与专制之间的斗争；二是西半球并非坚不可摧。侵略者的行为如果不被制止，迟早会威胁美国的安全。纳粹德国对奥地利和捷克的兼并以及对犹太人的迫害逐渐削弱了孤立主义立论的基础，表明欧洲的冲突并非是欧洲传统的领土争夺的新篇章，而是极权主义国家对民主的践踏。1939 年 3 月，罗斯福向国会提出修改《中立法》、取消武器禁运的议案。但是此时罗斯福的威望正处于低点，参议院对外关系委员会拒绝将修改《中立法》的议案提交参议院全体会议表决。②

德国对波兰的入侵标志着英、法、美试图通过绥靖希特勒避免战争的努力失败了。欧洲大战的爆发似乎证明了国际主义主张的正确性：专制主义是战争的根源，民主国家的合作和积极参与国际事务是和平的保障。国际局势的变化使国际主义者处于有利的地位，美国舆论也开始发生变化。罗斯福于 1939 年 9 月再次向国会提出修改《中立法》，并相继采取了一系列援助英国和苏联的措施，包括向英国提供驱逐舰，向反轴心国家提供租

---

① James T. Shotwell, "Isolation and Nationalism Inherent among Americans," *Columbia Alumni News* 27（Feb. 21, 1936），转引自 Harold Josephson, *James T. Shotwell and the Rise of Internationalism in A-merica*, Madison, N. J.: Fairleigh Dickinson University Press, 1975, p. 228。

② 1939 年年初是罗斯福的声望和影响最低的时期。其第二个任期快要结束，按照惯例他不能第三次参选总统。他的法院改组计划遭到猛烈抨击，最终以失败而告终。1938 年国会选举中，民主党也遭到失败。而 1937 年出现的经济衰退又使其经济政策遭到诟病。

借援助，为美国商船护航，对德国潜艇进行攻击等，带领美国一步步走上干预欧洲战争的道路。罗斯福政府的这些行动引起国会内外孤立主义者和反干涉主义者的激烈反对，他们担心罗斯福政府的行动将把美国拖入欧洲的战争中。这引发了美国历史上最激烈的外交大辩论。

辩论的焦点是美国是否应该改变中立政策，向英国和其他同盟国成员提供经济和军事援助。辩论双方以及绝大多数美国人都希望英国战胜德国，并且美国尽可能地置身于战争之外，① 但在如何实现这一目标上分歧巨大。一方主张美国应修改或取消中立法，向英国（以及苏德战争爆发后的苏联）等国提供尽可能的经济与军事援助，这种援助有助于英国最终战胜德国，并使美国参战变得不必要，其中一些激进人士认为，为了阻止希特勒称霸欧洲，即使美国直接参战也在所不惜。这些人通常被称为"国际主义者"或"干涉主义者"（interventionist）。在国际主义者看来，英国是欧洲最后一个抵抗德国专制统治的国家，在一个由希特勒统治的世界上，美国不可能继续保持自由和繁荣，为了美国的安全和利益，美国必须向英国和其他与轴心国作战的国家提供尽可能的援助，援助英国是使美国置身于战争之外的最佳途径。如果美国的援助还不足以挽救英国的话，美国应该直接参战，直至打败希特勒。另一方则宣称，德国没有对美国安全构成威胁，英国与德国的战争是为了保卫英帝国而不是民主，因此并不关美国的事，援助英国等于放弃了中立政策，会大大提高美国卷入战争的可能性，导致美国不可避免地走向战争，美国对欧洲战争的最佳反应是在国内保卫美国自身的自由，而不是卷入对外的战争。这些人被称为"孤立主义者"或"不干涉主义者"（non-interventionist）。孤立主义者把欧洲战争看作是欧洲的事情，而国际主义者则把美国的命运与德国侵略的受害者联系在一起。

活跃的国际主义者包括罗斯福及其主要内阁成员，如国务卿赫尔、陆军部长史汀生、海军部长弗兰克·诺克斯（Frank Knox）；部分国会议员，如参议员乔治·诺里斯（George Norris）、詹姆斯·贝尔纳斯（James F. Byrnes）。国际主义者主要来自东北部的大都市，大多毕业于常春藤学校，在纽约的律师行、大公司，以及诸如卡内基国际和平基金会（Carnegie Endowment for International

---

① 辩论双方都有一些极端主义者，一些反对援助英国的人希望德国获胜，也有一些国际主义者主张美国应该对德宣战，但这两种人都是极少数。

Peace）和外交关系委员会这样的民间团体任职。持国际主义立场的报刊主要有《纽约时报》《时代》和《生活》。支持援助欧洲的国际主义者主要包括三类人：担心德国击败英国会改变欧洲均势，威胁美国安全的现实主义者；反对法西斯主义，主张建立民主国家共同体以维护和平的威尔逊主义者；捍卫"门户开放"原则、关注欧洲市场的经济扩张主义者。多数国际主义者不愿被贴上"干涉主义"的标签，声称其目标是通过援助英国避免美国卷入战争，而不是让美国参与欧洲的战争。

有影响的孤立主义者或反干涉主义者包括：参议员杰拉尔德·奈、伯顿·惠勒（Burton Wheeler）、阿瑟·范登堡、罗伯特·塔夫脱，著名飞行员、公众人物查尔斯·林白，芝加哥大学校长罗伯特·哈钦斯，著名历史学家查尔斯·比尔德。反对援助欧洲的媒体主要有《芝加哥每日论坛报》（Chicago Daily Tribune）和《新共和》杂志。从政治与社会主张来看，罗斯福援欧政策的反对者既来自左翼，也来自右翼。左翼阵营反对者包括反对一切战争的和平主义者、社会主义者和担心战争会阻碍国内社会改革的进步主义者；而右翼阵营的反对者则有传统的仇英分子、反犹主义者和视苏联比希特勒德国威胁更大的反共分子。反对援助欧洲的人士拒绝批评者给他们所贴的"孤立主义"标签，更愿意称自己为"反干涉主义者"。①

国际主义者和孤立主义者都建立了严密的组织，这些组织吸收了大量捐款，通过召开会议、撰写评论、发表广播讲话等方式宣传自己的主张，以塑造舆论，争取民众的支持和影响政策。支持美国援助英国的国际主义组织有："援助同盟国保卫美国委员会"（Committee to Defend America by Aiding the Allies，后来简称为"保卫美国委员会"）②、"为自由而战组织"

---

① 查尔斯·比尔德曾言："美国第一委员会所代表的不干涉团体没有'绥靖者'，没有'鸵鸟般的孤立主义者'（ostrich isolationists），没有为其他国家服务的外国人（无论是字面意义还是精神上），也没有和平主义者（pacifists）。""Beard Hits Intervening," New York Times, Sept. 9, 1940, p. 7.

② "援助同盟国保卫美国委员会"成立于 1940 年 5 月，由当时美国最负声望的新闻工作者威廉·怀特（William Allen White）担任主席，1941 年 6 月苏德战争爆发后，该组织把名字简称为"保卫美国委员会"。该组织立场较为温和，支持美国向盟国提供租借援助，修改或取消《中立法》，尽管意识到美国迟早会参战，但并没有提出对德宣战的主张。该组织是当时最有影响的国际主义团体，1942 年 1 月与"争取民主委员会"（Council for Democracy）合并。

(Fight for Freedom, Inc.)。① 这一时期最有影响的孤立主义团体是林白领导的"美国第一委员会"(America First Committee)②。

在1939年9月至1941年12月的27个月的时间里,国际主义者和孤立主义者之间的大辩论不仅发生在国会议事大厅,也发生在主要报纸的社论栏目、无线电广播、各地的会议室甚至家庭的餐桌上。大辩论不仅分裂了国家,甚至还撕裂了社会与家庭。双方相互指责,甚至谩骂,干涉主义者被指责为"战争煽动者"(War Agitators)、"亲英分子"(Anglophiles);孤立主义者被斥为"第五纵队"(fifth columnist)、"叛国者"(traitor)、"纳粹"(Nazi)和"反犹主义者"(Anti-Semite)。③ 小阿瑟·施莱辛格后来回忆说,珍珠港事件前的大辩论是其一生中"经历的最激烈的全国性辩论",远比其他几场辩论,包括40年代后期关于共产主义的辩论、50年代初期关于麦卡锡主义的辩论和60年代关于越南战争的辩论更剧烈、更狂暴,它"撕裂了家庭、朋友、教会、大学和政党"。④

---

① "为自由而战组织"成立于1941年4月,由俄亥俄州圣公会主教亨利·霍布森(Henry W. Hobson)担任主席,持激进的干涉主义立场,相信德国是对美国自由与安全的最大威胁,主张美国应该采取一切必要措施阻止希特勒获胜,包括直接参战。该组织对普通民众很有吸引力,其成员包括很多教育工作者、新闻工作者、宗教人士、演员、作家、劳工领袖和一些政治家。该组织的妇女部部长是伊丽莎白·莫罗(Elizabeth Cutter Morrow),而其女儿安妮·莫罗(Anne Morrow)则是最有影响的孤立主义者查尔斯·林白的妻子。该组织在全国范围内建立分部和地方性组织,特别是在劳工等普通民众中发展成员,其主张得到广泛的传播。1942年年初解散。

② "美国第一委员会"成立于1940年7月,由美国前陆军少将、西尔斯·罗巴克公司(Sears Roebuck)总裁罗伯特·伍德(Robert F. Wood)担任主席,兴盛时期有80万人,在全国设有450个分会。其成员包括著名企业家亨利·福特(Henry Ford),前总统西奥多·罗斯福的女儿艾丽斯·朗沃斯(Alice Roosevelt Longworth),只身驾驶飞机飞越大西洋的航空英雄查尔斯·林白,资深参议员杰拉尔德·奈、伯顿·惠勒。"美国第一委员会"是当时最有影响的反干涉组织,反对罗斯福的外交政策,反对美国对英国提供援助以及干预欧洲的战争。其最著名的发言人是林白,林白也是该组织中唯一能与罗斯福相抗衡、吸引全国民众注意的人。

③ Charles Lindbergh's Speech Delivered in Des Moines, Iowa, on Sep. 11, 1941, http://www.charleslindbergh.com/americanfirst/speech.asp.(2010年2月14日获取)

④ Arthur Schlesinger, Jr., "Back to the Womb?", *Foreign Affairs*, Vol. 74, No. 4, July/August 1995, p. 4.

二　外交大辩论的过程

希特勒入侵波兰后,罗斯福采取两项措施:一是于 9 月 5 日宣布中立;二是于 9 月 8 日呼吁国会召开特别会议,修改《中立法》,取消军火禁运,把 1937 年《中立法》的"现款自运"原则扩大到军火。罗斯福的目的是使握有制海权的英法等国获得美国的军用物资。9 月 23 日国会就修改《中立法》问题进行辩论。参议员博拉、奈、小亨利·卡波特·洛奇和范登堡,众议员亚历山大·菲什坚决反对修改《中立法》。罗斯福则动员美国政界元老如史汀生、弗兰克·诺克斯等出山,组织由威廉·怀特(William Allen White)担任主席的"通过修改中立法争取和平跨党派委员会"(Non-Partisan Committee for Peace through the Revision of the Neutrality Act),宣传修改《中立法》的必要性。

与此同时,国会办公室收到大量的信件、明信片和陈情书,反对修改《中立法》,人们担心修改《中立法》会使美国卷入战争。小亨利·卡波特·洛奇在参议院辩论中声称,"英国和法国被击败的可能性实际上微乎其微,要么德国战败,要么出现僵持的局面","即使德国获胜和企图征服美国,它也永远做不到。……我们国家的安全并没有处于危险之中",因此美国没有必要修改《中立法》。[①] 这代表了大多数美国人的看法。1940 年春,一项民调表明,90% 的美国人相信英法会战胜德国。[②] 孤立主义者提出"让我们远离战争"的口号。

而在国际主义者看来,对交战双方平等地实行禁运实际上有利于侵略者,而只有实行有区别的禁运,美国才能避免战争。他们提出的口号是"让我们防止战争"。1919 年国联辩论中的"不妥协分子"、来自内布拉斯加州的共和党人乔治·诺里斯改变孤立主义立场,成为参议院最积极支持

---

① *Congressional Record*, Senate, 76th Cong., 2nd Sess., Vol. 85, Part 1, Oct. 10, 1939, p. 250.

② David C. Hendrickson, *Union*, *Nation*, *or Empire*: *The American Debate over International Relations*, *1789 – 1941*, Lawrence: University Press of Kansas, 2009, p. 358.

修改《中立法》的参议员。① 他说：如果取消武器禁运，就会帮助英法；如果不取消就会有利于德国，"绝对的中立是不可能的"。②

辩论的结果是，1939 年 11 月 4 日国会通过 1939 年《中立法》，该法案把"现款自运"原则扩大到军用物资，并禁止美国公民和船只进入总统划定的交战区。1939 年《中立法》是孤立主义者在罗斯福任内首次重大的立法失败。

1940 年 6 月 22 日，法国战败。随后，德国很快开始进攻英国。法国投降在美国引起极大的震动，也使美国民众产生强烈的不安全感，因为在希特勒控制欧洲大陆的情况下，如果英国也无法抵制住德国进攻的话，那么德国横跨大西洋攻击美国本土的可能性就会大大增加。由著名的孤立主义者拉福莱特出版的威斯康辛州麦迪逊市的《进步主义者》(Progressive) 杂志问道："如果希特勒打败英国，英国舰队被消灭，希特勒在大西洋一侧，日本和俄国在太平洋一侧，我们的光荣孤立会怎样呢?"③ 1940 年 5 月的一项民调表明，33% 的美国人支持美国援助英国，即使可能卷入战争。到 1940 年 9 月，这一数字上升到 53%，也就是说一半以上的美国人认为打败希特勒比美国置身于战争之外更重要。④ 法国的投降实际上使美国的舆论发生了革命性的改变，美国人从对自己安全信心十足转向对未来的恐惧，以孤立求安全的信念开始发生动摇。

法国战败后，为了确保英国能够抵抗德国的进攻，美国开始走上直接援助英国的道路。1940 年 9 月 2 日，罗斯福与英国达成《驱逐舰换基地协定》。美国向英国提供 50 艘超过服役期限的旧驱逐舰以对付德国的潜艇，

---

① 1937 年年底，诺里斯看到一张由美国记者拍摄的一个中国小孩在遭到轰炸的上海火车站无助地哭泣的照片后放弃了孤立主义立场。因为一向被认为是一位孤立主义者，他在国会辩论中支持修改《中立法》的发言极有影响力，成为推动国会修改《中立法》的最重要人物。有媒体评论说："如果《中立法》被修改，武器禁运被取消，后世历史学家若把这场胜利主要归功于来自内布拉斯加的参议员乔治·诺里斯而不是罗斯福总统，是不会令人感到惊讶的。"Joseph M. Hernon, *Profiles in Character: Hubris and Heroism in the U. S. Senate*, Armonk, N. Y.: M. E. Sharpe, Inc., 1997, p. 158.

② Ibid., p. 158.

③ James MacGregor Burns and Susan Dunn, *The Three Roosevelts: Patrician Leaders Who Transformed America*, New York: Grove Press, 2002, p. 429.

④ Jonas, *Isolationism in America, 1935 – 1941*, pp. 214 – 215.

确保大西洋航线的畅通；英国则允许美国使用英国在纽芬兰和英属圭亚那等地的海空基地。

随着战争旷日持久，英国逐渐无力以现金购买美国的军火，请求美国改变"现款自运"的政策，直接向英国提供援助。罗斯福在1940年12月17日的记者招待会上用提供水管帮助邻居救火的比喻提出美国应向英国提供援助，由英国在战后以实物偿还。12月29日，罗斯福在就国家安全发表的炉边谈话中提出，美国应该"竭尽全力支援那些保卫自己抵抗轴心国进攻的国家"，"成为民主国家的伟大兵工厂"。[①] 在1941年1月6日致国会的国情咨文中，罗斯福正式要求国会授权拨款为与轴心国作战的国家制造和提供军用物资，这些国家可以在战后以同样的物资或其他商品偿还。1月10日，国会开始就租借法案进行辩论。1月11日，美国第一委员会宣布反对租借法案，并发起全国性的抗议运动。在此后的两个月里，租借法案不仅在国会议事厅里，而且"在每一份报纸上，在每一个波段上，在全国各地的街谈巷议中"被激烈地辩论。[②]

孤立主义者反对美国援助欧洲的理由主要有四个：第一，这是欧洲的战争，是欧洲古老的帝国争霸斗争的继续，并不涉及道德与国际正义的问题，因此与美国没有关系。早在第二次世界大战爆发前夕，参议员杰拉尔德·奈就声称，欧洲出现纷争的原因是"古老的权力政治"，"与民主事业无关"，而且欧洲一向如此，美国没有必要插手，美国的最佳政策是"专心做自己的事情"。[③] 罗伯特·塔夫脱也认为"欧洲的战争并非民主与专制之战"，"这是欧洲的冲突，我们必须不惜一切代价让我们的国家远离这些冲

---

① "Arsenal of Democracy," Lewis Copeland, et al., eds., *The World's Greatest Speeches*, Mineola, NY: Dover Publications, Inc., 1999, p. 521.

② 此为罗斯福语。Address at the Annual Dinner of White House Correspondents' Association, March 15, 1941, http://www. presidency. ucsb. edu/ws/index. php? pid = 16089&st = &st1 = （2011 年 10 月 12 日获取）中译文参见罗斯福《民主的明灯一定要永照不熄——在白宫记者协会年度聚餐会上的讲话，1941 年 3 月 15 日》，富兰克林·罗斯福《罗斯福选集》，关在汉编译，商务印书馆 1982 年版，第 282—283 页。

③ Senator Gerald Nye, "Save American Neutrality," *Vital Speeches*, Vol. 5, No. 23, Sept. 15, 1939, p. 725.

突".^① 第二，德国无法战胜英国，即使德国主宰欧洲大陆，甚至打败英国，对美国安全也不构成威胁，因此援助英国是不必要的。众议员克努特·希尔（Knute Hill）声称:"希特勒倾其全部力量都不能跨越 20 英里的英吉利海峡进入英格兰，他的军队如何可能跨越大西洋登陆西半球 。"^② 众议员詹姆斯·欧康纳（James F. O'Conner）认为"任何外来敌人军事入侵美国都是异想天开和不可能的"。^③ 第三，美国无力解决欧洲的问题，援助欧洲是得不偿失的。《芝加哥每日论坛报》的出版商兼编辑罗伯特·麦考密克（Robert R. McCormick）认为，由于欧洲事务的复杂，几个世纪以来总是陷入相互争斗和战争之中，美国无力解决欧洲的问题。他在圣路易斯发表演讲说，"由于欧洲种族、语言和宗教信仰多种多样"，在欧洲组织起像美国那样的联盟"超出人类的能力"，"欧洲以外的国家介入欧洲的事务是于事无补的"；如果美国介入欧洲事务，"能取得的最大成果就是 20 年前的那种成果——美国青年遭受屠杀——加强争端一方的力量——随后是忘恩负义和辱骂伤害"。^④ 参议员罗伯特·塔夫脱称，向英国提供租借援助就像是在出借口香糖，而不是花园的水龙头，会有去无回。^⑤ 第四，《租借法》将把美国带入战争。参议员欧康纳警告说，国会通过租借法案将是美国干涉欧洲战争的第一步，最终会导致美国"一头扎进战争中去"。^⑥ 参议员阿瑟·范登堡认为《租借法》将让美国引火烧身，最终把美国拖入战争:"我不相信，我

---

① Robert Taft's Radio Address, Jun. 25, 1941, Clarence E. Wunderlin, Jr., ed., *Papers of Robert A. Taft*, Vol. 2, 1939 – 1944, Kent, Ohio: Kent State University Press, 2001, pp. 254, 256.

② U. S. Congress, *Congressional Record*, House, 77th Cong., 1st Sess., Vol. 87, Part 1, Feb. 5, 1941, p. 590.

③ James F. O'Conner, "The United States Should Not Extend Lend-lease Aid to Great Britain," John C. Chalberg, ed., *Isolationism: Opposing Viewpoints*, San Diego, California: Greenhaven Press, Inc., 1994, p. 186.

④ "Col. McCormick Traces Europe's Centuries of Carnage and Intrigue," *Chicago Daily Tribune*, Sep. 4, 1939, pp. 1, 5.

⑤ Clarence E. Wunderlin, *Robert A. Taft: Ideas, Tradition, and Party in U. S. Foreign Policy*, Oxford, UK: Rowman & Littlefield Publishers, 2005, pp. 59 – 69.

⑥ O'Conner, "The United States Should Not Extend Lend – lease Aid to Great Britain," Chalberg, ed., *Isolationism: Opposing Viewpoints*, p. 181.

们能在成为某一交战国的兵工厂的同时不会成为另一个交战国的打击目标。"①

"美国第一委员会"最有口才，也最有影响力的演说家查尔斯·林白坚决反对租借法。1月23日，他在国会进行了两个半小时的做证。在他看来，由于德国的军事优势，英国根本无法抵御德国的进攻，其失败是必然的，美国援助英国实际上是与英国失败的事业绑在一起，美国应该做的是停止干涉欧洲的事务，加强西半球的防御；他甚至建议美国与希特勒签订一个中立条约。②

而在罗斯福等国际主义者看来，德国是"所有法律、自由、道德和宗教的敌人"，希特勒"追求用剑对世界进行永久征服和主宰"。③ 从1939年9月开始的战争不是一场欧洲国家争权夺利的战争，而是涉及民主存亡的战争，德国和意大利如果获胜，"将威胁西方世界的民主制度"，因此美国应该"把我们的全部支持给予那些正在为抗击这些势力而献出鲜血的国家"。④ "为自由而战组织"主席亨利·霍布森（Henry W. Hobson）在广播演讲中也指出，"当前的世界冲突是独裁与自由之间不可调和的冲突，如果独裁制度在冲突中获胜，那么自由就没有希望"，因此欧洲的战争"就是我们自己捍卫自由的斗争"，"我们必须参与"。⑤ 农业部长、后来担任副总统的亨利·华莱士（Henry A. Wallace）在1940年也指出"这场战争不是一场相互敌视的帝国主义之间的冲突，它是一场将使自由和民主遭到毁灭的战争"⑥。

国际主义者还批评孤立可以保障美国安全的说法。罗斯福在炉边谈话

---

① Arthur H. Vandenberg, Jr., ed., *The Private Papers of Senator Vandenberg*, London: Victor Gollanez Ltd., 1953, p. 19.

② Justus D. Doenecke, *In Danger Undaunted: The Anti-Interventionist Movement of 1940 – 1941 as Revealed in the Papers of the America First Committee*, Stanford: Hoover Institution Press, 1990, p. 29.

③ Fireside Chat, Sept. 11, 1941, http://www. presidency. ucsb. edu/ws/index. php? pid = 16012#axzz1rjhW2SA1. （2012年4月11日获取）

④ Address at University of Virginia, Jun. 10, 1940, Samuel Rosenman, ed., *Public Papers and Addresses of Franklin D. Roosevelt*, 1940 Volume, New York: Macmillan and Company, 1941, p. 261.

⑤ Fight for Freedom, Inc. Records, 1922 – 1942 (bulk 1939 – 1942): Finding Aid, http://diglib. princeton. edu/ead/getEad? eadid = MC025&kw =. （2012年4月11日获取）

⑥ Henry A. Wallace, *Democracy Reborn*, edited by Russell Lord, New York: Reynal and Hitchcock, 1944, p. 173.

中指出,那种"以为我们可以退居自己大陆的边界之内而维护自己安全"的想法是"枉费心机"和"毫不现实"的"幻想"。① 纳粹的目标是"奴役整个欧洲,然后利用欧洲的资源去控制世界其他地区","如果英国倒下,轴心国将控制欧洲、亚洲、非洲、澳洲大陆以及公海,到那时,他们将拥有进攻本半球的巨大的海陆军事资源",美洲各国将"在枪口的威胁下生活"。② 罗斯福告诫美国人说,"我们国家和我们民主制度的未来和安全现在同远在我们边界之外的事态无法避免地纠缠在一起",希特勒的侵略和煽动已经使"所有美洲共和国家的未来处于严重的危险之中"。③华莱士则指出,希特勒和墨索里尼等人的危险不仅在于直接的军事进攻,还在于对西半球国家的颠覆阴谋。他说:"独裁者们有明确针对西半球的计划。他们企图通过宣传和秘密安排来让一个国家反对另一个国家,他们企图让一个阶级对抗另一个阶级,他们在每一个民主国家煽动起大量愤怒的声音,他们企图从他们制造的混乱中谋取政治权力并最终建立起军事力量。"④

罗斯福还指出,现在已经不是飞剪船的时代,大西洋的宽度已经没有意义了,"从非洲到巴西还没有从华盛顿到科罗拉多州的丹佛远,最新型的轰炸机5个小时就可以到达,而在太平洋北端,美洲和亚洲几乎是连在一起的"。罗斯福明确告诉美国民众说,"现在就有飞机可以从英国飞到新英格兰,然后再返回,而无须加油",而且"现代轰炸机的飞行距离正在逐渐增加"。⑤

针对援助英国会把美国拖入战争的说法,租借法案的支持者指出,援助欧洲恰恰是避免美国直接参战的最佳途径。《纽约时报》认为:"不管在

---

① Fireside Chat, May 26, 1940, http://www.presidency.ucsb.edu/ws/index.php? pid = 15959 #axzz1aTyRc14J. (2011 年 10 月 11 日获取)

② Fireside Chat, Dec. 29, 1940, http://www.presidency.ucsb.edu/ws/index.php? pid = 15917 #axzz1rjhW2SA1. (2012 年 4 月 11 日获取)

③ Annual Message to Congress on the State of the Union, Jan. 6, 1941, http://www.presidency.ucsb.edu/ws/index. php? pid = 16092#axzz1aTyRc14J. (2012 年 4 月 11 日获取)

④ Wallace, *Democracy Reborn*, p.173.

⑤ Fireside Chat, Dec. 29, 1940, http://www.presidency.ucsb.edu/ws/index.php? pid = 15917 #axzz1rjhW2SA1. (2012 年 4 月 11 日获取)

细节和方法上有何分歧，这个国家的绝大多数人现在相信，如果英国牵制轴心国的时间能长一点，我们自己的安全和享受和平的能力也会提高。"[1] 罗斯福也提出，通过援助英国等民主国家，"美国卷入战争的机会就会少得多"，美国人和他们的后代也"可以免受别人不得不忍受的战争苦难和折磨"。为了打消美国人的疑虑，他称"没有人要求派遣美国远征军到我们国境之外，政府中没有任何一位成员有派遣这样一支军队的打算"。[2] 陆军部长史汀生指出，援助英国正是为了使大西洋为友邦所控制，而"只要大西洋和太平洋被我们自己或友好国家所控制，其广大的水域就会构成未来侵略国家组建的任何军队难以逾越的屏障。……如果失去这一点，那么两大洋就会在一夜之间成为针对我们的进攻路线的便利通道"[3]。

国会于1941年3月8日通过《租借法》，3月11日经总统签署成为法律。《租借法》规定，总统可以授权陆军部长和海军部长或其他部门长官"向总统认为其防务对美国防务至关重要的任何国家的政府""出售、转让、交换、租用、出借或以其他方式处理任何国防物资"。[4] 《租借法》的通过结束了美国的中立政策，是美国抛弃孤立主义的决定性一步，表明美国的态度已经发生巨大改变。3月12日的《纽约时报》评论说：

> 在我们国家历史上，1941年3月11日应该作为美国结束自参议院拒绝《凡尔赛和约》和国联以来的大退却的日子而被铭记。我们试图在孤立中寻找安全的努力失败了。通过租借法案的最终通过，我们公开承认了这一失败。我们现在翻开新的一章，我们承担起天然地落到世界大国肩上的责任。我们宣布了我们的决定，那就是通过集体安全，也只有通过集体安全，民主国家才能生存。[5]

---

① "To Speed Up Our Aid," *The New York Times*, Jan. 6, 1941, p. 14.

② "Arsenal of Democracy," Lewis Copeland, et al., eds., *The World's Greatest Speeches*, Mineola, NY: Dover Publications, Inc., 1999, pp. 521 – 522.

③ 引自 Robert Taft's Radio Address, "Shall the United States Enter the European War," May 17, 1941, Wunderlin, Jr., ed., *Papers of Robert A. Taft*, Vol. 2, p. 247。

④ Lend Lease Act, 11 March 1941, http://www.history.navy.mil/faqs/faq59 – 23.htm. (2012年4月11日获取)

⑤ "We Shall Not Turn Back," *New York Times*, Mar. 12, 1941, p. 20.

租借法案在国会通过后，辩论并没有结束。林白继续在全国各地进行演讲，反对罗斯福援助同盟国的政策，宣传其以下主张：德国不可能跨越大西洋攻击美国；英国等富裕国家的财富是以牺牲德国这样的欧洲穷国获得的；德国主导欧洲对西半球没有威胁；美国需要做的是加强自己的防务。[①] 1941 年 4 月 23 日在纽约的演讲中，林白认为英国必败无疑，"无论我们给英国多少援助，我们都不可能赢得这场保卫英国的战争"，美国的政策应该是"保持足够的武装力量来保卫西半球免遭外敌的联合进攻"。林白在演讲中还号召"无权无势"的普通民众，用投票来表达自己的立场，阻止美国"极少数权势人物"把美国拖入战争。[②] 演讲吸引两万人参加，林白实际上已经成为罗斯福政府对外政策的主要对手。内政部长哈罗德·伊基斯（Harold Ickes）称林白为"纳粹头号同情者"，[③] 罗斯福甚至怀疑林白有叛国嫌疑，命令联邦调查局对其进行监视。[④] 在 1941 年 4 月 25 日的例行记者招待会上，罗斯福称林白为"绥靖者"（appeaser）和"失败主义者"（defeatist），并把林白与内战时期同情南方并从事破坏活动的北方人相类比，称为"铜头蛇"（copperhead）。罗斯福这一指控的含义是不言自明的。林白觉得受到极大的侮辱，于 5 月 28 日愤而辞职，从美国陆军航空兵上校的职务退役。针对罗斯福的指控，参议院内罗斯福政策最坚定的反对者之一罗伯特·塔夫脱反驳说，这个国家真正的"失败主义者"不是罗斯福所指责的林白，而是陆军部长史汀生和海军部长诺克斯等人，因为他们竟然

---

① 林白在 1941 年 4 月 23 日发表的广播演说中说："从军事角度看，美国的位置比世界任何国家的位置优越。即使在目前我们毫无准备的情况下，也没有任何国家能够入侵我们。如果我们专心致力于我们自己的防务，建设这个国家应有的力量，那么就没有外国军队会试图在美国海岸登陆。战争对这个国家并非是不可避免的，战争不可避免的主张是真正意义上的失败主义。没有人能让我们在国外作战，除非我们自己愿意这样做。如果我们像一个伟大的国家应该做的那样武装好自己，就没有人想在我们这里与我们作战。"Charles A. Lindberg, "The United States Cannot Prevent a German Victory," Chalberg, *Isolationism: Opposing Viewpoints*, p. 194.

② Ibid., pp. 193 – 195.

③ 转引自 Walter L. Hixson, *The Myth of American Diplomacy: National Identity and U. S. Foreign Policy*, New Haven: Yale University Press, 2008, p. 155。

④ 林白 1938 年应美国驻德国大使休·威尔逊（Hugh Wilson）的邀请，在柏林与德国空军司令格林共进晚餐，并接受了格林授予的荣誉勋章，其通信和日记也表明他赞同德国的一些政策和希特勒对德国的领导，因此被怀疑为纳粹同情者。经过几个月的监视和监听之后，联邦调查局并没有发现林白与纳粹有任何联系或从事过颠覆活动，遂结束了对林白的监视。

声称"这个在世界上拥有最广博自然资源和最强大生产能力的国家没有英国海军就无力保卫自己"。塔夫脱辩称,"我们(美国)的海军现在可以阻止德国军队进攻南美,我们正在建造,而且会继续建造一支足以保卫美洲大陆抵御任何陆海军进攻的强大海军"。①

1941年6月22日,苏德战争爆发。6月23日,罗斯福总统提出尽一切可能援助苏联。9月末,美、英、苏签订《援助苏联议定书》。11月7日,罗斯福宣布苏联为接受美国租借援助的国家,这引发了更激烈的辩论,因为在美国苏联被认为是与纳粹德国一样的极权主义国家,孤立主义者似乎找到了更强有力的反对干涉的理由:欧洲的战争并非民主与极权的战争。罗伯特·塔夫脱在6月25日的广播演说中声称,苏德战争爆发更加证明了"欧洲的战争并非民主与专制之战",因为苏联实际上应为目前的战争和德国的侵略负责,如果没有苏联与德国之间的互不侵犯条约,就不会有德国侵略波兰,"苏联是与德国一样的侵略者",而且苏联不可能因为遭受德国的入侵就一夜之间从"侵略者"变成了"民主国家"。塔夫脱讽刺罗斯福以传播"四大自由"的名义向苏联运送飞机、大炮和坦克是非常"荒谬可笑的"。他说:

> 如果通过我们的援助斯大林一直掌权,你认为他会在芬兰、爱沙尼亚、拉脱维亚和立陶宛传播"四大自由"吗?你认为战后会有任何一个俄国人听说过"四大自由"吗?我们正在以民主的名义与世界上最残酷无情的独裁者建立共产主义同盟,还有比把这场战争说成是不同意识形态之间的道德之争这种对美国人民的错误宣传更具嘲弄色彩的吗?如果希特勒赢了,那是法西斯主义的胜利;如果苏联赢了,那是共产主义的胜利,从意识形态角度来看,没有其他选择。但是从意识形态角度来看,共产主义在美国以外的世界获胜远比法西斯主义获胜更危险。……尽管共产主义同纳粹主义一样也与我们的真正原则格格不入,但是共产主义会伪装,经常伪装成民主,而且很成功。它比法西斯主义对美国更危险,因为它是对很多人有吸引力的荒谬的哲学,

---

① Robert Taft's Radio Address, "Shall the United States Enter the European War," May 17, 1941, Wunderlin, Jr., ed., *Papers of Robert A. Taft*, Vol. 2, pp. 246 – 247, 257.

而法西斯主义实际上只是对少数人有吸引力的错误哲学。①

1941 年 8 月，罗斯福与丘吉尔就战争目标问题在纽芬兰附近的大西洋海面会晤，并于 8 月 12 日发表了关于战争目标的联合声明——《大西洋宪章》。9 月，由于美国军舰在冰岛海面遭到德国潜艇袭击，罗斯福明确指示可以对德国潜艇开火。国会于 11 月 13 日再次修改《中立法》，允许武装商船，允许美国船只开往交战区与交战国进行贸易。美国和德国在北大西洋实际上已经处于交战状态。

但是，孤立主义者仍然试图阻止美国卷入战争。比尔德和林白等人提出"魔鬼战争"理论，声称美国卷入外国的战争通常都是由一小撮自私、贪婪和邪恶之人操纵的结果。1941 年 9 月 11 日，林白在衣阿华州的得梅因发表演讲，除了重申他过去的观点（美国的地理位置是最安全的；美国有独立于欧洲的传统；我们曾经参加过欧洲的战争，其结果不仅没有解决欧洲的问题，欧洲还欠债不还）外，还公开提出美国之所以从最初的中立走到现在的战争边缘，是"外国利益集团"和一小撮美国人鼓动和强迫的结果。他声称这些人为"战争的煽动者"，由三个最重要的集团组成，即英国人、犹太人和罗斯福政府。"在这三个集团背后是大批资本家、亲英分子、相信人类的未来依赖于大英帝国主宰的知识分子，以及几周前还反对干涉的共产党集团。"这些战争煽动者人数虽少，却有极大的能量，掌握着宣传、金钱和公职任免的权力。这些集团有一个把美国拖入战争的计划："第一步是以保卫美国为借口让美国做好参加海外战争的准备；第二步是让美国一步一步地、不知不觉地卷入战争；第三步是制造一系列的事件强迫美国陷入实际的冲突之中。"他提醒美国人要警惕犹太人"在我国的电影业、新闻界、无线电广播和政府中拥有的巨大份额和影响力"，指出犹太人和英国人煽动美国参战是为了自己的利益而不是美国的利益，号召美国人给国会议员写信、组织集会，阻止美国干涉欧洲的战争，以保卫美国的独立和自由。② 这一演讲遭到广泛而尖锐的批评，极大地损害了林白的个人声誉，"美国第一委员会"的声誉也受到影响。

---

① Robert Taft's Radio Address, Jun. 25, 1941, Wunderlin, Jr., ed., *Papers of Robert A. Taft*, Vol. 2, p. 255.

② "Lindbergh Sees a 'Plot' for War," *New York Times*, Sept. 12, 1941, p. 2.

12 月 7 日，日本偷袭珍珠港。12 月 8 日，美国对日宣战。孤立主义者虽然对美日关系的紧张也表示关注，大都反对美国与日本开战（除非美国遭受攻击），但其注意力主要集中在欧洲的战争，根本没有想到日本胆敢袭击美国。日本的偷袭行动无疑对孤立主义者构成沉重打击。但对日宣战仍然没有解决美国是否参与欧洲战争的问题，特别是美日战争已经爆发，在美国急需人力和资源投入太平洋战场的情况下，罗斯福恐更难以在德国没有挑衅的情况下加入欧洲的战争。但是，此时希特勒却帮了罗斯福一个大忙，德国居然于 11 日对美宣战。[1] 在美国已经被迫卷入战争的形势下，继续争论美国是否应该干涉欧洲的战争已经没有意义，同时美国领土遭受袭击本身也证明了孤立主义者以孤立求安全的虚妄。范登堡在听到珍珠港被袭的消息后立即给白宫打电话，表示虽然自己与总统存在诸多分歧，但他会"毫无保留地支持总统对日本袭击做出的反应"。[2] 12 月 11 日，"美国第一委员会"全国委员会通过一项公开声明，宣布"关于参战问题的民主辩论时期已经结束了，军事行动的时期开始了"，该委员会决定"停止所有的活动并解散"，同时"敦请所有曾追随本组织领导的人士全力支持国家的战争努力，直到和平得以实现"。[3] 这场持续两年多的外交大辩论终于结束了。

三　关于美国国家目标与国际角色的不同思考

从表面上看，这场外交大辩论主要是围绕美国是否应该援助欧洲和干

---

[1]　1941 年 12 月 8 日美国对日宣战后，罗斯福并未谋求对德宣战，担心宣战会遭到孤立主义者的反对。但是，德国于 12 月 11 日对美国宣战解决了罗斯福的难题，使美国终于卷入欧洲的战争。希特勒为什么对美国宣战还是一个谜，因为根据 1940 年 9 月签订的《三国同盟条约》，只有在日本遭到美国攻击的情况下，德国才有义务"以政治、经济和军事手段援助"日本，而珍珠港事件是日本挑起的。同时，德国应该最不希望美国加入欧洲的战争，特别是在苏德战争正处于胶着状态，德国在莫斯科郊外已经遭到重大失败的情况下。因此，德国对美宣战被历史学家认为是一个重大的战略错误，实际上是自掘坟墓，令人费解。德国杰出记者塞巴斯蒂纳·哈夫纳称，对美宣战是希特勒"犯下的最令人难以理解的错误"，是"其孤独决策中最孤独的一次"。Sebastian Haffner, *The Meaning of Hitler*, translated by Ewald Osers, Cambridge Mass.：Harvard University Press, 1979, p. 120.

[2]　Vandenberg, Jr. , ed. , *The Private Papers of Senator Vandenberg*, p. 16.

[3]　"American First Will Dissolve；Urges War Aid：Victory Chief Goal Now, Gen. Wood Says," *Chicago Daily Tribune*, Dec. 11, 1941, p. 16.

涉欧洲的战争展开的,但实际上,辩论双方的言论已经触及美国对外关系中的一些根本问题:如何处理与国际体系的关系?美国在对外关系中应该追求什么样的目标?国内福祉与对外政策之间的关系怎样?美国应该如何运用其力量?美国究竟应该在国际舞台上扮演何种角色?大辩论实际上深刻揭示了美国成为世界大国后,美国社会在国家目标、国际角色等对外关系基本问题上的巨大分歧。

美国与国际体系:脱离还是改造

从建国开始,美国的政治精英们就认为外部世界是危险的,特别是欧洲主导的国际体系遵循的是君主制的逻辑,充满欺诈、阴谋、强权政治和战争,作为共和国的美国并不适合在这一体系里生存,美国要么脱离这一体系,要么按照美国的原则对这一体系进行改造,使其适应共和国的需要。① 但在整个 19 世纪,美国无力对国际体系进行改造,因此唯一的选择是奉行孤立主义的政策,不卷入欧洲的纷争,也就是与这一体系相脱离。

在这场外交大辩论中,孤立主义者和不干涉主义者坚持美国继续保持 19 世纪的那种孤立,利用西半球有利的位置继续保持在欧洲国际体系之外。华盛顿告别演说所反映出来的美国传统孤立思想认为欧洲充满冲突,确保美国安全的要诀是与"旧大陆"保持距离,尽量避免卷入欧洲纷争中。用路易斯·哈茨的话说,这一思想"呈现的是对欧洲的诅咒和谴责,而非对欧洲抱有希望的祝词,使美国的使命感饱含的不是基督教普世主义,而是难以理解的希伯来式的分离主义"。② 30 年代的孤立主义者正是从传统孤立思想中获取灵感,主张美国与欧洲体系相分离。《芝加哥每日论坛报》在社论中强调两次世界大战之间的时期不过是持续不断的欧洲争斗的间歇期,旧大陆的人民有一种失去理智相互杀戮的倾向,不断地"从事杀戮和消灭,

---

① 对国际体系究竟是"改造"还是"脱离"的问题,最初是由托马斯·杰斐逊提出来的。杰斐逊还认为,虽然美国现在无力改变国际体系,但是由美国为国际体系制定规则的时刻迟早会到来。杰斐逊在 1801 年 10 月给威廉·肖特的信中甚至乐观地说:"在你我有生之年就会看到由我们提出其他国家在海上根据什么法律来对待我们的那一天,而且我们会提出。"Letter to William Short, Oct. 3, 1801, Thomas Jefferson, *The Works of Thomas Jefferson*, Vol. 9, 1799 – 1803, New York: Cosimao, Inc., 2009, p. 309.

② Louis Hartz, *The Liberal Tradition in America*, San Diego: Harcourt, Brace, 1983, p. 37.

并践踏基督教的每一项原则",“这种疯狂会传染",美国的先辈就是为了逃离欧洲的这种疯狂,包括战争和暴政,才来到美洲的,美国应该远离欧洲的争斗,并"为世界的未来保留一个最光明的希望"。① 乔治·本德也认为,“差不多两千年以来,欧洲大陆的各民族一直不顾一切地相互争斗",“我们相信协商,欧洲相信冲突,我们相信通过协商来解决冲突,而欧洲相信通过武装来解决冲突",“我国政治的历史代表了拒绝卷入欧洲事务的决心,代表了对欧洲统治方式和欧洲解决国际问题的方式的彻底否定"。② 林白则明确提出,“美国的命运与欧洲是分离的",美国应该"遵循自己的生活方式",“发展自己的文明,以一种比欧洲交战各国更富有建设性和更英明的方式来促进人类的进步",而不是把自己与欧洲的命运结合在一起。③ 1941 年 4 月 23 日,林白在纽约的演讲中这样赞扬美国传统的孤立政策:

> 它不是新的未经试验的想法,而是乔治·华盛顿一直主张的政策……它主张保持一支足以保卫西半球抵御任何外国集团进攻的武装力量,它要求我们相信美国有不受其他国家约束的自主的命运。……它不是孤立的政策,而是独立(independence)的政策;不是一项失败的政策,而是一项充满勇气的政策,一项曾经引导我们国家在其历史最艰难的岁月走向成功,而且将领导我们再次走向成功的政策。④

而《租借法》,在孤立主义者看来,其后果就在于让美国错误地把自己的命运与欧洲的命运拴在一起。范登堡在租借法案通过当天,也就是 1941 年 3 月 8 日的日记中抨击《租借法》使美国"投入到欧洲的权力政治和欧亚非的战争中去",“有意选择‘参加到’自开天辟地以来最大的冒险中去"。⑤

---

① "The End of a Truce," *Chicago Daily Tribune*, Sept. 4, 1939, p. 18.

② George H. Bender, *The Challenge of 1940*, New York: G. P. Putnam's Sons, 1940, pp. 93 – 94, 100.

③ Charles A. Lindberg, "The United States Cannot Prevent a German Victory," John C. Chalberg, *Isolationism: Opposing Viewpoints*, pp. 193, 195.

④ Ibid., pp. 193 – 194.

⑤ Vandenberg, Jr., ed., *The Private Papers of Senator Vandenberg*, pp. 10, 11.

孤立主义者还主张，美国要尽可能地缩小美国的利益范围，这样，美国与外国争吵的机会就会少些。国会通过《中立法》的目的就是通过限制美国企业和金融业的国际活动来减少美国卷入欧洲战争的危险。大多数孤立主义者在经济上是民族主义者，关注国内市场，主张高关税和贸易保护主义；一些孤立主义者甚至认为贸易保护主义意味着和平，而自由贸易导致经济冲突，会引发战争。罗伯特·塔夫脱在1941年5月17日的广播讲话中称，近些年来，美国的外贸出口额每年30亿美元，大约占其总收入的5%，而对南美洲的出口约3亿美元，约占总出口额的十分之一，占美国总收入的0.5%。因此，他认为无论是对西半球的出口，还是整个美国对外出口在美国经济总量中都是微不足道的，"从贸易的观点来看，这个国家几乎可以自给自足"。因此，他坚决反对共和党内知名的国际主义者、1940年共和党总统候选人温德尔·威尔基（Wendell Willkie）关于一旦英国战败，美国经济将遭受毁灭性打击的看法，声称"没有任何一个国家会因为对外贸易问题而走向战争，战争在一年间造成的巨大破坏远远大于我们在20年的对外贸易中获得的利益"，"关于贸易的整个主张实际上是在吓唬小孩"。①

总之，在孤立主义者看来，美国离开欧洲照样繁荣，美国没有必要卷入欧洲主导的国际体系中去，两大洋提供了美国与世界舞台相隔离的屏障。1939年2月，阿瑟·范登堡在国会演讲中说：

> 的确，我们生活在一个已经缩小的世界，在这个世界里，同华盛顿时代相比，时间和空间的距离相对来说逐渐消失了，但是我仍然感谢上帝给了把我们与其他地区隔绝开来的两大洋。虽然它们已经缩小，但如果我们广泛地和小心地加以运用，两大洋仍然是我们至高无上的恩典。②

因此，美国要做的就是待在西半球，做好自己的事情，而不管欧洲发

---

① Robert Taft's Radio Address, "Shall the United States Enter the European War," May 17, 1941, Wunderlin, Jr., ed., *Papers of Robert A. Taft*, Vol. 2, 1939 - 1944, pp. 248 - 249.

② Vandenberg Speech in the Senate, "It is not Cowardice to Think of American First," Feb. 27, 1939, *Vital Speeches of the Day*, Vol. 5, No. 12, Apr. 1, 1939, p. 356.

生什么都与美国无关。奉行孤立主义立场的诗人奥利弗·奥尔斯特洛姆(Oliver Allstrom)创作了一首长诗《战争——"在那边"》(*The War—"O-ver there"*),被"美国第一委员会"印成小册子广为散发。其中写道:

"那边",一个充满血污的地方,言语混乱而乖张,

为什么向这帮异类施以援手,我们永远无法改变他们的梦想?

不,不,一个声音在美国的天空中飘荡,

我们绝不做同盟国的工具,再一次在外国人的队伍里接受检阅,就像一堆傻瓜里的笨蛋一样。

欧洲可以踏着血迹炫耀杀戮趾高气扬,并筹划各种阴谋、圈套和罗网,

但是我们将待在家里,在大洋的这一面,把我们自己的事照管得妥妥当当。①

来自俄亥俄州的众议员乔治·本德(George H. Bender)在 1940 年出版的书中更是直截了当地说:美国对外政策的主要原则一直是"坚决让欧洲远离美洲,让美洲远离欧洲","把我们国家的命运与欧洲国家的命运相分离"是"我们对外关系的基石"。②

同孤立主义者一样,国际主义者也明白世界是充满冲突的,欧洲是动荡不安的,但是他们更相信世界是相互依赖的,"这个拥有 20 亿人口的世界在历史上第一次变成了同一世界,即从根本上不可分割的世界"③。如果说孤立主义者从第一次世界大战经历中体会到的是美国卷入欧洲战争的弊害,国际主义者则看到的是参与海外事务的必要性。在国际主义者看来,由于美国的崛起、军事与交通技术的进步,以及国家间的相互依赖,也由于美国海外利益的扩大,美国试图置身于欧洲冲突之外是极其困难的,甚至是不可能的。美国应该积极参与国际事务,通过国际合作来掌控事态的进程和方向,对无政府的、充满冲突的国际体系进行改造,从而塑造有利于美国安全与繁荣的世界环境。

---

① Jonas, *Isolationism in America*, *1935 - 1941*, p. 237.

② Bender, *The Challenge of 1940*, p. 93.

③ Luce, "The American Century," *Life*, Vol. 10, No. 7, Feb. 17, 1941, p. 64.

　　罗斯福在1939年4月14日泛美联盟的演讲中说:"毫无疑问,用不了几年,机群越过大洋就像今天越过欧洲内海一样容易,世界经济的运行因此注定会成为一个整体,未来任何地方的经济遭到破坏都会对所有地方的经济造成破坏。"① 他在4月8日的记者招待会上说:"世界上每一个小国的政治、经济和社会独立的维护都对我国的安全和繁荣产生影响,每一个国家的消失都会削弱我们的安全与繁荣。"②

　　第二次世界大战爆发后,罗斯福继续阐述这一思想,他在1940年1月3日的国情咨文中说:

> 声称一亿三千万美国人的国内福祉深受其他国家人们的福祉或不幸的影响,不过是在国际事务中承认我们在国内事务中已经接受的真理。如果在任何地方单位——市、县、州或地区——允许较低的生活标准持续下去,整个国家文明的水平也会下降。同样的原则可以引申到文明世界的其他地区。但是,有一些人,或是出于幼稚,或是出于无知,或是二者兼有,一厢情愿地坚持认为,美国是一个自足的单位,当外面其他地区的文明、商业和人类的文化遭受毁坏的时候,可以在孤立的高墙内过幸福和繁荣的生活,并不用担心未来的安全。③

　　史汀生在参议院做证时指出,"太多的美国人被教育相信,当世界发生麻烦的时候,美国什么都不要做,而是静观其变,让事态自然发展。但是现在的形势不同了,轴心国正在迅速地向前推进,而世界已经变得太小了,并且越来越相互联系和相互依赖",因此,在目前的形势下,美国的孤立是一个"陈旧过时的传统"。④

---

① Samuel Rosenman, ed., *The Public Papers and Addresses of Franklin D. Roosevelt*, 1939 volume, New York: McMillan Co., 1941, p. 198.

② Excerpts from the Press Conference in Warm Springs, Georgia, Apr. 8, 1939, http://www.presidency.ucsb.edu/ws/index.php? pid=15735#axzz1aTyRc14J. (2011年10月11日获取)

③ Annual Message to the Congress, Jan. 3, 1940, http://www.presidency.ucsb.edu/ws/index.php? pid=15856. (2011年10月12日获取)

④ Henry Stimson, "The United States Must Reject Its Isolationist Past," Chalberg, *Isolationism: Opposing Viewpoints*, p. 141.

国际主义者坚信,美国经济的繁荣与世界经济形势密不可分,他们反对孤立主义者关于保护主义意味着和平,而自由贸易意味着战争的说法。昆西·赖特等人在《纽约时报》上撰文指出,"今日世界的悲惨形势已经极为雄辩地证明,在追求自给自足过程中舍弃对外贸易会招致战争和帝国主义"。① 国联副秘书长雷蒙德·福斯迪克（Raymond B. Fosdick）在批评国会通过高关税法案时说:"今日的世界无可避免地嵌入同一个工业之网中,国会通过的任何法律都无法把美国孤立起来。"②

随着欧洲战争的发展和希特勒德国的节节胜利,越来越多的美国人接受了国际主义者关于美国与世界相互依赖的看法,认识到美国的命运与欧洲乃至整个世界的命运密不可分。著名媒体人杰拉尔德·约翰逊（Gerald W. Johnson）在 1941 年 6 月评论道:在 1919 年,反对国联的人相信"欧洲总是需要美国的力量,而美国需要欧洲力量的时代永远也不会到来,大多数美国人对这一信念坚信不疑"。但是到了 1941 年中期,他们发现,一批专制国家似乎正在把自由政府在欧洲的最后堡垒消灭掉,美国突然之间陷入一种孤立之中,这种孤立是"美国人从未想到和最不希望的",这使他们意识到,"我们自己的安全与所有自由国家人民的安全密不可分,不保障其他人的安全,我们自己的安全也得不到保障"。③

在国际主义者心中,正因为相互依赖的潮流已经使美国无法与国际体系相脱离,美国只能加入国际体系中去,但他们对这一体系的规则并不满意,担心在"被几个人手中的武力所统治"的"卑鄙和危险的世界",美国的制度无法长存。④ 他们因此提出要对国际体系进行改造,建立一个由美国理想主导的世界。亨利·卢斯提出,美国无法为其他国家的良好行为负责,但是"美国必须为她生存其中的世界环境负责",如果美国所处的环境不利于美国制度的成长,那美国人就不要指责他人而只能怪自己,因为美

① Clarence Berdahl, Kenneth Colegrove, Walter Rice Sharp, and Quincy Wright, "Cooperation of States Held Necessary to World Peace," *New York Times*, Nov. 12, 1939, p. 74.

② Raymond B. Fosdick, ed., *Letters on the League of Nations: From the Files of Raymond B. Fosdick*, Princeton, N. J.: Princeton University Press, 1966, p. 32.

③ Gerald W. Johnson, "The Ghost of Woodrow Wilson," *Harper's Magazine*, Vol. 183, Jun. 1941, pp. 7, 9.

④ Annual Message to the Congress, Jan. 3, 1940, http://www.presidency.ucsb.edu/ws/index.php? pid=15856. (2011 年 10 月 12 日获取)

国是影响这一环境的最大力量。卢斯称,美国必须运用自身的力量塑造有利于美国生存和繁荣的世界环境,"各种形式的孤立主义在道义和实践上的缺陷就在于没能抓住美国和美国所处的环境之间的关系"。[①] 而罗斯福则明确提出未来的世界秩序应该建立在"四大自由"基础上,美国"绝不会接受一个由希特勒支配的世界",也绝不会接受类似战后 20 年代那种"使希特勒主义(Hitlerism)的种子再次种下并长大的世界",美国将"只接受致力于言论和表达自由、每个人以自己的方式崇拜神灵的自由、免于恐惧的自由和不虞匮乏的自由的世界"。[②] 罗斯福等人实际上从全球的视角看待国际局势,把亚洲的战争和欧洲的战争联系在一起,相信美国面临的挑战是全球性的。[③]

学者阿诺德·沃尔弗斯将国家的外交政策目标分为两类:一是占有性目标(possession goal);二是环境目标(milieu goal)。前者是指领土、资源、市场、成员国地位等排他性的、有形的目标,一国在追求这些目标的时候通常会构成与其他国家的竞争;而后者是指一国试图塑造国外的事态,建立有利于本国生存与发展的环境,包括友善、秩序、规则和世界和平。环境目标并不是排他的和竞争性的,一国在追求环境目标的时候需要与其他国家合作。[④] 从这一分类来看,孤立主义者重视的是占有性目标,对环境目标不感兴趣;而国际主义者虽然也追求占有性目标,但是他们更重视的是环境目标,关注影响环境变迁的因素。正因为如此,威尔逊关注外国国内政治的演进,认为国内政治的变化会影响其对外行为,重视国际事件产生的心理影响和示范效应以及国际舆论和国际伦理的变化。罗斯福也从国际环境和秩序的角度看待欧洲战争对美国的威胁,在罗斯福眼中,轴心国的威胁主要不是对国家生存的威胁(德军占领美国),而是国际环境恶化带

---

① Henry R. Luce, "The American Century," *Life*, Vol. 10, No. 7, Feb. 17, 1941, p. 63.

② Radio Address Announcing an Unlimited National Emergency, May 27, 1941, http://www. presidency. ucsb. edu/ws/index. php? pid = 16120&st = &st1 = #axzz1aTyRc14J. (2011 年 10 月 12 日获取)

③ 正因为如此,欧亚在不同时间发生的又分别在不同时间结束的战争被放在一起,称为"第二次世界大战"。美国外交史家弗兰克·宁科维奇称"第二次世界大战"的说法是"美国历史想象的产物"。Frank Ninkovich, *The Wilsonian Century: U. S. Foreign Policy since 1900*, Chicago: University of Chicago Press, 1999, p. 121.

④ Arnold Wolfers, *Discord and Collaboration: Essays on International Politics*, Baltimore: The Johns Hopkins Press, 1962, pp. 73 - 74.

来的对美国国家特性和美国生活方式的威胁。罗斯福 1940 年 12 月 29 日炉边谈话中的一段话集中地反映了这一思想：

> 如果英国倒下，轴心国就会控制欧、亚、非和澳大利亚等各大洲以及各大洋。……我们就会走进一个新的、可怕的时期，整个世界，包括我们这个半球，都将屈从于野蛮武力的威胁之下，要在这样的世界上求生存，我们将不得不把自己永远转化成建立在战争经济基础上的军事主义国家。①

总之，国际主义者不是消极地回避战争，而是试图通过积极的行动防患于未然，致力于塑造有利于美国生存和繁荣的环境，追求的是"积极的和平"；孤立主义者关注的是让美国如何避免战争，追求的是一种"消极和平"。孤立主义者的大战略实际上是一种"脱离"战略，即通过孤立于国际体系之外，保持美国的"高尚的孤立"（virtuous isolation）以维护美国的自由与安全；而国际主义的大战略是"改造"战略，通过参与和改变国际环境和国际体系来维护美国的安全与利益。

美国似乎不能心安理得地与世界相处，要么"脱离"这个世界，要么"改造"这个世界。在路易斯·哈茨看来，这是源于美国的国家特性——"美国主义"（Americanism，一译"美利坚主义"），特别是其中相信自己优越的"绝对的国家道德观"（absolute national morality）。他认为"美国主义"可以导致两种倾向：一种是强烈的孤立主义心态，认为美国之真正自由的美好前景"在于摆脱一个只能给美国社会注入其糟粕的颓废的'旧世界'"，这种情绪在革命时代就已经渗透到大多数人的思想中；另一种是干涉主义倾向，在 20 世纪，"美国主义"使美国开始"以威尔逊方式进军海外，急切规划征服欧亚那些不可思议而又古老的社会"。"美国主义""一旦被种种具体的事件推向世界舞台，就会自觉不自觉地去重构它力图避免的真正异己的东西，它的救世主理论正是其孤立主义的极端对应物"。这就是为什么美国人似乎总是在躲避外部世界和过分热情地介

---

① Fireside Chat，Dec. 29，1940，http：//www. presidency. ucsb. edu/ws/index. php? pid = 15917 #axzz1aTyRc14J.（2011 年 9 月 11 日获取）

入世界事务之间摇摆不定的原因。哈茨称,"一种绝对的国家道德观既可以受激励去逃避'异己'的东西,也可以受激励去改造这些异己的东西:它总是无法心安理得地与这些异己的东西共处"。① 实际上,在美国人思考与外部世界的关系时,孤立还是卷入这两种倾向一直在进行较量,国际主义与孤立主义者之间的争论也在美国历史上周期性地出现。

对外干预与国内自由:破坏还是保护

孤立主义者反对美国干涉的主要理由不仅在于与国际体系相脱离可以保障美国的安全,同时还在于对外干涉会威胁美国国内的自由和民主,损害美国人民的福祉。在孤立主义者看来,奉行对外干涉的国际主义路线,特别是卷入欧洲的战争会使总统及行政部门获得无限的权力,并制造出不受民众和国会监督的、热衷于秘密行动的情报机构,从而破坏美国的宪政体制;战争会导致高税收、国债和政府赤字,增加人民的负担;战争会制造一个庞大的军工企业集团,他们依赖政府订货,与政府官员形成利益共同体,制造敌人,渲染仇恨,从恐惧和战争中获利;战争需要一支规模庞大的常备军,从而会大大增加军人的权势和影响;战争期间,公民自由会在国家安全的名义下受到践踏。总之,对外武力干预和战争会使美国成为一个按照军事化原则进行管理、崇尚军人价值观、对公民进行严密控制和高度整合的"兵营国家"(Garrison State)。② 而这一切都会威胁,甚至消灭美国的生活方式,包括个人主义、有限政府、自由企业制度、市场经济和

---

① Hartz, *The Liberal Tradition in America*, p. 286.

② "兵营国家"(Garrison State)是美国政治学家哈罗德·拉斯韦尔(Harold Lasswell)于 1937 年提出的概念,他预言,随着技术的进步和外部威胁的增加,国家形态将从过去的"市民国家"(civilian state)演变为"兵营国家",即"专制的、支配的(governmentalizd)、集权的和高度整合的(integrated)"国家形态,政府大权不是掌握在谈判专家,即商人的手中,而是掌握在暴力专家,即军人的手中。在美国人观念中,兵营国家与自由民主国家是截然对立的,兵营国家的出现意味着美国生活方式的毁灭。而兵营国家出现的主要原因是应对外部威胁的需要,面对外部威胁,国家把安全置于压倒一切的地位,为此不得不改变其经济和政治生活,牺牲美国的自由和生活方式。兵营国家的出现把公民社会转化成了军事化(militarized)社会。参见 Harold D. Lasswell, "Sino-Japanese Crisis: The Garrison State versus the Civilian State," *The China Quarterly*, Vol. 11, Fall 1937, pp. 643 – 649; Harold D. Lasswell, "The Garrison State," *The American Journal of Sociology*, Vol. 46, No. 4, Jan. 1941, pp. 455 – 468。

私有财产权等。在孤立主义者眼中，"兵营国家"的出现将是美国的梦魇，是美国理想的覆灭。

因抗议《民族》杂志编委会支持美国干涉欧洲战争而辞职的编辑奥斯瓦尔德·威拉德（Oswald Garrison Willard）写道：这些编辑们将来"某一天会醒悟到，他们目前建议的路线将不可避免地结束所有的社会与政治进步，进一步降低生活标准，奴役劳工，如果继续下去将把专制统治强加给我们，把美国改变成极权主义国家"。① 参议员阿瑟·范登堡在 1941 年 3 月 8 日的日记中写道："当（关于租借法案的）投票结果宣布的时候，我感到我正在见证共和国的自杀"，《租借法》"意味着美国将增加成百上千亿美元的公共债务"，"意味着我们民主制度的终结"。② 塔夫脱在 1941 年 5 月 17 日的广播演讲中把孤立主义者的这一担心和盘托出：

> 战争不仅不能保卫民主，相反可能会摧毁我们美国这里的民主。国会正在放弃宪法赋予的预防性权力，而把无限的权力赋予了总统和杰西·琼斯（Jesse Jones，新政时期担任重建金融公司的主席，执掌监管银行的大权，1940 年被任命为商务部长——引者注）以及行政分支的各部门。在目前已经巨大的债务负担上再增加巨额战债将非常可能摧毁美国自由赖以建立的整个自由企业制度。（总统和行政分支拥有的）这些权力其中有些可能会在目前的紧急状态结束后予以中止，但是如果战争持续五年的时间，我怀疑我们是否还能够回到我们的宪政制度。③

塔夫脱还用战争可能带来的灾难来呼吁美国民众反对战争：

> 战争现在是用机器在进行杀戮，它远比以前更具毁灭性。如果我们卷入这场战争，那么在上一次世界大战中 50 万人的伤亡与可能发生的

---

① Oswald Garrison Willard, "Issue and Men," *Nation*, Vol. 150, No. 26, Jun. 29, 1940, p. 782.

② Vandenberg, Jr. , ed. , *The Private Papers of Senator Vandenberg*, pp. 10, 11.

③ Robert Taft's Radio Address, "Shall the United States Enter the European War," May 17, 1941, Wunderlin, Jr. , ed. , *Papers of Robert A. Taft*, Vol. 2, p. 246.

相比什么也不是。……多年来，我们一直在提高我们人民的生活水平，我们一直在努力为更多的人提供更多的幸福。两年的战争将会毁灭我们已经取得的一切进步，将会使贸易和金融遭到破坏。①

林白在 1941 年 9 月 11 日的演讲中则直接抨击罗斯福"利用战时紧急状态在美国历史上首次获得第三任总统任期"，增发数十亿美元的国债，"限制国会的权力，为总统和他任命的人实施独裁权力寻找依据"。② 一言以蔽之，"紧急状态的保持"成了总统扩大权力的借口，战争会导致独裁和专制。

在孤立主义者心中，民主是极为脆弱的，威胁民主的力量有很多，包括金钱的腐蚀、财富的集中、民众的盲目、外敌的入侵和敌对势力的颠覆。而过多地卷入外国的事务也会对民主构成威胁：腐蚀民众的品德，卷入外国的阴谋，为外来势力收买美国的政治人物打开方便之门。早在 1793 年汉密尔顿就曾警告说："对一个共和国来说，外国的影响是希腊人的木马。我们必须小心翼翼地把这种影响排除掉。不能设想这种影响只会采取直接贿赂的、粗放的方式。它会影响我们的感情，塑造我国的偏见，制造我国对某国的偏爱，以赢得支持，而这是最危险的。"③ 约翰·昆西·亚当斯 (John Quincy Adams) 在 1821 年 7 月 4 日独立日演说中那段著名的警告被孤立主义者奉为金玉良言：

> （美国）一旦投入到其他国家而不是自己国家的旗帜之下……那么她就会卷入因争夺利益、阴谋、个人的贪婪、忌妒和野心而导致的、却以自由的名义或盗用自由的标准而进行的战争之中……她可能会成为世界的独裁女王并失去自己的精神。④

---

① Robert Taft's Radio Address, "Shall the United States Enter the European War," May 17, 1941, Wunderlin, Jr., ed., *Papers of Robert A. Taft*, Vol. 2, p. 249.

② "Lindbergh Sees a 'Plot' for War," *New York Times*, Sept. 12, 1941, p. 2.

③ Alexander Hamilton, *Pacificus*, No. 6, Jul. 17, 1793. 转引自 Patrick J. Buchanan, *A Republic, Not an Empire: Reclaiming America's Destiny*, Washington, D. C.: Regnery Publishing, Inc., 2002, p. 65。

④ Walter LaFeber, ed., *John Quincy Adams and American Continental Empire: Letters, Papers and Speeches*, Chicago: Quadrangle Books, Inc., 1965, p. 45.

　　孤立主义者普遍相信,卷入国外的纷争,"过多地干预霍布斯式的国际政治世界会腐蚀和破坏美国人民在国内建立的洛克式的、民主的秩序"。①

　　而在国际主义者看来,在美国利益和美国人民的福祉已经与外部世界紧密联系在一起的情况下,如果美国对霍布斯式的国际政治世界不闻不问的话,美国的安全就无法保障。对美国自由民主制度的威胁来自两大事态:一是霍布斯式的国际无政府状态;二是出现世界性的帝国。在霍布斯式的无政府状态下,国际关系领域盛行的是均势原则,而均势原则无法建立一个稳定的国际体系,无政府状态和均势会引发战争,第一次世界大战暴露了均势的脆弱。而美国的政治传统为建立一个和平的国际秩序提供了经验,那就是无政府状态下的各国结成联盟,和平相处,受法律的约束和保护。肖特维尔在1936年出版的书籍中,面对国际形势的变化,特别是法西斯势力的崛起和扩张深感忧虑,认为"摆在我们面前的问题是我们是否将阻挡进步的步伐,再一次接受旧的国际体系的无政府状态,这种无政府状态充满各种危险,会加速冲突的到来,把战争视为政策的工具"②。

　　而由单一国家主导国际体系,也就是世界性帝国的出现虽然可以避免无政府状态,但是一个专制帝国的出现会对美国的自由构成极大威胁。第一次世界大战期间,威尔逊曾对德国可能成为这样的帝国深为忧虑,担心德国的胜利将"改变我们文明的走向,使美国成为一个军事国家"。③ 这成为美国对德宣战的动因之一。在国际主义者看来,1940—1941年与1917—1918年的形势非常相似,美国不能容忍希特勒征服欧洲。正如杰拉尔德·约翰逊观察到的,"威尔逊幽灵"又回到了美国人的思想中,"那位憔悴的长老会信徒(指威尔逊——引者注)又重新出现在美国人的脑海中,他的言辞和思想又重新焕发了活力和力量",威尔逊已经"从沉睡中醒来,冲向战场重新领导他的同胞"。④

---

①　Walter L. Mead, *Special Providence*: *American Foreign Policy and How it Changed the World*, New York: Alfred A. Knopf, 2001, p. 185.

②　James T. Shotwell, *On the Rim of the Abyss*, New York: Macmillan Co., 1936, p. 34.

③　From the Diary of Colonel House, Link, ed., *Papers of Woodrow Wilson*, Vol. 30, p. 462.

④　Gerald W. Johnson, "The Ghost of Woodrow Wilson," *Harper's*, Vol. 183, Jun. 1941, p. 2.

　　自由国际主义认为,如果美国对欧洲旧大陆的权力斗争不闻不问的话,那么极权主义就会获得胜利,欧洲就会出现一个敌视美国的霸主或同盟,到那时,美国很可能不得不把自己变成一个"堡垒"(fortress):处在专制国家的包围之中,在一个充满敌意、极度危险的环境中封闭自己,时刻担心敌对国家的入侵和破坏;而为了安全,不得不减少对外交往,牺牲自由,把自己封闭起来。这种自我封闭的"美国堡垒"(Fortress America)无异于一个孤岛、一个监狱,自由和安全无从谈起,美国的生活方式更无法维持。1940年6月10日,罗斯福在弗吉尼亚大学演讲时警告说:

　　　　一些人实际上仍然抱有现在看起来显然错误的幻想:我们可以安然地让美国成为由武力哲学统治的世界的一个孤岛。这样的孤岛可以是那些仍然以孤立主义者身份说话和投票的人的梦想。但是对我和今天的绝大多数美国人来说,这样的孤岛代表着一种无助的噩梦、一个失去自由的民族无助的噩梦。是的,一个被关在监狱里,戴着手铐,忍饥挨饿,日复一日地依靠其他大陆倨傲冷酷的主人通过栏杆提供食物的民族无助的梦魇。①

　　不仅如此,由于受到希特勒残暴武力的威胁,为了生存,美国将"不得不把自己长久地变成建立在战争经济基础上的军事主义国家(militaristic power)"。②

　　1938年3月17日,赫尔在全国记者俱乐部的演讲中做了类似的警告:

　　　　今天,在整个世界,作为国际秩序基础的根本原则正处于生死存亡的危险之中。……我们可以对整个问题视而不见,拒绝参与对这些问题的解决,拒绝承担解决的责任。……这将意味着我们自愿放弃一些使我们成为伟大国家的最重要的东西,意味着我们在那些

---

　　①　Address at University of Virginia, Jun. 10, 1940, Samuel Rosenman, ed., *Public Papers and Addresses of Franklin D. Roosevelt*, 1940 volume, New York: Macmillan and Company, 1941, p. 261.

　　②　Fireside Chat, Dec. 29, 1940, http://www. presidency. ucsb. edu/ws/index. php? pid = 15917 #axzz1rjhW2SA1. (2012年4月11日获取)

一直受到我们反对的力量面前奴隶般地后退,意味着我们的安全将受到威胁。……在这种情况下,我们对外关系的范围,无论是经济、文化、思想,还是其他方面的关系都将会缩小和无用,直到我们独自站在各国中间,成为一个自命的隐士国家。我们会发现需要改组我们整个社会和经济结构,重新依靠我们自己的资源……这意味着以更高的成本生产更少的产品,意味着更低的生活水平,对生活的每一方面进行严格的管制,意味着工资劳动者和农场主及其家庭的经济苦难以及规模越来越大的失业救济。我们相信做了这一切后就会避免战争,但是这些政策能保证我们远离战争吗?理性和经验明确无误地指向了反面。我们可以逃避参与世界事务,但是我们无法逃避这个世界本身。孤立主义不是获得安全的方法,它是不安全的来源。①

不仅如此,希特勒主宰欧洲还会对美国经济构成严峻挑战,进而从根本上损害美国国内社会的福祉和生活方式。1941 年 5 月 27 日,罗斯福总统在宣布国家紧急状态的广播讲话中展望了德国主宰世界可能带来的后果:希特勒会把世界其他地区的人民变成奴隶劳工,美国工人不得不与奴隶劳工竞争,没有最低工资和最高工时,"美国工人和农场主的尊严、权利和生活水准将一去不返,工会将成为历史陈迹,集体议价将成为笑柄。……在这样的制度下,(美国)经济生活的整个结构都将受到损害而陷于瘫痪"②。美国驻柏林参赞道格拉斯·米勒(Douglas Miller)向美国民众描述了德国主宰世界可能带来的最可怕的前景。他称希特勒征服英国后将控制欧、亚、非三洲,柏林的中央机构将控制三大洲的贸易,美国的私人企业将无法与受到极权主义政权资助的商品进行竞争,美国不仅无法获得国外的原料,而且其产品将大量过剩,贸易将大大缩减,美国

---

① "Our Foreign Policy," Secretary of State Cordell Hull's Address at the National Press Club, Washington, D. C., Mar. 17, 1938, http://teachingamericanhistory. org/library/index. asp? documentprint = 655. (2011 年 2 月 14 日获取)

② Radio Address Announcing an Unlimited National Emergency, May 27, 1941, http://www. presidency. ucsb. edu/ws/index. php? pid = 16120&st = collective + bargaining&st1 = #axzz1sC5XaVPM. (2011 年 2 月 14 日获取)

要么按照希特勒的条件进行贸易,要么陷入经济萧条,而计划经济和国家社会主义制度将得势。简言之,"美国将从一个文明的时代跌入遭受围剿的漫漫长夜"。①

国际主义者辩称,采取积极的措施,支持反抗纳粹主义的力量不会损害美国的自由,相反却可以保卫美国的民主。罗斯福在1940年5月26日的炉边谈话中告诉美国民众:"一些人议论说,只有通过放弃我们的自由、我们的理想和我们的生活方式,我们才能建立起充足的防务,我们才能拥有敌得过侵略者的力量。我不赞同这种错误的观念,我没有这种担心。"②他在1941年5月27日的广播讲话中又说道:

> 我们中间有一些懦弱之辈,他们说我们必须以任何代价来维持和平——否则我们就将永远失去自由。对于这些人,我要说:在世界的历史上从来没有一个国家,竟会由于成功地保卫民主而丧失其民主。我们绝不能被我们准备抵抗的威胁所吓倒。我们的自由已经证明它能够在战争中保存,但是绝不可能在投降中保存。③

同威尔逊一样,30年代国际主义者相信,只有通过美国积极参与国际事务,通过与英法的合作,才能建立一个"让民主享有安全"的世界,因为通过与其他民主国家合作,美国抵御外部威胁、维护安全的代价会非常低,就用不着对社会进行控制或使其军事化,只有这样,在面对希特勒的威胁时,美国的自由和民主才能真正得以保存。

美国的国际角色:"自由的灯塔"还是"世界领袖"

美国在国际舞台上应该扮演何种角色?在国际社会中拥有何种身份?自19世纪末美国崛起为世界强国之后,这些问题就一直困扰着美国人。孤

---

① Douglas Miller, *You can't do Business with Hitler*, Boston: Little, Brown and Company, 1941, p. 167.

② Fireside Chat, May 26, 1940, http://www. presidency. ucsb. edu/ws/? pid = 15959. (2011年2月14日获取)

③ Radio Address Announcing an Unlimited National Emergency, May 27, 1941, http://www. presidency. ucsb. edu/ws/index. php? pid = 16120&st = &st1 = #axzz1aTyRc14J. (2011年10月12日获取)

立主义者试图继续恪守建国之父们的告诫，让美国仅仅充当"共和典范"和"自由的灯塔"。而在自由国际主义者看来，面对希特勒德国对民主国家的进攻，美国必须挺身而出来捍卫自由和民主，仅仅"垂范"是不够的，美国还必须与其他国家一道抵御民主的敌人——专制主义和集权主义的进攻，甚至扮演领导的角色。

孤立主义者认为，通过树立民主的典范、不受欧洲各种弊病的污染、保持美国的纯真与超然，美国就可以对世界进行道义的领导，为和平与进步作出贡献。比尔德在其1940年出版的书中指出，美国"长期以来被认为是世界各地被压迫者的避难所"，"为劳苦大众提供了一个没有庞大常备军、巨额债务和高税收的国家的典范"，美国应该继续充当这一典范，"满足于对人类进步事业提供忠告"的角色，"在任何情况下避免以任何方式与外国结成联盟，干预或卷入外国事务"。① 1940年，"美国第一委员会"的一份宣传广告称："我们同情中国，但是我们绝不能因为感情的原因让美国陷入太平洋6000英里以外的战争中去，充当游侠骑士无疑不是我们的使命。"② 珍珠港事件后，一些孤立主义者虽然支持美国的战争努力，但仍然坚信自己的主张是正确的，警告美国不要充当世界领袖，卷入外国的纷争中去。1944年12月19日，即将卸任的知名参议员杰拉尔德·奈在向参议院发表的告别演说中虽然指出美国应该把战争打下去，直至获得最终的胜利，但他警告说，这场战争不会把美国带入一个"黄金时代"，而是会给美国带来沉重的负担和种种麻烦："我们的人民将承受数目巨大，甚至可能超过3000亿美元的债务负担；我们将拥有一支由权力欲望没有止境的军官指挥的常备陆军，这支陆军将驻扎在首都各处并使我们国家整个教育体制军事化；我们将拥有一支世界上规模最大的海军，占据海洋并消耗巨大的花费；我们将卷入盟友间的每一次争吵，因为他们深知有必要利用我们的力量在争吵中占据上风，同时我们与他们之间也会发生直接的矛盾；而当发生第三次世界大战的时候……我们从一开始就会卷进去。"而避免美国卷入未来战争的办法就是"做好我们自己的事情，远离纠缠纷扰的同盟，在西半球开发我们自己的市场，并老老实实

---

① Charles Beard, *A Foreign Policy for America*, New York：Alfred A. Knopf, 1940, pp. 12, 31.

② *Automotive News*（Detroit）, Dec. 9, 1940, p. 190. 转引自 Wayne S. Cole, *America First*：*The Battle against Intervention*, *1940 – 1941*, Madison：University of Wisconsin Press, 1953, p. 190。

地把我们的力量全部用于我们自己国土的防御"。①

孤立主义者认为,民主是无法用武力进行输出的,强制输出民主带来的将是专制和暴政。塔夫脱在1941年5月17日的广播演讲中说:

> 战争是徒劳的。我们可以支持世界上每一个国家的自由和民主。但是,没有人能够通过征服改变其他民族的哲学,没有人能够长期把一种其他民族不希望或不适合的政府形式强加给这个民族,我们不时地会听到有人鼓吹美国要让民主在世界上享有安全,我们在1917年曾尝试这样做,但是从那场战争中生长出来的是比我们一百年间看到的更多的"主义"、专制统治和残暴的独裁者。②

塔夫脱声称,以捍卫正义和民主的名义卷入欧洲的战争"恰恰会摧毁我们要捍卫的那种道德","通过残忍的战争武力的方式把任何特殊牌号的自由和民主强加给其他民族而不管它想不想要,都是对我们努力促进的那些民主原则的否定"。他批评罗斯福的主张"非常类似曾激发中世纪圣地十字军运动的那种宗教狂热",是错误地相信"我们有改革世界的神授使命",这是极端危险的。③ 在塔夫脱看来,"在世界上促进民主事业的道路只有一条,那就是证明民主政府是能够给采用它的人民带来最大的和平、安全和幸福的政府,证明即使在战争、危机和紧急状态下,民主过程也能够得到保持"④。乔治·本德承认纳粹主义敌视民主制度,美国人像厌恶其他独裁制度一样,憎恶德国的独裁制度,但是他坚信,美国不应该用武力手段把民主强加给外国。他说:"我们要把民主强加给德国人民吗?在遥远的亚洲、俄国、暹罗、印度,人的自由也被剥夺,我们没有挺身而出去解

---

① 转引自 *Congressional Record*, Senate, 78th Congress, 2nd Sess., Dec. 19, 1944, Vol. 90, Part 7, pp. 9688 - 9689。

② Robert Taft's Radio Address, "Shall the United States Enter the European War," May 17, 1941, Wunderlin, Jr., ed., *Papers of Robert A. Taft*, Vol. 2, p. 246.

③ Robert Taft's Radio Address, Jun. 25, 1941, Wunderlin, Jr., ed., *Papers of Robert A. Taft*, p. 254.

④ Robert Taft's Radio Address, "Shall the United States Enter the European War," May 17, 1941, Wunderlin, Jr., ed., *Papers of Robert A. Taft*, Vol. 2, p. 250.

放那些被压迫的人。"①

孤立主义者并不渴望美国取代英国成为世界的领袖,因为如果那样的话,美国要付出巨大的代价去建立和维护全球体系。这会让美国承担巨大的军费开支,从而损害美国国内的繁荣。不仅如此,一旦美国成为"世界领袖",其他国家和地区的代表就会纷纷通过正当或不正当的手段来寻求美国的支持,拉拢媒体、贿赂政客、对美国政府进行游说,把华盛顿变成各种阴谋诡计的策源地,美国也会因此卷入外国的阴谋中去。美国将不再是"山巅之城",而是"奥吉亚斯王的牛厩"(Augean stables);② 不再是自由的灯塔,而成为帝国的首都,美国的民主将遭到严重腐蚀。正因为如此,美国绝不能充当世界的领导者。范登堡在国会演讲中称:"我们对世界各地遭受外国和本国暴行的受害者充满同情,并感同身受。但是我们不是,也不可能是世界的保护者或世界警察。"③

在国际主义者看来,德国的意识形态是对自由和民主原则的巨大威胁,④ 如果纳粹获胜,人类将进入一个"冰冷的、绝望的、新的黑暗时代"。⑤ 而在民主制度遭受威胁,人类遭受贫穷、饥饿、战争和暴政蹂躏的时候,仅仅率先垂范和进行道义领导是不够的,美国还需要通过承担国际义务以及与其他国家合作,领导世界抵御专制主义的进攻,保卫民主和实现和平。

① Bender, *The Challenge of 1940*, p. 93.

② Mead, *Special Providence: American Foreign Policy and How it Changed the World*, p. 205.

③ Vandenberg's Speech in the Senate, "It is not Cowardice to Think of American First," Feb. 27, 1939, *Vital Speeches of the Day*, Vol. 5, No. 12, Apr. 1, 1939, p. 357.

④ 美国杰出战略家、时任普林斯顿高等研究院教授的爱德华·厄尔的话反映了那个时期国际主义者对纳粹意识形态的认知:"共产主义和法西斯主义的信条是对自由派和保守派接受的社会组织原则的全盘否定。利用全世界的不安全和恐惧感,法西斯国家大肆破坏个人自由,把自己吹捧到神灵的地位,使背信弃义、吹嘘、讹诈和欺骗成为国际关系的新基础。战争被讴歌成正常状态,和平被贬低为不正常的。贸易成为征服和掠夺的工具,经济学成为谋求军事力量的科学而不是为了寻求更高水平的人类福祉。" Edward Mead Earle, *Against This Torrent*, Princeton, N. J.: Princeton University Press, 1941, pp. 51–52.

⑤ "Our Second Chance," Address before Foreign Policy Association, New York City, Apr. 8, 1941, Wallace, *Democracy Reborn*, p. 179. 正是在这个意义上,亨利·卢斯在1941年2月强调,尽管美国没有遭受入侵,但实际上"美国已经处在战争之中了","我们在战争中不是为了保卫美国的领土,我们在战争中是为了保卫,甚至在全世界促进、鼓励和激发所谓的民主原则"。Luce, "The American Century," *Life*, Vol. 10, No. 7, Feb. 17, 1941, p. 61.

卢斯在1941年2月发表的《美国世纪》一文中集中阐释了当时国际主义者对美国国家身份与国际角色的思考，那就是充当世界的领袖。卢斯在文章开头即提出，美国面临着其他国家所没有的问题，这是"20世纪的美国所独有的问题"，"这一问题远比眼前的战争问题更深刻"。这一问题就是：美国要在世界上发挥什么样的作用？扮演什么样的角色？卢斯称：

> 在国家政策领域，美国的根本问题过去一直是而且现在仍然是：当他们的国家在20世纪成为世界上最强大、最重要的国家时，美国人却未能从精神上和实际行动上使自己适应这一事实。因此，他们没有能够扮演一个世界性强国的角色——这种失误给他们自己和整个人类都带来了灾难性的后果。挽救这一失误的办法是，全心全意地接受我们作为世界上最强大、最重要国家的责任和机会，并随之为了我们认为合适的目的，使用我们认为合适的方式，向世界施加我们的全部影响。①

卢斯号召共和党放弃孤立主义而拥抱国际主义，支持罗斯福承担起领导世界的责任，使其在共和党的支持下成为"美国最伟大的总统"，"使孤立主义成为像奴隶制那样的已经死亡的问题，让美国真正的国际主义成为我们这个时代像飞机或收音机那样自然的东西"。卢斯说：

> 在1919年我们拥有一个黄金的机会，历史上前所未有的机会去承担世界领导责任——这是一个放在天下闻名的银盘子里递给我们的黄金机会，但是我们并不理解这一机会。威尔逊错误地处理了它，我们拒绝了它，但机会仍在那里，20年代我们把它搞砸了，在30年代的混乱中，我们把它葬送了。领导世界从来不是一件轻松的任务……但是，在我们所有人的帮助下，罗斯福一定能在威尔逊失败的地方成功。②

副总统亨利·华莱士1941年4月21日在纽约外交政策协会的演讲中发表了类似的看法，认为美国在第一次世界大战后拒绝世界交给的责任，没

---

① Luce, "The American Century," *Life*, Vol. 10, No. 7, Feb. 17, 1941, p. 63.
② Ibid., p. 64.

有意识到迟早有一天,美国不断增强的实力和世界地位将迫使美国接受与这一实力和地位相称的责任。美国有《权利法案》(Bill of Rights),美国现在应该制定一部"责任法案"(Bill of Duties),《独立宣言》《权利法案》和《葛底斯堡演说》是美国的"旧约"(Old Testament),"责任法案"则可作为美国的"新约"(New Testament),美国"既要有独立的意识,也要有相互依赖的意识;既要有权利意识,也要有责任意识——一种与我们的实力相一致的责任感"。① 他说:

> 我们美国不能再一次拒绝承担我们的责任,就像一个 18 岁的孩子不能靠穿短裤而避免成为一个成年人一样。对于已经长大的美国来说,"孤立"一词意味着短裤。美国现在又一次拥有了让民主在世界上享有安全的机会。②

从罗斯福的"四大自由"到卢斯的"美国世纪",再到华莱士的"美国责任",国际主义者实际上是在阐释美国新的国际角色和国家身份,这就是充当"世界领袖"。而在《纽约时报》看来,1941 年 8 月 14 日英美领导人签署的《大西洋宪章》标志着美国承担世界领导责任的开端,该报社论称"这是孤立主义的终结,是美国承担天然地落在世界大国肩上的责任的新时代的开始"。③

四　外交大辩论的意义与影响

国际主义者和孤立主义者之间虽然存在巨大的分歧,但实际上他们的主张都深深根植于美国的国家精神,都信奉关于美国国家身份的神话,并试图从美国的国家传统中寻找资源。孤立主义者把美国视为上帝选定的国家,是全世界的典范,而欧洲仍然是腐化堕落的地方,注定陷入无休止的战争之中,美国远离欧洲的战争,可以履行为世界提供民主典范的使命。

---

① "Our Second Chance," Wallace, *Democracy Reborn*, p. 179.

② Ibid. , p. 176.

③ "The Rendezvous with Destiny," *The New York Times*, August 15, 1941, p. 16.

而国际主义者也相信美国是上帝选定的国家，欧洲是腐败和堕落的，但是美国的使命可以通过卷入欧洲事务、改造世界获得实现。孤立主义最深厚的思想根源是传统自由主义，或自由至上主义（libertarianism），孤立主义者把在国内政治中反对大政府的原则应用到对外关系中去，试图把美国对外关系严格控制在美国的宪法框架之内。从这一意义上说，孤立主义者是保守主义者；而国际主义者更多地接受了新自由主义的精神，主张通过制度改造和积极的努力来建立新的世界秩序。

国际主义者无疑是这场大辩论的胜者，孤立主义者则是失败者，孤立主义者显然未能实现其主要目标：阻止美国卷入欧亚的战争，甚至未能挫败 1940—1941 年间行政当局的主要外交政策倡议。虽然仍有人指责正是罗斯福对日本的强硬政策和对英、苏的租借援助招来战争，[1] 但是无论如何，日本偷袭珍珠港和德国对美宣战证明孤立主义者的两大主张是错误的：一是美国优越的地理位置可以保障其安全；二是欧洲战争不涉及道义问题。正如罗斯福在 1941 年 12 月 9 日的炉边谈话中所言：

> 在过去的几年中，在极端的过去的几天中，我们学到了一个可怕的教训：……在一个由强盗原则（gangsterism）统治的世界里，任何国家或任何个人都不会获得安全；面对在暗中鬼鬼祟祟和实施偷袭的强大侵略者，没有任何防御是坚不可摧的。我们已经明白，我们这个由大洋环绕的半球并不能免遭剧烈的进攻——我们不能根据地图上的英里数来测量我们安全的程度。[2]

---

[1] 范登堡在 1941 年 12 月 11 日的日记中写道：珍珠港事件和德国对美宣战后，国际主义者（干涉主义者）宣称事态的发展证明了自己的正确，他们早就预言"战争肯定会把我们卷进去"；而孤立主义者（反干涉主义者）则说："看！我们从一开始就坚持认为，援助欧洲的路线必将会把我们带入战争，果然如此。"他认为，两派都对，并仍然坚持两年前的预言，即"我们不可能在成为某一交战国的兵工厂的同时不会成为另一个交战国的打击目标。"第二次世界大战后，查尔斯·比尔德等强硬的孤立主义者仍然认为，正是美国援助欧洲的错误政策，甚至是罗斯福的"阴谋"导致了珍珠港事件，把美国拖入了这场原本不该卷入的战争。Vandenberg, Jr., ed., *The Private Papers of Senator Vandenberg*, p. 19；Charles Beard, *President Roosevelt and the Coming of the War 1941：A Study in Appearances and Realities*, New Haven, C. T.：Yale University Press, 1948.

[2] Radio Address Delivered by President Roosevelt from Washington, Dec. 9, 1941, http：// www. mtholyoke. edu/acad/intrel/WorldWar2/radio. htm. （2010 年 10 月 11 日获取）

而主张参与国际事务,承担国际义务和领导责任,通过国际合作维护美国安全与世界和平的自由国际主义思想开始深入人心,并成为美国社会的共识。国会内最有影响力的孤立主义者、资深参议员阿瑟·范登堡的转变成为国际主义者赢得胜利的标志。范登堡在日记中写道:"就在珍珠港受到攻击的下午,通过国际合作和集体安全实现和平的信念在我心中牢牢地形成了。对任何持现实主义态度的人来说,那一天都标志着孤立主义的终结。"① 罗斯福在 1942 年 1 月 6 日国情咨文中的一段话不再是国际主义者的宣言,而是代表了两党的共识:

> 我们自己的目标是明确的:粉碎军阀强加在被奴役人民头上的军国主义——解放被征服的国家——在全世界各地确立和保障言论自由、宗教信仰自由、不虞匮乏的自由和免于恐惧的自由。我们不达到这些目标是绝不罢休的——我们也不会满足于争取到这些目标后就收工不干。……这一回,我们下定决心,不仅要打赢这场战争,还要确保战后的和平。②

正是这一共识使美国没有重蹈 1917—1920 年间卷入—退出的覆辙。赫尔在 1944 年 4 月的广播演讲中宣称,美国人民已经决定不仅要同盟国一道打败纳粹和法西斯制度,而且"还要同我们的盟国和其他一切爱好和平与自由的国家一道全力以赴地去建立和维护使自由与和平成为持久现实的制度",美国做出的"不是一个反复无常的决定",美国不会"在参与国际合作和承担作为国际大家庭成员责任时出尔反尔"。③

从威尔逊在 1917 年首倡算起,自由国际主义经过 20 多年的努力终于战胜了孤立主义和保守的国际主义,成为美国外交政策的主导思想,不仅主导了美国参战后的外交政策和对战后国际秩序的设计,实际上也成为冷

---

① Vandenberg, Jr. , ed. , *The Private Papers of Senator Vandenberg*, p. 1.

② Franklin Roosevelt's State of the Union Address, Jan. 6, 1942, http: //www. presidency. ucsb. edu/ws/index. php? pid = 16253#axzz1 aTyRc14J. (2010 年 10 月 11 日获取)

③ Cordell Hull, "Our Foreign Policy," Radio Address Delivered over Columbia Broadcasting System, April 9, 1944, *Vital Speeches of the Day*, Vol. 10, No. 13, Apr. 15, 1944, p. 388.

战时期美国对苏联遏制战略的思想基础。美国的国家安全观念和国际角色也得以重塑:美国的安全不能依赖孤立于欧洲体系之外和加强西半球的防御来获得,而必须通过国际合作和广泛地参与国际事务来实现;美国不能满足于仅仅充当"自由的灯塔",还应该对世界进行领导,运用美国的力量塑造有利于美国制度生存的国际环境。美国从传统的孤立主义转向以多边主义形式广泛参与国际事务,承担起领导国际社会的责任。这无疑是美国对外关系史上的重要分水岭,用阿瑟·范登堡的话说,这是美国外交政策的"革命性"变化,标志着美国"丢弃了实行150年的传统外交政策",走上一条"永远无法回头的路线"。① 从这个意义上说,美国加入第二次世界大战前的几年是美国外交史上具有决定性意义的转折时刻,美国外交的转折点不是1945年,而是1941年。

自由、公开的辩论是美国社会得以凝聚共识从而形成稳定、长远的国家战略的前提,是美国外交政策得以成功的重要保证。正是1939—1941年间的外交大辩论与当时的国际事态一起促成了国际主义共识的形成,并导致了美国与世界关系的革命性变化。如果没有珍珠港事件和德、意对美宣战,这场大辩论极有可能还会继续,但实际上,当时的民调表明孤立主义者在辩论中已处于下风,舆论已经转向支持罗斯福政府的政策,珍珠港事件前的绝大多数美国民众支持美国尽一切可能援助英国,即使因此卷入战争也在所不惜。② 从这个意义上说,珍珠港事件前的外交大辩论是美国历史上影响最为深远的外交大辩论。用2000年总统大选改革党候选人、著名的政治评论家帕特里克·布坎南的话说,这场大辩论"是美国历史上最大的

---

① Vandenberg, Jr. , ed. , *The Private Papers of Senator Vandenberg*, pp. 10, 11.

② 《财富》杂志、盖洛普和普林斯顿大学舆论研究办公室的民调表明:1939年11月,只有20%的美国人支持美国援助英法;1940年5月,33%的美国人开始认为支持英国战胜德国比置身于战争之外更重要,即使冒卷入战争的风险;到1941年10月,这一数字是70%;到11月,则将近80%。1941年秋,60%的美国人支持美国海军为向英国运送军用物资的轮船护航,这实际上意味着准战争。因此,实际上,到珍珠港事件前,美国多数民众已经不再是坚定的孤立主义者,珍珠港事件在改变美国民众对战争态度上的影响并没有过去认为的那样大。Steven Casey, *Cautious Crusade: Franklin D. Roosevelt, American Public Opinion, and the War against Nazi Germany*, Oxford, U. K. : Oxford University Press, 2001, pp. 23, 30; Adam J. Berinsky, *In time of War: Understanding American Public Opinion from World War II to Iraq*, Chicago: The University of Chicago Press, 2009, pp. 48 – 50.

一次围绕外交政策的政治斗争"。①

　　但是，作为这场辩论失败方的孤立主义者也并非毫无影响。以"美国第一委员会"为代表的孤立主义团体无疑影响了罗斯福的战略，使罗斯福不敢采取更大胆的行动来支持英国，并因担心国会孤立主义者的反对而放弃了多项政策倡议。更重要的是，孤立主义者的反对作为强大的舆论压力使罗斯福总统及其内阁成员在明知美国早晚会卷入战争的情况下，仍不敢直接把战争与和平的问题提到国会去讨论。用罗斯福的密友和演讲撰稿人、剧作家罗伯特·舍伍德的话说，孤立主义者的主要影响是使罗斯福意识到"无论危险有多大，他都不会把美国引向战争——他将等待（美国）被推进战争"。② 我们也不应把这场大辩论的失败者——孤立主义者视为目光短浅、幼稚愚蠢、不负责任的可笑之人，他们很多是美国的精英人士，在美国社会具有极大的声望。他们反对战争，揭露军火商与政客相互勾结的事实，反对美国干涉拉美国家的内政，谴责帝国主义政策，其勇气和品德无疑是值得尊敬的。其言论代表了对美国国家身份和国家目标的另一种思考。孤立主义者对美国安全形势的过分乐观、对战争性质的判断，以及对美国干预必要性的看法无疑是错误的，但是他们有些主张是非常有价值的，一些担心也是颇有预见性的。

　　美国卷入欧洲的纷争虽然没有带来暴政，但是确实导致了行政权力的扩大、庞大常备军的出现、联邦政府集权化趋势的加强。这些都证明了孤立主义者的担忧并非是杞人忧天。冷战时期，美国外交政策制定者把孤立主义者的警告抛于脑后，滥用美国的力量，走上全球干涉的道路，"帝国过度扩张"的恶果在60年代后期逐渐显现。越南战争、水门事件证明了孤立主义者警告的正确性：美国成为世界帝国的代价就是陷入各种阴谋之中，就是"帝王般总统权力"（imperial presidency）的出现，就是对公民权利的践踏以及"军工复合体"的崛起。

---

　　① Buchanan, *A Republic, Not an Empire: Reclaiming America's Destiny*, p. 249.

　　② Robert E. Sherwood, *Roosevelt and Hopkins: An Intimate History*, New York: The Universal Library, 1950, p. 299.

孤立主义者主张严格界定美国的国家利益,美国在对外关系中应该保持克制;反对美国滥用权力去干涉其他国家的事务,反对威尔逊式的传教热情和输出民主,尊重其他国家的自主选择;呼吁美国更多地关注国内改革和人民福祉,减少对海外事务的参与以免浪费美国的资源。这些主张无疑是极有见地的。用外交政策评论家沃尔特·米德的话说,它可以使美国人"重新发现美国的传统价值观,放弃权力的傲慢,回到严格按照宪法的规定处理对外政策的道路,削减帝王般的总统权力"。① 美国参战后,孤立主义虽然已经无法主导美国的外交政策,但它对美国过多卷入海外事务必要性的怀疑、对美国滥用权力的批判、对霸权代价的警告成为一种抗衡力量,对第二次世界大战后美国扩张性外交政策构成某种牵制。从这个意义上说,就像制宪时期的反联邦主义者参与了美国政治传统的缔造一样,孤立主义者同这场大辩论的胜利者——国际主义者,共同塑造了战后美国外交的面貌。

五 美国威慑战略的失败
与太平洋战争的爆发

欧洲战争爆发后,德国迅速占领西欧大陆。荷兰政府流亡海外,法国投降,维希政权甚至放任日本进入法属印度支那,而英国则在苦苦支撑,抵御德国的进攻。在这种形势下,英、法、荷等国保卫其东南亚殖民地的能力和意愿大大降低,而日本则发现这是南下占领东南亚,建立"东亚新秩序"的良机。陆军部文件声称目前的有利形势是"我们历史上从未有过的机会"。② 日本外相有田八郎于 1940 年 6 月 29 日发表广播声明,宣称日本将把东亚新秩序扩大到南洋地区。8 月 1 日,新任外相松冈洋右正式发表了有关建立"大东亚共荣圈"的谈话,声称日本当前的外交方针是"首先建设以日、满、华为一环的大东亚共荣圈","大东亚共荣圈"的范围"广

---

① Mead, *Special Providence: American Foreign Policy and How it Changed the World*, p. 217.

② William H. Bartsch, *December 8, 1941: MacArthur's Pearl Harbor*, College Station, Texas: Texas A & M University Press, 2003, p. 20.

义上包括荷属东印度、法属印度支那等南方地区"。① 谈话把东南亚划在圈内，明确表明日本将南下占领东南亚。

面对日本南下进攻东南亚的企图，美国政府于 1940 年 7 月 26 日通知日本政府，1911 年签订的《日美通商航海条约》将于半年后予以中止，并宣布对航空汽油和高烷点废钢实行禁运。日本于 9 月 23 日占领印度支那北部，开始夺取欧洲国家在东南亚的殖民地。9 月 26 日，美国把对日禁运扩大到所有废金属。9 月 27 日，为了阻止美国对日本南进的干涉，日本同德国和意大利签署《三国同盟条约》。该约规定，如果三国中的任何一国遭到现在尚未加入战争的国家的进攻，三国应相互援助。其矛头显然是针对美国。

日本的南进行动和三国轴心的建立急剧恶化了远东的形势，加剧了日美矛盾。美国这一时期的总体战略是先欧后亚，全力支持英国抵抗德国，避免与日本开战，为此要阻止日本进一步南下。美国对日本采取一种威慑与谈判并举的战略：通过威慑，在不招致与日本开战的前提下，阻止日本南下进攻荷属东印度（今印度尼西亚）以及英国殖民地马来亚和新加坡。威慑战略的成功有两个先决条件：一是实力，二是可信性。所谓实力就是让对手相信自己有足够的实力对对手进行反击，让对手承受无法承受的代价；而可信性是指一旦对手发动攻击，自己肯定会做出迅速的反击。美国在 1940 年年底以后正是这样做的：一方面，美国开始在菲律宾设防，加强美国在太平洋地区的海军力量；另一方面，美国试图让日本政府和军方明白，一旦日本进攻英国和荷兰的属地，美国肯定会干涉，同时通过不断加强对日本的经济制裁来表明美国对日本南下的反对和干涉的决心。与此同时，美国做出愿意与日本进行谈判的姿态，让日本抱有幻想，以便在欧洲战场出现转机之前尽量拖延与日本的摊牌。

关于这一策略，国务卿赫尔曾回忆说，从 1940 年年底开始，美国总的策略原则是这样的：

第一，避免在太平洋发生公开的冲突，以便集中全力援助英国和加

---

① 臧运祜：《近代日本亚太政策的演变》，北京大学出版社 2008 年版，第 262 页。

强我们自己；第二，对日本要维持我们的一切权利和原则，继续我们
的经济压力并援助中国，但不要把日本推到使其军方要求战争的地步；
第三，让日本认识到我们在太平洋是强大的，总的力量在增强；第四，
绝不能让日本得出这样的印象，即在需要时，我们不会使用我们的力
量，但同时克制与他的争吵，让讨论和协商之门敞开。①

为了表示美国在日本进攻荷兰或英国属地时必将干涉的决心，美国采
取一系列的行动。1941 年 2 月 14 日，美国驻日本使馆参赞尤金·杜曼
（Eugene H. Dooman）直截了当地告诉日本副外相大桥忠一，如果日本进攻
英国在东南亚的属地，美国将参战。② 与此同时，美国与英国和荷兰开始进
行秘密军事谈判，协调未来美国参战后的三国军事行动，美国官员相信，
日本情报机关肯定能够侦知到美、英、荷秘密军事谈判的内容，因此可以
达到向日本传递信号的效果。罗斯福总统命令美国太平洋舰队的部分舰只
访问澳大利亚和新西兰，其用意在于警告日本。罗斯福告诉海军作战部长
（Chief of Naval Operations）哈罗德·斯塔克（Harold R. Stark）说："我希望
让美国的舰艇在各地突然出现，让日本人不停地猜来猜去。"③

苏德战争爆发后，日本内部关于是北上进攻苏联西伯利亚地区，还是
南下占领英国和荷兰殖民地的战略争论日趋激烈，争论的结果就是等待
苏德战争的进展，做两手准备。同时日本政府于 1941 年 7 月 2 日决定占
领印度支那南部，为将来对英、荷殖民地的可能进攻做好准备。在日本
决定是否南下占领东南亚时，其最大的担心就是美国的反应。日本石油
的 80% 依赖从美国的进口，而寻找替代性石油来源的努力一直不成功。
海军当局同意进入印度支那，他们相信这一行动不会招致美国对日采取
石油禁运，因为美国知道，石油禁运将使日本进攻荷属东印度群岛。

日本占领印度支那南部后，美国政府围绕美国应做出何种反应以及是

---

① Hull, *The Memoirs of Cordell Hull*, Vol. 1, pp. 911 - 912.

② Herbert Feis, *The Road to Pearl Harbor: The Coming of the War between the United States and Japan*, Princeton, N. J.: Princeton Press, 1950, p. 160.

③ George Morgenstern, *Pearl Harbor: The Story of the Secret War*, New York: The Devin Adair Company, 1947, p. 303.

否对日本实施禁运进行了讨论。海军部门反对采取石油禁运措施,担心此举可能会导致日本进攻荷属东印度。而日本也不断警告美国,如果停止向日本出口石油,日本将不得不到其他地方寻找石油。罗斯福也担心,全面的石油禁运"将直接促使日本人进攻荷属东印度,而那意味着太平洋上的战争"。[1] 7 月 26 日,美国宣布冻结日本在美资产。冻结日本资产后,日本必须获得美国"外国基金管理委员会"(Foreign Funds Control Committee)的许可证才能提取存放在美国的用于购买美国石油的资金,而罗斯福总统倾向于逐项审核和发放许可证,并把对日石油出口控制在 1935—1936 年的水平,实际上是要把对日石油出口的数量掌控在美国政府手中。根据内政部长哈罗德·伊基斯的日记,罗斯福总统的策略是"在日本脖子上套上一根绳子,不时地拉一拉",但此时总统"还不想把绳子拉紧"。[2] 同时美国还做出了加强菲律宾防务的决定,任命道格拉斯·麦克阿瑟(Douglas Mac-Arthur)将军为远东战区司令官,统一指挥美国和菲律宾的军队,并将更多的轰炸机调往菲律宾。

　　1941 年 8 月 3 日,罗斯福离开美国,参加美英首脑大西洋会议。掌管外国基金管理委员会的助理国务卿迪安·艾奇逊拒绝对日本动用资金的申请做出反应,这被日本视为美国对其实行全面石油禁运的开始。[3] 石油禁运

---

[1]　John M. Blum, ed., *From the Morgenthau Diaries*, Vol. 2, Years of Urgency, 1938 – 1941, Boston: Houghton Mifflin, 1965, p. 377.

[2]　Harold L. Ickes, *The Secret Diary of Harold L. Ickes*, Vol. 3, The Lowering Clouds, 1939 – 1941, New York: Simon and Schuster, 1954, p. 588.

[3]　艾奇逊的做法究竟是来自罗斯福的授意还是自作主张,学者们看法不一。天普大学教授沃尔多·海因里希斯认为是前者,而斯坦福大学教授斯科特·萨根认为是后者。也有学者认为,这源于罗斯福政策决策过程的混乱,罗斯福究竟在这个问题上持何种立场恐怕自己都说不清楚。艾奇逊本人在其回忆录中并没有明确阐述这一问题,只是说当时的代理国务卿萨姆纳·韦尔斯支持其做法。如果是艾奇逊自作主张,那么罗斯福回国后为什么没有纠正?通常的解释是:如果罗斯福收回石油禁运的命令,则会被认为是对日本的让步,而当时美国对日本的任何让步都会被视为对日本的绥靖,并打击盟国特别是中国的信心。参见 Waldo Heinrichs, "Roosevelt's Global Perspective: The Russian Factor in Japanese-American Relations," Thomas Paterson and Dennis Merrill, *Major Problems in American Foreign Relations: Documents and Essays*, Vol. 2: since 1914, Boston: D. C. Heath and Company, 1995, pp. 175 – 177; Scott D. Sagan, "The Origins of the Pacific War," *Journal of Interdisciplinary History*, Vol. 18, No. 4, Spring 1988, pp. 905 – 906; Dean Acheson, *Present at Creation*, New York: W. W. Norton and Company, 1969, pp. 26 – 27。

实际上是把美国的战略从威慑（deterrence）变成了强制（coercion），日本要么妥协，要么铤而走险。艾奇逊、摩根索和亨培克等强硬派不认为美国的石油禁运会刺激日本铤而走险，因为美日实力对比悬殊，日本不敢贸然发动对美国的战争。一位从日本回来的美国外交官约翰·埃默森（John K. Emmerson）曾向当时国务院最主要的远东问题专家、国务卿赫尔的特别顾问亨培克表示，他担心石油禁运后日本的绝望形势可能会促使日本冒险发动一场明知没有胜利希望的战争。但亨培克认为其担心纯属多余，并反问道："告诉我，历史上有哪一场战争是一个国家由于绝望而发动的。"①

美国宣布石油禁运后，日本实际上被置于十分困难的境地，因为日本的石油严重依赖从美国的进口，日本的石油储备仅能供日本海军使用一年到一年半的时间。日本面临三种选择：

一是向美国做出让步，使美国恢复石油供应。但是，美国提出的让步条件是日本难以接受的。

二是进攻荷属东印度，获得新的石油资源。但这很可能招致美国的干涉，爆发日美之间的战争，而美国的工业潜力和军事实力远远超出日本，日本根本没有获胜的把握。按照日本海军军令部总长永野修身的说法，即使立即与美国开战，"日本是否能够获胜也是大可怀疑的，根本谈不上获得日俄战争中的那种胜利"。②

三是不采取行动，听任日本石油慢慢耗尽。这样做的好处是不会招致美国的干涉，可以避免与美国的战争，但这等于让日本的军事力量慢慢衰落，特别是在美国正加强太平洋地区军事部署的情况下，日本海军将处于越来越不利的地位。

在这种形势下，1941 年 8—9 月的大本营—政府联络会议（Imperial General Headquarters-Government Liaison Conference）笼罩着一种绝望的情绪。据首相近卫回忆，海军军令部总长永野修身这样描述日本面临的这一困境：

---

① James C. Thomson, Jr., "The Role of the State Department," Dorothy Borg and Shumpei Okamato, eds., *Pearl Harbor as History: Japanese-American Relations, 1931 – 1941*, New York: Columbia University Press, 1973, p. 101.

② "Extracts from the Diary of Marquis Koichi Kido," Donald M. Goldstein and Katherine V. Dillon, eds., *The Pacific War Papers: Japanese Documents of World War Ⅱ*, Washington, D. C.: Potomac Books Inc., 2004, p. 119.

　　日本就像一个患有重病的病人。……病人的情况非常危急,必须马上做出是否进行手术的决定。如果不做手术,放任病情的发展,那么病人会慢慢地衰竭。而进行手术,尽管是一个极端危险的手术则可以提供某种拯救生命的希望。①

　　9月6日的御前会议通过《帝国国策实行要领》,决定继续与美国进行谈判,以便争取美国解除对日本的石油禁运,但同时决定与美国的谈判不能无限期进行下去,以防美国有意拖延谈判时间来加强军事准备。如果在10月10日之前还看不到通过外交谈判打破石油禁运的前景,则日本就选择战争。在日本政府看来,即使发动战争导致国家的毁灭,也比听任国家命运受美国的摆布强,因为"一个在这种困境下不选择战斗的民族会失去自己的精神,终将难逃失败的命运"。②

　　为此,日本提出首相近卫与美国总统罗斯福举行首脑会晤。日本拟定的谈判条件是:美国和英国停止支持蒋介石政权和恢复石油供应,以换取日本承诺不再南进以及在远东达成公正的和平后从法属印度支那撤军。而美国告诉日本驻美国大使野村吉三郎,首脑会晤的前提是:日本退出《三国同盟条约》;从中国撤军;遵从美方先前提出的四原则:尊重一切国家的领土和主权、不干涉别国内政、遵守包括商业机会均等在内的平等原则、放弃用武力改变太平洋现状的图谋。

　　这里日本最难答应的就是从中国撤军,而反对者主要是日本陆军方面。1941年9月29日,野村曾对赫尔说,日本陆军领导层是达成日美协议的绊脚石,甚至日本陆军最高级别的军官都难以理解"为什么美国通过门罗主义在美洲大陆行使领导权的时候却反对日本在亚洲大陆承担领导责任"。而赫尔的反应是:"为什么日本政府不能教育自己的将军们",野村的回答是,

---

　　①　United States Congress, *Pearl Harbor Attack*: *Hearings before the Joint Committee on the Investigation of the Pearl Harbor Attack*, Washington, D. C.: U. S. Government Printing Office, 1946, Part 20, p. 4005.

　　②　George Victor, *The Pearl Harbor Myth*: *Rethinking the Unthinkable*, Washington, D. C.: Potomac Books, Inc., 2007, p. 234.

"这需要 20 年的时间"。[1] 随着 10 月 10 日最后期限的日益临近，外交突破的机会十分渺茫，近卫越来越绝望，海军方面建议原则上答应美国提出的日本从中国撤军的条件，以避免日美开战，近卫也倾向于海军的建议，但是陆军方面坚决反对。在这种情况下，近卫于 10 月 16 日宣布辞职，不愿意承担让日本与美国打一场没有希望的战争的责任。

东条英机内阁上台后，日本政府开始重新讨论日本的战略。陆军方面继续坚持从中国撤军是不可接受的。东条英机称，在美国不从过去立场让步的情况下，"如果日本屈从于美国的要求，不仅日本的荣誉彻底被毁，支那事件的解决也不再可能，甚至日本本身的生存都会受到威胁"。[2] 在陆军方面看来，日本的选择要么是投降，要么是战争。而从长远来看，美日之间的战争可能是无法避免的，与其等将来美国在太平洋地区的军力强大后再打，还不如现在就开战。

1941 年 11 月 2 日的联络会议做出决定，日本继续与美国进行谈判，但同时做好战争准备，如果在 12 月 1 日零时以前不能完成谈判，则在 12 月的第一周发动进攻。由于进攻地点的选择是战术问题而非战略问题，因此联络会议并没有讨论具体的进攻地点，会议成员想当然地认为进攻地点是菲律宾或英荷在东南亚的殖民地。

日本的报纸曾预言，与美国开战将是灾难性的。山本五十六也认为，美国轰炸机的火力可以"把东京彻底毁灭三四次"。[3] 实际上，日本决策层深刻地意识到，日本不可能在日美战争中获得完全的胜利。那么，日本为什么还选择同美国开战？日本的如意算盘是，与美国开战后通过一系列的速胜建立一个防御屏障，瓦解美国与日本持久作战的意志，让美国相信一个痛苦的消耗战是不值得的，从而与日本进行谈判。也就是说，日本的设想是避免与美国的全面战争，而与美国打一场有限的战争。面对具有绝对军事优势的美国，有限战争战略是日本打赢太平洋战争的唯一可行战略。

---

① Memorandum of a Conversation, Sept. 29, 1941, *FRUS*, Japan, 1931–1941, Vol. 2, p. 651.

② Acheson, *Present at Creation*, pp. 36–37.

③ Gordon W. Prange, *At Dawn We Slept: The Untold Story of Pearl Harbor*, New York, 1981, pp. 13, 279.

为此，日本设想利用美国的舆论来反对战争，由日本在美国的代理人与反对罗斯福的个人和组织进行联系，包括工会组织、美国共产党和社会主义者、有影响的黑人、德国和意大利在美的第五纵队以及其他反罗斯福的力量。日本甚至考虑由罗马教皇出面促使美日进行和谈。考虑到当时美国国内强大的孤立主义思潮和众多反对卷入海外战争的力量，日本的盘算并非全然无据。特别是，如果日本进攻的是荷属东印度和新加坡，美国虽然会干预，但有限战争和日美谈判并非没有可能。

但是，日本最终没有选择进攻英荷在东南亚的殖民地以获取石油资源，而是偷袭了美国海军基地珍珠港。偷袭珍珠港不仅没有削弱美国的战争意志，反而激发了美国民众对战争的支持，美国人民同仇敌忾地团结在罗斯福周围，日本决策者企图与美国打一场有限战争的如意算盘落空了。[①]

日本在 11 月初做出战争决定后，日美谈判的大门并未完全关闭。军方在 11 月 1 日告诉总统，完成菲律宾的防务准备，特别是 B—17 轰炸机的部署还需要三四个月的时间。总统于是决定，为了换取宝贵的三个月时间，美国可以考虑与日本达成一个临时解决方案（modus vivendi），其内容包括：美国恢复对日本的石油和大米出口，条件是日本承诺不再南进以及在美国加入欧洲战争后不履行《三国同盟条约》。但是，美国就该方案与英国和中国协商时，却遭到强烈反对。国务卿赫尔也担心国内舆论的反弹，遂于 11 月 25 日向总统提出放弃该方案，转而向日本提出强硬的谈判条件。同时罗斯福总统也得到情报，一支日本舰队正驶向南中国海，这被视为日本不守信的证明，遂同意赫尔的意见。11 月 26 日，国务卿赫尔向日本驻美大使野村提出《美日协定基本纲要》（又称《赫尔备忘录》），除重申原来提出的四原则外，还要求日本"从中国和印度支那撤

---

① 关于日本进攻的地点，日本海军决策层是存在分歧的，一些人反对袭击珍珠港，担心此行动的政治后果。但是，日本联合舰队司令官山本五十六坚持进攻地点应该是珍珠港。而出于保密的原因，海军方面并没有把偷袭珍珠港的计划告诉联络会议的成员，联络会议也从未讨论偷袭珍珠港在战略上是否明智，他们以为 12 月 7 日的进攻地点将是菲律宾、荷属东印度群岛或新加坡。后来的历史发展表明，日本偷袭珍珠港是战术上的极大成功，但在战略上却是灾难性的重大失误。参见 Sagan，"The Origins of the Pacific War," *Journal of Interdisciplinary History*，Vol. 18，No. 4，Spring 1988，p. 917。

出所有的陆、海、空军和警察部队"作为解除石油禁运的条件，同时要求日本"不在军事、政治和经济上支持以重庆为临时首都的国民政府以外的任何中国政府或政权"，实际上是要求日本取消对满洲国和汪精卫政权的承认。① 赫尔远东事务的主要顾问、参与起草《赫尔备忘录》的亨培克认为，美国的这一强硬政策会迫使日本做出让步，因为日本急切希望避免与美国的战争，即使美日开战，战争也会很快以美国的完全胜利而告终。他甚至断定，美国在太平洋并不存在迫在眉睫的战争危险，3 月 1日以前战争不大可能爆发，而到那时太平洋地区的军事部署将有利于美国。② 而东条英机领导的日本政府认为该纲要无异于最后通牒，其回答就是 12 月 7 日清晨珍珠港的轰炸声。

太平洋战争爆发的根源是耐人寻味的，无论是美国还是日本都不希望战争，但战争最终还是未能避免，特别是日本明知获胜的希望微乎其微，但还是做出了发动战争的决定。战争的爆发在某种意义上也代表了美国威慑战略的失败。③ 从表面来看，似乎是美国的石油禁运决定把日本置于一种极其困难的境地：要么铤而走险，发动对美国的战争，或许还有一丝获胜的把握；要么坐等日本的石油储备在一年半的时间内耗尽，到那时恐怕连与美国开战的实力都已经没有了。④ 正因为如此，日本学者细谷千博等人认为是美国强硬派错误的石油禁运决定导致了美日之间的战争，太平洋战争

---

① "Washington Rejects Japan's Proposal and Reaffirms the Open Door," Dennis Merrill and Thomas G. Paterson, eds., *Major Problems in American Foreign Relations: Documents and Essays*, 2005, Vol. 2, pp. 130 – 131.

② Roberta Wohlstetter, *Pearl Harbor: Warning and Decision*, Stanford University Press, 1962, p. 264.

③ 斯科特·萨根认为，太平洋战争的起源可以视为"相互威慑战略失败的结果"。日本政府寻求向东南亚扩张，但希望在不招致美国干涉的情况下实现这一目标；美国政府试图阻止日本向东南亚扩张，但也希望在不与日本开战的情况下实现这一目标。在 1941 年 12 月 7 日，两国的战略都失败了。Scott D. Sagan, "The Origins of the Pacific War," *Journal of Interdisciplinary History*, Vol. 18, No. 4, Spring 1988, p. 895.

④ 艾奇逊后来在自己的回忆录中谈道，"国务院，乃至罗斯福政府的所有官员都误解了日本的意图……华盛顿没有人认识到，东条英机及其政府不是把征服亚洲视为其野心的实现，而是维持政权生存的需要。对他们来说，这是生死存亡的事情"，其结果就是日本政府宁愿选择战争，也不愿屈从于美国的压力。Acheson, *Present at Creation*, p. 37.

本来是不必要的和可以避免的。① 这一观点有一定道理，艾奇逊和亨培克等人确实错误地估计了日本对石油禁运的反应。但这一观点实际上只看到了珍珠港事件前半年美日之间的交涉与决策过程，而没有看到美日冲突更深远的背景和更深刻的根源。人们不禁要问，是什么原因导致了美国宣布石油禁运，又是什么原因使一个小小的石油禁运就置日本于如此艰难的困境？日本为什么不能做出妥协？

从更长的历史时段来看，太平洋战争爆发的根源有远因、近因和导火线，石油禁运只是导火线而已。在分析太平洋战争起源时如果仅仅关注导火线，也就是说，把目光仅仅聚焦于短时段的历史过程，显然是远远不够的。

远因就在于日本在明治维新之后选择的国家发展道路和对外战略。日本在明治维新之后走上了一条以武力在亚洲大陆（特别是中国）扩张，夺取领土、资源和市场的道路，日本在甲午中日战争和日俄战争中的胜利极大地强化了这一道路的"正确性"，使日本决心追求控制东亚的目标。这一目标和实现这一目标的方式使日本的对外政策与中国的安全以及英美在华利益发生尖锐冲突。在20年代，英美派控制的文官政府一度放弃了武力扩张政策，转而加入华盛顿体系，选择与美国合作，奉行在中国实行和平扩张的政策，遵守门户开放的原则。但是，经济危机爆发后，日本军方很快

---

① 细谷千博认为，以赫尔、史汀生、摩根索和亨培克为代表的强硬派错误地认为美国的经济制裁，特别是石油禁运会使日本让步从而避免战争，因为鉴于美国对日本的经济与军事优势，任何理性的日本人都不会选择与美国开战。但实际上恰恰是这一政策加速了战争的到来，其根源在于强硬派不理解日本人的心理，错误地把西方基于理性行为的决策模式应用到日本决策过程中。日本人的心理有一种强烈的倾向，即在绝望的情况下做出极端的，甚至不符合逻辑的冒险，就像东条英机所言，"有时候一个人不得不闭着眼睛从清水寺跳到下面的山洞里去"。正是强硬政策把日本逼向绝望的境地，使日本最后别无选择，不顾一切地发动战争。美国学者布鲁斯·拉西特（Bruce M. Russett）也认为，到1941年，日本对中国的战争处于僵持的状态，在美国对日本实施石油禁运之前，日本一直试图避免与美国的战争，太平洋战争其实是不必要的和可以避免的。他称"美国的致命错误是把日本逼到了绝境"，罗斯福"坚持日本撤出中国既不必要也不可取"，"他并没有做出真诚的外交努力与日本达成一项协议"。Hosoya Chihira, "Miscalculations in Deterrent Policy," Hilary Conroy and Harry Wray, eds., *Pearl Harbor Reexamined: Prologue to the Pacific War*, Honolulu: University Of Hawaii Press, 1990; Hosoya Chihira, "Miscalculation and Economic Sanctions: U. S. Hardliners Ensure War with Japan," Paterson and Merrill, eds., *Major Problems in American Foreign Relations: Documents and Essays*, 1995, Vol. 2, pp. 148 – 174, 东条英机的话引自第174页; Bruce M. Russet, *No Clear and Present Danger: A Skeptical View of American Entry into World War Ⅱ*, New York: Harper and Row, 1993, Chapter 4, 拉西特的话引自第63页和第66页。

突破文官政府的约束,日本重新走上以武力征服中国、追求独占利益的老路。20 世纪是一个倡导和平竞争的时代,日本却用 19 世纪帝国主义时代的武力方式来追求国家利益,严重威胁了华盛顿会议确立的战后远东国际秩序,也损害了美国在华利益,种下了日美冲突的种子。

此后,日本加快了侵略中国的步伐,于 1937 年 7 月发动全面侵华战争,并于 1940 年开始占领法属印度支那北部,于 1941 年 7 月占领南部,直接威胁了荷属东印度和新加坡。日本在亚洲大陆的扩张以及与德意结盟极大地损害了英美的利益,打破了全球战略平衡,使日美矛盾急剧激化,日美冲突的种子在发芽和壮大。此为近因。实际上,随着日本加快南进的步伐和国际形势的变化,罗斯福政府越来越以全球的视野来看待与日本之间的矛盾和冲突,不再容忍日本的南进。日本不会停止南进的脚步,也不会长期在石油问题上受美国的牵制。如果美国对日本占领印度支那南部反应软弱的话,就会进一步刺激日本的胃口,难道美国只有等待日本进攻荷属东印度之后才应该实行石油禁运吗?诚然,在日本将对美国的石油禁运做出何种反应问题上,艾奇逊和亨培克等人确实发生了误判,误以为日本不敢冒险,结果使美国的遏制战略失效,战争提前到来。但是,即使没有美国的石油禁运,仍然极有可能有其他事件导致日美之间爆发战争,石油禁运只是众多导火索中的一支。从 1939—1941 年间的美国外交政策可以看出,罗斯福政府有意地、一步一步地让美国的政策朝着与轴心国对抗的方向发展,对日本南下的回应是越来越强硬的经济制裁政策。罗斯福相信,轴心国试图建立的秩序将消灭美国自由与繁荣赖以维持的自由资本主义秩序,是不能容忍的,同时为了阻止日本北上进攻苏联西伯利亚也需要美国对日本采取强硬政策。① 这些都决定了除非日本停止扩张的脚步,否则日美

① 沃尔多·海因里希斯认为,罗斯福从全球视角看待与日本的关系,其对日强硬政策,包括石油禁运是基于其全球战略:阻止日本进攻西伯利亚,防止苏联腹背受敌,因为无论是苏联崩溃,还是与德国单独媾和都是西方的巨大灾难。而促使日本北上的条件有两个:一是德国胜利在望,苏联把西伯利亚的军队调往西线;二是美日关系缓和,两国谈判达成谅解协议,日本解除了美国可能卷入的后顾之忧。强硬政策固然会有与日本开战的危险,但是美国的不作为更危险。因此,罗斯福实际上是有意通过强硬政策(包括对日石油禁运、与英国结盟,以及向苏联提供军事援助)阻止日本北上,即使因此导致与日本的战争也在所不惜。Waldo Heinrichs,"Roosevelt's Global Perspective:The Russian Factor in Japanese-American Relations," Paterson and Merrill, *Major Problems in American Foreign Relations:Documents and Essays*, 1995, Vol. 2, pp. 174 – 183.

冲突难以避免。

　　按照一些学者的看法,美国不应该对日本实施石油禁运。这种看法实际上是十分可笑的。日本占领印度支那南部后,丝毫没有表现出要放弃南进的迹象,甚至通过与德国和意大利结盟的方式来实现其主导亚洲的野心。到此时,继续与日本维持石油贸易关系无疑是一种懦弱的行为,而且,当时日本正抓紧在国外进行石油和其他物资的采购,并限制石油的民用以便积累石油储备。在明知日本未来会成为战争对手的情况下,难道美国应该继续向日本提供石油吗?如果美国政府继续这样做,不仅可笑,而且会极大挫伤包括中国在内的盟国的战争意志。而日本决策层内部的分歧也是事后才被披露出来的,当时的美国决策者并不清楚日本的战略意图,要求美国决策者对每件事情都做出正确的判断无疑是对历史人物的苛求。

　　细谷千博等学者无视日本扩张导致的日美矛盾的急剧激化,而把眼光盯住美国决策者的偶然失误,把太平洋战争爆发的原因归结为美国政府强硬派的错误判断显然是肤浅的。

　　第二次世界大战后,美国一些人,包括少数历史学家指责罗斯福已经获知日本偷袭珍珠港的情报,而故意不做任何准备,也不通知美国在珍珠港的海军指挥官,甚至有意刺激日本袭击美国,目的就是打破美国国内的孤立主义情绪,把美国"从后门"拉入欧洲的战争。"从后门参战"的命题坚持认为罗斯福非常希望参加欧洲的战争,但是无法通过刺激德国做到这一点,转而有意挑衅德国的盟友日本。① 国会还专门为此举行听证会进行调查,但最终并没有找到足够证据表明罗斯福事先知道日本的计划。如前文所述,偷袭珍珠港是日本海军高层秘密策划的,连日本大本营联络会议成员都不清楚,美国截获的日本情报只是表明日本要采取军事行动,当时认为可能的进攻地点是菲律宾和荷属东印度。至于为什么美国方面忽视了种种明显的征兆,未能把日本进攻的目标锁定在珍珠港,学者罗伯特·沃

---

　　① "从后门参战"命题（"back door to war" thesis）的主要提出者是查尔斯·比尔德和查尔斯·坦西尔（Charles C. Tansill）。相关的主要著作有: Charles Beard, *President Roosevelt and the Coming of the War 1941*: *A Study in Appearances and Realities*, New Haven, C. T.: Yale University Press, 1948; Charles C. Tansill, *Back Door to War*: *The Roosevelt Foreign Policy*, *1933 – 1941*, Chicago: Henry Regnery Co., 1952。

尔斯泰特的解释比较公允:

> 在事件发生之后再把有关的信号从无关的信号中挑选出来要容易得多。信号总是在事件发生之后才看得一清二楚……但在事件发生之前,它却是模糊不清,并充满相互矛盾的含义。观察者实际上是在"吵杂"的气氛中获得这些信号,也就是说,伴有各种各样对预测灾难无用的和不相关的信息。……总之,我们未能预料到珍珠港事件,不是因为缺乏有关的材料,而是因为无关的材料太多了。①

另外,从常识来看,如果罗斯福阴谋掩盖日本偷袭珍珠港的情报,那就必须有一批人参与这一阴谋,因为破译日本密电码的是一个小组,而且电码破译后会先交给军事部门的首长,然后才会上交总统。让这么多人都守口如瓶而且事后也不揭露是不可能的,同时也很难想象美国海军部长和将军们会在明知日本将袭击珍珠港基地的情况下听任自己钟爱的战舰被日本击沉,让美国士兵白白送死。

从国际体系的视角来看,太平洋战争爆发的根本原因在于新兴强国日本试图推翻亚洲既有大国——英国和美国维护的国际秩序和摧毁英美在亚洲的利益。日本的野心和实现其野心所使用的手段表明1931年后的日本不是一个仅仅对其声望和地位不满,试图在现存国际体系内进行调整,目标有限的修正性国家(revisionist state),而是一个试图彻底推翻现存国际体系,寻求对亚洲进行主宰的革命性国家(revolutionary state)。② 日本坚信必须对美国主导的远东国际秩序进行革命性的改变才能实现自己的目标和利益:以具有强烈等级色彩的大东亚秩序取代华盛顿秩序;驱逐欧洲殖民帝国和美国在亚洲的影响,把亚洲变成"亚洲人的亚洲";将亚洲建成一个由日本领导和主宰的封闭性、排他性的经济体系,通过亚洲经济的一体化为日本的工业化和国家发展服务。日本追求的东亚新秩序与美国倡导的华盛

---

① Wohlstetter, *Pearl Harbor*: *Warning and Decision*, p. 387.

② 关于"修正性"新兴大国和"革命性"新兴大国的划分,可参见 Randall L. Schweller, "Managing the Rise of Great Powers: Theory and History," Alastair I. Johnston and Robert S. Ross, eds., *Engaging China*: *The Management of an Emerging Power*, New York: Routledge, 1999, pp. 1–31。

顿体系的冲突显然是不可调和的，美国在 1931 年后先后采取了躲避和威慑的战略来应对日本的崛起，但都没有成功，日美冲突最终通过战争加以解决。

第五章

自由国际主义的胜利:战时外交与国际秩序的"美国化"(1941—1945)

日本偷袭珍珠港在宣布孤立主义破产的同时,也证明了国际主义者的远见。美国参战后,威尔逊自由国际主义思想开始大行其道,在国际主义者的宣传中,第二次世界大战被视为第一次世界大战后国际社会没有按照威尔逊的设想构建国际秩序导致的恶果,而为了避免未来战争的重演,威尔逊的理想必须得到实现。于是,国际合作、集体安全、民族自决、自由贸易、市场开放,以及民主和人权重新成为讨论国际关系主要术语,出现了以自由国际主义重建国际秩序的"第二次机会"。罗斯福、赫尔等人抓住这一机会成功地在战后重建中贯彻了自由国际主义原则,最终实现了国际秩序的"美国化"。

一　太平洋战争爆发后的美国外交与军事战略

外交战略

日本对珍珠港的偷袭使美国被迫卷入战争。卷入战争后,罗斯福的外交目标有两个:一是以最少的美国人员的伤亡来取得对轴心国的胜利;二是建立一个强有力的新的国际秩序以确保持久和平、实现经济繁荣,避免30年代经济危机和战争的重演。为了战胜轴心国,罗斯福放弃了30年代的单边主义和孤立主义,一改第一次世界大战中拒绝与协约国结盟的战略,决定与一切反轴心国力量结盟。同时,为了实现建立国际新秩序的目标,美国也需要与大国合作,通过把战时同盟发展为新的国际组织来维护世界和平。于是,结盟战略成为战时美国基本的外交战略。

战时美国领导建立的"大同盟"(Grand Alliance)① 共包括 47 个国家。1942 年 1 月 1 日英、美、苏、中四国领衔,共 26 个国家(后来又有 21 个国家加入)在美国首都华盛顿签署并公开发表《联合国家宣言》,标志着"大同盟"的形成。组成"大同盟"的各国之间没有签订正式的条约,《联合国家宣言》也未经各国议会的批准,"大同盟"实际上是比较松散的联盟。同盟中的各国差异巨大,除了击败轴心国这一共同目标外,同盟内部主要国家,特别是英、苏、美三国实际上各怀有不同的战争目标。英国的目标是维持大英帝国的完整和恢复欧洲大陆的均势,特别是针对苏联的均势;苏联的目标是彻底削弱德国,使之不能再对苏联构成威胁,并在东欧建立势力范围以确保苏联免遭来自西部的进攻;而美国的目标是彻底打败轴心国,按照美国的价值观重建战后国际秩序,并确保美国在战后的领导地位。"大同盟"实际上是"世界上最大的资本主义国家、最大的社会主义国家和最大的殖民帝国之间"结成的"奇怪的联盟",② 联合的唯一原因在于面临共同的敌人,因此维护"大同盟"的团结成为战时美国外交政策的重要目标。③ 罗斯福主要以四种方式构筑和维持"大同盟"。

第一,通过提供租借援助凝聚盟国。美国巨大的军事生产能力和对盟国的援助是"大同盟"的凝结剂。事实上,没有美国的军火生产和租借援

---

① "大同盟"是丘吉尔用来描述反轴心国同盟,特别是英、苏、美三国同盟关系的用语。该词最早被用于 1701—1713 年西班牙王位继承战争中击败法国路易十四的欧洲国家同盟,该同盟的领导者是丘吉尔的先祖马尔伯勒公爵(Duke of Marlborough)。

② 这是美国历史学家史蒂芬·安布罗斯的说法。Stephan Ambrose, *Rise to Globalism: American Foreign Policy Since 1938*, New York: Penguin Books, 1997, p. 15.

③ 罗斯福在 1943 年 2 月 12 日的演讲中特别提到反法西斯同盟团结的重要性,警惕纳粹离间同盟的阴谋。他说:"为了阻止不可避免的灾难,轴心国的宣传家们正在尝试各种古老的诡计来分裂联合国家。他们试图制造这样的思想:如果我们赢得这场战争,俄国、英国、中国和美国将陷入内部的争斗(cat-and-dog fight)。这是他们鼓动一国反对另外一国的最后努力。……对这些试图逃避其罪行后果的疯狂企图,我们说——所有联合国家都说———……'无条件投降'。……纳粹如果相信他们能够通过某种宣传使英、美、中政府和人民反对俄国或俄国反对其他国家,那么他们一定是疯了。"Address to the White House Correspondents' Association, Feb. 12, 1943, http://www.presidency.ucsb.edu/ws/index.php? pid = 16360&st = &st1 = #axzz1bEsAcrrz. (2011 年 10 月 20 日获取)

助，盟国就无法维持这场战争，更不用说获得战争的胜利。从 1942 年开始，美国的军事生产能力远远超出英国和苏联，成为名副其实的"民主国家的兵工厂"。1943—1944 年间，英国军火的四分之一来自美国，其中英国所需坦克、登陆艇和运输机的 40%—50% 来自美国。① 据负责租借援助事务的对外经济管理署署长（Foreign Economic Administrator）利奥·克劳利（Leo T. Crowley）的统计，从 1941 年 3 月 11 日至 1945 年 12 月 31 日，共 44 个国家获得美国的租借援助，美国向国外提供的租借援助总值达 507 亿美元，其中给英国的援助约 314 亿美元，给苏联的援助约 113 亿美元，给法国的援助约 32 亿美元，给中国的援助约 15.6 亿美元（给予中国的租借援助一直持续到 1946 年年底，个别项目持续到 1947 年）。美国接受的来自其他国家的互惠租借援助（Reverse Lend Lease，也称"反向租借"），包括物资和服务总值 78 亿美元，其中约 68 亿美元来自英联邦国家。② 以苏联为例，美国的租借援助既包括民用物资也包括军用物资：飞机 14795 架、坦克 7056 辆、吉普车 51503 辆、卡车 375883 辆、摩托车 35170 辆、拖拉机 8071 台、高射炮 8218 门、机关枪 1316333 支、炸药 345735 吨、铁路货车 11155 节、火车机车 1981 台、陆军军靴 15417000 双。③ 美国对盟国的租借援助是在极其艰难的形势下实现的，特别是对苏联和中国的援助由于需要分别突破日本和德国的封锁而付出了巨大的代价。④ 美国对盟国的租借援助成为盟国胜利的决定性因素，也得到盟国的赞扬。丘吉尔在 1941 年 11 月 10 日的演讲中称："别再听信金钱是统治美国民主心灵和思想的力量这样

---

① ［美］埃利奥特·A. 科恩：《丘吉尔与第二次世界大战中的联盟战略》，［美］保罗·肯尼迪编《战争与和平的大战略》，时殷弘、李庆四译，世界知识出版社 2005 年版，第 47 页。

② Leo T. Crowley, "Lend-Lease," Walter Yust, ed., *10 Eventful Years: A Record of Events of the Years Preceding Including and Following World War II*, Chicago: E. B. Inc, 1947, Vol. 2, p. 859.

③ Twenty-First Report to Congress on Lend Lease Operations, House Document 432, Jan. 31, 1946, p. 25. 转引自 James Huston, *Outposts and Allies: U. S. Army Logistics in the Cold War, 1945 - 1953*, Cranbury, N. J.: Associated University Presses, 1988, p. 61。

④ 美国通过三条通道向苏联提供援助：一是北冰洋航线；二是经伊朗的波斯通道；三是直达海参崴的太平洋通道。对中国的援助则通过滇缅公路和飞越喜马拉雅山的驼峰空运线，运输途中有大量人员伤亡和物资损失。

的昏话了，租借法无疑是整个有记录历史上最无私的行为。"① 斯大林在德黑兰会议上说："没有美国的生产，联合国家永远也无法赢得这场战争。"②

第二，通过合作的体制化来构筑同盟关系。根据阿卡迪亚会议的决定，英美两国于 1942 年 2 月成立"联合参谋长会议"（Combined Chiefs of Staff），由英国的参谋长委员会（Chiefs of Staff Committee）和美国的参谋长联席会议（Joint Chiefs of Staff）成员组成，总部设在华盛顿。作为西方盟国的最高军事指挥机构，联合参谋长会议的职责是向美国总统和英国首相就军事战略提供建议，并负责战略决定的贯彻和实施。由于英国离华盛顿遥远，英国参谋长委员会的成员不能每次都来华盛顿开会，英国向华盛顿派驻了由陆军元帅约翰·迪尔爵士（Sir John Dill）担任团长的联合参谋使团，代表英国参谋长委员会参加会议。联合参谋长会议的核心成员是美国陆军参谋长乔治·马歇尔（George C. Marshall）和英帝国总参谋长阿兰·布鲁克（Alan Brooke）。尽管联合参谋长会议向英国和美国政府负责，但其指挥的军队并不限于两国的军队，实际上包含太平洋、印度和北非战场的所有盟国军队。其下还设立若干分委员会，包括联合情报委员会、联合计划参谋委员会、军火分配委员会、联合军事运输委员会、联合通讯委员会、联合行政委员会和联合民事委员会。美国还与英国等国家合作设立了西北欧、地中海和东南亚盟军最高统帅部统一指挥盟国的军队，各地区最高统帅部向联合参谋长会议汇报。合作的体制化主要体现在英美同盟关系中，苏联并没有参与到盟国的统一指挥中来。蒋介石曾建议成立中国战区联合参谋部，由美、英、中、荷代表组成，但实际上只有美国派遣史迪威（Joseph W. Stilwell）将军来华，作为联合参谋部的成员，担任蒋介石的参谋长，兼中国战区美国陆军司令官。

第三，通过个人外交建立领导人之间的亲密友情（与丘吉尔）或相互信任（与斯大林），以维持大同盟的团结。第二次世界大战是世界外交史上前所未有的盛行首脑外交的时代。美、英、苏三国之间的合作没有正式条

---

① Churchill Speech Regarding British Involvement in a U. S. -Japanese War, Nov. 10, 1941, http：//www. jewishvirtuallibrary. org/jsource/ww2/churchill111041. html. （2011 年 3 月 5 日获取）

② "One War Won," *Time*, Dec. 13, 1943, http：//www. time. com/time/printout/0, 8816, 791211, 00. html. （2011 年 3 月 5 日获取）

约相约束,因此更需要三国领导人之间良好的个人关系来维系。关于罗斯福与丘吉尔之间的密切关系,著名剧作家、罗斯福的撰稿人罗伯特·舍伍德有这样的观察:

> 他们建立了自然随和的亲密关系,可以不拘礼节地笑谑,也没有炫耀和客套——在交往中还有某种程度的坦诚,这种坦诚即使不是十分,也有八九分。不过,他们两个人都未曾忘记自己是谁和代表什么,对方又是谁和代表什么。实际上,他们的关系始终维持在最高的专业水平,他们是业务上的同行——全球范围的政治—军事领袖,他们从事的职业领域是极受限制的,极少数进入此领域的人极少有机会与同行伙伴一起交流切磋。他们以专业者老练的眼光彼此赏识,而这一赏识又导致了某种程度的尊敬和对于对方职业问题的富有同情的理解,而这是二流人物所达不到的。①

私人外交的实质是通过元首间的个人交往,建立良好的个人关系,来维持国家间的友好合作,在存在相互隔阂、缺乏共同价值观和相互信任的国家间尤其需要私人外交。罗斯福深知,由于西方各国对十月革命的干涉和对苏联的封锁,特别是英法战前曾采取意在引诱希特勒进攻苏联的政策,苏联对西方极不信任。因此,获取苏联的信任极为重要。而美苏之间长期以来缺乏交往,社会制度和意识形态迥异,两国间互信的建立殊为不易,在这种情况下,首脑之间的良好关系就显得极为关键。德黑兰会议后,罗斯福对他的儿子埃利奥特说:

> 最要紧的事情是让斯大林清楚地知道美英并没有联合起来组成一个集团反对苏联。我认为我们应该永远放弃这种想法。……能够破坏我们战后计划的事情就是世界又告分裂,苏联反对英国和美国。要确保我们继续充当裁判员,在苏联和英国之间居中调解,这是我们现在也

---

① Robert E. Sherwood, *Roosevelt and Hopkins*: *An Intimate History*, New York: The Universal Library, 1950, pp. 363 - 364.

是我们未来的重要工作。①

　　罗斯福相信在他和斯大林之间建立某种程度的政治亲密感，有助于赢得斯大林的信任和促进两国之间的合作。由于美国驻苏使馆和国务院的很多官员反对罗斯福对苏联的合作政策，罗斯福经常抛开国务院和使馆的官员，更愿意利用同情苏联的官员和自己的行动开展个人外交。罗斯福主要通过与斯大林之间热情的书信②和二人亲密的私下讨论来构建这种政治上的亲密关系。二人的通信往来从 1941 年 7 月 26 日罗斯福让哈里·霍普金斯（Harry Hopkins）向斯大林转交第一封信开始，一直到 1945 年 4 月罗斯福去世，共有 300 多封。③ 为了消除斯大林的猜疑，罗斯福在德黑兰与斯大林第一次会面时有意不让美方翻译在场，而只让斯大林的翻译担任译员。他还毫不犹豫地听从斯大林的建议，搬进苏联驻德黑兰大使馆居住，其安全由苏联警卫负责。罗斯福还拒绝在与斯大林会晤前与丘吉尔会面。在丘吉尔与斯大林的争执中，罗斯福故意站在斯大林一边。随着战争的进程，他有意疏远丘吉尔，以安抚斯大林并不时地强调他与丘吉尔的不同。罗斯福相信，自己真诚的反帝国主义立场能够获得斯大林的信任，为美苏的合作打下基础。

　　罗斯福依赖个人外交促进同盟团结的努力无疑是有效的，罗斯福对斯大林的尊重让斯大林很满意，战时对罗斯福也比较信任。斯大林的翻译瓦伦丁·伯里兹克夫（Valentin Berezhkov）认为"斯大林对罗斯福表现出极

---

　　①　Elliot Roosevelt and James Brough, *A Rendezvous with Destiny: The Roosevelts of the White House*, New York: G. P. Putnam's Sons, 1975, pp. 362–363.

　　②　在德黑兰会议前与斯大林的通信中，罗斯福多次表达希望与斯大林会面进行个人之间会谈的强烈愿望。如在 1942 年 12 月 2 日给斯大林的信中说："我越是考虑我们共同面临的军事形势和早些做出战略决定的必要性，我就越相信您、丘吉尔和我应该尽早会面。……我非常渴望与您会谈……我非常希望您将积极考虑这一建议，因为我看不出还有什么其他方法能让我们共同达成至关重要的战略决定。" Susan Butler, ed., *My Dear Mr. Stalin: The Complete Correspondence between Franklin D. Roosevelt and Joseph V. Stalin*, New Haven: Yale University Press, 2005, p. 101.

　　③　Arthur M. Schlesinger, Jr., "Preface," Butler, ed., *My Dear Mr. Stalin: The Complete Correspondence between Franklin D. Roosevelt and Joseph V. Stalin*, p. ix.

大的尊敬"。① 按照战时美国驻苏大使埃夫里尔·哈里曼（Averell Harriman）的说法，斯大林很愿意听从罗斯福的意见，认为"罗斯福代表某种全新的东西，其新政是在改革资本主义，以满足'工人阶级'的愿望和需要"。② 1943年6月，驻美大使马克西姆·李维诺夫（Maxim Litvinov）在给莫洛托夫的电报中说："罗斯福对我们的友好超过其他任何美国人，非常明显，他希望与我们合作。"后来接替李维诺夫的安德烈·葛罗米柯（Andrei Gromyko）1944年7月也预测说，无论谁当美国总统，"为了解决未来出现的、对两国都重要的问题"，两国都会"设法寻找共同点"。③ 一直到雅尔塔会议上，苏联并没有放弃战后与美国合作的愿望，希望利用美国的经济援助恢复战后经济，并认为保持与美国的联盟是有益的。④ 罗斯福去世后，斯大林对美国驻苏大使哈里曼说："罗斯福总统去世了，但是他的事业必须进行下去。"⑤ 在苏联报道罗斯福去世的当天，所有苏联报纸的头版都以黑框出现，用这种极不寻常的方式表达对罗斯福的悼念，苏联人民感到失去了一位真正的朋友。英国更是对罗斯福赞誉有加，罗斯福去世后，丘吉尔在英国议会演讲中赞扬罗斯福具有"清晰的远见和能力来处理棘手和复杂的事情"，是"我们认识的最伟大的美国朋友"和"自由最伟大的捍卫者，把援助和抚慰从新世界带到了旧世界"。⑥

　　尽管罗斯福的个人外交在战时是有效的，但是从长远来看，国家间的合作不可能主要依赖个人外交来实现，个人的光芒终究无法遮盖价值观和国家利益方面的差异与冲突。实际上，战时的美苏合作与其说依赖于罗斯

---

① Arthur M. Schlesinger, Jr., "Preface," Butler, ed., *My Dear Mr. Stalin: The Complete Correspondence between Franklin D. Roosevelt and Joseph V. Stalin*, p. ix.

② Ibid..

③ John L. Gaddis, *We Now Know: Rethinking the Cold War History*, New York and Oxford: Oxford University Press, 1998, p. 15.

④ 详见 Vladislav Martinovich Zubok and Konstantin Pleshakov, *Inside the Kremlin's Cold War: From Stalin to Khrushchev*, Cambridge, Mass.: Harvard University Press, 1996, pp. 31 – 32。

⑤ W. Averell Harriman and Elie Abel, *Special Envoy to Churchill and Stalin, 1941 – 1946*, New York: Random House, 1975, p. 442.

⑥ Frederick W. Marks III, "The Pupil Roosevelt Conceded too much to His Teacher Stalin," Thomas G. Paterson and Dennis Merrill, *Major Problems in American Foreign Relations*, Lexington, Mass.: D. C. Heath and Company, 1995, Vol. 2, p. 222.

福的个人外交，还不如说基于美苏之间的共同利益，即打败共同的敌人——希特勒。第二次世界大战时期，领袖人物对历史进程和国际事务影响较大是特殊历史条件造就的结果，决定两国关系的根本力量在于两国的国家利益和意识形态，依赖个人魅力和领导人个人之间亲密关系建立起来的合作显然是不能长久的。罗斯福去世后，杜鲁门没有这种个人魅力，美苏之间的个人外交无法持续下去。

第四，通过培育共同的价值观和战后目标来加强同盟的团结。罗斯福深知同盟内部的主要国家，特别是美、英、苏三国在价值观和战争目标上是不同的，一个仅仅依靠共同利益建立起来的同盟是难以持久的，因此培育共同价值观极为重要。在1941年8月英美首脑会议上，罗斯福以租借援助为筹码首先说服丘吉尔接受了美国的自由国际主义原则，签署了《大西洋宪章》，并将是否支持《大西洋宪章》作为签署《联合国家宣言》的前提条件。罗斯福试图把《大西洋宪章》确定的民族自决、开放市场和集体安全原则作为"大同盟"的核心价值观和战后国际关系的准则，这样"大同盟"就不仅仅是一个利益或安全联盟，同时也是一个价值共同体。尽管英国和苏联签署《大西洋宪章》并不十分情愿并试图限定其条款的应用范围，[①] 但是它一经宣布就成为一种原则和道德标准，深刻地影响了战后世界秩序的构建。1945年雅尔塔会议上，"三巨头"(Big Three)发表的《关于被解放的欧洲宣言》(Declaration of Liberated Europe) 重申了《大西洋宪章》的原则，承诺在原来德国占领的地区实行自由选举。后来的《联合国宪章》尽管在民族自决和殖民地独立问题上有所后退，但也基本上体现了《大西洋宪章》的精神。罗斯福在1943年的新年文告中称，"大同盟"是"历史上最强大的联盟，这个联盟之所以强大，不仅由于它拥有雄厚的物质力量，更重要的是，它具有永恒的精神价值"。其精神价值在罗斯福看来就

---

① 1941年9月24日，在伦敦召开的盟国会议上，苏联方面表示支持《大西洋宪章》的原则，但同时提出《大西洋宪章》不得否定战前苏联的边界。苏联驻英国大使伊凡·梅斯基（Ivan Maisky）提出"这些原则的实际应用必须适应各国的条件、需要和历史特性"。英国也宣称宪章第三条关于民族自决的内容不适用于英国殖民地。转引自 John P. Vloyantes, "The Significance of Pre - Yalta Policies regarding Liberated Countries in Europe," *The Western Political Quarterly*, Vol. 11, No. 2, Jun. 1958, p. 219。

是"《大西洋宪章》中的共同理想"。①

罗斯福的同盟战略大体上是成功的。"大同盟"克服了同盟内部国家之间的意识形态分歧和利益纷争,实现了彻底打败轴心国的目标。

1943 年 11 月 13 日,在德黑兰为丘吉尔举办 69 岁生日的晚宴上,罗斯福用彩虹来阐释不同政治制度的国家之间,也即美、苏、英三国的合作。他说:

> 我想用彩虹来比喻我们的合作。在我们的国家,彩虹是好运和希望的象征,它有很多不同的颜色,每一种颜色都是自己独有的,但是混合在一起则变成一个壮丽的整体。对我们各国来说也是如此,我们有不同的风俗、哲学和生活方式,每一个国家都根据自己人民的愿望和想法制定了自己的规划。但是我们在这里、在德黑兰已经证明,我们不同的国家理想可以走到一起,形成一个和谐的整体,为了我们自己和整个世界的共同福祉携手前行。因此,当告别这次历史性会晤的时候,我们可以在天空中第一次看到通常代表希望的象征——彩虹。②

尽管"大同盟"在战时进行了成功的合作,但是这种合作并非一帆风顺,美国与同盟内部诸大国之间也充满分歧与矛盾。

军事战略

在军事上,美国与英国确定的是"欧洲(德国)优先"(Europe First)战略。根据这一战略,美国和英国将把大部分军事资源用于击败德国,而在亚洲和太平洋战场采取防御态势,在打败德国后再集中力量对日本进行反攻。"欧洲优先"战略包括两方面:一是在军事资源上向欧洲倾斜,包括给苏联以援助;二是集中盟军的力量打击德国,缓解苏联的压力。这一战略既有军事上的原因,也有政治上的考量。

---

① 《关于战争与和平的新年文告》1943 年 1 月 1 日,《罗斯福选集》,关在汉编译,商务印书馆 1982 年版,第 390 页。

② Tripartite Dinner Meeting, Nov. 10, 1943, *FRUS*, Conferences at Cairo and Tehran, 1943, p. 585.

　　军事上，罗斯福本人和大多数军事将领都认为希特勒德国是最凶恶、最可怕、最强大的敌人，特别是德国控制了除苏联以外的整个欧洲大陆并企图征服英国和苏联。如果苏联和英国战败，那么德国将直接威胁美国本土和南美洲。罗斯福相信，无论日本的命运如何，德国都会继续战争，即便没有日本，德国仍然是强劲的对手。他甚至认为，德国战败后，日本继续战争的意志会被大大削弱，不会坚持多久，"我们可以在六周内击败日本"。[1] 因此，在罗斯福心中，对德战争的胜利可以起到一石双鸟的作用，会大大减少美国人的生命损失。同时"欧洲优先"战略也是维持苏联对德作战意志和决心的需要。苏德战争爆发后，苏联承担了巨大的牺牲，德国把其绝大部分军队，约330万人投入苏德战场。罗斯福意识到，盟国的胜利取决于苏联坚持对德战争，一旦苏联垮掉或与德国单独媾和，盟国对德战争将会长期进行下去，盟国胜利的希望将相当渺茫。德国可能将会把军事力量投向非洲，甚至南美，对西半球构成直接的威胁。早在苏德战争爆发后，美国政府就意识到美国必须援助苏联以阻止其崩溃，当时采取的措施除了向苏联提供租借援助外，还包括通过对日本采取强硬措施来阻止日本进攻西伯利亚，以免使苏联陷入两线作战的局面。1943年夏，罗斯福说，"我们胜败的整个问题都取决于俄国人"。[2] 1943年3月11日，罗斯福曾对财政部长亨利·摩根索说："没有比让苏联崩溃更糟糕的了……我宁愿失去新西兰、澳大利亚或任何其他东西，也不愿意让苏联崩溃。"[3] 而为了避免苏联崩溃，除了提供物质援助外，最好的办法是发动跨越英吉利海峡的攻势，开辟西线战场，也就是第二战场，使德国分兵西线，以减轻苏联的压力。"欧洲优先"战略还可以保卫英国，英国的独立无论是从象征意义上还是从战略意义上对美国都极为重要，而且英国保持独立还可以使其成为盟军向欧洲大陆发动进攻的基地。

　　在政治上，共和党人，特别是中西部的孤立主义者一直反对美国卷入

① Stoler, *Allies and Adversaries: The Joint Chiefs of Staff, the Grand Alliance, and U. S. Strategy in World War II*, Chapel Hill: University of North Carolina Press, 2000, p. 85.

② Stoler, *Allies and Adversaries: The Joint Chiefs of Staff, the Grand Alliance, and U. S. Strategy in World War II*, p. 85.

③ John M. Blum, ed., *From the Morgenthau's Diaries*, Vol. 3, Years of War: 1941–1945, Boston: Houghton Mifflin, 1967, pp. 81–82.

欧洲的战争,但对亚洲一直给予极大的关注。持孤立主义立场的报纸《芝加哥每日论坛报》甚至认为,对美国构成最大威胁的国家是日本而不是德国,主张美国应集中力量对付日本而不是德国。所以,罗斯福不担心打败希特勒后舆论会反对美国与日本作战。对罗斯福个人来说,"亚洲优先"战略意味着傲慢自负、野心勃勃的驻菲律宾美军司令麦克阿瑟将军将主导战争的进程并获得巨大的政治影响力,而共和党内部一直有一股强大的势力试图推举麦克阿瑟竞选总统,罗斯福显然不愿意这位想当总统的将军成为自己的竞争者,无论是指挥战争还是竞选总统。[1] 美国的盟友丘吉尔和斯大林都支持"欧洲优先"战略。尽管这一战略将使英国自治领澳大利亚和新西兰处于危险境地,但是英国首要目标是保卫英国本土、埃及、巴勒斯坦和苏伊士运河,"欧洲优先"战略可以保证美国将大部分军事资源投放到欧洲,包括地中海战场。而斯大林更是希望美国和英国将军事力量集中在西欧,在法国北部开辟第二战场,直接威胁柏林,以缓解东线的压力。

在阿卡迪亚会议上,英美确定了实施"欧洲优先"战略的措施,包括:将武装力量和军用物资主要集中在欧洲和大西洋地区,在远东和太平洋战场采取守势,利用中国拖住日本;继续向苏联提供物资援助;同时在欧洲开辟第二战场,以缓解苏联的压力等。"欧洲优先"战略在美国军界得到陆军参谋长乔治·马歇尔(George Marshall)和陆军战争计划处主任德怀特·艾森豪威尔(Dwight Eisenhower)等人的支持,二人主张尽快开辟第二战场。罗斯福担心苏联支撑不住,也主张尽快开辟第二战场。他说:"俄国军队击毙的轴心国士兵和毁灭的轴心国物资,超过其他25个联合国家的总和。"[2] 苏联从1941年7月18日就呼吁英国在法国北部开辟第二战场以减轻苏联的压力。1942年5月,罗斯福答应苏联,将在1942年年底以前开辟第二战场。正是在"欧洲优先"战略主导下,在美国卷入战争初期,美国把绝大部分资源用于对德作战。在珍珠港事件后的半年内,日本迅速占领了西太平洋的几乎所有岛屿和整个东南亚,并且直接威胁澳大利亚、新西

---

[1] Robert D. Schulzinger, *American Diplomacy in the Twentieth Century*, New York and Oxford: Oxford University Press, 1990, p. 183.

[2] Herbert Feis, *Churchill, Roosevelt and Stalin: The War They Waged and the Peace They Sought*, Princeton, N. J. : Princeton University Press, 1957, p. 42.

兰和印度。

但是，在如何实施"欧洲优先"战略和击败德国问题上，苏、美、英之间产生分歧。这些分歧不仅导致了第二战场迟迟不能开辟，而且加深了苏联对英美的猜忌，成为大同盟最早出现的裂痕，而且英美之间的战略分歧还对"欧洲优先"战略本身构成了威胁，"欧洲优先"战略实际上逐渐演变为欧亚并重的战略。

对苏联来说，美英应该在西欧发动对德国的直接进攻，即开辟第二战场，这样的行动既可以大大减轻东线苏军的压力，同时也可以加速对德战争的胜利，而且第二战场越早开辟越好。

美国也主张利用其具有的巨大的物资和人力资源，通过直接进攻和决定性的战役击败德国。第一次世界大战时，美国对德宣战后很快派大批地面部队到欧洲作战，并迅速击败了德国，这一经验使美国陆军倾向于直接进攻战略，并认为这是缓解苏联压力、迅速击败德国的最佳战略。军方的具体计划是集中大规模的作战力量，横跨英吉利海峡，在法国北部登陆，发动针对柏林的战略进攻行动，直接攻击德国力量的中心。

英国则基于自己的经验和利益反对美国的直接进攻战略，而主张采取在外围对德军进行攻击的间接战略或边缘战略，提出盟国的军事行动应该在地中海地区而不是西欧。英国是一个岛国，陆军规模较小，资源也较少，善于海战，这导致了英国历史上长期采取著名战略家利德尔·哈特爵士所说的"英国战争方式"，即"主要依赖制海权，并且运用海上封锁、财政自治和外围作战等手段，而不是一支大规模的远征军来为联盟——组合起来争取击败任何追求用武力统治欧洲的强国联盟——作贡献。这样一种大战略是节省的（就英国的人力和资源来说是如此）、适度的和有节制的"。[①]同时，英国在第一次世界大战时期的教训也使英国极力避免与德国进行大规模的地面战。在1914—1918年的四年间，英法在西线与德军的直接交战长期处于胶着状态，整整一代英国年轻人丧生于西线。在英国看来，英法联合对付德国尚付出如此巨大的牺牲，现在德国控制了整个西欧大陆，法国已经被征服，在英美没有做好充分准备的情况下仓促实施跨海峡直接作

---

① ［美］保罗·肯尼迪：《战争与和平中的大战略：拓展定义》，［美］保罗·肯尼迪编《战争与和平的大战略》，时殷弘、李庆四译，世界知识出版社2005年版，第3页。

战无异于一场灾难，英国不想重蹈第一次世界大战的覆辙。更重要的是，在英国殖民地集中的中东和地中海地区采取军事行动符合英国的战略利益：保卫英国的殖民地；阻止德日会合和保卫从地中海到印度的帝国生命线；使西方在战后处于对付苏联的有利地位。因此，丘吉尔极力推迟跨海峡的正面交战，主张进攻法属北非，在中东和地中海地区击败德军。同时丘吉尔还宣称，在地中海地区消灭德军也可以缓解苏联的压力，并可以为在西北欧的登陆作战做准备。①

美国的大规模直接攻击战略和英国的边缘行动战略（地中海战略）之争，以及与此相关的第二战场问题一直是1942—1944年间盟国外交的核心问题。由于罗斯福被丘吉尔说服，盟军在1942年的主要军事行动是针对北非的德军，并于1942年11月发动北非战役。北非战役结束后，盟军继续按照英国的战略于1943年夏季进攻西西里和意大利。

但是，英美的"欧洲优先"战略，特别是为实施这一战略而采取的进攻北非的行动受到美国军方的强烈反对。陆军方面，马歇尔和艾森豪威尔虽然同意"欧洲优先"战略，但在他们看来，开辟第二战场的地点应该是在法国北部而不是北非，并认为北非并非欧洲战场的一部分，英国整个地中海方案主要出于政治目的——保卫英国殖民利益，而不是合理的战略目标。如果不能满足苏联在西欧开辟第二战场的要求，还不如在太平洋发动对日本的进攻，防止日本进攻西伯利亚地区，这一战略比地中海行动更能帮助苏联。② 海军方面，美国军方更是主张在太平洋向日本发动攻势，以阻止日本可能进攻西伯利亚。在军方看来，在太平洋发动进攻还可以减轻中国的压力，鼓励中国抗战，防止中国与日本单独媾和，并缓解国内舆论对美国在太平洋战争初期一系列失败的批评。陆军情报处1942年1月15日的报告推断，如果允许日本在西南太平洋"迅速而轻易地取得胜利"，

---

① 实际上，英国的地中海战略对东线压力的缓解作用是极为有限的。1943年3月，德军在东线有175个师（其中装甲师29个），而在北非只有7个半师（其中装甲师4个半）；1944年6月，德国在东线有157个师（其中装甲师有30个），在意大利有22个师（其中装甲师有6个）。Douglas Porch, *The Path to Victory, The Mediterranean Theater in World War II*, New York: Farrar, Straus and Giroux, 2004, p. 661.

② 详见 Stoler, *Allies and Adversaries: The Joint Chiefs of Staff, the Grand Alliance, and U. S. Strategy in World War II*, pp. 71 – 73。

"(日本)对苏联发动协同性联合进攻很可能会变成现实"。陆军战争计划处 3 月 8 日的一份研究也认为,"能够向俄国提供的最有价值的援助是将日军牵制……在南太平洋,而且我们的行动越早向苏联清楚地表明我们要这样做,它从这种援助中受益就越大"。① 美国海军作战部长欧内斯特·金 (Ernest J. King) 和驻菲律宾美军司令官麦克阿瑟将军从一开始就反对忽视亚洲战场的"欧洲优先"战略,他们强烈要求报珍珠港的一箭之仇,捍卫海军的荣耀,同时满足公众和舆论要求惩罚日本的呼声。

美国社会也存在强烈反对"欧洲优先"战略、主张亚洲优先的势力,他们主要是一些反共分子,认为"欧洲优先"战略有利于苏联而不是美国,是对反共的蒋介石的背叛,使蒋介石在缺乏足够的美国援助条件下同时与日军和中共作战。美国天主教团体是"亚洲优先"战略的积极鼓吹者,天主教会反对美国与苏联结盟,担心苏联红军一旦战胜德国将统治东欧,东欧的天主教徒将陷于苏联极权统治之下。一些国会议员认为,美国越推迟开辟第二战场,苏联的损失就会越大,如果苏联在美国打败日本之前打败德国,那么苏联将控制东欧。赫斯特报系更是极力鼓吹"亚洲优先"战略,反对罗斯福的"欧洲优先"战略,《纽约每日镜报》(*New York Daily Mirror*) 称美国援助苏联是一个极大的错误,德黑兰会议是"红色慕尼黑" (Red Munich),为斯大林"征服欧洲开了绿灯"。② 对"亚洲优先"战略的鼓吹者来说,纳粹主义和日本的军国主义并不是最危险的,最危险的敌人是苏联共产主义。

面对军方和舆论试图改变"欧洲优先"战略的局面,在丘吉尔的影响下,罗斯福选择站在英国一边。在 1942 年 7 月 15 日与美国军方高官的会晤中,罗斯福指出,如果德国战败了,日本就无法继续打下去;而苏联是打败德国的关键,因此旨在援助苏联的"欧洲优先"战略是取得胜利的可靠途径,而在太平洋发动进攻对苏联的帮助有限,即使日本进攻西伯利亚,苏联也能应付;即使英国继续拒绝发动横渡海峡的进攻,地中海战略也比

---

① 详见 Stoler, *Allies and Adversaries: The Joint Chiefs of Staff, the Grand Alliance, and U. S. Strategy in World War II*, pp. 73 – 74。

② George Sirgiovanni, *An Undercurrent of Suspicion: Anti-Communism in America during World War II*, New Brunswick, New Jersey: Transaction Publishers, 1990, p. 136.

在太平洋采取攻势更能帮助苏联,欧洲的任何军事行动都是对苏联的支持。[①] 在罗斯福看来,在地中海沿岸发动行动至少可以视为在部分履行对苏联的承诺。7 月 16 日,罗斯福在以三军总司令名义给霍普金斯、马歇尔和金的备忘录中明确反对"亚洲优先"战略:

> 我反对在太平洋为了尽快击败日本,而由美国发动对它的全力进攻。极为重要的是,我们应当认识到打败日本并不等于打败了德国,美国在今年或 1943 年集中力量对付日本会增加德国完全控制欧洲和非洲的可能性。反之,可以明显看出,打败德国,或者在 1943 年或 1942 年牵制住德国,就意味着德国在欧、非战场以及在近东有可能最终遭到失败。打败德国就是打败日本,而且可能不发一弹、不损一兵。[②]

尽管军种参谋长们表示服从罗斯福总统的决定,但是在暗地里进行了抵制。在美国军方坚持下,美国在太平洋战场还是被分配给一些资源,同时在 1942 年发动了一系列军事行动来迟滞日本的进攻,特别是在 1942 年 5 月的珊瑚岛战役和 6 月的中途岛战役中,美军重创日本海军,这成为太平洋战争的转折点。1942 年年底,太平洋的美军战斗部队比大西洋战区还要多。[③] 为了安抚海军方面以及应付国内舆论和反对党的批评,罗斯福分配给太平洋战场的资源逐渐增加,美国也较早地在太平洋战区发动对日本的反攻,美国的战略逐渐演变成欧亚并重的战略。

因此,罗斯福实际上并未能向苏联兑现于 1942 年年底以前在欧洲开辟第二战场的诺言。在 1943 年 1 月召开的卡萨布兰卡会议上,丘吉尔再次拒绝了苏联方面要求立即开辟战场的请求,声称盟国在军事上还没有做好准备,并建议在西西里登陆,攻入意大利,迫使意大利投降。尽管罗斯福非常希望尽早在西北欧开辟第二战场,但还是同意了丘吉尔的计划。为了安

---

① Stoler, *Allies and Adversaries: The Joint Chiefs of Staff, The Grand Alliance, and U. S. Strategy in World War II*, pp. 85 – 86.

② Sherwood, *Roosevelt and Hopkins: An Intimate History*, p. 605.

③ 1943 年 1 月 1 日,美国在太平洋战场的军队有 46.4 万人,比计划多 20 万人;在北非和英国战场只有 37.8 万人,比计划少 5.7 万人。Stoler, *Allies and Adversaries: The Joint Chiefs of Staff, the Grand Alliance, and U. S. Strategy in World War II*, p. 293, note 51.

抚苏联和解除苏联的猜忌，罗斯福在卡萨布兰卡会议上第一次提出无条件投降的原则。在 1943 年 11 月的德黑兰会议上，丘吉尔和罗斯福答应在 6 个月内在欧洲开辟第二战场。作为回报，斯大林承诺打败德国后将参加对日作战。

但是，第二战场的一再推迟无疑已经埋下了苏联与西方矛盾的种子。它让苏联想到的是历史上西方针对苏联的阴谋：1917—1920 年间资本主义国家对俄国革命的干涉，企图把苏维埃扼杀在摇篮之中；30 年代英法"祸水东引"，试图引导希特勒进攻苏联。在苏联看来，英美推迟开辟欧洲第二战场实际上是故伎重演，是消耗苏联的力量、让苏德两败俱伤的阴谋，其目的是让英美能以微小的代价建立对欧洲的主宰。

苏联对西方推迟第二战场的阴谋论解释是偏颇的。实际上，英美一直担心苏联支撑不住而垮台或与德国单独媾和，如果出现那样的局面对英美来说将是巨大的灾难，因此愿意看到苏联战胜德国。特别是美国实际上迫切希望尽早开辟第二战场，即使英国有保卫殖民利益、通过在巴尔干地区用兵牵制苏联的图谋，美国则完全没有削弱苏联或利用战时战略在战后牵制苏联的考虑。第二战场推迟开辟的主要原因并非英美阴谋削弱苏联，而是美苏之间的战略分歧，以及横渡海峡进攻德军的条件一直难以实现。

由于美国在 1942—1943 年间还没有完成重新武装和战争动员，跨海作战主要依赖英国的基地和军事力量，因此在这场战略辩论中，英国的地中海战略占了上风。其结果就是 1942—1943 年间，盟军主要在北非和地中海地区采取军事行动，并进攻意大利，迫使意大利投降，退出战争。

同时，盟国也缺乏实施大规模跨海峡两栖作战的军事力量。由于英美之间相隔大西洋，在英国聚集军事力量耗费时日，同时把美国军队和设备运送到英国需要控制大西洋的航线，这些条件在 1942—1943 年间都不具备。而只有在 1943 年下半年英美赢得"大西洋之战"（Battle of the Atlantic）的胜利、德国潜艇力量被大大削弱和英美控制大西洋航线后，第二战场的开辟才成为可能。丘吉尔认为，斯大林完全不理解两栖登陆作战计划的代价和困难，而牺牲成千上万的生命和冒着失败的危险来满足苏联"独裁者"的需要是不值得的，也是草率的。他在回忆录中写道：

俄国人丝毫不理解在一个敌人控制的防卫坚固的海岸实施大规模登陆并维持一支大规模作战部队的两栖作战行动的性质,甚至连美国人此时也没有意识到这种行动的困难。在登陆的进攻点不仅需要海上优势,空中优势也是必不可少的。而且还需要第三个至关重要的因素:一个由特别制造的登陆艇,特别是各种型号的坦克登陆艇组成的舰群是成功实施大规模反击登陆的基础。……而哪怕是最小规模的登陆舰群在 1943 年夏天之前都不可能准备好,而足够规模的舰群,正如现在被广泛承认的,在 1944 年以前是无法制造出来的。①

事实上,如果从遏制苏联的角度来看,英美越早开辟第二战场实际上越对其有利,因为这样可以迅速占领欧洲以阻止苏联势力的扩张,特别是 1943 年 2 月斯大林格勒战役结束之后,德国在苏联战场的失败已成定局,按照阴谋论的逻辑,斯大林格勒战役后西方已经无法通过两败俱伤的方式来削弱德国,而应该迅速开辟第二战场。但是实际上,英美在 1943 年未能开辟第二战场。恰恰是苏联对德战争的胜利加速了第二战场的开辟,随着斯大林格勒战役后苏联对德军的反攻,英美看到即使没有第二战场,苏联也能消灭纳粹德国的力量,在这种情况下,英美担心苏联将控制整个欧洲,这促使英美加紧准备,并于 1944 年 6 月冒巨大风险实施"霸王行动",可以想见,如果没有对苏联主导欧洲的担心,诺曼底登陆仍可能被推迟。

战时军事斗争的需要使战时外交常常为军事目标服务,同时军方在美国对外政策形成过程中影响力也大大上升,这成为战时外交的一个重要特点。在战时重大外交场合,跟随罗斯福身边的既不是国务卿赫尔,也不是陆军部长史汀生和海军部长诺克斯等文职官员,而是参谋长联席会议的成员,包括陆军参谋长马歇尔和海军作战部长欧内斯特·金,二人直接向总统报告并从总统那里领受命令。国务卿赫尔主要负责战后规划,几乎不参加军事会议,而陆军部长史汀生和海军部长诺克斯则负责国内的战争动员。参谋长联席会议文件的定期分发名单里甚至都没有国务卿和陆、海军部长的名字。军方影响力的上升和在美国国家安全政策形成过程中的关键作用

---

① Winston Churchill, *The Second World War*, Vol. 3, The Grand Alliance, Boston: Houghton Mifflin Company, 1950, pp. 379 – 380.

通常被认为起源于冷战初期，即 1947 年《国家安全法》通过之后，该法使参谋长联席会议这个战时的临时机构变成了常设的国家军事机构。但实际上，在第二次世界大战时期，军方在外交政策中的影响力就已经急剧上升了。珍珠港事件后，美国对全球战争的全面参与就已经使军方在政策形成过程中扮演了关键的角色。传统上，军事首脑服从文官的领导，但是在战时，由于战争的需要，这一传统发生了变化。珍珠港事件后，为了更好地协调战时军事指挥和决策，参谋长联席会议于 1942 年 2 月成立，由陆军参谋长马歇尔、海军作战部长哈罗德·斯塔克（3 月由金接替）、陆军航空队参谋长亨利·阿诺德（Henry H. Arnold）和美国舰队司令欧内斯特·J. 金海军上将组成，1942 年 7 月，新任命的总统参谋长威廉·D. 莱西海军上将也加入其中。参谋长联席会议的职能原本是负责制定军事战略和军队的组织，但实际上扩大到参与对外政策的制定。1944 年还成立了国务院—陆军—海军协调委员会（State-War-Navy Coordinating Committee），成为军方影响外交政策的组织通道。在战时，欧内斯特·J. 金和乔治·马歇尔等人无疑在制定对外政策的过程中发挥了重要作用。从这个意义上说，军方在对外政策制定中影响力的扩大不是在冷战初期而是在第二次世界大战时期，冷战不过是使这一势头继续并得以合法化。

第二次世界大战时期军方影响力的上升首先是因为战争的性质，第二次世界大战是全球性的战争，也是一场动员国家所有资源并在各个领域进行争夺的总体战。军事与政治和外交密不可分，军事行动直接影响到盟国之间的关系，这使军事首脑在政策制定过程中的发言权急剧增大。其次是由于罗斯福的独特的个性。罗斯福试图把军事指挥和外交权力都控制在自己手中，他对国务院不信任，决心实施自己的一套外交政策，因此在外交领域常常利用私人特使和首脑外交来贯彻自己的思想，有意削弱国务院在外交政策制定过程中的作用；在军事领域则绕过陆海军的文职部长直接对各军种的参谋长发号施令，并允许他们直接与总统联系。最后是国务院的内斗也使其影响力下降。赫尔和副国务卿韦尔斯之间的矛盾大大影响了国务院的工作效率。

战时的外交与军事战略以及战时外交的特点，都对战时美国与诸盟国间的关系产生了影响。

二　战时外交与同盟内部的关系

"特殊关系"下的英美合作与冲突

英美虽然在 19 世纪末实现了关系的调整,但两国关系一直较为冷淡,谈不上亲密,甚至相互猜忌。英国对美国在第一次世界大战后没有加入国联和拒绝取消战债颇有微词,20 年代初两国之间还展开了海军军备竞赛。在伦敦经济会议上,美国拒绝英国提出的国际合作稳定汇率的建议,走上经济民族主义的道路,从而加剧了 30 年代的经济危机,这也使英国对美国颇为不满。同样,在中西部美国民众中间存在强烈的反英情绪,特别是爱尔兰裔和德裔移民视英国为帝国主义者,30 年代很多著名的孤立主义者如杰拉尔德·奈和查尔斯·林白同时也是仇英分子 (Anglophobe)。艾奇逊在其回忆录中曾言:"在英美存在一种独特的关系,我们共同的语言和历史导致了这一独特的关系。但是独特并不意味着有感情,我们把英国当作敌人与其作战的次数与我们把它当作盟友与其并肩作战的次数一样多。……珍珠港事件前,共产分子和'美国第一分子'(American Firsters) 曾联合起来共同谴责英国的'帝国主义'战争。"①

1940 年 6 月,法国战败打破了欧洲大陆的力量平衡,极大地震动了美国,也改变了美国对英国的政策。孤立主义者虽然声称西半球有利的地理位置可以使美国享受安全,但是一些战略家和决策精英深知,美国的安全在很大程度上依赖于英国海军对大西洋的控制,英国存亡与美国的安全实际上息息相关,一旦希特勒征服英国,德军将直接威胁西半球和美国本土。从 1940 年下半年开始,美国开始把防止英国瓦解和维护英国的独立视为美国对外政策的主要目标之一。1941 年 3 月,国会通过的《租借法》的主要目标就是援助英国。美国参战后,英国成为美国最重要的盟友,两国在制订军事计划、实施军事行动、收集和分享情报,以及开发核武器等方面的合作和亲密关系远远超过了美国与其他战时盟国,逐渐形成了所谓的英美

---

① Acheson, *Present at the Creation*: *My Years in the State Department*, p. 387.

"特殊关系"。①

按照英国历史学家戴维·莱茵霍尔德的说法，英美"特殊关系"包括两个方面的含义：一是这种关系比英美各自与其他国家的双边关系更为密切，两国之间合作要比历史上存在的同盟国家之间的合作范围大得多，也深得多，也就是说特殊性首先体现在英美联盟的性质上，它与其他双边联盟在性质上是不一样的；二是这一双边关系对两国，乃至整个国际秩序来说，是特别重要的，也就是说，英美关系的特殊性还体现在两国关系的重要性和影响力上。② 战时英美"特殊关系"主要表现在以下几个方面：

一是军事领域的密切合作。

如前文所述，美国与英国于1942年1月组成联合参谋长会议以及各种联合委员会，协调战时英美的军事行动。同时美国向英国提供大量援助，英国成为接受美国租借援助最多的国家。

二是原子弹开发领域的合作。

1943年8月19日，罗斯福和丘吉尔在加拿大的魁北克签署关于两国核合作的协定——《魁北克协定》（Quebec Agreement）。根据该协定，英国将所有与核武器开发有关的资料交给美国；作为回报，美国将与英国分享核武器研制的进展情况，英国的原子研究项目被划入曼哈顿工程，英国和加拿大的核科学家也赴美加入曼哈顿工程。该协定还规定：两国"永远不使用核武器针对对方"；在没有得到对方同意前不会针对第三方使用核武器，也不会把有关核武器的情报通报给第三方；建立一个由加拿大、英国和美国代表组成的联合政策委员会来监督和协调核武器的开发。1944年9月18日，罗斯福和丘吉尔在纽约的海德公园又签署了一个秘密协定，协定规定

---

① 英美"特殊关系"这一说法最早是丘吉尔提出来的。他于1946年3月5日在富尔顿的著名演说中强调："没有说英语民族的兄弟般的联合（fraternal association），就不能防止战争，也没有世界组织的不断成长，它意味着英联邦和英帝国与美国之间的特殊关系。……兄弟般的联合不仅需要我们两个广大但相近的社会体系之间不断增长的友谊和相互理解，而且也需要我们两国军事顾问之间亲密关系的继续"，包括对共同面对的危险进行合作研究、共同研发武器和制定训练手册、开展军官和军校之间的交流、分享海空军基地和军事设施等。Winston Churchill，"Alliance of English-Speaking People：A Shadow has Fallen on Europe and Asia，"Delivered at Westminster College，Fulton，Missouri，Mar. 5，1946，*Vital Speeches of the Day*，Vol. 12，No. 11，Mar. 15，1946，p. 330.

② David Reynolds，"A 'Special Relationship'？America，Britain and the International Order since the Second World War，" *International Affairs*，Vol. 62，No. 1，Dec. 1985，pp. 2 – 20.

两国在打败日本后将继续为了军事和商业目的在原子技术开发方面进行合作。①

三是情报合作与分享。

在情报收集和共享方面的合作是英美特殊关系的重要基石。1943 年 5 月，英美签订《布鲁萨协定》，规定两国分享密码破译知识、交换情报人员以及联合管理敏感情报的处理和分发。由美国陆军部和英国政府电码与密码中心具体负责情报方面的合作。

四是领导人之间的密切交往。

战时英美双方的决策者，特别是罗斯福和丘吉尔之间的关系非常密切。在战争期间，丘吉尔给罗斯福发去了大约 950 件信函，罗斯福给丘吉尔的信函大约有 750 件，也就是说，平均每三天，两人之间就有一次通信往来。② 两国之间在决策领域的密切关系可能超过历史上的任何军事同盟，两国的决策者之间，用丘吉尔的话说，实际上是"不分彼此的"。③

战时英美"特殊关系"是建立在三项条件基础上的：第一是两国共同的利益。两国都希望西欧在面对试图主宰欧洲大陆的强权扩张时能保持独立地位，无论这一强权是希特勒的德国还是斯大林的苏联。过去，英国通常是在欧洲大陆寻找制衡这种强权的伙伴，法国投降后，这种伙伴不复存在，英国把美国视为可以借用来抗衡欧洲大陆强权的力量。同时，英国还需要美国的帮助来抵御希特勒的进攻，维护国家的生存；抵御日本的进攻，维护英国在亚洲（特别是东南亚和印度）的殖民利益。英国把这种"特殊关系"视为保护英国利益的手段，其实质是走向衰落的英国利用崛起的美国为自己的目标服务。而美国一向把英国视为美国安全的第一道防线，皇家海军可以起到阻止希特勒进攻西半球的作用；同时美国也希望英国在战后支持美国倡导建立的国际新秩序。第二是相似的文化和意识形态。尽管美国一直对"旧世界"的君主制、贵族制和等级制不屑一顾，并视自己为

---

① David Reynolds, "A 'Special Relationship'? America, Britain and the International Order since the Second World War," *International Affairs*, Vol. 62, No. 1, Dec. 1985, p. 11.

② ［美］埃利奥特·A. 科恩:《丘吉尔和第二次世界大战中的联盟战略》,［美］保罗·肯尼迪编《战争与和平的大战略》, 时殷弘、李庆四译, 世界知识出版社 2005 年版, 第 48 页。

③ "Churchill Bids the Tide of Anglo-American Co-operation 'Roll on to Better Days'," *Life*, Vol. 9, No. 10, Sept. 2, 1940, p. 22.

欧洲价值的对立面，但是在面对共同的极权主义敌人时，英美在价值观上的共性凸显出来：两国都是民主国家，都奉行资本主义制度。第三是由个人之间密切交往和深厚友谊构成的网络。英美领导人及其高级顾问之间可以毫无障碍地进行深度交谈，而与其他国家领导人交流则需要借助翻译。战时，英美之间实际上形成由共同利益、价值观和个人友谊构成的共同体，共同的语言和文化背景在其中发挥了基础性作用。

两国在进行密切合作的同时，也出现了重大分歧。战时的美英关系也包含很多分歧和矛盾，甚至尖锐的冲突。英美之间的分歧与矛盾除了前述的军事战略和第二战场问题外，还表现在两个方面，即建立什么样的战后国际秩序以及如何处理殖民地问题。

在战后国际秩序问题上，罗斯福和国务卿赫尔从一开始就认为，欧洲的均势政治和经济民族主义是战争的温床，必须按照自由主义原则重建国际秩序，大国合作、集体安全、开放市场和自由贸易应该成为新国际秩序的准则。英国的地理位置和政治文化与美国不同，其战后国际秩序思想与美国是不一样的。在多极的欧洲，英国的安全取决于欧洲大陆的均势。英国也没有成文宪法，英国的宪政制度是经过长期的政治实践依照习惯法逐渐建立和完善的，不相信凭一纸宪章就可以在国际关系中建立稳定的秩序。在英国看来，战后维护和平和英国安全的方式仍然是在欧洲大陆构建均势，同时要防止德国的重新崛起和苏联的扩张，而不是与苏联合作。为此，要使法国复兴成为大国，成为欧洲实力天平中的重要力量，而且美国也必须加入欧洲的均势体系中来，共同遏制苏联在欧洲的扩张。英国还试图维护帝国特惠制度，反对美国关于开放市场和自由贸易的设计。

而美国由于在西半球拥有绝对安全，缺乏均势外交的经验，把英国热衷的均势战略视为老套过时的战略，认为正是这种战略导致了两次世界大战。同时，美国相信，通过制定各国都遵守的宪章可以实现集体安全，就像美国最初十三州通过制定宪法建立联邦一样。罗斯福实际上反对英国和苏联的势力范围政策，也不愿意把美国军队部署在欧洲来参与对苏联的制衡，即作为平衡者（balancer）成为欧洲均势体系中的成员。罗斯福把欧洲作为一个整体来看待，试图通过与苏联合作来打消其疑虑，说服苏联放弃在欧洲建立势力范围的企图。因此，美国对英国引诱美国赞成势力范围政策并加入欧洲均势体系的企图极为警惕。国务院在 1945 年 7 月 4 日关于波茨坦会议的简报中对此进行了阐释。该文件分析说:"英国在欧洲的传统政策一直是防止任何一国主导欧洲大陆,英国地理位置的弱点使其一直担心某一国家会联合欧洲的国家来反对她,为了应对这一危险,英国一直是不停地变换支持对象,以维持其利益所需要的均势。"过去欧洲存在若干大国,可供英国建立均势,但战后已经没有这样的大国,苏联成为欧洲大陆唯一的强国。在这种形势下,英国可能"两面下注",虽然支持国际合作,但担心其可能不成功,于是"又试图通过旧的权力政治体系来加强自己的地位"。"既然欧洲不再有能平衡(苏联)的力量,英国自然将目光转向美国,把美国视为构建对俄平衡力量的最大潜在支持者,没有美国明确的支持,英国尽管可能联合一些力量,但仍然无法改变俄国强大的优势地位。"但是,文件认为,这种势力范围政策"代表十足的权力政治",极容易导致英国与同样寻求在欧洲建立势力范围的苏联发生冲突。美国的政策"应该是阻止英国和俄国建立敌视性的势力范围",或使势力范围"从属于普遍性安全组织"。美国的"首要目标应该是消除使这些国家感到其安全需要这样的势力范围的原因,而不是支持一个国家加强力量反对另一个国家"。文件最后指出,"目前需要做的是促进英俄之间在各种有争议事情上的相互理解,尽我们所能,以我们的最大努力来消除两国之间的摩擦点,以培育对持久和平如此必不可少的三方的合作"。[①]

不同的国际秩序观直接影响到美英两国在战争后期对苏联的态度与政策。罗斯福认为战后和平不能依赖于均势而应取决于与苏联的合作,这一合作从战时就必须开始,而西方对苏联的态度会影响苏联对西方的态度,获得苏联信任的方式是首先信任苏联。因此在战时,罗斯福比丘吉尔更愿意满足苏联的要求,包括提供援助和开辟第二战场。在英国看来,西方对苏联的态度并不重要,苏联不会因为西方的援助而改变对西方的态度,战后苏联的政策取决于战后国际权力分布的状况而不是苏联的感激,与苏联的联合不过是暂时的联合,苏联的利益与西方的利益从根本上是冲突的。战争期间,丘吉尔对苏联极为猜忌,试图限制其领土扩张。而罗斯福似乎

---

① Briefing Book Paper, "British Plan for a Western European Bloc," *FRUS*, the Conference of Berlin (the Potsdam Conference), 1945, Vol. 1, pp. 256 – 264。引文引自 pp. 257, 259, 263, 264。

对苏联抱有较大同情，相信建立持久和平的唯一途径是战后维持"大同盟"，承认苏联的大国地位，把苏联作为维护和平的伙伴。苏联在战争中承受了巨大损失（约为英美两国损失的十倍），这进一步加深了美国对苏联的同情。美国领导人实际上无法说服多数美国人把在共同事业中遭受如此惨重损失的苏联作为潜在对手。罗斯福认为，苏联追求的是安全，而满足这一点并不难。

英国在第一次世界大战前一直是自由贸易的鼓吹者。但是从 1932 年的渥太华会议开始，作为对世界经济危机的反应，英国越来越倾向于放弃 19 世纪的自由贸易原则，而采取贸易保护主义政策，在帝国内部实行贸易特惠制度。这一制度使英国与其他英联邦国家和英国殖民地之间形成一种封闭的贸易体系，实际上构成对美国商品的歧视。同时，帝国特惠制度也与美国倡导建立的战后多边国际经济体系相冲突。因此，从 1934 年开始，美国政府一直试图打破英国的贸易特惠制度。战时，美国极力说服英国放弃帝国特惠制度，支持美国倡导的门户开放政策和以自由贸易、货币可兑换为基础的多边贸易体系。英国政府一开始抵制美国的企图，担心放弃帝国特惠制度会导致英国出口市场的缩小，以及无法实现国际结算的平衡。印度和缅甸事务大臣利奥波德·埃默里（Leopold Amery）说，他宁可要希特勒的"新秩序"，也不要赫尔的"自由贸易"。直到 1945 年，他仍然相信美国企图把英国降到美国卫星国的地位。[①]

1941 年 8 月，罗斯福和丘吉尔在纽芬兰会晤，美国进一步向英国施压，试图利用英国亟须美国援助的机会促使英国放弃帝国特惠制度。1941 年 8 月 14 日，罗斯福和丘吉尔联合发表《大西洋宪章》，宪章的第四条称两国将"在充分尊重他们现有义务的同时，努力促使所有国家，不分大小，战胜国还是战败国，都有机会在同等条件下，参与世界贸易和获得实现其经济繁荣所必需的世界原料"[②]。"充分尊重现有义务"是丘吉尔坚持加上去的，目的是维护帝国特惠制度。丘吉尔坚持称，他无权做出放弃帝国特惠

---

① William Roger, "American Anti-Colonialism and the Dissolution of the British Empire," *International Affairs*, Vol. 61, No. 3, Summer 1985, p. 398.

② The Atlantic Charter, Aug. 14, 1941, Commager, ed., *Documents of American History*, Vol. 2, p. 631.

制度的决定，放弃这一制度需要"与各自治领协商"。而这无疑会推迟《大西洋宪章》的签署，在这种情况下，"罗斯福做出了让步"。[1] 但国务卿赫尔反对这一点，认为"'充分尊重现有义务'的措辞实质上剥夺了这一条款的所有意义，因为它意味着英国将保留其帝国关税优惠，而这是我八年来一直极力反对的"。[2]

但是，由于英国对美国援助的依赖，英国最终不得不屈从于美国的压力和要求。1942 年 2 月 23 日，英美签订《租借主体协定》，协定第七款规定，英美两国将共同努力"消除国际贸易中一切形式的歧视待遇，并降低关税和其他贸易壁垒"。[3] 正如英国历史学家戴维·雷诺兹（David Reynolds）所言，租借援助并非是一件"白送的礼物"，美国期望得到回报，这回报不是货币和商品，"而是（英国）对美国战后经济构想承担义务"，即支持美国倡导的战后国际经济秩序。[4] 美国利用租借援助作为筹码，终于迫使英国同意放弃帝国特惠制，消除了美国推行自由贸易制度的一大障碍。

在布雷顿森林会议上，英国原则上支持美国提出的战后国际经济秩序，但强调英国在战后需要一段时间进行调整。美国同意英国保留一项例外条款，允许英国战后出现贸易支付差额时实施贸易限制和外汇管制。英国有着长期自由贸易的传统，并且战后仍然需要美国的援助，原则上，大多数英国决策者支持多边的世界经济体制，如果美国作为世界最大的出口国和债权国能承担起稳定世界经济的责任，英国实际上愿意放弃帝国贸易特惠制度。

除了对战后国际秩序有不同看法外，英美之间更尖锐的矛盾反映在战后如何处理殖民地问题上。

在罗斯福和赫尔等人看来，战争极大地刺激了殖民地和依附民族的民族主义思潮，欧洲殖民主义时代已经结束了，欧洲各国的殖民地在战后应该逐渐独立，同时殖民帝国应该像美国在菲律宾所做的那样，承担起训练

① Hull, *The Memoirs of Cordell Hull*, Vol. 2, pp. 975 – 976.

② Ibid. .

③ "Mutual Aid Agreement with Great Britain," *The Department of State Bulletin*, Vol. 6, No. 140, Feb. 28, 1942, p. 192.

④ David Reynolds, *Creation of Anglo-American Alliance, 1937 – 1941*, Chapel Hill, N. C. : University of North Carolina Press, 1982, pp. 166 – 167.

殖民地人民自治的责任,并允许条件成熟的地区独立。美国把民族自决作为美国的战争目标之一,《大西洋宪章》第三条规定:"他们尊重所有民族选择他们愿意生活于其下的政府形式之权利;他们希望看到曾经被武力剥夺其主权和自治权的民族,重新获得主权与自治。"① 丘吉尔虽然签署了《大西洋宪章》,实际上对这一条很不满意。他对罗斯福说:"总统先生,我相信你是想摧毁大英帝国。你抱定的关于战后世界体系的每一种想法都证明了这一点。但是,尽管如此,我们知道你是我们唯一的希望,而且你也知道我们清楚这一点。你知道我们明白,没有美国,帝国就不会存在下去。"② 回国后,丘吉尔在1941年9月9日的议会演讲中称,《大西洋宪章》对英国在印度或缅甸的政策并不构成约束,宪章的主要目标是恢复纳粹占领的欧洲各国的主权,而这"与在忠诚于英王的地区和民族中间逐渐建立起自治制度是完全不同的问题"。③ 这一点遭到美国方面的反驳。罗斯福在1942年10月27日的记者招待会上说:"我已经非常清楚地表明,我们相信《大西洋宪章》适用于整个人类,我想这是有据可查的。"④

丘吉尔等英国领导人决心维护大英帝国的完整,对美国的批评和瓦解英帝国的行为极为反感,他们要不惜一切代价保卫帝国。1942年8月20日,英国自治领事务大臣克兰伯恩爵士(Lord Cranborne)称:"对美国批评有说服力的回答需要英国坚信我们的记录一直是良好的和进步的,坚信帝国从来不是不光彩的事情,坚信英国人民在殖民地有建设性的使命需要完成。"⑤ 1942年11月10日,丘吉尔在下议院发表的战时著名演讲中也反击美国对大英帝国的批评:"让我们清楚地表明这一立场,以免美国人对此有任何的误解。我们决心捍卫属于我们自己的东西,我不是为了要主持大

---

① The Atlantic Charter, Aug. 14, 1941, Commager, ed., *Documents of American History*, Vol. 2, p. 631.

② Elliott Roosevelt, *As He Saw It*, New York: Duel, Sloan and Pearce, 1946, p. 41.

③ Parliamentary Debates, Fifth Series, Vol. 374, cols. 68 – 69. 转引自 Foster Rhea Dulles and Gerald E. Ridinger, "The Anti-Colonial Policies of Franklin D. Roosevelt," *Political Science Quarterly*, Vol. 70, No. 1, Mar. 1955, p. 6。

④ Excerpts from the Press Conference, October 27, 1942, http://www.presidency.ucsb.edu/ws/index.php? pid = 16184#axzz1bUrS0y41. (2011年8月18日获取)

⑤ Sharifah Sophia W. Ahmad, *Culture*, *Power and Resistance*: *Post-Colonialism*, *Autobiography and Malaysian Independence*, Ph. D. Thesis, Durham University, 2010, p. 21.

英帝国的终结来当国王的首相的。"① 在为雅尔塔会议做准备时，丘吉尔对外相艾登（Robert Anthony Eden）说：

> 如果美国人想得到他们已经占领的原属日本的岛屿，那就让他们做吧，我们会献上祝福和让他们感到高兴的话。但是我们的原则是"不准干涉英帝国"，而且不能为了取悦絮絮叨叨的国内商人或任何信仰的外国人而让这一原则受到削弱或玷污。②

对大英帝国完整构成威胁的是印度、缅甸和马来亚的民族主义运动。在丘吉尔看来，这些地区与主要由白人移民居住的澳大利亚、新西兰和加拿大不同，其人民还缺乏自治的能力，因此不能让他们自治，更不能独立。内政大臣赫伯特·莫里森（Herbert Morrison）说："讨论在未来某个时候给予很多依附地区完全自治是十足的轻率行为——愚蠢的、危险的轻率行为。这种情况就好比把弹簧锁钥匙、银行存折和滑膛枪交给一个小孩。"③

而罗斯福认为丘吉尔过于保守和落后，仍然抱着过时的殖民主义观念不放，而没有看到时代的潮流。罗斯福在战争最后几个月批评丘吉尔"越来越像维多利亚时代中期的人物"，"其思想越来越回到上个世纪"。④ 实际上，对殖民主义的厌恶也是大多数美国人的情感。美国舆论相信殖民主义是错误的，呼吁英国从反法西斯战争的角度而不是从维护大英帝国需要出发来制定军事战略。当时美国舆论认为，英国推迟开辟第二战场是为了大英帝国的利益，美国不应该为英国的殖民利益而战。1942 年 10 月 12 日的《生活》杂志刊登了一封该杂志编辑写给英国人民的信，反映出这种不满情绪：

---

① W. David McIntyre, *The Commonwealth of Nations: Origins and Impact, 1869 - 1971*, Minneapolis, M. N.: University of Minnesota Press, 1977, p. 443.

② 引自 John J. Sebrega, "The Anticolonial Policies of Franklin D. Roosevelt: A Reappraisal," *Political Science Quarterly*, Vol. 101, No. 1, 1986, pp. 75 - 76。

③ "Great Britain: Empire or Commonwealth?", *Time*, Jan. 25, 1943.

④ 引自 Wilson D. Miscamble, "Roosevelt, Truman and the Development of Postwar Grand Strategy," *Orbis*, Vol. 53, No. 4, Fall 2009, p. 561。

我们美国人在战争目标方面固然存在一些分歧,但是有一点是清楚的,那就是我们不是在为保持大英帝国的完整而战。我们不喜欢如此直白地把事情讲出来,但是我们不想让你们有任何的幻想。如果你们的战略家们正在策划的战争是为了维护大英帝国的完整,那么他们迟早会发现自己在战略上是孤独的。以第二战场这一令人不快的事情为例,在一场维护帝国完整的战争中,第二战场或许不那么重要,但是在一场确保联合国家——这意味着美国、巴西、哥斯达黎加、俄国、中国和所有其他渴望自由的民族——胜利的战争中,它却是极其紧迫的。所以我们希望你们作为战时的伙伴能做出一个明确的让步,停止维护帝国的战争,与我们、俄国和其他盟友一道通过实施对我们所有各方最好的战略,为胜利而战。在赢得胜利之后,英国人民再决定如何处理帝国(到那时你们可能会认为不再需要帝国)。但是,如果你们以牺牲联合国家的胜利为代价来维护帝国,你们将输掉这场战争,因为你们将失去我们。[1]

相当多的美国人认为英国是在为权力和财富而战而不是为民主而战。根据美国"战争信息署"(Office of War Information)1942 年的一项题为"对盟国的态度"的民调,美国人中间的反英情绪超过反苏和反华的情绪。约 40% 的美国人认为是英国把美国拖入了这场战争,将近 40% 的人认为英国人正试图让美国承担大部分作战任务。1942 年 12 月的一项调查表明,约 25% 的美国人在不同程度上是反英的。根据英国驻美使馆进行的调查,在所有令美国人反感英国的行为中,英国"帝国主义"排在最前面。[2]

融合与约束:战时美国对苏战略

战时,美国对苏联的政策是围绕两大目标进行的:军事上维持苏联对

---

① An Open Letter from the Editors of LIFE to the People of England, *Life*, Vol. 13, No. 15, Oct. 12, 1942, p. 34.

② Christopher Thorne, *Allies of a Kind: The United States, Britain and the War against Japan, 1941 – 1945*, New York: Oxford University Press, 1978, pp. 146 – 147.

德作战并在德国战败后参加对日作战，防止苏联与德国单独媾和，退出战争；政治上保持与苏联的合作，以便维护战后和平以及建立稳定、持久的国际秩序。

对美国而言，苏联无论在军事上还是政治上都是最重要的国家。苏联在军事上的重要性不仅表现在它牵制着德国大部分军事力量，对战胜德国至关重要，还在于它对击败日本可能做出的贡献。罗斯福和美国军方人士都相信，如果苏联在德国战败后不参加对日作战或破坏盟国对日作战行动，那么美国将付出极大的，甚至难以承受的代价，特别是人员损失。而如果美国在这场战争中人员损失过大，不仅罗斯福政府的声望会受到损害，更严重的是，孤立主义势力将找到反对美国参与国际事务的理由。在政治上，苏联的重要性则在于其合作与否是战后能否建立国际新秩序、实现持久和平的关键。如果战后苏联拒绝与美国合作，世界就会重新回到传统的均势体系中去，和平就难以实现。

"总统对苏联会谈委员会"（President's Soviet Protocol Committee）成员詹姆斯·亨利·伯恩斯（James Henry Burns）少将于 1943 年 8 月通过霍普金斯呈给罗斯福一份备忘录，详细阐述了与苏联合作的思想。他认为苏联不仅是"在欧洲击败轴心国的决定性因素"，"战后在欧洲亦会占据主导地位，德国崩溃后，欧洲便没有强国能与它强大的军事力量相抗衡了"，"因此必须对其给予全力援助，并须尽一切努力与它保持友好的关系"。而且，这种关系对保证苏联参加对日作战同样重要，"苏联如成为对日战争中的盟友，战争就会早日结束，人力物力消耗也会小得多，如果苏联以不友好或消极的态度对待太平洋战争，那么困难将无法估量地增加，甚至导致作战行动流产"。因此，伯恩斯认为，与苏联保持良好的战时与战后合作关系应该是美国对苏政策的一个基本目标，而实现这一目标"并不特别困难"，关键是采取一系列步骤"不断地向苏联证明，我们真心渴望成为苏联真正的、真诚的朋友，不仅在战时，而且在未来很多年"。①

在美国方面看来，影响美苏合作的障碍主要不在于美国的政策而在于

---

① The Executive of the President's Soviet Protocol Committee（Burns）to the President's Private Assistant（Hopkins），Aug. 10, 1943, *FRUS*, Conferences at Washington and Quebec, 1943, pp. 625 – 626.

苏联的战争目标。苏联战后的主要目标是在东欧建立势力范围,以防止这一地区再次成为西欧大国入侵的通道。自拿破仑时代以来,法国一次、德国两次通过东欧,主要是通过波兰走廊入侵俄国。苏联在欧洲的领土目标包括:恢复 1941 年 6 月苏德战争爆发时的苏联边界,这意味着兼并波罗的海三国、差不多一半的波兰领土以及罗马尼亚和芬兰的一部分领土;德国被分割成若干个国家,并以部分领土补偿波兰;在东欧和中欧建立对苏联友好的政权,即共产党执政的政权;在亚洲恢复日俄战争前原沙俄的领土和权益,而这意味着对中国主权的损害。苏联的战争目标显然与《大西洋宪章》的原则不符,如果美国支持苏联的目标,则不仅会损害《大西洋宪章》的原则和美国的声誉,也会激怒美国国内来自东欧地区的族群。

因此,对于罗斯福来说,处理对苏关系的最大困难在于如何既能让苏联在对德战争中发挥关键作用并在德国投降后对日宣战,又能使苏联在战后保持克制,不在欧洲和远东扩张或破坏美国试图在战后建立的国际秩序。为了实现这一目标,罗斯福对苏联采取的是融合(integration)和约束(binding)相结合的战略。这一战略的要义是:通过与苏联的接触与合作,让苏联融入美国主导的国际体系并加入大国俱乐部或多边国际机制,满足苏联作为新兴大国对利益、地位和荣誉的追求;同时又通过俱乐部的规则(多边国际机制或组织)来对其行为进行约束,并逐渐改变其行为方式。融合与约束战略是既有大国对新兴大国经常采用的方式。在 20 世纪初,英国对日本就实施了约束战略,英国与日本签订同盟条约的目标之一就是约束日本。

对苏战略的第一个方面是与苏联进行接触与合作,通过赋予苏联以应有的地位和尊严来笼络苏联。罗斯福提出的由美、英、苏、中"四警察"维护战后世界和平的观念和让苏联成为联合国安理会常任理事国的决定,都是这一努力的一部分。不仅如此,罗斯福还通过私人外交,包括对斯大林个人的尊重来拉拢苏联。罗斯福的这一构想在德黑兰会议上得到了集中的体现。参加德黑兰会议的记者福里斯特·戴维斯(Forrest Davis)评论称:"正是在德黑兰,总统最清晰地表达了他坚定不移的决心,那就是吸收苏联成为解决战后问题的真诚的、心甘情愿的合作者。我敢说,这一决心是其大构想（great design）的核心。"①

对苏战略的第二个方面是通过给予或撤回奖赏的方式对苏联进行控制。战时美国对苏政策的主要筹码是租借援助，美国对苏的租借援助有两大目标：一是维持苏联对德作战；二是为战后与苏联建立合作关系奠定基础。美国试图根据苏联的表现增加或减少对苏援助，以此来控制苏联。这一战略的最有力的倡导者是埃夫里尔·哈里曼。1941年，哈里曼作为罗斯福的特使访问苏联后，确信美国可以与苏联合作并应向苏联提供租借援助。他说："斯大林对我们一直是很坦率的，如果我们兑现我们的承诺，如果同斯大林之间的私人关系得以保持，那么存在于苏联政府和我们两国（美英）政府之间的猜疑就可以消除。"② 1944年3月13日，时任美国驻苏大使的哈里曼承认"经济援助是我们手中影响欧洲的政治事态朝着我们希望的方向发展以及避免苏联在东欧和巴尔干建立势力范围的最有效武器之一"③。1943—1944年，英美对苏联的援助相当于这一时期苏联国民生产净值（net national product）的1/5。④

对苏战略的第三个方面是通过多边机制，也就是联合国对苏联的行为加以约束。在罗斯福心中，建立联合国既是让美国永久性地承担国际义务、避免孤立主义回潮的手段，同时也是实行与苏联合作和约束苏联的工具。实际上，美国要求苏联在签署《联合国家宣言》时支持《大西洋宪章》，其目的就是以宪章的原则来约束苏联的行为。而苏联一旦加入联合国，就必须接受《联合国宪章》的约束，这样就成为战后国际秩序的接受者和维护者而不是破坏者。罗斯福深知，战后国际秩序的建立和维护没有苏联的参与是难以想象的。

---

① Forrest Davis, "What Really Happened at Tehran," *Saturday Evening Post*, Vol. 216, No. 46, May 13, 1944, p. 13.

② Lloyd C. Gardner and Warren F. Kimball, "The United States: Democratic Diplomacy," David Reynolds, Warren F. Kimball, and A. O. Chubarian, eds., *Allies at War: The Soviet, American, and British Experience, 1939 – 1945*, New York: St. Martin's Press, 1994, p. 404.

③ The Ambassador in Soviet Union to Secretary of State, Mar. 13, 1944, *FRUS*, 1944, Vol. 4, p. 951.

④ David Reynolds, et al., "Legacies: Allies, Enemies, and Posterity", Reynolds, Kimball, and Chubarian, eds., *Allies at War: The Soviet, American, and British Experience, 1939 – 1945*, p. 425.

对苏战略的第四个方面是通过说服和约束改变苏联的行为方式。罗斯福希望他能让苏联相信:其一,不需要在东欧建立排他性的势力范围就可以获得安全;其二,苏联可以采取类似美国在拉丁美洲采取的"睦邻政策"的方式,而不是占领和控制的方式建立在东欧的主导地位。福里斯特·戴维斯这样观察说:

> 罗斯福总统在德黑兰(似乎是在)为斯大林举办了一个关于睦邻政策的讨论会。通过追溯自我们放弃金元外交和西奥多·罗斯福对门罗主义的推论(一度被用来论证干预加勒比地区各共和国的正当性)以来美洲国家间关系的改善,他着重强调了我们作为西半球唯一大国所获得的好处,并用我们弱小的邻国在1941年共同发表对轴心国的宣战作为例证。总统通过强调我们毫无攫取邻国领土之心向各个地区最强大的国家提出了政策建议,比如新大陆的美国和可能在东欧和北欧获此地位的苏联。他进一步评论说,苏联获得邻国信任的任务在某些方面要比我们完成类似的任务要容易一些,因为苏联与毗邻的斯拉夫各民族在血缘上与俄罗斯人的关系要比哥斯达黎加或哥伦比亚与我们的关系更近。在这一点上,(斯大林)元帅愿意发表一个表达其与邻国和睦相处愿望的宣言,直截了当地表明他不想占有欧洲,其国家人口稀少,只有半数国土有人居住,俄罗斯人在国内有很多事情要做,不想承担更大的新的领土责任。总统满意地接受了这一保证,并马上表示他相信斯大林元帅的良好意图。[1]

在这一点上,丘吉尔与罗斯福是大不一样的。丘吉尔对英苏关系的理解有一句广为引用的话:"如果希特勒入侵地狱,我在下议院至少也要为魔鬼说几句好话。"[2]丘吉尔是为了对付希特勒才与苏联联合的,他对苏联的制度不抱幻想,认为这一制度是"邪恶的",在与斯大林打交道时,他实际上把斯大林视为"魔鬼"。丘吉尔更愿意从地缘政治角度与斯大林在东欧划

---

[1] Forrest Davis, "What Really Happened at Tehran," *Saturday Evening Post*, Vol. 216, No. 46, May 13, 1944, p. 13.

[2] Churchill, *The Second World War*, Vol. 3, p. 370.

分势力范围,达成交易,而不是寻求改变苏联。罗斯福则试图改变斯大林,通过与斯大林的合作逐渐让斯大林接受美国的方式,用学者威尔逊·米斯坎布尔的话说,"他希望驯养和开化苏维埃'魔鬼',让其采取美国的方式"。[①] 罗斯福相信自己的判断和能力,能够与苏联进行合作并影响斯大林。罗斯福的顾问约瑟夫·戴维斯(Joseph Davies)和哈里·霍普金斯也有类似看法。

对苏战略的第五个方面是对苏联进行防范和预防性牵制。罗斯福并非是一个"幼稚的小学生",[②] 并没有幻想只要胸怀大度就可以获得苏联的信任与合作,而是试图对苏联实行某种形式的牵制。罗斯福扶植中国成为战后国际"警察"的目的之一就是在战后利用中国来制衡苏联。1943 年罗斯福曾告诉英国外相艾登,他之所以希望中国成为战后国际组织中的"四警察"之一,是因为"在任何同俄国的严重政策冲突中,中国无疑将站在我们这一边"。[③] 艾登访美后向英国内阁报告说,美国"可能把中国当作在远东对付苏联的一种可能的平衡力量"。[④] 实际上,英国也被美国视为平衡苏联的力量,但罗斯福并不打算通过与英、中结盟的方式来牵制苏联,这不仅因为美国舆论反对传统均势战略以及与外国结盟,还因为罗斯福本人也相信通过结盟的方式来遏制苏联必然会激怒苏联,是不可取的。

罗斯福对苏联的战略与政策是建立在对苏联的认知基础上的。在罗斯福看来,苏联并不是一个寻求输出意识形态和像希特勒德国那样企图征服世界的国家,换言之,战时苏联表现出来的并非是一个革命性(revolutionary)的大国,而是个修正性(revisionist)的大国,美国是可以与之合作的。罗斯福和当时美国其他外交决策者并没有把苏联视为对战后和平的威胁,相反,他们认为战后对和平的威胁来源于德国和日本的重新崛起。1944—

---

① Wilson D. Miscamble, "Roosevelt, Truman and the Development of Postwar Grand Strategy," *Orbis*, Vol. 53, No. 4, Fall 2009, p. 561.

② 此为抨击罗斯福对苏政策的历史学家弗雷德里克·马克斯三世的说法。Frederick W. Marks Ⅲ, "The Pupil Roosevelt Concedes Too Much to His Teacher Stalin," Thomas Paterson and Dennis Merrill, *Major Problems in American Foreign Relations: Documents and Essays*, Vol. 2, 1995, pp. 212 –223.

③ Sherwood, *Roosevelt and Hopkins: An Intimate History*, p. 718.

④ Robert Dallek, *Franklin D. Roosevelt and American Foreign Policy*, *1932 –1945*, New York: Oxford University Press, 1981, pp. 390 –391.

1945 年，军方认为尽管苏联的崛起会改变欧洲大陆的均势，但苏联的军事力量还很落后，海军力量极为弱小，空军不具备远程轰炸的能力，似乎也没有发展出原子弹的希望，因此不足以威胁战后美国的安全。军方认为，下一场战争的危险"更可能来自重新崛起的德国或日本，而非防御性的、技术落后的苏联"。[1]

罗斯福在德黑兰会议后的演讲中坚信苏联并没有主宰欧洲的企图，美国完全可以与苏联合作。他说：

> 自从上次在德黑兰开会以来，我们正在努力推动国际合作，我们与俄国人合作得很好，而且我认为俄国人是绝对友好的，他们不想吞并欧洲或世界其他地方。他们过去不了解我们，这是一个根本问题。他们现在是友好的民族，他们没有任何实行征服的疯狂思想。现在他们已经了解我们，他们更愿意接受我们。我们目前在实际行动和计划上与他们的配合比过去相互不了解的时候要好得多。……我们这里很多人出于某种原因一直担心俄国人试图主宰欧洲，我个人不认为这是真的。他们自己有"一大块面包"（指苏联广大领土——引者注）足以让他们忙上好多年，因此不会再给自己增加头疼的事情。[2]

罗斯福相信，苏联对西方的敌意源于其不安全感，而这种不安全感来自外部，即西方对它的敌视和拒不给它在国际社会中应有的地位，只要西方表现出对苏联的尊重和豪爽大方就可以赢得苏联的信任。[3] 罗斯福对他个

---

① John L. Gaddis, *Long Peace*: *Inquiries into the History of the Cold War*, New York: Oxford University Press, 1987, p. 28.

② Franklin D. Roosevelt's Remarks to the Advertising War Council Conference, Mar. 8, 1944, http://www. presidency. ucsb. edu/ws/index. php? pid = 16498&st = &st1 = #axzz1 POyO5c8f. (2011 年 6 月 16 日获取)

③ 乔治·凯南后来在其著名的"长电报"中对罗斯福的这一看法间接进行了反驳，他认为苏联的不安全感根本不是来自外部，即西方的敌视，而是来自内部统治的需要和俄罗斯民族长期持有的对外部世界的本能的敌视。正是历史传统和维持独裁统治的需要使苏联领导人教条式地把外部世界描绘为"邪恶、敌对和充满威胁"，并企图"扰乱美国社会的内部和谐，摧毁美国传统的生活方式和破坏美国的国际权威"。因此，凯南提出美国要改变对苏联的合作政策，转而采取遏制的政策。"长电报"全文见于 *FRUS*, 1946, Vol. 6, pp. 696 - 709。

人赢得斯大林合作的能力非常有信心。威尔逊·米斯坎布尔评论说：

> 迟至 1945 年雅尔塔会议上，当罗斯福看着会议桌对面的斯大林的时候，他看到的不是一个残酷的、野心勃勃的独裁者，而是对他十分重要的，有时难以相处的战时盟友和在战后可以成为其重要伙伴的人。雅尔塔是罗斯福一直引领的道路上的一个驿站，在这里，他可以运用建立个人关系的战略把苏联吸引到其战后新世界秩序的计划中来。①

罗斯福对斯大林的态度和对苏联的政策与他关于在战后通过大国合作和监督维护和平的思想有关。罗斯福没有选择让战时的军事目标服务于战后的政治目标，即以有利于削弱苏联力量和战后遏制苏联扩张的方式制定和实施军事计划，而是本着战时和战后都与苏联合作的方式来处理战时的军事问题和盟国关系。在罗斯福看来，美国卷入第二次世界大战是为了最终消除战争的根源，而不是为下一场战争做准备。罗斯福深知，没有苏联的合作，战后世界的稳定与和平是不可能的，赢得苏联对和平的支持是绝对必要的。因此他别无选择，只能与苏联合作而不是对抗。与罗斯福关系密切的记者福里斯特·戴维斯分析说：

> 一个受到排挤的、心中充满愤恨的、准备再打一场未来不可避免的战争的俄国对他来说再糟糕不过了，他认为自己别无选择。再有，他认为自己推行这一政策是如此的真诚，俄国人虽然一向多疑，也没有理由担心。……带着近乎无可奈何的耐心，总统一直支撑着自己的信念：俄国可以被吸收到国际社会中来。②

正是抱着这一想法，同时鉴于苏联红军已经占领东欧的现状，在雅尔塔会议上罗斯福在最敏感和最艰难的波兰和东欧问题上做出了让步，承认

---

① Miscamble, "Roosevelt, Truman and the Development of Postwar Grand Strategy," *Orbis*, Vol. 53, No. 4, Fall 2009, p. 562.

② Forrest Davis, "What Really Happened at Tehran," *Saturday Evening Post*, May 13, 1944, pp. 37, 39.

了东欧是苏联的势力范围。苏联在东欧的要求实际上违反了《大西洋宪章》的原则，而罗斯福希望东欧问题至少在表面上应以不与《大西洋宪章》相冲突的方式得到解决。罗斯福要求斯大林答应扩大波兰卢布林政权的基础，吸收在英国的波兰流亡政府的代表参加，以及将来在波兰举行自由、民主的选举。"实际上，罗斯福在恳求斯大林表现出自我克制，他希望斯大林合作，至少通过走一下'自由选举'之类的程序，给在波兰和其他东欧国家创建亲苏政权提供一种'化妆性外观'。"① 斯大林答应了罗斯福的这一要求，并与英美一道发表了《关于被解放的欧洲宣言》，重申《大西洋宪章》的精神，在表面上满足了罗斯福的愿望。罗斯福还以牺牲中国权益为代价换取苏联参加对日作战。通过对苏联的让步，罗斯福获得了苏联支持联合国的承诺，并就否决权和代表权问题达成了协议。苏联放弃了对绝对否决权的坚持，而美国答应在白俄罗斯和乌克兰成员国资格问题上支持苏联。

罗斯福的设想是，一旦苏联的要求得到满足，苏联就会有安全感，从而毫无保留地与美国在联合国内合作，共同维护战后的和平与稳定。罗斯福实际上以牺牲东欧国家和中国的利益来换取苏联战后合作这一在罗斯福看来更加重要和高远的目标。这与第一次世界大战后威尔逊为了建立国联而牺牲中国山东的利益和屈从于法国惩罚德国的要求实际上是异曲同工。

罗斯福和他的私人顾问霍普金斯是"以极其喜悦的心情"离开雅尔塔的，他们相信战后持久和平的第一步已经实现。霍普金斯告诉罗伯特·舍伍德（Robert E. Sherwood）② 说：

> 我们心里确实相信，我们多年来一直祈祷和谈论的新的一天到来了。我们绝对相信，我们已经赢得了和平的第一次伟大胜利。……俄国人已经证明自己可以是理性的和富有远见的。在总统或我们任何人的心中都毫不怀疑，我们可以在未来相当长的、我们其中任何人都可

---

① ［美］戈登·克雷格、亚历山大·乔治：《武力与治国方略》，时殷弘、周桂银、石斌译，商务印书馆 2004 年版，第 136 页。

② 罗伯特·舍伍德，美国知名剧作家、编辑，战时担任罗斯福的演讲撰稿人，曾一度担任战争信息署（Office of War Information）的主任，其著作《罗斯福与霍普金斯》（*Roosevelt and Hopkins*, New York, 1948）于 1949 年获普利策奖和班克罗夫特奖。

以想象的时间内与他们和平共处,并且相处得很好。①

罗斯福回国后在向国会通报时对雅尔塔会议给予了极高的评价,乐观地相信权力政治的时代结束了,"建立在《大西洋宪章》公正、合理原则,人类尊严观念以及保障宗教信仰自由和宽容基础上的和平"即将到来。②

一些史学家如弗雷德里克·马克斯三世激烈批评罗斯福在东欧问题上的失误,认为罗斯福本来可以通过向苏联施压以防止苏联主导欧洲,但是罗斯福不仅没有这样做,相反还默许苏联控制东欧以换取苏联对联合国的支持,天真地相信苏联会信守承诺,在波兰举行自由而公正的选举。这一指责是非历史主义的,实际上,认为苏联会把其领土限制在战前的领土范围是不现实的。俄国自19世纪以来遭受西欧霸权的三次入侵,因此在东欧建立安全带以防止类似事件的重演是苏联外交政策中的头等大事,苏联在任何情况下都不会让步。而如果美国联合英国阻止苏联控制东欧,则要冒"大同盟"在希特勒战败前就解体的危险。而打败德国后,苏联红军已经占领了东欧,这时美国已经没有筹码来迫使苏联放弃东欧,除非与苏联开战。鉴于当时苏联军队已经占领东欧,以及美国希望与苏联继续合作并在对日战争和联合国等问题上有求于苏联,这些让步确实是不可避免的。正如乔治·凯南所言,"莫斯科主宰中东欧是我们为打败希特勒军队而付出的代价"。③罗斯福自己也曾对助理国务卿、长期作为罗斯福智囊团(Brain Trust)成员的阿道夫·伯利(Adolf A. Berle)说,这"不是好的结果",但这是他"能实现的最好结果"。④

罗斯福相信苏联是战后维护和平的力量是令人困惑的。在这一点上,他与威尔逊颇为不同。威尔逊是民主和平论的信奉者,认为专制国家是自由的天然敌人,他认为第一次世界大战源于德国的专制制度,美国不可能

① Sherwood, *Roosevelt and Hopkins: An Intimate History*, p. 870.

② Address to Congress on the Yalta Conference, Mar. 1, 1945, http://www.presidency.ucsb.edu/ws/index.php?pid=16591&st=&st1=#axzz1bUrSOy41. (2011年10月22日获取)

③ "WWII behind Closed Doors: Stalin, the Nazis and the West," http://www.pbs.org/behind-closeddoors/in-depth/uneasy-allies.html. (2011年8月15日获取)

④ See Beatrice Berle and Travis Jacobs, *Navigating the Rapids, 1918-1971: From the Papers of Adolf A. Berle*, New York: Harcourt Brace Jovanovich, 1973, p. 477.

与德国保持友好的关系。罗斯福也相信一个国家国内政治制度与其国际行为是密切相关的，他在 1939 年的国情咨文中说：

> 在现代文明中，宗教、民主和国际诚信（good faith）这三项是相互补充的。在宗教自由遭到攻击的地方，此种攻击来自反对民主的力量，在民主被推翻的地方，自由崇拜的精神也会消失。而在宗教和民主消失的地方，国际关系中的诚实和理想也就会被急切的野心和残暴的武力所取代。①

同时他也认为希特勒政权的本质就是对和平的威胁，对希特勒政权必须用武力加以消灭，而不可能与之进行交往和合作。但是，为什么罗斯福相信苏联会是一个促进和平的力量呢？

罗斯福似乎没有把苏联看作希特勒德国那样的极权主义国家，认为苏联并没有扩张的倾向，斯大林不同于希特勒，他代表了苏联人民的愿望。在就德黑兰和开罗会议发表的炉边谈话中，罗斯福说："我与斯大林元帅'相处融洽'，他有着巨大的、不屈不挠的决心，同时又有良好的、坚定的幽默感。我相信他是俄国心灵的真正代表，而且我相信我们将来也会与他和俄国人民相处得很好——确实很好。"②

而罗斯福之所以认为苏联政权性质与德国不同，则与他对人权的理解有关。罗斯福扩大了人权的含义，把经济权利纳入人权范围内。他虽然也承认苏联政府剥夺了《权利法案》中所包含的公民基本自由，但是认为苏联政府致力于经济发展和财富重新分配，提高了普通民众的生活水平，保障了苏联人民的经济权利，这一点与美国的新政很相似。他还相信，苏联政府正在推进的现代化和工业化终将带来自由化和民主化以及宗教在苏联

---

① Annual Message to the Congress, Jan. 4, 1939, http：//www. presidency. ucsb. edu/ws/index. php? pid = 15684#axzz1bUrS0y41. （2011 年 10 月 22 日获取）

② Fireside Chat, Dec. 24, 1943, http：//www. presidency. ucsb. edu/ws/index. php? pid = 16356&st = &st1 = #axzz1bUrS0y41. （2011 年 10 月 22 日获取）

的复兴。① 1940 年 2 月 11 日，在美国青年大会发表的演讲中，罗斯福批评苏联与德国签订互不侵犯条约，入侵邻国芬兰，是一个"绝对专制"的国家，但是他承认，"在共产主义的早期岁月，俄国的很多领导人为千百万在帝制政权下一直处于愚昧和农奴状态的人们提供了教育、更好的卫生条件以及最重要的更好的机会"，认为"总有一天宗教会在俄国恢复"。他还希望"俄国将解决自己的问题，其政府最终将成为一个热爱和平的、通过自由投票上台的人民的政府，一个不干涉邻国完整的政府"。②

罗斯福的新政实际上就是用政府的力量来促进经济发展和改善人民生活，新政的重点不是公民的政治权利而是经济权利，政府承担起保障公民免于贫困的责任。他认为在这一点上苏联所做的与美国相似。他还以克里米亚原帝俄宫殿和别墅向俄国人民开放并让民众使用来说明苏联政权的性质。③ 战时担任副国务卿的萨姆纳·韦尔斯（Sumner Welles）回忆说，1944 年秋季，罗斯福曾表示，尽管美苏政治制度不同，但是苏联和美国社会都在走向某种中间道路，即福利国家社会主义（welfare-state socialism）。韦尔斯写道：

> 富兰克林·罗斯福觉得，如果有国际组织存在就没有必要担心共产主义。……他认为美国形式的民主与原初形态的苏联共产主义是对立的。自苏联革命以来，很多年已经过去了，苏联制度实际上已经走向一种修正形态的国家社会主义。同样，美国政治自那时以来也逐渐向真正的政治与社会公正迈进。……因此，他感到尽管两国的国内制度永远也不会变得一样，但是已经有一些相近性，这种相近性使两国人民能更好地相互理解。……他认为这一趋势更可能使两国之间没有什么不可避免的根本冲突。……他感到，两国政府必须意识到在国际事务领域他们各自的路线可以是并行不悖而不会是相互对抗的。……他

---

① 参见 Donald R. Brand, "Franklin Delano Roosevelt and the Second Bill of Rights," Bryan-Paul Frost and Jeffrey Sikkenga, eds., *History of American Political Thought*, Lanham, Maryland: Lexington Books, 2003, p. 611。

② "Keep your Feet on the Ground," Delivered to the American Youth Congress at Washington, D. C., Feb. 11, 1940, *The Vital Speeches of the Day*, Vol. 6, No. 10, Mar. 1, 1940, p. 297.

③ 详见 Brand, "Franklin Delano Roosevelt and the Second Bill of Rights," Frost and Sikkenga, eds., *History of American Political Thought*, p. 611。

愿意做出实质性的让步以便联合国组织得以建立。……正是本着这一精神和出于这一目的,富兰克林·罗斯福出席了雅尔塔会议。①

杜鲁门在接任总统之初并没有马上改变罗斯福的对苏战略,而是继续与苏联合作。杜鲁门在1945年10月27日的演讲中仍然强调国际合作的重要性:

世界无法承受盟国实现持久和平的共同决心减退,也无法承受这场战争中盟国间合作精神解体。……美、俄、英、法、中等国人民必须与其他所有爱好和平国家的人民一道把当前历史的航线控制在我们自己手中,并让这一航线走向新的方向——继续合作的方向。共同的危险把我们联合在一起走向胜利,那就让共同的希望在未来的岁月里继续把我们团结在一起。……我们面前最大的、最迫在眉睫的威胁是幻灭感,是暗地里的相互猜忌,即失去对国际合作有效性的信心。这种信心的丧失在任何时候都是危险的,而在原子时代,简直就是灾难性的。②

但是,杜鲁门在其顾问的支持下,对苏联的认知发生改变,对苏联国际行为的担心日渐加深,逐渐放弃与苏联合作的政策。艾奇逊在其回忆录里说,美国领导人逐渐意识到"我们从19世纪继承下来的整个世界结构和秩序一去不复返了,而取代旧秩序的斗争受到两大尖锐对立、意识形态无法妥协的权力中心的指挥"。到1947年,美国领导人最后意识到"战时强大的盟友已经成为敌人",罗斯福和赫尔试图建立的"新秩序证明不过是一个幻想"。③杜鲁门政府从1947年开始转而对苏联采取遏制战略。

导致罗斯福对苏政策未能持续的原因之一是中下级外交官员的反对。无论是国务院、陆军部还是驻苏联使馆的很多官员都对苏联抱有成见,在战时就反对无条件地给予苏联租借援助。国会中也存在一批坚定的反苏分

① Sumner Welles, *Where Are We Heading*? New York: Harper & Brothers, 1946, pp. 37–38.

② Address on Foreign Policy at the Navy Day Celebration in New York City, October 27, 1945, http://www.presidency.ucsb.edu/ws/index.php?pid=12304&st=&st1=#axzz1bUrSOy41. (2011年10月22日获取)

③ Acheson, *Present at the Creation*, p. 726.

子。罗斯福在去世之前未能说服美国外交官和军方改变看法,也未能克服官僚机构对苏联的敌视,结果在他去世后反苏的官员进入决策层,成为遏制政策的主要推动者。① 在对苏政策上,罗斯福实际上是在两条战线上进行说服工作:一是说服其盟友(主要是英国)与苏联合作;二是说服他手下各部门官员和外交官支持战后对苏合作,但无一成功。罗斯福实际上主要依赖于其个人的权威和影响事态的能力,依赖于个人外交以及绕过官僚机构通过派遣私人特使的方式推行他与苏联合作的政策。而在美国,一项外交政策能否得到长期执行主要依赖能否得到包括舆论、官僚机构和国会的全国性的支持。否则,一旦总统易人,该政策就会被抛弃。这也说明,罗斯福建立在个人外交而不是共识基础上的对苏政策是脆弱的。

归根结底,美苏之间是为了对付共同的敌人而结成的暂时的联盟(alliance of expedience),双方没有共同的价值观,也未形成相互依赖的利益共同体,这与英美同盟关系不同。尽管英美之间在战时也存在很多摩擦和分歧,但由于存在共同的价值观和广泛的共同利益,因此在共同的敌人消失后仍然能保持友好与合作的关系。美苏关系仅仅是一种联盟关系,而联盟,用法国外交家塞居尔(Comte de Segur)的话说,不过是一段"仓促的婚姻",尽管共同的敌人可以使其"迅速结合",但"不断的猜忌会使其分离"。② 美苏关系正是这种类型的结合。

扶植中国的失败努力

太平洋战争爆发后,美国对中国寄予很大希望。这首先表现在军事上,美国希望中国成为有效的军事盟友。美国从一开始就认为,中国的人力资源和战略位置能在对日战争中为美国所用,中国可以扮演类似苏联在欧洲针对德国扮演的那种角色。海军作战部长金在卡萨布兰卡会议期间曾说:"在欧洲战区,俄国就其地理位置和人力资源而言处于最有利的对付德国的地位;在太平洋,中国在对日作战中处于类似的地位。我们的基本政策应

---

① 关于美国官员对罗斯福苏联政策的反对和抵制,可参见 Mary E. Glantz, *FDR and Soviet Union: The President's Battles over Foreign Policy*, Lawrence, K. S.: University of Kansas Press, 2005。

② Gary R. Hess, *The United States at War, 1941 - 1945*, Wheeling, I. L.: Harlan Davidson, Inc., 1986, p. 104.

该是为俄国和中国的人力资源提供能使其战斗的必要的装备。"① 陆军部长史汀生也指出：就战略和政治意义而言，中印缅战区是"极其重要的"，"在战略上，美国在这一地区的政策目标是维持中国继续抗战，因此要加强它，使它能够迫使日本侵略者付出不断增长的代价"。② 中国坚持抗战被视为美国能否顺利贯彻"欧洲优先"战略的关键。美国希望中国能在美国结束欧洲战争转向太平洋战场之前拖住日本的军事力量，迟滞日本在太平洋战场的进攻，并成为美国进攻日本本土的基地。一直到雅尔塔会议前，美国外交文件仍然称"美国政府当前首要的目标是维持中国对日作战并动员中国全部军事和经济力量积极进行战争"。③ 其次是在政治上，美国希望中国在战后摆脱日本的占领后，在美国的扶植下崛起为大国，成为亲美的、影响亚洲民族解放运动的稳定力量。"美国政府对华长远政策是基于这一信念：中国成为远东主要的稳定因素是这一地区和平与安全的根本需要。"④ 国务卿赫尔曾对这两大目标做出这样的概括：

> 一是有效的联合作战；二是认可和逐步树立中国作为战时和战后与西方同盟三大国，即俄国、英国和美国同等地位的大国身份，这既是为战后国际组织做准备，也是为了在东方实现稳定和繁荣。⑤

为此，美国要使中国成为"友好、强大的"国家，这样的中国则会使美国维护亚洲和平的任务变得"轻松许多"，并"会促进相互间有益的文化和商业往来"；而"一个不稳定的、分裂的和反动的中国将使远东的稳定和进步变得不可能，并极大地增加主要由我们承担的维护西太平洋和平任务

① Maurice Matloff, *Strategic Planning for Coalition Warfare*, *1943 - 1944*, Washington D. C. : Office of the Chief of Military History, 1990, p. 34.

② Stimson and Bundy, *On Active Service in Peace and War*, p. 528.

③ Briefing Book Paper："Outline of Short-Range Objectives and Policies of the United States with Respect to China," *FRUS*, 1945, The Conferences at Malta and Yalta, p. 354.

④ Ibid. , p. 356.

⑤ Hull, *The Memoirs of Cordell Hull*, Vol. 2, p. 1583.

的困难"。[1] 这一目标随着战争结果的逐渐明朗化而越发重要。尽管美方对国民政府未能有效利用美国的援助以及热衷于封锁共产党统治区而不是抗击日本人非常不满，但一直没有放弃扶植中国为大国的努力。赫尔说：

> 我相信我们应该在我们力量范围内尽一切努力帮助中国变得强大和稳定，关于这一点我从未迟疑过。在我看来，日本很显然在未来很长时间内将不再是东方的大国，因此，严格意义上的唯一的东方大国将是中国。美国、英国和俄国也是太平洋强国，但是他们在其他地区有更大的利益。因此，如果未来远东地区要实现稳定的话，必须通过把中国置于各种安排的中心来确保。[2]

为了实现军事上使中国成为有效的军事盟友的目标，美国主要采取如下措施：

一是对中国实施直接的军事援助，包括：通过租借援助提供军用物资；在华保持一支能对日军进行有效打击的空军，即陈纳德领导的美国陆军航空队驻华特遣队（后改名为美国陆军第 14 航空队）；在印度驻扎美国远征军；与中国军队一起发动缅北战役以打通滇缅公路；开辟驼峰航线，向中国提供军用物资以及训练中国军队等。

二是促进中美进行有效的军事合作，包括设立中印缅战区，派史迪威（后来由魏德迈接任）来华负责指挥中国战场的美国军队和担任蒋介石的参谋长。

三是鼓舞中国的士气，鼓励中国做出最大的抗战努力。在美国看来，妨碍中国积极抗战的主要障碍在于中国的内部纷争、通货膨胀导致的经济动荡、物资缺乏，以及普遍的战争疲倦。在经济领域，美国派遣西尔斯（Sears）公司副总裁唐纳德·纳尔逊（Donald M. Nelson）来华，帮助中国建立战时生产局，以提高中国自身的生产能力；向中国提供租借物资，包括工业设备、原

---

[1] Briefing Book Paper："Unity of Anglo-American-Soviet Policy toward China," *FRUS*, 1945, The Conferences at Malta and Yalta, p. 353.

[2] Hull, *The Memoirs of Cordell Hull*, Vol. 2, p. 1587.

材料、重型卡车、炼油设备和小型发电厂,以及日用消费品等,[1] 这些物资的提供还可以起到缓解通货膨胀的作用。美国在战时还通过"文化援助"项目来鼓舞中国军民士气,战时的文化援助包括派遣技术专家访华,接受中国技术人员赴美受训,为包括西南联大在内的中国大学和文化机构提供急需的图书资料、学术刊物(制成缩微胶卷)和广播电影等。

美国扶植中国为大国的努力则包括:确保和实现中国的主权、领土完整和政治统一,提高中国的国际地位,使中国的大国地位得到国际社会的承认等。美国于 1943 年 1 月 11 日与中国签订新约,放弃在华的治外法权,实现了中国主权的统一。1943 年 12 月,中、英、美联合发表《开罗宣言》,宣布日本自 1895 年以来从中国窃取的领土(包括东北、台湾和澎湖)在战后归还给中国。美国还试图说服英国将香港还给中国,由中国政府将其辟为国际自由港,但遭到英国的拒绝。而在国际社会中提高中国国际地位的努力则始于 1942 年 5 月。罗斯福与苏联外长莫洛托夫会谈时,提出未来应由美、英、苏、中四大国"实施警察行动",发挥"和平的最终保证人的作用"。[2] 在 1943 年 10 月莫斯科召开的美、英、苏外长会议上,在美国的坚持下,中国作为"四强"(Four Powers)之一签署了《普遍安全宣言》,这是中国大国地位得到国际承认的标志。美国支持中国为大国的政策在 1943 年 11 月的开罗会议上达到了高潮。会后发表的《开罗宣言》不仅宣布将把日本自 1895 年以来窃取的领土归还给中国,而且罗斯福在会上还向蒋介石表示他决心让中国"以平等的身份加入'四强机制'并参与'四强'集团的所有决策"。[3] 1943 年 12 月 7 日,国会通过法案废除《排华法》,象征着美国超越种族偏见,开始以平等态度对待中国,有力地提升了中国的国际地位。罗斯福在 1943 年圣诞节讲话中称赞蒋介石"目光远大,勇敢无畏,对目前和未来的问题有非常敏锐的理解",并称"今天我们与中

① 关于战时美国对华援助,可参见任东来《争吵不休的伙伴——美援与中美抗日同盟》,广西师范大学出版社 1995 年版,第 224—225 页。

② Memorandum of Conference Held at White House, Jun. 1, 1942, *FRUS*, 1942, Vol. 3, p. 580.

③ Chinese Summary Record, *FRUS*, 1943, Cairo and Tehran Conferences, p. 323.

华民国在深厚的友谊和目标的一致方面比以前更加接近了"。① 美国还鼓励
中国在联合国救济总署（United Nations Relief and Rehabilitation Administra-
tion)、布雷顿森林会议和敦巴顿橡树园会议中发挥重要作用。1944 年 6
月，美国副总统华莱士访问重庆，在罗斯福的指示下，向蒋介石表示，中
国"四强"之一的地位主要是赫尔国务卿在莫斯科会议上力争的结果，"希
望中国能意识到这一点，在美国已经将中国视为世界大国并寄予如此的信
心和希望之后，不要让美国失望"。② 雅尔塔会议是罗斯福扶植中国为大国
的最后一次，也是最有争议的一次努力。

把中国扶植为大国的设想既与罗斯福个人对中国的特殊感情有关，也
受到自 19 世纪以来逐渐形成的美国保护中国的神话的激励。美国人把扶植
中国的努力视为美国对中国"恩典"的新证据，相信摆脱日本占领的中国
战后在美国的扶植下将成为独立、强大、亲美的国家。

大体说来，尽管中国军队在军事上的表现差强人意，罗斯福对中国军
队在 1944 年的表现非常失望，③ 但是毕竟中国在极其艰难的情况下长期坚
持抗战，拖住了日本，为盟国实施"欧洲优先"战略和对日本实施战略反
攻赢得了时间。也就是说，美国战时对中国的军事目标基本上是实现了。
但是，在使中国战后成为大国和亲美的稳定力量这一长远政治目标上，美
国却没有成功。美国在推行这一目标时遇到两大障碍。

一是国际社会，主要是英国和苏联的抵制和反对。英国担心战后强大、统
一的中国将成为鼓励和支持亚洲民族解放运动的力量，挑战英国在亚洲的殖民
利益，并要求英国归还香港；同时，美国扶植下的中国会站在美国一边来支持
东南亚殖民地的自治和独立，瓦解大英帝国。实际上，美国已经向英国提出战
后将香港归还中国的问题，而蒋介石也对甘地领导的印度独立运动给予了支持。

---

①　Herbert Feis, *The China Tangle*, Princeton, N. J.: Princeton University Press, 1953,
pp. 109 – 110.

②　Memorandum by the Under Secretary of State (Stettinius) to the Director of the Office of Far Eastern
Affairs (Grew), May 24, 1944, *FRUS*, 1944, Vol. 6, China, p. 230.

③　在 1945 年 2 月的英美联合参谋长会议上，当丘吉尔问罗斯福，"考虑到美国为支持中国而
做出的巨大努力，他是否对中国人的表现感到失望"时，罗斯福说，"需要三代人的教育和训练，
中国才能够成为一支重要的力量"。Meeting of Combined Chiefs of Staff with Roosevelt and Churchill,
Feb. 2, 1945, *FRUS*, The Conferences at Malta and Yalta, 1945, p. 544.

因此，英国极不愿意扶植中国成为大国，丘吉尔对罗斯福的"四强"计划并不热心。他在 1942 年 10 月给外相艾登的备忘录中说：

> 选出这四大国听起来是一件很简单的事情。不过，我们还不知道俄国是怎样的国家，俄国会有什么要求需要我们面对。用不了多长时间，这些就可能明朗。至于中国，我不能认为重庆政府代表着世界大国。当然，中国将站在美国一面坚决支持美国要终结不列颠海外帝国的企图。[①]

英国在开罗会议上反对承认中国为"四强"之一。[②] 实际上，英国出于维护殖民利益的考虑，"希望中国战后衰弱，甚至分裂"，对此美国心知肚明。[③]

而苏联的态度也相当复杂。苏联希望的是一个友好的中国，而一个共产党领导下的中国无疑将对苏联采取友好的态度，而美国支持的国民党领导的中国是否对苏联友好，并承认苏联在远东的利益，苏联深感怀疑。1944 年新疆问题和边界摩擦出现后，苏联更是对国民政府战后的对苏政策没有把握。因此，英苏对美国扶植中国为大国的政策虽然没有公开作梗，但是显然并不热心。美国深知，美国与英国和苏联在对华政策上存在"潜在的矛盾"，"除非英国和苏联与我们保持实质上的一致，否则我们能否实现我们的政策目标是值得怀疑的"。而美国国务院估计，"英国一些人出于帝国利益的考虑希望战后中国衰弱，甚至分裂"，而"如果出现国民党和共产党的公开决裂，俄国可能受到强烈的诱惑放弃 1924 年宣布的不干涉中国内部事务的政策"。[④]

---

① Prime Minister（Churchill）Memorandum to Foreign Secretary（Eden），Oct. 21，1942，Winston S. Churchill，*The Second World War*，Vol. 4，The Hinge of Fate，Boston：Houghton Mifflin Co.，1950，p. 562.

② 在 1944 年 6 月 21 日与蒋介石重庆会谈时，华莱士把这一情况告诉了蒋介石，并说，"英国不认为中国是一个大国"，"苏联在德黑兰会议上对此也很冷淡"，但"罗斯福总统希望中国不仅在理论上而且在事实上成为一个大国"。华莱士还引述罗斯福总统的话说："丘吉尔老了，英国新政府将把香港归还给中国，转天中国就会把香港变为自由港。"Summary Notes of Conversations between Vice President Wallace and Generalissimo Chiang Kai-shek，*FRUS*，1944，Vol. 6，China，p. 232.

③ Briefing Book Paper："Unity of Anglo-American-Soviet Policy toward China，"*FRUS*，1945，The Conferences at Malta and Yalta，p. 353.

④ Ibid.，p. 354.

二是中国内战的危险,这是最大的障碍。到 1944 年,中国爆发大规模内战的危险急剧增加,这种局面不仅会延迟战胜日本的时间,"导致中国目前进行的无论多么微小的具有积极贡献的抗战努力终结",① 而且从长远来看也会打破战后以中国为中心来稳定亚洲的希望。谢伟思在 1944 年 6 月 20 日给国务院的报告中称中国发生内战将招致如下结果:"(一)将妨碍对日战争的进行;(二)迫使共产党重新投向苏联的怀抱;(三)很可能最后导致美苏的卷入和美苏之间的冲突。"②

实际上,随着战争进程的加快,美国越来越把中国置于罗斯福的战后世界构想中,而不是中美双边关系中加以考虑。也就是说,中国的重要性不是从中美双边关系中体现出来的(因为中国仍然是一个前工业国家,中国的市场仍然是一个梦想而不是现实,中国军事能力低下),而是从多边意义上,从整个世界秩序的意义上体现出来的。在美国设想的世界秩序中,中国的作用表现在两方面:一是取代日本成为战后塑造亚洲民族解放运动和稳定亚洲的力量。美国深知,如果中国不能解决内部问题实现政治稳定,其大国地位是无法维持的,美国对华的政治目标也就无法实现。一个政治上分裂,甚至陷入内战的中国是无法成为大国的,也无法承担起美国所希望的稳定亚洲、平衡苏联影响的任务。如赫尔所言,"我们坚决希望中国拥有与西方三大国并列的地位,但是我们知道如果中国为内部纷争所困扰,这将是不可能的"③。二是成为促进美苏合作而不是美苏对抗的力量,如果中国爆发内战,就会迫使美苏选择支持内战中对立的双方,则中国将成为战后国际秩序的基础——美苏合作——的破坏者。1943 年 7 月,罗斯福曾告诉副国务卿韦尔斯,他最担心的就是战争结束后,苏联会站在中共一边干涉中国,那样的话,西方不得不出于自己的利益支持国民党这一边,"那时会看到……非常类似我们曾在西班牙内战中目睹过的同样情形,而其中的危险和规模要大得多"。④

---

① The Ambassador in China (Gauss) to the Secretary of State, Oct. 13, 1943, *FRUS*, 1943, China, p. 357.

② U. S. Department of State, *United States Relations with China: With Special Reference to the Period 1944 - 1949*, Washington, D. C.: G. P. O., 1949, Reissued by Stanford University Press, 1967, Vol. 2, p. 570.

③ Hull, *The Memoirs of Cordell Hull*, Vol. 2, p. 1585.

④ Sumner Welles, *Seven Major Decisions That Shaped History*, New York: Harper and Brothers, 1951, p. 152.

因此，国务院在雅尔塔会议之前关于中国政策的简报中说，"仅仅希望出现一个强大、友好的中国或像战前那样采取消极的政策是不够的，我们应该在发展这样的中国过程中发挥领导作用"。所谓"领导作用"，一方面是"促使英国和苏联支持我们提出的一个统一的中国的目标，这个中国不仅将与我们，同时也会与他们合作"；另一方面是促进国民政府进行民主改革，调停国共纠纷，防止内战的发生。在美国看来，"防止内战和分裂的唯一希望在于建立一个民主的框架，使相互对立的集团能够在这一框架内解决其政治分歧"。①

美国深知"中苏合作是远东地区和平与安全的前提"，因此试图"帮助消除中苏两国之间现存的不信任和促进两国之间紧密和友好的关系"。② 美国方面一再告诫蒋介石中苏关系的重要性，并表示愿意调停中苏矛盾。1944 年 6 月 23 日，华莱士在与蒋介石的会谈中特别指出，"在中国不应造成一种形势以至于引发与苏联之间的冲突"，并提醒任何解决共产党问题的方案应该取得苏联方面的谅解。③ 美国在雅尔塔会议上以中国在东北的权益换取斯大林参加对日作战和只支持国民政府的承诺，可以算是这方面努力的一部分。通过这一交易，罗斯福也试图孤立中共，以诱使中共加入国民党主导的联合政府。

同时，美国还"认为英国与中国的合作是联合国家团结的重要组成部分，对中国成长为远东稳定力量也是非常必要的"。④ 因此，针对英国的态度，美国竭力做说服英国的工作，试图促进英国与中国合作。1943 年 3 月 22 日，罗斯福在白宫与英国外相艾登会谈时，向其表示"中国可以成为远东非常有用的强国来帮助管理日本"，他希望"以各种可能的方式加强中国"。但是艾登说，他怀疑"中国是否能实现自己的稳定"，而且认为中国"在战后可能经历一场革命"。罗斯福对此很不高兴。五天后在与艾登讨论战后安全组织问题时，罗斯福说，"真正的决定应该由美国、英国、俄国和

① Briefing Book Paper: "Unity of Anglo-American-Soviet Policy toward China," *FRUS*, 1945, the Conferences at Malta and Yalta, pp. 353 – 354.

② Ibid. , pp. 356 –357.

③ U. S. Department of State, *United States Relations with China: With Special Reference to the Period 1944 – 1949*, Vol. 2, p. 556.

④ Briefing Book Paper: "Outline of Long-Range Objectives and Policies of the United States with Respect to China," *FRUS*, 1945, the Conferences at Malta and Yalta, p. 357.

中国来做出",因为这四国将不得不"维护世界的安全"(police the world)。① 罗斯福对艾登说,"安东尼,你必须让温斯顿明白,在25年内,中国将变得强大,如果我们现在不开始把它作为一个平等的伙伴来对待,从而赢得它的友谊,它将把我们赶出远东"。几个月以后,他在给东南亚盟军最高司令官路易斯·蒙巴顿(Louis Mountbatten)将军的信中重申了与中国保持友好关系的重要性:"25年或50年之后,中国将是非常有帮助的,尽管目前中国不能提供很多的陆海军支持。"② 美国说服苏联和英国的努力大体上是成功的,至少两国并没有公开地对美国的目标加以破坏。

在美国领导人看来,蒋介石领导下的国民政府实施民主改革,"建立一个具有广泛代表性的政府"不仅可以"促进国内统一,包括解决国共分歧",而且这样的政府还可以"有效地履行国内与国际责任"。③ 驻华大使高斯认为,民主改革实际上可以起到一石三鸟的作用:阻止共产党上台;削弱国民党内部的反动力量;以及消弭内战,实现中国的稳定和统一。1943年10月13日,高斯在给国务卿的电报中说:

> 出现一个对美国友好的,既不被内部冲突所折磨,同时又不受反动的极端沙文主义分子所控制的新中国对美国来说是非常重要的。……如果内战被阻止,如果国民党为形势所迫对可以带来自由化影响的改革和扩大政府基础的要求做出让步,那么中国就既可以摆脱共产主义,也可以免遭用孙中山三民主义伪装的、也许更邪恶的中国牌号的法西斯主义之害,这种法西斯主义倾向越来越明显。国民党—共产党问题的解决可以防止内战,并通过使目前的政权自由化而削弱现在掌权的反动分子的影响,因此将极大地促进美国的长远利益。④

自19世纪30年代以来美国一直具有强烈的以美国为模板来改造中

---

① Sherwood, *Roosevelt and Hopkins*: *An Intimate History*, p. 717.

② Patrick J. Hearden, *Architects of Globalism*: *Building a New World Order during World War II*, Fayetteville: University of Arkansas Press, 2002, p. 263.

③ Briefing Book Paper: "Outline of Long-Range Objectives and Policies of the United States with Respect to China," *FRUS*, 1945, The Conferences at Malta and Yalta, p. 356.

④ The Ambassador in China (Gauss) to the Secretary of State, Oct. 13, 1943, *FRUS*, 1943, China, p. 358.

国，即干涉中国内部事务的冲动，战时促进国民政府改革的努力不过是
这种冲动的继续和集中展现。对国民政府改革的敦促实际上从 1943 年就
已经开始，在开罗会议期间，罗斯福曾劝说蒋介石"在战争还在进行时，
同延安的共产党成立一个联合政府"。① 史迪威在华的很多活动就是试图以
美国的观念和模式改组中国军队，这也成为他与蒋介石矛盾加剧的根源之
一。用学者斯蒂芬·莱文的话说，史迪威和蒋介石之间的冲突实际上"只
不过是美国方面不断想用注入西方的技术知识、组织能力和人民主义的价
值观的办法来改造和重建中国社会的最后的和最喧嚣的一次表示而已"。②

　　在 1944 年 6 月与蒋介石的会谈中，华莱士敦促蒋介石尽快通过谈判和
成立联合政府的方式解决国共纠纷，并提出农业改革的问题。华莱士表示
"美国人民非常愿意看到中国农业生产效率的提高，这将使得真正的工业化
成为可能"，"美国愿意看到一个强大而民主的中国"，"美国一向这样希望
而且目前这样的希望最为强烈"。陪同会谈的范宣德（John Carter Vincent）
则称，"防卫共产主义最好的办法是土地改革"。华莱士敦促蒋介石待战争
一结束，就加紧改革。蒋介石则表示一旦国共问题得到解决，他"将比现
在所预料的更早地实行他的民主计划"。③ 华莱士在 1944 年 7 月 10 日给罗
斯福总统的报告中认为"中国形势令人沮丧"，"现在除了支持蒋介石外，
似乎没有其他选择……我们可以在支持蒋介石的同时，通过各种可能的方
式对他施加影响，使他能在进步人士的影响下，采取能激发民众支持、为
抗战努力注入新活力的政策"④。罗斯福在 1944 年 7 月 14 日给蒋介石的信
中称，蒋关于如果与共产党之间达成协议，会比预期更早地实施民主改革
方案的表示"令人振奋"。⑤

---

　　① Roosevelt, *As He Saw It*, p. 164.

　　② ［美］斯蒂芬·莱文：《灾难的边缘：1945 年的美中关系》，［美］哈里·哈丁、袁明主
编：《中美关系史上沉重的一页》，北京大学出版社 1989 年版，第 43 页。

　　③ U. S. Department of State, *United States Relations with China：With Special Reference to the Period
1944 – 1949*, Vol. 2, pp. 550, 556, 554.

　　④ Vice President Wallace to President Roosevelt, Jul. 10, 1944, *FRUS*, 1944, Vol. 6, China,
pp. 240 – 244.

　　⑤ U. S. Department of State, *United States Relations with China：With Special Reference to the Period
1944 – 1949*, Vol. 2, p. 560.

1944 年 6 月 20 日，谢伟思给国务院的报告中开列的解决中国问题的药方也是民主改革:

> 我们必须致力于扭转目前趋向于崩溃的趋势，并从中国的军事懒散中唤醒中国。这只有通过在中国内部加速推进民主政治改革才能实现。我们的角色就是在中国民主化进程中发挥触媒的作用。这一作用可通过认真运用我们的影响来实现，这种影响至今还没有被我们有意识地和有系统地加以使用。①

谢伟思提出，"这种民主改革，不一定意味着推翻蒋委员长或国民党。相反地……他们的地位将会提高，中央政府的稳固性亦会增加，中国既存的民主力量将被加强，国民党内反动的、威权主义倾向将会改变，甚至可能会出现一个多党的、统一战线的政府。几乎可以确定的是，蒋委员长和国民党将继续在这样一个政府中占主导的地位"。而"如果我们按照国民党自己的条件来拯救它，那么我们只是暂时地支撑起一个颓废的政权……中国和我们自己赢得的将只是最后完全失败的日子到来之前短暂的喘息"。② 谢伟思的估计与高斯和华莱士等人的看法相当一致。

赫尔利来华后，其主要任务也是通过美国式民主的办法来解决国共矛盾，把国民政府改组成多党制的联合政府，其方案最终遭到国民政府和中共方面的共同反对。③ 赫尔利的调停失败后，美国在战后派马歇尔来华调停国共冲突，并通过驻华大使司徒雷登敦促国民政府进行改革。

---

① U. S. Department of State, *United States Relations with China: With Special Reference to the Period 1944 - 1949*, Vol. 2, p. 573.

② Ibid. .

③ 赫尔利于 1944 年 10 月 28 日向蒋介石提交的国共谈判达成协议的基础内容包括：中国政府与中国共产党合作，实现中国所有军队的统一，以迅速打败日本，解放中国；中国政府与中国共产党均承认蒋介石为中华民国"总统"及所有中国军队的统帅；中国政府与中国共产党拥护孙中山之主义，在中国建立民有、民享、民治的政府，双方将采取政策，以推动政府民主进程的进步与发展；中国政府承认中国共产党，并给予其作为政党的合法地位；国内各政党，均给予平等、自由与合法之地位；中国只有一个中央政府和一支军队，所有的军官和士兵，无论是共产党还是国民党的军队，都将依其职阶享有同等的薪金和津贴，各部队在军火和给养的分配方面亦享受同等待遇。Draft by Major General Patrick J. Hurley, Oct. 28, 1944, *FRUS*, 1944, Vol. 6, China, p. 659.

众所周知,美国试图通过改革国民政府,消弭内战,实现政治稳定的目标并未实现。随着中国内战很快爆发,扶植中国成为亲美的、在亚洲发挥稳定作用的大国这一美国对华政策的长远目标也就成了泡影。从1948年开始,美国转而扶植日本成为大国,扮演原打算由中国扮演的角色。

其实,1945年2月召开的雅尔塔会议在一定程度上已经见证中国大国地位的虚妄。被视为战后维护亚洲稳定的主要大国——中国却被排除在处理亚洲问题的会议之外,而且自己的领土和主权成为人家交换的筹码。

美国在抗战后期和战后初期改造国民政府的努力可以视为美国在亚洲输出民主的最早尝试,其在中国遭遇的挫折实际上与冷战时期美国在第三世界进行民主输出和国家建设所遭遇的阻碍是类似的,说明美国左右其他国家内部事务的能力是相当有限的。不过,美国政府并没有在中国的失败中吸取教训,否则就不会有越战的悲剧了。

三　筹划战后和平与国际秩序的"美国化"

战时外交最经常处理的问题是战略规划与军事行动,但同时另一个重要问题也时常萦绕在各国领导人的心头,那就是如何避免战争的重演?战后应该建立什么样的国际秩序来防止类似战争悲剧的再次发生?第二次世界大战爆发后,美国领导人就开始思考战后和平的问题,他们吸取两个教训:一是不能等到战争结束后才开始规划战后和平,这一工作必须提早进行,因为未经充分讨论的仓促的和平很容易流产,凡尔赛的和平就是这样的和平;[1] 二是惩治战败国的行动不能与建立战后国际组织同时进行,以免战后国际组织被认为是维护战胜者利益的组织。

如果说战时外交由于与军事行动密切相关,主要由兼任美国武装部队总司令的罗斯福和军方领导人承担的话,那么对战后秩序的筹划则主要由国务院来

---

① 1944年1月11日,罗斯福在谈到此前召开的莫斯科外长会议、开罗会议与德黑兰会议时说:"在上一场战争中,这样的讨论和这样的会议直到战斗已经停止、代表们开始召开和平会议的时候才开始,此前没有机会进行汇集思想的面对面的讨论,其结果就是达成的和平不是真正的和平,我们在这场战争中不会重犯这一错误。"Roosevelt's Annual Message to the Congress, Jan. 11, 1944, http://www.presidency.ucsb.edu/ws/index.php? pid=16518#axzz1OObOBFrl. (2011年5月16日获取)

负责。陆军部、海军部和财政部也曾试图影响战后秩序的规划，但没有得到总统的支持。罗斯福还特别否决了军方提出的兼并原日本占领的太平洋岛屿作为美国军事基地的建议，并放弃了财政部长亨利·摩根索惩罚德国的摩根索计划。国务院，特别是国务卿赫尔在筹划战后世界秩序方面发挥了关键作用。

根据国务院官员哈利·诺特（Harley A. Notter）的回忆，美国早就"认识到战争将深刻地影响美国的根本利益"，因此从 1939 年秋末就开始为战后的美国对外政策和世界秩序做准备。[1] 1939 年 12 月 27 日，在与主要助手协商之后，赫尔决定在国务院内建立一个专门的委员会负责筹划战后问题。1940 年 1 月 8 日，"对外关系问题咨询委员会"（Advisory Committee on Problems of Foreign Relations）宣告成立，其大部分成员为国务院官员，由副国务卿萨姆纳·韦尔斯担任主席。根据国务卿特别助理利奥·帕斯维尔斯基（Leo Pasvilsky）提交的备忘录，该委员会的功能是：

> 探讨支撑冲突结束后将出现的理想世界秩序的基本原则，特别是该秩序应符合美国的最佳利益。……根据上述原则和过去的经验，决定美国在推进建立这一世界秩序方面应采取的政策，该政策是我们自己行动和影响其他国家的努力的基础。……根据上述原则和政策，研究官方和非官方多种渠道做出的关于和平与重建问题的方案和建议。[2]

美国参战后，随着战事的进行和战时与战后规划事务的增多，原来的对外关系问题咨询委员会无法应对复杂的问题和繁重的任务。罗斯福发布命令，于 1942 年 2 月 12 日建立一个跨部门的新机构——战后对外政策咨询委员会（Advisory Committee on Postwar Foreign Policy），由赫尔担任主席。该委员会成员除国务院官员外，还有国会议员、联邦政府其他部门的官员，以及私人组织的代表，并聘请了一些专家担任专门的研究人员。委员会下设了若干小组委员会，包括：政治问题、领土问题、安全问题、经济重建和经济政策小组委员会，以及欧洲组织问题特别小组委员会。政治问题小

---

① U. S. Department of State, *Postwar Foreign Policy Preparation*, *1939 – 1945*, edited by Harley A. Notter, Washington, D. C.: Government Printing Office, 1949, p. 3.

② Ibid. , p. 20.

组委员会又下设了国际组织特别小组委员会和法律问题特别小组委员会。随着盟军的反攻,战后重建问题日益急迫。1943 年 7 月 12 日,该委员会停止活动。直到 1944 年秋,战后筹划主要由赫尔、韦尔斯、迈伦·泰勒(Myron C. Taylor)、约翰·戴维斯(John W. Davis)、艾赛亚·鲍曼(Isaiah Bowman)和利奥·帕斯维尔斯基组成的非正式政治议程小组(Informal Political Agenda Group)来负责。①

1941 年 8 月 14 日,美英两国首脑在大西洋军舰上会晤后,签署并公布了表达两国战争目标和国际秩序设想的《大西洋宪章》。② 《大西洋宪章》是威尔逊"十四点"原则与罗斯福"四大自由"思想的混合。第 1—4、7—8 条重申了威尔逊的"十四点"原则,包括民族自决、自由贸易、公海自由、裁减军备和解除侵略者武装、集体安全;第 5、6 条则体现了罗斯福新政的成果,即保障公民免于恐惧和不虞匮乏的自由,并把和平与经济繁荣联系起来。《大西洋宪章》提出要建立"更广泛和更持久的普遍安全体系",这是第一次暗示要在战后建立国际组织。

1941 年 9 月 24 日,在伦敦召开的盟国理事会(Inter-Allied Council)会议上,苏联、比利时、卢森堡、荷兰、南斯拉夫、波兰、捷克斯洛伐克、

---

① 泰勒是著名实业家,曾作为罗斯福总统的特使多次参加国际会议。戴维斯是著名律师、民主党 1924 年总统候选人,也是 1921 年成立的外交关系委员会的创会主席。鲍曼是著名地理学家,当时担任霍普金斯大学校长,同时也是外交关系委员会的成员,并兼任国务院领土问题顾问。

② 《大西洋宪章》关于两国战争目标和战后国际秩序设想的内容共八条:"第一,他们两个国家不寻求任何领土的或其他方面的扩张。第二,他们不希望看见任何与有关国家人民自由表达的愿望不一致的领土变更。第三,他们尊重所有民族选择他们愿意生活于其下的政府形式的权利;他们希望看到曾经被武力剥夺了主权及自治权的民族,重新获得主权与自治。第四,他们将在合理尊重他们现有的义务下,努力促使所有国家,不分大小,战胜者或战败者,在同等条件下,参与世界贸易和获得世界原料,以实现经济繁荣。第五,他们希望促成所有国家在经济领域内最充分的合作,以促进所有国家劳动水平的提高、经济进步和社会保障。第六,他们希望能在纳粹暴政被最后消灭之后,建立一种和平,这样的和平将使所有国家能够在其境内安全自存,并确保所有地方的所有人在免于恐惧和不虞匮乏的自由中,安度他们的一生。第七,这样的和平将使所有人能够在公海上不受阻碍地自由地航行。第八,他们相信,世界上所有国家,无论为了现实的还是精神上的理由,必须放弃使用武力。如果那些在境外从事或可能以侵略相威胁的国家继续使用陆海空武器装备,则未来的和平将无法维持;所以他们相信,在一个更广泛和更持久的普遍安全体系建立之前,解除这些国家的武装是必要的。同样,他们会协助和鼓励一切其他可行的措施,来减轻爱好和平国家的人民在军备上的沉重负担。"The Atlantic Charter, Aug. 14, 1941, Commager, ed., *Documents of American History*, Vol. 2, p. 631.

希腊、挪威和戴高乐领导的"自由法国"一致接受《大西洋宪章》。1942
年1月1日，26国发表《联合国家宣言》，也宣布支持《大西洋宪章》的
原则。这样，《大西洋宪章》中表达的原则实际上也成为整个盟国的战争目
标（尽管苏联和英国有所保留）。这些目标的宣布不仅赋予了反法西斯战争
以正义性，同时也起到了动员各国人民，包括殖民地人民起来抵抗轴心国
统治的作用。用著名的共和党人温德尔·威尔基的话说，"我们的战争目
标……实际上就是武器"。①

罗斯福并不想把《大西洋宪章》仅仅作为盟国战争目标的宣示，他还
想让其成为战后国际秩序的基本原则。尽管美国并不是为改造世界而参战，
但是，一旦加入战争，对世界秩序加以改造就成为罗斯福战时外交的主要
目标之一。同威尔逊一样，罗斯福试图把美国的战争目标与改革整个国际
体系联系起来，并将这种改革作为避免下一场世界战争的手段。但是，在
这方面，美国遇到了阻力，一些国家出于自己的利益不赞同将《大西洋宪
章》的所有原则都作为建立战后国际秩序的基础。1941年8月11日，也就
是《大西洋宪章》已经签署但还未公布之前，丘吉尔在给阿德礼的信中称
宪章是"战争目标的临时的、部分的说明，旨在让所有国家相信我们的目
标是正义的，而不是我们在胜利之后要建立的完整的体制"。② 宪章中最有
争议，并遭到一些国家强烈反对的主要是包含有民族自决原则的第2、3
条。前文已经述及，英国以及荷兰极力反对第3条的民族自决原则，担心
应用这一条会导致其殖民地独立和帝国的瓦解。波兰也反对第2条，因为
波兰希望在战后获得德国的但泽、东普鲁士和西里西亚的一部分，以弥补
1939年苏联割占其领土造成的损失。而苏联反对第3条，担心战前苏联以
武力获得的波罗的海三国会脱离苏联。美国最后不得不做出让步，战后的
领土安排实际上并没有按照宪章第2、3条来处理：民族自决并未应用到英
国、法国和荷兰殖民地，罗斯福出于打败德国的需要没有在波罗的海三国
问题上对苏联施加强有力的压力。但宪章的其他原则在重建战后秩序过程

---

① William Roger, "American Anti-Colonialism and the Dissolution of the British Empire," *International Affairs*, Vol. 61, No. 3, Summer 1985, p. 398.

② Anita Prazmowska, *Britain and Poland, 1939 – 1943: The Betrayed Ally*, Cambridge, U. K.: Cambridge University Press, 1995, p. 93.

中基本上得到了贯彻。

不难看出，美国在卷入战争之前实际上不仅建立了规划战后世界的机构，而且也确定了战后国际秩序的原则。美国后来实际上也极力按照《大西洋宪章》的原则筹划战后世界秩序、构建国际组织、处理盟国关系和解决殖民地问题。美国对战后国际秩序的筹划主要涉及四个领域：国际政治与安全、国际贸易与金融、殖民地和依附民族的地位，以及人权与国际正义。

国际政治与安全：从"四警察"计划到联合国

作为曾担任过威尔逊政府助理海军部长的民主党人，罗斯福是威尔逊的追随者和自由国际主义的信徒。按照历史学家弗兰克·宁科维奇的说法，威尔逊是国际主义的耶稣，而罗斯福则是圣徒保罗。但是，威尔逊设计的国联在制止侵略和维护和平方面的无力与失败，以及第二次世界大战初期民主国家在轴心国侵略面前的屠弱，使罗斯福感到单纯依靠国际组织和国际法是不够的，应该承认国际政治是一种权力政治（power politics）这一现实。与威尔逊不同，他意识到实力（power）在国际关系中的重要性，认为大国（而不是所有国家）应当承担维护国际和平与安全的特殊责任。罗斯福的最初设想是大国合作管理世界，他心目中的大国就是美、苏、英、中四大国，即他所说的"四强"，或"四警察"（Four Policemen）。他认为小国建立军备纯粹是一种浪费，因为如果发生战争，小国的军备"面对大国的现代军事装备是毫无价值的"，而在和平时期对小国却是一个"沉重的负担"，而且"最糟糕的是，维持常备军是很多小国，如在巴尔干地区的小国被不断地卷入战争的主要原因，而这些战争会影响大国的利益，最终也会使大国卷进冲突之中"。罗斯福设想，战后轴心国将被解除军备，而小国则将放弃军备，只有四大国保持足够的军备以维护国际和平，并负责保证小国的安全。①

罗斯福大国合作维护和平的思想受到历史教训的深刻影响。在不到30年的时间里德国两次让世界陷入战争，在罗斯福看来，绝不能有第三次，

---

① Welles, *Where Are We Heading?* p. 4.

因此必须彻底消除德国的战争能力。在他心中,战争的根源在于德国,只要战胜国在战后继续合作,承担起维护和平的任务,那么和平就可以得到维护。罗斯福虽然曾经是国联的拥护者,但自30年代中期起,他对国联的看法发生了变化,认为国联这样的组织过于庞大,无法承担起维护和平的责任。早在1941年8月11日与丘吉尔讨论是否在战后建立一个有效的国际组织时,罗斯福就认为"没有什么比重建国际联盟大会这样的机构更无用了",维护国际和平的责任应该由大国来承担。[①]

1942年5月29日,苏联外长莫洛托夫访美与罗斯福会谈时,罗斯福对莫洛托夫说,丘吉尔曾建议战后重新建立一个像国联那样的国际组织,但他自己认为"这样的组织是无用的","因为参与的国家太多",他建议战后由美、苏、英或许还有中国,充当"世界的警察","四国在战后保持足够的武装力量来强制实施和平……如果任何国家威胁和平的话,将对其实施封锁,如果该国还不服从的话,则对其进行轰炸"。除了四大国外,所有其他国家都应该解除武装。他希望通过这种方式能够保持25年的和平。[②]这一安全思想的核心是保持战时联盟作为维护战后和平的基础,让四大国来垄断武力的使用,以避免德国和日本的重新崛起和发动战争。

1942年11月13日,罗斯福在与国际组织特别小组委员会成员、国联协会主席克拉克·艾克尔伯格(Clark Eichelberger)谈话时说:美国、苏联、英国和中国应该承担起维护战后和平的责任,而其他国家无论是盟国还是轴心国将被解除武装。[③] 1943年3月,英国外相艾登访问美国时,罗斯福对艾登说,将来不管成立什么样的国际组织,关于和平与安全的真正决定都应由美、英、苏、中四国做出,四国将在今后很多年"负责世界的安全"。[④] 在1943年11—12月的德黑兰会议上,罗斯福与斯大林继续讨论这一问题。罗斯福提出战后应该建立一个可以称为"四警察"的国际组织,由苏、美、英、中四国组成,"有权力及时处理任何对和平的威胁和需要采

---

① Welles, *Where Are We Heading?* pp. 4 – 5.

② Memorandum of Conference Held at White House, May 29, 1942, *FRUS*, 1942, Vol. 3, pp. 568 – 569.

③ Clark Eichelberger, *Organizing for Peace: A Personal History of Founding of the United Nations*, New York: Harper and Row, 1977, p. 236.

④ Sherwood, *Roosevelt and Hopkins: An Intimate History*, p. 717.

取行动的突发紧急事态"，"如果（对和平的威胁）来自小国的革命和动荡，可以采取防疫隔离的办法，封锁问题国家的边界或实施禁运。……如果威胁较为严重，四大国可以充当警察的角色，向问题国家发出最后通牒，如果遭到拒绝，则可以对该国立即进行轰炸，甚至可以发动进攻"。如果对和平的威胁发生在欧洲，美国国会可能不允许美国派陆军到欧洲，但"美国可以派军舰和飞机，而英国和苏联则可提供地面部队"。①

罗斯福的这一思想多在外交和私下场合提出，当时未向美国公众和舆论公开。1943 年 4 月，《星期六晚邮报》（Saturday Evening Post）记者福里斯特·戴维斯在采访罗斯福后将这一思想披露了出来。戴维斯在该杂志刊文称：

> 目前罗斯福先生主要关心的不是"四大自由"演讲和《大西洋宪章》中同丘吉尔一起阐述过的更美好世界的理想，而是用来让那些理想得以落实的冷静的、现实主义的策略或工具。这意味着他正集中关注权力，处理与专家们所描述的福利政治（welfare politics）截然不同的权力政治的问题。②

罗斯福的计划被披露后遭到一些国际主义者的激烈反对。国际主义者的目标是建立一个像国联那样的基于国家平等的普遍性集体安全组织来维护世界和平，所有的国家共同合作，来制止侵略者，而不是大国共管和垄断武力。一些国际主义者指责罗斯福的计划是恢复传统的势力范围和均势。赫尔也提醒罗斯福，国内舆论，特别是当时影响甚大的国际主义者不会支持大国组成的集团。与罗斯福重视大国共管维护战后和平不同，赫尔更加强调主权平等和各国共同承担责任的原则。在这种情况下，罗斯福做出了妥协，指示赫尔在 1943 年 10 月的莫斯科会议上，争取英国和苏联对战后建立一个基于主权平等原则的普遍性国际组织的支持。会议通过的四国宣言宣布，"为了维持国际和平与安全，有必要在尽早可行的时间在一切爱好

---

① Roosevelt-Stalin Meeting, Nov. 23, 1943, *FRUS*, the Conferences at Cairo and Tehran, 1943, pp. 529 – 533. 引文引自 pp. 530, 531 – 532。

② Forrest Davis, "Roosevelt's World Blueprint," *Saturday Evening Post*, Apr. 10, 1943, p. 20.

和平的国家主权平等原则基础上建立一个普遍性的国际组织，所有爱好和平的国家，无论大小都可以成为该组织的成员"。① 赫尔从莫斯科回国后在国会演讲中称，"不论大小和实力，作为未来普遍安全体系中的伙伴，一切爱好和平的国家主权平等的原则将是未来国际组织建立的基石"，"今后不再需要势力范围、联盟、力量均衡或任何其他特殊的安排"。② 他在 1944 年6 月 1 日的新闻发布会上重申"国家主权平等原则将是未来国际组织建立的基石"，并宣布"那是我们的目标"。③

自莫斯科会议起，罗斯福意识到，为了让国会和公众，特别是自由国际主义者支持美国在战后参与国际事务和承担领导角色，建立类似国联那样的国际组织是必不可少的。换言之，在罗斯福看来，即使未来的国际组织在维护国际和平与安全方面不那么有效，但它可以起到让美国永久性参与国际事务的作用。罗斯福逐渐修正其大国共管的思想，开始将其与自由国际主义者提出的以普遍性国际组织为核心的集体安全思想融合起来，模糊其"四警察"计划与自由国际主义者集体安全思想之间的界限。

1943 年 12 月 29 日，赫尔向罗斯福总统提交了含有《建立维护国际和平与安全的国际组织的计划》的备忘录，该计划于 1944 年 2 月 3 日经总统签署，成为美国官方的政策。赫尔在备忘录中称，该计划的基础是两大核心设想："第一，四大国将承诺并承担道德义务保证相互之间不发动战争或针对其他国家发动战争，并相互合作以及与其他爱好和平的国家合作以维护和平；第二，四大国将保持足够的武装力量并在形势需要时愿意使用该力量去防止或制止出现的任何侵略行为。"④ 该计划让四大国在未来国际组织执行理事会中"承担维护国际安全的特别责任，并因此拥有无限期的永

---

① Declaration of Four Nations on General Security, *FRUS*, 1943, Vol. 1, p. 756.

② Address by the Secretary of State before Congress regarding the Moscow Conference, Nov. 18, 1943, *The Department of State Bulletin*, Vol. 9, No. 230, Nov. 20, 1943, p. 343.

③ "Sovereign Equality for all Nations," Statement by Secretary of State, June 1, 1944, *The Department of State Bulletin*, Vol. 10, No. 258, Jun. 3, 1944, pp. 509 – 510.

④ "Memorandum for the President," U. S. Department of State, *Postwar Foreign Policy Preparation, 1939 – 1945*, p. 576.

久性席位"，实际上也就是让四大国扮演国际警察的角色。[1] 在这份计划中，赫尔将罗斯福的"四警察"构想转化为联合国安理会体制，得到罗斯福的支持。最终，赫尔的理想主义与罗斯福的实用主义相结合，共同塑造了战后国际秩序，特别是集体安全机制与联合国。其结果就是联合国安理会和联合国大会的双重设计，安理会常任理事国机制的设计体现了大国在维护国际和平与安全中的特殊责任，而联合国大会则体现了国家主权平等的原则。[2]

罗斯福设计联合国有两个主要的目标：其一是针对美国，通过让美国加入这一组织，承担国际义务以避免孤立主义死灰复燃；其二是针对苏联，让苏联加入联合国并成为联合国安理会这样的大国俱乐部的成员，[3] 可以促使苏联与美国一道来维持战后国际秩序，从而避免战争，实现持久和平。也就是说，在罗斯福心中，联合国的主要作用是让美国永久性地参与国际事务以及作为大国合作，特别是美苏合作的机制，而不在于联合国本身能带来和平。

现实主义者批评罗斯福的联合国计划过于威尔逊主义，而自由国际主义者则批评罗斯福实际上是一个现实主义者。这两种批评实际上都错误地理解了罗斯福，前者没有看到罗斯福思想中的权力政治成分，后者则低估了罗斯福试图改造国际秩序的决心。罗斯福的联合国计划实际上融合了权力政治现实主义（安理会常任理事国的设计）和威尔逊的自由国际主义

① "Plan for the Establishment of an International Organization for the Maintenance of International Peace and Security", U. S. Department of State, *Postwar Foreign Policy Preparation*, *1939 – 1945*, p. 578.

② 详细讨论可参见 Georg Schild, "The Roosevelt Administration and the United Nations: Recreation or Rejection of the League Experience?" *World Affairs*, No. 158, Summer 1995, pp. 26 – 34。

③ 一开始，斯大林和苏联其他领导人并不热衷于战后建立国际组织，在苏联心中，国联在防止战争方面是无效的，未来的国际组织也未必能发挥防止战争的作用，同时苏联还担心国际组织会成为西方联合起来反对苏联的工具，因此在敦巴顿橡树园会议上，苏联代表团得到的指令仅限于确保新的国际组织不要被用来反对苏联的利益。后来苏联逐渐认识到联合国可以提高苏联作为世界大国的声誉和荣耀，而且安理会的设计和常任理事国的否决权可以确保苏联的利益不受损害，开始积极支持联合国计划。同时苏联主张联合国的职能应该仅限于维护和平，反对赋予联合国解决经济、文化和人道问题的权力，苏联还主张尽可能地赋予安理会更大的权力，因为苏联拥有否决权。

（联合国大会的设计）。而现实主义思想被罗斯福所吸收则主要基于国联的教训，正是国联的全体一致原则（即任何国家都有对国联决议的否决权）使国联无法真正承担起维护和平与安全的任务。

罗斯福和赫尔构建的战后集体安全组织虽然吸纳了权力政治现实主义的要素，但本质上仍然是自由国际主义的体现。"四强"机制虽然与国家平等的原则相去甚远，但它并不是传统现实主义的均势机制，并非地缘政治设计，罗斯福也没有从地缘政治的视角来思考战后问题，更没有一个清晰的地缘政治战略来指导战后重建。按照地缘政治的原则，战后美国应该扮演的是平衡者（balancer）的角色，即英国曾经扮演的角色，以防止某一强国主导欧亚大陆，但是罗斯福不打算让美国扮演过去由英国扮演的那种角色，其思想的基调仍然是美苏合作，而非相互制衡。罗斯福的"四警察"思想虽然有实用主义的成分，但并没有完全背离集体安全原则：四大国中的任何一国都不能以牺牲其他国家的安全为代价来追求自身安全的最大化，安全是一种集体福利，而不是仅由某些国家享受而拒绝其他国家享受的好处。罗斯福认为，他的战后大国合作机制与势力均衡和势力范围体系是不一样的，四大国并非是对手和竞争者，而类似于国际卡特尔的董事，一起来追求共同利益和福祉。换言之，罗斯福设计的"四强"机制并非是一个相互制衡的均势机制，而是在大国合作基础上的责任分担机制。在1945年1月6日的国情咨文中，罗斯福说：

> 在未来的世界上，"权力政治"这一词语中所暗含的对权力的滥用将不会是国际关系中的主导性因素，这是我们一直遵从的原则的核心。我们无法否认，权力是世界政治中的因素，正如我们无法否认在国内政治中权力的存在是一个因素一样。但是，在一个民主的世界上，正如在一个民主的国家内部一样，权力必须与责任联系在一起，权力必须在普遍福祉的框架内维护自己和论证自己的正当性。①

罗斯福显然不赞同通过重建欧洲的均势体系或在苏联和西方之间划分

---

① Franklin Roosevelt's State of Union Address, Jan. 6, 1945, http://www.presidency.ucsb.edu/ws/index.php?pid=16595#axzz1POyO5c8f.（2011年6月15日获取）

势力范围来维持战后和平，这不仅因为罗斯福深知这些并不能消除大国之间的敌视从而无法建立真正稳定的国际关系，更重要的是，美国民众不会支持这一做法，任何通过牺牲弱小国家进行秘密安排从而违背民族自决的计划在战后都不会得到舆论的支持，而且势力范围和均势体系也违反了《大西洋宪章》。事实上，他很少谈论势力范围，而更多地谈论大国责任，因此历史学家沃伦·金博尔用"责任范围"（spheres of responsibility）来概括罗斯福的思想。"责任范围"与势力范围不同，后者是排他的，建立势力范围的目的是获取资源和进行政治控制；而前者是开放的，大国在责任范围内并没有独占性的经济、商业和文化利益，各国也有竞争，而且事实上罗斯福还希望美国的商品、资本、观念和文化在各个地区畅行无阻，在责任范围内受到各国的保护。大国在"责任范围"的任务是维持稳定与安全，行使"警察权力"。①

罗斯福试图让四大国来指导和监督战后国际秩序，这一秩序是对战前秩序的改革，本质仍然是自由国际主义秩序，包括：集体安全、自由贸易、民族自决，以及大国合作等。或者可以说，罗斯福乃是以大国权力为工具来推行自由国际主义秩序。雅尔塔会议后，针对舆论的疑问，罗斯福于1945年3月1日向国会解释说，会议不是要建立势力范围和均势体系，战后要建立的和平是"一个建立在《大西洋宪章》公正、合理原则，人类尊严观念以及保障宗教信仰自由和宽容基础上的和平"。他对国会解释说，

克里米亚会议是三个主要国家寻求共同和平基础的成功尝试。……它意味着——也应该意味着——由单边行动、排他性联盟、势力范围、均势和所有其他权宜措施构成的体系的终结，这一体系已经运行了几个世纪而且不断被证明是失败的。我们提出用一个一切爱好和平的国家都有机会加入的普遍性组织来取代这一切。②

---

① Warren F. Kimball, "U. S. Economic Strategy in World War Ⅱ: Wartime Goals, Peacetime Plans," Warren F. Kimball, ed., *America Unbound: World War Ⅱ and the Making of a Superpower*, New York: St. Martin's Press, 1992, p. 151.

② Address to Congress on the Yalta Conference, Mar. 1, 1945, http://www. presidency. ucsb. edu/ws/index. php? pid = 16591&st = &st1 = #axzz1bUrS0y41. (2011 年 10 月 22 日获取)

　　有学者提出，罗斯福的"四强"构想作为一种大国协调战略有些类似维也纳会议建立起来的"欧洲协调"机制，"四强"同盟至少在结构上类似梅特涅的神圣同盟，都是胜利者的同盟，而且都试图通过诸大国合作来维持战后秩序，都是通过建立国际共同体维护和平的尝试。[①] 但是由俄国、普鲁士、奥地利和英国组成（后来又吸收法国加入）的欧洲协调机制主要目标是建立和维持欧洲的均势，遏制法国的东山再起，防止出现拿破仑式的人物，维护维也纳会议安排的领土现状以及保护各国合法的政府；当一国的力量有超过其他国家的危险时，其他国家则联合起来组成外交和军事联盟，防止出现霸权，以维护欧洲的和平与安全。如前所述，"四强"机制维护的并非大国之间的均势，而是普遍的国际和平与安全，"四强"机制与欧洲协调机制形似而神离。[②]

　　联合国关于国际和平与安全的基本设想是四大国之间不会发生战争或侵略他国，四大国都是爱好和平的国家，是和平的捍卫者。在四国领导人的思想中，未来的侵略者可能是复活的德国和日本，而不可能是他们其中的任何一国。罗斯福似乎没有考虑过四大国中的国家是否会成为侵略者的问题，他把战后的大国合作视为当然的。后来的事实证明，这一设想是错误的，恰恰是大国（美苏）之间的敌对导致了后来国际形势的紧张和冷战的发生，对国际和平与安全构成了威胁。这一错误并不难理解，毕竟，两次世界大战都是德国发动的，经验告诉他们，只要防止德国军事力量的复活，战争就可以避免。他们似乎没有认识到战争根源的复杂性，罗斯福对国际冲突的根源在于国际社会的无政府状态和国家之间安全困境似乎也缺乏深入的理解。正如著名国际政治学家卡列维·霍尔斯蒂所评论的：

---

① Gordon A. Craig and Alexander L. George, *Force and Statecraft*: *Diplomatic Problems of our Time*, Oxford University Press, 1995, p. 91; Kissinger, *Diplomacy*, p. 397.

② 更重要的是，梅特涅设计的欧洲协调机制在维护和平方面是有效的，而罗斯福设计的大国合作机制实际上并未能维护战后和平。其原因在于：一是拿破仑战争后欧洲出现了均势，而第二次世界大战后没有出现真正的均势，特别是在欧洲，是苏联独大和大量力量真空的存在；二是参与欧洲协调机制的成员有大体共享的价值观，即正统原则，而战后美苏之间存在意识形态的根本对立；三是维也纳会议后的欧洲列强有强烈的合作愿望，特别是俄国保持了克制，使均势得以长期维持，而战后，苏联和美国都没有保持克制，而是追求自己的政治与意识形态利益，试图填补战后留下的权力真空。

一句话，盟国领导人对战后世界的思考是以欧洲为中心的，是通过总结过去来界定（未来）威胁的性质，而且焦点集中在德国复兴问题上。他们并没有预测到其他地区可能发生不同类型的问题和行为，涉及不同的国家和行为体，而且对和平有着不同形式的威胁。他们的思想受到 30 年代经验的主导，从这个意义上说，他们非常明显地同前几次大战后的和平缔造者属于同一种类型。[①]

即使是以欧洲为中心，罗斯福似乎也没有看到苏联崛起产生的影响，误以为权力政治的时代已经结束了。

自由贸易与国际金融体系的制度化

除了在政治与安全领域通过大国合作和国际组织维护和平外，美国在战争后期还试图在国际经济领域建立起一套新秩序，来规范国际经济关系，促进经济繁荣。罗斯福和赫尔等人相信，国际和平与安全不仅需要建立在裁军和集体安全基础上，还必须建立在各国的经济繁荣，即经济安全基础上，免于恐惧的自由与不虞匮乏的自由是紧密相连的。而经济安全的获得需要打破经济民族主义和贸易保护主义，实现世界范围内的自由贸易和各国经济的普遍发展，以确保每个人都过上有尊严的生活。

这一思想首先来源于 30 年代经济危机和战争的教训。30 年代，贸易保护主义盛行，各国采取各种以邻为壑的政策，大幅提高关税和建立贸易壁垒、放弃金本位、操纵货币贬值，其结果是国际汇兑的混乱和国际金融体系的崩溃，继之而来的是世界贸易的急剧缩减，失业大幅度增加，经济危机的加深。不仅如此，经济民族主义和贸易保护主义还导致各国之间的经济战和谋求建立封闭性的区域经济体系，甚至通过武力掠夺资源，从而进一步加剧了各国在地缘政治上的争夺，其结果就是世界大战。美国经济学家、财政部高级官员、布雷顿森林体系的主要构建者哈里·怀特（Harry Dexter White）在 1942 年警告说："在主要大国之间缺乏较高程度的经济合作将在未来十年间不可避免地导致经济战，而经济战不过是更大规模的军

---

① Kalevi J. Holsti, *Peace and War: Armed Conflicts and International Order, 1648 – 1989*, New York: Cambridge University Press, 1991, p. 268.

事冲突的前奏和挑动因素。"① 而在一个开放的、以自由贸易为基础的国际经济体系内,所有国家都有同等的权利和机会获取资源和市场,各国就不会试图建立封闭性的经济体系和以武力掠夺资源。因此,美国领导人从30年代经济危机中吸取的第一个教训是,建立在稳定的国际货币体系基础上的开放的、自由的贸易是和平的基础,而贸易保护主义和经济民族主义会导致战争。

30年代的经济萧条导致各国社会动荡、失业增加,为极端主义势力得势创造了机会。德国纳粹主义和日本军国主义势力都是在大危机时期上台的,并通过对外战争的方式谋求国家利益。美国吸取的另一个教训就是和平与繁荣密切相关,各国必须实现共同繁荣,和平才能持久,一个缺乏经济安全的世界不可能是一个和平的世界。用赫尔的话说:"在一个国家的生活中,没有经济安全和繁荣,就不可能有社会和政治稳定;而没有国家内部的经济、社会和政治的稳定,就不可能有国家间和平和有序的关系。"② 副总统亨利·华莱士早在1941年4月展望未来国际新秩序时就指出,"未来的和平必须把经济因素考虑进去,否则它将成为培育侵略的温床,未来的和平必须给战败国平等购买原料和出售工业品的机会,只要他们不生产进攻性武器、不从事经济和心理战以及公正对待其劳工"。③ 助理国务卿艾奇逊在1945年4月演讲中说,与第一次世界大战后美国建立战后和平的努力相比,美国第二次世界大战后期和平努力的"很大不同就是普遍认识到只有各国共同努力和共同繁荣,和平才会可能,这就是为什么和平的经济方面与政治方面同样重要的原因"。④

因此,美国应该致力于通过自由贸易和保障经济安全以实现繁荣与和平。这一思想最有力的鼓吹者是国务卿赫尔和总统罗斯福。

赫尔一直是一位坚定的自由贸易论者。他认为,贸易并非是零和游戏,

---

① Robert A. Pollard, *Economic Security and the Origins of the Cold War, 1945 - 1950*, New York: Columbia University Press, 1985, p. 8.

② Cordell Hull, *The Outlook for the Trade-Agreements Program*, Washington, D. C.: United States Government Printing Office, 1938, p. 4, http://webapp1. dlib. indiana. edu/collections/lon-un/un _ era/hull/docs/hulad001. pdf . (2011 年 8 月 16 日获取)

③ "Our Second Chance," Address before Foreign Policy Association, New York City, Apr. 8, 1941, Wallace, *Democracy Reborn*, p. 178.

④ Dean Acheson, "Bretton Woods: A Monetary Basis for Trade," May 16, 1945, *Department of State Bulletin*, Vol. 12, No. 304, Apr. 22, 1945, p. 738.

贸易增长将使参与贸易的双方共同获益，特别是没有关税壁垒的自由贸易会促进经济增长，提高各国的生活水平，并因此可以"消除作为战争根源的经济上的不满"，"为持久的和平奠定合理的基础"。① 而关税壁垒和贸易歧视则会制造和加剧国家间的敌视，"如果我们在经济领域制造敌意的话，在政治领域与其他国家保持长期的友好关系实际上是不可能的"。② 据赫尔回忆，早在1916年，赫尔就形成了自己对贸易和战争关系的认识:

> 不受妨碍的贸易与和平一致；高关税、贸易壁垒以及不公平的经济竞争则与战争相关。……如果我们能够实现更自由的贸易往来——在较少歧视和障碍意义上更自由——以使一国不会非常嫉妒另一国，所有国家的生活标准会提高并因此去除酿成战争的经济上的不满，我们就可以拥有一个实现持久和平的合理机会。③

在赫尔看来，经济民族主义的危害还不限于此。实际上，在工业化和经济上相互依赖的时代，以高关税壁垒和歧视性待遇为核心的经济民族主义和区域主义带来的不是繁荣而是萧条，特别是高关税带来的贸易保护主义和贸易战使30年代各国经济复苏更加困难。1938年11月1日，他在全国外贸大会的演讲中说:

> 经济上自给自足和其他形式的经济保护制造的不过是对实力和安全的幻想。这些政策摧毁的远比建设的要多得多，它们挫伤而不是鼓励企业精神。通过对世界物资和金融资源的流动设置难以克服的障碍，通过不正常地把世界分裂成若干维持有限贸易关系的地区，这些政策瓦解了信心和稳定，使所有国家逐渐变得衰弱。④

而经济衰弱的社会必然是一个动荡的社会，缺乏经济安全的国家极易

---

① Hull, *The Memoirs of Cordell Hull*, Vol. 1, p. 81.
② Ibid., p. 355.
③ Ibid., p. 81.
④ Hull, *The Outlook for the Trade-Agreements Program*, pp. 8 – 9.

产生极端主义，进而对外发动战争。赫尔在 1936 年布宜诺斯艾利斯的泛美
国家会议上说：

> 繁荣与和平是相互关联的，促进一个实际上就是促进另一个。各国
> 人民的经济福祉是防止内乱、庞大军备和战争的最佳保护，而经济孤
> 立常常与军备携手而行。当一国不能通过正常的贸易过程获得其所需
> 的时候，他们会转而诉诸武力。一个实现就业并初步过上舒适生活的
> 民族不会是一个滋生阶级斗争、军国主义和战争的民族。但是一个被
> 贫穷和悲惨生活逼入绝境的民族总是对和平的威胁，其境遇会带来国
> 内外的无序和动乱。①

正是抱着这样的思想，赫尔在担任国会议员期间就积极主张削减关税，
实行自由贸易。担任国务卿后，赫尔继续推动自由贸易原则，不仅促使国
会通过了《互惠贸易法》，而且在国际社会宣传其贸易与和平思想。1944
年 8 月，在敦巴顿橡树园会议期间，赫尔对苏联大使葛罗米柯说："和平和
安全与经济之间有着无法摆脱的联系，因为一个经济混乱的世界将永远是
动荡和战争的温床。"② 在赫尔看来，第一次世界大战后的凡尔赛会议和国
际社会未能适当地处理经济问题，建立起一套制度化的国际经济秩序，结
果"给世界带来难以估量的损害"。③

赫尔是他那个时代经济国际主义最坚定、最有影响的倡导者，将自由
贸易原则和经济繁荣作为国际和平的基础是赫尔对美国国际主义思想和外
交传统的一大贡献。当然，赫尔并非是一个孤独的自由贸易论者。1945 年
5 月，助理国务卿威尔·克莱顿（Will Clayton）说，"在市场上相互为敌的
国家不可能成为会议桌前的长久朋友"，而经济增长可以缓和国内的不满和
国家间的冲突，防止革命和战争。④ 更重要的是，赫尔的思想得到了罗斯福

---

① Cordell Hull, "Practical Steps," Dec. 5, 1936, *Vital Speeches of the Day*, Vol. 3, No. 5,
Dec. 25, 1936, p. 134.

② Hull, *The Memoirs of Cordell Hull*, Vol. 2, p. 1681.

③ Ibid., pp. 1303 – 1304.

④ 转引自 David Reynolds, "Power and Superpower: The Impact of Two World Wars on America's Interna-
tional Role," Kimball, ed., *America Unbound: World War Ⅱ and the Making of a Superpower*, p. 25。

的支持。罗斯福在 1940 年的年度咨文中指出，包括美国在内的"大多数国家盲目的经济自私""阻碍了大量剩余产品的销售，在美国和世界其他地区造成失业和灾难"，是"导致目前战争的原因之一"。① 1941 年 8 月 10 日，罗斯福与丘吉尔会晤时，提出"战后任何持久和平的前提之一都只能是在最大可能程度上的自由贸易"。② 在 1943 年 1 月 7 日的国情咨文中，罗斯福指出"希特勒主义同任何其他形式的罪恶和疾病一样，既可以从军事封建制度（feudalism）也可以从经济封建制度的土壤中生长出来"。③ 罗斯福所说的经济封建制度是指封闭的经济体系。

在吸取 30 年代教训的基础上，罗斯福和赫尔以及国务院和财政部形成一个共识：战后必须建立一个新的基于自由贸易和货币可自由兑换的世界经济秩序。经济秩序实际上成了美国筹划战后重建时最先考虑的领域。早在美国卷入战争之前的 1941 年 5 月 18 日，赫尔就在广播讲话中提出了重建战后世界经济秩序的基本原则：不允许极端民族主义再度表现为过度的贸易限制；非歧视原则必须成为国际商业关系中的准则，以便国际贸易能够增长和繁荣；原材料供应必须对所有国家无歧视；订立规范商品供应的国际协定必须充分保护消费国及其人民的利益；建立国际金融制度以促进所有国家的持续发展和国际贸易的结算。④ 这一思想被浓缩为《大西洋宪章》第四条，即确保每个国家有平等的机会参与世界贸易和获取世界原料，以实现经济繁荣。

1941 年 12 月 14 日，也就是珍珠港事件一周后，财政部长亨利·摩根索指示财政部顾问哈里·怀特考虑并准备一份有关建立盟国间平准基金的计划，以便在战时向盟国提供援助并为战后的国际货币安排奠定基础。怀特在哈佛大学获得博士学位，珍珠港事件后，被任命为财政部长摩根索的助理，负责财政部与国务院之间的联络以及逐渐增多的财政部对外经济事务。他是新政的支持者和著名的国际主义者，坚信自由主义贸易秩序可以带来繁荣与和平。怀特与凯恩斯一起被称为"布雷顿森林体系之父"。1942

---

① Roosevelt's Annual Message to the Congress, Jan. 3, 1940, http：//www. presidency. ucsb. edu/ws/in-dex. php? pid = 15856#axzz1VH0FCtG2. （2011 年 8 月 17 日获取）

② Roosevelt, *As He Saw It*, p. 35.

③ State of Union Address, Jan. 7, 1943, http：//www. presidency. ucsb. edu/ws/index. php? pid = 16386#axzz1VOUbT8xP. （2011 年 8 月 17 日获取）

④ U. S. Department of State, *Postwar Foreign Policy Preparation*, *1939 – 1945*, pp. 45 – 46.

年 5 月 15 日，摩根索向罗斯福总统提交了一份由怀特起草的备忘录，提出建立联合国家平准基金和国际复兴开发银行，并附有建立两个机构的具体计划书。摩根索在备忘录中提出建立两大组织的目的是"防止对外汇兑的中断和国际金融与信贷体系的崩溃，确保外贸的恢复和提供数量巨大的资本用于海外的救济、重建和经济发展以实现世界繁荣和提高生活水平"。①后来，经过美国政府内部的讨论和修改。1943 年 4 月 7 日，美国正式向世界公布了战后国际金融货币方案，即"怀特计划"（White Plan），将其交给盟国考虑和讨论。此后，美国与盟国特别是英国就怀特计划进行了多次磋商，并决定召开国际会议，讨论战后国际金融问题。

在美国的倡导下，有 44 个国家代表参加，讨论战后国际贸易与金融问题的国际会议于 1944 年 7 月在美国新罕布什尔州的布雷顿森林召开。经过激烈的争论，② 会议通过了联合国家货币金融会议最后决议书以及国际货币基金组织协定和国际复兴开发银行协定两个附件，总称为《布雷顿森林协定》，国际金融体系即布雷顿森林体系由此建立。该体系的主要内容包括:

---

① Memorandum of the Secretary of Treasury (Morgenthau) to President Roosevelt, May 15, 1942, *FRUS*, 1942, Vol. 1, pp. 171–172.

② 争论主要围绕怀特计划（White Plan）和英国提出的由英国著名经济学家凯恩斯起草的凯恩斯计划（Keynes Plan）展开。凯恩斯计划与怀特计划在建立国际机构对货币进行管制以实现各国货币汇率稳定和自由兑换等方面是一致的，主要分歧在于国际机构的权限和独立性。凯恩斯计划主张建立一个世界储备货币"班柯尔"（bancor），设立一个相当于世界中央银行的"国际清算联盟"（International Clearing Union），总部设在伦敦和纽约；国际清算联盟负责发行"班柯尔"，各成员国可以用黄金换取"班柯尔"，也可以相应调整汇率；世界清算银行不干预各国的经济主权。而怀特计划主张建立以美元为中心的国际货币体系，而不是建立新的世界储备货币，同时反对建立世界中央银行，而是建立辅助性的国际货币基金组织，来实现国际贸易的平衡；同时国际货币基金组织有权干预成员国的经济政策，以实现汇率的稳定。按照国际货币基金组织历史学家詹姆斯·鲍顿（James M. Boughton）的说法，怀特与凯恩斯的最大分歧在于国际货币基金组织的独立性和功能:"对凯恩斯来说，世界需要的是一个独立的、抗衡美国经济权力的机构，即可以对信贷的集中和分配进行管制的世界中央银行；而怀特需要的是辅助美国经济权力的机构，一个以维护美元在国际金融中的中心地位方式促进国际贸易平衡增长的机构。"最后，会议决定接受怀特计划，但吸收了凯恩斯计划的一些内容。怀特计划战胜凯恩斯计划的主要原因是美国强大的经济实力，在英国实力急剧衰落的情况下，凯恩斯试图继续保持英国在国际金融体系中与美国平起平坐的地位是不可能了，而美国可以凭借其巨大的黄金储备和经济实力说服其他国家同意美国的计划。James M. Boughton, "Harry Dexter White and the International Monetary Fund," *Finance and Development*, Vol. 35, No. 3, Sept. 1998, http://www.imf.org/external/pubs/ft/fandd/1998/09/boughton.htm. (2011 年 9 月 17 日获取)

第一，美元与黄金直接挂钩，每盎司黄金兑换35美元；第二，其他会员国货币与美元挂钩，与美元保持固定汇率关系；第三，成立"国际货币基金组织"，负责监督国际汇率，为成员国的短期国际收支逆差提供信贷支持，以及协调国际货币关系；第四，取消经常账户的外汇管制，在这方面规定了五年的过渡期，即允许有关国家在协定生效后五年内禁止货币自由兑换；第五，成立"国际复兴开发银行"（即世界银行），为成员国提供贷款，以促进成员国经济复苏和发展。

会议计划建立的国际货币基金组织成为国际金融体系的管理者，主要职责是帮助其他国家解决短期的支付平衡问题，促进货币稳定，以及防止再次发生曾导致30年代金融秩序陷于瘫痪的毁灭性货币贬值行为。而世界银行的目标则着眼于长期的经济措施，通过贷款帮助在战争中受到破坏的国家重建以及促进贫穷国家的经济发展。美国作为储备货币的发行国有两点基本责任：一是保证可以按照35美元/盎司的官价兑换黄金，以维持成员国对美元的信心；二是提供足够的美元以确保国际结算的顺利进行。国际货币基金组织成立后，美国提供了最初资金88亿美元中的36%。[1]

会议还建议成立"国际贸易组织"（International Trade Organization），来为国际贸易制定规则。1947年4月在日内瓦召开了讨论国际贸易组织章程的会议，与会23国于1947年10月达成了《关税及贸易总协定》，作为成立国际贸易组织之前的过渡性步骤。1948年3月在哈瓦那召开的联合国贸易和就业会议（U. N. Conference on Trade and Employment）通过了国际贸易组织章程，但由于美国国会和一些国家没有批准该章程，该组织没有建立起来。《关税及贸易总协定》就成为协调国际贸易与各国经济政策，建立国际贸易准则的多边国际协定。该协定的宗旨是以双边谈判的方式，大幅地削减关税和其他贸易障碍，取消国际贸易中的歧视待遇，以促进经济发展，提高生活水平，保证充分就业。关贸总协定的实施促进了国际贸易的自由化，也在一定程度上实现了赫尔自由贸易的理想。

美国实际上把布雷顿森林体系的建立视为促进繁荣与和平的重要工具。

---

[1]　Reynolds, "Power and Superpower: The Impact of Two World Wars on America's International Role," Kimball, ed., *America Unbound: World War Ⅱ and the Making of a Superpower*, p. 27.

美国出席布雷顿森林会议的代表哈里·怀特在会后说，布雷顿森林计划的制订表明美国和联合国家的人民认识到，仅有政治合作是不够的，还"必须通过在国际经济关系中提供一种稳定和有序的环境来支持所有争取和平的努力，消除国际冲突的经济根源"，而"只有在这样的环境中，和平才能够生长"。① 通过布雷顿森林体系的设计，美国试图把政治问题转化为生产问题：贸易的增长、生产力的提高可以消弭革命与战争，从而带来稳定与安全，也就是用"生产力政治学"（politics of productivity）取代革命的政治学和战争的政治学，以实现持久的和平。②

布雷顿森林体系的设计与美国的新政经验有关。新政时期，联邦政府监管金融和制定对外经济政策的责任得到普遍的认可，美国逐渐认识到对外经济关系和金融问题的处理不能再交给私人利益集团，特别是银行家。与新政思想相一致，美国的设想是利用政府的干预和计划以及专家的知识来管理国际金融。财政部的一份备忘录中称这种做法为"国际经济中的新政"（New Deal in international economics）。③ 战后国际经济秩序实际上是一种混合的模式，混合了古典自由主义的自由贸易和门户开放，同时又加入了"新政式"新自由主义的国家干预。设计者们一方面吸取 30 年代的经济民族主义导致战争的教训，追求全球范围内的门户开放，这需要打破 30 年代盛行的歧视性贸易和货币集团，降低国际结算的障碍；另一方面，他们又吸取 20 年代自由放任带来危机的教训，借鉴了新政国家干预的经验，加入了干涉主义（interventionalism）的成分，对国际金融关系进行适度的干预（国际货币基金组织的职能就是对国际结算进行干预）。战后国际经济秩序是两种自由主义之间的妥协，哈佛大学教授约翰·鲁吉称为"内嵌的自由

---

① Speech by Harry Dexter White, "The Anglo-American Financial Agreement," Harry Dexter White Papers, Firestone Library, Princeton University. 转引自 Sondra Herman, et al., "Internationalism as a Current in the Peace Movement: A Symposium," *American Studies*, Vol. 13, No. 1, Spring 1972, pp. 205 – 206。

② Charles S. Maier, "The Politics of Productivity: Foundations of American International Economic Policy after World War Ⅱ," *International Organization*, Vol. 31, No. 4, Autumn 1977, pp. 607 – 633.

③ Memorandum by the Secretary of Treasury (Morgenthau) to President Roosevelt, May 15, 1942, *FRUS*, 1942, Vol. 1, General, the British Commonwealth, and the Far East, p. 172.

主义妥协"（embedded liberalism compromise）。①

1946 年，时任财政部长亨利·摩根索表示，他在任时的主要目标"一直是把世界金融中心从伦敦和华尔街转移到美国财政部，并在各国之间树立新的国际金融观念"②。通过布雷顿会议，国际金融权力也从英国转移到美国，美国确立了自己在国际经济领域的霸权地位，同时也承担起维护世界经济健康发展的责任，布雷顿森林体系可以被视为美国作为霸权国为国际经济正常运行提供的公共产品。事实上，这一体系在战后确实起到了促进世界贸易发展和欧洲国家经济复兴的作用。

当然，美国在战后追求建立基于自由贸易和货币可自由兑换的世界经济秩序，并非仅仅出于对 30 年代历史教训的吸取，美国决策者的另一个考虑，也许是更重要的考虑在于这一秩序符合美国的经济与意识形态利益。

第一，这一秩序可以为美国巨大的生产能力提供广阔的市场，并确保美国可以获得经济发展所需要的原料。总的来说，战后美国的出口在其国民生产总值（GNP）中的比重并不是很大，不到 10%，但美国的某些关键部门严重依赖外国市场。1947 年，美国 20% 的煤和铁、50% 的小麦、通用汽车公司 10% 的产量依赖出口。美国的一些重要原料来自海外市场，例如，在 1943 年，其消耗的铅和锌的 35% 来自进口；到 1948 年，美国首次成为石油净进口国。③ 尽管美国经济对外国市场的依赖并没有想象的那么大，但是美国领导人对获取国外市场和原料的机会却相当忧虑，担心战时美国开发出来的巨大工业生产能力在战后可能带来生产过剩的危机，认为战后美国经济的健康发展，甚至国内的政治稳定都依赖于海外的巨大市场。《租借法》的起草者、战时对外经济管理署副署长奥斯卡·考克斯（Oscar S. Cox）认为，美国在战后生产的产品将是 1939 年的两倍，美国的"产品需要以前所未有的巨大规模向外出口"，否则会引发经济危机。而"工厂关

---

① John Gerald Ruggie, "International Regimes, Transactions, and Change: Embedded Liberalism in the Postwar Economic Order," *International Organization*, Vol. 36, No. 2, Spring 1982, pp. 379 – 415.

② Letter to President Truman, Mar. 1946, David Rees, *Harry Dexter White: A Study in Paradox*, New York: Coward, McCann & Geoghegan, 1973, p. 138.

③ Reynolds, "Power and Superpower: The Impact of Two World Wars on America's International Role," Kimball, ed. , *America Unbound: World War II and the Making of a Superpower*, p. 25.

闭、犁耙生锈、资本闲置以及广泛的失业将滋生战争、革命和萧条"①。战时生产局局长唐纳德·纳尔逊也认为，只有为美国的产品找到新市场，战后复员的士兵才能找到工作，而新市场"只有在购买力由于经济发展而不断提高的国家"才能找到。② 而无障碍的自由贸易、高度开放的国际市场和稳定的国际货币体系会增加海外对美国商品的需求，扩大美国的海外投资，创造国内就业机会。

第二，在美国看来，建立一个开放的国际经济体系还有意识形态方面的价值。开放的经济体系有助于促进各国之间的联系和美国观念的传播，铲除敌视美国意识形态的专制主义和极权主义滋生的土壤。开放的世界经济体系以自由企业制度和自由贸易原则为基础，本身就是经济自由主义的体现，因此有利于自由主义观念的传播，而经济自由主义会促进政治自由主义和民主；而封闭的经济体系带来的是专制、暴力和国家间的隔阂与仇恨。1938 年 11 月，赫尔在全国外贸大会的演讲中提出："如果一个国家从与其他国家有序的贸易关系中退出，将不可避免地导致该国政府严格控制国家生活的各个方面、践踏人权、积极备战并对其他国家抱有挑衅的态度。"③

罗斯福等美国领导人相信，联合国是"国际上政治合作的基石"，国际货币基金组织和国际复兴开发银行是"国际上经济合作的基石"，通过联合国和布雷顿森林体系实施的大国合作是战后和平与繁荣的基础。④

民族自决与非殖民化

罗斯福等人也把殖民地问题纳入战后秩序的筹划之中，相信一个公正合理的国际新秩序必须终结帝国体系，解决殖民地问题。他们从战争伊始

---

① Oscar S. Cox, "On Putting First Things First," Box 82, Cox Papers, Franklin D. Roosevelt Library. 转引自 Sondra Herman, et al., "Internationalism as a Current in the Peace Movement: A Symposium," *American Studies*, Vol. 13, No. 1, Spring 1972, p. 206。

② Donald M. Nelson to Harry S. Truman, May 12, 1945, Box 52, Record Group 250 (Records of the Office of War Mobilization and Reconversion), National Archives, Washington, D. C. 转引自 Herman, et al., "Internationalism as a Current in the Peace Movement: A Symposium," *American Studies*, Vol. 13, No. 1, Spring 1972, p. 206。

③ Hull, *The Outlook for the Trade-Agreements Program*, pp. 4 - 5.

④ 《总统强烈要求立即通过布雷顿森林协议（致国会）》，1945 年 2 月 12 日，《罗斯福选集》，第 500 页。

就认识到, 战争必然导致亚非民族主义的高涨, 殖民主义必将终结, 美国的政策应该是推动殖民地人民的自决和独立。副国务卿萨姆纳·韦尔斯1942 年 5 月 30 日在阿灵顿国家公墓的演讲中预言世界大战将导致帝国主义的终结:

> 我们的胜利必须带来所有民族获得解放的结果。各民族之间因为种族、信仰和肤色而产生的歧视必须被废除, 帝国主义时代结束了。各民族的自由权利必须得到承认, 就像文明世界早已承认个人的自由权利一样。①

赫尔国务卿在两个月后也表示"我们一直相信, 今天仍然相信, 不论其种族、肤色和宗教, 所有已经准备好和愿意接受自由责任的民族都有权享有自由, 支持这些民族实现自由过去是, 将来也是美国的目标"②。他在1942 年 11 月 20 日更是明确地表示:

> 总统、我和整个政府都真诚地支持所有依附民族在可行的时间尽早独立。我们与菲律宾合作, 为其自由进行了一切必要的准备, 我们处理与菲律宾关系的这一路线是一个国家应该如何对待殖民地或附属地的完美典范。我们把这一路线作为可供其他所有国家及其附属地学习的榜样。③

正是在美国的极力主张和坚持下, 民族自决原则才被纳入《大西洋宪章》, 成为宪章第二、三条的内容, 并成为美国战后重建国际秩序的基本原则之一。

罗斯福政府反对欧洲殖民主义, 主张殖民地自治和独立有着多重复杂的原因。

---

① Memorial Day Address by the Under Secretary of State, *The Department of State Bulletin*, Vol. 6, No. 153, May 30, 1942, p. 488.

② "The War and Human Freedom," Radio Address by Secretary of State (Hull), Jul. 23, 1942, Leland M. Goodrich & Marie J. Carroll, eds., *Documents on American Foreign Relations*, Vol. 5, Boston: World Peace Foundation, 1944, p. 6.

③ Hull, *The Memoirs of Cordell Hull*, Vol. 2, p. 1491.

从观念上,美国具有反殖民主义的传统。合法的统治来自被统治者的同意是《独立宣言》所揭橥的美国立国原则,而殖民统治与美国的立国原则是背道而驰的。尽管美国有过海外征服和建立殖民地的历史,但自治和自决的观念仍然为很多美国人所信奉,19 世纪末的反帝国主义者和两次世界大战之间的进步国际主义者都是这一传统的继承者。按照赫尔 1944 年 6 月 1 日演讲中的说法,美国"向世界各个民族和国家宣扬自由已经有 150 年了,并且已经实践了",美国"鼓励所有国家追求自由,享有自由,对菲律宾的态度是一个明显的例子"。① 美国国务院 1945 年 6 月 12 日的报告中也称"所有民族都有权独立"是美国人的"传统信仰"。② 此言虽不无宣传的成分,但美国具有一定的反殖民主义传统是不争的事实。

从情感上,罗斯福等美国领导人对殖民地人民的悲惨状况有一种人道主义的同情。在罗斯福眼中,欧洲对亚非殖民地的统治没有带来文明、进步和繁荣,相反带来的是停滞和灾难。1943 年 1 月,罗斯福在去往卡萨布兰卡途中经过英属冈比亚时,深为冈比亚人民的悲惨状况所震惊,更加相信殖民主义是罪恶的。1944 年 2 月 5 日,他在记者招待会上谈及在冈比亚看到的情景时说:"那是我一生中看到的最可怕的事情。……那里的土著落后我们 5000 年。……英国到那里已经 200 年了——英国每向冈比亚投入一美元,就要拿走 10 美元,这是对那些人的赤裸裸的剥削。"③ 他对印度支那人民在法国统治下遭到的不公正对待也深表同情,认为"印度支那不应该回到法国手中,而应该交给国际托管组织来管理,法国拥有那个国家 3000 万居民近 100 年的时间,那里的人们的状况比法国开始统治的时候还要糟。……印度支那人民有权获得更好的对待"。④

---

① "Sovereign Equality for all Nations," Statement by Secretary of State, June 1, 1944, *The Department of State Bulletin*, Vol. 10, No. 258, Jun. 3, 1944, p. 509.

② "An Estimate of Conditions in Asia and the Pacific at the Close of the War in the Far East and the Objectives and Policies of the United States," Policy Paper Prepared in the Department of State, Jun. 22, 1945, *FRUS*, 1945, Vol. 6, the British Commonwealth and the Far East, p. 557.

③ Warren F. Kimball, *Juggle: Franklin Roosevelt as Wartime Statesman*, Princeton, N. J.: Princeton University Press, 1991, p. 144.

④ Franklin Roosevelt Memorandum to Cordell Hull, Jan. 24, 1944, Paterson and Merrill, eds., *Major Problems in American Foreign Policy*, Vol. 2, 1995, p. 189.

在经济上，殖民地独立和欧洲帝国解体可以打破欧洲帝国与其殖民地之间形成的封闭经济体系，为美国商品打开市场，并有助于美国获取世界各地的工业原料，特别是中东地区的石油。美国对国际托管制度的设计就显示出这一用心。美国从一开始就提出在托管地实行门户开放政策，并声称国际组织对前殖民地和依附民族的托管有助于国际社会开发和利用殖民地的资源。美国虽然未能实现由联合国对欧洲殖民地进行托管的目标，但各国同意在殖民地实行门户开放，并将其写入《联合国宪章》之中。① 美国实际上试图通过非殖民化使前殖民地成为美国主导的全球资本主义经济的一部分。

在政治上，终结殖民主义，实现殖民地的自治与独立有助于实现战后国际和平与安全。在罗斯福和赫尔等人看来，一方面，殖民主义引发大国的地缘政治争夺，战后如果允许殖民主义继续存在，大国的地缘政治争夺将重新上演，罗斯福所倡导的大国合作也就成了泡影；另一方面，随着民族主义的兴起，如果不允许殖民地独立，那么战后殖民地人民争取独立的斗争将成为不稳定的根源，也会威胁国际和平与安全。历史学家沃伦·金博尔认为，罗斯福的"一贯立场是，殖民主义而不是共产主义是最威胁战后和平与稳定的主义"。②

日本自近代以来的扩张行动实际上就是对欧洲海外殖民活动的效仿，日本占领东南亚则打着反对欧洲殖民主义的旗号。因此在罗斯福看来，殖民主义是第二次世界大战爆发的根源之一。在卡萨布兰卡与丘吉尔会晤期间，罗斯福与他的儿子讨论法国战后地位时，认为法国以及欧洲其他国家在东南亚建立殖民地是诱使日本偷袭珍珠港的部分原因，如果不是法国、英国和荷兰人的"短视的贪婪"，美国不会陷入遭到日本袭击的境地，因此不应该让英、法、荷恢复对东南亚的殖民统治。③ 罗斯福认为，帝国体系的恢复将对和平构成威胁，甚至可能导致下一次世界大战。罗斯福告诉他儿子说:

---

① 宪章第74条规定:联合国各会员国共同承诺对于非自治领土，"一如对于本国区域，其政策必须以善邻之道奉为圭臬；并于社会、经济及商业上，对世界各国之利益及幸福，予以充分之注意"。第76条规定:托管制度之基本目的之一应为"于社会、经济及商业事件上，保证联合国全体会员国及其国民之平等待遇"。

② Kimball, *The Juggler: Franklin Roosevelt as Wartime Statesman*, p. 64.

③ Roosevelt, *As He Saw It*, p. 115.

殖民体系意味着战争。剥削印度、缅甸和爪哇的资源,从这些地区拿走所有财富,但是从未把教育、体面的生活标准、最低限度的健康需求等东西带给他们——做这些就是储存将带来战争的那种不幸,就是在任何和平体制开始生效之前就否定了其价值。①

副国务卿韦尔斯也认为,在亚洲人民日益觉醒的情况下,"如果希望战后出现政治稳定、经济安全与和平的进步,就必须对亚洲和太平洋地区的国际关系做出大的调整"。如果西方不这样做的话,"在远东除了一个世纪的混乱和普遍的无政府状态外,很难预见会有其他的前景"。②

1945 年 6 月 12 日的国务院报告指出,在过去 400 年间,西方列强和日本使用武力和武力威胁以及利用这一地区政府的无知对亚洲地区进行政治和经济控制,但半个世纪以来,民族主义逐渐在亚洲兴起,亚洲人要求获得独立,日本的宣传又加强了这一要求,因此战后亚洲的和平与安全在很大程度上依赖于满足亚洲民族主义渴望。报告称:

除了美国人认为所有民族都有权独立的一贯信仰外,赋予亚洲国家最大程度的、符合其承担责任能力的程度的自由对取得美国在远东和太平洋地区的首要目标——有序的和平与安全——可能是非常必要的。……美国及其欧洲盟国的利益需要远东地区不再是殖民争夺和冲突的来源,不仅在列强之间,同时也在列强和亚洲各国人民之间。③

赫尔在回忆录中这样解释美国在殖民地问题上的立场:

有人认为,我们在寻求向英国、法国和荷兰政府表达我们关于他们

---

① Roosevelt, *As He Saw It*, p. 74.

② Sumner Welles, *The Time for Decision*, Cleveland and New York: The World Publishing Company, 1944, p. 299.

③ "An Estimate of Conditions in Asia and the Pacific at the Close of the War in the Far East and the Objectives and Policies of the United States," Policy Paper Prepared in the Department of State, Jun. 22, 1945, *FRUS*, 1945, Vol. 6, the British Commonwealth and the Far East, pp. 557 – 558.

应该对其太平洋属地做什么的看法时是傲慢的。不过，我们有两个权利这样做。其一是如果没有美国的军队，这些属地就不可能获得解放，甚至永远不能获得解放。其二是我们希望看到用我们的武力恢复的太平洋地区的和平能得到持续，而且我们不能不相信，英国、荷兰和法国在东方的属地无限期地继续处于依附状态将成为未来麻烦甚至战争的一系列根源。除非这些属地效仿菲律宾开始走上独立的道路，否则持久的和平就无法实现。我们相信我们的看法是富有远见的，太平洋持久的和平给英、法、荷乃至整个世界最终带来的利益要比继续拥有这些殖民地可能带来的眼前利益还要大。①

但是美国反殖民主义的立场并没有促使其推行支持欧洲殖民地立即独立的政策，美国采取的是渐进主义的原则，奉行的是支持殖民地渐进独立的政策，主张殖民地经过一段时间的"自治训练"后再宣布独立。

美国主张渐进主义政策有两点原因：第一，美国的反殖民主义立场和主张遭到英、法、荷等战时盟国的强烈反对，如果美国支持殖民地立即独立，会导致战时同盟的破坏，甚至瓦解。如前文所述，英国根本不想在战后解决殖民地问题，在被迫同意《大西洋宪章》时担心宪章的原则被用于支持殖民地的独立。在英美最初商议的条款中，宪章第三条②中并没有"主权"(sovereign right)一词，"主权"一词是应丘吉尔要求后来加上去的，目的是把英国殖民地排除在该条之外，因为英国从不认为其属地、自治领和殖民地曾经拥有过独立主权。英国战时内阁发表声明说："《大西洋宪章》……是针对我们希望从纳粹暴政中解放出来的欧洲各国的，而不是用来处理英帝国内部事务。"③盟国的反对使美国领导人在推动殖民地独立问题上不敢走得太远。

第二，罗斯福等人在观念上也认为一些殖民地并不适合立即独立。罗

---

① Hull, *The Memoirs of Cordell Hull*, Vol. 2, p. 1601.

② 第三条内容："他们尊重所有民族选择他们愿意生活于其下的政府形式之权利；他们希望看到曾经被武力剥夺其主权和自治权的民族，重新获得主权与自治。"

③ William Roger Louis, *Imperialism at Bay: The United States and the Decolonization of The British Empire, 1941 - 1945*, New York and Oxford: Oxford University Press, 1978, p. 129.

斯福虽然一再宣称种族平等，但又认为殖民地存在普遍的"文化滞后"（cultural lag），还不具备完全的自治能力，仓促独立会带来混乱和动荡，在战后制造出新的问题，因而需要一段时间的监护之后才能独立。他在 1943年 7 月的一次会议上谈到印度支那问题时说："自然，也不能让他们马上独立，相反，应该照看他们直到他们能够统治自己。"① 所谓"照看"是对殖民地实行"国际托管"，为独立做准备。无论是罗斯福还是赫尔都不主张让那些还没有做好准备的附属民族立即独立，他们实际上希望非殖民化是一个渐进的、可控制的过程。

美国政府为解决殖民地问题设计的渐进主义方案是国际托管，即由联合国对没有做好独立准备的殖民地和依附民族实施临时的统治，进行自治训练，提高教育水平，并确定最终独立的日期。1943 年 3 月 9 日，国务院草拟了一份美国关于依附民族的政策建议草案。草案建议把从日本占领下解放出来的、没有做好自治准备的地区和民族置于某种形式的国际托管之下，并成立一个国际托管机构，由联合国家的代表和其他国家代表组成，负责实施《大西洋宪章》中的条款。草案建议拥有殖民地的欧洲各国采取如下政策帮助其殖民地发展自治能力，并为最终获得独立地位做准备：

> 第一，给予各殖民地地区人民以保护、鼓励、道德支持和物质援助并为促进其政治、经济、社会和教育的改善而不懈努力；第二，尽最大可能让殖民地合格人士担任当地政府各部门的职务；第三，给予殖民地人们各种自治的措施以使他们在通往独立的各个阶段保持自治；第四，在尽早和可行的时机确立一个给予殖民地在普遍安全体系内完全独立地位的日期；第五，推行各种政策使殖民地领土上的自然资源以符合有关人民和整个世界的方式得到开发、组织和销售。②

---

① Minutes of the Pacific War Council, Jul. 21, 1943, 转引自 Mark Bradley, "Franklin Roosevelt, Trusteeship and U. S. Exceptionalism: Reconsidering the American Vision of Postcolonial Vietnam," Marilyn B. Young and Robert Buzzanco, eds., *A Companion to the Vietnam War*, Malden, Mass.: Blackwell Publishing Company, 2002, p. 131。

② "U. S. Draft of a Declaration by the United Nations on National Independence," United States Department of State, *FRUS*, 1943, Vol. 1, General, p. 748; Hull, *The Memoirs of Cordell Hull*, Vol. 2, p. 1235.

赫尔称该建议稿是"战后联合国建立的托管制度的起源"，是"履行《大西洋宪章》关于所有民族都有权选择生活其中的政府形式的承诺的努力"。① 在1943年10月的四国外长会议上，赫尔试图将草案提交给会议讨论，但遭到英国外相艾登的反对，会议没有进行正式讨论，但美国代表将草案文本在会上进行了散发。

罗斯福还以美国在菲律宾的做法②来证明这种安排的可行性和合理性。罗斯福称，1900年，菲律宾被美国从西班牙手中解放出来的时候并不能自治，于是美国代替菲律宾人照管公共事务，然后"教育菲律宾人如何管理地方事务，最后是全国性的政府事务，到1933年的时候，我们同菲律宾人一起坐下来，一致同意确定一个日期，即1945年，到那时他们就可以准备独立了。既然这种发展步骤在菲律宾有效，它就没有理由不能应用到印度支那"。③

赫尔在其回忆录中也谈到，美国并没有要求英、法、荷三国立即让殖民地自治和独立，"我们的想法是经过一段适当的时间后独立将到来，时间的长短则取决于各殖民地人民发展的状态，在此期间，这些人民将接受自治的训练"。赫尔还批评共和党领袖温德尔·威尔基和副总统华莱士等人要求让这些殖民地立即独立或让殖民地与其宗主国完全脱离的主张"忽视了这一问题的巨大难度"，"对我们的事业不仅无益反而有害"。④

---

① Hull, *The Memoirs of Cordell Hull*, Vol. 2, pp. 1235, 1236.

② 1934年3月24日，美国国会通过《泰丁斯—麦克达菲法》(Tydings- McDuffie Act, 又称《菲律宾独立法》)，规定经过十年的过渡期后，美国允许菲律宾在1944年独立(后来由于太平洋战争，菲律宾于1946年才宣布独立)，还明确了菲律宾获得渐进独立的程序，包括在1934年10月1日前菲律宾召开制宪会议，制定菲律宾共和国宪法，并规定了宪法中需要包含的内容；新宪法需要在该法生效后两年内呈交美国总统审核，审核通过后交给菲律宾人民批准。该法还规定在菲律宾独立前，美国可以在菲律宾驻扎军队，美国总统可以征召菲律宾政府的军队服役，并对菲律宾独立后美菲关系做出了规定。The Philippine Independence Act (Tydings-McDuffie Law), http://www. philippine-history. org/tydings-mcduffie-law. htm. (2011年6月22日获取)

③ Minutes of the Pacific War Council, Jul. 21, 1943, 转引自 Mark Bradley, "Franklin Roosevelt, Trusteeship and U. S. Exceptionalism: Reconsidering the American Vision of Postcolonial Vietnam," Young and Buzzanco, eds. , *A Companion to the Vietnam War*, p. 132。

④ Hull, *The Memoirs of Cordell Hull*, Vol. 2, p. 1599.

　　罗斯福国际托管和使殖民地人民独立的计划最有可能实现的地区是东南亚。战争期间,日本控制了这一包括诸多欧洲殖民地的地区(英属马来亚和缅甸、法属印度支那、荷属东印度群岛和美属菲律宾),而且日本在这一地区的统治,包括其反西方的宣传已经刺激了这一地区的民族主义运动,美国早就承诺菲律宾独立。一旦日本撤出这一地区,这些地区独立或接受国际托管是顺理成章的事情,只要英、法、荷等国在战后不去恢复殖民秩序。在东南亚地区,美国最关注的是法属印度支那。在罗斯福眼里,法国是欧洲殖民帝国中最糟糕的,其对印度支那的残酷统治没有给印度支那带来任何繁荣和进步,战后法国不应恢复对印度支那的统治。同时,罗斯福认为,法国1940年的投降和面对日本进入印度支那时表现出的软弱都使法国丧失了大国地位和战后重返印度支那的资格。① 加上他对法国领导人戴高乐本人的厌恶,罗斯福认为法属印度支那是实施国际托管计划最合适的地区。在开罗会议上,他向蒋介石提出对印度支那进行托管,成立由一个法国人、一到两个印度支那人、一个中国人,以及或许还可以包括一个菲律宾人和一个美国人组成的委员会进行管理,效仿美国在菲律宾的做法,教育印度支那人实行自治。② 罗斯福为印度支那和朝鲜等地区规划的托管时间"大概是20—30年"。③ 在1944年1月给赫尔的备忘录中,罗斯福称蒋介石和斯大林都支持他解决印度支那问题的看法,但是英国外交部反对,反对的唯一理由是"他们担心这一政策会对他们自己的属地和荷兰属地产生影响"。④

　　1944年秋,随着盟军在东南亚对日作战的胜利,对这一地区的战后安排提上日程。9月8日,赫尔向罗斯福提交了国务院拟定的一份备忘录。备忘录建议有关国家尽早发表一个关于东南亚地区前途的"振奋人心的、一

---

　　① 国务卿赫尔在其回忆录中写道:"(总统)强烈支持法属印度支那独立,他心里一直对这个法国属地被作为日本进攻菲律宾、马来亚和荷属东印度的跳板耿耿于怀。他忍不住想起维希政府的不光彩行为:在没有与我们协商的情况下给予日本在那里的驻军权,同时还试图让世界相信我们赞同日本在那里驻军。" Hull, *The Memoirs of Cordell Hull*, Vol. 2, p. 1595.

　　② Franklin Roosevelt on French Rule in Indochina, Press Conference, February 23, 1945, Paterson and Dennis Merrill, eds., *Major Problems in American Foreign Policy*, Vol. 2, 1995, p. 190.

　　③ *FRUS*, The Conferences at Cairo and Tehran, 1943, p. 485.

　　④ Franklin Roosevelt Memorandum to Cordell Hull, Jan. 24, 1944, Paterson and Merrill, eds., *Major Problems in American Foreign Policy*, Vol. 2, 1995, p. 189.

致的宣言"。宣言应包括："（1）准予独立或完全（自治领）自治的具体日期；（2）为发展当地居民自治能力而拟采取的具体步骤；（3）关于经济自治和对其他国家实行平等经济待遇的承诺。"他还建议在发表联合宣言的同时，有关殖民国家还应该发表一个将东南亚地区置于国际组织托管的宣言，并称这种宣言不仅有"巨大的心理战的价值"，而且也"与美国战后利益一致"。①

但是，这种渐进主义的国际托管方案也遭到英法的强烈反对。雅尔塔会议上，丘吉尔情绪激动地表示"不会让英国的一片领土置于托管之下"，也不允许其他国家对大英帝国的存续问题指手画脚。② 面对英国的强烈反应，罗斯福只好做出妥协：托管制度只适用于国联现存的委任统治地、从战败国（轴心国）剥离出来的领土以及任何其他自愿被托管的领土。③ 这些内容被写入了《雅尔塔协定》并成为后来《联合国宪章》规定的国际托管的范围。④ 实际上，战后欧洲各国的殖民地无一交给联合国托管。《雅尔塔协定》标志着罗斯福制定的通过全面的国际托管制度以推动殖民地和依附民族独立的政策最终流产。

在印度支那问题上，罗斯福最终也退却了。1945 年 3 月 15 日，罗斯福在与国务院官员查尔斯·陶西格（Charles Taussig）谈话时说：他关于印度支那应该脱离法国、置于国际托管的想法并没有改变，不过，"如果我们能从法国那里得到法国将承担托管责任的适当承诺，那么我将同意法国保有这些殖民地，前提是将独立作为最终的目标"。⑤ 事实是，法国于日本投降后重返印度支那，而且没有做出让印度支那独立的承诺，美国无可奈何。

---

① Hull, *The Memoirs of Cordell Hull*, Vol. 2, pp. 1600 – 1601.

② James F. Byrnes, *Speaking Frankly*, New York: Harper and Brothers, 1947, p. x. 关于丘吉尔反对美国方案的详细情况，可参见 John J. Sebrega, "The Anti-colonial Policies of Franklin D. Roosevelt: A Reappraisal," *Political Science Quarterly*, Vol. 101, No. 1, 1986, p. 76；赵志辉：《罗斯福外交思想研究》，安徽大学出版社 2009 年版，第 121—122 页。

③ United States Delegation Memorandum, Yalta, Feb. 1, 1945, *FRUS*, 1945, the Conferences at Malta and Yalta, p. 858.

④ 见《联合国宪章》第 12 章第 77 条。

⑤ Conversation with Charles Taussig, Mar. 15, 1945, *FRUS*, the Conferences at Malta and Yalta, 1945, pp. 884 – 885；Paterson and Merrill, eds., *Major Problems in American Foreign Policy*, Vol. 2, 1995, p. 190.

《联合国宪章》只是以非常模糊的语言表达了希望各殖民帝国训练非自治民族自治，也只要求宗主国采取措施促进殖民地居民的福祉和政治、经济与社会的进步，逐渐发展自治，而没有要求宗主国确立让其殖民地最终独立的目标。①

赫尔曾这样解释美国在非殖民化问题上立场后退的原因：

> 一般而言，在亚洲各殖民属地问题上我们的主要困难在于引导那些殖民大国——主要是英国、法国和荷兰——接受我们关于依附民族的思想。……但是，考虑到我们正寻求与他们在欧洲进行潜在的最密切的合作，在涉及西南太平洋地区时，我们不能压他们太甚，我们无法在东方疏远他们的同时指望在欧洲与他们合作。②

美国从原来立场大大后退的根本原因在于美国战后对外政策的两大目标：推动殖民地独立和通过国际合作维护国际和平与安全是矛盾的。实现前者会损害美国与盟国的合作，因而会危及后者，而后者是比前者更重要的目标，涉及战后美国的安全。因此，在盟国强大的反对意志面前，美国反殖民主义目标最终服从于大国合作的安全目标。这是美国历史上原则让位于利益的另一个典型案例。1945年6月12日国务院的报告中道出了其中的根由：

> 和平、安全和经济繁荣依赖于很多条件。条件之一就是所有民族都有权选择他们生活于其中的政府的形式。因此，美国政府明确认为，应该扩大该区（指亚太地区——引者注）所有民族无论是个人还

---

① 《联合国宪章》第11章"关于非自治领土之宣言"规定：联合国各会员国，于其所负有或担承管理责任之领土，其人民尚未臻自治之充分程度者，承认以领土居民之福利为至上之原则，并接受在本宪章所建立之国际和平及安全制度下，以充量增进领土居民福利之义务为神圣之信托，且为此目的：（子）于充分尊重关系人民之文化下，保证其政治、经济、社会及教育之进展，予以公平待遇，且保障其不受虐待。（丑）按各领土及其人民特殊之环境及其进化之阶段，发展自治；对各该人民之政治愿望，予以适当之注意；并助其自由政治制度之逐渐发展。http://www. un. org/zh/documents/charter/chapter11. shtml. （2011年9月12日获取）

② Hull, *The Memoirs of Cordell Hull*, Vol. 2, p. 1599.

是团体的政治责任，以使他们做好准备，能够承担自然自由的责任和享受他们的权利。……在该地区的附属地，我们希望看到这些民族被赋予机会逐渐扩大自治的程度。和平与安全依赖的另一个条件是世界上关注和平的国家之间的合作。美国的首要政策之一就是维持各联合国家之间，特别是其中的主要国家之间在目标和行动上的统一。英国和法国是其中的两个主要国家，它们在远东都有属地，这些属地一直要求享有比宗主国迄今为止愿意给予的更大程度的自治。美国面临的问题是如何尽可能地协调与这两大目标相关的政策：提高远东的政治自由和在处理这一问题时维护主要的联合国家的团结。美国政府可以适当地继续表达其一直不断宣布的政治原则：依附民族应该被给予机会实现更大程度的自治，如果必要可以有一个适当的准备期，但是美国政府应该避免任何可能严重损害主要的联合国家团结的行动路线。①

罗斯福深刻地意识到世界的和平和美国的安全在一定程度上取决于能否成功地解决殖民地人民的政治渴望和独立要求，他比同时代的任何政治家都更有远见，看到了民族主义的巨大力量，非殖民化进程不可阻挡，并将会改变旧的秩序。但是罗斯福无法强迫其盟友放弃殖民地，毕竟"政治是可能性的艺术"。② 最终，理想主义让位于国家安全的考量。

美国托管计划流产的另一个原因在于罗斯福等人的战术和策略。罗斯福的局限性在于他没有抓住机会，利用其政治地位和巨大影响力，采取具体的措施来实现他的目标，而在很多情况下仅仅停留在口头上对殖民主义进行谴责。总的来说，罗斯福在反殖民主义问题上说得多、做得少，缺乏清晰的领导和详细的规划，更没有采取有力、连贯和持之以恒的行动来争取其他国家的支持。罗斯福的犹豫、拖延和缺乏决心使反殖民主义原则未能迅速地转化为瓦解殖民帝国的实践。

---

① "An Estimate of Conditions in Asia and the Pacific at the Close of the War in the Far East and the Objectives and Policies of the United States," Policy Paper Prepared in the Department of State, June 22, 1945, *FRUS*, 1945, Vol. 6, the British Commonwealth and the Far East, pp. 556 – 558.

② Hess, *The United States at War*, *1941 – 1945*, p. 126.

促进民主和社会正义以及尊重人权

30 年代的惨痛教训表明，极权主义的兴起和战争的爆发与不公正的社会经济状况有关，持久和平的实现不仅在于安全与经济领域的国际合作，还在于消除极权主义滋生的经济与社会条件，包括贫困和两极分化、对人权的践踏和普遍的社会不公正。在罗斯福等美国决策者看来，如果不能消除滋生极权主义和国际动荡的经济和社会条件，那么从长远来看，打败轴心国实际上是无意义的，战后必须通过提高各国人民的福祉，促进社会公正和保障人权来消除战争的根源，而这些都与民主的治理方式有关。因此在罗斯福等人的心中，战后国际秩序的重要基础是促进民主和社会正义以及保障人权。

罗斯福相信，极权国家以武力或武力威胁作为国际政策的工具，而民主国家是爱好和平的。在 1936 年国情咨文中，罗斯福告诉国会，"摆在我们面前的证据清楚地表明，世界事务中的独裁统治威胁和平，而这种威胁不会来源于那些致力于民主理想的国家"①。在 1938 年的国情咨文中，针对德国和日本破坏国际条约的行为，罗斯福说："伴随放弃代表制民主政府形式的潮流而来的是对条约义务的蔑视，因此，民主代表制政府最有可能通过国际条约维护世界和平。也就是说，在那些民主被抛弃或民主从未发展起来的国家里，和平常常遭到最大的破坏，这些国家也是（国际）和平的最大破坏者。"②

在罗斯福心中，民主无论是在道德价值上，还是在实际的政治效果上，都高于独裁与极权主义制度，民主是最佳的政府形式，是世界各国人民普遍的渴望。他在 1941 年 1 月 20 日发表的第三次就职演说中表示："在所有的政府形式中，唯有民主制度能够调动人类进步意志的全部力量"，"唯有民主已经造就了一种没有限度的文明，能够在改善人类的生活方面实现永无止境的进步"。民主"最人道、最先进，并且最终也是所有人类社会形式

---

① Annual Message to the Congress, Jan. 3, 1936, http：//www. presidency. ucsb. edu/ws/index. php? pid = 15095#axzz1VXGTciBm. （2011 年 8 月 20 日获取）

② Ibid. .

中最不可征服的"。① 罗斯福还认为对民主的渴望是普遍的：

> 人们对民主的向往，并不仅仅是人类历史上最近才有的现象，它伴随人类历史的始终。……美国一直被操不同语言的世界各国人民视为新世界，这并不是由于这块新大陆是一片新发现的土地，而是由于来到这里的人民相信，他们能够在这块大陆创造一种新的生活，一种享受自由的新生活。②

因此，罗斯福希望民主能够得到传播。1937 年，他在纽约州演讲时说："我们比世界上其他国家幸福得多，我希望……我们能把我们美国民主的一些原则传给他们。"③ 但是，罗斯福所处的时代是民主遭受攻击而不是民主凯旋的时代，法西斯国家发动的战争和颠覆活动对民主构成巨大的威胁。罗斯福在 1941 年 1 月 6 日的国情咨文中说，"民主的生活方式正在全世界遭受直接的攻击——或者为武装所进攻，或者被某些企图在和平国家里破坏团结和制造分裂的人通过秘密散布恶毒宣传所攻击"，其结果是诸多国家民主生活方式的消失。在这种形势下，他认为美国的任务是证明民主的成功和保卫民主的完整，而不是输出民主。他在 1941 年 1 月 20 日的就职演说中说：

> 我国第一任总统在他 1789 年的第一次就职演说中，即以预言式的词句宣告了美国的命运，他的那番话似乎是直接针对 1941 年这一年而说的："人民经过深思熟虑，最后确定把自由圣火的保存和共和政府的命运，寄托在交付于美国人民之手而进行的实验之上。"……面对前所未有的巨大危局，我们的坚定目标乃在于捍卫和永保民主制

---

① Roosevelt's Third Inaugural Address, Jan. 20, 1941, Schlesinger, Jr., ed., *My Fellow Citizens: The Inaugural Addresses of the Presidents of the United States, 1789 – 2009*, p. 295.

② Ibid., p. 296.

③ Remarks at Mt. Marion, N. Y., Jul. 5, 1937, http://www. presidency. ucsb. edu/ws/index. php? pid = 15431&st = &st1 = #axzz1bUrSOy41.（2011 年 10 月 23 日获取）

的完整。①

副国务卿韦尔斯在 1944 年出版的书籍中提出把促进民主作为战后美国承担的义务之一。他说："美国必须致力于建立能让民主政府在全世界成长的世界环境，因为民主在世界其他地区的不断成长意味着美国越来越安全。"②

罗斯福似乎并未像威尔逊那样主张美国应该充当输出民主的十字军（crusader），而倾向于通过民主制度的成功本身来展示其力量。在罗斯福看来，如果民主国家能够击退极权主义对民主的攻击，如果民主制度成功地证明它能够应对现代社会的种种问题，那么民主凭借其自身的力量就可以传播。在 1936 年布宜诺斯艾利斯会议上，罗斯福指出，如果条件适合，民主的传播是不可避免的："如果我们这一代人能够继续在美洲使民主成功运行，那么民主就会传播开来并取代其他在我们大多数人看来违背我们关于人类自由和人类进步理想的统治方式。"③ 在罗斯福的设想中，民主的传播主要不是靠美国的输出，而是靠美国的典范。

罗斯福还把促进社会正义作为战后国际秩序的原则。实际上，他实施的新政在很大程度上是一场社会正义运动。正是新政缓解了美国的社会矛盾，捍卫了美国的自由民主制度。他认为社会正义与个人自由和民主一样是世界各国人民的普遍理想。他在 1935 年的年度咨文中表示，"在大多数国家，社会正义不再是一个遥远的理想，已经成为一个明确的目标，即使是古老的政府也开始听从它的召唤"。④ 在罗斯福看来，在全球范围内促进社会正义是消除极权主义和实现世界和平的前提。

---

① Roosevelt's Third Inaugural Address, Jan. 20, 1941, Schlesinger, Jr., ed., *My Fellow Citizens: The Inaugural Addresses of the Presidents of the United States, 1789 – 2009*, p. 297. 中译文引自李剑鸣、章彤编《美利坚合众国总统就职演说全集》，第 369 页。

② Welles, *The Time for Decision*, p. 413.

③ Address before the Inter-American Conference for the Maintenance of Peace, Buenos Aires, Argentina, Dec. 1, 1936, http://www.presidency.ucsb.edu/ws/index.php?pid = 15238&st = &st1 = #axzz1bUrS0y41. (2011 年 10 月 23 日获取)

④ Annual Message to the Congress, Jan. 4, 1935, http://www.presidency.ucsb.edu/ws/index.php?pid = 14890#axzz1VXGTciBm. (2011 年 8 月 21 日获取)

那么，罗斯福所说的"社会正义"是指什么呢？罗斯福在 1941 年 1 月的国情咨文中谈道，"一个健全和强大的民主国家的基础"，或者说，"人民希望其政治和经济体制提供的基本东西"，包括：所有人机会均等、有工作能力的人都能得到工作、为需要的人提供安全、结束少数人的特权、保护所有人的公民自由、在不断和普遍提高生活水平过程中享受科学的成果。[①] 这就是社会正义，其核心是保障每个人的安全。在 1943 年 1 月的国情咨文中，罗斯福提出："取得这场战争的胜利是我们当前第一位的、最重要的目标，下一个目标则是取得和平中的胜利，这意味着努力在我国和全世界扩大人类的安全。"[②] 在 1943 年 12 月 24 日发表的炉边谈话中，罗斯福称德黑兰会议上三国首脑非常关心"与人们的安全、福祉和生活水平（的改善）相关的基本原则"。[③] 在 1944 年 1 月的国情咨文中，罗斯福进一步指出开罗会议和德黑兰会议讨论的"未来的最高目标……可以用一个词来概括：安全"，"这不仅意味着保证免遭侵略者进攻的国土安全，它也意味着（各国）在国际大家庭中的经济安全、社会安全、道德安全"，"我们所有的盟友都渴望能自由地开发其土地和资源，发展其工业，改善教育和个人机会以及提高生活水平"。[④] 在罗斯福看来，个人安全，也就是社会正义的实现与国际和平密切相关，"除非在国内实现了安全，否则世界上就不可能有持久的和平"。1944 年 5 月 17 日，罗斯福在国际劳工大会上发表演讲，赞扬国际劳工组织提出的社会目标，包括充分就业、提供工资、改善劳动条件、扩大社会保障、承认工人集体议价的权利、增加儿童福利，以及确保充分的教育和闲暇机会等，称赞国际劳工组织关于劳工权利的宣言是"任何持久和平的根本保障"，认为实现这些权利"必须成为各国国内政策

---

① Annual Message to the Congress, Jan. 6, 1941, http：//www. presidency. ucsb. edu/ws/index. php? pid = 16092#axzzl VXGTciBm.（2011 年 8 月 20 日获取）

② Annual Message to the Congress, Jan. 7, 1943, http：//www. presidency. ucsb. edu/ws/index. php? pid = 16386#axzzl VXGTciBm.（2011 年 8 月 21 日获取）

③ Fireside Chat, Dec. 24, 1943, http：//www. presidency. ucsb. edu/ws/index. php? pid = 16356 #axzzl VXGTciBm.（2011 年 8 月 21 日获取）

④ Roosevelt's Annual Message to the Congress, Jan. 11, 1944, http：//www. presidency. ucsb. edu/ws/index. php? pid = 16518#axzzl OObOBFrl.（2011 年 8 月 21 日获取）；U. S. Department of State, *Postwar Foreign Policy Preparation*, *1939 - 1945*, p. 203。

和国际政策的中心目标"。①

　　罗斯福对社会正义的关注除了基于其人道主义关怀外,还有另外两个方面的原因:

　　一是他认为国家间在经济和文化上是相互依赖的,美国不可能单独享受繁荣和较高的生活水平,除非其他国家也实现繁荣。罗斯福在参加大西洋会议之前曾对韦尔斯说,"所有国家都应该有享有世界自然资源的同等机会",穷国生活水平的提高将对富国有益,因为穷国增加购买力将为富国商品提供海外市场。② 他引用国际劳工组织宣言的话说:"随着机器的广泛使用和交通革命,世界必须承认如下根本原则:'任何地方的贫穷都会威胁所有地区的繁荣。'这一原则应该成为我们所有国际经济筹划(deliberations)的指南。"③

　　二是罗斯福相信,贫困和社会不公正是国际动荡,乃至战争的根源,免予恐惧的自由依赖于不虞匮乏的自由而存在,也就是说,国际和平与安全的维护依赖于在世界范围内经济与社会条件的改善。大萧条带给美国的教训是:如果没有个人的安全和对公民经济权利的保障,就不会有社会的稳定,也就不会有国际和平与安全;政府有责任帮助个人实现这种安全。罗斯福把对公民的经济与社会保障提高到国家安全的地位,深刻地意识到经济萧条和贫穷是滋生极权主义的温床,和平必须建立在繁荣的基础上。罗斯福在1943年5月18日致联合国家粮农会议的信中说:"我们致力于建立的是一个所有人都能自由地生活在和平、繁荣和安定中的世界。…… 我们知道,每一种自由都依赖于其他自由而存在,比如,没有不虞匮乏的自由,免于恐惧的自由就不能够实现。"④ 罗斯福在1944年1月11日致国会的咨文中再次指出,和平的一个基本条件是"确保所有国家的男人、女人

---

　　① Address to an International Labor Conference, May 17, 1944, http://www.presidency.ucsb.edu/ws/index.php? pid = 16509&st = &st1 = #axzz1VXGTciBm.(2011 年 8 月 21 日获取)

　　② Welles, *Where Are We Heading?* p. 6.

　　③ Address to an International Labor Conference, May 17, 1944, http://www.presidency.ucsb.edu/ws/index.php? pid = 16509&st = &st1 = #axzz1VXGTciBm.(2011 年 8 月 21 日获取)

　　④ Letter to the United Nations Conference on Food and Agriculture, May 18, 1943, http://www.presidency.ucsb.edu/ws/index.php? pid = 16401&st = &st1 = #axzz1VXGTciBm.(2011 年 8 月 22 日获取)

和孩子有一个体面的生活水准，免于恐惧的自由与不虞匮乏的自由永远是相互关联的"。[①] 1942 年 9 月，全国资源规划委员会（National Resources Planning Board）在其关于战后规划的报告中指出，"没有社会和经济安全，自由就不可能得到真正的保障"，其规划战后世界的目的就是"旨在应对由于就业和收入缺乏或不足而对我们国家安全带来的挑战"，而解决就业不足等目标"实际上是国防的基本组成部分"。[②]

正是这些思考使罗斯福等美国领导人相信促进全球范围内的社会正义具有世界秩序的意义。为此，罗斯福在国际会议和公开场合鼓吹各种社会改革，以消除贫困、废除童工、保障机会均等、扩大教育机会。他提出，未来国际组织的目标是为世界所有人建立一个公正的世界，在这个世界上：

> 每个人都有机会过和平的生活，通过从事有益的工作来赢得至少足以满足其自己和家人实际需要的工资，与他喜欢的朋友交往，自由地思考和崇拜，安定地走向死亡并知道他的孩子将拥有同样的机会。[③]

美国最初设计战后国际组织的时候，就没有仅仅将其作为维护国际和平与安全的组织。根据国务院 1943 年 12 月提交的并经总统批准的战后组织计划，新建立的国际组织的功能有两个："第一是建立和维护和平与安全，必要时使用武力；第二是在国家间促进合作以逐渐提高普遍福祉。"该计划还规定国际组织的宗旨是："（1）防止使用武力或威胁使用武力，国际组织本身的授权除外；（2）调解有可能威胁和平的国家间纠纷；（3）加强和发展国际关系中的法治；（4）促进可能破坏安全和损害爱好和平国家

---

① Roosevelt's Annual Message to the Congress, Jan. 11, 1944, http：//www. presidency. ucsb. edu/ws/index. php？pid = 16518#axzz1OObOBFr1 . （2011 年 8 月 22 日获取）；U. S. Department of State, *Postwar Foreign Policy Preparation*, *1939 - 1945*, p. 203。

② "After the War—Toward Security：Freedom From Want," Elizabeth Borgwardt, *New Deal for the World：America's Vision for Human Rights*, Cambridge, M. A. : Belknap Press of Harvard University Press, 2007, p. 49.

③ Address to the United Nations Conference on Food and Agriculture, Jun. 7, 1943, http：//www. presidency. ucsb. edu/ws/index. php？pid = 16406&st = &st1 = #axzz1VXGTciBm . （2011 年 8 月 22 日获取）

普遍福祉的条件的调整；（5）通过国际合作推动各国和各民族的政治、经济和社会的进步。"①

联合国成立后，联合国经济及社会理事会作为《联合国宪章》规定的六个主要机构之一，成为讨论国际经济与社会问题、为理事国提供政策建议的平台。经社理事会承担了促进国际经济与社会合作的责任，具体包括：促进较高的生活标准、全民就业以及经济和社会的进步；确定解决国际经济、社会和卫生问题的办法；为国际间文化和教育合作提供便利；促进对人权和基本自由的普遍尊重（宪章第55条）。如果说布雷顿森林体系关注的是国家间金融与贸易秩序，联合国经社理事会则把目光集中在各国国内经济发展和人民生活水平的改善上，体现了罗斯福的经济安全思想。其意义在于把不虞匮乏的自由作为国际秩序的一项基本原则，而不再仅仅是一个国家的政府要保障的目标。罗斯福把保障社会正义，特别是经济权利视为国际秩序的基础，实际上是把新政国际化，即"为世界实施新政"。②

人权保障被作为战后国际关系的准则与第二次世界大战的性质有关。第二次世界大战与以前的世界性大战不同之处在于它在一定意义上是一场捍卫人权的战争，因为第二次世界大战的元凶希特勒也是侵犯人权的元凶，并且是在蔑视人类生命、自由和尊严的理论指导下发动战争的，其崛起与德国国内人权遭到践踏直接相关。因此，罗斯福等人深切地认识到，人权问题与国际和平和美国的安全相关，在一个人权遭到蔑视和践踏的世界上不可能有和平与安全，同时一个无视人类基本尊严的政府也会是一个发动对外侵略的政府。因此，必须把保障基本人权作为盟国的战争目标和未来国际秩序的基本原则。1941年1月6日，当轴心国大肆宣传其建立的"新秩序"的时候，罗斯福在国情咨文中首次提出保障人类的基本自由是美国的国家目标和未来国际秩序的基础。罗斯福称，美国"期待一个建立在四

---

① "Plan for the Establishment of an International Organization for the Maintenance of International Peace and Security," U. S. Department of State, *Postwar Foreign Policy Preparation*, *1939 – 1945*, p. 577.

② 此为学者伊丽莎白·伯格沃特的说法。Elizabeth Borgwardt, *New Deal for the World*: *America's Vision for Human Rights*, Cambridge, M. A. : Belknap Press of Harvard University Press, 2005, paperback 2007.

项人类基本自由之上的世界"：

> 第一是在全世界任何地方发表言论和表达意见的自由；第二是在全世界任何地方，人人有以自己的方式来崇拜神灵的自由；第三是不虞匮乏的自由——这种自由，就世界范围来讲，就是一种经济上的融洽关系，它将保证全世界每一个国家的居民都过上健康的、稳定的生活；第四是免于恐惧的自由——这种自由，就世界范围来讲，就是世界性的裁减军备，要以一种彻底的方法把它裁减到这样的程度：务使世界上没有一个国家有能力向全世界任何地区的任何邻国实施武力侵略。这并不是对一个渺茫的黄金时代的憧憬，而是我们这个时代和我们这一代人可以实现的一种世界的坚实基础，这种世界和独裁者想用炸弹爆炸来制造的所谓的暴政的"新秩序"是截然相反的。[1]

在 1941 年 5 月 27 日宣布国家处于紧急状态的广播讲话中，罗斯福告诉美国人，"我们不会容忍希特勒主导的世界，我们也不会接受类似 20 世纪 20 年代那样的战后世界，因为在这样的世界里，希特勒主义的种子会再一次种下并长大。我们只接受致力于言论和表达自由、每个人以自己的方式崇拜神灵的自由、免于恐惧的自由和不虞匮乏的自由的世界"[2]。1942 年 5 月 30 日，副国务卿韦尔斯在阿灵顿国家公墓演讲中说："如果世界各国人民的基本权利不能得到保障，这场战争就不能算赢，没有其他方式能获得真正的和平。"[3]

"四大自由"理念是威尔逊的国际秩序思想与罗斯福新政思想的结合。罗斯福的"免于恐惧的自由"和"不虞匮乏的自由"有着丰富的含义，并不限于其在 1941 年 1 月国情咨文中的解释。"免于恐惧的自由"意味着保护人们免遭自己国家的压迫和外国的侵略。他在 1941 年 6 月 20 日致国会

---

[1] Annual Message to the Congress, Jan. 6, 1941, http：//www. presidency. ucsb. edu/ws/index. php?pid＝16092#axzz1VXGTciBm. （2011 年 8 月 20 日获取）

[2] "Proclaiming an Unlimited National Emergency," May 27, 1941, http：//www. mhric. org/fdr/chat17. html. （2011 年 8 月 9 日获取）

[3] Sumner Welles' Address on Memorial Day, May 30, 1942, http：//www. ibiblio. org/pha/policy/1942/420530a. html. （2011 年 8 月 23 日获取）

的特别咨文中说:"我们的政府相信免于酷刑和不人道待遇是一项自然权利……不是某些人随意赐予或收回的恩典。"①"不虞匮乏的自由",根据罗斯福的新政哲学,是指"经济上的独立与安全",意味着政府有责任积极促进其公民的福祉和保障公民广泛的经济权利。罗斯福 1944 年 1 月 11 日的国情咨文②对此进行了详细的阐释:

> 我们这个共和国的创建,并发展到当前的国力,全赖于某些不可剥夺的政治权利——其中包括言论自由、出版自由、信仰自由、由陪审团审判、免于无理搜查和逮捕的自由等权利,这些曾经是我们保持生存和自由的权利。但是,随着我国人口日益增长和成就日益辉煌——随着我们工业经济的扩展——这些政治权利证明已不足以保证我们在追求幸福方面的平等。我们已经开始清楚地认识到,没有经济上的独立和安全,就不存在真正的个人自由。"贫困的人不是自由的人",饥饿和失业的人们正是制造独裁国家的原料。

因此,应该把权利的范围扩大,以确保个人"经济上的独立和安全"。为此,他建议国会通过"第二个《权利法案》",使个人享有如下权利:

> 在我国工业企业、商店、农场或矿山从事有益工作和获得报酬的权利;挣得足以提供充足衣食和娱乐的收入的权利;一切农场主生产和销售产品足以保障自己和家庭在生活上过得去的权利;一切企业主,不分大小,在自由的环境中从事贸易,不受国内外垄断集团不公道竞争和控制的权利;一切家庭拥有体面住宅的权利;享受充分医疗照顾和有机会获得并保持健康的权利;享受充分保障,不必在经济上担心老、病、事故和失业的权利;获得良好教育的权利。③

---

① Message to Congress on the Sinking of the Robin Moor, Jun. 20, 1941, http://www. presidency. ucsb. edu/ws/index. php? pid = 16132&st = &st1 = #axzz1VXGTciBm. (2011 年 8 月 22 日获取)

② 由于患病,罗斯福没有亲临国会发表国情咨文,而是通过无线电广播,以炉边谈话的形式向全国宣读该咨文。

③ Roosevelt's Annual Message to the Congress, Jan. 11, 1944, http://www. presidency. ucsb. edu/ws/index. php? pid = 16518#axzz1OObOBFrl. (2011 年 8 月 20 日获取)

"四大自由"思想从某种意义上说是相当激进的,其激进性不在于"四大自由"的内容,而在于罗斯福把"四大自由"的应用范围从美国国内扩大到全世界,并将其作为未来国际秩序的基础。这在美国历史上是史无前例的,因为即使是威尔逊也没有把保障人权作为国际秩序的基本原则,而只是提出美国有在国外促进民主的使命。① "四大自由"思想的提出是人权国际化的开端。赫尔称:"当总统戏剧般地在 1941 年 1 月 6 日致国会的年度咨文中阐述四大自由的时候,促进人类的这些自由就成为我们思考未来世界秩序的基础。"② 在同年 8 月英美首脑公布的《大西洋宪章》中,其中第六条涉及人权问题:"他们希望能在纳粹暴政被最后消灭之后,建立一种和平,这样的和平将使所有国家能够在其境内安全自存,并确保所有地方的所有人在免于恐惧和不虞匮乏的自由中,安度他们的一生。"这是保障人权第一次成为国际宣言的内容。1942 年 1 月 1 日,《联合国家宣言》宣布赞同《大西洋宪章》的宗旨和原则,决心共同为"保卫生命、自由、独立和宗教自由"以及"本国和其他各国的人权和正义"而战,与"力图征服世界的野蛮和残暴的力量"作战。③《联合国家宣言》是第一个提出人权目标的多边国际宣言,标志着人权观念已经从狭隘的关于民事权利的国内思想演变为广泛的、国际化的关于人类基本自由的理想。这一思想在战时被广泛接受,④ 成为盟国的战争目标和未来国际秩序的准则之一。

---

① 美国和英国在巴黎和会上曾考虑在国联盟约加入尊重宗教自由和禁止宗教歧视的条款,但是为了阻止日本提出种族平等条款,英美撤销了该条款。Jan Herman Burgers, "The Road to San Francisco: The Revival of the Human Rights Idea in the Twentieth Century," *Human Rights Quarterly*, Vol. 14, No. 4, Nov. 1992, p. 449.

② Hull, *The Memoirs of Cordell Hull*, Vol. 2, 1630.

③ The Atlantic Charter, August 14, 1941, Commager, ed., *Documents of American History*, Vol. 2, p. 631; Declaration by United Nations, *FRUS*, 1942, Vol. 1, p. 25.

④ 新西兰总理1944 年在加拿大议会的演讲中表示接受罗斯福的"四大自由"思想。他说:"为了确立四大自由——言论自由、宗教自由、免于恐惧的自由和不虞匮乏的自由——和给普通民众以更多的机会,新西兰、南非、印度、美国等所有联合国家的小伙子们已经献出了他们的生命。除非我们努力实现这些原则,否则我们将失去已经在战场上赢得的和平。"New Zealand Prime Minister Peter Fraser Addressing the Canadian Parliament, Friday, Jun. 30, 1944, Elizabeth Borgwardt, "FDR's Four Freedoms as a Human Rights Instrument," *OAH Magazine of History*, Apr. 2008, p. 12, http://www.oah.org/pubs/magazine/. (2011 年 8 月 15 日获取)

罗斯福把人权与国际秩序相联系,既源于美国传统的理想主义,又出于国家利益的考虑。

其一是相信在国际上促进人权保障有助于美国国内的人权保障和美国自由的安全。罗斯福相信自由是相互依赖的,任何地方自由的安全取决于世界所有地方自由的安全,也就是说,除非自由在世界其他地方也得到保护,否则美国的自由也不会安全和长久,在一个相互依赖的世界上,美国不可能单独享受自由。他在1940年的年度咨文中说:"我们知道,我们自己在国内是不会绝对安全的,除非其他国家的政府也承认这些自由。"① 在准备1941年1月6日国情咨文过程中,霍普金斯曾提出,在讨论"四大自由"时使用"在世界任何地方"的说法是否合适,因为美国在战后不可能对任何地方,比如爪哇感兴趣。罗斯福回答说:"哈里,恐怕有一天美国人不得不感兴趣,世界正在变得越来越小,甚至爪哇人现在正在成为我们的邻居。"② 在1942年的一次演讲中,罗斯福称,与轴心国的斗争"已经越来越教会我们,世界任何地方的个人自由和财产安全依赖于世界每一个地方自由和公正的权利与义务的安全"。③

其二是相信促进人权有助于世界和平和美国的安全,因为对内暴政与对外侵略是一对孪生兄弟。战时美国社会的一个共识是:既然第二次世界大战源于德国国内的种族迫害和高压政策,为了防止30年代德、日、意侵略的重演,必须在国际关系中关注人权问题。由哥伦比亚大学教授、著名的国际主义者詹姆斯·肖特维尔领导"和平组织研究委员会"(Commission to Study the Organization of Peace) 在其1943年4月公布的关于战后重建的报告中说:"任何地方公民自由的毁灭都会制造战争的危险,如果一大批有能力的人长期遭受控制,那么就不会有和平,这种控制会制造一种不受外来意见影响的狂热的国家情绪。"④ 罗斯福深信,对外侵略与对内迫害是相

---

① Annual Message to the Congress, Jan. 3, 1940, http://www.presidency.ucsb.edu/ws/index. php? pid = 15856#axzz1VXGTciBm. (2011 年 8 月 20 日获取)

② Samuel I. Rosenman, *Working with Roosevelt*, New York: Harper, pp. 263 - 264.

③ Rosenman, ed., *Public Papers and Addresses of Franklin D. Roosevelt*, 1942 volume, p. 105.

④ "Commission to Study the Organization of Peace: Preliminary Report and Monographs," *International Conciliation* (published in New York by the Carnegie Endowment for International Peace), No. 369, Apr. 1941, p. 201.

连的，一个在国内尊重其人民权利的政府，才有可能在国际上尊重其他国家的权利。他在 1941 年 1 月的国情咨文中说："正因为我们国家的国内政策是建立在公正地尊重境内所有同胞的权利和尊严基础上的，因此我们的对外政策也就一直建立在公正地尊重所有国家（不分大小）权利和尊严基础上。"① 因此在国际关系中关注人权符合美国的安全利益，联合国不仅要协调传统的政府与政府之间的外交，而且还要关注一个国家内部的人民福祉和人权状况。

罗斯福等人实际上是把人权保障和社会公正视为美国国家安全的一部分，坚信在国际上保障人权符合美国的利益，在对外关系中贯彻道德目标有助于美国的安全。由此，大萧条和新政带来的"社会安全"（social security，一译"社会保障"）观念与第二次世界大战时兴起的"国家安全"概念融合在一起，这是美国人权观念和国家安全观念的一场革命。正是这种观念的变化使美国决心把保障人权作为战后国际秩序的基本原则之一，推动了人权问题的国际化。自由主义的政治理想与美国国家自我利益的一致提供了人权问题国际化的契机，使原来纯粹属于国内管辖的议题成为国际关系中的议题。也就是说，当主要大国发现人权问题会影响到自身利益的时候，人权开始成为国际关系一部分。

第二次世界大战期间，将人权国际化成为同盟国阵营，特别是美英两国的一场社会运动，很多组织和个人提出在国际关系中关注人权问题。在美国和英国，许多政治、宗教和学术团体通过发表声明、出版书籍和请愿等方式要求把人权保护作为战后和平的基础，一些人权组织提出未来成立的国际组织应该将人权保障作为其宗旨。② 1943 年 2 月，著名学者昆西·赖特在《人权与国际秩序》一文中指出，"拒绝对人类自由给予充分尊重""会助长各国狂热的民族主义，刺激各国政府追求侵略性和孤立主义的政策"，"不利于实现现代人对社会公正的要求，并制造社会动荡和政治不稳定"，因此应该"承认个人是国际法的主体，并从国际法中取得权利和责

---

① Annual Message to the Congress, Jan. 6, 1941, http：//www. presidency. ucsb. edu/ws/index. php? pid = 16092#axzz1 VXGTciBm. （2011 年 8 月 20 日获取）

② 详见 Jan Herman Burgers, "The Road to San Francisco：The Revival of the Human Rights Idea in the Twentieth Century," *Human Rights Quarterly*, Vol. 14, No. 4, Nov. 1992, pp. 471–474。

任"，"个人可以以原告或被告的身份直接使用国际机构"。也就是说，人权应该纳入国际管辖的范畴，这是确保"社会和政治稳定以及人类福祉和进步的一个根本条件"。① "和平组织研究委员会"战后重建报告则提出，国家间相互联系的密切和个人福祉在很大程度上依赖国际合作这一现实，"意味着存在这样一个（国际）社会：各国通过法律加入这一社会，国家主权受到限制，通过建立国际制度来保护个人自由、社会公正、经济进步和政治安全"。② 该委员会明确要求把人权作为国际关系中的重要议题，并于1944 年 4 月发表了有关战后重建的最后一份报告——《人权的国际保护》，提出通过如下措施"在全世界保护人权"：

> 立即召开联合国家人权大会讨论人权问题；作为此次会议的结果，颁布一部国际人权法；在会上建立一个常设的联合国家人权委员会，以推动人权标准和人权保护方法的进步；寻求把主要的公民权利纳入各国宪法并推动在每一个国家的有效实施；承认个人或团体在法定限度内，有权在权利受到侵犯而当地救济无效的情况下向人权委员会提出申述。③

罗斯福个人的理想和英美社会的强大舆论终于使人权问题成为战后国际关系中的重要议题，使保障人权成为战后国际关系的基本原则。在 1944年 9—10 月的敦巴顿橡树园会议上，美国代表团提出在《联合国宪章》中加入关于尊重人权原则的内容，但是该建议遭到英国和苏联的反对，会议通过的《联合国宪章》草稿只在一处提及人权问题："本组织应该促进国际经济、社会和其他人道主义问题的解决并推动对人权和基本自由的尊重。"④

---

① Quincy Wright, "Human Rights and the World Order," *International Conciliation*, No. 389, Apr. 1943, p. 250.

② "Commission to Study the Organization of Peace: Preliminary Report and Monographs," *International Conciliation*, No. 369, Apr. 1941, pp. 197–198, 201.

③ "International Safeguard of Human Rights," *International Conciliation*, No. 403, Sept. 1944, p. 574.

④ David S. Weissbrodt and Connie de la Vega, *International Human Rights Law: An Introduction*, Philadelphia: University of Pennsylvania Press, 2007, p. 23.

但是，随着德国战败和希特勒越来越多的人权暴行，特别是犹太大屠杀被揭露出来，人们为纳粹的暴行所震骇，更加意识到人权保护的重要性和迫切性。在旧金山联合国成立大会上，拉美国家和美国非政府组织进行了大量的努力，① 美国代表团终于说服英国、苏联和中国代表团，在《联合国宪章》中增加了有关人权的内容，将尊重和保障人权作为联合国的宗旨和职责。旧金山会议通过的《联合国宪章》共有六处提及人权问题，即序言、第 1 条、第 13 条、第 55 条、第 68 条和第 76 条。②

《联合国宪章》虽然只是以一般性的语言提及人权问题，但是，《联合国宪章》毕竟是人类历史上第一个承认普遍人权的多边条约，标志着国际人权理论的革命性变化：任何个人都拥有基本人权，主权国家必须尊重这些权利；国际关系不仅涉及和平与贸易，还涉及人权问题，人权保障是公正、合理的国际秩序的一部分。1948 年 9 月，罗斯福夫人埃莉诺·罗斯福在巴黎演讲中称："关注保护和促进人权与基本自由是联合国的核心目标。……这反映了《联合国宪章》的基本前提：人类的和平与安全依赖于对所有人权利和自由的相互尊重。"③ 联合国人权委员会于 1946 年在联合国经社理事会第一次会议上宣告成立，1948 年《世界人权宣言》通过。这

---

① 当时为了避免第一次世界大战后美国国会拒绝《凡尔赛和约》的悲剧，美国国务院邀请 42 个美国非政府组织派代表参加旧金山联合国成立大会，担任美国代表团的顾问，其中很多非政府组织要求美国代表团提出对宪章草稿的修正，进一步强化人权问题的重要性。

② 序言："重申基本人权，人格尊严与价值，以及男女与大小各国平等权利之信念。"第 1 条："联合国之宗旨为……促成国际合作，以解决国际间属于经济、社会、文化及人类福利性质之国际问题，且不分种族、性别、语言或宗教，增进并激励对于全体人类之人权及基本自由之尊重。"第 13 条："大会应发动研究，并做成建议……以促进经济、社会、文化、教育及卫生各部门之国际合作，且不分种族、性别、语言或宗教，助成全体人类之人权及基本自由之实现。"第 55 条："为造成国际间以尊重人民平等权利及自决原则为根据之和平友好关系所必要之安定及福利条件起见，联合国应促进较高之生活程度，全民就业，及经济与社会进展；国际间经济、社会、卫生及有关问题之解决；国际间文化及教育合作；全体人类之人权及基本自由之普遍尊重与遵守，不分种族、性别、语言或宗教。"第 68 条："经济及社会理事会应设立经济与社会部门及以提倡人权为目的之各种委员会，并得设立于行使职务所必需之其他委员会。"第 76 条："托管制度之基本目的应为……不分种族、性别、语言或宗教，提倡全体人类之人权及基本自由之尊重，并激发世界人民互相维系之意识。"

③ Eleanor Roosevelt, "The Struggle for Human Rights," Delivered on 28 September 1948, Paris, France, Xin-An Lu and Rita Sullivan, eds., *Gems from the Top* 100 *Speeches*: *A Handy Source of Inspiration for Your Thoughts and Language*, Lincoln, N. E.: IUniverse, Inc., 2004, p. 172.

样，在战后就出现了保障人权的国际制度和机构，加上纽伦堡审判揭露出的希特勒德国对人权的系统性践踏，认为权利单纯由国家授予和保护的观念被推翻。人们相信，个人自由和体面、安全的生活不再仅仅是由血缘和领土疆界赋予的权利，而是普遍的人类尊严赋予的权利。人权的国际化也改变了美国的自我形象和世界角色，美国人开始把自己的国家视为人权的保护者。

综上可以看出，美国主导建立的战后新秩序不仅要取代轴心国试图建立的"新秩序"，也要取代战争爆发前的旧秩序。希特勒建立在雅利安人种至上基础上的所谓"新秩序"意味着死亡和毁灭，意味着犹太人和斯拉夫人的灭绝；日本倡导的"东亚新秩序"和"大东亚共荣"是赤裸裸的谎言，其实质是殖民和奴役。而战前的旧秩序则成为危机和战争的温床。显然，美国筹划建立的新秩序不仅比轴心国鼓吹的"新秩序"更人道、更公正，也比战前的旧秩序更理性和更全面。在这一秩序主导下，国际关系不再是赤裸裸的强权政治，而成为受道德约束的领域。

在美国筹划战后国际秩序时，地缘政治思想的影响是微乎其微的，罗斯福和赫尔等人基本上没有从地缘政治和现实主义的角度思考如何应对战后苏联的崛起及其在欧洲的霸权地位，而是试图通过合作政策和融入战略把苏联纳入一个大国共同体中。当时美国决策者关注的主要是一些亟须解决的问题，如继续与苏联的战时合作、非殖民化和自决、打破英镑集团、重建国际金融体系以及处理战败的轴心国等。在思考这些问题的过程中，繁荣、安全与和平成为关键词，罗斯福和赫尔等美国领导人相信，战后的稳定与和平只能通过大国合作、集体安全组织、世界范围内的自由贸易以及普遍的人权保障才能实现。特别是大国协调和联合国组织被视为战后安全的框架和处理美苏关系的基础。这是典型的自由主义国际秩序。

美国领导人之所以热衷于以自由主义原则规划战后国际秩序，首先是因为这一时期的美国外交政策决策者，如罗斯福、赫尔和萨姆纳·韦尔斯等人都是威尔逊的追随者，也就是自由国际主义者。他们坚信，第二次世界大战结束前后美国的巨大实力为威尔逊主义的实现提供了前所未有的机会。萨姆纳·韦尔斯于1944年写道，这是重申威尔逊理想的时刻，威尔逊的理想曾激励一代人，触及人类的"思想和情感深处"，"人类完全有能力实现"威尔逊的理想。[1] 自第一次世界大战以来,美国一直存在孤立主义、保守的国际主义和自由国际主义三大外交思想,第二次世界大战的爆发证明了保守的国际主义在维护世界和平方面的无效,珍珠港事件则宣布了孤立主义的虚妄,剩下自由国际主义"一枝独秀",其主导美国外交政策的制定也就不奇怪了。对 1945 年的美国来说,自由国际主义实际上是主导性的,甚至是"唯一"的外交政策思想。

其次,建立自由主义国际秩序也是防止美国孤立主义复苏的需要。尽管珍珠港事件极大地打击了孤立主义者的声誉,但是美国领导人仍然担心孤立主义在战后可能复苏。罗斯福曾私下指出,"如果有人认为孤立主义在这个国家已经死亡,那他是疯了,一旦战争结束,孤立主义很可能比以前更强烈"[2]。在 1942 年国会中期选举中,尽管国会中持孤立主义立场的议员受到国际主义者的指责,但选举结果却是这些议员很少落选。这引起国际主义者的担忧,选举结束后,赫尔告诉华莱士说,"这个国家正在重走1918 年的老路",必须想办法阻止事态朝着 1918 年的方向发展,"如果我们此时走向孤立主义,我们将永远失去这个世界"。[3] 而两次大战之间孤立主义在美国盛行的一个重要原因就是民众对第一次世界大战的幻灭感:他们认为战后并没有按照威尔逊的自由国际主义原则来重建和平,欧洲盛行的仍然是权力政治,美国不应该加入欧洲的权力角逐之中。如果第二次世界大战后建立的世界秩序是一种以势力范围、结盟和均势为基础的权力政治秩序,美国的舆论又会出现强烈的反弹,美国可能会重新回到孤立主义的老路上去。持孤立主义立场的国会议员汉密尔顿·菲什在 1944 年 4 月就曾警告说:"我们的小伙子们可不想在我们赢得这场战争后继续为统治世界或是为了英国、俄国和美国三分天下而战,如同古时的高卢人那样。"[4] 罗斯福对此非常敏感,他在雅尔塔会议上明确表示,"我可以使人民和国会为

---

① Welles, *The Time for Decision*, p. 3.

② Arthur M. Schlesinger, Jr., "Preface," Susan Butler, ed., *My Dear Mr. Stalin: The Complete Correspondence between Franklin D. Roosevelt and Joseph V. Stalin*, p. xiii.

③ Ibid., p. xii.

④ *Congressional Record*, House, 78th Cong., 2nd Sess., Vol. 90, Part 3, April 26, 1944, p. 3719.

了和平而充分合作, 但是不能长时间地在欧洲保持陆军, 两年将是最长期限"。① 美国著名历史学家约翰·加迪斯对此评论说:

> 在《大西洋宪章》和其他战时宣言中, 他们之所以重申以民族自决、经济多边主义和集体安全为基础的威尔逊式的和平, 并非因为他们相信这样的安排都能实现, 而是把它作为克服孤立主义的手段, 二十年前正是因为这一和平没有得到贯彻, 孤立主义才发展起来。那种过于明显地建立在势力范围基础上的和平在很多美国人看来根本就不是和平, 其结果将像 1919 年那次媾和那样, 美国将撤回而不是投放其力量。②

当时也有人, 如莱因霍尔德·尼布尔 (Reinhold Niebuhr) 和沃尔特·李普曼 (Walter Lippmann) 等人主张运用欧洲风格的均势原则来构建战后和平, 但地缘政治思想对罗斯福和赫尔设计战后国际秩序的影响微乎其微。③ 美国基本上按照自由国际主义原则重塑了国际秩序, 实现了威尔逊的梦想。用杜鲁门总统旧金山会议演讲中的话说, 通过《联合国宪章》的签署, "20 多年前那位伟大的政治家伍德罗·威尔逊的理想变成了现实"。④

美国在第二次世界大战后建立的自由主义国际秩序虽然继承了威尔逊的思想, 但并非是对威尔逊倡导的国际秩序的简单复制, 而是对威尔逊主义的修正和补充, 可以视为自由国际主义的第二版。罗斯福—赫尔的国际秩序与威尔逊的国际秩序有四点不同:

第一, 在国际安全领域, 威尔逊筹划建立的国联奉行所有国家在法律上一律平等的原则, 这一原则使国联维护国际和平与安全的机制缺乏有力

---

① Sebrega, "The Anti-colonial Policies of Franklin D. Roosevelt: A Reappraisal," *Political Science Quarterly*, Vol. 101, No. 1, 1986, p. 68.

② John L. Gaddis, *Long Peace: Inquiries into the History of the Cold War*, New York and Oxford: Oxford University Press, 1987, p. 51.

③ 直到冷战兴起, 地缘政治思想才开始塑造美国对苏政策。

④ Address in San Francisco at the Closing Session of the United Nations Conference, Jun. 26, 1945, http://www.presidency.ucsb.edu/ws/index.php?pid=12188#axzz1Wfl4kWJ5. (2011 年 9 月 1 日获取)

的执行者；而罗斯福则把集体安全与大国合作结合起来，在一定程度上使集体安全原则有了执行者，即联合国安理会，特别是联合国五个常任理事国的设计使五大国承担起维护国际和平与安全的特殊责任。正如基辛格所评论的，"罗斯福决心避免国联和第一次世界大战后建立起来的国际体系失败的重演，他希望某种形式的集体安全，但是从20世纪30年代的经历中知道，集体安全需要执行者，而四警察将扮演这一角色。"①

第二，威尔逊在"十四点"中把自由贸易视为战后国际秩序的原则，但是他并没有在战后促进建立管理国际贸易和金融关系的机构，在国际经济领域奉行的仍然是自由放任的原则；而第二次世界大战后美国在世界经济关系中加入了干涉主义的成分，通过国际货币基金组织和世界银行以及多边的关贸总协定来管理和调解世界贸易与国际金融关系，实现了国际经济秩序的制度化。

第三，威尔逊倡导的国际合作基本局限于经济和安全领域，不包括社会领域，第一次世界大战后的国际秩序并没有把促进人权、消除贫困和实现社会公正作为国际社会关注的问题（认为这是各国政府着力解决的问题）和国际组织（如国联）应该履行的职责；而第二次世界大战后国际合作的领域扩展到了社会领域，人权问题从一国国内的事务提升到国际关系领域，保障人权和促进社会公正成为战后国际关系的一大准则，表明国际社会对国家内部以及国家间事务的干预和调解显著加强。

第四，威尔逊虽然倡导国际关系的法治化，但是，由于他相信国家主权不受干涉的原则，并没有把国际法视为具有强制力的、限制国家主权的正式规则，而主要是当作一种道德力量，主张依靠劝导和国际舆论的压力让国家自觉来接受国际规范，认为国际法的主要作用是促进国家在国际社会中的社会化，因此第一次世界大战后的国际秩序缺乏对国家的强有力约束；而罗斯福等人更加重视国际制度和规则的功能性、可操作性作用，而非威尔逊所重视的道德影响和社会化作用，这使第二次世界大战后的国际秩序更加制度化和更有约束力。例如，布雷顿森林体系对国际经济活动的规范和管理、联合国安理会决议对成员国的强制约束作用、国际治理机制

---

①　Kissinger, *Diplomacy*, p. 397.

权威性的增强，都是第二次世界大战后国际秩序更加制度化和规则化的表现。

以集体安全、自由贸易和人权保障为核心的自由国际主义原则体现了美国的核心价值观，它根植于美国外交中独特的理想主义传统。从这个意义上说，美国筹建战后自由主义国际秩序的过程实际上就是国际秩序的"美国化"过程，是美国核心价值观在国际关系中的应用。美国凭借战时的巨大实力、声望和决心，实现了国际秩序的"美国化"。

四　对美国国际角色的重新思考与"世界领袖"身份的确立

1787年10月27日，汉密尔顿在首篇为新制定的联邦宪法辩护的著名文章里说道：

> 似乎下面的重要问题留给这个国家的人民用他们的行动和范例来解决：人类社会是否能通过深思熟虑和自由选择来建立一个良好的政府，还是永远注定要靠偶然因素和武力来决定他们的政府组织。如果这句话不无道理，那么我们也许可以理所当然地把我们所面临的紧要关头当作是应该做出这项决定的时刻。由此看来，如果我们选错自己将要扮演的角色，那就应该认为是全人类的不幸。①

第二次世界大战结束前后，美国人认为又到了美国为人类做出重大决定的时刻，如果说1787年是决定国内政治治理结构的话，那么此时则是决定国际政治的治理形式，即国际秩序。1943年3月，"全美基督教会联邦理事会"（Federal Council of Churches of Christ in America）仿照汉密尔顿的措辞发表声明，提出该组织有关战后国际秩序的主张，包括国际合作、通过国际协定规范经济和金融秩序、裁减军备、保障人权等。声明指出：

---

① ［美］汉密尔顿等：《联邦党人文集》，程逢如等译，商务印书馆1982年版，第3页，文字根据英文原文略有调整。

　　美国人民再一次发现自己处于需要做出关键决定的时刻。现在我们必须做出一个世界范围内的决定:人类是否能通过深思熟虑和自由选择建立良善的政治治理,还是继续依靠武力和偶然因素来统治。今天,同以前一样,这一决定性的角色留给了美国人民去扮演。如果我们选错自己将要扮演的角色,那将比以前更加是全人类的不幸。

　　声明称,"只有美国承担起领导责任,新的国际秩序才能建立起来,因为美国比其他任何国家都有能力对世界局势的塑造产生决定性的影响。如果要想让未来不重演过去,美国必须承担责任,采取与其实力和机会相一致的建设性行动"。①

　　这一声明实际上表明,第二次世界大战结束再一次把美国置于重新思考其国际角色的关头。实际上,第二次世界大战深刻地改变了美国人对美国的国际角色、国家安全和国际事务的看法。当第二次世界大战爆发时,罗斯福总统甚至不敢主张对英法进行援助,更不用说进行武装干涉,而战争结束后不到两年的时间里,杜鲁门总统在以其名字命名的"主义"中已经公开主张美国应该对世界任何地区出现的极权主义颠覆进行干涉了。实际上,到第二次世界大战结束时,美国人,无论是决策精英还是普通民众,已经下决心承担起领导世界、实现持久和平与繁荣的责任,运用自己的实力不仅要保护和促进美国的利益,而且还要保卫和促进美国的价值观。早在1944年,副国务卿韦尔斯就指出,"美国人民再一次被赋予了与其他国家合作和领导其他国家的机会",去建立一个"所有民族可以安全地生活于其中的世界",美国必须抓住这一机会。② 1945年12月19日,杜鲁门在致国会的关于建立国防部的特别咨文中明确提出美国要充当世界领袖:

① "A Just and Durable Peace," Statement of Political Propositions formulated by Commission on a Just and Durable Peace of the Federal Council of the Churches of Christ in America, Mar. 1943, Richard D. Challener, *From Isolation to Containment*, *1921 – 1952*, New York: St. Martin's Press, 1970, pp. 120 – 121.

② Welles, *The Time for Decision*, p. 414.

不论我们是否愿意,我们大家都必须承认,我们赢得的胜利已经把领导世界的重担持续放到了美国人民身上。世界未来的和平在很大程度上取决于美国是否表现出真正有决心继续在国家间起领袖作用。①

《生活》杂志的一位普通读者在 1946 年 6 月的来信中也表达了类似观点:

美国人民现在已经意识到,我们对永久和平与经济稳定的根深蒂固的希望要求我们接受在国际阵线中承担世界领袖的责任。我们已经做好准备接受这一责任,并准备好用源自我们开拓精神的遗产中所有的勇气和坚定来履行这一责任。②

这说明美国社会在美国承担起领导世界的责任方面已经达成了共识。那么,这一巨大的改变究竟是如何发生的?

这一变化首先是因为美国实力地位的变化。就实力而言,美国是战后的超级大国,其实力远超第一次世界大战结束时的水平。1870 年,美国的工业产量占世界工业产量的 23.3%,到 1881 年,则占 28.6%,超过英国成为第一大工业生产国,1913 年是 35.8%,20 年代则是 42.2%。③ 而到第二次世界大战结束时,美国的工业产量占整个世界工业产量的一半,美国拥有的黄金储备是整个世界黄金储备的三分之二,美国的对外贸易额占世界贸易总额的三分之一。④ 美国拥有世界最强大的海军和空军,并垄断原子弹技术。在 1942—1943 年间,美国海军无论在吨位还是在战舰数量上都超过英国,成为第一大海军力量。1940 年美国军队人数只有 53.2 万人(年平均数,下同),到 1945 年达到 1160.8 万人,经过复员后在 1946 年也有

---

① Special Message to the Congress Recommending the Establishment of a Department of National Defense. *December* 19, 1945, http://www.presidency.ucsb.edu/ws/index.php?pid=12259&st=&st1=#axzz1UPG6mKfy. (2011 年 9 月 2 日获取)

② "Letter," *Life*, Vol. 20, No. 22, Jun. 3, 1946, p. 8.

③ League of Nations' Economic, Financial and Transit Department, *Industrialization and Foreign Trade*, Geneva: League of Nations, 1945, p. 13.

④ [英] 保罗·肯尼迪:《大国的兴衰》,王保存等译,求实出版社 1988 年版,第 438 页。

375.1 万人。① 1941 年 1 月,美国拥有各类军舰 1200 艘,总吨位 198.4 万吨。而到 1946 年 1 月,美国海军拥有舰艇 70579 艘,包括战列舰和巡洋舰、巡逻艇和登陆艇,总吨位为 1382.8 万吨。② 美国空军在 1941 年 1 月只有 3961 架飞机,远少于德国和英国,1945 年 1 月美国空军有飞机 72726 架,到 1946 年 1 月也有 44782 架。③ 陆军数量虽然不如苏联,但是陆军的装备远远超过苏联。战后美国估计,由于研制原子弹所需要的复杂技术、强大的工业生产能力和巨大的花费,其他国家(除了参与曼哈顿计划因而与美国分享原子技术的英国和加拿大外)没有能力在较短的时间内制造出原子弹。同时,美国在战争中表现出令人难以置信的生产能力,生产了盟国近三分之二的军用设备。到 1942 年年底,美国生产的军用设备即超过了轴心国的总和,到 1944 年则是轴心国的两倍还要多。到战争结束的时候,美国共生产了 86000 辆坦克、193000 门火炮、1400 万发榴弹炮和火箭炮、240 万辆卡车和吉普车、1200 艘战舰、82000 艘登陆艇以及 29.7 万架飞机。④

战后,美国不仅有超强的物质实力,而且还有较为强大的意识形态感召力,即"软实力"。作为战时"大同盟"的领袖,美国在战后享有极高的国际声望。作为"民主国家兵工厂"的战时表现、"四大自由"思想的提出、《大西洋宪章》的签署和落实都使美国的价值观在战后广为传播。美国以较小的代价取得战争的胜利被解读为美国价值观和理想的胜利。杜鲁门在 1945 年 8 月 9 日的广播演说中称美国的胜利是"一种理想的胜利,这一理想是建立在普通人的权利、人类的尊严以及政府是人民的仆人而不是主人的观念之上的";胜利的经验就是"一个由自治的人民组成的社会比任何其他种类的社会都更强大、更持久、更有创造性……人的价值和尊严的

---

① U. S. Department of Commerce, *Statistical Abstract of the United States*, *1950*, Washington D. C. : Government Printing Office, 1950, p. 210.

② U. S. Department of Commerce, *Statistical Abstract of the United States*, *1946*, Washington D. C. : Government Printing Office, 1946, p. 224, http: //ocrscanworld. com/wp-content/archives/census/1901 – 1950/1946 – 04. pdf. (2011 年 10 月 23 日获取)

③ U. S. Department of Commerce, *Statistical Abstract of the United States*, *1950*, p. 213.

④ Mark A. Stoler, "The Second World War in U. S. History and Memory," *Diplomatic History*, Vol. 25, No. 3, Summer 2001, p. 383, Footnote 1.

基本思想……是目前这个世界上最强大、最有创造性的力量"。① 在 9 月 1
日的广播演讲中,杜鲁门再次提出"这是自由对暴政的胜利","自由……
比历史上的任何政治哲学能为更多的人提供更坚实的进步、幸福和尊
严……提供人类已经达到的最大的力量和才智"。②

　　战后的美国不仅是经济和金融中心,而且随着战争期间大批欧洲科学
家移居美国,美国还成为知识和智力中心,成为新思想、新技术和新发明
的工厂。人类历史自罗马帝国灭亡以来从未出现过这一局面:一个国家像
巨大的磁铁那样吸引了全世界的智力、财富和目光。1946 年,军事战略家
阿诺德·沃尔弗斯(Arnold Wolfers)的一番话概括了当时美国的国际地位:

　　　　这个国家在世界各国中间处于独一无二的地位——事实上是一种史
　　无前例的地位。如果说,这个国家由于具有海空军的优势,因此在原
　　子弹发明以前就已经在极大程度上可以免遭进攻的话,那么对这一威
　　力无穷的武器的独家拥有已经让整个世界的城市和生产中心,包括强
　　大的苏联听凭我们和平意图的摆布。历史上从未有过所有其他大国如
　　此依赖一个主要大国的时代。③

《时代》周刊引用丘吉尔的话说:"在这一时刻,美国站在世界的顶峰。"④
　　美国战后无与伦比的实力和在第二次世界大战中的辉煌表现使很多美
国人产生飘飘然的感觉,特别是当一个接一个的国家向美国请求援助的时
候,这种感觉迅速膨胀,并催生出对自身力量的盲目自信,用剑桥大学教
授丹尼斯·布罗根(Denis William Brogan)的话说,即"美国无所不能的

　　① Radio Report to the American People on the Potsdam Conference, Aug. 9, 1945, http://
www. presidency. ucsb. edu/ws/index. php? pid = 12165&st = &st1 = #axzz1bUrS0y41. (2011 年 10 月 23
日获取)

　　② Radio Address to the American People after the Signing of the Terms of Unconditional Surrender by
Japan, Sept. 1, 1945, http://www. presidency. ucsb. edu/ws/index. php? pid = 12366&st = &st1 = #
axzz1bUrS0y41. (2011 年 10 月 23 日获取)

　　③ Arnold Wolfers, "The Atomic Bomb in Soviet-American Relations," Bernard Brodie, *Absolute
Weapon: Atomic Power and World Order*, New York: Harcourt, Brace, 1946, pp. 91 – 92.

　　④ "Days to Come," *Time*, Vol. 46, No. 9, Aug. 27, 1945, p. 19.

幻觉"。① 杜鲁门在日本投降前后的两次广播演讲中极为自得地宣称美国"已经从这场战争中崛起为世界上最强大的国家——也许是整个人类历史上最强大的国家"，② 并告诉美国人民，"一个能够开发出原子武器的自由的民族同一个自由的联盟一道，可以运用同样的技术、精力和决心去克服未来的一切困难"。③ 这是典型的"权力的傲慢"。

　　然而，光有实力是不够的，还必须有运用这一实力的愿望和决心。如前文所述，第一次世界大战后美国也具有世界其他国家无与伦比的实力，英、法等欧洲大国也甘愿把领导权交给美国，但是美国却拒绝了世界领袖这一角色，因为美国没有领导世界的愿望。第二次世界大战后，美国民主、共和两党以及知识精英和普通民众实际上形成一个共识：美国不能失去第二次机会，而必须参与甚至领导国际事务，使用自己的力量来影响国际事态和塑造国际秩序，以促进美国的利益。用杜鲁门的话说，美国要用美国价值观的力量和美国的"全部资源与全部技能……完成实现公正和持久和平的伟大事业"。④

　　美国领导世界决心的确立与第二次世界大战的经验和教训密切相关。

　　第一，第二次世界大战改变了美国的国家安全观念，新的安全观要求美国必须通过参与国际事务塑造有利的国际环境来保障美国的国家安全。在第二次世界大战前，美国用"国防"（national defense），而不是"国家安全"来指称安全问题，其含义是保卫美国本土、海外属地和西半球免遭外国的军事进攻。而第二次世界大战后，"安全"的含义不再仅仅是军事意义上的免遭进攻，还包括保卫美国制度与生活方式的完整以及国际贸易、金

----

① Denis William Brogan, "The Illusion of American Omnipotence," *Harper's Magazine*, Vol. 205, Dec. 1952, pp. 21 – 28.

② Radio Report to the American People on the Potsdam Conference, Aug. 9, 1945, http: // www. presidency. ucsb. edu/ws/index. php? pid = 12165&st = &st1 = #axzz1bUrS0y41. （2011 年 10 月 23 日获取）

③ Radio Address to the American People After the Signing of the Terms of Unconditional Surrender by Japan, September 01, 1945, https: //www. presidency. ucsb. edu/documents/radio-address-the-american-people-after-the-signing-the-terms-unconditional-surrender. （2025 年 6 月 14 日获取）

④ Radio Report to the American People on the Potsdam Conference, Aug. 9, 1945, http: // www. presidency. ucsb. edu/ws/index. php? pid = 12165&st = &st1 = #axzz1bUrS0y41. （2011 年 10 月 23 日获取）

融和能源体系的稳定;安全的地理范围也扩大为全球性的,世界任何地区发生的事件都关系到美国的国家安全。陆军参谋长乔治·马歇尔在战时曾言,"过去我们满足于西半球防御作为我们安全的基础,现在再持有这种想法似乎就行不通了,我们现在关心整个世界的和平"。① 在这种安全观指导下,使用美国军队的地理界限不存在了。海军部长詹姆斯·福里斯特尔(James V. Forrestal)在 1945 年众议院作证时说,美国决心使用美国的"力量"去应对"世界任何地方出现的侵略"。② 美国实际上"是用一个无限的、意识形态化的和去领土化的美国安全定义来代替一个基于国际体系权力分配之上更加传统的安全概念"。③ 而这些都是第二次世界大战的结果:(1)法西斯主义的崛起和第二次世界大战的爆发源于大危机、经济区域主义和国际金融与贸易体系的崩溃,这促使美国人相信,一个开放的世界才是一个安全的世界,商品、资本和价值观的自由流动直接关系到美国的国家安全。(2)第二次世界大战是一场全球性的冲突,美国事实上也卷入了全球性冲突,伴随着美国军队在全球范围内开展军事行动,美国的利益也扩展到全球,第二次世界大战使美国实现了"全球化"。(3)第二次世界大战还是一场全面战争和总体战,罗斯福等人把第二次世界大战界定为抵御极权主义和捍卫民主的斗争,轴心国不仅威胁了美国的安全,而且还威胁了美国的生活方式。当第二次世界大战把美国的安全从单纯的国土安全扩展到政治、经济、军事和意识形态安全的时候,它就不能仅仅通过国土防御和避开国际事务来实现,这样的安全需要美国动员其全部的资源参与国际事务,影响海外事态的发展,并建立一个有利于美国制度生存与繁荣的国际环境,而改变国际环境当然需要美国对国际事务的参与和领导。美国人开始相信,美国安全和国际稳定依赖于美国在海外承担经济、政治和军事义务,通过多边的国际机制实施大国合作。

第二,第二次世界大战酝酿和爆发的历史使美国相信,世界上会出现

---

① Michael S. Sherry, *Preparing for the Next War: American Plans for Postwar Defense, 1941 - 1945*, New Haven: Yale University Press, 1977, p. 202.

② Ibid. .

③ [美]克里斯托弗·莱恩:《和平的幻想:1940 年以来的美国大战略》,孙健中译,上海人民出版社 2009 年版,第 356 页。

企图征服和奴役世界的狂妄独裁者,对美国的自由和安全构成威胁,而对这些独裁者的侵略行为不能姑息,必须予以坚决的遏制和回击。希特勒、墨索里尼和东条英机被美国视为威胁美国自由的专制恶魔,他们的出现使美国深切地感受到自由和民主在这个世界上并不安全。第二次世界大战被视为讨伐独裁者的战争,是一场善恶之战、民主与专制之战。美国承担着消灭专制恶魔、捍卫自由的责任。美国人惯有的黑白二分的摩尼教式思维方式极大地塑造了美国对第二次世界大战的理解,同时第二次世界大战的经历又强化了这种黑白二分的世界观。既然世界上存在自由的敌人,那么美国就不能袖手旁观。由于英法在慕尼黑会议上以牺牲捷克领土为代价的让步不仅没有带来和平,反而进一步刺激了希特勒的扩张欲望,因此美国领导人在第二次世界大战后坚信,独裁者和侵略者是不能姑息和绥靖的,对任何侵略行为都必须给予坚决回击。于是,妥协和让步被等同于放弃原则和绥靖,而强硬干预,包括军事干涉则被视为美德。此即"慕尼黑教训"。慕尼黑教训极大地激发了美国战后对外干涉的愿望,并因此加剧了美苏的对抗。[1] 第二次世界大战后,威尔逊塑造的"自由卫士"国家形象重新显现,美国再一次把自己视为承担着与专制恶魔进行斗争的"自由卫士"。

第三,第二次世界大战给美国留下另一个深刻的历史教训,那就是中立无法使美国远离战争,孤立主义无法保证美国的安全。第二次世界大战后,美国舆论普遍相信,美国没有加入国联,拒绝通过国际制度和机制与爱好和平国家合作,间接导致了 30 年代极权主义的兴起和第二次世界大战的爆发,是一个大错误。为了避免 30 年代悲剧的重演,美国必须承担国际义务,通过参与国际合作,甚至领导世界来维护国际和平与安全。早在1942 年 5 月 30 日,副国务卿韦尔斯在阿灵顿国家公墓演讲时就指出:

> 美国人民在上一次战争结束的时候被赋予了通过参与国际组织分担维护世界和平的责任以实现其伟大理想的机会……但是这一机会被拒绝了。……在 1920 年及其以后的岁月里,我们作为一个民族不仅经历

---

[1]　金博尔称"慕尼黑类比(Munich Analogy)或许是把冷战和第二次世界大战连接在一起的政治黏合剂"。Kimball, ed., *America Unbound: World War II and the Making of a Superpower*, p. 3.

了物质上极端自私的时期，而且令人难以置信地盲目。……现在我们正在进行一场人类历史上规模最大的战争，我们正在收获由于我们自己的愚蠢和缺乏远见而带来的苦果。……我们能做什么来纠正过去 20 年的错误？……眼前的答案是不言自明的。我们必须坚决彻底地消灭邪恶之人以及他们设计的罪恶制度……并（在战后）领导世界建立一个可以保障不虞匮乏的自由的世界秩序。①

罗斯福在 1944 年 1 月 11 日国情咨文中提醒美国人绝不能"重复鸵鸟式孤立主义的悲剧性错误"。② 在 1945 年 1 月 20 日发表的第四次就职演说中，罗斯福再一次指出美国"用可怕的代价换取了若干教训"，其中之一就是必须参与国际事务，通过国际合作来保障美国的安全和利益。他说：

我们懂得，单凭我们自己是无法生活在和平之中的，我们自己的富足有赖于相距遥远的其他国家的富足。我们懂得，我们必须像人一样生活，不能像鸵鸟。……我们懂得要做世界的公民，要成为整个人类社会的成员。③

通过参与国际合作和承担国际义务来促进世界和平和美国安全在当时不仅是民主党的主张，很多共和党人也开始服膺这一思想。共和党领袖、1940 年美国总统大选候选人温德尔·威尔基大力宣传"天下一家"（one world）的观念，并于 1943 年 4 月出版了同名书籍。在该书中，威尔基提出交通和通信技术已经打破了空间的距离，世界各国人民是休戚相关、相互依赖的，都渴望和平和繁荣的生活，美国必须放弃孤立主义和帝国主义，

① Sumner Welles' Address on Memorial Day, May 30, 1942, http://www.ibiblio.org/pha/policy/1942/420530a.html. （2011 年 8 月 23 日获取）

② Roosevelt's Annual Message to the Congress, Jan. 11, 1944, http://www.presidency.ucsb.edu/ws/index.php? pid = 16518#axzz1OObOBFr1. （2011 年 8 月 23 日获取）；U. S. Department of State, *Postwar Foreign Policy Preparation*, *1939–1945*, p. 202。

③ Roosevelt's Fourth Inaugural Address, Jan. 20, 1945, Schlesinger, Jr., ed., *My Fellow Citizens: The Inaugural Addresses of the Presidents of the United States*, *1789–2009*, p. 299. 中译文引自李剑鸣、章彤编《美利坚总统就职演说全集》，第 371 页。

为国际合作树立一个典范。他认为美国领导世界的时机已经成熟,美国不能规避对世界的领导责任。威尔基在书的最后提出,美国面临"有史以来最具挑战性的机会——帮助建立一个世界各地的男人和女人们都能在独立和自由的鼓舞下生活和成长的新社会"。① 该书被认为是那个时期最能代表威尔逊国际主义思想的著作,出版后四个月就发行达 150 万册,成为当时美国出版史上最畅销的非小说类书籍,连续四个月高居《纽约时报》最畅销书籍之首。②

　　与威尔基《天下一家》同期出版的另一部畅销书是沃尔特·李普曼的《美国外交政策:共和国的盾牌》。该书从另一个角度——地缘政治和现实主义的视角论证了美国参与国际事务的重要性。李普曼在书中虽然对威尔逊主义提出了批评,认为美国对外政策的主要目标应该是维护共和国的安全,而不是进行十字军式的道德讨伐和输出民主,但该书同时也激烈批评孤立主义思想。李普曼指出,19 世纪美国以孤立求安全是一个幻觉,"这个国家一直生活在虚幻的孤立状态",自以为门罗主义保障了这种孤立,没有认识到门罗主义的施行和西半球的安全实际上是"依赖于英国海上力量的支持"。他指出,"长达一个世纪的不劳而获的安全(unearned security)对我们国家的思想习惯造成一种影响,就像曾经懒惰地享受不劳而获的收成对一个勤劳祖父的后代产生的那种影响一样,它使我们忘记了必须通过自己的努力来赢得安全和自由,就像人不得不靠自己的努力去谋生一样"。战后美国需要加入"大西洋共同体"(Atlantic community),成为其中的一员以维持欧洲的力量平衡,防止任何敌视美国的国家控制西欧。李普曼试图告诉美国人,任何国家控制整个欧洲都是对美国安全的致命威胁,美国"在欧洲的首要利益是在欧洲不能出现有能力进攻欧洲大陆以外地区的强权"。战后美国必须通过积极参与国际事务及与大国合作,包括与英国和苏联结成"核心同盟"(nuclear alli-

　　① Wendell L. Willkie, *One World*, New York: Simon and Schuster, 1943, p. 206. 该书在 1943 年由美国战争信息署中国分部引入中国,在 1943—1945 年间曾出现多个中文译本,成为当时的畅销书,较为流行的是刘尊棋的译本。[美] 威尔基:《天下一家》,刘尊棋译,中外出版社 1943 年版。

　　② Reynolds, "Power and Superpower: The Impact of Two World Wars on America's International Role," Kimball, ed., *America Unbound: World War II and the Making of a Superpower*, p. 14.

ance),来保卫美国的安全，"世界秩序的维护依赖于这一核心同盟"。①
该书发行50万册，在当时广为流传，《读者文摘》杂志称其是"为一代美
国人撰写的最重要的书籍"。② 他的大西洋共同体观念、美国安全与西欧紧
密联系在一起的思想被广泛接受。在主张美国积极参与事务方面，现实主
义者与国际主义者殊途同归。

第二次世界大战结束前后，参与国际事务、加入国际组织已经为绝大
多数民众所接受。在1941年5月，只有37%的美国人支持加入战后类似国
联那样的国际组织，1942年11月这一数字是55%，③ 1944年6月是72%，
而到1945年3月，这一数字上升到81%，而且基本上没有地区差异，同时
83%的受访者认为美国加入国际组织非常重要。④ 1920年美国参议院在对
国联盟约最后一次表决时，投票结果是49:35，比批准条约所需的三分之
二多数少了7票。而25年后的1945年7月28日，参议院在表决《联合国
宪章》时的投票结果是89:2。由此可见美国人观念的变化和国际主义的
胜利。⑤ 正如副总统亨利·华莱士所言，"现在，世界各国终于有第二次机
会建立持久的和平体系——那种伍德罗·威尔逊曾试图建立，但由于世界
没有做好准备而没有建立起来的体系"。⑥ 在1946年的国会选举中，参议院
四位最引人注目的孤立主义者——罗伯特·拉福莱特、伯顿·惠勒、亨里
克·希普斯特德（Henrik Shipstead）和杰拉尔德·奈都落选，证明公众舆
论对孤立主义的拒绝。

太平洋战争前的坚定孤立主义者、资深共和党参议员阿瑟·范登堡思

---

① Walter Lippmann, *American Foreign Policy: Shield of the Republic*, New York: Pocket Books Inc. , 1943, pp. 22, 36 - 37, 119.

② Ronald Steel, *Walter Lippmann and the American Century*, New York: Little, Brown and Company, 1980, p. 406.

③ Michael Leigh, *Mobilizing Consent: Public Opinion and American Foreign Policy, 1937 - 1947*, Westport, Conn. : Greenwood Publishing, 1976, p. 115.

④ George Gallup, *The Gallup Polls: Public Opinion, 1935 - 1971*, New York: Random House, 1972, Vol. 1, pp. 452, 497.

⑤ Harold Karan Jacobson's Review on *Second Chance: The Triumph of Internationalism in America during World War II* by Robert A. Divine, *The Journal of Politics*, Vol. 30, No. 3, Aug. 1968, p. 845.

⑥ Robert A. Divine, *Second Chance: The Triumph of Internationalism in America during World War II*, New York: Atheneum, 1967, p. 79.

想的转变,深刻地反映了美国人国际思想的变化。1945 年 1 月 10 日,范登堡在参议院的演讲中说:

> 坦率地讲,我过去一直是相信美国可以依赖自己保障安全的人之一。……现在,我不再相信今后任何国家仅仅依靠自己的行动就可以免遭攻击。……我们的大洋已不再是能够自动保护我们这一城堡的护城河。……如果第三次世界大战不幸到来的话,那么它将开启可怕得难以想象的死亡实验室,我建议在我们的能力所及范围尽一切努力让这种实验室永远关闭。我希望最大程度的国际合作……以确保敦巴顿橡树园基本理念的成功。①

《生活》杂志称,范登堡思想的改变标志着"美国作为世界大国时代的来临"。②

简而言之,第二次世界大战后,在美国社会,不分职业、地域、政党、宗教和族群,形成一个共识:孤立主义结束了,国际主义是美国外交政策的指针,美国将是国际事务的完全参与者,并运用其巨大的政治、经济、军事和文化力量去影响世界。这一共识成为美国外交思想的"新正统"(new orthodox),推动美国由"大国"(great power)转型为试图塑造世界局势的超级大国(super power)。③

第一次世界大战后,美国有成为世界领袖的实力,但是缺乏充当世界领袖的愿望;而第二次世界大战后,美国既有能力又有愿望和决心。正是美国能力和决心的变化改变了美国人对自己国家角色的认知:承担"世界

---

① Speech by Senator Arthur Vandenberg of Michigan, United States Senate, Jan. 10, 1945, Richard D. Challener, ed., *From Isolation to Containment*, *1921 - 1952*, New York: St. Martin's Press, 1970, pp. 118 - 119.

② "Taft and Vandenberg," *Life*, Vol. 21, No. 15, Oct. 7, 1946, p. 108.

③ 超级大国是指在国际体系中处于领导地位的国家,能向世界任何地区投放其强大的军事力量。该词是耶鲁大学国际研究所教授威廉·福克斯(William T. R. Fox)于 1944 年创造的。在他于该年出版的《超级大国:美国、英国和苏联对和平的责任》中,福克斯认为当时有三个超级大国,即美国、英国和苏联。但是,到战争结束的时候,英国实际上已经丧失了超级大国地位。William T. R. Fox, *The Superpowers: The United States, Britain and the Soviet Union-Their Responsibility for Peace*, New York: Harcourt, Brace and Co., 1944.

领袖"的责任,实现"美国治下的和平"(Pax Americana)。但是,美国的这一角色很快遇到了挑战者,这就是苏联。美苏之间也由此拉开了冷战的大幕。

第六章

培育跨国共同体：非政府组织
与国际秩序

第一次世界大战作为人类历史上前所未有的浩劫深深震惊了一向以"文明社会"自居的西方各国。如何避免战争的重演和实现持久的和平成为战后国际社会面临的重大挑战，不仅各国的政治家们反思战争的起因，寻求消弭战争的办法，一些民间人士也组建各种非政府组织来研究和寻找实现持久和平的途径，并通过跨国的活动来推行其主张，这使 20 年代成为非政府组织迅速成长的时代。① 在这些非政府组织中，法律团体倡导通过国际仲裁来解决国家间的纠纷以及建立以国际法为基础的国际秩序；商业组织倡导自由贸易和开放的市场，坚信国家之间经济联系的加深可以带来繁荣与和平；宗教和文化团体热衷于通过跨国的文化、教育和宗教活动来促进国家间的理解与合作，消除误解和敌视；自由国际主义者则倡导通过集体安全原则和建立国际组织来避免战争，实现和平。各种各样非政府组织有一个共同的主张，即以国际主义取代狭隘的民族主义作为处理国家间关系的主导原则，并致力于培育超越狭隘民族主义关怀的跨国共同体。本章主要考察三种非政府组织——和平团体、知识团体（太平洋国际学会）和传教组织——在国际秩序构建中的作用。

---

① 国际非政府组织在 1910 年是 135 个，到 1920 年增加到 214 个，到 1930 年则增加到 375 个。入江昭：《全球共同体》，刘青等译，社会科学文献出版社 2009 年版，第 24 页。

一 "积极和平":美国和平团体对国际秩序的追求(1913—1929)①

第一次世界大战与美国现代和平运动的兴起

美国有组织的和平运动出现在拿破仑战争和 1812 年美英战争结束之后。诺亚·伍斯特 (Noah Worcester) 和戴维·道奇 (David Low Dodge) 于 1815 年分别在纽约和波士顿成立"纽约和平协会" (New York Peace Society) 与"马萨诸塞和平协会" (Massachusetts Peace Society),这是美国最早建立的两个和平组织。1828 年,由威廉·拉德 (William Ladd) 发起,包括马萨诸塞和平协会和纽约和平协会在内的来自美国不同地区的 36 个团体联合组建"美国和平协会" (American Peace Society),倡导各国通过友好谈判和仲裁来解决一切冲突和争端,建立国家间议会 (congress of nations) 和国际法院。"美国和平协会"是美国第一个全国性的和平组织,主要通过召开会议、出版期刊等活动反对战争、宣传和平,其最著名的领导人是本杰明·特鲁布拉德。特鲁布拉德于 1899 年出版《世界联邦》(*The Federation of the World*) 一书,主张建立超国家的政府来实现持久的和平。这些早期和平团体的成员主要都是基督教徒,其领导人也多为教士,旨在弘扬基督教热爱和平、反对战争和一切形式的暴力的仁爱精神。诺亚·伍斯特为基督教一位论派 (Unitarian) 牧师,特鲁布拉德则是一位贵格会教徒。

20 世纪初,随着美国逐渐成长为世界大国,美国人开始意识到美国在国际舞台上的影响力。美国海外经济利益的扩张使美国的一些精英人士认识到,一个非暴力的国际秩序与美国利益密切相关,但是他们并不希望美国参与到欧洲的权力政治体系中去。在他们看来,欧洲盛行的权力政治原则导致 19 世纪的一系列战争,包括拿破仑战争、克里米亚战争、普法战争、布尔战争和日俄战争,而美国的价值观和政治经验,特别是司法实践和建立联邦的经验可以用来改变国家间交往的方式,促使欧洲放弃以武力解决国家间纠纷的偏好,从而实现和平。在这一背景下,20 世纪初期出现

---

① 本节由笔者与王睿恒共同撰写。

一批倡导通过国际法和国际仲裁来解决国家间纠纷以实现和平的团体，包括"美国国际法学会"（American Society of International Law）、"卡内基国际和平基金会"（Carnegie Endowment for International Peace）和"世界和平基金会"（World Peace Foundation）。美国国际法学会成立于 1906 年，首任主席是著名法学家、前陆军部长，时任国务卿的伊莱休·鲁特（Elihu Root）。卡内基国际和平基金会由美国钢铁业巨头安德鲁·卡内基（Andrew Carnegie）捐资 1000 万美元于 1910 年建立，首任主席也是鲁特，哈佛大学前校长查尔斯·埃利奥特（Charles William Eliot）和著名慈善家罗伯特·布鲁金斯（Robert S. Brookings）都是该基金会董事会的重要成员。世界和平基金会则由波士顿著名出版商和慈善家埃德温·吉恩（Edwin Ginn）于 1910 年建立，最初名为"国际和平学校"（International School of Peace）。

这些和平组织的成员大多为英裔白人男性商业成功人士或者教育界的领袖，属于美国中产阶级精英和社会富裕阶层，其社会与政治理念也较为保守，重视秩序和稳定，反对通过对国内和国际秩序进行激进改革来实现和平。他们反对采取集会和抗议等直接行动来开展和平运动，主张通过正常的政治渠道影响政府的政策，致力于开展和平教育和资助各种和平项目，并通过学术研究、出版报刊等方式宣传战争的危害。他们大多为共和党人，在对外关系上持民族主义立场，支持美国的对外扩张，相信美国的价值观和制度模式具有普世性。这些和平团体的基本主张是通过发展国际法的权威和建立正式的解决国际争端的机制（国际仲裁）来避免战争，建立一个基于法律而不是武力的世界，因此被称为"法治主义者"（legalists）。[①] 他们支持海牙和会的召开以及和平解决国际争端公约的签订，一些人士在海牙常设仲裁法院（Permanent Court of Arbitration）和捕获物法庭（International Prize Court）建立过程中发挥了重要作用。前美国驻英大使、美国参加第二次海牙和会代表团团长约瑟夫·乔特（Joseph Choate）对两次海牙和会给予很高的评价，认为和平解决国际争端公约的签订打开了通往持久和平的大门。他在 1913 年说：

[①] David S. Patterson, "An Interpretation of the American Peace Movement, 1898 - 1914," Charles Chatfield, ed., *Peace Movements in America*, New York: Schocken Books, 1973, p. 24.

战争从一开始一直是世界的常态，和平不过是打破战争常态偶然的间歇。但是现在，我们正在发现一种新的理论——可以说这是美国的理论，那就是和平现在是而且将来也是人类的常态，而战争不过是打破和扰乱和平的偶然事件，因为所有国家都同意，仲裁是解决那些不能用外交手段解决的国际纠纷的最有效和最公平的办法。①

第一次世界大战爆发后，这些保守的法治主义和平团体支持美国中立。美国参战后，这些团体支持美国参战和战争动员。卡内基国际和平基金会董事会发表声明称，"促进持久国际和平的最有效方式是与德意志帝国政府作战以使民主最终获得胜利"。为了协助政府的工作，卡内基国际和平基金会还将它在华盛顿的办公室变成了政府的官方宣传机构——公共信息委员会（Committee on Public Information）的总部，基金会专用信笺的抬头还印上了红字"通过胜利实现和平"（Peace through Victory）。② 这说明保守的和平追求者实际上接受了威尔逊高度理想化的参战宣言，认为美国是在为民主而战，欧战是一场反对专制与独裁的正义战争。

但是，第一次世界大战的爆发实际上已经表明传统的道德和法律手段无法防止战争，实现和平。面对惨绝人寰的现代全面战争，美国的知识精英和热爱和平的人士开始急切地寻找彻底铲除战争的方法，他们对传统的和平运动未能避免战争深为不满，对战前和平团体的理念也不认同，开始尝试使用新的手段来避免战争。在这一背景下，第一次世界大战期间美国出现了两种新型的和平团体。

一种是国际主义团体（internationalist）。这些团体提出在战后建立自由国家的联盟，按照美国的原则改造国际秩序，运用集体武力保卫和平。他们致力于战后和平新秩序的规划，要求美国更多地参与到国际事务中去，在战后重建国际和平机制的过程中承担领导责任。国际主义团体的代表是

---

① Joseph Choate, *The Two Hague Conferences*, 1913, p. 33. 转引自 Frederic L. Kirgis, *The American Society of International Law's First Century: 1906 - 2006*, New York: American Society of International Law, 2006, p. 4。

② Devere Allen, *The Fight for Peace*, New York: The Macmillan Company, 1930, pp. 507 - 508; Charles Chatfield, *For Peace and Justice: Pacifism in America, 1914 - 1941*, Knoxville: University of Tennessee Press, 1971, p. 10.

"实现和平联盟"（League to Enforce Peace）和 "自由国家联盟协会"
（League of Free Nations Association）。实现和平联盟于 1915 年 6 成立于费城
独立宫，第一任主席是前总统威廉·塔夫脱，联盟执行委员会的成员还包
括当时的哈佛大学校长阿博特·洛厄尔（Abbott Lawrence Lowell）、前商务
与劳工部部长奥斯卡·斯特劳斯（Oscar S. Straus）以及《独立者》（*The In-
dependent*）杂志的著名编辑兼出版人汉密尔顿·霍尔特（Hamilton Holt）。
实现和平联盟把建立国联、通过集体安全体制保障战后和平以及支持美国
加入国联作为其主要目标。[①] 威尔逊总统对实现和平联盟给予了支持，并于
1916 年 5 月 27 日亲临联盟第一届全国大会致辞，称美国加入未来的国际联
盟反映了 "美国人民的心声和愿望"。[②] 自由国家联盟协会成立于 1918 年 4
月，由《观察》（*Survey*）杂志主编保罗·凯洛格（Paul Kellogg）发起建立，
其成员主要由自由派杂志的编辑和媒体人士构成，其中包括《独立者》杂
志的编辑、诺贝尔和平奖的首位获奖者诺曼·安吉尔（Norman Angell），以
及《新共和》的创办者赫伯特·克劳利（Herbert D. Croly）、《民族》（*Na-
tion*）杂志的编辑亨利·马西（Henry R. Mussey）、历史学家查尔斯·比尔
德（Charles A. Beard）和作家威尔·杜兰特（Will Durant）。后来成为国务
卿的约翰·杜勒斯（John Foster Dulles）和富兰克林·罗斯福的夫人埃莉诺
·罗斯福（Eleanor Roosevelt）也是该协会的成员。该组织也主张战后建立
国际组织来维护国际安全与和平，但提出这一组织应该以民主国家为核心，
战后国际秩序应该按照自由和民主原则来建立。战时建立的这些国际主义
团体也支持美国对德宣战，设想德国战败后国际社会可以在美国领导下建
立新的国际秩序。

　　另一种是自由和平主义团体（liberal pacifist）。这些团体认为国际暴力和战
争与包括贫富分化、阶级压迫及不平等在内的国内不公正的社会秩序有关，并

　　[①]　在成立大会上，该联盟提出支持美国加入一个国家间的联盟，在联盟内，所有签字国将共
同使用其经济和军事力量反对任何签字国在与其他签字国的争端未提交国际仲裁和调解之前 "对
另一国发动战争或实施敌对行为"。William Howard Taft, *The Collected Works of William Howard Taft*,
edited by Frank X. Gerrity, Athens, Ohio：Ohio University Press, 2003, Vol. 7, Taft papers on League of
Nations, pp. 3 - 4.

　　[②]　Robert Goldsmith, *A League to Enforce Peace*, New York：The Macmillan Company, 1917,
p. 93.

源于大企业集团对海外殖民利益的争夺和对政府政策的操纵,因此不仅要改造国际秩序,还应该改造国内秩序,也就是进行社会改革。其中一些成员曾是20世纪初期社会改革运动中的进步主义分子,这体现了这些团体的自由主义色彩。同时这些团体也反对美国参加第一次世界大战,甚至反对一切形式的战争,因而也是和平主义者。自由和平主义团体包括三部分:女权主义团体,如"妇女和平党"(Women's Peace Party)①;反对美国参战的团体,如"美国反对军国主义联盟"(American Union Against Militarism)②;以及以"和睦团契"(Fellowship of Reconciliation)③ 为代表的宗教和平主义团体。这些新兴的和平社团不仅反对战争暴力,还反对一切形式的社会暴力,包括经济分配的不平等和社会不公正,认为要避免战争的爆发,就要同时宣扬国际和平和国内正义,反对一切不公正的现象。他们倡导的和平实际上具有国际和国内双重含义,而实现和平的途径则是重建国际与国内两种秩序。

美国参战之前,自由和平主义者支持美国中立,同时要求美国政府进行调停。美国参战后,他们坚决反对"用战争结束战争"、用暴力对抗暴力,成为美国社会内部反战力量的中坚,因此在战时遭到一些极端民族主义者的攻击,被指为"叛徒"和"懦弱小人"。美国前总统西奥多·罗斯福在一些公开演讲中把"那些不全心全意反对她(德国)和不全心全意支持战争直至胜利"的美国人称为"美国的叛徒"和"人类的叛徒",指责"美国的和平主义是德国军国主义的工具和同盟","和平主义者是正义的

---

① 妇女和平党于1915年在美国首都华盛顿成立,由简·亚当斯担任主席,吸引了全美妇女组织派代表参加,是美国第一个采取直接行动,即公开抗议和街头示威的方式表达和平主张和反对战争的和平团体,1921年成为跨国性的妇女争取和平与自由国际联盟(Women's International League for Peace and Freedom)的美国分部。

② 美国反对军国主义联盟成立于1915年1月,最初名为"反军国主义委员会"(Anti-Militarism Committee),1916年改名为美国反对军国主义联盟,由当时著名的女权主义者和政治活动家克里斯托尔·伊斯特曼(Crystal Catherine Eastman)担任执行主席。成员包括宗教和平主义者、社会主义者和工会领袖。主要目标是通过游行、公开演讲和发行出版物的方式阻止美国卷入欧洲的战争。美国对德宣战后,该组织继续开展反战运动,反对政府征兵,其中一些激进分子被捕入狱。

③ 和睦团契由一批和平主义者(pacifist)于1915年成立,其领袖有美国归正会牧师马斯特(A. J. Muste)、著名的社会改革家和女权运动领袖简·亚当斯和圣公会主教保罗·琼斯(Paul Jones),是一个以基督教为基础的跨宗派的和平组织。

敌人"，要求对这些人采取强硬措施。① 事实上，美国政府也是这样做的。在《叛国法》的支持下，联邦政府将大量拒绝服兵役的和平人士投入了监狱。美国反对军国主义联盟的"全国公民自由局"（National Civil Liberties Bureau）在著名的社会工作者与和平主义者简·亚当斯（Jane Addams）的带领下，利用宪法第一条修正案为解救因反战而被捕的人士和争取公民自由权进行了大量的斗争。全国公民自由局后来发展为极有影响的"美国公民自由联盟"（American Civil Liberties Union）。

　　正是第一次世界大战中这两种新型和平组织的诞生，标志着现代美国和平运动的兴起。与第一次世界大战前的和平组织相比，这些新型和平团体有一些突出的特点：前者具有强烈的精英主义倾向，而后者则更具平民和民主色彩，大批学生、妇女和工人加入自由和平主义团体；前者较为教条，而后者更富有实验精神，愿意尝试各种和平方案；前者具有浓厚的宗教色彩，而后者更加世俗化，其和平理念主要来自自由主义和进步主义思想；前者较为保守，而后者更具有改革精神，试图通过改变国内与国际秩序来消弭战争的根源；前者讴歌美国，而后者对美国社会和国家政策持批判的态度，其成员包括很多社会主义者和劳工领袖，因此具有很强的左翼倾向。如研究和平运动的知名学者查尔斯·德贝内代蒂所言，正是第一次世界大战中成立的这些和平组织率先提出国际和平与国内改革不可分割的思想，率先运用法律作为国际政治改革和社会重组的工具，率先把激进的社会批评与和平主义对非暴力的追求结合在一起，并据此来动员美国全社会的力量以及通过联合行动来追求和平的目标，从而开启了现代和平运动。②

20 年代美国和平运动的新发展

　　第一次世界大战是在工业化时代发生的人类历史上第一次总体战（total war），其惨烈和可怕程度以及给世界带来的巨大灾难震骇了世人。由于技

---

　　① Theodore Roosevelt's Speeches of April 1917 and Aug. 26，1918，in John Whiteclay Chambers Ⅱ，ed.，*The Eagle and The Dove：The American Peace Movement and United States Foreign Policy*，*1900 – 1922*，Syracuse，N. Y.：Syracuse University Press，1991，pp. 126 – 127.

　　② Charles DeBenedetti，*Origins of the Modern American Peace Movement*，*1915 – 1929*，Millwood，New York：Kto Press，1978，p. ix.

术的进步，第一次世界大战期间大量新式武器开始使用，机关枪、燃烧弹和各种各样的化学武器使得战争对人体的破坏力达到前所未有的程度，给人类造成无法想象的痛苦。第一次世界大战中还首次出现了以消耗敌对双方有生力量为目的的堑壕战，使得杀人和被杀成为士兵们每天必须面对的事情，给战争参与者的心理造成无法弥补的伤害。同时飞机和大炮的使用造成大量无辜妇女和儿童的死亡，使战争不再仅仅是职业军人的事情，而成为对平民的杀戮。就战争的残酷性和破坏力而言，第一次世界大战无疑是史无前例的，它表明现代战争已经威胁到文明本身。因此，和平成为战后整个世界的渴望。

在美国这种渴望由于对第一次世界大战的普遍幻灭感而尤为强烈。威尔逊总统以"让民主在世界上享有安全"的名义带领美国卷入这场原本与美国没有多大关系的战争，但是战后美国民众发现这场战争似乎不是在为民主而战，而是为金钱而战。20 年代陆续出现的反战文学[1]和对美国卷入战争原因的新解释[2]把战争视为一小撮银行家和军火商阴谋鼓动的结果，极大地增加了美国人对战争的厌恶。因此，越来越多的美国人相信，战争就是对人类的犯罪，美国当初的参战决定就是一个巨大的错误，美国再也不要卷入任何战争。厌恶战争成为 20 年代美国普遍的社会心态，追求和平成为美国社会最重要的目标之一，和平主义思潮在美国广泛传播。历史学家威廉·洛西滕伯格感慨道："在我们历史上对和平主义的坚守没有任何时候像两次世界大战之间那样强烈。"[3] 用历史学家入江昭的话说，和平是 20 年代的"优势概念"和"霸权性意识形态"（hegemonic ideology），是"讨论

---

[1]　最具代表性的作品包括法国作家亨利·巴比塞（Henri Barbusse）的小说《遭到攻击》（Under Fire）、英国反战作家西格弗里德·沙逊（Siegfried Sassoon）的诗歌《反击》（Counter-Attack）、著名作家海明威（Ernest Hemingway）的长篇小说《永别了，武器》（A Farewell to Arms）以及德国作家雷马克（Erich Maria Remarque）的《西线无战事》（All Quiet on the Western Front）。《西线无战事》在出版后的 18 个月内被翻译成 20 种语言，在世界各地热销 250 万册，其同名电影还获得了奥斯卡金像奖。参见 Modris Eksteins, "All Quiet on the Western Front and the Fate of a War," Journal of Contemporary History, Vol. 15, No. 2, Apr. 1980, p. 353。

[2]　20 年代美国学术界有关第一次世界大战起源和美国卷入战争的根源的新解释，即关于第一次世界大战的修正派史学，详见本书第四章第二节。

[3]　William E. Leuchtenberg, The Perils of Prosperity, 1914 - 1932, Chicago: The University of Chicago Press, 1958, p. 104.

国家和国际事务方面的主导框架"。①

在这种氛围中,和平追求者的社会地位和声望发生了变化。那些在第一次世界大战期间曾遭到极端民族主义者辱骂,被贴上"叛徒""懦夫""和平油子"标签的和平运动领袖们,被誉为"和平英雄"。战时曾遭到激烈谴责的和平主义者简·亚当斯在1931年获得诺贝尔和平奖。在美国和平组织的积极呼吁和游说下,战时因反战而被捕的和平人士陆续被释放。富兰克林·罗斯福在1933年正式签署文件,向在第一次世界大战中因反对战争遭受迫害的和平主义者道歉。

随着和平主义思潮的盛行以及和平人士地位的改变,越来越多的有识之士加入追求和平的阵营当中,各式各样的和平团体如雨后春笋般涌现出来,和平团体的数量和参加者的人数在20年代都出现了爆炸性的增长。② 不过,这些迅速出现的和平组织虽然拥有共同的目标,即反对战争、追求和平,但是在实现和平的方式上往往存在很大分歧。20年代的和平运动与美国社会的保守主义和自由主义,以及民族主义和国际主义思潮交织在一起,形成三种具有不同思想倾向、政治纲领和议程安排的和平团体,即具有较强民族主义色彩的法治主义团体,强调集体安全和国际制度建设的国际主义团体,具有较强道德主义和跨国主义色彩的自由和平主义团体。③ 需要指出的是,这里的

---

① Iriye, *The Cambridge History of American Foreign Relations*, Vol. 3, pp. 103 - 104.

② 准确计算两次世界大战期间有多少和平组织是非常困难的,这涉及判定和平组织的标准问题,一些团体把维护和平仅仅作为其部分目标,同时还拥有其他的目标,如妇女组织、宗教组织、劳工组织等。另外,有些团体是全国性的,有些是地方性的。是否只有那些把和平作为主要目标的全国性组织才是和平团体,学者们有不同的看法。根据《世界和平百科全书》的统计,1815—1900年间建立的美国和平组织共有9个,1900年至第一次世界大战爆发前建立的有6个,1914—1918年战争期间建立的有6个,两次世界大战期间建立的有14个;而根据罗伯特·费雷尔的统计,在20年代仅激进的全国性和平团体就有27个。Linus Pauling, ed., *World Encyclopedia of Peace*, Oxford: Pergamon Press, 1986, Vol. 3, pp. 179 - 185; Robert H. Ferrell, *Peace in Their Time: The Origins of Kellgg-Briand Pact*, Hamden, Conn.: Archon Books, 1968, pp. 27 - 28.

③ 不同学者对20年代的和平团体有不同的分类,查尔斯·德贝内蒂将其划分为法治主义者、国际主义者(internationalists)和社会进步主义者(social progressives)。卡丽·福斯特(Carrie A. Foster)将20年代的和平组织划分为和平主义者(pacifist)、保守的国际主义者(conservative internationalist)和自由主义改革者(liberal reformer)。本书的分类借鉴了两位学者的看法,但有所不同。参见DeBenedetti, *Origins of the Modern American Peace Movement*, p. x; Carrie A. Foster, *Women and Warriors: The U. S. Section of the Women's International League for Peace and Freedom*, 1915 - 1946, Syracuse, New York: Syracuse University Press, 1995, pp. 58 - 59。

民族主义、国际主义和跨国主义都是相对而言的，事实上，20 年代绝大部分的和平人士都在不同程度上支持美国与国际社会合作，通过国际社会的共同努力建立新的和平机制来防止战争，因此实际上都具有国际主义视野。1920年，乔治·克里奇特（George V. Kracht）曾观察说："由于受到上一次战争悲惨景象的震撼，国际主义的一般目标已经被世界所普遍接受。"① 也就是说，国际主义实际上是 20 年代和平运动的底色。

法治主义团体　法治主义团体主要由法学家、律师、法官以及政界和教育领域的精英组成。如前文所述，法治主义者在政治与社会领域较为保守，崇尚法治，认为法律比政治具有更高的道德性。他们主张用国际法和国际仲裁取代战争作为解决国际纠纷的方式，认为用法治取代权力政治是维持欧洲稳定唯一可靠的办法。与此同时，法治主义者还是坚定的民族主义者，他们坚信美国例外论和美国宪政的优越性，不仅将美国的宪法奉为典范，还呼吁在国际社会中推广美国的法治经验，建立一个类似美国最高法院的国际法院和类似美国国内法体系的国际法体系。法治主义者认为战后不需要建立一套新秩序来取代旧秩序，也不需要实质性地修改美国的对外政策，只要在国际社会大力推行法治即可。在这种思想的指导下，他们呼吁召开第三次海牙会议、编撰国际法以及以司法方式解决国家间的纠纷，倡导以法律方式而不是政治方式维护世界和平。法治主义者反对美国过多地参与欧洲事务，反对牺牲美国的主权来承担集体安全义务，对美国加入国联不感兴趣。这一立场与 20 年代共和党政府的政策颇为接近。

　　20 年代法治主义团体的代表是在第一次世界大战前就已经成立并在 20年代仍然活跃的美国和平协会、卡内基国际和平基金会、美国国际法协会以及 1921 年成立的"美国促进战争非法化委员会"（American Committee for the Outlawry of War）。卡内基国际和平基金会是法治主义和平团体中影响较大的一个，下设三个部门：致力于研究工业社会战争根源的经济和历史部，作为法治主义者信息交换中心的国际法部，以及资助国际学术交流的教育交流部。在鲁特的带领下，卡内基国际和平基金会奉行温和的路线，与共和党政府保持着良好的合作关系。用鲁特的话来说，基金会"几乎成了国

① George V. Kracht, "The Fundamental Issue between Nationalism and Internationalism," *International Journal of Ethics*, Vol. 30, No. 3, Apr. 1920, p. 242.

务院的一个部门"，与美国国务院"一直一起和睦地工作着"。① 以鲁特为首的法治主义者坚定地认为，和平应该是律师的工作，他们经常嘲笑那些激进的妇女和基督教和平主义者，认为他们过于激进，思想偏颇。

美国和平协会与卡内基国际和平基金会一样，也是国际法学家们聚集的团体，在外交政策与和平观念上与卡内基国际和平基金会基本一致。美国和平协会的领导人阿瑟·考尔（Arthur D. Call）是一个充满民族主义热情的和平运动领袖。考尔认为，美国的联邦制是世界人民的典范，要实现和平与繁荣就要在全世界推广美国的法制经验。他盛赞美国是世界上第一个成功的国际组织，"一个为了和平而组织起来的杰出的州联盟"。考尔将欧洲与美国相对比，称欧洲人使用武力保证秩序，但美国人不同，美国的民主试验依赖公民的道德素质，并通过其完美的法制体系实现公民自治，美国自身的存在就是"对战争体系的挑战"。因此，应该把美国的成功经验推广到全世界，让其他希望获得和平和繁荣的国家模仿美国。② 考尔的想法代表了那个时代许多法治主义者的心声，他们对美国的法制体系充满自信，决心将美国的试验推向全世界，在国际社会中使用美国式的法制体系维护和平。

美国促进战争非法化委员会的建立者是战争非法化理念的提出者、芝加哥律师萨蒙·莱文森（Salmon O. Levinson）。莱文森认为，在所有国家都承认战争为非法之前是不存在长久和平的。因此，他要求美国政府召开国际会议制定有关使战争非法化的国际法，并建立一个国际法庭来监督这项法律的实施。著名的哲学家和教育家约翰·杜威（John Dewey）、一位论教派领袖约翰·霍姆斯（John Haynes Holmes）以及经济学家雷蒙德·罗宾斯（Raymond Robins）都是战争非法化理念的支持者。与前述的三个法治主义团体不同，美国促进战争非法化委员会在社会与政治问题上持进步主义而非保守主义立场，杜威和罗宾斯都是著名的进步主义者。保守主义把法律视为一种社会控制的工具，以遏制过度的民主和阻止社会变革，而进步主义"将法律看作一种纯洁民主进程和废除邪恶社会制度的工具"，③ 即促进

---

① DeBenedetti, *Origins of the Modern American Peace Movement*, p. 47.

② Arthur Deerin Call, "Three Facts in American Foreign Policy," *The Advocate of Peace through Justice*, Vol. 83, No. 4, Apr. 1921, pp. 143 – 145.

③ DeBenedetti, *Origins of the Modern American Peace Movement*, p. 59.

社会改革和扩大民主的工具。从进步主义信念出发,美国促进战争非法化委员会把战争视为一种罪恶,而制定宣布战争为非法的国际法和建立实施该法的国际法院就可以消除这一罪恶。既然在美国社会可以通过法律手段消除社会罪恶,那么在国际关系领域也可以通过法律手段消除战争这一罪恶,实现正义与和平。罗宾斯在1923年的一次演讲中说:

> 国际社会秩序的根本问题在于战争制度(war institution)的合法性,将武力体系(force system)作为解决国际纠纷的合法手段以及缺乏以平等和正义为基础、通过法律和平解决纠纷的国际规范,就像1850年的时候我们国内社会秩序的根本问题在于奴役制度的合法性和武力体系成为解决劳资纠纷的合法手段以及缺乏以平等和正义为基础、通过法律和平解决纠纷的国内规范一样。那个时候正确的解决办法是使奴役制度和武力体系非法化,使奴隶制度成为公开的罪恶以及用相互同意和基于平等与正义的法律代替个人武力和暴力。通过这一方法,决斗和饮酒的习俗被废除,国际奴隶贸易和盗版的惯例也被中止……共和党曾通过反对国内的奴役制度赢得了历史性的优势地位,它也可以通过为废除国际战争制度而战来保持对美国生活的领导。[①]

该组织反对美国加入国联,认为国联在维护和平方面是无用的,在压制社会改革方面是反动的,美国应该独立于欧洲政治之外。这一派的理念后来得到持孤立主义立场的资深参议员威廉·博拉的支持,并以国际条约的形式体现在《凯洛格—白里安公约》中。

国际主义团体　虽然美国没有批准《凡尔赛和约》和加入国联,威尔逊的自由国际主义思想对20年代的和平拥护者仍然具有重要影响,塑造着20年代美国和平运动的面貌。国际主义者深信,随着工业化导致国家间相互依赖不断加深,当今世界已经和以往大不相同,正在发展成一个相互依赖的世界共同体。为了避免战争对国际秩序和各国经济造成破坏,必须在专家的指引下,通过科学的制度手段,控制和改变国际无政府状态下的混

---

① Neil V. Salzman, *Reform and Revolution: The Life and Times of Raymond Robins*, Kent, Ohio: Kent State University Press, 1991, p. 321.

乱，实现一种可靠的、可操控的长久和平。对于国际主义者而言，和平与战争一样也需要精心的谋划和设计。20 年代著名的国际主义者、哥伦比亚大学国际关系史教授詹姆斯·肖特维尔曾言，国际关系不仅仅是"外交竞争"，而且是一个有机的、动态发展的过程，和平是"这一过程的健康发展"，而每一种发展"都需要指导和控制"。① 与持保守立场的法治主义者不同，国际主义者主张对国际关系进行变革，坚信人类可以通过理性的设计来建立新型的国际关系，通过精巧的制度和合理的机制来控制国家的冒险行为，让人类远离战争。

国际主义和平团体主要由社会科学家、教育家、律师和记者等自由派人士组成，重视与政府和社会精英发展良好的关系，对共和党政府的外交政策不满。他们坚信只有通过集体安全体系，和平才能得到维护，例如，肖特维尔认为，"一个强有力的集体安全是世界秩序的前提"，"一个清晰界定的集体安全体系不仅会给侵略的受害者以援助，而且更重要的是，对那些打算发动战争以实现其国家目标的人是一种威慑，只有通过建立这种威慑，各国才会毫无担心地裁军"。② 他们主张美国改变过去的孤立主义外交政策，积极参与国际和平机制的构建，加入并领导国联，因为只有美国加入国联，才有可能修补《凡尔赛和约》的种种缺陷，而只有美国领导国联，才能创建一种不同于传统均势政治的国际新秩序，这种国际新秩序是世界永久和平的基础。国际主义者批评共和党政府的外交政策，呼吁美国承担更多的国际责任，不仅应该加入国联以及国际法院等国际机构，还要在国际社会中扮演领导者的角色，用美国的自由民主原则改造世界秩序。国际主义者强调建立新的国际制度和国际机制的重要性，因而也被称为"制度主义者"。

国际主义和平团体除了前文提及的实现和平联盟外，还有"国联无党派协会"（League of Nations Non-Partisan Association）和"外交政策协会"（Foreign Policy Association）。

实现和平联盟在第一次世界大战时期是一个跨党派的团体，有很多共

---

① DeBenedetti, *Origins of the Modern American Peace Movement*, p. 162.

② Harold Josephson, *James T. Shotwell and the Rise of Internationalism in America*, Madison, N. J. : Fairleigh Dickinson University Press, 1975, p. 117.

和党人参加。美国拒绝加入国联后,该联盟在是否继续谋求美国加入国联问题上出现分歧,并发生分裂,其影响力逐渐削弱,于 1923 年正式停止活动。支持国联的和平人士于 1923 年 1 月成立了国联无党派协会,1929 年改名为"国联协会"(League of Nations Association)。该协会由辞职不久的联邦最高法院法官约翰·克拉克(John H. Clarke)担任主席,由前司法部长乔治·威克沙姆(George Wickersham)任执行委员会主席。此时国联支持者刚刚遭遇两大挫折:参议院拒绝《凡尔赛和约》和反对国联的共和党人哈定当选总统,美国加入国联的前景越来越渺茫,国联无党派协会的宗旨就是教育公众,让公众了解国联的活动和成就,消除美国加入国联的障碍,支持修改《国联盟约》以及培育国际合作的观念,为美国加入国联创造有利的舆论环境。克拉克从美国最高法院辞职担任主席一职,鼓舞了国联的支持者,他本人也成为威尔逊之后国联支持者的领袖。国联无党派协会成立之初只有 2369 个成员和来自世界和平基金会的 1.5 万美元资金,但是协会在很短的时间内就在各州和数百个市镇建立了分会,并发展成为 20 年代最重要的国际主义和平团体。① 但是,协会在促进美国加入国联方面的效果甚微,随着经费的紧张,协会的主要目标改为支持美国加入国际法院。第二次世界大战后,该协会更名为"联合国协会"。

与国联无党派协会几乎同时出现的还有另一个重要的国际主义和平组织——外交政策协会。外交政策协会的前身为第一次世界大战期间建立的自由国家联盟协会,其主席也是原自由国家联盟协会的主席、印第安纳大学教授詹姆斯·麦克唐纳(James G. McDonald)。外交政策协会致力于让美国公众了解世界事务,鼓励民众参与外交政策的讨论。20 年代它在纽约市举办的讨论外交政策的星期六午餐会非常有名。外交政策协会支持美国加入国联和国际法院,认为美国应该是国际秩序重建的领导者。但是,与实现和平联盟不同的是,外交政策协会反对为了保障集体安全而使用武力,反对美国参与对外军事干涉。外交政策协会在 20 年代积极参与各种和平运动,如反对美国军事干涉拉美,要求政府承认苏联,支持裁军和战争非法化运动等。

---

① DeBenedetti, *Origins of the Modern American Peace Movement*, p. 34.

自由和平主义者（liberal pacifist） 与法治主义团体和国际主义团体不同的是，自由和平主义团体主要是从伦理和宗教的角度反对战争，把战争看作是一种社会罪恶，反对国家使用战争作为对外政策的工具。正如妇女和平运动的领袖卡丽·卡特（Carrie Chapman Catt）所说的那样，战争是"一种罪恶、一种犯罪、一种不公正、一种不道德的机制、一种不实际的政策……一种文明时代不应该存在的野蛮主义"。① 自由和平主义者不仅反对战争暴力，而且反对社会上存在的一切形式的结构暴力，哪怕是制止暴力的"暴力"，从根本上否定了使用暴力的合理性和合法性。他们虽然支持美国加入国联，但主张利用联合经济制裁和世界舆论力量而不是国联盟约中的集体暴力和集体安全机制来保障世界和平。自由和平主义者也支持法治主义者建立国际仲裁机构的主张，但他们更加强调道德作用和舆论影响，希望可以通过唤起道德良知来净化国际政治，在现代文明中根除"大规模杀人"这种落后的、野蛮的行为方式，故而又被称为"道德主义者"。

除了反对战争外，自由和平主义者还将和平与社会改革联系在一起，强调和平与国内正义有关。他们不仅反对国家之间的战争暴力行为，而且还反对国家内部种种人为的暴力。他们大量吸收了进步主义的思想，将社会改革和维护社会正义的内容加入和平思想中，让和平的含义更为广泛，也更为积极。在自由和平主义者看来，和平不只是一种社会状态，它还是一种社会进程，而要推动和维护和平，就必须在全世界推广共同的和平价值观、社会机制和文化习俗，这样人类才能够真正和谐共处。大多数自由和平主义者都是进步主义者。

自由和平主义者还具有跨国主义的世界观。这种跨国主义吸收了宗教普世主义、人道主义价值观、进步主义理念以及社会主义者关于阶级无国界的意识，使自由和平主义者对和平的追求超越了国家和民族的边界，将关注的重点放在全人类的福祉上，致力于培育全球共同体的意识。自由和平主义者不仅在思想上，还在组织上建立了跨国联系，两战期间的许多美国和平组织都是应国际和平人士要求而创立的，还有一些和平主义组织本身就是国际性和平组织的地区分部，比如"妇女争取和平与自由国际联盟"

---

① DeBenedetti, *Origins of the Modern American Peace Movement*, p. 83.

的美国分部和"国际和睦团契"的美国分部,等等。无论是在思想上还是在组织上,这一时期的美国自由和平主义者都与同时期世界各国的和平追求者建立了某种程度的联系,具有鲜明的跨国主义色彩。

20年代的自由和平主义团体主要由三部分组成:基督教团体、妇女和平组织及其他反对一切战争的激进和平主义团体(radical pacifist)。基督教团体的和平思想最初来自《圣经》中的训诫和基督教的教义,特别是基督爱和宽恕的精神。① 正如德韦尔·艾伦(Devere Allen)所言,"基督教徒要废除战争的特殊责任来自于耶稣的教诲"。② 第一次世界大战后的基督教和平团体还受到社会福音(Social Gospel)思想的影响。20世纪初期社会福音运动的开展使得教会工作不再局限于以个人拯救为目标的纯粹的福音传道,还扩大到社会的救赎。信奉社会福音的基督教人士一方面在教育、医疗和社会福利领域开展工作,救助工业化和城市化过程中出现的社会弱势群体;另一方面在战后开始更多地关注国际问题,特别是种族歧视、经济剥削、战争与和平等。国际主义的和平思想取代了保守的和平思想成为20年代宗教和平组织的主导思想,并塑造了他们对美国外交政策的看法。20年代比较活跃的宗教和平团体有:"教会和平联盟"(Church Peace Union,CPU)、"教会促进国际友好世界联盟"(World Alliance for International Friendship through the Churches,WAIFTC)、"和睦团契"和"美国公谊会服务委员会"(American Friends Service Committee)。《明日世界》(*World Tomorrow*)和《基督教世纪》(*Christian Century*)是当时两份最具代表性的自由主义新教报刊,也是宗教和平运动的喉舌。它们的主编科比·佩奇(Kirby Page)和查尔斯·克莱顿·莫里森(Charles Clayton Morrison)都是和平运动的重要人物。

与传统的宗教和平团体相比,妇女和平组织是和平运动中的新兴力量。大部分妇女投身于和平运动是出于妇女的天性,当时的观念认为,与好勇善斗、冲动放纵的男性不同,妇女拥有一种保护生命的"特殊倾向",反对

---

① 耶稣曾告诫他的信徒们:"有人打你的右脸,连左脸也要转过来由他打;有人想要告你,要拿你的里衣,连外衣也让他拿去;有人强逼你走一里路,你就同他走二里;有求你的,就给他;有向你借贷的,不可推辞。""要爱你们的仇敌,为那逼迫你们的人祷告。"《新约·马太福音》第5章。

② Allen, *The Fight for Peace*, p. 16.

战争、爱好和平应该成为妇女天然追求的目标。[1] 还有一些女权主义运动领袖，在妇女争取选举权运动成功后一直在寻找合适的政治问题，将涣散的妇女力量团结在一起，她们发现争取和平的运动可以把妇女联合起来，发挥妇女的政治影响力和提高妇女的社会地位。很多女性精英感到既然男性未能防止第一次世界大战的爆发，那么女性就有必要建立单独的和平组织，通过女性组织的独特活动来促进世界和平。著名的和平主义者埃米莉·鲍尔奇（Emily Greene Balch）称："既然战争像育儿（childbirth）那样是妇女可以发挥不同于男性的独特作用的领域，我们就应该寻找空间建立独特的女性和平联盟。"[2] 美国妇女于 1920 年获得选举权后，女权主义运动和战后和平运动逐渐融为一体，"和平主义不仅是女权主义逻辑上的发展，而且成为它不可分割的一部分"。[3] 于是，一大批妇女和平组织纷纷建立。女权主义对和平主义的影响成为 20 年代和平运动的一大特色。

20 年代影响较大的妇女和平团体有："妇女争取和平与自由国际联盟"（Women's International League for Peace and Freedom）、"妇女和平协会"（Women's Peace Society）、"妇女和平联盟"（Women's Peace Union）和"战争起因与防治全国委员会"（National Committee on the Cause and Cure of War）等，其中又以"妇女争取和平与自由国际联盟"影响最大。"妇女争取和平与自由国际联盟"是一个国际性组织，成立于 1915 年，由美国的妇女和平党主席简·亚当斯担任主席，总部设在日内瓦。该组织在 20 年代后期有三大目标：促使美国政府放弃以武力保护私人海外投资，争取各国支持把战争视为国际犯罪，实现美国和其他国家的普遍裁军。[4] 其领导人简·亚当斯和埃米莉·鲍尔奇先后获得诺贝尔和平奖。

---

[1]　Susan Zeiger, "Finding a Cure for War: Women's Politics and the Peace Movement in the 1920s," *Journal of Social History*, Vol. 24, No. 1, Autumn 1990, p. 72.

[2]　Carrie A. Foster, *Women and Warriors: The U. S. Section of the Women's International League for Peace and Freedom, 1915－1946*, Syracuse, New York: Syracuse University Press, 1995, p. 3

[3]　Jo Vellacott, "Women, Peace and Internationalism, 1914－1920: 'Finding New Worlds and Creating New Methods,'" Charles Chatfield and Peter van den Dungen, eds., *Peace Movements and Political Culture*, Knoxville: University of Tennessee Press, 1988, p. 106.

[4]　Foster, *Women and Warriors: The U. S. Section of the Women's International League for Peace and Freedom, 1915－1946*, p. 58.

妇女和平组织除了对女性选举权和社会正义特别关注外,还主张普遍裁军、外交决策过程的民主化、废除以暴力和强迫方式解决冲突,以及为了全人类的政治、社会和经济合作建立一个世界性组织等。虽然宗旨相似,但是各种妇女团体之间关注的侧重点不一样,比如妇女和平协会是绝对的和平主义组织,它反对一切战争,强调和平教育的重要性;妇女争取和平与自由国际联盟则更明确地表达了对经济和种族压迫以及殖民主义、干涉主义的关注,强调影响立法过程的重要性;而另一个妇女组织——战争起因与防治全国委员会的和平纲领则属于中间立场,该组织致力于联合所有妇女和平团体争取和平。实际上,多元化的和平观广泛存在于不同的和平组织之中。

除了新教教士和女权主义者之外,激进和平主义者也是自由和平主义一派的重要成员,它与前两种社团的成员有所交叉,很多教士和女权主义者也是绝对的和平主义者,比如和睦团契、公谊会服务委员会和妇女和平党的成员。最重要的激进和平主义团体是 1924 年在纽约成立的"战争抵制者联盟"(War Resisters League),为 1923 年在英国成立的"战争抵制者国际"(War Resisters International)的美国分部。"战争抵制者联盟"的成员都是绝对的和平主义者和彻底的非暴力不抵抗主义者,反对一切战争。该组织的目标是通过罢工或其他非暴力的方式抵制战争,彻底消灭战争。他们反对军国主义,要求彻底裁军,以便把好战精神从全世界根除出去。他们认为侵略力量可以提前通过非军事制裁的方式进行限制,比如国家集体使用经济制裁和外交制裁。在他们看来,战争的潜在原因是国家间经济资源分配的不平等,这种不平等激化了社会内部矛盾并促成对外侵略行为,最终导致大国之间为了抢夺资源和殖民地而发生战争。因此应该建立一种平等的国际新秩序,为和平解决国家内部和国家之间的冲突提供有效的手段。激进和平主义者支持美国与国联合作,但是坚决反对《国联盟约》的强制条款,拒绝使用集体武力制止侵略。

大体言之,法治主义者追求的是法治基础上的和平,不主张对国际秩序进行根本的变革,反对美国参与欧洲政治和充当重建国际秩序的领袖。国际主义者则认为战争源自旧欧洲均势体制的不稳定,主张在集体安全的基础上构建新秩序,通过科学设计的国际机制防止战争的爆发,并要求美国承担集体安全义务,领导世界重建和平。而自由和平主义者虽然也是广泛意义上的国际主义者,支持美国与国际社会合作,但是他们比前两者更激进,更注重从社会制度层面铲除战争的根源,致力于维护社会正义和重建合理的世界经济秩序,认为如果不解决国内社会内部的恶,也就无从消除国际社会中的暴力,建立真正的和平。显然,20年代的三种和平团体在观念上差异很大,对美国在国际事务中所扮演的角色也有不同的理解,但是它们也有一些共同点。

20年代和平运动发生在20世纪初期的进步主义运动之后,因此各种和平团体的理念在不同程度上受到了进步主义思想的影响,大多具有杜威·格兰瑟姆所说的"进步主义的秉性"(progressive temper):倡导用科学的方法来解决社会问题;关注道德与社会正义,重视教育的作用;对理性和社会进步抱有乐观的态度,相信依靠理性和教育可以驱散愚昧和贫穷,从而实现社会进步;主张通过扩大公共权力避免私人权力对民主社会的腐蚀。① 这种"进步主义的秉性"表现在国际事务与对外关系上,就是相信通过广泛的宣传、教育和理性的设计,可以改变人们的观念和国际关系的规则,促使各国放弃以战争作为解决国家间纠纷的工具,并致力于建立更加公正、合理的国内与国际秩序。和平团体支持美国政府扩大权力,在裁军、使战争非法化和建立国际司法机制方面发挥领导作用。特别是自由和平主义者,延续了进步主义者对社会正义和经济不平等问题的重视,主张通过改革实现经济、政治与社会的平等以消除战争的根源,将社会公正作为和平的一部分,扩大了和平的含义。

在组织形式上,20年代的和平团体也与战前自愿参与、组织松散的和平团体不同,其具备了高度专业化特征。大多数和平团体由专职的带薪员工负责团体的日常运作。参与和平团体组织工作的人士,包括律师、商人、教育家、作家和记者,他们既把这些非政府组织当作实现个人理想和抱负的地方,又将其当作一份维持生计的职业。和平团体的专业化和组织化使各和平团体都有自己稳定的机制、一致的理念、合理的分工、高效的管理和迅速采取行动的能力,从而可以组织大规模的和平运动。

归根结底,第一次世界大战让所有和平组织都相信人类要想生存,就

---

① Dewey W. Grantham, Jr., "The Progressive Era and the Reform Tradition," David M. Kennedy, ed., *Progressivism: The Critical Issues*, Boston: Little, Brown, 1971, pp. 109 – 121.

必须为和平而奋斗，"和平是必须实现的改革事业"（peace was the necessary reform）①。正是共同的关切和目标使不同的和平团体在 20 年代会聚了各行各业的社会精英，开展了声势浩大的和平运动，对美国的外交政策和国际秩序的构建产生了巨大的影响。

和平团体与20年代国际秩序的构建

美国的和平团体通过集会、出版报刊和书籍、游说政府以及游行、请愿等直接行动来开展和平运动，成为 20 年代最具影响力的外交政策压力集团。其目标一方面是对公众进行和平教育；另一方面则是促使政府支持和采纳他们提出的各种和平计划，以建立新的国际与国内秩序。第一次世界大战后美国参与的各种重建国际秩序的行动都与和平团体的游说和压力有直接的关系。

国联计划　汉密尔顿·霍尔特是国联计划的最早提出者。第一次世界大战刚刚爆发的时候，他就开始考虑战后秩序重建的问题。1914 年 9 月 28 日，霍尔特在《独立者》杂志上发表文章，对侵略性武力和防御性武力进行了区分，提出"和平运动的问题是如何废除用于侵略目的的武力，但同时保持用于维护秩序的武力"。他建议战后成立一个国家间的联盟——"和平联盟"（League of Peace），利用国家间联盟的集体武力威慑潜在侵略者，只要不出现侵略行为，也就不会出现防御行为，从而避免了战争暴力的再次出现。霍尔特认为，美国"注定要在战争结束后的伟大重建中扮演重要角色"，并领导这一联盟的建立，因为"美国是历史上已知的最伟大的和平联盟"，"美国已经向世界证明，地球上的所有种族和民族都可以在同一种政府形式下和平地生活"。在他看来，美国各州之间关系的模式可以用在建立和平联盟上，各国可以像美国各州那样通过司法手段，如仲裁，解决彼此之间的问题，并相互帮助抵御侵略。②霍尔特的战后重建计划成为国联计

① 此为查尔斯·德贝内蒂的说法。Charles DeBenedetti, *The Peace Reform in American History*, Bloornington, Indiana: University of Indiana Press, 1980, p. 109.

② Hamilton Holt, "The Way to Disarm: A Practical Proposal," *Independent* 79 (Sept. 28, 1914): 427 – 429, 收录于 Chambers II, ed., *Eagle and Dove: The American Peace Movement and United States Foreign Policy, 1900 – 1922*, pp. 41 – 46. 引文引自 pp. 43, 45。

划的最初模本。

第一次世界大战期间，霍尔特的国家联盟计划在和平工作者中获得了大量的支持。1915 年，霍尔特和一些志同道合者创建了"实现和平联盟"，召集和平人士宣传国联的理念，并且成功说服威尔逊总统采纳了他们的建议。然而战争结束后，各种和平组织就威尔逊国联计划的可行性发生了激烈的争论。实现和平联盟等和平组织全心全意支持国联，认为它是战后和平的唯一保证；一些和平组织如自由国家联盟协会则认为威尔逊的国联过于依靠威慑，忽视了社会和经济变革，因此要求修改国联方案；而另一些和平组织则拒绝接受威尔逊的国联，例如卡内基国际和平基金会即反对国联盟约中的集体安全义务，而妇女争取和平与自由国际联盟则指责国联使用武力保证《凡尔赛和约》下不公正的和平。总之，全国范围的国联大辩论也出现在了和平运动的内部。

实现和平联盟为了推动国联计划的批准，在国内发动了声势浩大的支持批准《凡尔赛和约》的运动。当时的实现和平联盟是一个拥有 110 名全职员工的全国性和平组织，得到来自全国各地的资金支持。1919 年 2 月，联盟组织塔夫脱和洛厄尔等人进行全国巡回演讲，宣传国联理念，仅在四个星期内，它就在新英格兰和中西部召开了十五场"批准大会"支持国联。[①] 然而，随着国内政治情势的变化，塔夫脱反对任何保留案的强硬立场发生动摇，转而支持温和的修正案，造成实现和平联盟内部支持保留案和反对保留案两派人士的分裂。事实上，联盟的分裂并非偶然。国联问题在 1919 年早已不仅仅是单纯的外交政策问题，而被注入了强烈的党派政治色彩。为了争夺共和党内部的领导权，塔夫脱的立场发生摇摆，进而导致联盟内部出现严重分歧。最终，无论是威尔逊的国联方案、温和保留案还是强硬保留案，都没有得到参议院的批准。《凡尔赛和约》被参议院拒绝后，实现和平联盟面临前所未有的危机，其影响力迅速减弱。1920 年 10 月 15 日，31 位共和党国际主义者联合签署一份由鲁特起草的声明，表示支持共和党总统候选人哈定，并保证未来在哈定的带领下推动有组织的和平，洛厄尔、休斯、胡佛和史汀生都在声明上签字。虽然哈定并没有对这份声明

[①] DeBenedetti, *Origins of the Modern American Peace Movement*, p. 21

做出明确的承诺，但洛厄尔坚持认为这份声明很有必要，至少可以促使共和党政府重新考虑国联问题。

　　而以霍尔特为首的支持国联的自由国际主义者无法忍受塔夫脱的妥协倾向，从实现和平联盟中脱离出来，于1920年5月组建了一个新的国际主义和平团体——"伍德罗·威尔逊民主组织"（Woodrow Wilson Democracy），继续支持威尔逊的国联方案。与此同时，一些女性团体，如"妇女支持国联委员会"（Women's Pro-League Council）和"全国妇女选民联盟"（National League of Women Voters）也加入了支持国联的行列。

　　1922年夏，霍尔特给国务卿查尔斯·休斯写了一封公开信，批评共和党政府忽视与国联的交流以及背弃他们在31人声明中做出的承诺。但是，结果适得其反，这封公开信激怒了休斯，休斯公开表达了反对美国加入国联的立场。共和党政府反对国联立场的清晰化促成了国际主义和平组织的再次结盟。在洛厄尔的努力下，激进的国际主义和平团体"伍德罗·威尔逊民主组织"与保守的国际主义和平组织"国际合作美国协会"（American Association for International Cooperation）于1923年年初共同组建了"国联无党派协会"以影响舆论，推动美国加入国联。此外，以教会促进国际友好世界联盟和基督教和平联盟为首的宗教和平组织也加入了支持国联的运动。

　　国际主义者中的保守派和激进派对国联的性质和功能实际上有不同的看法。保守的共和党国际主义者将和平看作秩序，他们的首要目标是寻求欧洲政治的稳定，通过集体武力的威慑防止欧洲再次爆发战争。他们认为世界秩序的最大威胁是"复仇者德国"和"革命者俄国"，只有设立一个监督世界大国行为的国联，才能够有效控制这两个国际不安定因素。他们相信武力保障下的国际秩序，坚信"除了世界大国的军事保证外没有其他的方式"可以构建和平。① 对于他们来说，和平就是维持现状和稳定。而在激进的国际主义者看来，和平不仅仅是秩序，它还代表着一种和谐、平等的国家间关系，他们支持国联不仅因为它为和平提供了军事保证，还因为国联是理性管理国际秩序的科学机制，它既可以为国家间政治和经济合作提供途径，又能够为和平解决国际纠纷提供新方法。在他们眼中，面对变

---

　　①　DeBenedetti, *Origins of the Modern American Peace Movement*, p. 35.

革中的国际关系与国内社会，只有通过科学的调查、专家的研究以及合理的制度设计才能够消除国际社会中普遍存在的紧张关系，国联是理性解决种种工业社会问题的有效途径。因此，美国不仅仅要维持现有国际格局的稳定，还要坚决地反对帝国主义、军国主义和资源的不平等分配，领导各国建立一种健康的国际新秩序。只有美国加入国联或者与国联进行密切合作，才能够维持长久的世界和平。

保守和激进的国际主义者尽管有不同的和平理念，但是为了实现美国加入国联的目标进行了合作。虽然美国最终也没有加入国联，但是在舆论的影响下，共和党政府还是参与了国联的附属机构，如赔款委员会、国联卫生组织以及国际劳工组织的工作。到1930年，美国已经参加了40场国联大会，并建立了与国联合作的机制，在应对各种国际危机中与国联进行了合作。①

裁军运动 第一次世界大战的经历让和平人士认识到，战争不仅仅是秘密外交和军备竞赛的结果，还是军火制造商为了高额利润而精心设计的阴谋。只有实现普遍的裁军，减少武器的生产才能避免国家政策受军火商的左右，防止战争的再次发生。与在国联问题上存在严重分歧不同，几乎所有的和平人士都支持裁军，特别是在对国联和《凡尔赛和约》失望后，许多和平人士把裁军视为维护和平的主要希望。左翼自由杂志《民族》的出版人奥斯瓦尔德·维拉德（Oswald Garrison Villard）曾因对威尔逊在和会上对协约国做出过多的让步而批评国联盟约是一个"死亡的盟约"（A covenant with death），但他坚决支持威尔逊"十四点"中的裁军原则，称如果美国继续承担现有的军备负担的话，就要在未来30年内付出和德国战争赔款"一样大的代价"。② 在和平人士看来，只有削减军备才能实现和平，因为武器和军队的存在就是暴力的根源，武器和军队的数量与战争爆发的概率成正比。

① Charles F. Howlett & Robbie Lieberman, *A History of the American Peace Movement: From Colonial Times to the Present*, Lewiston, N. Y.: Edwin Mellen Press, 2008, p.231.

② Oswald G. Villard, "The Disarmament Conference and Its Possibilities", *Nation* 113 (Jul. 28, 1921): 86. 转引自 Chambers Ⅱ, ed., *Eagle and Dove: The American Peace Movement and United States Foreign Policy, 1900 – 1922*, pp.186 – 187.

在这一思想的指导下,第一次世界大战结束后,美国的和平团体要求
联邦政府尽快让军队复员,将军队数量裁减到战前的水平。同时,面对战
后很快出现的美、英、日海军军备竞赛,和平团体用各种方式向联邦政府
施压,要求美国政府与英日谈判,停止海军竞赛。恰在此时,资深参议员
博拉在1920年12月14日提出一项决议案,要求总统发起召开美、英、日
三国会议,在未来五年内将海军建设项目削减一半。① 该议案一经提出,就
得到和平人士的热烈支持。公谊会和外交政策协会率先响应,联合各种倾
向的和平主义者和国际主义者,宣传裁军大会的倡议,要求政府采纳博拉
的议案。刚刚获得选举权的美国妇女成立了"争取世界裁军妇女委员会"
(Women's Committee for World Disarmament),与"妇女争取和平与自由国际
联盟"、"妇女基督教禁酒联盟"(Woman's Christian Temperance Union)和
"全国妇女选民联盟"等团体合作,通过召开有公众参与的会议、分发宣传
资料、发表巡回演讲、对白宫和国会进行游说等方式支持博拉的倡议。争
取世界裁军妇女委员会还明确要求哈定总统在美国的谈判代表团中安排妇
女代表。外交政策协会的执行书记克里斯蒂娜·梅里曼(Christina Mer-
riman)还建立了一个裁军信息交换中心来协调妇女团体和教会团体的行
动。5月21日,参议院通过附有博拉修正案的海军拨款法案,博拉的修正
案要求总统召开限制海军军备国际会议。在随后的五六月间,国务院收到
了数千封呼吁召开国际裁军大会的信函。截止到裁军会议召开前,国务院
收到的信件、请愿和电报的总数达到六百万份。② 教会团体还将1921年6
月5日确立为"裁军礼拜日"(Disarmament Sunday),并号召教徒为裁军的
成功而祈祷。

哈定总统本人是"大海军"的支持者,他原本想要提高海军预算,等
美国至少建立一支与英国同样强大的舰队之后,再进行限制海军军备的多
边谈判。而且,他认为博拉的行动侵犯了行政部门的外交权,因此对召开
裁军会议并不热衷。但是和平团体行动对美国政府构成巨大的政治压力,

---

① 议案原文见 Chambers Ⅱ, ed., *Eagle and Dove*: *The American Peace Movement and United States Foreign Policy*, *1900 - 1922*, p. 180。

② Cecelia Lynch, *Beyond Appeasement*: *Interpreting Interwar Peace Movements in World Politics*, Itha-ca: Cornell University Press, 1999, p. 133.

面对民众的强烈要求,哈定政府只好改变初衷,撤回了自己对裁军会议的反对,在 7 月初开始与英日等国商讨召开裁军会议的问题,并在 8 月向英、日、法、意四国发出正式邀请。美国还将英日同盟和远东问题纳入会议议程。在讨论会议日程安排时,英国提出先讨论远东问题,然后再讨论裁军问题,但休斯担心这种安排会引起美国舆论的"不满反应",坚持先讨论裁军问题,并称"让会议与美国舆论保持密切的联系对会议涉及的重大问题的满意解决以及会议的成功极为重要"。① 由此也可以看出裁军舆论对哈定政府的影响。

裁军信息交换中心在 1921 年 9 月发展成为"限制军备全国委员会"(National Council for the Limitation of Armaments),1922 年 11 月更名为"防止战争全国委员会"(National Council for the Prevention of War)。该委员会是和平组织的联盟团体,由全国 17 个和平组织组成,主席是弗雷德里克·利比(Frederick J. Libby),其目标是表达美国人民要求削减武器的愿望,为裁军运动提供组织机制和合作的平台,最终实现用法律取代战争的目标。② 华盛顿会议召开期间,委员会在国务院、陆军部和海军部附近设立了办公室,发布各种消息,分发海报、信件和小册子,每两周出一期《公报》,成为各大和平团体以及新闻媒体的主要信息来源。③

华盛顿会议成功结束后,美国的和平团体继续争取其他领域的裁军。防止战争全国委员会指出,限制海军军备只是走向和平的第一步,"在全世界范围内限制陆军和限制海军一样重要",应该通过召开其他领域的裁军会议把华盛顿会议开始的裁军事业进行下去。④ 和平人士继续向政府施压,要求进一步限制各国巡洋舰、驱逐舰和潜艇的规模。在 1930 年伦敦召开的海军会议上,美、英、日三国就限制驱逐舰、巡洋舰和潜艇问题达成协议,规定了三国驱逐舰、巡洋舰和潜艇的吨位比例。

---

① The Secretary of State to the Ambassador in Great Britain (Harvey), Jul. 13, 1921, *FRUS*, 1921, Vol. 1, p. 28.

② NCPW 的政治纲领 "An Efficient Disarmament Campaign", 收于 Chambers Ⅱ, ed., *Eagle and Dove: The American Peace Movement and United States Foreign Policy, 1900–1922*, pp. 187–188。

③ Charles Chatfield, *The American Peace Movement: Ideal and Activism*, New York: Twayne Publishers, 1992, p. 57.

④ Lynch, *Beyond Appeasement*, p. 135.

实际上,华盛顿海军会议和伦敦海军会议是 1972 年美苏签订限制战略核武器协定以前仅有的两次成功的裁军会议,这无疑与和平团体的努力是分不开的。

加入国际法院运动   华盛顿裁军会议后,和平团体的注意力转移到美国加入"国际正义常设法院"(Permanent Court of International Justice)问题上。对法治主义者来说,美国加入国际法院可以极大地推动国际冲突的司法解决,促进国际仲裁机制的发展。而在国际主义者和部分和平主义者看来,加入国际法院则可以促进美国积极参与国际事务以及美国与国联的合作,甚至最终促使美国加入国联。因此绝大多数和平人士都支持美国批准国际法院议定书,把推动美国加入国际法院视为和平运动继裁军之后的下一个目标。如妇女支持国联委员会所言,"裁军会议已经成功地唤醒公众对我国国际职责的认识",因此应该趁势进一步扩大美国的国际责任,加入国际法院。[①] 妇女组织和基督教团体都参与了支持加入国际法院运动,他们在1922 年 5—6 月间组织了一场全国范围内的民意表达运动,向总统哈定和国务卿休斯的办公室寄送了大量的信件和请愿书。参与这场运动的组织包括:教会促进国际友好世界联盟、限制军备全国委员会、"全国天主教福祉委员会"(National Catholic Welfare Council)和卡内基国际和平基金会等。在舆论的压力下,共和党政府表示支持美国加入国际法院,并希望国会尽快就此进行讨论。国务卿休斯、总统哈定和接替哈定的柯立芝总统都请求国会尽早批准国际法院议定书。柯立芝认为,国际法院代表着正义,加入该机构不会让美国承担多大的政治义务,但却可以换来国际社会对美国地位的尊重。他在 1925 年秋对纽约州商会的演讲中说得非常直白:"我想象不出有哪件我们力所能及的事情可以(像美国加入国际法院那样)让我们承担如此轻的义务,同时又对世界具有如此大的价值。"[②]

但是,美国社会也存在反对美国加入国际法院的力量,孤立主义者担心加入国际法院将是加入国联的第一步,导致美国再次卷入欧洲政治。资深参议员博拉成为国际法院的坚定反对者,他采取的策略是在国会提出议

---

① Lynch, *Beyond Appeasement*, p. 137.

② Calvin Coolidge, *Foundations of the Republic: Speeches and Addresses*, New York: Scribner, 1926, p. 331.

案，支持使战争非法化运动，以此来消解和平人士对国际法院的热情。在博拉看来，使战争非法化局限于法律和道德层面，不需要美国承担集体安全义务，同时还可以提升美国在国际社会中的道德形象。特别是，一旦战争被视为是非法的，那么国联和国际法院存在的意义就会大打折扣，国际主义者的影响力也会受到打击。博拉的倡议得到了反对国联的和平团体的支持。博拉支持下的战争非法化运动和哈定政府支持下的国际法院运动几乎同时占据了美国和平运动的舞台，甚至相互竞争。

在当时美国的和平运动中，一些宗教团体既支持美国加入国际法院，同时又支持博拉等人主导的使战争非法化运动，如全美基督教会联邦理事会、教会促进国际友好世界联盟和教会和平联盟，这三个宗教和平团体的观点非常一致，同时赞同这两个相互竞争的议题。1923 年 6 月，三个和平团体的领导人决定成立一个"六人委员会"（Committee of Six）以及一个附属的"联络委员会"（Nexus Committee），目的是促进三团体的协调与合作。在联络委员会的组织下，三团体在 1923—1924 年间举行了四十多场全国和平大会，并组织了多次在全美范围内的巡回演讲，分发各种宣传小册子和传单，向华盛顿派出著名的教会领袖，游说政府加入国际法院。1924 年 5 月，数千名宗教人士还签署了请愿书，在国会就美国加入国际法院举行听证会之前进行分发。

但是，由于博拉领导的孤立主义者坚决反对美国加入国际法院，美国和平运动内部围绕是支持美国加入国际法院还是支持使战争非法化运动出现了严重的分歧，两派支持者甚至相互拆台，严重削弱了和平运动的影响力。为了和平运动的整体利益，科比·佩奇和弗雷德·史密斯（Fred B. Smith）等人在两派之间进行了调解。国际主义者清楚地知道，加入国际法院的提案要想获得参议院的批准，就必须取得参议院对外关系委员会主席博拉的支持，或至少让他保持中立；而战争非法化的支持者也认识到他们的计划必须得到国际主义者的支持才能获得成功。于是，双方于 1923 年春开始谈判。1925 年 6 月，国际法院支持者和战争非法化计划的支持者在纽约会面。经过激烈的争吵，两派签订了《一致的和平新计划》。但是，由于签署该计划的和平运动领袖只代表其个人，而并不代表其所属的和平组织，新计划并没有能够起到团结所有和平组织的作用。

"职业和商业妇女全国联盟"（National Federation of Professional and Business Women）与全国妇女选民联盟等团体对新计划表示了支持，而一些团体内部在该计划问题上则出现了分歧。妇女争取和平与自由世界联盟主席简·亚当斯明确拒绝采用这一计划，而该组织的其他领袖则支持该计划。另一些和平组织，如教会促进国际友好世界联盟和妇女国际法院委员会以及新成立的"国际法院问题咨询委员会"（Advisory Committee on the World Court）甚至认为该计划是为了迎合博拉而制订的。以国际法院问题咨询委员会为首的国际主义组织站在了柯立芝一边，支持由行政当局处理国际法院问题。世界和平基金会官员德尼斯·迈尔斯（Denys Myers）称"公开支持总统似乎是实现让美国加入国际法院目标的最佳方案"①。最后，只剩下以佩奇为首的宗教和平主义者，依然致力于不切实际的"一致的和平新计划"。事实上，没有博拉的认可，该计划不可能得到推行，而这位爱达荷州的参议员对其不感兴趣。到1926年，"一致计划"已成空文，和平运动内部的分歧更加严重了。

各种取向的和平组织在美国应该如何参与国际事务和扮演何种国际角色问题上分歧巨大。国际主义者的目标是通过《一致的和平新计划》来争取非法化战争鼓吹者和博拉对国际法院，乃至国联的支持，实现让美国与其他大国在政治领域进行合作的目标；而战争非法化的支持者则试图通过该计划的实施实现在国际法上使战争非法化的目标，从而避免美国在欧洲承担任何的政治义务。国际法院支持者是国际主义者，而很多战争非法化的鼓吹者是孤立主义者，二者在国际观念上的分歧巨大，这是《一致的和平新计划》无法实施，乃至整个和平运动分裂的根本原因。

正是由于和平运动内部的分裂和孤立主义势力的强大，参议院虽然在1925年12月17日通过了《国际法院议定书》，同意美国加入国际法院，但却附加了令国际法院成员国无法容忍的五项保留，国际法院成员国拒绝接受美国参议院提出的保留。结果，持续两年之久的美国加入国际法院运动功亏一篑。此后，一些和平团体仍在继续要求政府与国际法院进行新一轮谈判，并组织了全国范围的请愿活动，但是公众的热情已经大大减退。

---

① DeBenedetti, *Origins of the Modern American Peace Movement*, p. 142.

到 1928 年，使战争非法化问题开始吸引全国公众的注意，并成为和平运动的主要议题。美国最终也未能加入国际法院。

使战争非法化运动　战争非法化理念的首倡者是芝加哥律师萨蒙·莱文森。第一次世界大战爆发后，莱文森开始关注欧洲的战局与国际政治，思考限制战争的方法。经过几年的潜心研究，他认为可以通过国际法来限制战争这种罪恶的国家行为，并发明了一个新的词语——"使战争非法化"（outlawry of war）来表达战争的罪恶性质，希望在国际法中明文规定进攻性战争为非法。1918 年 3 月，莱文森在自由派杂志《新共和》上发表了《战争的法律状态》一文，详细阐述了使战争非法化的理念。文章指出，战争和决斗一样都是错误的冲突解决办法，如果所有国家不宣布战争为非法，就不会出现永久的和平。因此，应该设计一种使战争非法化的国际法准则，并创建一个有武力支持的国际法院来"防止和惩罚"那些发动战争、违反准则的犯罪国。国家间出现纠纷时可以向国际法庭起诉，"由那些委员会中有经验的政治家，而不是战场上的毛头小伙子来解决"纠纷。在莱文森最初的设想中，他还对战争暴力和维持秩序的暴力做出了明确区分，前者是违法的，而后者是合法的，可以用合法暴力来抵抗非法暴力。[1] 在莱文森的设想中，战争非法化计划也是防止美国卷入欧洲政治的一种尝试，莱文森非常担心美国在战后会卷入欧洲事务，而通过使战争非法化，可以消除战争罪恶，避免欧洲再次爆发战争，这样美国就不会卷入欧洲事务，也不需要承担国际责任。莱文森称，战争非法化计划"既可以保持美国的传统和独立，同时又可以重组和稳定国际关系"，因此是可以替代国联的和平方案。[2]

1921 年，在雷蒙德·罗宾斯等人的帮助下，莱文森创立了"美国促进战争非法化委员会"，目的是在公众中营造有利于使战争非法化的舆论，扩大该计划的影响。同年 12 月，该委员会出版了莱文森撰写的最新版的《战争的非法化》一书。在该书中，莱文森提出，使战争非法化运动的主要目的是说服美国政府发起国际会议来制定国际法。新国际法将废除将战争

---

[1]　Salmon Levinson, "The League Status of War," *New Republic*, Vol. 14, No. 175, Mar. 9, 1918, pp. 171 – 173.

[2]　DeBenedetti, *Origins of the Modern American Peace Movement*, p. 61.

"作为一种解决国际纠纷的机制";规定战争是一种可以依照国际法进行惩罚的"公共犯罪";区分战争与防卫权,后者不受国际法的约束;明确规定"所有通过武力、胁迫和欺诈所进行的吞并、勒索和占领都是无效的"。同时,新国际法还包括建立一个按照美国最高法院模式运作的国际法院,专门负责处理纯粹的国际争端。而如何执行该国际法院判决的问题则由参加国际会议的各国代表来决定。[①] 莱文森在该书中修改了1918年的计划,没有提及以暴力手段来执行法院裁决。这主要是因为一些支持战争非法化的人士认为强制执行法庭决议也是一种战争暴力,而且会对美国的主权造成侵犯。因此,莱文森不得不放弃过去以暴制暴的初衷,将法庭决议的执行寄托在世界舆论的道德力量上。莱文森将该书分发给参加华盛顿海军会议的1100名成员以及包括总统在内的美国官员,甚至普通民众。[②]

由于战争非法化计划自身的模糊性,不同取向的和平人士从该计划中都可以找到符合自己目标的成分,该计划很快获得广泛支持。妇女团体对非法化理念表现出浓厚的兴趣,"全国妇女工会联盟"(National Women's Trade Union League)、"基督教女青年会"(Young Women's Christian Association)、全国妇女选民联盟,以及妇女争取和平与自由国际联盟美国分部相继通过了支持战争非法化的决议。可是对莱文森来说,使战争非法化计划成功的关键在于获得参议员博拉的支持。

1923年2月13日,经过一段时间的考虑和观望之后,博拉终于公开表示支持使战争非法化运动,并向参议院提出了相关议案。博拉之所以放弃观望并支持该计划,是因为它在政治上对其非常有利。使战争非法化计划虽然使用了激进的和平主义话语,但实际上却是一项相当保守的法治主义方案,它规避了美国的国际义务,不仅与博拉反对美国参与欧洲政治的主张相一致,而且还能为他赢得进步主义者与和平人士的支持。华盛顿海军会议的成功已经扩大了博拉在教会组织和妇女组织中的影响力,如果能够在使战争非法化运动中继续保持和提升这种和平领袖的形象,博拉就可以在下一届总统选举中获得更多的政治支持。特别是,博拉认为使战争非法化计划可以取代所有

---

① Salmon O. Levinson, *Outlawry of War: A Plan to Outlaw War*, Chicago: The American Committee for the Outlawry of War, 1921, p. 11.

② Ferrell, *Peace in Their Time*, pp. 30 – 31.

其他危险的和平计划,比如国联和国际法院,将美国的国际参与置于可控范围内。因此,这是一个既能有效削弱哈定政府,又可以扩大自身政治影响力的绝佳议题。

使战争非法化运动在 1927 年之前曾一直处于加入国际法院运动的阴影之下。但是,随着加入国际法院运动逐渐沉寂,从 1927 年开始,使战争非法化运动开始引起全国的关注。1927 年春,肖特韦尔访问法国,向法国外长白里安提出一项建议:法美之间可以缔结一项共同宣布放弃战争作为国家政策工具的条约,从而加深双方的友好关系。而且肖特韦尔认为,美国方面很可能会接受这项条约。肖特韦尔的这项建议正合白里安的心意,当时法国正试图将美国拉入战后和平机制中以维护法国的安全。于是,白里安在 4 月 6 日——美国参加第一次世界大战十周年纪念日——给"美国人民"写了一封公开信,呼吁缔结一项永远在两国之间使战争非法化的条约。① 起初,白里安的建议并没有引起美国政府和民众的注意,而美国公众开始广泛知晓白里安的建议是在 5 月 21 日查尔斯·林白完成了他历史性的跨大西洋飞行之后。美国驻法大使赫里克(Herrick)在给国务卿凯洛格的电报中提及,在为林白举行的午餐会上,白里安向他正式提出了缔结美法协约的建议,并称"这一理念得到的反响非常之好"。②

美国和平组织很快对白里安的建议表示支持,并呼吁美国政府接受法国政府的建议。和平组织还拟订各种版本的美法条约范本。肖特韦尔与其哥伦比亚大学的同事约瑟夫·张伯伦(Joseph Chamberlain)首先拟订了一份条约草案,建议条约宣布战争为非法,并通过仲裁和调解解决一切外交分歧。但是,条约方案中保留了自我防御和维护门罗主义的权利。肖特韦尔的方案一经出台,立刻遭到美国政府以及其他和平组织的批评,他们认为这是一种迫使美国卷入欧洲政治的企图。妇女争取和平与自由国际联盟和"美国基金会"(American Foundation)又分别提出了两个条约方案,其中一个方案强调司法仲裁,另一个则主张通过国际法院强制解决所有冲突。三种方案虽然在

---

① James T. Shotwell, *The Autobiography of James T. Shotwell*, New York: Bobbs-Merrill, 1961, p. 209.

② The Ambassador in France (Herrick) to the Secretary of State, Jun. 2, 1927, *FRUS*, 1927, Vol. 2, p. 613.

细节上有所区别，但都主张将白里安的提议变成一个多边条约。

　　到1927年秋，在和平人士强烈要求下，美国的一些国会议员相继做出了反应。共和党众议员汉密尔顿·菲什和西奥多·伯顿（Theodore Burton）都提出了相关的决议案。资深的共和党参议员阿瑟·卡珀（Arthur Capper）在肖特韦尔、张伯伦以及哥伦比亚大学校长、著名的国际主义者尼古拉斯·巴特勒（Nicholas M. Butler）的游说下则准备在参议院提出决议案，要求总统与法国及其他国家缔结一项条约，放弃以战争作为国家政策的工具并承诺和平解决所有纠纷。卡珀决议案还要求美国政府将那些违背以仲裁手段解决纠纷之承诺、从事战争的国家界定为侵略者，这实际上是要求政府必须在未来的国际战争中对交战国做出道德评判和区别待遇，实际上是对美国传统中立政策的重大修正。[①] 卡珀决议案不仅获得战争非法化倡导者的支持，也得到国际主义和平团体的广泛支持，但遭到孤立主义者的反对。为了夺回对非法化问题的领导权，防止和平人士将战争非法化问题扩大为修改中立权的问题，博拉也向参议院提出了议案，并建议签订一项使所有战争非法化的多边条约。国会对战争非法化倡议的积极响应，使这一运动进入高潮。

　　与和平组织和国会相比，行政当局的反应则相当谨慎。国务院西欧司司长詹姆斯·西奥多·马里纳（James Theodore Marriner）在一份备忘录中指出，白里安提出建议的目的是想在法美之间建立"永久的联盟"或者想要逃避战债，因此最好是用多边的条约代替美法之间的双边条约。[②] 国务卿凯洛格和总统柯立芝都有此担心，对法国的意图疑虑重重。但是面对国内外强大的舆论，凯洛格和柯立芝都感到政府需要采取行动，但又不愿意让和平组织牵着鼻子走，让和平运动左右政府的外交方向。

　　到1928年，英、美、日之间围绕巡洋舰的海军军备竞赛与要求签订使战争非法化国际条约的舆论压力叠加在一起，迫使柯立芝政府最终决定在多边条约框架内接受使战争非法化理念。凯洛格经过与博拉的协商放弃了卡珀议案提出的界定侵略者的内容，仅仅将美法双边条约扩大为使战争非法化的多边条约，并且排除了将国际法院作为仲裁机构的可能性。也就是说，未来的多边协议将不受任何强制机制的限制，它仅仅是国家间的道德承诺而已。美

---

① DeBenedetti, *Origins of the Modern American Peace Movement*, p. 192.

② Ferrell, *Peace in their Time*, pp. 106 – 107.

国的和平组织虽然对最终的条约不甚满意，但是也只有被动地接受这样一个不够理想的条约。因为有道德承诺总比什么都没有的好，至少它代表了国际社会反对战争、追求和平的价值取向。正如柯立芝在年度咨文中所强调的，该公约作为一项"新的国际标准"，可以将各国舆论联合起来，"防止他们的政府因为暂时的国际仇恨而采取进攻性行为"。[①] 1928 年 8 月 27 日，法、美、英、日、德等 15 国代表在巴黎签署《非战公约》。五个月后，美国国会正式批准了该公约。

《非战公约》的签订无疑是 20 年代和平运动的一次重大胜利。尽管该公约缺乏对侵略者进行制裁和惩罚的机制，其维护的仅仅是一种"纸上的和平"，但是，它是 20 年代美国和平人士改造国际秩序、构建国际和平机制的一个重要成就，它使战争非法化的理念变成了国际法，促使国际社会达成一项重要共识：诉诸战争是一种犯罪，它违反了国际法，会受到所有国家的谴责和抵制。此外，和平人士也并没有天真到认为有了《非战公约》，和平就可以到来，在大部分和平人士看来，宣布战争为非法仅仅是走向世界和平的第一步，而且是非常有限的一小步，但是它可以起到促使美国政府去承担更多国际义务的作用。如第二章所述，美国在 30 年代参与裁军、国际仲裁以及在应对日本入侵中国和意大利入侵埃塞俄比亚问题上与国联合作都与该公约有关。和平人士也希望在公约基础上，通过更多的行动来扩大国际和平机制。

从"消极和平"到"积极和平"

第一次世界大战前，欧洲盛行的是梅特涅和俾斯麦的和平观，和平被视为"是没有战争的状态"，而"战争是因国际秩序的崩溃而发生的"，因此，为了防止战争爆发，就要构筑"尽可能稳定的国际秩序"，而均势体系是稳定的国际秩序的基础。[②] 拿破仑战争之后，欧洲大国缔造的"维也纳体系"就是典型的均势体系，这一体系成为欧洲旧秩序的基础。但是通过均势维持的和平是不稳定的，它只是暂时避免了战争，并没有消除战争的根源。随着新兴国家的崛起和大国之间均势被打破，原有的国际秩序无法继

---

① Philip R. Moran, *Calvin Coolidge, 1872 – 1933: Chronology, Documents, Bibliographical Aids*, Dobbs Ferry, N. Y. : Oceana Publications, 1970, p.126.

② 入江昭：《20 世纪的战争与和平》，李静阁等译，世界知识出版社 2005 年版，第 10 页。

续维持和平,其结果就是战争。第一次世界大战的爆发证明了这一点。实际上,第一次世界大战前欧洲各国追求的是"消极和平"(negative peace),而非"积极和平"(positive peace)。按照该概念的提出者、"和平学"之父约翰·加尔通的说法,"消极和平"是指"战争的缺失",即不存在有组织的军事暴力的状况,实现这种和平的方式包括裁军、危机管理、均势与威慑战略等。① 而"积极和平"不仅是战争或直接暴力的不存在,还包括出现或存在一种良好的社会状态,在这种状态下,产生战争、暴力和不公正的根源被消除,社会正义得以建立,权力和资源实现公平分配,剥削和歧视不再存在。加尔通称这种状态为"人类社会的融合"(integration of human society)。② 实现这种和平的手段包括:建立以国际法、国际仲裁、和平解决国际争端为原则的世界秩序;通过扩大国际贸易与文化交流促进国际合作与相互理解;改造国内经济与社会秩序,实现社会平等与正义。用加尔通的话说,就是用非暴力的方式创造性地实现"冲突转化",最终消灭国内外一切形式的显性暴力和隐性暴力。③

第一次世界大战中诞生的美国现代和平运动虽然也试图通过裁军确保"消极和平",但其主要目标是通过对国内制度和国际秩序的改造来实现"积极和平"。正是这种积极和平的理念使和平团体既致力于美国社会的改革,又积极参与战后国际秩序的重建,并取得一些成就。这种"积极和平"的理念虽然在大萧条爆发后一度沉寂,但在第二次世界大战后期又得以复兴,并影响了美国对第二次世界大战后国际秩序的构建。④

二 "使国际关系基督化":美国海外传教运动的 新潮流与传教团体改造国际秩序的努力

跨国宗教团体是现代国际关系中的重要力量。就美国而言,最主要的

① Johan Galtung, "An Editorial," *Journal of Peace Research*, Vol. 1, No. 1, 1964, pp. 2 – 3.

② Ibid. , p. 2.

③ Ibid. , p. 3;[挪威]约翰·加尔通:《和平论》,陈祖洲等译,南京出版社 2006 年版,第 13、47 页。

④ 《联合国宪章》中既规定了维护国际和平与安全的机制,又把促进人权和基本自由之尊重以及经济和社会发展作为其宗旨,实际上就反映了这种"积极和平"的理念。

跨国宗教团体是基督教海外传教组织。作为重要的非国家行为体和广义的非政府组织，基督教传教团体不仅致力于传播基督教的信仰，在亚非各国建立教会，而且广泛卷入各种文化、教育、慈善和社会改革活动，呼吁建立以基督教伦理为基础的新的国际秩序。基督教传教运动促进了东西方的交流与相互理解，培育了世界共同体的观念，并因此影响了20世纪上半期的美国对外政策和国际关系。

第一次世界大战与传教目标的重新界定

美国基督教海外传教运动兴起于19世纪初，是18世纪末福音奋兴运动，即"第二次大觉醒"运动的产物。1812年，"美国（公理会）海外传道部"（American Board of Commissioners for Foreign Missions，在华称"美部会"或"纲纪慎会"）派遣艾多奈拉姆·贾德森（Adoniram Judson）到印度传教，美国海外传教运动由此发端。除公理会外，圣公会、浸礼会、长老会、归正会、浸信会、卫理公会等教派纷纷成立海外传道部，派遣传教士到东方传教。19世纪80年代，"学生志愿海外传教运动"在美国兴起，大批青年学生和平信徒参与到海外宣教活动中去，掀起美国海外宣教运动的第二次高潮。到第一次世界大战前，美国已经超越英国成为派出传教士最多、资金最为雄厚的国家。

1930年，赴亚洲评估美国宣教得失的平信徒调查团①把美国各教派发

①　平信徒调查由参与东方传教事业的美国七大宗派于1930年共同发起。调查的目的是在美国对外传教运动开始100年后对新形势下美国在海外，主要是亚洲传教事业的得失利弊进行评估，并对未来的宣教工作提出建议。调查工作的第一阶段是由美国社会与宗教研究所派人到印度、缅甸、中国和日本四国进行实地调查，获取关于宣教事业的第一手资料；第二阶段是由评估委员会（Commission of Appraisal）进行研究和评估。由哈佛大学教授威廉·霍金（William E. Hocking）担任主席的评估委员会于1932年公布和出版了评估报告（通称为"平信徒调查团报告"），即 Rethinking Missions：A Laymen's Inquiry after One Hundred Years（New York：Harper & Brothers，1932）。报告对宣教工作的一般原则、基督教与其他宗教的关系、基督教在远东的使命、宣教事业的范围、教会教育事业、差会医疗事业、差会与工业发展、妇女活动，以及宣教事业的管理和美国方面的改组等问题进行了全面的评估，对传教事业未来的发展方向做出了展望，并提出详细的建议。报告主要反映了神学自由主义思想，出版后毁誉参半，特别是遭到保守的教会人士的攻击。该报告中译本由中国基督教著名人士徐宝谦、缪秋生、范定九翻译，取名《宣教事业平议》，由上海商务印书馆1934年出版。

起海外宣教事业的动机归纳为三个方面：一是"为远东民族灵性上的需要"；二是"建立普世教会的理想"；三是"帮助别人而获得自身的发展"。其中"最大的动机"是为"没有听见福音机会"的"亚洲成千累万的民众""指示生命的出路"，即信奉耶稣基督，以避免"灵魂受地狱永苦的危险"。① 这一动机反映出 19 世纪传教神学的核心思想：基督教是唯一的真理，除此之外，没有其他真理；个人只有通过信奉耶稣基督为救主才能得救，除此之外，没有其他得救的道路；信奉基督的人死后灵魂在天堂的祝福中永远喜乐，而不信基督的人注定永受地狱之火的焚烧；因此必须在耶稣复临之前尽可能让更多的人聆听到福音，从而摆脱灵魂遭受地狱永苦的危险。这种传教神学通常被称为"福音主义"（evangelicalism）。

根据这种福音主义传教神学，宣教工作的根本任务就是把福音传给东方社会的个人，使其成为耶稣的信徒而获得拯救。其他宗教虽然也包含一定的真理，但与基督教"不可同日而语"，无法为个人提供救赎，应该被基督教的信仰所取代。宣教事业就是"福音"对"异教"的征战，而传教士是这场征战中的"士兵"。② 教育、医疗、文化、慈善和社会服务虽然必要但只是宣教的辅助，是末节，不能代替直接向异教徒宣讲福音的工作。到 19 世纪末，基督教在西方殖民活动的支持下获得广泛传播。教会人士在展望即将到来的 20 世纪的时候，普遍相信福音将在世界范围内战胜异教信仰，西方文明将获得彻底的胜利。1900 年"学生立志证道团"（Student Volunteer Movement）的口号"在我们这一代把福音传遍世界"（Evangelization of the World in This Generation）集中反映了教会的这种乐观主义。③

---

① 美国平信徒调查团编：《宣教事业平议》，徐宝谦、缪秋笙、范定九译，商务印书馆 1934 年版，第 10 页。

② 美国长老会传教士杜步西（Hampden C. DuBose）声称，"传教使团中的普通士兵必须冲入敌人的阵营，挥舞圣灵之剑"驱散邪恶；而"街头教堂是传教士的堡垒，教士们在那里把灼热的枪弹和炮弹射入敌人的阵营"。Hampden C. DuBose, *Preaching in Sinism or the Gospel to the Gentiles*, Richmond, Virginia, 1893, p. 42. 转引自 Paul A. Varg, *Missionaries, Chinese and Diplomats：American Missionary Movement in China, 1890 - 1952*, Princeton：Princeton University Press, 1958, pp. 20, 21。

③ 根据穆德的解释，这一口号的含义是"让所有人都有充分的机会知晓耶稣基督是他们的救主并成为基督真正的信徒"。John R. Mott, *The Evangelization of the World in This Generation*, New York：Student Volunteer Movement for Foreign Missions, 1900, p. 3.

1910 年在英国爱丁堡召开的世界宣教会议是基督教宣教运动的高潮,也标志着这种福音主义传教神学达到极盛。与会者仍然把传教视为对异教的讨伐运动和福音扩张运动,并使用军事隐喻和征服性语言来描绘宣教活动,称教会从事的不是"游击战",而是"统一的精神征服运动",因此有必要制订"全面的世界征服计划"。① 会议还正式发起以促进各教派在传教问题上合作和推动基督教各派重新合一为目标的普世教会运动,这使爱丁堡会议成为现代教派联合运动的起点。根据爱丁堡大会的决定,新教各派于 1921 年在日内瓦成立了超越宗派界限的联合组织——国际宣教协会(International Missionary Council,IMC),以协调欧美各教派的海外宣教工作和推动教派联合。

但是,爱丁堡会议后,传教运动并没有出现与会者所期望的发展态势,反而在理性主义、世界大战和民族主义的冲击下开始走向衰落。由启蒙运动所揭橥的理性主义在 20 世纪随着科学的发展和工业化浪潮的推进越来越深入人心,在一定程度上动摇了神学的根基,对基督教构成巨大的挑战。如梁启超所言,"科学之力日盛,则迷信之力日衰;自由之界日张,则神权之界日缩"。② 而作为基督教世界的一场内战,第一次世界大战使人们怀疑,相互之间进行了人类历史上最可怕,也最具毁灭性战争的基督教国家有何资格输出基督教和对其他国家进行所谓的"文明化"。正如威廉·梅里尔牧师在 1919 年所指出的,"关于这场战争最具悲剧性的事实是,它是在基督教世界发生的","整个基督教世界必须背负沉重的耻辱和罪恶的负担","如果基督教国家不能像基督徒绅士那样和平共处,我们就不要再谈论什么'基督教文明'"。③ 第一次世界大战使西方优越和福音正义的观念无论在西方还是在东方都受到一定程度的质疑,实际上瓦解了西方人对基督教和西方价值观绝对优越的信心,削弱了一些西方人输出基督教的热情。杰出的

---

① *World Missionary Conference*, 1910, Vol. 1, Report of Commission I: Carrying the Gospel to all the Non-Christian World, Edinburgh and New York: Oliphant, Anderson & Ferrier, 1910, pp. 190, 288.

② 梁启超:《保教非所以尊孔论》,《饮冰室合集·文集》第四册,中华书局 1936 年版,第 53 页。

③ William Pierson Merrill, *Christian Internationalism*, New York: The Macmillan Company, 1919, pp. 1 – 3.

美国教会史家赖德烈指出，"在大战结束不到十年的时间里"，新教各差会在其国内的基地就开始"面临一系列最恼人的问题"，其中"最具威胁性的因素是失去了对福音效力和基督教优越于世界其他宗教的信心"。[1] 第一次世界大战还刺激了东方各国民族主义的兴起，冲击了传教运动所预设的东西方不平等的关系，增强了东方各民族的自信心。一些传教团体认识到"任何地区的基督教传教士都不可能继续奉行自己在种族上比其宣教对象优越的立场"，同时需要调整自己的行为，向其布道对象证明宣教士"不再把自己看作是征服民族的成员"。[2] 平信徒调查团则注意到，在民族主义影响下，亚洲各国开始"培育和强化自己独特的传统"，"认识到西方文化的缺点"，并对美国持"更加批评的态度"。[3]

在这些新潮流的冲击下，同时受这个时期兴起的自由主义神学[4]的影响，一些教会领袖和传教团体在第一次世界大战后开始改变传教事业的重点，调整宣教策略，对传教使命进行重新界定：宣教工作不再以教义为中心，而以基督为中心，重要的是耶稣的人格，而不是《圣经》的教条（doctrine）；宣教的目标是在现世建立"上帝之国"，而不是为了避免来世的惩罚；教会的任务不仅是使个人得救，还要根据基督"爱"和"公义"的原则改造社会；宣教的重点不是把基督教文明的恩典带给落后的东方，而是让基督精神充满世界，无论是东方还是西方。用美国著名布道家舍伍德·艾迪的话说："我们的使命不仅是去赢得或改变个人，这当然是极其重要的。我们的使命还包括营造崭新的社会秩序，使人生的全部及其在工业、社会、种族、国际上的一切关系都基督化。……我们不仅要致力于缓解贫

---

① Kenneth Scott Latourette, *A History of Christian Missions in China*, New York：The Macmillan Company, 1967, pp. 770 – 771.

② The Committee on the War and the Religious Outlook, *The Missionary Outlook in the Light of the War*, New York：Association Press, 1920, p. 240.

③ The Commission of Appraisal, *Rethinking Missions：A Laymen's Inquiry after One Hundred Years*, New York：Harper & Brothers, 1932, p. 23.

④ 美国的自由主义神学尽管有不同的流派，但大体上都主张突破传统神学教条的束缚，让基督教适应现代性的发展潮流；都强调上帝的内在性而不是其超越性，重视人的理性和道德责任；都认为教会不应单纯以拯救个人灵魂为目标，而应该积极参与社会改良，通过布道和实行耶稣的训谕在人间建立"上帝之国"。自由主义神学注意力从对上帝审判和未获救赎者坠入地狱的恐惧转向显示基督之爱，从来世的问题转向当前生活的罪恶和痛苦。

穷和苦痛，还要消除产生贫穷和苦痛的根源。"[①] 平信徒调查团报告用《圣经》中的一句话来概括宣教事业的目标："你的国降临"（Thy Kingdom come），其含义是在人间建立"上帝之国"。[②] 中国基督教领袖徐宝谦将这一新的宣教目标简化为"使人类的生活基督化"。[③] "在我们这一代把福音传遍世界"的口号虽然还保留，但有了新的解释，其含义不再是"肤浅地宣讲福音"，而是"传布耶稣的精神"，让每个人接受这种精神，并通过个人生命的改变来"重建社会和改造国际关系"。[④]

　　根据这种传教思想，不仅牧师讲道是在宣教，基督教医疗、教育和社会服务都是福音布道的形式，传教士不仅要改变人的心灵，还要改变不合理的社会秩序。正如英国基督教社会主义者理查德·汤尼（R. H. Tawney）在 1928 年耶路撒冷会议上所言，"在心灵的变革和社会秩序的变革之间做出严格的区分，声称前者必须优先于后者"在教义中是"没有任何基础的"，"如果教会不去培育对社会正义的热情以及传布使这种热情发挥作用的知识，那么教会就是在忽视其基本的使命"。[⑤] 1938 年，国际宣教协会在印度塔巴拉姆（Tambram）召开大会，会议报告明确提出"基督福音包含着推动社会变革和实现正义、自由与和平的理想"。[⑥] 如果说直到爱丁堡大会召开，宣教事业一直以教会为中心，追求信徒人数的增加和教会规模的扩大，那么在 1938 年的塔巴拉姆会议上，教会的重要性虽然仍被强调，但是主张传教事业应该致力于在人间建立"天国"的思想获得越来越多的

---

① Sherwood Eddy, *Eighty Adventurous Years*: *An Autobiography*, New York: Harper & Brothers, 1955, pp. 118 – 119.

② The Commission of Appraisal, *Rethinking Missions*: *A Laymen's Inquiry after One Hundred Years*, p. 59.

③ 徐宝谦译著:《评宣教事业平议》，燕京大学 1934 年版，第 10 页。

④ Archibald Gillies Baker, "The Religious Ideals of the Student Volunteer Movement," *The Journal of Religion*, Vol. 4, No. 2, Mar. 1924, pp. 195 – 196.

⑤ R. H. Tawney, "Christianity in an Industrial Civilization," International Missionary Council, *The Jerusalem Meeting of the International Missionary Council*, *March 24 – April 8*, *1928*, Vol. 5: The Christian Mission in Relation to Industrial Problems, New York and London, 1928, pp. 127, 131.

⑥ International Missionary Council, *The World Mission of the Church*: *Findings and Recommendations of the International Missionary Council*, *Tambram*, *Madras*, *India*, *Dec. 12th to 29th*, *1938*, London and New York, 1939, p. 36.

支持,并产生强大的影响。

传教目标的重新界定直接导致了传教团体内部关于基督教与其他宗教关系看法的改变。基督教不再以绝对唯一的地位自居,也不再相信非基督徒必然陷入永远的毁灭之中。宣教士的任务"首先是了解和理解其他宗教,然后与志趣相同者共同携手"以纠正物质主义和世俗主义带来的"罪恶";各宗教之间的关系"不是一种宗教粗暴地取代另一种宗教的问题,而是一种宗教在成长过程中融入另一种宗教的问题"。① 1928年国际宣教协会耶路撒冷大会讨论的一个重要问题就是传教士如何与非基督宗教合作。会议的声明宣称"欢迎非基督徒和非基督教(信仰)体系中每一个高贵的品质",并指出其他宗教中的如下思想是真理的一部分:伊斯兰教中关于真主至高无上的观念以及由此而来的敬畏和崇拜;佛教教义中居于核心地位的对世界苦难的深刻同情以及对逃离这些苦难的方式的无私探索;印度教中与主宰一切的最高精神权力接触的愿望;儒教谆谆教诲的关于宇宙道德秩序的信念以及对道德行为的执着坚守;世俗文明中对真理和人类福祉的追求等。② 传教团体对其他宗教态度的改变集中体现在平信徒调查团的报告中。该报告指出,传统的福音布道方式虽然充满对异教人民的善意和仁慈,但却抱有错误的观念,即认为只有一种拯救方式,其他宗教在人类救赎中是没有作用的。这导致教会人士不容忍其他信仰,也不承认其他宗教的价值。但实际上,基督教"作为真理的捍卫者并不完美,其他宗教无疑有可以成为我们教导的成分";基督教的作用不是垄断真理,而是与其他宗教合作,"共同追求真理"。③ 报告的主要撰写者威廉·霍金(William Ernest Hocking)倡导多元主义神学,相信所有宗教都可以是通向救赎的合法途径,基督教的启示只是众多启示中的一种,因此基督教应该与其他宗教合作,共同解决人类面临的种种问题。

---

① The Commission of Appraisal, *Rethinking Missions: A Laymen's Inquiry after One Hundred Years*, pp. 33, 27.

② "The Council Statement," International Missionary Council, *The Jerusalem Meeting of the International Missionary Council, Mar. 24-Apr. 8, 1928*, Vol. 1, The Christian Life and Message in Relation to Non-Christian Systems of Thought and Life, pp. 410 – 411.

③ The Commission of Appraisal, *Rethinking Missions: A Laymen's Inquiry after One Hundred Years*, pp. 35 – 37, 46 – 47.

第一次世界大战后兴起的新的传教神学也引起了不少神学家和传教士的反对。在塔巴拉姆会议上,荷兰神学家亨德里克·克莱默(Hendrik Krae-mer)反对平信徒调查团报告中的主张和霍金的神学,引发克莱默—霍金大辩论。克莱默坚持基督教的独一性和优越性,主张耶稣基督是唯一的真理,只有那些听见福音并奉耶稣为救主的人才能得救,教会之外没有救恩。克莱默还反对教会过多从事社会服务和参与社会改革,认为"把宣教的真正动机和目的界定为'分享宗教经验'和'服务社会'是错误的,是误导",宣教事业应该回到最初的目标,即通过宣讲福音使人皈依基督。① 克莱默称:

> 许诺基督教将消除经济苦难和社会混乱不可避免带来失望和幻灭,因为经济苦难和社会混乱是由教会或差会完全不能控制的各种因素造成和导致的。分享宗教经验,甚至提供服务以实现社会、经济与政治秩序的"基督化"尽管有必要包含在传教事业的多重行动中,但是不能成为宣教的真正动机和最终目的。真正动机和最终目的也不应该建立在世人、文明或社会所号召的事情上,宣教的出发点应该是受神的差遣去宣讲基督为所有生命之主。②

克莱默所代表的基要主义传教神学无疑还有很大的市场,特别是在欧洲教会,基要主义神学有很多的信奉者。英国传教士戴德生(James Hudson Taylor)创办的中国内地会在 20 世纪二三十年代就是一个极有影响的保守宣教团体。但是,正如著名宗教史家威廉·哈钦森所言,到 30 年代,尽管基要主义仍然有很大势力,但在美国的传教团体中,"自由主义已经成为具有强大影响力的正统"和"美国新教正式的对外政策"。③ 塔巴拉姆会议报告在讨论宣教目标时明确把"推动社会变革、建立世间天国"与"个人皈

---

① Hendrik Kraemer, *The Christian Message in a Non-Christian World*, London: The Edinburgh House Press, 1938, p. 298.

② Ibid. , p. 60.

③ William R. Hutchison, "Modernism and Missions: The Liberal Search for an Exportable Christianity, 1875 – 1935," John K. Fairbank, *The Missionary Enterprise in China and America*, Harvard University Press, 1974, pp. 126 – 127.

依"视为"同样重要"的目标。报告这样说:

> 声称我们改变了个人就将必然改变社会秩序是不够的,那只是一半
> 真理,因为社会秩序并非完全由活着的个人构成的,而是由一代代通
> 过风俗、法律和制度传承下来的态度构成的,而这些在很大程度上是
> 独立于现实中的个人而存在的,改变了个人不一定就必然会改变社会
> 秩序……另一方面,如果认为社会变革必然会带来个人的改变,那也
> 是一半真理。没有新人,我们也无法维持新的社会秩序或创造新的社
> 会秩序。①

传教目标与神学思想的新变化改变了宣教运动的面貌,促使传教团体
把改造社会秩序与国际关系作为其活动的重要组成部分。

美国海外传教运动的新发展

在基督教传播史上,1800—1914 年被称为"伟大世纪"(great centu-
ry)②,宣教事业在这一时期伴随西方殖民扩张获得突飞猛进的发展。而在
1914 年后的 20 世纪,教会则没有那么幸运,特别是 1914—1945 年是人类
历史上最为动荡的年代,在短短的 30 年内,人类经历了战争、危机与革命
以及极权主义和民族主义的兴起。两次世界大战造成大量教会财产的损失
和宣教事业的破坏,30 年代的经济大萧条则直接减少了美国基督徒对海外
传教事业的捐助和支持,德、意极权主义政府则试图对教会进行控制,信
奉神道教的日本当局在本土和占领区拘禁基督教人士,亚非地区的民族主
义者试图摆脱西方的控制,随后爆发的第二次世界大战更使传教运动受到
沉重打击。尽管这一时期基督教传播的外在环境远不如维也纳会议后的 19
世纪,但到第二次世界大战结束的时候,宣教事业仍然获得了长足的发展,

---

① International Missionary Council, *The World Mission of the Church*: *Findings and Recommendations
of the International Missionary Council*, *Tambram*, *Madras*, *India*, Dec. 12th to 29th, *1938*, pp. 106 -
107.

② 此为杰出基督教史家赖德烈的说法。Kenneth Scott Latourette, *A History of the Expansion of
Christianity*, Vol. 4, The Great Century, 1800 - 1914, New York: Harper and Row, 1941。

基督教的影响力大增。用赖德烈的话说:"1944 年时基督教在整个世界舞台上的影响力远比 1914 年更大。……无论是根据地理范围还是根据运动展现的新活力和对人类的影响来衡量,基督教不仅没有损失,反而赢得甚多。"[1] 这一时期,美国后来居上,取代英国成为基督教宣教运动中最重要的国家。[2] 美国传教士主要分布在亚洲四国——中国、日本、印度和缅甸和近东,其中在中国最多。

亚洲四国基督新教各教派宣教事业统计 (1930 年)[3] 单位:人

国家	新教传教士总数	其中美国传教士人数	当地教会工作人员数	教徒人数
中国	6346	3052	不详	750000
日本	1198	844 *	5773	157597 **
印度	5049	2222	49639	4496958 ***
缅甸	不详	277	不详	183996 ***

注:* 为 1929 年统计数字,** 为 1928 年统计数字,*** 为 1921 年统计数字。

美国在近东地区的传教活动始于 1819 年,由"美国(公理会)海外传道部"(美部会)最先派传教士到土耳其宣教。由于奥斯曼土耳其帝国不允许美国人在穆斯林中传教,美部会传教士主要在希腊人、亚美尼亚人和聂斯脱利教徒中布道,并获得较快发展,到 19 世纪后期土耳其已经成为美国公理会在海外的最大传教区。到 1914 年,公理会在土耳其建立了 20 个传

① Kenneth Scott Latourette, *A History of the Expansion of Christianity*, Vol. 7, Advance through Storm, A. D. 1914 and After, New York: Harper and Row, 1945, p. 410.

② 在 19 世纪,英国在新教传教运动中居于主导地位,人数最多。而到 1925 年,差不多近一半在外国传教的新教传教士来自美国;到 20 世纪 50 年代末,约三分之二的新教传教士来自美国,五分之四的资金来自美国,在 1957 年,美国派往海外的传教士约 24284 人,用于支持传教活动的资金 1.4 亿美元。Kenneth Scott Latourette, "Missionaries Abroad," *Annals of the American Academy of Political and Social Science*, Vol. 368, Nov. 1966, p. 25.

③ Orville A. Petty, ed., *Laymen's Foreign Missions Inquiry Fact-Finders' Reports*, New York and London: Harper and Brother Publishers, 1933, Part 2, Vol. 5, China, pp. 2 - 3, 4; Vol. 6, Japan, pp. 24, 37; Vol. 7, Home Base and Missionary Personnel, p. 159; Vol. 4, India-Burma, pp. 24, 30, 33, 574, 579.

教站，130 家教会，约有 150 位美籍职员和 1000 名本地职员，信徒约 1.5 万人。欧美新教各派在小亚细亚和土耳其欧洲部分的传教事业的 75% 在美国公理会的控制之下。从 19 世纪中期开始，美国其他一些宗派也继公理会之后选派传教士到近东宣教。到 1914 年，长老会在叙利亚约有 4 个传教站、50 位美方职员、200 位本地职员和 3000 名教徒。① 此外，长老会在伊朗、卫理公会在巴尔干、联合长老会在埃及、归正会在阿拉伯半岛、路德会在库尔德人聚居区、教友会在巴勒斯坦等地都开辟了大小不等的教区。美国圣经会、基督教青年会、基督复临会也从事了一些小规模的宣教活动。当时美国在这一地区的贸易还很少，宣教事业成为美国在近东最大、最有影响力的活动，并在美国拥有广泛的社会基础。普林斯顿高等研究院教授、著名的战略家爱德华·厄尔在 1929 年观察说：“在近东，美国没有哪项活动像基督教宣教那样有如此巨大的规模和影响，在美国国内得到如此众多有影响人士如此长期和如此热情的支持，并如此持之以恒地呼吁美国基督徒给予资金支持和要求美国政府给予外交支持。”②

除地理范围的拓展和宣教规模的扩大外，这一时期传教运动最大的变化是教会的“本色化”运动和东方“后进教会”（younger churches）的成长。这既与第一次世界大战后西方殖民主义的衰落有关，更是差会大力倡导教会本色化的结果。第一次世界大战后，传教士发现，基督教与西方文化联手在过去也许有利于福音的传播，但现在对福音事业却是有害的，因为大战所暴露的西方文明的弊病被算在基督教的头上。如果基督教依附于西方的历史和文化传统而存在，它就无法成为普世的宗教，而只能是西方的宗教，并继续为西方文明中的罪恶所牵累。因此，有必要尽可能地把基督教与西方历史和文化传统分开，“按照其普世的面目展示它”。③ 在将基督教与西方文明相剥离的同时，传教士们开始相信基督精神可以在非西方文化中得到体现和表达，甚至认为海外宣教活动的附带目标就是用非西方

① Joseph L. Grabill, *Protestant Diplomacy and the Near East：Missionary Influence on American Policy, 1810 - 1927*, Minneapolis, Minn. ：University of Minnesota Press, 1971, p. 33.

② Edward Mead Earle, “American Missions in the Near East,” *Foreign Affairs*, Vol. 7, No. 3, Apr. 1929, p. 398.

③ The Commission of Appraisal, *Rethinking Missions：A Laymen's Inquiry after One Hundred Years*, p. 23.

文化遗产来丰富基督精神的表达和基督教的传统，让信徒"通过他们自己的民族才智和历史来解释主基督"。① 用穆德的话说，"基督并非通过某一国家、种族或教派来表达自己……每一个民族和教派的传统都可以为丰富基督的意义做出贡献"。② 在1928年耶路撒冷会议上，根据当地文化来解释基督不仅得到鼓励，而且被认为是教会本色化的应有之义。在1938年的塔巴拉姆会议上，与会代表强烈主张"福音应该以本土的形式加以表达和解释"，"在崇拜方式、仪规、文学和建筑等方面，当地民族和国家的精神传统应该被使用，福音不必受欧美'先进教会'（older churches）的形式和方法的束缚"。③ 传教神学这一转变使多数差会把东方教会本色化和自治作为重要目标。20年代后，差会发给传教士的手册中通常会有如下规定：

> 海外传教的最高和支配性的目标是让所有人知晓主耶稣基督为他们神圣的救主，说服他们成为耶稣的信徒；召集这些信徒组成自传、自养和自治的教会；只要需要就与这些教会合作向其同胞宣讲福音并让基督的精神和原则影响人类生活的各个方面。④

在本色化思想影响下，"自传、自养和自治"成为流行的口号，东方各国的教会和基督徒群体不再像19世纪那样依赖西方传教士的领导和资金支持，布道、教育、医疗和慈善事业的管理开始交给本地基督教领袖。教会

---

① E. Stanley Jones, "The Aim and Motive of Foreign Missions," Fennell P. Turner and Frank Knight Sanders, eds., *The Foreign Missions Convention at Washington*, *1925*: *Addresses Delivered at the Foreign Missions Conventions of the United States and Canada Held at Washington*, *D. C.*, *Jan. 28 to Feb. 2*, *1925*, New York: Foreign Missions Conference of North America and Fleming H. Revell Company, 1925, pp. 52 – 53.

② C. Howard Hopkins, *John R. Mott*, *1865 – 1955*: *A Biography*, Grand Rapids: Eerdmans, 1979, p. 627.

③ International Missionary Council, *The Authority of the Faith* (Tambaram Series Following the International Missionary Council Meeting at Tambaram, Madras, Dec. 1st to 29th, 1938), London: Oxford University Press, 1939, p. 202.

④ Orville A. Petty, ed., *Laymen's Foreign Missions Inquiry Fact-Finders' Reports*, Part 2, Vol. 7, Home Base and Missionary Personnel, New York and London: Harper and Brother Publishers, 1933, p. 155.

在教堂建筑、绘画、仪式等方面采用或融入本土形式，祈祷文则大量使用本土的词汇和用语。大体言之，在民族主义的冲击下，第一次世界大战后的教会尽可能地摆脱西方的色彩，努力与东方社会和文化相融合，这使基督教开始真正成为世界性的宗教而非西方的宗教。

与强调教会本色化相伴的是对东方教会作用的强调。从 1910 年爱丁堡会议和 1938 年塔巴拉姆会议参会代表的变化，就可以看出传教视野的拓展和东方"后进教会"影响力的增大。在参加爱丁堡大会的 1215 位正式代表中，509 人来自英国，491 位来自北美，169 位来自欧洲大陆，27 位来自南非白人殖民地、澳大利亚和新西兰，只有 19 位来自非西方世界，其中 18 位来自亚洲，1 位来自非洲的加纳。① 在参加塔巴拉姆会议的来自 69 个国家的 471 位代表中，有 249 位来自亚洲和非洲的"后进教会"，超过会议代表总数的一半。② 会上，"后进教会"在宣教事业中的作用成为会议讨论的重点，与会者普遍相信"后进教会可以对普世教会（Church Universal）作出很多贡献"。③ 塔巴拉姆会议也成为"地理上最具广泛代表性的一次教会会议"。④

除宣教外，传教士和当地基督徒还广泛参与社会改良和社会服务，特别是教育、医疗、社会救济和乡村建设。在早期，传教士建立学校的目的是教授人们阅读《圣经》和培养教会领袖。随着西学知识在东方社会越来越受到欢迎，差会开始提高教会学校的水平，并开办大学。中国、朝鲜以及中东和非洲不少国家最早的现代大学都是由传教士建立的；在很多国家，也是传教士最早为妇女提供教育，女子教育是传教士最令人称道的工作之

---

① Brian Stanley, *The World Missionary Conference*：*Edinburgh 1910*, Grand Rapids, Michigan：Wm. B. Eerdmans Publishing Co.，2009，pp. 12 – 13.

② 其中亚洲教会代表 199 人、非洲 33 人、近东 17 人。在亚非各国教会代表中，以印度最多，为 59 人，中国次之，为 49 人（此数字为笔者根据会议代表名单统计）。代表名单见 International Missionary Council, *The World Mission of the Church*：*Findings and Recommendations of the International Missionary Council*, *Tambram*, *Madras*, *India*, *Dec. 12th to 29th*, *1938*, pp. 156 – 167。

③ International Missionary Council, *The Authority of the Faith*（Tambaram Series Following the International Missionary Council Meeting at Tambaram, Madras, Dec. 1st to 29th, 1938），London：Oxford University Press, 1939, p. 202.

④ 此为穆德的说法。John R. Mott, *Five Decades and a Forward View*, New York：Harper & Brothers, 1939, p. 98.

一；教会学校也最早发起留学教育，向欧美的大学派送国际学生。到 1935 年，欧美新教差会在各地共开办了 57000 所中小学和 100 所大学。[①] 这些教会学校既讲授科学、地理和人文知识，也传播了民主思想和个人权利观念，教会学校还常常是亚非国家民族主义思想的发源地。

亚洲三国基督教（含新教和天主教）教育事业统计（1926—1927 学年）[②]

国家	小学	中学	大学	其他学校	学校总数	在校学生数
日本 *	5	57	18	466 **	546	不详
印度	11158	712	55	357	12282	595725
缅甸	不详	不详	不详	不详	475	50862

注：＊为 1930 年统计数字。

＊＊包括 372 所幼稚园、18 所神学院、9 所圣经训练学校、9 所工业学校、51 所夜校、5 所师范学校和 2 所护士学校。

1922 年，新教各教派在华设有小学近 6900 所、学生 15.8 万人，在教会中学读书的学生有 1.5 万人，教会师范学校有学生约 600 人，14 所教会大学约有学生 2000 人。大体言之，约有 20 万中国青少年在新教教会开办的学校读书。而罗马天主教在华有各类学校约 3000 所，学生 14.4 万人，其中包括大学 2 所。[③] 由于中国社会的变动，教会中小学的数量在不同时期会不一样，特别是 1925—1927 年的反教运动和国民革命对教会学校构成巨大冲击，但大多数教会学校得以保留。教会学校毕业生分布在各个行业，成为推动中国现代化建设的重要力量。以下是 1922 年统计的新教差会在华

① Dana L. Robert, *Christian Mission: How Christianity Became a World Religion*, West Sussex, U. K.: Wiley-Blackwell, 2009, p. 50.

② Orville A. Petty, ed., *Laymen's Foreign Missions Inquiry Fact-Finders' Reports*, New York and London: Harper and Brother Publishers, 1933, Part 2, Vol. 6, Japan, p. 33; Vol. 4, India-Burma, pp. 36, 658.

③ Orville A. Petty, ed., *Laymen's Foreign Missions Inquiry Fact-Finders' Reports*, New York and London: Harper and Brother Publishers, 1933, Part 2, Vol. 5, China, p. 369. 14 所新教大学分别是岭南大学、福建协和大学、之江大学、圣约翰大学、华中大学、燕京大学、沪江大学、金陵女子大学、金陵大学、齐鲁大学、东吴大学、华西协和大学、华南女子文理学院和湘雅大学。2 所天主教大学分别是震旦大学和津沽大学，后来天主教会又建立了辅仁大学。

创办的 14 所教会大学毕业生职业分布情况：①

毕业生从事的职业	人数（人）
牧师	361
教会学校教师	684
公立学校教师	82
医生	180
政府官员	35
海外留学	143
工商业	506
教会工作	77
其他	406
总计	2474

　　在近东地区，到 1914 年，美国传教士已在土耳其帝国的北部建有 50 所中学，学生 4500 人；400 所小学，学生 2 万人；大学在校学生约 2500 人。在叙利亚，由美国传教士建立的中学和小学约有 100 所，大学 1 所，各类教会学校学生共约有 6000 人。② 美国在近东地区建立的大学主要有：1863 年由纽约富商克里斯托弗·罗伯特（Christopher R. Robert）出资建立、教会人士主持的罗伯特学院（Robert College），该学院是美国在海外建立的第一所学院，其前身为公理会传教士赛勒斯·哈姆林（Cyrus Hamlin）于 1840 年在伊斯坦布尔建立的教会中学；长老会 1866 年建立的叙利亚新教学院（Syrian Protestant College），后改名为贝鲁特美利坚大学（American University of Beirut），为叙利亚最有影响的教育机构之一；公理会 1914 年建立的君士坦丁堡女子学院（Constantinople College for Women）；联合长老会 1919 年在埃及建立的开罗美利坚大学（American University in Cairo），为埃及第一所现代大学；美国耶稣会传教士 1932 年在伊拉克建立的巴格达学院

---

　　①　Orville A. Petty, ed., *Laymen's Foreign Missions Inquiry Fact-Finders' Reports*, New York and London: Harper and Brother Publishers, 1933, Part 2, Vol. 5, China, p. 369.

　　②　Grabill, *Protestant Diplomacy and the Near East: Missionary Influence on American Policy*, *1810 – 1927*, p. 27.

（Bagdad College）。

　　新教传教士在海外从事医疗活动始于 19 世纪 30 年代。1834 年，伯驾（Peter Park）受美国公理会的派遣来华行医，并在广州开办新豆栏医院，此为新教海外医疗活动之肇始，伯驾也成为英美新教差会派往海外的第一位医疗传教士（medical missionary）。行医最初被视为辅助宣教的手段，在差会看来，良好的医术不仅可以缩小传教士与东方民众的距离，而且也可以瓦解东方社会的迷信和偶像崇拜，并通过"满足身体、思想和心灵的多方需要"来显示基督教的神奇力量，从而有助于福音的传播。[①] 随着 20 世纪医疗技术的专业化和西医科学的发展，医疗活动逐渐摆脱作为"福音婢女"的地位，成为教会兴办的独立事业，宣教的功能逐渐减退，通过医疗服务为东方民众解除病痛成为主要目标。到 19 世纪 90 年代，约有 680 位新教医疗传教士在世界各地工作，其中来自美国的有 338 人，约占一半。[②] 1915 年，欧美新教传教团体共兴办了 700 家差会医院、1200 家诊疗所、245 个孤儿院和 39 个麻风病人之家。[③] 到 1938 年，新教宣教机构开办的医院已达 1000 多所，聘用了约 1350 位医生和 1.3 万名护士。[④] 传教医生除从事一般性疾病的诊治外，还开展肺结核、麻风病等恶性传染性疾病的治疗，特别是麻风病成为差会特别关注的疾病。到 1930 年，新教各派在印度开办医院 173 所，天主教开办医院 46 所，加上遍布农村和偏远地区的诊疗所（dispensary），教会在印度开办的医疗机构超过了 500 家。[⑤] 同年，新教在缅甸开办 19 所医院和诊疗所。[⑥]

　　中国在差会医疗事业中占据重要地位。1924 年，欧美新教差会派往海外的 43% 的传教医生、32% 的护士都在中国，开办的 58% 的医学专科学校

---

　　① David Hardiman, "Introduction," David Hardiman, ed., *Healing Bodies, Saving Souls: Medical Missions in Asia and Africa*, Amsterdam and New York: Editions Rodopi B. V., 2006, p. 14.

　　② Ibid., p. 16.

　　③ Robert, *Christian Mission: How Christianity Became a World Religion*, p. 51.

　　④ Ibid., p. 50.

　　⑤ Orville A. Petty, ed., *Laymen's Foreign Missions Inquiry Fact-Finders' Reports*, New York and London: Harper and Brother Publishers, 1933, Part 2, Vol. 4, India-Burma, pp. 38 – 39.

　　⑥ Ibid., p. 576.

也在中国。① 1930 年,新教和天主教各差会在中国设有教会医院 235 所,有传教士医生 304 人、中国医生 410 人、外国护士 256 人、中国护士 711 人、实习护士 2941 人、床位 16343 张、住院病人 178667 人。②

　　传教士还在亚非地区从事各种慈善和救助活动,是国际关系史上人道主义救援的先驱。20 世纪上半期,美国传教团体从事的两次最大的人道主义救助活动是第一次世界大战期间对亚美尼亚人的救助以及中日战争期间对中国难民的救助。

　　1914—1918 年间,土耳其军队以防止亚美尼亚人通敌(俄国)为名屠杀和驱赶亚美尼亚人到叙利亚和美索不达米亚,在这一过程中,约有 60 万亚美尼亚人遭到土耳其军队的杀害或在被驱逐过程中死亡,约 60 万人存活下来,另有 60 万人流散到世界各地。③ 当时在土耳其宣教的美国公理会传教士是土耳其政府实施亚美尼亚大屠杀的见证者。美部会建立了专门的救援宣传机构,把大屠杀的消息和亚美尼亚人的悲惨状况发回美国,呼吁教会和民众捐款援助亚美尼亚人。从 1915 年至 1928 年,约有 20 家美国杂志刊载了数百个关于亚美尼亚人的故事,标准的题目是:"拯救亚美尼亚""亚美尼亚人请求美国的帮助""亚美尼亚:战争最大的受害者""美国在土耳其的责任"等。《纽约时报》在 1915 年一年时间就报道了 146 条关于亚美尼亚人的消息。④ 传教士还直接向美国驻土耳其大使老亨利·摩根索(Henry Morgenthau, Sr.)和国务院呼吁,要求美国政府给予资金支持。在美部会外事干事詹姆斯·巴顿和纽约商人、慈善家克利夫兰·道奇(Cleve-land H. Dodge)的领导下,"美国救援亚美尼亚和叙利亚委员会"(Ameri-

---

① Orville A. Petty, ed., *Laymen's Foreign Missions Inquiry's Regional Reports*, Part 1, Vol. 2, China, New York and London: Harper & Brothers, 1933, p. 172.

② Orville A. Petty, ed., *Laymen's Foreign Missions Inquiry Fact-Finders' Reports*, Part 2, Vol. 5, China, New York and London: Harper and Brother Publishers, 1933, p. 455.

③ 关于死亡人数,不同的人有不同的估计,土耳其方面认为 30 万人,而亚美尼亚方面认为高达 150 万人,本书采用汤因比的研究结果和《大英百科全书》的数字,http://www.britannica.com/EBchecked/topic/35323/Armenian-massacres/35323suppinfo/Supplemental-Information。(2014 年 2 月 15 日获取)

④ Suzanne Moranian, "The Armenian Genocide and American Missionary Relief Efforts," Jay Winter, ed., *America and the Armenian Genocide of 1915*, Cambridge, U. K.: Cambridge University Press, 2008, pp. 209 - 210.

can Committee for Armenian and Syrian Relief）于 1915 年成立，1918 年改名为"美国救援近东委员会"（American Committee for Relief in the Near East），1919 年改名为"近东救援会"（Near East Relief）。该组织得到伍德罗·威尔逊总统的支持，当时在欧洲从事救济的美国救济署署长赫伯特·胡佛、前总统威廉·霍华德·塔夫脱和助理海军部长、民主党政治新星富兰克林·罗斯福都是近东救援会的董事。在 1915—1930 年间，近东救援会在美国共募集了 1. 16 亿美元的资金和物资（其中约 2500 万美元来自联邦政府），帮助了 100 多万亚美尼亚难民存活下来或逃到俄罗斯的高加索地区，其中三分之二是妇女和儿童。在这一过程中有 30 位美国志愿者失去了生命。近东救援会的救助工作从早期的提供衣食、住宿和医疗服务发展到为孤儿提供基本的教育、修建公路和街道，以及帮助亚美尼亚人发展农业等。约有 13. 2 万亚美尼亚孤儿毕业于近东救援会建立的孤儿学校，近东救援会还培养了 200 名当地的护士，建立了数百公里的公路和街道，灌溉了数千英亩的农田，引进新的家畜品种，培植玉米、棉花、小麦和蔬菜良种。① 在救助亚美尼亚人过程中，传教团体与联邦政府进行了有效的合作。美国国务院与土耳其政府进行交涉，使基金会救济物资能够顺利运抵中东，美国政府还动用美国海军运送救济物资，而物资到达土耳其后也主要依赖传教站来分发。1920 年，参加巴黎和会的美国人本杰明·穆尔（Benjamin B. Moore）曾言，"毫不夸张地说"，如果没有美国传教士发起的救助活动，"亚美尼亚人作为一个民族可能已经消亡了"。亚美尼亚人的君士坦丁堡大主教扎文·耶吉亚扬（Zaven Der Yeghiayan）对近东救援会在君士坦丁堡的代表说："亚美尼亚人永远也不会忘记近东救援会为他们所做的一切。如果没有救援会的努力，孩子们都会死掉，我们的一切都是美国人给的。"②

近代以来不断爆发的饥荒和战乱使中国也成为传教士救助的主要地区。1919—1920 年间，中国北方发生大旱，数千万人受灾，外籍人士与中国人士合作在 1920 年 10 月组建了"北京国际救灾会"，救援会的执行干事是北

---

① Suzanne Moranian, "The Armenian Genocide and American Missionary Relief Efforts," Jay Winter, ed., *America and the Armenian Genocide of 1915*, Cambridge, U. K.：Cambridge University Press, 2008, p. 195.

② Ibid. , pp. 185，212.

京中华基督教青年会干事、来自美国的传教士艾德敷（Dwight W. Edwards）。在
上海，美国圣公会上海教区主教郭斐蔚（Frederick R. Graves）与唐绍仪等发起
上海华洋义赈会，并任干事长。在天津，前美以美会传教士福开森（John
C. Ferguson）担任天津华北华洋义赈会会长。1921 年 9 月，在北京国际救灾
会的基础上，由北京、天津、上海、山东、山西、汉口、河南和湖南等八
地的华洋义赈团体成立了"中国华洋义赈救灾总会"（China International
Famine Relief Commission，简称"华洋义赈会"），以艾德敷为总干事，加拿
大传教士、圣公会河南教区主教怀履光（William Charles White）为副会长。
该会为近代中国最大的国际慈善团体，引进和运用了专业化、科学化和
公司经营的理念，其活动从 1921 年持续到 1938 年，不仅从事救灾，还
开展防灾减灾、农业研究和农村合作运动。华洋义赈会与国际红十字会、
国联劳工局和防灾委员会都保持了密切的联系，是中外合作的国际非政
府组织的典范，体现了第一次世界大战后威尔逊倡导的通过经济、社会
与政治领域的跨国合作来实现和平的国际主义思想。1936 年，华洋义赈
会举行建会十五周年庆典时，国民政府代表田雨时称它是"纯为国际合
作，而超越政治及宗教一切关系之社会事业；完全基于人类的正义与同
情心为出发点"。①

　　中日战争爆发后，全美基督教会联邦理事会和"北美海外宣教大会"
（Foreign Missions Conference of North America）与"救济中国灾荒美国委员
会"（China Famine Relief, U. S. A., Incorporated）联合发起成立"教会救
济中国委员会"（Church Committee for China Relief），由美国商会前主席哈
珀·西布利（Harper Sibley）担任会长（president），穆德担任副会长，美
部会远东事务干事、曾在华宣教 18 年的温·费尔菲尔德（Wynn
C. Fairfield）任执行主任（director），全美基督教会联邦理事会的副干事罗
斯韦尔·巴恩斯（Roswell Barnes）担任执行副主任。该会总部设在纽约，
在亚特兰大、芝加哥、堪萨斯城、洛杉矶设有地区办公室，在全美组织募
捐活动。1939 年，教会救济中国委员会提出当年的目标：动员 100 万美国
人每人每天省出 3 美分，一年省出 12 美元，捐给中国，可以挽救 100 万遭

① 《总会举行十五周年纪念盛况》，《救灾会刊》十四卷二至三册，民国二十五年（1936）
11、12 月合刊，第 8 页。

受战争、饥荒和水灾的中国平民的生命。[①] 1944 年，该组织改名为"教会救助亚洲委员会"（Church Committee for Relief in Asia）。1941 年 2 月，"美国医药援华会"（American Bureau for Medical Aid to China）、"中华基督教大学联合董事会"（Associated Boards for Christian Colleges in China）、"紧急救援中国委员会"（China Emergency Relief Committee）、教会救济中国委员会和"援助中国理事会"（China Aid Council）等多个援华组织联合成立"联合援华会"（United China Relief），由亨利·卢斯任会长，协调和整合美国民间的援华活动，传教士和教会团体在其中发挥了重要作用。

　　第一次世界大战后的教会除了开展传统的布道、教育、医疗和慈善活动外，还开辟了新的领域，即关注东方国家的农业发展和乡村建设，以解决这些国家的饥饿问题，以及满足乡村民众的灵性需要。有"美国农业之父"之称的平信徒包德斐（Kenyon L. Butterfield）于 1911 年出版《乡村教会与农村问题》一书，呼吁差会把目光转向长期被忽视的乡村，重视为乡村提供社会服务。[②] 1920 年 1 月，美国长老会教会与乡村生活部主任沃伦·威尔逊（Warren H. Wilson）在纽约倡议成立了"农业传教国际联合会"（International Association of Agriculture Missions），吸收美国和其他国家对农业与农村问题感兴趣的传教士参加，交流乡村宣教的经验。1928 年，耶路撒冷会议对乡村问题给予了特别的关注和讨论，会议通过的决议称乡村工作是教会在东方从事的社会服务工作"不可分割的一部分"，教会应该致力于"领导建立一个以基督教为核心的乡村文明"，"打造有智慧、有文化、高效率的农业人口"，使乡村民众能够"分享经济、政治与社会的解放"，"充分参与世界事务并受到基督精神的感动和激励"。[③] 会议使世界各

---

　　① "Church Committee for China Relief Hopes to Save Million Lives from Starvation and Death This Year," *Nashua Telegraph*, Nashua, N. H., Friday, Mar. 10, 1939, p. 9, http：//news. google. com/ newspapers? nid = 2209&dat = 19390310&id = Om5AAAAAIBAJ&sjid = paQMAAAAIBAJ&pg = 5225, 1601704. （2014 年 2 月 24 日获取）

　　② Kenyon L. Butterfield, *The Country Church and Rural Problem*, Chicago：University of Chicago Press, 1911, Preface.

　　③ International Missionary Council, *The World Mission of Christianity*：*Message and Recommendations of the Enlarged Meeting of the International Missionary Council Held at Jerusalem March 24-April 8, 1928*, Reprinted by National Christian Council of China, Shanghai, China, 1929, p. 62.

地的基督教力量开始关注广大农村的问题和需要，"提出建立基督教乡村文明的理想"。1929 年，包德斐在国际宣教协会的资助下，对印度、中国、朝鲜、日本、菲律宾和南非进行了考察，并撰写和出版了考察报告，就农业传教、农村建设提出了建议。日本、朝鲜、中国、印度和暹罗（泰国）的基督教全国协会相继成立了农业委员会。在差会看来，基督教可以从三个方面"对农村重建和乡村生活的复兴作出独特的贡献"：一是"通过基督徒个人"，他们"把基督教的远见和精神带入更宏大的社会运动中，包括农业合作、平民教育和农业重建"，如中国的晏阳初和日本著名社会改革家、和平主义者贺川丰彦；二是"通过越来越多的基督教教育、医疗和社会机构"，这些机构可以从事"各种农村建设的试验和示范"；三是"通过农村的教会"，教会作为乡村社会的基督教共同体可以成为新的农村生活的中心。① 根据 1938 年塔巴拉姆会议的报告，耶路撒冷会后十年间，教会对改善农村生活的兴趣有显著的增加，"基督教组织为乡村提供越来越多的服务，农业传教正在成为世界基督教运动不可分割的一部分"。② 特别是在中国和印度两个农业大国，基督教乡村建设工作的影响最大，涌现出晏阳初和卡纳卡拉亚·保罗（Kanakarayan Tiruselvam Paul）这样的从事乡村建设的杰出人物。

到 1945 年，基督教远比在 1914 年更好地植根于非西方社会，无论是教会还是差会兴办的教育、医疗和慈善机构，本土基督徒已经成为当之无愧的领袖，教会的经费也主要在东方社会募集而不再依赖于西方差会的供给。正如赖德烈所言，到 1945 年，"宣教时代正在过去"，"传教士仍然到东方去，并从事各种服务，但是他们越来越成为'本土'基督徒的同事和助手，而不再是指导者。基督教在其历史上第一次成为真正的全世界的宗教而不是一种通过殖民和帝国扩张得以传播的西方信仰"。③

---

① International Missionary Council, *The World Mission of the Church: Findings and Recommendations of the International Missionary Council*, Tambram, Madras, India, Dec. 12 to 29, 1938, p. 145.

② Ibid., p. 144.

③ Latourette, *A History of the Expansion of Christianity*, Vol. 7, Advance through Storm, p. 411.

传教士对战争根源的反思和改造国际秩序的努力

第一次世界大战突出了战争与和平问题的重要性和紧迫性，在战争机器大肆屠杀人类的时候，个人灵魂的得救被置于次要的位置，避免战争就显得比向个人传播基督教教义更急迫。正是在这一背景下，如何避免战争和维护和平成为两次世界大战之间传教团体最重要议题之一，教会人士加入第一次世界大战后对战争根源的反思运动中，对第一次世界大战的根源给予了独到解释，并提出了维护和平、防止战争的办法。

与其他群体不同，教会人士不是从制度层面，而是从思想和观念层面来对战争根源进行反思的，认为战争是错误的思想和观念导致的结果。这种错误的观念之一是"马基雅维利观念"，马基雅维利主义被应用到国家间关系中，"在过去的三四百年间主导了国际关系的精神"。[1] 美国圣公会主教迈克尔·弗斯（Michael Bolton Furse）说：

> 战争的原因是什么？……在我看来，世界大战是错误的思想和错误的观念自然带来的结果，是我们所谓的文明一直赖以建立并且目前仍然支撑我们文明的那些原则必然导致的结果。这些原则就是丛林掠夺和尽可能占有的原则。这些原则是建立在如下思想之上的：一个民族的生命力在于其拥有的东西的数量。

在弗斯看来，只要这些错误的观念不被抛弃，"只要这些原则主导人类和各个国家，那么未来我们仍然会处在潜在的战争状态"。[2]

错误的观念之二是西方优越和白人至上的思想。在一些传教士看来，正是这种对待其他文明的错误观念为欧洲近代以来征服亚非各民族提供了所谓的"正当性"，反而又加剧了欧洲国家对海外殖民地的争夺，从而使欧洲陷入大战之中。长期在日本布道的美国著名传教士西德尼·古利克（Sid-

① Newton W. Rowell, "The Christian Spirit in international Relations," Turner and Sanders, eds., *The Foreign Missions Convention at Washington*, 1925, p. 185.

② Michael Bolton Furse, "Of One Blood," Turner and Sanders, eds., *The Foreign Missions Convention at Washington*, 1925, p. 171.

ney L. Gulick）指出，"欧洲的悲剧是其长期以来在非洲和亚洲推行的政策和奉行的精神的结果"，不幸的是，"欧洲还没有吸取教训，其心灵也没有发生改变"，仍然"在压制那些正在为独立而斗争的被征服民族，用右手向弱小民族传播宗教，而用左手对他们进行掠夺"。① 而在这一过程中，西方传教士扮演了不光彩的角色，一方面在西方人中培育了优越感；另一方面支持西方对非基督教世界的主宰。曾在印度传教，后来担任美国协和神学院教授的丹尼尔·弗莱明（Daniel Johnson Fleming）在 1925 年说道：西方的教会人士抱有一种错误的观念，即"强大国家可以控制弱小民族，只要这种控制被认为是为了弱小民族的利益；传教士可以充当别的民族的保护人，只要其动机是无私的"。②

那么，如何消除战争呢？传教团体的回答是"改变人的心灵"。③ 既然战争的根源在于人心中错误的思想，那么防止爆发下一次大战的办法是传播"新的思想和理想"，让"基督的生命观和世界观"占据人的心灵。迈克尔·弗斯说：

> 如果我们真心希望和平和国家间的善意，那么我们今天需要的是新的生命观，关于工业、商业、爱国主义和国际关系的新思想和新精神。……这一新精神究竟是什么呢？我们的回答是："基督，和平之王。"基督的生命观和世界观是什么？简单地说，在基督的心里，生命是给予，而不是索取；是个人和国家的侍奉，而不是个人和国家的成功；是合作而不是竞争；是牺牲，而不是自私自利。④

---

① Sidney L. Gulick, "What Contribution can be Made by Foreign Missions Boards," Foreign Missions Conference of North America, *Foreign Missions Conference of North America: Being the Report of the Twenty-Fifth Conference of Foreign Missions Boards in the United States and Canada at Garden City*, New York, January 15-17, 1918, New York: Foreign Missions Library, 1918, p. 339.

② Daniel J. Fleming, *Whither Bound in Missions*, New York: Association Press, 1925, pp. 2, 58.

③ Gulick, "What Contribution can be Made by Foreign Missions Boards," Foreign Missions Conference of North America, *Foreign Missions Conference of North America: Being the Report of the Twenty-Fifth Conference of Foreign Missions Boards in the United States and Canada at Garden City*, New York, January 15-17, 1918, p. 340.

④ Furse, "Of One Blood," Turner and Sanders, eds., *The Foreign Missions Convention at Washington, 1925*, p. 172.

其中最重要的就是"基督关于世界的思想"："他从一本造出世界万邦。"在弗斯看来，主导各国领导人国际观的应该是上帝关于世界是一个家庭的观念，而不是马基雅维利把世界视为争权夺利的舞台的观念。弗斯还进一步阐述了这个大家庭的特性：第一，"这个大家庭是由各种各样不同的成员组成的"；第二，"在这个家庭里有法律和秩序"，而且"法律和秩序的实施不是依赖大棒的使用"，而是"通过善意、说服、理性和共识"；第三，"每一个成员在这个家庭中都有价值，都受到尊重"；第四，"在这个家庭内，每一个个体成员都必须努力为整个群体的福祉做出贡献"，而不是利用家庭的资源来扩张自己的利益；第五，"家庭中最弱小的成员不会孤立无助，而是会成为家庭中所有成员的第一关怀"；第六，"是爱、善意和兄弟情谊把这个家庭凝聚成一体"。①

从类似的思想出发，在北美传教团体中具有广泛影响的加拿大平信徒牛顿·罗厄尔（Newton W. Rowell）博士主张基督教会应该提出自己的国际关系思想"以对抗马基雅维利式的国际关系观念"。他提出，基督教国际关系思想的第一要素是"在耶稣基督的统治下人类是一体的"；第二要素是"国际事务应该与国内事务一样，公义和道德法则处于至高无上的地位"，而不是像马基雅维利主义所主张的那样，"道德与国际关系的状态没有关联"；第三要素是"认真而真诚地理解和欣赏其他国家的观点"，这是"走向良好国际关系的最初步骤之一"；第四要素是"努力在战争之外找到更富有基督精神的解决国家间纠纷的办法"，包括裁军、建立正义法庭和调解纠纷的程序以及某种形式的国际组织。② 罗厄尔称，"把基督的观念付诸实践是所有基督教国家人民义不容辞的责任"，"除非各国认识到精神和道德考虑以及道德力量在国家间关系中至关重要的地位，否则，我们在处理我们这个时代的问题时不会取得真正的进步"。③

---

①　Furse, "Of One Blood," Turner and Sanders, eds. , *The Foreign Missions Convention at Washington*, 1925, pp. 172 – 174.

②　Newton W. Rowell, "The Christian Spirit in International Relations," Turner and Sanders, eds. , *The Foreign Missions Convention at Washington*, 1925, pp. 185 – 188.

③　Ibid. , p. 185.

　　弗斯和罗厄尔都主张用基督的观念和理想来指导各国的对外行为，通过使国家间关系更具有基督的特性，以及促进各国在"人类普遍的兄弟情谊"基础上处理相互间的关系来消除战争。用穆德的话说，就是"以基督的方式来解决社会问题"和"使国际关系基督化"（Christianizing of international relations）。穆德在 1920 年的基督教青年会工作报告中指出，"除非我们整个现代工业与贸易体系被真正合作的精神与实践完全主导"，否则"下一代学生会经历血腥的内战和阶级冲突以及国际冲突，这些冲突甚至比世界刚刚蹒跚度过的冲突更具毁灭性"。他号召青年学生承担起促进"公正的国际关系"的责任，并"团结一致去消除国际偏见、仇恨和争斗等种种罪恶"。[1] 长老会的威廉·梅里尔（William Pierson Merrill）牧师也认为，如果要消除未来的战争，"就必须让基督精神主导国际生活"，"实行基督教国际主义"。[2]

　　在这些反思的基础上，传教团体和教会领袖们开始表现出对种族不平等、经济剥削、战争与和平等国际问题的关注，并寻求通过以基督伦理改造国际关系来解决这些问题。

　　在 1918 年 1 月纽约举行的海外宣教会议上，古利克号召美国基督徒关注本国的对外政策以避免第一次世界大战那样的悲剧重演。他批评基督教世界的基督徒们没有"把促进（各国）国际政策的基督化当作教徒的责任"，"甚至我们教会的领袖们根本没有想到他们有义务关注这些国际问题"；"得救、神国的建立和基督的到来一直被认为是个体的事情而不是国家和国际的事情"，以至于"促进各民族之间政治关系的基督化一直未成为教会实际工作计划的一部分"。其结果是基督教世界各国的政策"被经济的、民族主义的和王朝的利益所主导，而丝毫不考虑道德理想"。在古利克看来，忽视国际问题是宣教事业的"一个致命的缺陷"，而第一次世界大战的爆发表明"基督徒正在为过去的失误而付罚金"。他问道："如果每一个基督教国家的基督徒哪怕把 1% 的时间、思考、精力和金钱用在建立公平和

---

　　① 　John R. Mott, *The World's Student Christian Federation：Origin, Achievements, Forecast*, N. P.：WSCF, 1920, pp. 76 - 77, 80, 81.

　　② 　William Pierson Merrill, *Christian Internationalism*, New York：The Macmillan Company, 1919, p. 3.

正义的国家间关系上，而不是像现在这样用在赢得战争上，这场悲剧会发生吗？"①

　　古利克敦促教会承担起促进国际关系"基督化"的责任，把这一新任务纳入"教会的具体工作计划"，制定应对国际问题的议程以便"及时弥补"过去的失误。② 他在会上提出四点建议：任命一个负责增进国际友谊的特别委员会来实施大会的宣言；在教会开设基督教国际主义的课程（一门课程是关于一般性的国际组织问题和国际关系中如何贯彻基督教伦理，另一门课程则讨论较为具体的美国与亚洲关系问题以及白种人和黄种人的未来）；要求美国的每一个海外宣教差会把国际问题提交到其支持者面前进行讨论；利用"教会促进国际友谊世界联盟"（World Alliance for Promoting International Friendship through the Churches）作为核心机构来动员基督徒支持威尔逊总统的和平计划。③

　　在古利克的计划中，"美国基督徒的首要责任是解决美国的国际关系、态度和政策"，因为如果自认为最具有基督教色彩的美国都拒绝实践基督的原则和理想，那么"就不要希望世界其他国家会真正地和广泛地实施国际正义原则"；目前美国基督徒能做的就是敦促美国政府修改歧视中国人和日本人的移民政策，改变美国社会的偏见。他警告说，如果赫斯特报系及其追随者不停止关于"黄祸"的宣传，美国政府不改变对亚洲移民的歧视性政策，那么未来迟早会爆发白种人和黄种人之间的战争。④

　　在20—30年代，有多位教会领袖通过教育和出版等活动宣传以世界友谊、种族协调、和平主义和全球一体理想为基础的基督教国际主义。穆德是其中最有影响的人物。穆德不仅关注工业时代的社会改良，而且试图通过促进东西方学生之间的交流和培育兄弟情谊来推动国际理解和世界和平。他指出，如果人们之间不能以兄弟之谊相互对待，那么世界和平就无法取

　　① Gulick, "What Contribution can be Made by Foreign Missions Boards," Foreign Missions Conference of North America, *Foreign Missions Conference of North America: Being the Report of the Twenty-Fifth Conference of Foreign Missions Boards in the United States and Canada at Garden City, New York, Jan. 15 – 17, 1918*, pp. 337 – 338.

　　② Ibid..

　　③ Ibid., pp. 342 – 343.

　　④ Ibid., pp. 338 – 339.

得。为了在青年学生中间播下友谊的种子，穆德在第一次世界大战前就组织了"海外学生友好关系委员会"（Committee on Friendly Relations among Foreign Students）。该委员会在两次世界大战之间开展各种活动来消除美国社会中的种族偏见，在各国人民之间培育相互理解与和睦的精神，特别是通过教育和文化交流在各国青年学生中间培育友谊。[①] 两次大战之间美国最有影响的现代派神学领袖富司迪（Harry Emerson Fosdick）也是基督教国际主义的主要倡导者。第一次世界大战之后，他开始意识到，各个地区间的相互依赖正在使整个人类成为"一个世界"，"孤立主义已经不可能了"，教会人士具有"不可逃避的国际责任"，参与国际问题的解决。他支持威尔逊的理想主义和美国加入国联，宣称"今天做一个爱国者的基本条件就是做一个国际主义者"。[②]

在宣教界，年青一代传教士最先开始实践国际主义。在 1920 年的工作报告中，穆德称，基督教男女青年会将从事以下工作以"促进公正的国际关系"："促进本国有关国际事务的政策符合基督的原则"；"在与他国人民的一切关系中践行基督的精神与原则以为表率"。[③] 宣教界的这种国际主义取向典型地反映在 1923 年年底在印第安纳波利斯召开的美国学生立志证道团大会上。与会约 5000 名代表的一个共识就是，如果基督教会和差会想在这个混乱的世界上继续发挥重要的作用，那么无论是教会组织还是传教士个人都必须面对世界上正在出现的对和平与自由的挑战，并提供以基督精神为基础的解决办法。教会史家阿奇博尔德·贝克（Archibald Gillies Baker）这样解释这一新观念：

　　　　教会不再认为向国外派出足够数量的宣教士并提供充足的财政支持就算完成了他们对世界承担的责任。无论是在国内还是在海外，也无论是美国、欧洲、亚洲还是非洲的基督徒，都有一个至关重要的责任，

---

　　① 参见 Liping Bu, "Cultural Understanding and World Peace: The Role of Private Institutions in the Interwar Years," *Peace & Change*, Vol. 24, No. 2, Apr. 1999, pp. 163 – 166。

　　② Harry Emerson Fosdick, *The Living of These Days: An Autobiography*, New York: Harper & Brothers, 1956, pp. 305 – 306.

　　③ Mott, *The World's Student Christian Federation: Origin, Achievements, Forecast*, pp. 77, 82.

那就是共同合作，以基督的精神来面对诸如战争、种族歧视、经济剥削、国际主义和社会改良等共同的世界问题。①

1922 年 4 月在北京召开的"世界基督教学生同盟"（World's Student Christian Federation）大会上，"国际与种族问题"成为会议讨论的主题之一，该主题下又设有十四个"分股问题"，涉及国家间冲突的根源、种族关系、委任统治、战争与基督精神、教会在解决国际事务和防止战争问题上的作用、基督徒学生对解决国际问题的贡献等。② 同年在上海召开的中华全国基督教大会也号召中国基督徒"利用一切机会来促进国际友谊"，"培育世界一家的兄弟情谊"，"共同反对国际不公正"，并"促进中国迅速兴起的民族意识基督化"。③

继年青一代传教士之后，老一代的传教士也逐渐地接受国际主义思想，开始关注国际问题，致力于培育国家间的友谊与理解。在 1925 年华盛顿举行的海外宣教大会上，北美近 100 个宣教组织参加了大会，大会专门安排

---

① Baker, "The Religious Ideals of the Student Volunteer Movement," *The Journal of Religion*, Vol. 4, No. 2, Mar. 1924, pp. 196 – 197.

② 十四个分股问题：（一）殊国异种之间多有误会冲突，其大缘由何在；（二）种族之间果有根本之殊异乎；（三）种族大同之观念如何能以教育等事养成之；（四）近有主张种族中有较长于管理统治等事者应委以统驭其余种族云云，此论亦有理乎；（五）吾等对于下列国家应有何种作为（甲）软弱不能独立者（乙）举动有碍他国者；（六）基督教以善胜恶之理能否行之于国际关系上，若曰不能何故；（七）评论国家能如评论个人时之视为含有人格乎；（八）国际间有不平待遇等事，下列二者应尽何种天职（甲）奉基督教的国家（乙）非基督教国家内之基督徒，基督徒处若何可以不从其本国之命令；（九）战争（甲）战争合乎基督教否，基督徒的精神亦能在战争上表出否，倘皆非是则战争是否在特种情势之下尚可施行（乙）如可则在何种情势之下（丙）吾人能否只讲目的不同手段而行恶以成善乎；（十）教会的地位（甲）教会于国际事务上能有实际之助力否（乙）教会能扑灭战争否，然则教会之内部当有何种改革始克达其目的（丙）中国教会对于扑灭战争一事有无特别贡献，其法若何（丁）举世基督徒学生能否帮助教会以及世界列国得一妥善方法以免除战争；（十一）世界基督徒学生对于解决国际问题之精神及方法上有无新贡献；（十二）学生个人如何可以养成本身之国际的眼光；（十三）国际缔婚可以推行乎；（十四）吾人对于加利福尼亚省或澳洲等处之排外政策有何意见，但须记取该处有特别情形，如经济艰难及文化标准之殊异等。《第十一次世界基督教学生同盟大会分股讨论之题目》，《青年进步》1922 年第 50号，第 83—84 页。

③ Mary S. Platt, *A Straight War toward Tomorrow*, Cambridge, Mass.: The Central Committee on the United Study of Foreign Missions, 1926, p. 206.

分组会来讨论"海外宣教运动与和平和国际友谊的关系"，基督教国际主义的观念主导了大会。公理会的詹姆斯·巴顿（James L. Barton）牧师在开幕词中提出，治愈世界苦难和缓解世界苦痛的唯一道路是"把我们的主耶稣基督的神国的种子播撒在各国民众的心里"。① 曾经长期在菲律宾宣教的美国圣公会主教查尔斯·布兰特（Charles Brent）在演讲中详细讨论了教会和宣教组织关注"国与国关系"的必要性，号召传教士"尽一切努力把耶稣基督赖以生活的原则和真理应用到"国家间关系中。他赞扬国联和国际法院，相信"它们的目标和发展前景都是符合基督原则的"。② 牛顿·罗厄尔在其题为"国际关系中的基督精神"的演讲中提出，基督教会的一项重要职能就是"努力去建立和维护国家间的和平，促进人类不同种族之间的和睦与合作"。③

国际宣教协会在 1928 年耶路撒冷大会上发表了关于传教与战争问题的声明，指出世界范围内的宣教运动是"和平之王"耶稣的精神的表达，而"战争是实现这一精神的最大障碍"。声明号召所有参与传教运动的人士"进行不懈的祈祷和努力以确保（1）放弃战争作为国家政策的工具；（2）使用和平方法解决所有的国际争端；（3）改变作为战争根源的态度和行为"。④ 在 1938 年塔巴拉姆大会上，国际宣教协会则提出了教会倡导建立的人类"新秩序"的若干原则：（1）"把每个人都视为人，没有基于种族、出身、肤色、阶级和文化的偏见或歧视"；（2）"使人类成为一个合作的整体"；（3）"每个人都有实现完全发展的平等机会"；（4）"在不同国家之间和国家内部进行公正的财富分配，以便每个人都有足够的条件作为上帝的孩子充分地成长而不是扼杀这种成长"；（5）"实现各国经济机会

---

① Reverend James L. Barton, "The Opening Address," Turner and Sanders, eds., *The Foreign Missions Convention at Washington*, *1925*, pp. 2 – 3.

② Charles H. Brent, "The Situation at Home," Turner and Sanders, eds., *The Foreign Missions Convention at Washington*, *1925*, pp. 30, 31, 35.

③ Newton W. Rowell, "The Christian Spirit in International Relations," Turner and Sanders, eds., *The Foreign Missions Convention at Washington*, *1925*, p. 190.

④ "Official Statement of the Council on the Christian Mission and War," International Missionary Council, *The Jerusalem Meeting of the International Missionary Council*, *March 24 – April 8*, *1928*, Vol. 8, Addresses on General Subjects, New York and London, 1928, p. 155.

平等";（6）"反对把战争作为解决国际纠纷的手段"。①

大体言之，在两次世界大战之间，宣教团体积极寻求以基督教的方式来解决各种各样的国际问题，特别是战争问题。他们追求建立一个以基督教的灵性和兄弟友爱为基础的国际秩序，试图通过"使国际关系基督化"来实现持久和平。根据学者罗伯特·赖特（Robert Wright）的研究，在两次世界大战之间，基督教会把培育"国际友爱"（international love）视为其主要职责，从某种意义上可以说，"耶稣基督成了世界上最伟大的外交家"。②赖特的这一观察虽然是就加拿大的教会而言的，但同样适用于美国。

传教运动对美国外交与国际关系的影响

传教运动对美国外交与国际关系的影响首先在于从 19 世纪初到第二次世界大战前，奔赴海外的传教士通过向美国民众介绍东方社会和向东方社会展示美国文化与生活方式，不仅帮助美国人了解域外世界，而且促进了东西方之间的沟通与了解。用贝鲁特美利坚大学校长贝亚德·道奇的话说："传教运动给美国带来一种广阔的视野和对外国的兴趣；同时，传教士通过其个人的友好和管理得当的学校让外国人民理解美国和西方文明。"③

美国独立后将注意力集中在北美大陆的扩张与开发，对西半球以外的事务并不关心，无论是精英还是大众，对东方国家的了解都非常有限。虽然与远东和太平洋地区的商业往来在独立之初就已开始，但商人在贸易之外并不关注对当地社会与文化的研究。基督教传教士从 19 世纪初开始奔赴亚洲和近东，是在海外活动的最大美国人群体。他们长期在东方社会传教，并与当地人一起居住和生活，因此对东方社会有深入的观察和了解，也乐于把当地社会的状况告诉美国国内的民众，以获得民众对宣教事业的支持

① International Missionary Council, *The World Mission of the Church*: *Findings and Recommendations of the International Missionary Council*, *Tambram*, *Madras*, *India*, *Dec. 12th to 29th*, *1938*, pp. 108 – 109.

② Robert Wright, *A World Mission*: *Canadian Protestantism and the Quest for a New International Order*, *1918 – 1939*, Montreal: McGill-Queen's University Press, 1991, p. 3.

③ Bayard Dodge, "American Educational and Missionary Efforts in the Nineteenth and Early Twentieth Centuries," *Annals of the American Academy of Political and Social Science*, Vol. 401, No. 1, May 1972, p. 22.

和捐助。美国前国务卿史汀生在 1936 年曾这样描述传教运动对普通民众的影响：

> 多少年来，几乎每一个有一定规模的美国社区，特别是在东北部和中西部各州，都坐落着一所或多所教堂，每一所教堂都会为一个或多个赴海外的传教士提供部分或全部的支持……有关传教士活动的消息通过报告和书信为这块土地上几乎每个角落的大批民众所知悉。对很多人来说，宣教工作的进展是他们最感兴趣的事情。①

传教士通常通过书信、回国述职或休假时的演讲和聚会、个人著作以及差会主办的报刊向国内介绍宣教活动的进展和东方社会的状况。传教士寄回的书信常被油印分发，供更多人阅读。② 而聆听回国传教士的演讲在 19 世纪和 20 世纪上半期是美国社区民众的大事。传教史家达纳·罗伯特这样描述普通教众聆听海外宣教士介绍当地社会状况的情景：

> 1960 年以前出生到教堂做礼拜的人不会忘记童年时代在教堂里聆听传教士讲话时的兴奋。宣教士穿着当地服饰来对教堂的支持表达谢意，做完礼拜后会在教堂的大厅里放映幻灯片。听众静静地坐着，想象在非洲吃白蚁、在印度的大街上乞讨或在难民营读《圣经》是什么样子。通常很单调的、例行的主日礼拜变得充满异国情调和令人激动，因为美国以外的世界突然变得真实起来。在一个还没有 24 小时播放电视新闻，也没有亚裔、拉美裔移民来到中西部小镇的时代，休假的传教士成为北美基督徒世界和世界其他地区的主要联系纽带。③

---

① Henry L. Stimson, *The Far Eastern Crisis: Recollections and Observations*, New York: Harper & Brothers, 1936, p. 153.

② 例如，30 年代"中华基督教大学联合董事会"设在纽约的办公室常把中国代表寄来的书信油印，送给 3500 位全国知名人士阅读。John W. Masland, "Missionary Influence upon American Far Eastern Policy," *The Pacific Historical Review*, Vol. 10, No. 3, Sept. 1941, p. 281.

③ Dana L. Robert, "The Influence of American Missionary Women on the World Back Home," *Religion and American Culture: A Journal of Interpretation*, Vol. 12, No. 1, Winter 2002, p. 59.

　　传教士发表在报纸杂志上的文章和撰写的著作更是不计其数，这些文字材料都成为民众乃至精英了解国外事态的重要来源。更重要的是，传教运动促成了美国东方研究的兴起，从而对美国社会了解东方产生长期的影响。众所周知，美国汉学研究的兴起与传教运动有密切的关系，早期的汉学家不是传教士就是传教士的后代。中国研究的最早开拓者无一例外都是前传教士，包括：美国最早汉学著作《中国总论》（1847 年首版）的作者、后来担任耶鲁大学汉学教授的卫三畏（Samuel Wells Williams），曾担任美国历史协会主席的耶鲁大学中国史和教会史教授赖德烈（Kenneth Scott Latourette），加州大学伯克利分校汉文教授卫理（Edward T. Williams），国会图书馆的恒慕义（Arthur Hummel, Sr.）。身为传教士子女的著名汉学家（或中国学家）则有：耶鲁大学的卫斐列（Frederick W. Williams）、哥伦比亚大学的鲍大可（Doak Barnett）和韦慕庭（C. Martin Wilbur）、麻省理工学院的白鲁恂（Lucien Pye）、密歇根大学的哈里特·米尔斯（Harriet Mills）、普林斯顿大学的威廉·洛克伍德（William W. Lockwood）以及哈佛大学的小詹姆斯·克劳德·汤姆森（James Claude Thomson, Jr.）。而一些传教士后代虽然没有成为汉学研究者，但对美国社会理解中国产生了深远影响，其中最为人所熟知的是赛珍珠（Pearl S. Buck）和亨利·卢斯（Henry R. Luce）。赛珍珠的小说《大地》影响了一代美国人的中国观，在消除美国对中国偏见方面无人能比；卢斯的媒体帝国在 30—40 年代塑造的中国形象主导了一代美国人对中国的认识。1928 年，当美国学术团体理事会（American Council of Learned Societies）建立远东研究委员会时，最初的七名成员中有四位是传教士——赖德烈、恒慕义、哈特福德神学院教授何乐益（Lewis Hodus）和燕京大学教授博晨光（Lucius Porter），还有两位传教士子女——哥伦比亚大学教授富路德（L. Carrington Goodrich）和美国斯密森学会旗下的弗里尔艺术馆（Freer Gallery of Art）副馆长毕安祺（Carl Whiting Bishop），唯一没有传教士背景的是在德国接受教育的汉学家、芝加哥菲尔德博物馆人类学分馆馆长劳费尔（Berthold Laufer）。①

　　而领导美国日本学发展的也是传教士子女，除了最负盛名的赖肖尔

---

　　① ［美］戴维·A. 霍林格：《海外传教活动对 20 世纪美国的影响》，《复旦学报》（社会科学版）2013 年第 3 期，第 45—46 页。

（Edwin Reischauer）外，还有唐纳德·夏夫利（Donald Shively）、约翰·霍尔（John W. Hall）、罗杰·哈克特（Roger Hackett）、戈登·鲍尔斯（Gordon Bowles）、埃瓦茨·格林（Evarts B. Greene）、伯顿·法斯（Burton Fahs）和休·博顿（Hugh Borton）。在南亚研究方面，宾夕法尼亚大学教授W. 诺曼·布朗（W. Norman Brown）就是一位传教士之子，他在印度研究领域的地位相当于赖肖尔在日本研究领域的地位。南亚研究领域其他重要的传教士后代有乔·埃尔德（Joe Elder）、罗伯特·弗莱肯伯格（Robert Frykenberg）、尤金·艾尔西克（Eugene Irschick）、约翰·卡门（John Carmen）和罗伯特·克兰（Robert Crane）。[①] 研究美国与东亚关系的早期学者丹涅特（Tyler Dennett）曾言，"在 19 世纪大部分期间，美国人是通过传教士的眼睛来观察亚洲的"。[②] 实际上，在 20 世纪上半期，传教士的眼睛仍然是美国人观察亚洲的重要渠道。

在中东和非洲地区的传教士也发挥了类似的作用。1922 年 10 月，主持近东地区宣教的美部会外事秘书詹姆斯·巴顿谈道，由于传教士长期生活在近东的偏远地区，这些地区往往是美国外交官无法到达的，因此美国政府官员经常请传教士就他们熟悉的情况作出报告，"事实上，没有哪一个大的宣教会的秘书会不密切关注重要的国际问题，其文件柜里会没有关于这些问题的重要信息"，而所有的信息都会被发回国内。[③] 爱德华·厄尔 1929 年观察说："在几乎一个世纪的时间里，美国关于近东的公众意见是由传教士塑造的。"[④] 1914 年，喀麦隆的美国长老会传教士琼·麦肯齐（Jean Kenyon Mackenzie）因病回国后常年为《大西洋月刊》撰文，并出版了七部著作，向美国人描绘和阐释非洲人的生活与性格，在美国拥有广泛的读者，深刻影响了美国人对非洲的认识。

在第二次世界大战前，传教士实际上成为大多数美国民众了解非西方

---

① ［美］戴维·A. 霍林格：《海外传教活动对 20 世纪美国的影响》，《复旦学报》（社会科学版）2013 年第 3 期，第 46 页。

② ［美］戴维·A. 丹涅特：《美国人在东亚》，姚曾廙译，商务印书馆 1959 年版，第 474 页。

③ Suzanne Moranian, "The Armenian Genocide and American Missionary Relief Efforts," Winter, ed. , *America and the Armenian Genocide of 1915*, p. 204.

④ Edward Mead Earle, "American Missions in the Near East," *Foreign Affairs*, Vol. 7, No. 3, Apr. 1929, p. 417.

宗教、社会与文化的主要，甚至是唯一的渠道，传教运动为美国民众打开了观察东方社会的窗口，成为连接美国与东方的主要纽带。毫无疑问，传教士对亚洲和近东社会的描绘不乏偏见，对于爱德华·W.萨义德所说的东方主义观念的形成，传教士也难辞其咎，特别是在第一次世界大战前，传教士以一种居高临下的宗教与文化优越感观察东方社会，在美国人心中不知不觉地播下了误解和偏见的种子。但是第一次世界大战后，如前文所述，传教运动总的趋势是对东方文化和非基督信仰抱有越来越包容与欣赏的态度，逐渐从抱有强烈宗教与文化优越感并企图把基督教强加给东方的文化帝国主义者变成开始以平等的态度对待非西方文化和非基督宗教，倡导文化合作与国际交流的文化国际主义者。正是传教团体在第一次世界大战后率先对西方文化的弊端开始反思，批评西方殖民统治，决心与帝国主义征服事业决裂，对东方各国的民族主义表现出深刻的同情，支持印度的独立以及废除英美在中国的治外法权。也正是传教士积极反对美国1924年通过的排斥亚裔的移民法，以人类平等观念和深刻的人道主义关怀反对日本侵略和进行人道救助。因此，虽然传教运动在兴起之初受到文化帝国主义观念的推动，但越到后来越远离美国的帝国事业，成为促进东西方理解的积极力量。从长远来看，海外传教运动起到了让美国人"开眼看世界"的效果，改变了美国草根民众的封闭孤立，使美国人以更加宽容的态度对待东方民族，从而培育了大众阶层的国际主义观念。1938年塔巴拉姆宣教大会通过的文件称"国家和种族之间的隔离之墙在普世教会不断扩大的伙伴关系中被摧毁"。① 此言大体上是符合事实的。

传教运动对国际关系的塑造还体现为传教士群体对美国外交政策的深刻影响。这种影响主要通过三种渠道：第一个渠道是传教士向美国政府提供关于海外事态的信息和评估报告，从而影响决策者的认知。传教士是长期居住在海外的最大的美国人群体，比商人和外交官更了解欧美以外的社会，并常常是一些重大国际事件的亲历者，其报告和著作自然会成为美国政府了解海外事态的重要来源。美国公理会海外传道部主任赛缪尔·卡彭

① International Missionary Council, *The World Mission of the Church*: *Findings and Recommendations of the International Missionary Council*, Tambram, Madras, India, Dec. 12th to 29th, 1938, pp. 119 – 120.

（Samuel Capen）曾言，外交官和领事每隔几年就会发生变化，其中很多人也不会说当地语言，而传教士却在"同一个社区居住二三十年，乃至四十年，了解当地的人民、语言、思维方式、传统和历史"，因此掌握大量极有价值的信息，并把这些信息"传达给政府官员"。① 海外传教士一般都与当地的美国领事或使馆官员保持联系。一些著名传教士回国述职和休假时会直接向国务院陈述意见或获得国务院官员甚至总统的召见。传教士还会直接写信给总统、国务院或国会议员。与华盛顿保持经常联系的是美国本土差会的工作人员，特别是"北美海外宣教大会"的官员，该组织代表美国和加拿大100多个宣教团体，负责协调与政府的关系。其执行干事、曾在华传教多年的归正会传教士苑礼文（Abbe Livingston Warnshuis）经常与华盛顿的官员见面，向华盛顿陈述教会的意见。教会团体也把探究和传播国际关系中的事实"真相"作为其影响国际关系的手段。1938年塔巴拉姆会议通过的文件指出，"基督徒有非同寻常的机会和责任把来自不同国家的事实和解释汇总在一起来获得全部的真相"，以便面对和解决有争议的国际问题。② 事实上，在20世纪上半期，很多当事方试图掩盖的"真相"都是由身在现场的传教士揭示出来的，其中最著名的就是第一次世界大战期间土耳其对亚美尼亚人实施的种族灭绝和日本在南京实施的大屠杀。③ 通过将"真相"和第一手信息传达给政府，传教士无疑会影响政府的决策。

第二个渠道是通过制造和改变美国舆论来影响政策。典型个案是1938—1940年间传教士团体在美国国内发起的反对美国向日本出售战争物资的运动。1937年7月中日战争全面爆发后，美国国内的孤立主义者认为中日战争与美国没有关系，也不牵涉到道德问题，美国应该保持中立，撤

---

① Samuel B. Capen, *Foreign Missions and World Peace*, No. 7, Part 3, Boston: World Peace Foundation, October 1912, pp. 12 – 13. 转引自 Moranian, "The Armenian Genocide and American Missionary Relief Efforts," Winter, *America and the Armenian Genocide of 1915*, p. 205。

② International Missionary Council, *The World Mission of the Church: Findings and Recommendations of the International Missionary Council*, Tambram, Madras, India, Dec. 12 to 29, 1938, pp. 118 – 119.

③ 关于传教士对亚美尼亚大屠杀的报道，可参见 James L. Barton, *Story of Near East Relief, 1915 – 1930: An Interpretation*, New York: Macmillan, 1930; 关于传教士对南京大屠杀的报道，可参见 Kaiyuan Zhang（章开沅），*Eyewitnesses to Massacre: American Missionaries Bear Witness to Japanese Atrocities in Nanjing*, Armonk, New York: M. E. Sharpe, 2001。

回在华侨民和驻军，维持与日本的正常贸易关系。美国根据 1911 年签订的《美日通商航海条约》继续与日本保持全面的商业往来，向日本出口飞机、石油和可用于制造炸弹的废钢铁。但是人数众多的来华传教士认为日本是侵略者和国际法的破坏者，而中国是正义的一方。一些传教士还提醒中国与美国的"特殊关系"，中国在追求"成为伟大的姊妹共和国"过程中"信赖美国"，美国具有支持中国的道德责任，因此中日战争"并非不关美国的事"。① 中国的胜利将是"民主、人类自由和宗教自由的巨大胜利"，是"正义对强权的胜利"，而一旦日本获胜，"在东方传教的机会之门……会逐渐关闭"，邪恶力量将得势。② 传教士不仅向美国民众揭露日军暴行和谴责日本侵略，还主张对日本实施经济制裁，包括抵制日货和对日本实施禁运，认为美国政府允许商人向日本出售可用于战争的物资是为虎作伥，支持日本犯罪。回到美国的传教士利用各种机会呼吁民众向政府施压，停止向日本出售军用物资。1938 年 12 月，一位来华传教士的妻子菲比·富森（Phoebe Fuson）这样告诉其教区的妇女："不要停下来，直到你们镇上每一位女性都知道（中日战争的）可怕事实并把她们的名字放到反对美国参与日本的死亡交易的抗议书上。把你们的抗议书发给你们最信任的政府代表，并坚持让他做出回答。"③

1938 年 7 月，在金陵大学任教的传教士弗兰克·普赖斯（Frank Price，中文名字毕范宇）和哈里·普赖斯（Harry Price）兄弟发起组织"美国不参与日本侵略委员会"（American Committee for Non-Participation in Japanese Aggression，又称"普赖斯委员会"），反对美国向日本出售武器和可用于制造武器的物资，特别是飞机、石油和废钢铁。普赖斯兄弟成功说服在美国

---

① Statement of Dr. Walter H. Judd, Returned Medical Missionary from China, April 25, 1939, in U. S. Congress, *Neutrality, Peace Legislation and Our Foreign Policy: Hearings Before the Committee on Foreign Relations, United States Senate, Seventy-sixth Congress, First Session*, Washington, D. C.: U. S. Government Printing Office, 1939, pp. 297 – 298.

② *China Information Service Bulletin*, Nov. 3, 1938. 转引自 Paul A. Varg, *Missionaries, Chinese, and Diplomats: The American Protestant Missionary Movement in China, 1890 – 1952*, Princeton: Princeton University Press, 1958, p. 261。

③ Phoebe Fuson, "If You were Bombed?" Dec. 1, 1938, Fuson Papers. 转引自 Stephen Craft, "Peace Makers in China: American Missionaries and the Sino-Japanese War, 1937 – 1941," *Journal of Church and State*, Vol. 41, No. 3, Summer 1999, p. 586。

社会极有声望的前国务卿史汀生担任名誉主席，前美国驻汉口领事、洛克菲勒基金会驻北京代表、协和医学院院长、传教士之子顾临（Roger S. Greene）担任主席，普赖斯兄弟则担任执行秘书。差不多与此同时，在中日战争爆发后被迫放弃金陵女子学院教职回国的传教士海伦·卢米斯（Helen M. Loomis）建立了一个类似的组织——"中国信息服务社"（China Information Service），致力于把中国国内的信息传到美国，敦促美国政府增加对中国的援助以及对日本实施经济制裁。她制作了5000人的邮寄名单，主要是宗教、学术和专业人士，向这些人士邮寄服务社主办的双周通信以及由毕范宇在中国制作的新闻简报和来自中国的其他宣传资料。[①]

　　1938年8月1日，普赖斯委员会开始向美国有影响的人士邮寄题为《美国在日本战争罪行中的责任》（America's Share in Japan's War Guilt）的小册子，内容包括日本在中国的暴行、美国向日本出售战争物资的后果以及对日本实施禁运的迫切性。委员会制定了2.2万人的邮寄名单，包括联邦政府高官、国会议员以及学术、宗教和社会团体的领袖，该材料同时还由卫理公会在华传教士油印，在寓华美国人中散发。[②] 1939年5月，普赖斯委员会向国会提交了一份由来自17个州156231人签名的请愿书，敦促国会停止向日本出口物资。一个月后，该委员会发布了由长老会传道部干事司弼尔（Robert E. Speer）起草、69位牧师签名的声明，呼吁对日本实施禁运。[③] 普赖斯兄弟和顾临等人还与白宫、国务院和国会进行接触。顾临当年与富兰克林·罗斯福是哈佛大学的同学，时任美国驻华大使的詹森（Nelson Johnson）曾是顾临的门生，而其兄弟杰罗姆·格林（Jerome D. Greene）是太平洋国际学会的领导人，因此顾临在美国政界和学界有广泛的影响力。顾临成功游说参议院对外关系委员会主席基·皮特曼（Key Pittman）在参

---

　　① Masland, "Missionary Influence upon American Far Eastern Policy," *The Pacific Historical Review*, Vol. 10, No. 3, Sept. 1941, p. 295.

　　② Warren I. Cohen, "The Role of Private Groups in the United States," Dorothy Borg and Shumpei Okamoto, eds., *Pearl Harbor as History: Japanese-American Relations, 1931–1941*, New York: Columbia University Press, 1973, p. 437.

　　③ *New York Times*, May 7, 1939, p. 33; Jun. 18, 1939, p. 26. 转引自 Paul A. Varg, *Missionaries, Chinese, and Diplomats: The American Protestant Missionary Movement in China, 1890–1952*, Princeton: Princeton University Press, 1958, p. 271。

议院提出对日本实施禁运的立法动议。

普赖斯委员会最有口才和感染力的演讲人是曾在中国从事医疗和宣教的传教士周以德（Walter H. Judd）。他在中日战争爆发后回到美国，代表普赖斯委员会在 1939—1941 年的三年间在全国各地共发表 1400 次演讲，包括多次全国性的广播讲话，其中题为《让我们停止武装日本》的全国广播讲话刊载在《读者文摘》1940 年 2 月号上。[①] 另一位影响巨大的传教士是南京中华基督教青年会干事费吴生的夫人（Mrs. George A. Fitch）。她在 18 个月的时间里进行了 9 次横跨美国大陆的旅行，在从新英格兰到加利福尼亚的全美各地民众面前发表演讲。其丈夫费吴生则作为亲历者致力于揭露日军在南京的暴行，后来在东京审判中成为检方控诉日军南京暴行的证人。1939 年 4—5 月，众议院对外关系委员会就修改中立法问题举行听证会，周以德和费吴生夫人出席听证会支持对日本实施禁运。费吴生夫人还向国会提交了有加州 4 万人签名的呼吁对日本实施禁运的请愿书，并称基督教青年会在纽约已经征集到 17.5 万人的签名。[②]

传教士的努力逐渐改变了美国在中日战争和对日禁运问题上的舆论。民调表明，在 1937—1940 年间，民众对中日战争和美国远东政策的态度发生了巨大变化。根据美国舆情研究所（盖洛普）的民调结果，1937 年 8 月，也就是中日战争全面爆发初期，同情中国的美国人占 55%，1937 年 10 月是 59%，到 1939 年 5 月，这一比例上升到 74%，而同情日本的美国人比例一直只有 2%。到 1940 年 2 月，有 76% 的美国人希望中国在这场战争中获胜。[③] 在是否抵制日货问题上，1937 年 10 月，即使在同情中国的 59% 的美国人中间，也只有 37% 的人表示愿意停止购买日货。到 1938 年 4 月，支持抵制日货的人达到了 57.5%。到 1939 年 6 月，这一比例上升到 66%。

① Patricia Neils, ed., *U. S. Attitudes and Policies toward China: The Impact of American Missionaries*, Introduction, Armonk N. Y.: M. E. Sharpe, 1990, p. 17.

② Statement of Mrs. George A. Fitch, Pasadena, C. A., in US. Congress, *American Neutrality Policy: Hearings before the Committee on Foreign Affairs, House of Representatives, Seventy-sixth Congress, First session, April 11-May 2, 1939*, Washington, D. C.: U. S. Government Printing Office, 1939, pp. 401, 408.

③ Hadley Cantril and Mildred Strunk, eds., *Public Opinion, 1935 – 1946*, Princeton, N. J.: Princeton University Press, 1951, pp. 1081 – 1082.

1939 年 6 月，主张美国政府应该禁止向日本出售战争物资的人达到了
72%。1939 年 8 月，81% 的受访者主张废除 1911 年的《美日通商航海条
约》，当问及商约在半年后到期后，美国是否应该继续向日本出售战争物资
时，主张不再出售的美国人占 82%。[①] 1941 年 9 月的一项研究也发现，在
过去两年中，美国成百上千的妇女俱乐部、教会、劳工、青年和商业团体
转而支持对日本实施禁运，参议院中越来越多的议员支持禁运。以普赖斯
委员会为代表的传教士的活动无疑是克服美国社会和国会的冷漠与孤立主
义的重要力量，而正是这种冷漠的孤立主义在中日战争爆发后一年多的时
间里限制了行政当局对日采取强硬行动。[②]

　　1939 年 7 月 26 日，罗斯福政府通知日方，1911 年签订的《美日通商
航海条约》将在 6 个月后（即 1940 年 1 月 26 日）废止。1940 年 7 月，美
国政府宣布对航空汽油和废金属实行出口限制，9 月宣布对日本禁运废钢
铁，并向中国提供 2500 万美元的贷款。美国政府的政策变化固然与日本的
南下政策以及希特勒在欧洲的胜利有关，但在很大程度上也是传教士制造
的舆论压力的结果。不仅如此，这种舆论压力也成为阻止罗斯福在 1941 年
秋季寻求与日本妥协的重要力量。

　　第三个、也是最直接的影响政策的渠道是传教士或传教士后代进入联
邦政府成为公职人员，直接参与政策的制定和实施。进入美国政府的传教
士或传教士后代可以列一长串名单，其中包括担任过美国远东事务司司长
的卫理、联邦国会众议员周以德、美国驻华大使司徒雷登，以及 40 年代主
张美国支持中共的驻华外交官谢伟思（John S. Service）和小约翰·戴维斯
（John Paton Davies，Jr.）。

　　传教运动对美国外交与国际关系的长远影响在于传教团体提出了处理
国际关系的道德主义取向，把国家间冲突视为道德问题，倡导把规范个人
的基督教伦理贯彻到国家间关系中。这是传教运动对国际关系的独特贡献。
在传教士看来，国家间的冲突源于以不平等和主宰为核心的错误观念，持

---

　　① Dorothy Borg, "American Public Opinion Reflected in the Polls," *Amerasia*, Vol. 3, No. 12, Feb. 1940, pp. 582 – 583.

　　② Masland, "Missionary Influence upon American Far Eastern Policy," *The Pacific Historical Review*, Vol. 10, No. 3, Sep. 1941, p. 295.

久的和平可以通过在人的心中培育包括爱、善意和兄弟情谊,即通过国际关系的"基督化"来实现。这意味着和平必须建立在国际伦理的改造基础上,特别是把公民社会中个人之间的伦理运用到国家间关系中去,通过"心灵的改变"消弭冲突。传教士反对国际关系中的马基雅维利主义,主张国家间关系应像国内社会中个人关系那样贯彻伦理原则(主要是基督教的原则),包括遵守国际法和条约义务、通过和平方式解决争端、国家间实行合作与互助等。他们相信国家像个人一样,都承担着某种道德责任,违反国际法和条约以及使用暴力都是违反国家道德责任的行为,这样的行为应该受到惩罚。中日战争爆发后,传教士正是从这种道德主义出发,认为日本违反国际法和《九国公约》,无视国际伦理与正义,从事的是一场非正义的侵略战争。他们坚信在中日冲突中,"存在一个与我们(美国)的条约责任和他国权利相关的道德问题,如果这个世界还不想丢弃道德价值意识的话,就有必要对侵略者进行强有力的谴责和履行我们的道德义务"[1]。关于两次世界大战和其他重大的国际问题,传教士也主要从道德角度来审视。传教团体的这些理念与第一次世界大战后威尔逊所倡导的自由国际主义思想是一致的,威尔逊的外交理念和实践就深受他所信奉的长老会教义的影响,具有强烈的道德主义色彩,并因此被称为"传教士外交"。[2] 著名的国际主义者尼古拉斯·巴特勒在1923年的一次演讲中提出,应该像康德主张的那样,把国家视为有能力、也应该在正确与错误之间做出区分、遵守道德原则的个人,而"那些已经验证过的、应用在个人行为中的伦理原则也应该应用在国家行为之中"[3]。传教士处理国际关系的道德视角集中体现了乔治·凯南所说的现代美国外交的特性:"对国际问题的法治主义和道德主义取向",即"把正确与错误的概念引入国与国之间的事务,认为国家行为是可

---

① Lyman Hoover to Nevin Sayre, March 24, 1938. 转引自 Stephen Craft, "Peace Makers in China: American Missionaries and the Sino-Japanese War, 1937 – 1941," *Journal of Church and State*, Vol. 41, No. 3, Summer 1999, p. 580。

② Roger Trask, "Wilsonian Missionary Diplomacy," Alexander Deconde, et al., eds., *Encyclopedia of American Foreign Policy*, New York: Charles Scribner's Sons, 2002, Vol. 3, pp. 627 – 639.

③ Nicholas M. Butler, "Development of the International Mind," An Address Delivered before the Academy of International Law at the Hague, Jul. 20, 1923, *American Bar Association Journal*, Vol. 9, No. 8, Aug. 1923, p. 521.

以从道德上进行评判的问题"。① 传教士不仅是这一外交风格体现者，也是其塑造者。这种道德主义与 19 世纪欧洲盛行的马基雅维利主义和"现实政治"理念截然不同，代表了处理国家间关系的新观念和新方式，在第一次世界大战后逐渐流行开来，深刻地塑造了 20 世纪特别是第二次世界大战后的国家行为与国际秩序。

传教士从事的其他与国际关系并无直接关联的活动实际上对国际关系和国际秩序也有着潜在的和长远的影响。他们在亚非国家从事的教育、出版、医疗和社会服务改变了当地人的观念，传播了现代性的文化，在中国、朝鲜和印度等地培育了民族主义思想，特别是教会学校常常成为民族主义生长的温床。而亚非地区民族主义的兴起最终瓦解了殖民体系，成为 20 世纪塑造国际关系的最强大力量之一。

三 "用相互理解改善国家间关系的试验": 太平洋国际学会的活动与贡献

除了和平团体和传教组织外，这一时期在国际舞台上倡导新的国际关系准则并为培育新的国际秩序而努力的非政府组织还有知识团体。知识团体试图通过知识交流来培育国家间的相互理解以实现和平，其中最有代表性的知识团体是有"政治竞技场上的百合"之称②的"太平洋国际学会"（Institute of Pacific Relations）。

第一次世界大战后美国的国际主义思潮与太平洋国际学会的成立

前文已经述及，第一次世界大战后的美国国际主义者在总结大战教训时深刻地认识到，大战的爆发是马基雅维利主义主导国际关系的结果，要想实现持久的和平，必须改造国际关系，用基于平等与合作的"美国原则"取代

---

① George F. Kennan, *American Diplomacy*, Chicago: The University of Chicago Press, 1984, pp. 95, 100.

② Herbert Croly, "The Human Potential in Pacific Politics," John B. Condliffe, ed., *Problems of the Pacific: Proceedings of the Second Conference of the Institute of Pacific Relations*, *Honolulu*, *Hawaii*, *July 15 to 29, 1927*, Chicago: University of Chicago Press, 1928, p. 578.

建立在秘密外交和强权政治基础上的"欧洲原则"。国际主义者改造国际关系的努力集中体现在威尔逊总统对战后和平的筹划上。但是，对欧洲的厌恶和不卷入欧洲纷争的强大孤立主义传统挫败了威尔逊总统的努力，国会拒绝批准《凡尔赛和约》，美国拒绝加入国联。不过，威尔逊失败并不意味着美国重建战后国际秩序努力的终结。一些国际主义者发现，太平洋地区是美国可以大有所为的地方，因为历史上美国在太平洋地区"没有实施孤立的政策"，涉及西半球和亚太问题时，美国"从来不是孤立主义者"。[①] 也就是说，威尔逊在欧洲的失败并不妨碍美国在亚太地区发挥主导作用，为该地区规定新的国际关系原则。

实际上，按照美国原则来塑造亚太地区是美国深藏已久的愿望。在 19 世纪，太平洋的大部分地区是作为欧洲的殖民地而存在的，被视为欧洲的附属，因此在欧洲主导的国际关系中并不构成一个独立区域，同时，欧洲的国际政治文化也被移植到远东，这一地区自 19 世纪中期以来奉行的是欧洲的国际关系准则。但是，随着美国的崛起，特别是美国获得夏威夷和占领菲律宾后，美国一些精英人士开始把太平洋地区视为一个应由美国领导的、实行与欧洲不同的新国际关系准则的区域，强调太平洋地区的特殊性和美国的独特作用。早在 1852 年，一向主张美国在太平洋地区拓展商业利益的联邦国会参议员、后来的国务卿威廉·西沃德在参议院的演说中称，欧洲的商业、政治、思想及其活动的影响力"虽然正在增大"，但"在未来其重要性将降低"，而"太平洋沿岸、岛屿和广大地区将要变成今后世界重大事件的主要舞台"，美国必将"完全摆脱欧洲的残余影响和偏见，转而发展出美国的观念和影响去重塑旭日初升之地（即亚洲——引者注）的制度、法律和风俗"；而且西沃德相信，"当战争给大西洋世界带来损害和悲痛的时候，在人类活动的新舞台（指太平洋地区——引者注），人类更友好的情感将很快会得到培育"。[②] 进入 20 世纪，太平洋在一些政治家心中的地位迅速上升。西奥多·罗斯福总统认

①　Chester H. Rowell, "American Sentiment on Problems of the Pacific," Institute of Pacific Relations, ed., *Institute of Pacific Relations*, *Honolulu Session*, *June 30-July 14*, *1925*: *History*, *Organization*, *Proceedings*, *Discussions*, *and Addresses*, Honolulu, Hawaii, 1925, p. 103.

②　William Henry Seward, "Survey of the Arctic and Pacific Oceans," Jul. 29, 1852, George E. Baker, ed., *The Works of William Henry Seward*, New York: Redfield, 1853 – 1884, Vol. 1, p. 250.

为在 20 世纪,"太平洋的商业以及对太平洋的支配,将成为世界历史上难以估量的重要因素","我们美国未来的历史将更由我们在面向中国的太平洋上的地位,而不是我们在面向欧洲的大西洋上的地位来决定",因此美国应该对太平洋施加影响。① 国务卿约翰·海(John Hay)和海军战略家阿尔弗里德·马汉(Alfred Mahan)也有类似的看法。第一次世界大战后,"随着作为典范的大西洋体系的解体,远东体系也解体了"。② 国联虽然在理论上是世界性组织,但是由于美国和苏联长期不是国联的成员,太平洋地区实际上孤立于国联所主导的国际关系框架之外,太平洋地区的国际规范、国际文化和国际秩序都需要重新界定。而在美国的国际主义者看来,第一次世界大战后欧洲在远东影响力的急剧下降为美国提供了机会。20 年代,美国舆论非常热衷于谈论在远东推行不同于欧洲的美国原则,建立一个由美国领导的地区秩序。当时英国驻东京大使约翰·蒂利(John Tilley)感受到美国所力图倡导的对东方的新态度和太平洋国际关系的新精神。他抱怨说,美国人大谈太平洋是世界的关键地区,"存在一个太平洋文明和哲学,是一种优越于欧洲文明与哲学的东西",但在他看来,"这不过是一个神话"。③

在国际主义者呼吁下,美国的沃伦·哈定政府于 1921—1922 年发起召开华盛顿会议,试图重建太平洋地区的国际秩序。正是从这个意义上,华盛顿会议又被称为"太平洋会议"。华盛顿会议签订的一系列条约表明美国要在太平洋地区建立一个不同于欧洲的国际秩序,其特点是美国领导下的多边合作。《新共和》杂志主编赫伯特·克劳利(Herbert Croly)当时评论说,华盛顿会议"第一次把太平洋作为某种程度上独立的政治和经济区域","把一种崭新的原则引入海洋政治中",有助于建立一个"由相互协商……平等政治伙伴构成的共同体","甚至勾画了一个太平洋地区共同体的轮廓",代表着国际政治行为准

① Howard Beale, *Theodore Roosevelt and the Rise of America to World Power*, Baltimore: Johns Hopkins University Press, 1956, pp. 172, 174.

② Croly, "The Human Potential in Pacific Politics," Condliffe, ed., *Problems of the Pacific: Proceedings of the Second Conference of the Institute of Pacific Relations*, Honolulu, Hawaii, July 15 to 29, 1927, p. 582.

③ Tomoko Akami, "The Rise and Fall of a 'Pacific Sense'," Paul F. Hooper, ed., *Rediscovering the IPR: Proceedings of the First International Research Conference on the Institute of Pacific Relations*, Center for Arts and Humanities, University of Hawaii at Manoa, 1994, p. 12.

则的新形式。①

在太平洋地区建立新型国际关系的思想不仅体现在美国政府的努力中,也反映在很多个人和团体的思想中,特别是在太平洋地区活动的人士。1923年,檀香山基督教青年会倡议太平洋沿岸各国青年会召开一次会议,"从基督教的观点讨论太平洋各民族的问题,并筹划有助于解决这些问题的方案",试图把檀香山地区不同种族之间通过对话和协商实现和谐共处的经验向整个太平洋地区推广。② 倡议发出后得到太平洋各国基督教青年会的积极响应。1924年9月,中国、日本、美国、澳大利亚、新西兰、加拿大、菲律宾和朝鲜八国的基督教青年会派代表举行预备会议,会上有人提出纯粹以基督教之观点讨论太平洋问题太狭隘,各国的经济政治问题亦应加以讨论。与会者于是决定把会议变成一个超越基督教视野的泛太平洋地区的国际会议,研究国家间的交往和冲突,"培育理解与合作",并成立中央执行委员会负责会议的筹备和组织。③ 会后发表的声明指出,太平洋地区不存在"旧世界诸大陆历史上一直存在的古老偏见和仇恨","几乎是一张白纸",因此"可以书写世界历史新的一页"。④ 1925年2月22日,会议筹备者在纽约的耶鲁俱乐部召开筹备会议,来自宗教、新闻、商业、学术和教育等领域的38位知名人士参加了会议。⑤ 这些来自美国东北部和西海岸(包括夏威夷)的国际主义者认为,要想在太平洋地区建立新型

---

① Croly, "The Human Potential in Pacific Politics," Condliffe, ed., *Problems of the Pacific*: *Proceedings of the Second Conference of the Institute of Pacific Relations*, *Honolulu*, *Hawaii*, *July 15 to 29*, *1927*, pp. 582 – 583.

② "History and Organization," Institute of Pacific Relations, ed., *Institute of Pacific Relations*, *Honolulu Session*, *June 30-July 14*, *1925*: *History*, *Organization*, *Proceedings*, *Discussions*, *and Addresses*, p. 11.

③ Ibid. , p. 12.

④ Ibid. , p. 13.

⑤ 其中包括曾担任日本基督教青年会干事、时任太平洋沿岸种族关系调查局主任的约翰·戴维斯(John Merle Davis),曾在印度和法国基督教青年会工作的爱德华·卡特(Edward Carter),纽约麦卡琴航运公司老板詹姆斯·斯皮尔斯(James Speers),斯坦福大学校长雷·威尔伯(Ray Lyman Wilbur),马萨诸塞州克拉克大学政治学和远东问题专家乔治·布莱克斯利(George Blakeslee),哈佛大学讲师和中国问题专家斯坦利·亨培克(Stanley Hornbeck),哈佛大学历史系教授兼《外交事务》杂志主编阿奇博尔德·库立奇(Archibald Coolidge),美国前驻印度贸易专员、太平洋贸易专家查尔斯·巴彻尔德(Charles Batchelder),纽约社会与宗教研究所执行干事盖伦·费希尔(Galen Fisher),哥伦比亚大学历史学家詹姆斯·肖特维尔(James Shotwell),哈佛大学国际法教授乔治·威尔逊(George G. Wilson),美国前驻日大使罗兰·莫里斯(Roland Morris),长期在日本宣教的著名传教士西德尼·古利克(Sidney Gulick),基督教青年会世界协会总干事约翰·穆德和美国亚洲协会的亨利·穆尔(Henry Moore)。

的国际关系,仅召开一次会议是远远不够的,在美国拒绝加入国联的情况下,需要在太平洋地区成立一个永久性国际非政府组织来加强太平洋各国民间精英之间的联系与友谊,讨论太平洋地区的国际关系问题。① 随后,会议的召集机构——设在夏威夷的中央执行委员会将该组织命名为"太平洋国际学会"②。

1925 年 6 月 30 日至 7 月 14 日,太平洋国际学会在檀香山召开成立大会,来自美国本土、夏威夷、日本、中国③、朝鲜、菲律宾和英国自治领澳大利亚、新西兰、加拿大等国家或地区的正式代表和非正式代表 145 人出席了会议。④ 除安排九个国家和地区的代表在会上分别阐述了本国对太平洋问题之看法外,会议还举行了多场圆桌讨论,涉及议题包括:移民与种族关系,太平洋各国的生活标准,处理太平洋问题的方法,教育机构对促进种族间和国家间相互理解的贡献,国际合作的方法,宗教在解决太平洋问题中的作用,耶稣、佛陀和孔子的思想在现代种族间和国家间关系的应用,外国传教士在不同民族交流中的作用,宗教与教育问题,远东地区工业化的后果,中国自然资源的开发,治外法权问题,海关控制权、关税修改与外国贷款,太平洋各国经济、商业和金融政策,太平洋各国处理国际关系

---

① "History and Organization," Institute of Pacific Relations, ed. , *Institute of Pacific Relations, Honolulu Session, June 30-July 14, 1925: History, Organization, Proceedings, Discussions, and Addresses*, pp. 19 – 21.

② 太平洋国际学会的英文名为 Institute of Pacific Relations,直译为"太平洋关系学会",但当时的中国报刊最初称其为"太平洋国交讨论会",从 1931 年开始称为"太平洋国际学会",本书据此译为"太平洋国际学会"。

③ 出席本次会议的中国正式代表共 12 人,他们分别是:罗有节、王季玉、张履鳌、黄宪昭、温世珍、顾子仁、陈达、陈立廷、晏阳初、欧阳心农、李绍昌、林国芳。见陈立廷《太平洋国交讨论会第一次会议经过之颠末》,《青年进步》第 86 册,1925 年 10 月,第 11 页。

④ 参会的中国代表陈立廷称出席会议的代表有 111 人,其中美国代表最多,为 28 人。不过,根据会议记录中的代表名单统计,在檀香山成立大会上,出席会议的正式代表 114 人,其中美国本土 31 人,夏威夷 18 人,日本 19 人,中国 12 人,朝鲜 6 人,菲律宾 2 人,澳大利亚 6 人,加拿大 6 人,新西兰 11 人,另有 2 人代表英格兰基督教青年会,1 人代表瑞士基督教青年会;非正式代表 31 人,来自美国本土、夏威夷、中国、菲律宾、朝鲜和加拿大。陈立廷:《太平洋国交讨论会第一次会议经过之颠末》,《青年进步》第 86 册,1925 年 10 月,第 10—11 页;Institute of Pacific Relations, ed. , *Institute of Pacific Relations, Honolulu Session, June 30-July 14, 1925: History, Organization, Proceedings, Discussions, and Addresses*, pp. 135 – 140。

的机构的组建，太平洋地区的裁军等。① 会议宣布太平洋国际学会（当时在中国称为"太平洋国交讨论会"）作为永久性组织成立，该组织"系由关心太平洋各国邦交大势之男女人士组织而成。其集会及一切活动，并非代表任何国之政府或其他法团，完全系个人自由的行动，意在促进沿太平洋各民族之福利与安宁"。② 也就是说，学会完全是一个由民间人士组成的非政府组织。会后，美国③、澳大利亚、英国、加拿大、中国④、日本、朝鲜、新西兰、菲律宾分别建立了国别理事会（National Council），成为学会的团体会员。后来，法国、荷兰、苏联（短期）、缅甸（短期）、荷属东印度（印度尼西亚）、泰国和印度也成立国别理事会加入学会。1927 年太平洋国际学会在檀香山召开第二次会议，制定了学会的章程，根据该章程，学会的宗旨是"研究太平洋各民族之状况以改善相互之关系"。⑤ 学会的组织机构包括：（1）指导机关"太平洋理事会"（Pacific Council），由各国别理事会派一名代表组成。会议选举斯坦福大学校长雷·威尔伯（Ray Lyman Wilbur）担任太平洋理事会主席，日本银行行长井上准之助（Junnosuke Inouye）为第一副主席，中华基督教青年会总干事余日章（David Yui）为第二副主席，夏威夷基督教青年会干事、夏威夷商会前会长、中央执行委员会主席弗兰克·阿瑟顿（Frank C. Atherton）为司库。（2）办事机关国际秘书处（International Secretariat），由约翰·默尔·戴维斯（John Merle Davis）为总干事，查尔斯·卢米斯（Charles Loomis）为助理总干事。（3）参事会

---

① Institute of Pacific Relations, ed., *Institute of Pacific Relations*, *Honolulu Session*, *June 30-July 14*, *1925*：*History*, *Organization*, *Proceedings*, *Discussions*, *and Addresses*, Contents.

② 《太平洋国交讨论会"永久组织"委员会纪录》，《青年进步》第86册，1925年10月，第107页。

③ 美国理事会第一任主席是当时的斯坦福大学校长雷·威尔伯（Ray Lyman Wilbur），威尔伯担任美国内政部长后由太平洋学会纽约分部的主席、银行家杰罗姆·格林（Jerome D. Greene）接任，后来又由著名生物化学家、前美国食品与药品管理局局长、斯坦福大学教授卡尔·阿尔斯伯格（Carl L. Alsberg）担任；首任干事是爱德华·卡特，1933年后由弗雷德里克·菲尔德（Frederick V. Field）接任。

④ 中国理事会执行委员会首任委员长为余日章，副委员长为赵晋卿，司库为方椒伯，王云五为书记。

⑤ "Appendix Ⅲ：Constitution of the Institute of Pacific Relations," John B. Condliffe, ed., *Problems of the Pacific*：*Proceedings of the Third Conference of the Institute of Pacific Relations*, *Nara and Kyoto*, *Japan*, *October 9 – November 23*, *1929*, Chicago：The University of Chicago Press, 1930, p. 607.

(Advisory Committee)，由太平洋理事会委派，以襄助总干事，为学会工作提供建议。

国际秘书处一开始出版学会通讯（Institute News Bulletin），1928 年通讯更名为《太平洋事务》（*Pacific Affairs*，在中国称为《太平洋月报》），由伊丽莎白·格林（Elizabeth Greene）担任编辑，为半新闻、半学术性杂志。《太平洋事务》的栏目有：论文、短讯、转载、书评、图书节录和摘要以及译文等。美国理事会则于 1932 年开始出版学术杂志《远东观察》（*Far Eastern Survey*），主要刊登有关经济事务的消息和文章。《太平洋事务》和《远东观察》被认为是当时最重要的关于远东地区经济、社会和政治问题的英文信息来源。

太平洋国际学会不是一个外交机构，也与政府政策没有任何正式的关系，"其性质是教育性的而非政治性的"。学会也"不为紧迫的政治问题寻求解决方案"，或游说政府官员接受其制定的方案，不吸收官员加入学会。太平洋国际学会"只提供一个交换思想和主张的论坛"，对政策的影响在于政府官员吸收了讨论中提出的思想或学会的讨论影响了公众舆论。①

构建太平洋共同体：自由国际主义思想与学会前期的活动

作为非政府组织，太平洋国际学会深受第一次世界大战结束前后在美国兴起的以威尔逊主义为代表的自由国际主义思想的影响。第一任总干事戴维斯 1929 年追溯学会的起源时曾明确指出学会的建立是第一次世界大战后新的国际主义思想的产物：

> 有史以来，用来处理国家间交往的国际机制的演进是建立在战争不可避免以及武力是调整国家间分歧必不可少的手段这一假设之上的。从这一机制中产生了秘密外交理论，其行为准则是故意保密和掩盖事实。这种方式的有效性是建立在少数人的主导和多数人的沉默和无知之上的。但是，从 1918 年以来，一种不同的国际关系方法出现了，这

---

① Summary of Round-Table Discussions："Diplomatic Relations in the Pacific," Condliffe, ed., *Problems of the Pacific*: *Proceedings of the Third Conference of the Institute of Pacific Relations*, Nara and Kyoto, Japan, *October 23 – November 9*, *1929*, p. 212.

产生于对人类关系的新看法，建立在弱者的权利、国家间相互依赖、事实的力量、人民的才智及其对政治的参与之上。太平洋国际学会就是作为这一机制的一部分而产生的。①

所谓"不同的国际关系方法"就是自由国际主义倡导的国际关系准则。在 1925 年成立大会上，将自由国际主义的国际关系方法应用到太平洋地区成为与会者共同的声音。弗兰克·阿瑟顿在 1925 年成立大会的演讲中说："我们是要让争夺财富和权力的斗争以及政府要员的自私野心主导人类生活还是让这些斗争和野心服从于理性、正义、自由和对人类权利的尊重？"他认为，太平洋地区没有"在大西洋地区盛行的世代相传的仇恨和敌意"，因而"有更好的机会开诚布公地直面形势"，克服分歧，建立不同于欧洲的新型国际关系。② 太平洋国际学会的自由国际主义思想体现在以下三个方面。

其一是把促进国家间相互理解视为实现和平的重要途径和学会的主要任务。在学会组织者看来，国际冲突的根源在于各国的看法截然对立，而通过集中的、开诚布公的讨论，与会者会对与自己不同的观点有更好的理解，甚至修正自己的看法，进而以更广阔的视野看待国际关系，而这些都有利于化解国家间的矛盾和争端。以相互理解代替相互敌视被学会组织者视为国际关系的新方式。用赫伯特·克劳利的话说，太平洋国际学会的建立"是用（相互）理解来启迪和改善（国家间）政治关系的一种试验"，看一看"某一地区不同民族之间的谅解是否能导致一个新的共同体的诞生"，"如果其试验成功，最终将对太平洋地区的各种事务产生重要的影响"。③ 中国代表顾子仁亦有同感，他在 1925 年檀香山成立大会上称学会是在探索"解决问题和处理分歧的新方式"，即"通过谅解、宽容和善意的精

① J. M. Davis, "Preface," Condliffe, ed., *Problems of the Pacific: Proceedings of the Third Conference of the Institute of Pacific Relations, Nara and Kyoto, Japan, October 23 – November 9, 1929*, p. v.

② Frank C. Atherton, "The Purpose of the Institute of Pacific Relations," Institute of Pacific Relations, ed., *Institute of Pacific Relations, Honolulu Session, June 30-July 14, 1925: History, Organization, Proceedings, Discussions, and Addresses*, pp. 55 – 57.

③ Croly, "The Human Potential in Pacific Politics," Condliffe, ed., *Problems of the Pacific: Proceedings of the Second Conference of the Institute of Pacific Relations, Honolulu, Hawaii, July 15 to 29, 1927*, pp. 578 – 579.

神"来处理国家间关系,这是一场"共同的试验"。①学会通过召开国际会议和开展联合研究的方式建立了一个由学者、媒体人士、商人和卸任外交官组成的跨太平洋的交流网络,这一交流网络有助于彼此交换对国际问题的看法,消除国家间的误解。太平洋理事会主席雷·威尔伯在1927年大会的开幕演讲中说:"像别人看你那样看待你自己、通过邻国怀疑的目光来看待自己的国家是一种艰难的但却有益的经历,如果我们想成功地处理这个大洋的事务,很多人都必须有这一经历。"②

其二是抱有科学主义信仰,相信通过"科学"的研究可以发现"事实"(国家间纠纷的根源),并设计出合理的解决方案,从而化解国家间冲突,实现和平。阿瑟顿在1925年成立大会上提出,"毫无疑问,(国家间)很多怀疑和不信任源自对事实的无知……因此,首要的事情是需要弄清楚关于每一个国家的所有事实,这些事实会影响其思想和行动,影响该国人民对其他国家人民的态度"。③而事实可以通过科学的研究来发现。在参加1925年檀香山会议的澳大利亚代表团团长、悉尼大学历史系教授赫塞尔·霍尔(Hessell Duncan Hall)看来,"太平洋国际学会的最大贡献是发现太平洋国际关系中最有争议的问题可以在极其复杂多样的不同种族的人们之间进行讨论,他们可以联合起来通过科学的研究来发现事实是什么。"④这与进步主义时代美国人对科学与理性的乐观信仰有关。在学会参加者看来,国际关系中的矛盾和冲突就像国内社会中的种种问题一样,可以通过科学的手段加以解决,即寻找问题、发现症结和提出解决方案。1925年檀香山会议代表、夏威夷大学校长阿瑟·迪安(Arthur Dean)称,"科学思维方法

---

① T. Z. Koo, "A Chinese View of Pacific Relations," Institute of Pacific Relations, ed., *Institute of Pacific Relations, Honolulu Session, June 30-July 14, 1925: History, Organization, Proceedings, Discussions, and Addresses*, p. 68.

② 转引自 Michael Richard Anderson, *Pacific Dreams: The Institute of Pacific Relations and the Struggle for the Mind of Asia*, Ph. D. Diss., The University of Texas at Austin, 2009, p. 39。

③ Atherton, "The Purpose of the Institute of Pacific Relations," Institute of Pacific Relations, ed., *Institute of Pacific Relations, Honolulu Session, June 30-July 14, 1925: History, Organization, Proceedings, Discussions, and Addresses*, p. 56.

④ Hall to Hon. S. L. Amery, 2 August 1925, A981/1/Org93, Australian Archives. 转引自 Akami, "The Rise and Fall of a 'Pacific Sense'," Hooper, ed., *Rediscovering the IPR: Proceedings of the First International Research Conference on the Institute of Pacific Relations*, p. 16。

的兴起"作为新潮流正在深刻地改变人类生活,它包括收集数据、根据这些数据进行推理,然后进行系统的试验,最后找出解决问题的方法。这一科学的思维方法可以应用到国际关系中,学会的工作就是像科学研究那样"进行同样有耐心而系统的数据收集和同样不带偏见的推理(reasoning)以及同样勇敢地追求真理"。[①] 20 年代的科学主义信仰是一个普遍的世界性现象,人们相信科学可以驱散愚昧和无知,并解决人类面临的贫穷、压迫和战争等问题,从而为人们带来福祉。正因为相信科学研究在解决国际问题中的重要作用,太平洋国际学会把研究视为其最重要的工作,试图通过科学的研究,发现事实"真相"并找到解决问题的办法,以此来促进太平洋地区的和平。学会国际秘书处 1931 年编撰的《太平洋国际学会手册》这样介绍学会的工作:

> 各项重要国际问题,在昔历史上解决之方法,厥惟诉之于战,今乃谋一和平处理之法,聚各国之人于一处,融洽情感,互相了解,用科学研究之方法,收集材料,然后诉之理智,以求得一应出之途径,使摧残人类之战祸,可以减少。此种工作之重要性,与世界和平有密切之关系。[②]

其三是把公共舆论视为影响外交政策与国际关系的重要力量,并把培育正确的舆论视为学会的主要工作。学会的组织者和参加者大多相信舆论的力量,认为知情的公众是正确的对外政策的基础,而学会的工作就是教育公众,启发决策者,进而影响政策。学会定期召开会议的目的就是通过交流向会议参加者,即各国的意见领袖提供"事实",然后由这些意见领袖教育公众,同时学会的出版物和成人学校也发挥着教育公众的作用。而一旦公众获得"正确"的信息,将会影响政府做出"正确"的决策,而这被

---

① Dean, "The Approach to Pacific Problems," Institute of Pacific Relations, ed. , *Institute of Pacific Relations, Honolulu Session, June 30-July 14, 1925: History, Organization, Proceedings, Discussions, and Addresses*, pp. 46 – 47.

② 《太平洋国际学会工作之概况》,刘驭万编《最近太平洋问题:太平洋国际学会第四届大会报告书》上卷,中国太平洋国际学会,1932 年,第 230 页。《太平洋国际学会工作之概况》为 The Handbook of the Institute of the Pacific Relations 的译文。

认为是民主社会的必然要求。阿瑟·迪安在 1925 年会议上即指出,民主是现代生活中的新潮流和当今世界的巨大驱动力量,"无论是国家的政策还是国际关系都不再能在国王的密室里解决,普通大众坚持有知情权,希望在决策过程中发挥作用"。因此,"各国人民的所知、所想和所感在今日的国际生活中具有极大的重要性。……当各国人民了解了真理,清晰地思考并公正和审慎地行动的时候,我们可以希望太平洋地区的和平"。① 美国代表、著名的政治与社会评论家切斯特·罗厄尔(Chester H. Rowell)也认为把国际关系问题完全交给外交官处理的时代已经结束了,原来对国际问题毫无兴趣的人现在也关心太平洋问题,"因此太平洋地区的国际关系必须以民主的方式来处理"。② 在 1927 年大会的圆桌讨论中,与会者同意,"偷偷摸摸的秘密外交空间越来越小了",③ "主要建立在把战争视为解决国家间纠纷的手段甚至是最后手段的观念之上的阴谋外交正被一种建立在相互合作基础上以讨论为形式的新外交所取代",而这种"新外交不仅依赖于新的国际治理机制的发明,还依赖于公众舆论为这种新机制的运行提供力量"。④

因此,学会组织者特别强调学会的非官方色彩和作为知识交流与合作机构的特性,强调学会的工作不是直接卷入决策,而是培育正确的公众舆论。雷·威尔伯称:"学会代表了一种科学的、不受个人情感影响的收集信息、研究事实和向公众发布这些事实的努力。我们希望通过这种信息公开,培育知情的公众舆论来取代国际争端中的弹药。"⑤ 阿瑟·迪安在 1925 年会

---

① Dean, "The Approach to Pacific Problems," Institute of Pacific Relations, ed. , *Institute of Pacific Relations, Honolulu Session, June 30 – July 14, 1925: History, Organization, Proceedings, Discussions, and Addresses*, p. 46.

② Chester H. Rowell, "American Sentiment on Problems of the Pacific," Institute of Pacific Relations, ed. , *Institute of Pacific Relations, Honolulu Session, June 30 – July 14, 1925: History, Organization, Proceedings, Discussions, and Addresses*, p. 103.

③ Summary of Roundtable Discussions on the New Diplomacy, J. B. Condliffe, ed. , *Problems of the Pacific, Proceedings of the Second Conference of the Institute of Pacific Relations, Honolulu, Hawaii, July 15 to 29, 1927*, pp. 163 – 164.

④ Ibid. , p. 165.

⑤ Edgar E. Robinson and Paul C. Edwards, eds. , *The Memoirs of Ray Lyman Wilbur*, Stanford, Calif. : Stanford University Press, 1960, p. 320.

议上提出，"学会的工作不是办外交"，与会者"不是作为国王、皇帝或总统的代表"来为自己的国家"争利益"和"打击对手"的，"而是作为我们各自国家普通公民的代表""以个人的身份到这里来寻找启发，获得智慧，并谦恭地希望，通过我们，智慧将在我们的国民中间获得一定程度上的成长"。① 而公民个人参与的民间讨论有官方外交所没有的优势，即开诚布公，从而发现"真相"。阿瑟顿在成立大会的开幕式上说：

> 公民个人可以经常公开地表达自己的看法，与他人坦诚地讨论与其国家相关的重要事务，而政府官员则不能。这是因为很少有官员具有在重要事务上约束其政府的权力，因此不愿意与其他国家政府的代表就意见分歧点进行讨论，以免自己被置于尴尬的地位。另一方面，个人或公民个人组成的团体则可以开诚布公地和毫无顾忌地表达自己的看法，这些团体可以向政府官员提出建议和请求，要求其行动。因此，经常是非官方团体有一种独特的优势为在影响国际事务的重要问题上采取行动开辟道路。②

通过民间团体的活动来发挥舆论和公民个人在外交与国际关系中的作用在 20 年代非常盛行，成为那个时期和平主义思潮的一部分。这种做法在当时的中国被称为"国民外交"。作为太平洋国际学会联合发起人及中国理事会负责人，余日章曾号召中国基督教青年会成员积极参与国民外交活动。他在 1924 年 5 月的《青年进步》上撰文说：

> 国际地位与国民外交有切实之关系，凡国民之最富有外交活动力者，其国家之国际地位，没有不继长增高。反之，国民最不喜作外交之活动者，其国家之国际地位，没有不江河日下。因为国民外交活动，

---

① Dean, "The Approach to Pacific Problems," Institute of Pacific Relations, ed. , *Institute of Pacific Relations, Honolulu Session, June 30-July 14, 1925 : History, Organization, Proceedings, Discussions, and Addresses*, pp. 46, 49.

② Atherton, "The Purpose of the Institute of Pacific Relations," Institute of Pacific Relations, ed. , *Institute of Pacific Relations, Honolulu Session, June 30-July 14, 1925: History, Organization, Proceedings, Discussions, and Addresses*, p. 58.

458 跨踏的霸权:美国崛起后的身份困惑与秩序追求(1913—1945)

最易增进国际民族间友谊的好感，同情的观念，谅解的精神和互助的事业等。这许多事都为政府所难能者，而假手国民，便能收事半功倍之效。①

1925 年 2 月 10 日，《申报》在报道太平洋国际学会中国筹备会即将开会的消息时称，未来召开的太平洋国际学会第一次大会"为一纯粹之国民外交会议"，"所讨论之问题，赅括一切沿太平洋各民族邦交上之种种，期待谅解与协作而免除国际之纠纷。……此会议之宗旨，即以纯粹之国民外交，开诚研究，厘定普通原则以资遵守，并解决各种专门问题之症结，以祈和平。其重要性殊不在华府会议之下"。②

学会的工作包括三个方面：对太平洋地区的重要问题进行研究；召开会议交流意见，进行讨论；通过出版对公众进行关于太平洋地区知识的教育。学会发布的手册这样介绍学会的工作："太平洋学会工作之性质，实以研究为主要。……工作进行之程序，首为研究。择各种困难繁杂之问题，委托专门家研究之，以其结果，供下次之讨论。次为会议。会议讨论之内容，按照议定之次序，不仅限于指定研究之专题，尚有其他各委员之论文。三为出版。此会之集议，讨论完结，并不表决或标明政策，但将要点宣布于世，以之代表舆论而已。"③

研究工作是学会组织的最重要工作，研究工作的宗旨是发现"事实"。在学会看来，太平洋地区的紧张关系是一些更深层次矛盾的外在表现，要想缓和这种紧张关系，必须发现其深层次的因素，即通过研究找到矛盾与冲突的根源，然后加以解决。如中日冲突必须通过更深层次的问题加以理解，包括日本的人口增长、资源与土地利用、日本和中国的工业化过程、日中贸易关系以及日本的帝国野心等。为了更好地推进研究工作，国际秘书处于 1926 年专门设立研究干事一职，由新西兰坎特伯雷学院经济学教授康德利夫（J. B. Condliffe）担任。1927 年，学会在太平洋理事会下又设国

---

① 余日章:《中国在国际间之地位》,《青年进步》第 73 册, 1924 年 5 月, 第 4 页。
② 《联太平洋会议开会之沪讯》,《申报》1925 年 2 月 10 日, 第 14 版。
③ 《太平洋国际学会工作之概况》, 刘驭万编《最近太平洋问题: 太平洋国际学会第四届大会报告书》上卷, 第 223 页。

际研究委员会（International Research Committee），由哥伦比亚大学历史学教授詹姆斯·肖特维尔担任主席。学会的研究工作通过两种渠道来组织：一是由各国别理事会负责组织和开展与本国政策相关的问题的调查与研究，报国际研究委员会批准，其研究报告通常作为"资料论文"提交给理事会召开的会议，并在与会代表中散发；二是由国际研究委员会自己拟定研究计划，这类研究计划通常围绕太平洋国际关系中的重大问题，并需要多个国别理事会的参与，其研究成果会以论文或书籍形式出版，并译成多种文字，成为关于太平洋问题的权威研究报告。无论哪种渠道，学会都会提供资金支持。到 20 世纪 30 年代中期，学会组织和资助了十大问题的研究：（1）食物供应、人口和土地利用；（2）远东地区的工业发展；（3）远东的农村经济和社会变迁；（4）关税、原料、对外贸易和投资；（5）满洲的经济与政治发展；（6）附属地、土著人民和殖民地发展；（7）社会与文化关系；（8）人口迁移与移民限制；（9）生活标准；（10）国际法、外交机构与政治发展。①

　　召开由各国代表参加的国际会议讨论太平洋问题是学会的第二项工作。截至 1945 年，学会共召开 9 次会议，除前两次（1925、1927）在檀香山外，其余在东京（1929）、上海和杭州（1931）、加拿大的班夫（Banff，1933）、美国加州的约塞米蒂（Yosemite，1936）、弗吉尼亚州的弗吉尼亚比奇（Virginia Beach，1939）、加拿大魁北克省的翠湖山庄（Mont Tremblant，1942）和美国弗吉尼亚州的温泉村（Hot Springs，1945）。这种会议通常采用圆桌讨论形式，历次会议记录以《太平洋问题》为书名出版，内容包括圆桌讨论概要和各国别理事会提交的"资料论文"。1936 年以前的会议主题通常避免热点和紧迫的问题，而讨论太平洋地区的一般性问题，包括：移民和种族关系（1925），中国的对外关系、食品和人口（1927），中国的对外关系和满洲问题（1929），太平洋地区的经济关系和中国经济发展（1931），太平洋地区的经济冲突和控制（1933），太平洋各国社会与经

---

　　① "The Studies of International Affairs in the Pacific Area," IPR Notes, No. 5, Jun. 1936, pp. 5 – 31. 转引自 Paul F. Hooper, "A Brief History of the Institute of Pacific Relations," Hooper, ed., Rediscovering the Institute of Pacific Relations: Proceedings of the First International Research Conference on the Institute of Pacific Relations, p. 136。

济政策的目标和结果（1936）。① 把各国有影响的专家和社会人士召集在一起进行圆桌讨论的主要目的是在友好合作气氛中通过非正式的讨论来澄清事实，交换意见，协调各国不同的甚至相互对立的看法，而不是寻找解决问题的方案，会议通常也不提出解决问题的行动纲领。如第一任总干事戴维斯所言，"会议不是一个寻求一致意见的地方，会议也不通过决议和采取行动。相反，它是一个表达基于个人经历的意见和基于个人对相关事实的理解而产生的各种信念的论坛"②。召开会议是为了鼓励和推动太平洋地区不同种族和国家背景的人士进行跨文化接触和交流。胡适在 1931 年上海会议上曾这样阐述学会国际会议的这种作用：

> 若是我们仅以意气用事，不听对方的理由，我们会失败的。若是我们来到这里，仅仅为某一种学说去宣传，或是仅仅为某一种事件去辩护，我们会失败的。……我们除非开诚布公，捐除成见，我们是不能希望或（成）功的。我们到这里来，不是要揶揄，不是要呐喊，乃是要了解。我们到这里来，不是要教训旁人，乃是要共同思想，彼此交换意见。只有用谦恭寻求真理的精神，我们才可以得着一部分的成就。③

会议在学会早期比较重要，到 40 年代初，随着战争的爆发和对研究工作的强调，会议变成第二位的工作。

学会的第三项工作是教育。这里的教育是广义的，是指通过生产和传播有关太平洋地区的知识，让公众了解亚洲和太平洋地区的形势，用美国理事会年报的话说，就是增加（美国）公众"对太平洋地区问题的了解和

---

① "Appendix 1: IPR conferences," Tomoko Akami, *Internationalizing the Pacific: The United States, Japan and the Institute of Pacific Relations in War and Peace, 1919 - 1945*, London and New York: Routledge, 2002, pp. 282 - 283.

② Davis, "Preface," John B. Condliffe, ed., *Problems of the Pacific : Proceedings of the Third Conference of the Institute of Pacific Relations, Nara and Kyoto, Japan, October 23 - November 9, 1929*, p. vii.

③ 陈立庭：《序言》，刘驭万编《最近太平洋问题：太平洋国际学会第四届大会报告书》上卷，第 4—5 页。

深化他们对太平洋地区问题的思考"。① 学会深刻地意识到"教育公众了解
国际关系和国际问题非常重要",而"太平洋国际学会是这种形式的成人教
育的试验"。② 学会的教育工作通过两种渠道进行:一是通过太平洋国际学
会的出版物,包括会刊《太平洋事务》、历次大会记录以及学会资助和组织
出版的研究性著作,这些出版物都可以起到传播有关亚太地区知识的作用;
二是各国别理事会在本国开展的对本国公众的教育工作,在这方面,美国
理事会的工作最有成效。

在 1937 年年底,美国理事会有 900 名成员,到 1938 年年底有 1325 名
成员,他们来自教育界、商界和专业领域以及政界,分布在全美各地,其
中加州和纽约成员最多,也包括一些旅居外国的美国人。③ 根据美国理事会
的年度报告,在太平洋战争爆发以前,学会的教育工作包括如下几个方面:

第一,支持一些大学开展关于太平洋地区语言和文化的教学与研究。
1934—1937 年,学会与哈佛大学、哥伦比亚大学和加州大学合作开办四期
暑期俄语语言学校,每期近 10 周。1937 年和 1938 年与密歇根大学合作开
办两期每期 8 周的汉语学校,教授白话文。④

第二,提供在中学、大学和成人教育机构使用的关于远东问题的教科
书和参考资料。1937 年美国理事会出版了由海伦·普拉特(Helen Pratt)
为夏威夷和美国西海岸的高中编写的三本教材:《中国及其未完成的革命》
(*China and Her Unfinished Revolution*)、《日本——古老忠诚得以延续的地方》
(*Japan—Where Ancient Loyalties Survive*) 和《俄国——从沙皇帝国到社会主
义》(*Russia—From Tsarist Empire to Socialism*)。美国理事会 1935 年在加州
建立教育委员会,教育委员会组织门洛初级学院 (Menlo Junior College) 远

---

① *Annual Report of the American Council of the Institute of Pacific Relations*, *1940 – 1941*, New York,
1942, p. 24.

② Summary of Roundtable Discussions on the New Diplomacy, Condliffe, ed., *Problems of the Pacif-
ic*: *Proceedings of the Second Conference of the Institute of Pacific Relations*, *Honolulu*, *Hawaii*, *July 15 to
29*, *1927*, p. 162.

③ *Annual Report of the American Council of the Institute of Pacific Relations*, *1938*, New York, 1939,
pp. 2 – 3.

④ *Annual Report of the American Council of the Institute of Pacific Relations*, *1936*, New York, 1937,
pp. 13 – 15.

东历史教师唐纳德·纽金特（Donald R. Nugent）和斯坦福大学教育学副教授雷金纳德·贝尔（Reginald Bell）合作编写供高中使用的教学大纲和参考资料集，题为《太平洋地区及其存在的问题——学习指南》（*The Pacific Area and Its Problems—A Study Guide*），于 1936 年夏由美国理事会出版。[①] 美国理事会与哈蒙（Harmon）基金会合作，于 1936—1937 年制作了两部教育电影《中国给予西方的礼物》（*China's Gift to the West*）和《中国在农业与工业领域的贡献》（*China's Gifts in Agriculture and Industry*），在中学散发，以配合中学关于远东文明课程的教学。[②] 1938 年，理事会还出版了由菲利克斯·基辛（Felix M. Keesing）撰写的《菲律宾：一个正在形成中的国家》（*The Philippines—A Nation in the Making*）。

第三，到社区和团体进行演讲或帮助寻找合适的远东问题演讲人。中日战争爆发后，美国各地纷纷向学会提出要求，推荐合适的关于远东问题的演讲人。学会通过在全国的问卷调查，制作了一个名单，题为《可以向渴望了解太平洋国家和人民的美国听众发表演讲的学者名录》，内容包括学者的研究领域、可能的演讲时间、所在城市、供职单位和联系方式等。不仅如此，学会成员还直接接受邀请，发表演讲。太平洋学会第二任总干事爱德华·卡特（Edward Carter）1937 年夏末回到美国后，在全美多地发表了数十场演讲，讨论中日战争、远东形势和美国在太平洋地区的利益。[③]

第四，在美国各地区组织关于远东和太平洋问题的会议、演讲和圆桌讨论。1938—1940 年，学会与其他相关团体合作，在马萨诸塞州的梅德福，加州的克莱蒙、旧金山、檀香山、西雅图，纽约的锡拉丘兹大学举行了多次地区性会议。1941 年，学会在纽约每月举行一次关于太平洋地区当前重要问题的讲座，请刚从远东回来或对太平洋问题有专门研究的人士主讲；在 1940 年的前 4 个月，学会在旧金山举办了 17 场关于东方问题的论坛，邀请当地太平洋问题专家和来自世界各地的访问学者参与论坛的讨论，

---

① *Annual Report of the American Council of the Institute of Pacific Relations*, *1936*, New York, 1937, pp. 18 – 20.

② Ibid. , p. 20; *Annual Report of the American Council of the Institute of Pacific Relations*, *1937*, New York, 1938, p. 18.

③ *Annual Report of the American Council of the Institute of Pacific Relations*, *1937*, pp. 19 – 20.

每场论坛平均有 200 人参加。①

　　第五，在中学开设有关太平洋和远东问题的项目和教师讨论班。1939—1940 年，美国理事会与外交政策协会合作在纽约市为该市公立和私立高中的教师举办了美国对外关系研修班。研修班结束时还举办了一场有100 多名高中生代表参加的圆桌讨论。1940 年，同样的研修班在夏威夷、旧金山和芝加哥举行。旧金山分会还在 1940 年和 1941 年两次开办圣华金河谷地区太平洋关系短期研讨班，邀请加州中学讲授太平洋关系和一般性社会科学课程的老师参加。1941 年的研讨班约有 650 人参加。1940 年秋，夏威夷分会与夏威夷大学合作，组织远东讨论班，约 70 位来自公立和私立高中的社会科学教师参加了研讨班。夏威夷分会还定期组织以太平洋关系为主题的学生短期研讨班。在芝加哥，学会为 28 名高中教师举办了包含八场演讲的讨论班。演讲人有学者、作家、记者，以及芝加哥大学、西北大学的教师。研讨班结束时也举行了有学生参加的圆桌会议。②

　　第六，提供图书馆和信息服务。太平洋国际学会的宗旨就是提供关于太平洋地区的信息和知识，其基本工具之一就是图书馆。学会在纽约、旧金山和夏威夷设有图书馆，图书馆收藏有政府年鉴和统计报告、参考工具书、学术专著、各种报告和期刊。这些资料主要是英语文献，也有一些其他语言的资料，全部对学者和公众开放。美国各大报纸和广播电台评论员、教育团体和作家经常去学会图书馆寻找有关太平洋地区的资料。

　　第七，与其他机构和团体合作提供关于远东知识的服务。学会常应各种团体的要求，为这些团体和机构提供关于太平洋地区的阅读书目和图书资料，推荐演讲人，制订学习计划等。这些机构和团体包括成人教育机构、妇女俱乐部、家长—教师协会、校友会、互助会、商人俱乐部、教会团体、外贸协会、大学等各类社会组织。③

　　学会国际秘书处 1931 年编撰的《太平洋国际学会手册》中提及学会的研究、会议和出版工作"彼此相辅相续而行"，其贡献有三个方面：

---

①　*Annual Report of the American Council of the Institute of Pacific Relations*, *1940 - 1941*, pp. 17 - 19.

②　Ibid., pp. 19 - 21.

③　Ibid., pp. 22 - 24.

（1）会议讨论之时，虽不求彼此意见之一致，及采取解决之方法；然各国代表对于切肤之问题，本其经验及事实之考察，尽情揭白，以供共同之研究，彼此间平时事实上错误之解释，不难水落冰消，且根据明确之事实，作自由坦率之研究，则其所讨论之重要问题，自不难得出适当解决之办法。（2）国际间各种复杂之问题，经会议讨论之后，各方代表对之所蓄之意见，自可发挥尽致，即未揭出如何解决之政策，而其讨论之经过，实足以供当事者双方解决此问题之参考。（3）此种讨论之结果，即足代表公意，且举讨论之情形与材料，刊布于世，尤足以促成有力之舆论。而正确舆论，足以影响各国之政策，已为事实所昭示，无待置疑也。①

通过学术研究、会议讨论和公众教育，太平洋国际学会试图把威尔逊主张的自由国际主义思想运用到亚太地区，其作用不仅仅在于影响包括美国在内的亚太国家的对外政策，还在于通过太平洋地区各界精英人士之间的交流与合作促进国际理解与善意。作为首个总部设在太平洋地区的国际非政府组织，学会的工作及其建立的知识交流网络有助于在一个以欧洲为中心的世界上培育一种新的太平洋意识，促进了太平洋共同体观念的萌芽。雷·威尔伯感叹道："来自不同种族的，背景各异，利益对立，社会、经济和政治生活理念彼此不同的九个民族的男男女女们聚在一起，来共同探讨在太平洋地区建立一个基于互惠和相互谅解的新型国际共同体，这是人类崭新的经历。"② 太平洋国际学会代表了亚太地区的个人"试图把威尔逊国际主义应用到这一文化多样的地区和建立一个和平的太平洋共同体的努力"③。

---

① 《太平洋国际学会工作之概况》，刘驭万编《最近太平洋问题：太平洋国际学会第四届大会报告书》，第229—230页。

② Robinson and Edwards, eds., *The Memoirs of Ray Lyman Wilbur*, p. 324.

③ Akira Iriye, "Forward," Akami, *Internationalizing the Pacific: The United States, Japan and the Institute of Pacific Relations in War and Peace, 1919 – 1945*, p. xii.

爱德华·卡特与太平洋国际学会性质的变化

在学会前十年，学会的会议议程和研究计划基本上避免直接讨论太平洋地区有争议的问题，如中日战争，而关注更深层次的或长远的问题，力图保持学会的中立，也避免在有争议的国际关系问题上表达学会的立场。第一任总干事戴维斯把学会界定为"非教派的、不争论的和非宣传"的机构，"发挥国际减震器、事实发现者和解释者的作用"，认为学会"中心工作是研究太平洋各国人民的状况和发现作为该地区主要矛盾之基础的事实"。① 也就是说，学会是一个推进跨文化接触和通过私人网络交流个人看法的组织。学会的重点是讨论经济和文化，而不是政治问题，尽量避免直接讨论政治冲突。虽然学会绝大部分资金来自美国，国际秘书处和太平洋理事会也主要由美国人构成，历次会议的代表中美国人数量也最多，但是在学会前期，美方代表非常愿意倾听亚洲国家代表的意见，学会前四次会议也是在太平洋地区（檀香山、东京、上海和杭州）进行的。这些都彰显了学会的国际性特征。学会前期工作的宗旨主要是促进相互理解和培养太平洋共同体观念，然而从 30 年代后期开始，学会的活动则逐渐偏离这一宗旨，并在太平洋战争期间变成美国的智库。这一变化是由多种因素造成的。

首先是人事上的变化带来学会思想和观念上的变化。第一任总干事戴维斯是一位出生在日本的基督徒，是基督教青年会的领袖，他具有很强的太平洋视野，试图把太平洋国际学会打造成连接东西方的立足于太平洋地区的组织。研究干事康德利夫也主张关注长远问题，特别是作为太平洋地区国家间政治冲突之根源的经济问题。1931 年，戴维斯离职，由查尔斯·卢米斯代理总干事一职。在 1933 年加拿大班夫会议上，爱德华·卡特成为总干事。卡特毕业于哈佛大学，曾在印度担任印度基督教青年会全国委员会干事，第一次世界大战期间在法国从事慈善和救济工作，参加了 1925 年的大会，会后一直担任美国理事会干事。卡特认为学会过去的视野过于狭窄，从地方和技术的角度看待太平洋问题，没有看到太平洋问题实际上是世界问题，观察太平洋问题应该有世界的视角。同时，卡特认为，即使是

---

① J. M. Davis, "Forword," Condliffe, ed., *Problems of the Pacific: Proceedings of the Second Conference of the Institute of Pacific Relations*, Honolulu, Hawaii, July 15 to 29, 1927, p. vi.

最尖锐的国际问题也可以通过私人的讨论获益,学会不应该回避讨论当前紧迫的政治问题,而应该更加积极地参与到太平洋问题的讨论和解决中去。研究干事康德利夫因不满卡特以当前政治问题为研究重点的做法,于1933年辞职,由与卡特思想更为接近的新西兰人威廉·霍兰(William L. Holland)接任。卡特还推荐欧文·拉铁摩尔(Owen Lattimore)担任《太平洋事务》的主编,拉铁摩尔与卡特思想接近,主张关注热点问题,明确表达学会的政治立场,其上任后逐渐把《太平洋事务》从一个回避当前政治问题、刊登各国理事会提交文章的学会机关刊物变成一个崇尚自由表达的独立的刊物,积极参与亚洲热点国际问题的讨论,发表关于亚洲有争议问题的文章。卡特是一位克里斯马型的人物,与各国领导人交往密切,同时具有极强的筹资能力,担任总干事一直到1946年。这些都使卡特成为30—40年代学会的核心人物,学会工作也打上了其强烈的个人色彩。

其次是学会总部搬迁带来的影响。1934年,学会的总部从檀香山迁到纽约。这一地理上的变化也对学会的指导思想产生潜移默化的长期影响。夏威夷是东西方文化汇聚之地,远离政治中枢,其多元文化和多种族会聚与共处的特性使其非常适合用来培育太平洋共同体意识。戴维斯曾这样评价夏威夷的特点:

> 夏威夷是太平洋地区种族关系形势的缩影,一个世纪以来,在夏威夷的不同种族一直在学习如何互尊和互谅地生活在一起,如果这一目标能够在局部地区实现,那为什么不能在更大舞台上实现呢?另外,夏威夷位于美洲和亚洲之间,对造成东西方之间紧张的分隔线非常敏感,对缓解这种紧张和探索实现永久性国际调整的可能性怀有特殊的兴趣。[1]

而纽约则没有夏威夷的特性,更多地受到大西洋视野的影响,并处在美国外交政策精英的影响之下。实际上,学会从建立之初就存在来自西海

---

[1] Davis, "Preface," Condliffe, ed., *Problems of the Pacific：Proceedings of the Third Conference of the Institute of Pacific Relations, Nara and Kyoto, Japan, October 23 – November 9, 1929*, p. vi.

岸成员的文化、经济取向与纽约成员的政治取向之间的分歧。①卡特的任命和总部搬迁到纽约，无疑标志着纽约的政治取向占据了上风。

最后是太平洋地区国际形势的变化。九一八事变后，日本对中国的侵略使华盛顿会议建立起来的太平洋国际秩序遭到极大的挑战，也使建立太平洋共同体的观念受到了质疑。1937 年中日战争全面爆发后，日本公然表示不承认华盛顿会议确定的国际关系原则，提出建立与美国观念截然对立的东亚秩序。在这种形势下，学会早期以关注长期问题和培育共同体意识为目标的自由国际主义理想逐渐显得天真和幼稚，而在危机与战争的年代提供关于远东的知识和就热点问题提出直接的政策建议则显得尤为必要而迫切。

这些变化逐渐改变了学会的面貌和工作重心，并在 1936 年约塞米蒂会议后逐渐显现出来。

一是学会开始具有强烈的立场倾向和政治主张。虽然学会仍然是一个研究问题和进行讨论的平台，但卡特把学会改造成具有政策主张的团体，在事实分析和政策鼓吹之间打擦边球。卡特作为一位左翼人士，从经济视角看待国际关系问题，其本人也带有强烈的反殖民主义立场，同情大众和殖民地人民。而学会的机关刊物《太平洋事务》在拉铁摩尔领导下表现出强烈的左翼色彩，批评日本的亚洲政策和对中国的侵略，并刊登了不少讨论中国共产主义运动、同情中共的文章。这使《太平洋事务》成为广为人知且极具影响力的刊物，但同时也引起广泛的争议，甚至是指责。1934年，持左翼立场并同情共产主义的弗雷德里克·菲尔德（Frederick V. Field）担任美国理事会干事（1934—1940），太平洋理事会和美国理事会在纽约同一座建筑里办公，卡特和菲尔德进行了很好的合作。这些都增强了学会的左翼色彩。

二是学会的非官方色彩在淡化。在卡特的支持下，苏联、荷兰和法国成立了太平洋国际学会分会，并参加了 1936 年的约塞米蒂会议。由于苏联和法国理事会的经费都来源于国家，代表国家的立场，它们的加入使学会的非政府色彩受到质疑。美国理事会也寻求邀请美国国务院官员和在太平

---

① John N. Thomas, *The Institute of Pacific Relations: Asian Scholars and American Politics*, Seattle: University of Washington Press, 1974, p. 7.

洋地区工作的美国外交官加入学会，其中包括美国驻日大使约瑟夫·格鲁（Joseph C. Grew）以及前远东司司长和驻华公使、当时的驻土耳其大使马慕瑞（John V. A. MacMurray）。

三是研究旨趣的改变。学会的研究重点和国际会议主题不再是太平洋地区的一般性问题，而是热点问题，研究的目的不再是促进相互理解和协商，而是提供明确的政策纲领和规划。这一改变集中体现在中日战争全面爆发后学会发起的探究中日战争根源的研究计划"调查系列"（Inquiry Series）。该项目从洛克菲勒基金会获得一笔资助，由学会国际秘书处组织，在学会内单独管理，研究内容从中日战争根源扩大到战争对西方利益的影响和战后安排问题。该研究计划在提出之时就遭到日本理事会的反对，日本理事会怀疑国际秘书处的中立性，担心研究结果会对日本不利，因为卡特、霍兰和拉铁摩尔等多次谴责日本侵略中国。"调查系列"出版了 28 种学术著作，① 其中很多著作批评日本的政策，遭到日本政府的抗议。日本理事会于 1939 年宣布退出太平洋国际学会。从 1939 年起，学会国际会议的主题也变成当时太平洋地区的热点问题，包括：远东冲突（1939）、战时和战后盟国在太平洋和远东地区的合作（1942）、太平洋地区的安全（1945）。三次会议圆桌讨论的问题则包括：日本和中国的立场、远东冲突中的第三方以及远东地区调整的可能性（1939）；"联合国家"在太平洋的合作，政治、军事、经济社会和人口问题（1942）；日本的未来、太平洋各国的经济复兴与进步、文化与种族关系、附属地的前途、集体安全（1945）。②

卡特把学会从一个以夏威夷为中心的旨在培育共同体意识的非政府组织改造成一个关于亚太事务的国际研究机构和以影响政策为目标的准思想库（quasi-think tank）。各国政府也都非常重视学会的讨论以及本国理事会的工作，试图对其施加影响。但总的来说，在太平洋战争爆发前，学会国际秘书处的议程独立于任何一个国家，包括美国。学会的使命不是为任何

---

① *IPR Publications on the Pacific: 1925 – 1952*, New York: International Secretariat of the Institute of Pacific Relations, 1953, pp. 101 – 102.

② Akami, *Internationalizing the Pacific: The United States, Japan and the Institute of Pacific Relations in War and Peace, 1919 – 1945*, p. 284.

一国的国家利益和政策进行辩护，而是通过开展研究工作与召开会议来对亚太地区有争议的问题展开探讨。

国家主义的胜利：太平洋战争期间学会的活动与贡献

太平洋战争爆发后，学会宣布放弃一贯的中立立场，明确表示与盟国站在一起，赞同和支持《大西洋宪章》的原则，并认为这些原则应该应用于战后太平洋秩序的重建，美国理事会和太平洋理事会积极投入到盟国的事业中去。当时的美国理事会主席威尔伯在珍珠港事件后发表声明称：

> 理事会的官员和职员……相信战争形势不仅没有使学会的目标失去价值，相反使学会的研究计划和对重要问题的讨论变得更加重要和关键，这些研究和讨论活动实际上是民主国家战争努力不可缺少的一部分。美国人民目前迫切的工作是进行反对日本和其他轴心国家军事帝国主义的战争，轴心国的失败是在远东和其他地区进行任何和平调整的条件。太平洋国际学会的传统不允许在这一问题上"中立"，相反，完全无视其他国家人民权利的军事侵略与太平洋国际学会一直主张的一切都截然对立。为了支持这一目标，美国理事会保证投入其所有资源。……最终，当轴心国……被击败的时候，就可能有机会在太平洋建立一个真正的新秩序。

威尔伯还指出，"学会多年来进行的致力于创造（关于远东的）知识和培养对远东有广泛了解的人才的努力将使学会有可能在这一紧急形势下作出独特的贡献"。① 太平洋理事会和美国理事会联合在华盛顿设立办公室，以便加强与美国政府和其他盟国政府代表的联系。

学会拥有的关于亚太地区的专业知识无论对打赢战争，还是对战后重

---

① *IPR in Wartime*：*Report of the American Council of the Institute of Pacific Relations*，*1942 - 1943*，New York：American Council of the Institute of Pacific Relations，1943，p. 8. 转引自 Paul F. Hooper，"A Brief History of the Institute of Pacific Relations，" Hooper，ed.，*Rediscovering the Institute of Pacific Relations*：*Proceedings of the First International Research Conference on the Institute of Pacific Relations*，pp. 126 - 127。

建和规划战后亚太秩序都非常重要。为学会提供资金支持的洛克菲勒基金会在 1942 年年底的报告中称,"当前的事态再一次凸显了太平洋国际学会的价值",太平洋国际学会是能够提供"关于太平洋问题的信息和全面分析"的唯一"称职的机构"。① 虽然学会仍然组织会议以及开展有关东南亚和战后国际秩序的常规研究并出版著作,但是毫无疑问,与战争相关的工作成为学会的中心工作。当时美国社会,特别是其军方对亚洲和太平洋地区极不了解,迫切需要关于太平洋地区的知识,而学会成为提供这些知识的主要来源。为了满足战时对亚洲知识的需要,学会开始编撰关于亚洲知识和盟国战争目标的通俗小册子。以美国理事会为主,其他国家理事会参与,学会从 1942 年到 1945 年共出版了 27 种小册子,每年印刷 50 万册,以成本价出售给军事部门和感兴趣的公众。② 除了编印书籍外,学会的成员还到政府机构、私人组织就远东和战争问题发表演讲,或充当政府机构和私人组织的顾问。美国理事会还与军事部门一道发起军官训练项目以及制作广播节目,与哈佛大学、哥伦比亚大学和加州大学合作主办关于远东问题的夏季研讨班和夏季强化语言课程,培训关于远东问题的专业人员。

太平洋国际学会对战争的另一贡献是学会的官员和成员离开学会,到政府部门担任职务,主要集中在两个领域:一是战时宣传,二是政策分析和政策制定。研究干事霍兰先是担任战略情报局(Office of Strategic Services)雇员,后又担任战争信息署驻重庆办事处主任。拉铁摩尔卸任《太平洋事务》主编一职,担任蒋介石的特别顾问,后又担任战争信息署太平洋局负责人。1942 年 8 月,太平洋国际学会的创始会员、克拉克大学的远东问题专家乔治·布莱克斯利(George Blakeslee)担任战略情报局远东部主任。美国理事会干事威廉·洛克伍德(William W. Lockwood)也加入远东部。战略情报局远东部后来并入国务院,这些成员影响到国务院战时和战后关于日本和远东的政策。卡特虽然没有辞去学会的职务,但是他花大量时间从事与学会工作无关,但却与战争有关的工作,担任"俄国战时救济

---

① Akami, *Internationalizing the Pacific: The United States, Japan and the Institute of Pacific Relations in War and Peace, 1919 - 1945*, p. 257.

② Paul F. Hooper, "The Institute of Pacific Relations and the Origins of Asian and Pacific Studies," *Pacific Affairs*, Vol. 61, No. 1, Spring 1988, p. 115.

基金"（Russian War Relief Fund）的主席，并在世界各地旅行筹集救济资金。

学会在战争期间的工作得到美国政府的高度赞扬。罗斯福总统的特别助理，负责租借援助的居里（Lauchlin Currie）在 1942 年写道："我不知道政府内外还有哪个机构能代替太平洋国际学会所做的工作。"① 为了表彰学会在战时的贡献，美国海军部向美国理事会颁发了"海军功勋证书"（Navy Certificate of Achievement）。

战时学会召开的两次会议更是显示出强烈的政策取向。战前的历次会议都不邀请现职官员与会，1942 年会议则打破了此项规定，不少官员参加了会议。这主要是因为战时很多了解东亚和太平洋事务的权威人士进入政府；另外，没有政府官员的参与，讨论盟国在太平洋合作等问题也是不现实的。虽然这些官员以个人的身份而非以官方的身份参加讨论，但这不可避免地削弱了学会的非官方色彩，而且与会官员自然会为本国的利益和政策主张辩护。各国别理事会也与各国政府建立了密切关系，会议日程在会前曾在美国政府内讨论，学会实际上成为战时盟国的政策论坛。在 1942 年 12 月的蒙特里姆布兰特会议上，以美国和中国代表为一方、以英国为另一方围绕战后殖民地的处置问题进行了激烈争论，中美代表对殖民主义进行了激烈的谴责，主张战后亚洲殖民地独立，引起英国代表团的强烈不满，英国代表团甚至威胁要离会。在 1945 年弗吉尼亚温泉村会议上，与会代表讨论了敦巴顿橡树园会议制定的《联合国宪章》的草案，支持集体安全原则和建立联合国，但是在讨论非殖民化问题时又发生了激烈的争论。亚洲和美国的代表支持非殖民化，而欧洲代表则反对，声称亚洲各殖民地缺乏自治的能力，欧洲殖民国家给亚洲带来了文明，对亚洲具有特殊的责任。实际上，在 1942 年和 1945 年的会议上，会议不再仅仅是一个交流观点的论坛，与会的国家理事会的代表在很大程度上是在代表本国政府说话，试图捍卫本国的利益并为本国政策进行辩护。学会逐渐丧失了其非官方的特点和培育太平洋共同体的宗旨，国家主义战胜了自由国际主义。

而以卡特为首的国际秘书处持坚定的反殖民主义立场，支持战后亚洲

① Anderson, *Pacific Dreams: The Institute of Pacific Relations and the Struggle for the Mind of Asia*, p. 60.

的非殖民化,这与罗斯福政府内众多自由主义者的立场一致。卡特认为中国和印度有世界上最古老的文明,它们刚刚意识到自己是地区性力量,任何关于战后亚洲的规划都必须有中国和印度的参与而不能由西方来主导。《太平洋事务》杂志经常刊载批评西方在华特权和帝国主义行径的文章。卡特还有意促使中国和印度建立友好关系,通过卡特和中国理事会干事刘驭万牵线搭桥,印度民族主义领袖尼赫鲁于 1939 年 8 月访问了重庆,会见了蒋介石,开启了中印之间的交流与合作。1944 年,学会还资助当时的美国副总统亨利·华莱士撰写小册子,阐述其对战后国际秩序的立场。华莱士在小册子初稿中明确表示欧洲帝国应该解体,亚洲殖民地应该获得独立,建议战后建立一个"自由亚洲"。战争后期,国际秘书处还表现出越来越强烈的左翼立场,学会的官员批评国民政府的腐败和抗战不力,对国民党用武力镇压反对派明确表示反对。前长老会传教士、亚洲问题专家、学会国际秘书处成员毕恩来(Thomas A. Bisson)在 1943 年 7 月出版的《远东观察》上发表一篇题为《中国在同盟战争中的角色》的文章,提出"两个中国"命题("Two China" thesis):一个是"民主的中国",由"所谓的"中国共产党所代表。共产党通过土地改革把农民从地租、税收和高利贷的负担中解放出来,通过民主改革瓦解了封建的、农业的中国古老的专制制度,这是中共能成功地进行战争动员的关键。共产党政策的实质是"应用到农业条件下的资产阶级民主(bourgeois democracy)",而不是共产主义。另一个是"封建的中国",即国民党中国。国民党不愿意"挑战封建制度的基本条件","没有采取行动改变地主—佃农制度","在民主改革以及给予公民广泛的权利方面没有真正的进步",而这些都成为中国实施全面战争动员的障碍。作者甚至预言,"未来中国的领导权很可能会转移到国民党之外的进步力量手中"。[①] 学会的左翼立场和反殖民主义主张成为后来参议员约瑟夫·麦卡锡和参议院国内安全委员会指控学会亲共的"证据"。

学会的影响与局限

战后,学会得以恢复正常工作,新任总干事霍兰帮助恢复了被战争中

---

① T. A. Bisson, "China's Part in a Coalition War," *Far Eastern Survey*, Vol. 12, No. 14, Jul. 14, 1943, pp. 135 – 141. 引文引自第 139、40、141 页。

断的各国别理事会的活动,并于 1947—1958 年间分别在英国、印度、日本和巴基斯坦召开了四次会议。研究出版工作也继续进行,重点集中在对东南亚问题以及对日占领与重建问题的研究,中国革命也引起了注意,朝鲜问题被纳入研究计划。但是战后的环境与战前相比已经发生巨大变化,学会影响力急剧下降。苏联没有参加学会,日本直到 50 年代初才重返学会,而中国理事会由于内战的影响则远没有战前活跃,与太平洋理事会的关系也开始恶化。更严峻的是,学会在 1947—1950 年间遭到美国政府的攻击,到 1951 年更是成为参议院国内安全委员会高调调查的对象,参议员麦卡锡指控拉铁摩尔是苏联间谍,以帕特里克·麦卡伦(Patrick A. McCarran)为首的参议院国内安全委员会则指控学会是导致美国"丢掉"中国的罪魁祸首。这些都极大地损害了学会的声誉和士气。学会在 1952 年后失去了大部分资金来源以及作为教育机构的免税待遇。1960 年,学会宣布解散。《太平洋事务》由加拿大不列颠哥伦比亚大学接手,《远东观察》由加州大学伯克利分校接手,后更名为《亚洲观察》(Asian Survey)。

如何评价太平洋国际学会的影响?作为太平洋地区最早的跨国私人合作组织和知识共同体,学会发起者最初的设想是通过塑造相关国家的公众和政府官员对太平洋问题的看法来改善太平洋地区的国际关系,而不是直接影响各国的外交政策。根据学会的章程,学会的宗旨是"研究太平洋各民族之状况以改善相互之关系",即通过科学的研究和平等的讨论来促进太平洋各民族之间的相互理解与合作。应该说,学会在一定程度上做到了这一点,特别是早期达到了这一目标。学会提供的交流和讨论的平台非常有助于增进各国的相互理解,培育友好、合作和协商的气氛。用赫伯特·克劳利的话说,学会有助于"把(政治)竞技场改造成大花园,给人性中五彩缤纷的花朵以更好的绽放机会"。[1] 参加 1925 年夏威夷会议的澳大利亚代表曾对夏威夷大学日本历史与文学教授、日本同志社大学前校长原田助说,他以前从来没有与日本人进行过坦率的交谈,一直认为东方人的心智(mentality)与西方人是不同的,但是在会上与日本人坦诚地交谈后,他发

---

① Croly, "The Human Potential in Pacific Politics," Condliffe, ed., *Problems of the Pacific*: *Proceedings of the Second Conference of the Institute of Pacific Relations*, Honolulu, Hawaii, July 15 to 29, 1927, p. 590.

现东方人和西方人之间没有那么大的差异,他们是拥有同样心智的同样的人。① 法国前总理、太平洋国际学会法国理事会主席阿尔贝特·萨罗(Albert Sarraut)在 1936 年约塞米蒂会议最后的全体会议上这样描述他的感受:

> 在过去的十四天里,我们比邻而居,共度了一段迷人的跨国生活——宛如一个微型世界。不同种族的人们在一种真诚友好的关系中轻松地交流,每一个人都把他的微笑和最好的东西贡献给这一关系;我们像兄弟那样交换纯净水和番茄汁;美国人和日本女士根据同样的节拍起舞,俄国人和中国女士分享同一支布鲁斯舞曲的喜悦。……我们的文明是相容的,它们不是截然对立的。我从不相信,也永远不会相信东西方之间不可避免地相互敌视,相反,我相信我们可以把这些文明的辉煌与美丽融合在一起,就像完全不同的花朵可以混合在一起构成五彩缤纷的和谐花园一样。②

学会的工作无疑有助于消除误解,促进各国"对其他国家的国家特性和国家理想持一种更加开明、更加同情的态度"。③

太平洋国际学会和各国别理事会对相关国家的公众舆论和政府政策也产生了一定的影响。学会的历次会议都得到舆论的关注,会议讨论过程中提出的关于太平洋问题的观点和主张也得到了广泛的报道,特别是前两次会议得到的关注最多,日本和中国的与会代表回国后发表文章或演讲,来介绍学会的功能和目标。就教育公众和影响政策而言,太平洋国际学会最辉煌的时期是太平洋战争时期。当时学者、商人、新闻工作者、慈善家、

---

① Akami, *Internationalizing the Pacific*: *The United States*, *Japan and the Institute of Pacific Relations in War and Peace*, *1919 – 1945*, p. 94.

② Anderson, *Pacific Dreams*: *The Institute of Pacific Relations and the Struggle for the Mind of Asia*, p. 52.

③ 此为美国理事会成员、华尔街银行家杰罗姆·格林(Jerome D. Greene)在 1927 年檀香山会议上发言时对外国投资在国际关系上扮演的角色的评价,这一评价也可用在太平洋国际学会身上。Jerome D. Greene, "The Role of the Banker in International Relations," Condliffe, ed., *Problems of the Pacific*: *Proceedings of the Second Conference of the Institute of Pacific Relations*, Honolulu, Hawaii, July 15 to 29, 1927, p. 450.

退休官员和部分现任官员都参加了学会组织的论坛。学会组织出版的书籍、小册子和论文被数以百万计的读者阅读，成为太平洋战争期间有关太平洋地区知识和信息的"独一无二的最佳来源"。① 不少学会的官员和成员直接参与了美国军事与外交活动，成为美国政府的局内人。毫无疑问，学会对战争进程和包括美国在内的相关国家的政策产生了很大影响，尽管这一影响可能难以精确地估量，在不同国家其影响也会不同。

学会更长远的影响和更经久的遗产是对亚洲研究的推动，其开展的研究项目和出版的成果标志着美国亚洲研究的开端。在 1925—1952 年间，太平洋国际学会的国际秘书处和各国别理事会共同组织出版的关于远东和太平洋问题的书籍、小册子和会议记录共有 1399 种，期刊 9 种。② 这些书籍大多由来自美国和亚太地区的顶尖学者撰写，是最早的关于亚太地区的社会科学成果，成为战后亚洲研究的基础，很多著作至今仍然有重要的参考价值。③ 不仅如此，太平洋国际学会通过会议、学者私谊和联合研究的方式建立了跨太平洋地区的学者共同体，这一共同体在学会解散之后仍然发挥着作用，继续从事有关亚太问题的研究，并培养了新一代亚洲研究人才。正是太平洋国际学会的旨趣赋予了美国亚洲研究关注现实问题和重视知识实际效用的传统，按照费正清的观点就是"学者的责任不仅在于增加知识，而且还在于教育公众和影响公共政策"。④ 夏威夷大学教授保罗·胡珀

---

① 此为普林斯顿大学教授雅各布·瓦伊纳（Jacob Viner）的评语，后被洛克菲勒基金会 1943 年年报所采用。Anderson，*Pacific Dreams：The Institute of Pacific Relations and the Struggle for the Mind of Asia*，p. 11.

② *IPR Publications on the Pacific：1925 – 1952*，New York：International Secretariat of the Institute of Pacific Relations，1953.

③ 由太平洋国际学会组织或资助的经典研究主要有：J. Lossing Buck，*Land Utilization in China*，Shanghai：The Commercial Press，Ltd.，1937；George McTurnan Kahin，*Nationalism and Revolution in Indonesia*，Ithaca：Cornell University Press，1952；Felix M. Keesing，*Modern Samoa：Its Government and Changing Life*，London：G. Allen and Unwin，Ltd.，1934；Owen Lattimore，*Inner Asian Frontiers of China*，London：Oxford University Press，1940；E. Herbert Norman，*Japan's Emergence as a Modern State*，New York：Secretariat of the Institute of Pacific Relations，1940；Ricard H. Tawney，*Land and Labor in China*，London：G. Allen and Unwin，Ltd.，1932。

④ 此为鲍大可（A. Doak Barnett）对费正清思想的总结。Paul A. Cohen and Merle Goldman，eds.，*Fairbank Remembered*，John K. Fairbank Center for East Asian Research，Harvard University，1992，p. 179.

(Paul F. Hooper)在1988年评论说,"就对某一学术领域的贡献而言,没有任何团体能与太平洋国际学会相比,如果该学会不曾存在过的话,很难想象亚太研究目前会是什么样子"。① 正是从这个意义上,费正清1987年在给学会最后一任总干事威廉·霍兰的信中说,"让当前和未来一代研究者了解他们的先辈是非常必要的"。②

但是,总的来说,太平洋国际学会在其存在的时期内,特别是在两次世界大战之间,并未实现改善太平洋地区国家间关系的目标。这一失败既是学会无法控制的外部国际环境发生巨变——大萧条、日本军国主义的得势和侵华战争以及太平洋战争的爆发——的结果,同时也与其自身的局限性有关,包括各国别理事会的民族主义立场和学会对科学和理性的天真信奉。

学会吸取第一次世界大战的教训,试图超越狭隘的民族主义,在国际主义基础上解决太平洋各民族之间的分歧,但是一些国家的理事会却从民族主义立场出发,把学会组织的会议当作表达本国立场与诉求的舞台,试图利用太平洋国际学会来追求国家目标和实现国家利益。日本、英国和法国的代表实际上在很大程度上成为官方立场的传声筒,国民政府也试图通过中国代表团利用学会会议这一国际场合来传达中国政府的声音,用蒋介石的话说,就是"藉以宣传我国之不平等地位"。③ 美国代表也抱有由美国来主导亚太事务的目标。胡适在1931年上海会议开幕式上曾告诫与会者,"在承平的时候,凡是自命为有国际思想的人,不应该在黑白不分意气用事的当儿,放弃他们开诚布公静心探讨的态度"。④ 在和平时期,这一态度大体上还能够得到恪守,而一旦发生战争,坚守国际主义精神就会非常困难,

---

① Hooper, "The Institute of Pacific Relations and the Origins of Asian and Pacific Studies," *Pacific Affairs*, Vol. 61, No. 1, Spring 1988, pp. 98 - 99. 该文对太平洋国际学会对亚洲研究的贡献有详细的分析。

② Fairbank to Holand, Feb. 10, 1987, 转引自 Paul F. Hooper, "The Institute of Pacific Relations and the Origins of Asian and Pacific Studies," *Pacific Affairs*, Vol. 61, No. 1, Spring 1988, p. 99。

③ 《蒋主席演说太平洋会性质》(南京十四日下午三时专电),《大公报》1931年9月15日,第4版。

④ 《太平洋国际学会第四届大会》,刘驭万编《最近太平洋问题:太平洋国际学会第四届大会报告书》,第4页。

甚至变得不可能。九一八事变后，中国理事会的很多会员就觉得"我们实在没有与日本会员共聚一堂之必要了！甚么国际谅解，甚么国际亲善，都不是一些骗人的话吗？"① 赫伯特·克劳利在1927年檀香山会议上也曾告诫与会者，在发生国际争端的时候，"学会的成员作为本国的公民不选边站队是不可能的，不得不根据自己良知的判断选择支持本国政府的政策或反对这一政策"，但是作为太平洋国际学会的成员，还应该"保持自己的判断公正无私、充满警觉以及有充分的事实依据，否则其构建太平洋共同体的能力将会受到严重损害"。② 后来的事实证明，太平洋国际学会成员的国民身份极大地妨碍了其判断的无私，克劳利的预言不幸言中。太平洋战争爆发后，国家（民族）主义最终压倒国际主义，服务于盟国特别是美国的战争需要成为学会的主要工作。实际上，从30年代后期开始，面对欧亚大陆的冲突与战争，通过促进国际理解与合作来维护和平的国际主义思想被很多团体和个人视为一种不切实际的幻想并抛弃，太平洋国际学会只是其中的一家而已。

学会相信太平洋地区国家间争端的根源在于误解和非理性，让情感和偏见主导了国家间的关系，而一旦学会通过科学的研究把"客观事实"揭示出来，通过理性的讨论剔除情感的影响，偏见和误解就会消除，紧张关系就会得到缓解。用夏威夷大学校长阿瑟·迪安的话说，"让事实（truth）显现，它能为自己说话"③。通过理性的思考和科学的研究寻找不带偏见的事实是欧洲启蒙传统的一部分，但是后结构主义和后现代主义哲学已经证明，绝对客观的知识是不存在的。实际上，"知识既不是通用的也不是客观的，因为无论是各学科还是知识创造者都是在自己的时代和环境中由文化

---

① 《太平洋国际学会第四届大会》，刘驭万编《最近太平洋问题：太平洋国际学会第四届大会报告书》，第3页。

② Croly, "The Human Potential in Pacific Politics," Condliffe, ed. , *Problems of the Pacific*：*Proceedings of the Second Conference of the Institute of Pacific Relations*, *Honolulu*, *Hawaii*, *July 15 to 29*, *1927*, p. 586.

③ Dean, "The Approach to Pacific Problems," Institute of Pacific Relations, ed. , *Institute of Pacific Relations*, *Honolulu Session*, *June 30 – July 14*, *1925*：*History*, *Organization*, *Proceedings*, *Discussions*, *and Addresses*, p. 49.

建构的"①。爱德华·萨义德在其《东方学》中曾对知识进行了划分,认为存在两种知识,即"纯粹知识"和"政治性知识",政治性知识深受其生产者所处的现实环境和意识形态的影响。②太平洋国际学会的研究成果无疑属于萨义德所说的"政治性知识",不可能是毫无偏见和绝对客观的。实际上,学会组织的研究计划无论在议题设定、资料收集还是立论构建方面都深受研究者国家立场和利益的影响,这在各国别理事会所从事的研究项目中表现得更为明显。国别理事会往往提出有利于本国的研究项目,如中国理事会要求加强对东北问题的研究,而这方面的研究常常遭到日本的反对,担心得出不利于日本的结论。秘书处和研究理事会的美方成员则会反对日本提出的涉及门罗主义和美国的中美洲政策的研究项目。越是国家间存在争端的问题,越难以做到客观,也越容易在学会内部引起争议。但是,在总干事卡特的坚持下,学会越来越多地卷入热点问题的研究,从而引起越来越多的纷争。不仅如此,各国界定"客观"的方式也是不同的,研究者自己认为客观的结论往往被争端的另一方视为充满偏见,特别是在国家间关系极度紧张或兵戎相见的时候更是如此。实际上,学会追求揭示的所谓"客观"事实,特别是争端各方都认可的"客观"事实可能根本就不存在,这也注定了太平洋国际学会追求的通过发现事实来增进理解以改善(国家间)关系的目标是无法实现的。

归根结底,非政府组织发挥的作用仍然是有限的,其活动更多地受到国内和国际政治气候的影响,特别是当学会变成智库后,政府和公众的信任是其存在的首要条件。因此,当美国社会在麦卡锡主义影响下对学会的宗旨、政治倾向和知识立场都产生怀疑的时候,其地位一落千丈,并失去了经济来源,最后不得不宣布解散。

---

① Emily S. Rosenberg, "Revisiting Dollar Diplomacy: Narratives of Money and Manliness," *Diplomatic History*, Vol. 2, No. 2, Spring 1998, p. 155.

② [美]爱德华·W. 萨义德:《东方学》,王宇根译,生活·读书·新知三联书店1999年版,第12—13页。

第七章
传播美国生活方式:美国文化
输出与全球秩序

从地缘政治的视角看,"美国世纪"的起点应该是 1945 年,最早可以追溯到亨利·卢斯提出这一命题以及美国卷入全球战争的 1941 年。而就经济和文化影响力而言,"美国世纪"则始于 20 世纪开端之际。20 世纪初,已成为世界第一大经济体的美国从文化进口国变成向海外特别是欧洲输出文化产品和生活方式的文化出口国,越来越多的美国人不再到欧洲寻找文化创造的源泉以及服装、时尚、文学、艺术和戏剧的摹本,开始树立起对自身文化创造力的信心。第一次世界大战后,美国不仅摆脱了欧洲文化殖民地的身份,而且成为新的文化中心,欧洲甚至把美国视为未来新的世界强权。1902 年,英国著名记者威廉·斯泰德(William T. Stead)出版《世界的美国化》一书,对美国经济和文化的巨大影响进行了评估和展望,预言"美国化"(Americanization)是"20 世纪的潮流",并宣称美国的实力和繁荣程度已经足以使它"有权要求获得英语国家的领导地位"。① 到第一次世界大战结束的时候,美国已经取代欧洲成为西方文明的发言人,开始大规模地向海外输出其文化。

美国向外输出的"文化"包含以下方面:文学、绘画和音乐等高雅文化;爵士乐、舞蹈、电影、体育等大众娱乐形式;家居用品、食品、饰件

---

① William T. Stead, *The Americanization of the World or the Trend of the Twentieth Century*, New York and London: Horace Markley, 1902, p. 4.

等日常生活用品;宗教、哲学和语言等抽象文化形式;对待工作、娱乐、金钱和战争的态度;具有社会学意义的技术发明,如机械化生产方式、统计方法以及大规模流水生产线;美国组织政治、社会和经济的方式。①美国的文化输出深刻影响了 20 世纪上半期人类的生活和命运,并培育了一种共享的国际文化,成为第二次世界大战结束后出现的国际秩序的基础。

一　民族自决思想的普及:公共信息委员会与威尔逊国际秩序观念的传播

第一次世界大战是一场总体战,战争爆发不久,交战国之间的心理宣传战便开始打响。英国和法国分别通过路透社和哈瓦斯通讯社在美国从事宣传,德国也在美国雇佣代理人进行针对美国人民的宣传活动,试图赢得美国民众对德国战争目标的支持。美国对德宣战后,威尔逊总统意识到国内外的支持对美国获取战争胜利至关重要,于 1917 年 4 月 13 日签署行政命令,成立"公共信息委员会"(Committee of Public Information),并任命科罗拉多州丹佛市《落基山新闻》记者乔治·克里尔(George Creel)为主席,因此该委员会也被称为"克里尔委员会"。委员会的使命是通过展示美国在战争中的公正无私形象来促进美国国内的忠诚与团结以及获得中立国家的友谊和理解,同时对美国媒体进行监管。克里尔是威尔逊自由国际主义思想的坚定信奉者和支持者,把公共信息委员会的建立视为传播威尔逊进步主义、民主思想和国际理想的机会。最初几个月,公共信息委员会的活动仅限于国内,1917 年 10 月设立对外部,任务是向外国民众发布准确的关于美国的信息和宣传美国的战争目标。对外部包括三个部门:向世界各国提供新闻快报的有线和无线服务局;制作和邮寄短篇文章、图片、海报以及报纸剪辑的对外新闻出版局;负责电影出口的对外电影局。对外部成立后,很快就建立了世界范围的海外工作体系,先后在 16 个国家(盟国和中立国)组建办公室,派出工作人员,此 16 国是英国、法国、意大利、俄

---

① 参见 Frank Costigliola, *Awkward Dominion: American Political, Economic, and Cultural Relations with Europe, 1919 – 1933*, Ithaca and London: Cornell University Press, 1984, p. 19。

国、瑞士、西班牙、瑞典、荷兰、丹麦、中国、墨西哥、巴西、阿根廷、智利、秘鲁和巴拿马。① 在没有设立办公室的国家，则由美国使领馆、商社和英国代理人来散发美国的宣传材料。② 陆军部长牛顿·贝克赞扬克里尔委员会的"身体在华盛顿，但其手臂已经伸到中立国家的首都和其他地区"。③

克里尔把公共信息委员会的任务界定为"争取人类思想"（fight for the mind of mankind），④ 其对外工作是一场宣传美国和推销（advertising）美国的运动。用他自己的话说，委员会的工作"在各个方面，从始至终，没有间断和变化，都是一场十足的宣传工作、一场宏大的推销事业、世界上最伟大的宣传历险"。⑤ 公共信息委员会"不仅要深入到美国的每一个社区，而且还要把关于美国的理想主义、公正无私以及为实现目标不屈不挠的完整信息传到文明世界的每个角落"。⑥ 委员会对外宣传的任务是让世界各地的人民相信：美国是不可战胜的，因此他们应该与美国站在一起；美国是一个自由和民主的国度，在战争中没有私利，因此值得信赖。用克里尔的话说："首要的任务是宣传美国的决心和军事实力以及美国胜利的必然性，但同样重要的是宣讲美国的动机、目标和理想，让我们的朋友、敌人和中立国家都逐渐把我们看作一个无私的和热爱正义的民族。"⑦ 战争后期，委员会又增加了一项任务：让世界各国人民相信，由于威尔逊总统新的世界构想以及美国拥有实现这一构想的能力，协约国的胜利将开启一个和平与希望的新时代，军备将被取消，被帝国压迫的少数族群将获得自决，每个国家的主权将归还给人民，持久和平将到来。

克里尔相信思想可以像商品那样被推销。为了推销美国思想和打造美

---

① James R. Mock and Cedric Larson, *Words That Won the War: The Story of the Committee on Public Information, 1917 - 1919*, Princeton: Princeton University Press, 1939, pp. 244 - 245.

② Ibid., p. 243.

③ Newton D. Baker, "Foreword," George Creel, *How We Advertised America: The First Telling of the Amazing Story of the Committee on Public Information That Carried the Gospel of Americanism to Every Corner of the Globe*, New York: Harper and Brothers, 1920, p. xv.

④ Mock and Larson, *Words That Won the War*, p. 235.

⑤ Creel, *How We Advertised America*, p. 4.

⑥ Ibid., p. 4.

⑦ Ibid., p. 237.

国形象,委员会充分利用了当时已经出现的各种媒介,各分支机构不仅以多种语言向外国新闻机构提供每日新闻简报,而且向外国杂志提供事先准备好的赞美美国社会、经济和协约国战争贡献的特稿,发布介绍美国社会的文章和小册子以及图片。由于当时美国最大的两家新闻机构——美联社和合众社在第一次世界大战前还没有大规模开展海外业务,克里尔委员会建立了一个美国官方新闻社(Compub),向很多国家的报纸和新闻机构免费提供第一手新闻。委员会征用了 650 家美国海外企业的展览橱窗,用来展示宣传美国战争目标的海报和图片,还把说明美国战争目标的传单夹入美国出口海外的商品目录里。① 克里尔称:

> 在这场大战中没有哪个方面我们没有触及,没有哪一种有吸引力的媒介我们没有利用。印刷文字、语音文字、电影、电报、电话、无线通信、海报和指示牌,所有这些都在我们工作中被用来让我国人民和世界各国人民明白那些迫使美国拿起武器的原因。②

电影作为新兴媒体,在美国对外宣传中被充分利用。克里尔委员会组织拍摄了多部介绍美国生活的纪录片,并与私人电影制片商合作,拍摄宣传美国战争目标的电影。电影拍好后,由海外的美国民间机构,如基督教青年会、红十字会和商社播放或交给当地的电影经销商来放映。战时克里尔委员会向外输出的电影胶片有 6200 卷,③ 其中《潘兴的十字军》(*Pershing's Crusaders*)、《美国的回答》(*America's Answer*) 和《在四面旗帜下》(*Under Four Flags*) 是当时最有代表性的电影。克里尔称,"通过电影这一媒体,美国的战事进展以及民主的含义和目的被传到美国的每一个社区和世界的每一个角落",同时电影也"展示了我们的社会与工业生活,让外国人民了解我们自由制度的生机与活力"。④ 克里尔委员会不仅拍摄和发

---

① Emily S. Rosenberg, *Spreading the American Dream: American Economic and Cultural Expansion, 1890 - 1945*, New York: Hill and Wang, 1982, p. 79.

② Creel, *How We Advertised America*, p. 5.

③ Mock and Larson, *Words That Won the War*, p. 243.

④ Creel, *How We Advertised America*, p. 8.

行电影，而且还负责对商业电影的出口进行监管，以禁止有损美国形象或对美国生活造成误解的影片出口。

公共信息委员会对外宣传的重点是威尔逊的演讲。威尔逊充满理想主义的演讲传达的是美国无私、仁爱和公正的形象，被克里尔认为是反击德国宣传的最好武器，而且威尔逊总统"被视为协约国的代言人"，其演讲"说出了战时美国政策的基调"，具有权威性。① 同时，美国政府也深知，只有威尔逊提出的新国际关系准则获得世界舆论的支持，美国改造国际秩序的目标才能实现。因此，克里尔委员会从一开始就把向全世界散发威尔逊总统的演讲和宣传威尔逊的国际秩序思想列为首要任务，竭力把威尔逊塑造成一位英雄和解放者，"让世界相信未来就在威尔逊一个人身上"。② 当时的无线通信，特别是电报技术已经较为成熟和普及，来自美国的消息在几小时内就可传到世界各地。委员会在几乎每一个中立国和友好交战国的首都都设立了人员配备充足的办公室，负责散发新闻、文章并播放电影，接待演讲人，安排橱窗，"以各种可能的方式传播关于美国的真相"。③ 根据克里尔的报告，公共信息委员会向如下国家和地区散发威尔逊的演讲：英国、法国、意大利、俄国、西班牙、瑞士、荷兰、斯堪的纳维亚、澳大利亚、新西兰、日本、中国、西伯利亚地区、南美洲、中美洲、墨西哥、印度、南非、希腊、埃及、加拿大、利比里亚和德黑兰。④ 各地的工作人员收到总部发来的威尔逊演讲后将其翻译成当地语言，然后在几天之内，通过邮政明信片、宣传牌等方式散发，并将内容汇编成册。克里尔在回顾公共信息委员会工作时不无骄傲地说：

　　一个国家行政领袖的演讲在全世界传播，这在历史上是第一次。威尔逊总统阐释美国立场的每一次正式演讲都被实时通过无线电广播，24 小时之内在世界每一个国家以当地语言播送。不仅如此，委员会派驻各国的工

---

① George Creel, *Complete Report of the Chairman of the Committee on Public Information*, Washington, D. C. : U. S. Government Printing Office, 1920, p. 112.

② Mock and Larson, *Words That Won the War*, p. 237.

③ Creel, *Complete Report of the Chairman of the Committee on Public Information*, p. 108.

④ Ibid. , pp. 113 – 114.

作人员还会把这些演讲刊登在当地的报纸上被千百万人所传阅。①

公共信息委员会在华宣传 早在 1917 年 4 月美国参战后，美国驻华公使芮恩施（Paul S. Reinsch）就利用在华美国传教士和教师翻译了威尔逊的一些演说，并免费提供给中文报纸。1918 年 9 月 18 日，前美联社记者卡尔·克劳（Carl Crow）被任命为公共信息委员会驻上海办事处主任，地点在爱多亚路（Avenue Edward VII）113 号，与创刊不久的《密勒氏评论报》（*Millard's Review*）在同一建筑的同一层。克劳雇了两个翻译和几位办公室工作人员，在 10 月组建了"中美新闻社"（The Chum Mei News Agency 或 Chinese-American News Agency），任务是翻译美国新闻，并把这些新闻提供给各地的中文报纸。中美新闻社向当时 300 多家中文报纸免费提供新闻，成为中文报纸刊登的关于美国消息的主要来源。② 克劳的工作获得了芮恩施和《密勒氏评论报》编辑鲍威尔（John B. Powell）的大力支持。克劳在报告中说："在实施上面提到的每一项计划时，我都与芮恩施博士和鲍威尔先生进行了密切合作，我的每一项工作都与他们商量。"③

克劳在华的宣传活动得到在华传教士和美孚石油公司、英美烟草公司、胜家缝纫机公司等美国在华企业的帮助。这些公司的雇员和在华传教士充当志愿者，为克里尔委员会分发宣传材料，其中全国各地有 400 名美国志愿者为克劳服务，美国的宣传材料甚至可以到达中国内地一些非常偏远的地区。不仅如此，美国在华公司的设备、场所，包括分布在全国各地的销售网点的海报栏、橱窗和墙报以及美国人在华兴办的教堂和学校也为克劳所用。

威尔逊总统的演讲成为克劳在华宣传的最好素材。他称："我的工作既简单又轻松，因为威尔逊总统的演讲和声明提供了理想的宣传材料。"④ 克劳收集了威尔逊总统的演讲，交给商务印书馆，建议出中文版。由蒋梦麟翻译的《威尔逊参战演说》第一版在两周内即售罄，又印刷了第二版，成

---

① Creel，*How We Advertised America*，p. 10.

② Kazuyuki Matsuo， "American Propaganda in China：The U. S. Committee on Public Information，*1918 - 1919*，" *Journal of American and Canadian Studies*（Japan），Vol. 14，1996，p. 28.

③ Creel，*How We Advertised America*，p. 362.

④ Carl Crow，*China Takes Her Place*，New York and London：Harper & Brothers，1944，p. 113.

为当时的畅销书,商务印书馆还向中小学推销该书。① 克劳还编辑了一个包括 2.5 万人的邮寄名录,名录中的人物为中国各界的领袖,包括各省议会议员、商会成员、学者和高级官员。克劳利用手中掌握的资金从商务印书馆购买《威尔逊参战演说》,给名录中的每个人邮寄一本,以便让美国的声音"迅速到达中国的统治阶层"。同时商务印书馆还出版了英汉合编本,即《英汉合璧威尔逊和议演说》,这一中英文对照本被一些公立学校和教会学校用来作为英文教材。② 当时在中国知识界广为流传的威尔逊演说共 17 篇,其中有关参战的演说 8 篇,有关和议的演说 9 篇。③ 特别是 8 篇有关参战的演说广为传播,被《密勒氏评论报》称为"此时最及时的出版物",自 1917 年 9 月至 1919 年 1 月连续印刷三次,仍供不应求。《密勒氏评论报》赞扬蒋梦麟翻译得非常好,以至于"威尔逊演讲的雄辩流畅在中文版中一点都没有损失",建议在华美国人购买此书,将其作为礼物送给他们的中国朋友,并称这是对协约国事业的最好支持。④ 1918 年 12 月 14 日的一篇文章称该书"在中国读者中引起巨大的反响,中国读者将其视为协约国对德宣战问题的权威解释",是"今日中国最畅销的书籍"。⑤

　　到战争结束的时候,威尔逊在中国已经成为家喻户晓的人物。克劳在给纽约总部的报告中引用传教士的话说:"威尔逊总统已经成为中国人的偶

---

　　① Creel, *How We Advertised America*, pp. 361 - 362.

　　② Ibid. , p. 363.

　　③ 参战演说包括:"宣言与德绝交"(1917 年 2 月 3 日在美国国会的演说)、"美国对德宣战之理由"(1917 年 4 月 2 日在国会非常会议之演说)、"谨告国民"(1917 年 4 月 16 日之演说)、"宣布美国和平条件"(1918 年 1 月 8 日在国会演说)、"武力与正义"(1918 年 4 月 6 日美国加入战团纪念及第三次自由公债开幕演说)、"独立日纪念"(1919 年 7 月 6 日在华盛顿公墓演说)、"劳动日纪念"(1918 年 9 月 2 日)、"组织国际联合会之基本问题"(1918 年 9 月 28 日自由公债开幕时演说),蒋梦麟译:《威尔逊参战演说》,商务印书馆 1919 年版。和议演说包括:"和平问题及其感想"(1918 年 12 月 2 日在美国两院联合会演说)、"无政府之恐慌"(1918 年 12 月 2 日在美国两院联合会演说)、"人类精神已醒悟矣"(1918 年 12 月 21 日在巴黎索尔朋大学授予名誉博士仪式上的答词)、"国际同盟者世界和平之保障也"(1918 年 12 月 28 日在伦敦市政厅演说)、"美国政策之说明"(1918 年 12 月 30 日英国孟哲斯特市政厅许为自由民时之答词)、"国际同盟之必要"(1919 年 1 月 25 日在巴黎和会上的演说)、"新时代之原则"(1919 年 2 月 3 日在罗马意大利国会演说)、"宣读国际同盟草案"(1919 年 2 月 14 日在巴黎和会上的演说)、"为同盟问题敬告美国国民"(1919 年 3 月 4 日在纽约京都剧场国际同盟协会演说),钱智修译:《威尔逊和议演说》,商务印书馆 1919 年版。

　　④ "Editorial Paragraphs," *Millard's Review*, Nov. 23, 1918, p. 465.

　　⑤ "Men and Events," *Millard's Review*, Dec. 14, 1918, p. 64.

像之一,中国人骨子里有一种英雄崇拜,现在没有一位活着的中国人能占据这一位置,威尔逊总统就是今日中国最受欢迎和爱戴的人。"为此,他向总部要求调拨两万幅威尔逊画像,并认为至少三分之二的画像会成为中国房屋的长久装饰。① 中华基督教青年会全国协会的干事特纳(E. A. Turner)在 1919 年 6 月给国务院的报告中说,华盛顿、林肯和威尔逊的画像在很多城市的学校被悬挂,林肯和威尔逊"在中国学生中特别知名",其地位在很多人心中"高过本国自己的英雄和领导人"。②

克里尔委员会的宣传在一定程度上引发了中国知识界的"威尔逊热"。陈独秀称威尔逊"讲公理不讲强权",是"世界上第一个好人"。③ 而梁启超则认为在战争结束时,"威尔逊不是美国的威尔逊,早成了世界的威尔逊了"。④ 所谓的"威尔逊主义"也超越一切理论和学说,成为当时先进知识分子普遍的信仰。用当时上海《民国日报》的一句话来说,"威尔逊总统之主义",即是"为人道,为公理,为正义,为民治"之主义,则我国民"亦唯以威尔逊之主义为主义,而有为此主义之障碍者,则努力拔除之而已"。⑤ 当时中国最先进、最有影响力的知识分子"都是宣传威尔逊主义最出力的人"。⑥ 时任美国驻华公使的芮恩施观察说:"世界上或许没有一个地方会像中国那样对美国在巴黎的领导寄予那么大的希望。中国人信任美国,他们信赖威尔逊总统发表的关于原则的多次声明,他所说的话已经传到中国最边远的地区。"⑦ 1919年 5 月 4 日游行学生在美国使馆门口高喊"大美国万岁! 威尔逊大总统万岁!大中华民国万岁! 世界永久和平万岁!"⑧

---

① Matsuo, "American Propaganda in China: The U. S. Committee on Public Information, 1918 - 1919," *Journal of American and Canadian Studies* (*Japan*), Vol. 14, 1996, *p.* 30.

② Hans Schmidt, "Democracy for China: American Propaganda and the May Fourth Movement," *Diplomatic History*, Vol. 22, No. 1, Winter 1998, p. 11.

③ 陈独秀:《〈每周评论〉发刊词》,《独秀文存》,安徽人民出版社 1987 年版,第 388 页。

④ 梁启超:《欧游心影录节录》,《饮冰室合集·专集之二十三》,中华书局 1989 年版,第 71 页。

⑤ 《民国日报》1918 年 11 月 28 日。

⑥ 胡适:《纪念五四》,《独立评论》第 149 号,1935 年 5 月 5 日。

⑦ [美] 保罗·S. 芮恩施:《一个美国外交官使华记》,李抱宏等译,商务印书馆 1982 年版,第 276 页。

⑧ 胡适:《纪念五四》,《独立评论》第 149 号,1935 年 5 月 5 日。

"威尔逊热"不仅出现在中国，实际上几乎在整个世界范围内，威尔逊及其国际秩序思想都成为媒体报道的热点。停战后不久，印度一家出版社就出版了威尔逊演讲集，书名是《威尔逊总统：自由的现代使徒》（*President Wilson：The Modern Apostle of Freedom*）。在对该书的宣传中，威尔逊总统被描述为"世界上最引人瞩目的人物"，"天命所归之人"（man of destiny），其演讲是"这场死亡战争中最优秀的、最甜美的果实之一"，将"给这个遭受战争蹂躏的世界带来抚慰，给弱小民族带来希望"。① 印度政治家和独立运动活跃分子夏斯特里（V. S. Srinivasa Sastri）评论说："人的想象力难以描绘亚洲各国首都的人们在欢呼威尔逊时表现出的欣喜若狂，似乎人类的伟大导师之一——基督或佛陀回到了家乡，被授予自从上次他来到人间以来的几个世纪的荣耀。"②

在埃及，威尔逊被视为国际关系新时代的开启者。领导 1919 年埃及反英斗争的埃及民族主义者萨德·扎格卢勒（Saad Zaghlul）曾于 1918 年 12 月直接向威尔逊总统发电报，称"没有哪个国家像埃及人民那样如此强烈地感受到新时代诞生带来的喜悦，由于您强有力的领导，一个新时代不久将在世界上出现"，"和平的好处将传遍世界各地"，世界将不再"遭受虚伪野心或以追求霸权与促进自私国家利益为目标的旧政策的困扰"。③

在西班牙，公共信息委员会分部主任弗兰克·马里恩（Frank J. Marion）在 1918 年 10 月 11 日的一封信中说道："威尔逊的演讲是今日这里最大的新闻特稿，远在西班牙'危机'或'流行病'之前，关于威尔逊的任何事情都引人瞩目，西班牙所有的报纸都强烈支持威尔逊及其政策。"④ 实际上，"到停战的时候，伍德罗·威尔逊的名字以及威尔逊是和平、自由和民主之友的思想在世界

① Erez Manela, "Imagining Woodrow Wilson in Asia: Dreams of East-West Harmony and the Revolt against Empire in 1919," *The American Historical Review*, Vol. 111, No. 5, Dec. 2006, p. 1336.

② *Woodrow Wilson's Message for Eastern Nations*, *Selected by Himself from His Public Addresses*, Foreword by the Rt. Hon. V. S. Srinivasa Sastri, Calcutta, 1925, pp. iv - v. 转引自 Erez Manela, *The Wilsonian Moment: Self-Determination and the International Origins of Anticolonial Nationalism*, Oxford University Press, 2007, p. 55。

③ Zaghlul to Wilson, 14 Dec. 1918, in Egyptian Delegation to the Peace Conference, *Collection of Official Correspondence from November 11, 1918 to July 14, 1919*, Paris: Published by the Delegation, 1919, p. 47. 转引自 Manela, *The Wilsonian Moment*, p. 71。

④ Mock and Larson, *Words That Won the War*, p. 274.

一些偏远地区几乎就像在纽约、圣路易斯和旧金山一样家喻户晓"。①

公共信息委员会的宣传树立了美国倡导国家平等和民族自决，捍卫弱小民族权利的理想主义形象，极大地影响了战争的进程。用克里尔的话说，"总统的宣言通过有线和无线通信工具被传播到世界的每个角落，被翻译成所有的语言，被各地的新闻出版机构印制千百万份，具有同军队一样的力量"，宣言阐述的美国战争目标"促进了国内团结，让我们赢得了中立国的友谊和支持，摧毁了支撑邪恶的普鲁士军国主义制度的恐惧和怀疑的基础"。② 陆军部长牛顿·贝克在战争结束后认为，和平是由两只手带来的："一只手是伟大的自由国家人民的军事力量，另一只是美国理想主义所表达的能够征服人心的正义和自由思想"，而正是克里尔所实施的"隐蔽的，但却无处不在和不间断的思想攻势使人们对美国在这场战争中的真精神和理想主义有了正确的理解"。③

战后，威尔逊在一系列演讲中阐述的国际关系准则和国际秩序蓝图被认为是实现持久和平的良方。在去往巴黎的途中，威尔逊在伦敦、曼彻斯特、罗马、热内亚、米兰和都灵等城市发表演讲，继续宣传其思想，坚持战后媾和必须以"十四点"作为基础。人们相信，作为世界上最强大国家的领导人，威尔逊总统不仅有意愿，而且有实力按照"十四点"来构建一个国际新秩序。备受战争蹂躏的欧洲渴望威尔逊能够带来永久的和平，让欧洲摆脱几百年来不断爆发战争的宿命。加拿大知名历史学家玛格丽特·麦克米伦这样描述巴黎和会前世界各国对威尔逊的追捧：

> 在欧洲各国的广场、街道、车站和公园，到处都是威尔逊的名字，墙上的海报呼喊着"我们希望威尔逊式的和平"。在意大利，士兵们跪在威尔逊画像前。在法国……左翼领袖们争相称颂威尔逊的名字。④

---

① Mock and Larson, *Words That Won the War*, p. 235.

② George Creel, *The War, the World, and Wilson*, New York：Harper and Brothers, 1920, p. 119.

③ Baker, "Foreword," Creel, *How We Advertised America*, p. xvi.

④ Margaret MacMillan, *Paris 1919：Six Months That Changed the World*, New York：Random House, 2002, p. 15.

而亚非地区遭受外来统治的民族更是渴望威尔逊倡导的国际关系新原则能帮助他们摆脱受压迫的地位，实现民族独立。这些地区的民族主义者把美国革命视为民族解放运动的先声，把美国看作是一个进步、繁荣、富强和民主的社会，相信美国同情和支持殖民地的独立并愿意而且能够带领世界终结强权政治。他们从威尔逊的国际新秩序中找到可以用来争取民族独立的新的权利语言——国家平等、民族自决，相信在威尔逊领导下战后媾和会议为他们打开了实现独立的机会之窗。因此当媾和开始时，殖民地和半殖民人民乐观地认为新的世界秩序一定会按照威尔逊主义的原则来构建，并希望巴黎和会能够赋予本民族以独立地位。他们甚至直接向威尔逊与和会提出实现民族独立的要求。

在中国，巴黎和会被认为是"世界人道之新纪元"，"将有重造世界之创局，举凡不合公理之国际关系，皆将诉之于此次会议"。① 报纸杂志广泛讨论如何借和会之机，废除不平等条约。改良派主办的上海《时事新报》在一篇社论中描述了当时国人急欲依靠美国在巴黎和会上改善国际地位的心情：

> 欧战告终，和会开始，凡为弱小之国，莫不思借威尔逊之宣言，力求国际之平等，如民族自决、外交公开、国际弭兵等项，其尤著者也。而在我国尤有特别之感想，互市以来所饱受之痛苦、备历之艰辛，为他国所未有。值此强权消灭、公理大伸之日，大可仰首伸眉，沥诉身受之苦，所谓千载一时之遇，殆在此欤!②

中国赴巴黎和会代表团提出了包括废除中日"二十一条"、归还外国在华租借地、废除领事裁判权、取消势力范围、关税自主、撤走外国在华军队、取消外国在华设立的邮电机构等要求，旨在借和会之机，一举摆脱半殖民地地位。

在印度，国大党向和会和威尔逊总统提出将自决原则贯彻到印度，让印度派代表参会。一家民族主义杂志的社论写道：

---

① 《主张国际税法平等会集会缘起》，《东方杂志》第 16 卷第 1 号，第 166—167 页。
② 《警告政府》，《时事新报》1919 年 2 月 11 日。

如果波兰、比利时和塞尔维亚，甚至非洲的殖民地都被赋予"自决"权，同样标准的权利和特权难道不能给印度吗？……我们呼吁印度起来要求这一权利。国家并非经常获得这种机会，拯救就在眼前，要么现在就实现，要么永远没有可能。印度应该奋起，竭尽全力在巴黎和会上获得一个席位。①

埃及立法机构中的一些民族主义领袖致信威尔逊，赞扬威尔逊是为"建立在所有国家一律平等和正义基础上并由国际社会所保障的持久和平"而奋斗的"伟大的美利坚民主国的元首"，恳求威尔逊对埃及的独立诉求给予支持，并祝福"美国万岁！威尔逊总统万岁！"②

1919 年 2 月 15 日，在华朝鲜人协会与在美朝鲜人协会联合向美国政府提交一个呼吁书，呼吁美国政府在巴黎和会上支持朝鲜的独立要求。呼吁书末尾写道："威尔逊总统已经宣布各民族都有自决权，因此我们恳求您将我们的请求列入和会议程。我们希望这个拥有 2000 万人口的民族能够被允许享有自由的赐福和主权。"③ 1919 年 3 月 1 日，朝鲜民族主义者以"公民大会"的名义发布了一个独立宣言，宣言称：

自美国总统宣布"十四点"以来，民族自决的声音已经传遍整个世界。包括波兰、爱尔兰和捷克斯洛伐克在内的 12 个国家已经获得了独立。伟大的朝鲜民族怎么能错过这个机会？……现在是改革世界恢复我们被毁灭的国家的伟大机会。④

哈佛大学历史系教授埃利泽·马尼拉将 1918 年秋至 1919 年春称为国际关系史上的"威尔逊时刻"（Wilsonian moment）。在这一时刻，"对世界

---

① "India and the Peace Conference," *Mahratta*, Dec. 1, 1918, p. 559. 转引自 Manela, "Imagining Woodrow Wilson in Asia: Dreams of East-West Harmony and the Revolt against Empire in 1919," *The American Historical Review*, Vol. 111, No. 5, Dec. 2006, p. 1337。

② Zaghlul to Wilson, 14 Dec. 1918. 转引自 Manela, *The Wilsonian Moment*, p. 72。

③ "The Movement for Korean Independence," *Millard's Review*, Feb. 22, 1919, pp. 421 – 424.

④ Chong-sik Lee, *The Politics of Korean Nationalism*, Berkeley: University of California Press, 1963, p. 112.

各地的千百万人来说,威尔逊成为以自决原则为基础的公正国际社会理想的标志和最著名的捍卫者,他的名字,在很多情况下包括他的形象,象征和体现着这些思想,威尔逊在一个短暂而关键的时刻似乎已经成为国际关系新时代的先驱"①。在巴黎和会即将召开的时候,全世界人民的眼睛都集中在威尔逊身上。英国著名作家赫伯特·乔治·威尔斯(Herbert George Wells)评论说:

> 在短暂的间歇期,威尔逊在独自为全人类代言。在这一短暂的时期,在世界各地,对他的回应成为巨大的、令人瞠目的浪潮。……在人们眼中,他已经变得完美无缺,他不再是一个普通的政治家,他成了弥赛亚。千百万人相信他能够带来数不清的赐福,成千上万的人愿意为他献出生命。这一反应是 20 世纪初最光彩夺目的事件之一。②

在第一次世界大战后特殊形势下,克里尔的宣传激起了全世界对美国和威尔逊总统的巨大期望,同时也埋下了失望的种子,期望越大,在期望不能实现时失望和怨恨也就越大。威尔逊在巴黎和会前对此已有预感。在前往法国的途中,克里尔曾与威尔逊总统谈到其演讲对委员会宣传工作的帮助,以及世界各国人民对威尔逊演讲的热烈反应。威尔逊沉默一会儿后对克里尔说:

> 你们已经做了一件伟大的事情,但是我担心你们是否已经不知不觉地为我编制了一个无法逃脱的网。今天,整个世界都在指望美国来纠正错误,实现希望和解决冤屈。饥饿的人希望我们能给他们提供食物,无家可归的人指望我们提供避难所,身心有病痛的人依靠我们来治疗。在他们看来,所有这些期望都极为迫切,不能拖延。人们可长期忍受专制压迫,但是如果解放者不能立即带来太平盛世,那么他们就会把解放者撕成碎片。历史一向如此。但是,你

---

① Manela, *The Wilsonian Moment*, p. 6.

② H. G. Wells, *The Shape of Things to Come*, London: Hutchinson and Co., 1933, p. 96.

知道，我也知道，无论是古老的苦难还是眼前的冤屈都不是在一天
或仅仅挥挥手就能解决的。我将看到的——我真心希望我错了——
可能是悲剧性的失望。①

不出威尔逊所料，巴黎和会带来的是巨大的失望和幻灭感。中国、印
度、埃及和朝鲜的要求无一得到满足，巴黎和会甚至拒绝讨论印度、埃及
和朝鲜的自决问题。包括中国在内的殖民地和半殖民地的许多民族主义者
放弃了依赖美国实现民族自决和国家平等的幻想，转向激进的、反西方的
民族主义，威尔逊自由主义思想也失去吸引力。

但是，威尔逊提出的国家平等和民族自决原则并没有被抛弃，一种思
想一旦被提出，就无法撤回了。实际上，民族自决原则在巴黎和会后继续
被殖民地和半殖民地人民当作追求国家独立的思想武器，只不过不再依赖
美国，转而依靠自己的力量实现自决。孙中山在有关"三民主义"的演讲
中曾言，"当战争时，有一个大言论，最被人欢迎的，是美国威尔逊所主张
的'民族自决'"，议和的结果令弱小民族"大为失望"，"但是威尔逊的主
张提出以后，便不能收回"，于是这些弱小民族"都大大地觉悟"，"便不约
而同，自己去实行民族自决"。② 埃及著名记者和知识分子穆罕默德·侯
赛·海卡尔（Muhammad Husayn Haykal）在 1924 年 2 月谈道，威尔逊提出
的自决、自由、平等诸原则"不是幻想"，而是反映了人类的向往：

　　它们是被普遍的痛苦和希望、个人的梦想和向往、哲学家的思想和
诗人的言辞以及人类心灵的力量、情感和渴望制造出来的力量，并经
过数个世纪逐渐成长起来的。只不过那时命运选择了威尔逊总统作为
这些原则的阐释者和代言人……威尔逊已经不在了，但他的思想还在，
这些思想无疑将获得胜利。③

对民族主义的激发无疑是威尔逊留给世界的重要遗产，第一次世界大

---

① Creel, *The War, the World and Wilson*, p. 163.
② 孙文:《三民主义》，中国文化服务社北平分社 1945 年版，第 43—44 页。
③ Manela, *The Wilsonian Moment*, p. 215.

战结束前后，包括中国在内的民族主义的兴起至少部分归因于威尔逊的思想和公共信息委员会的宣传。正是通过威尔逊的倡导和克里尔委员会的宣传，第一次世界大战后，民族自决权和国家平等的观念已经不再是惊世之论，而成为常识和国际关系的基本准则，实际上已经得到普及。[①] 这一原则在《大西洋宪章》中被重申，成为强大的思想力量，并最终在第二次世界大战后瓦解了欧洲殖民体系。

二　输出现代性：美国大众文化在欧洲

1603 年，佛兰芒人乔斯特·利普斯（Joest Lips）对欧洲人说："你们已经征服的新世界将来有一天会把你们征服。"[②] 400 年后，利普斯的预言得到了应验，"新世界"的美国开始重返欧洲，并把欧洲置于美国的深刻影响之下。威廉·斯泰德较早地感受到美国具有的对欧洲的征服力量，他在1902 年出版的《世界的美国化》一书中认为美国"正以自己的形象塑造世界"，并用另一位记者弗雷德里克·麦肯齐（Frederick A. Mackenzie）的话这样描述美国工业产品和文化对英国人日常生活的影响：

> 一个普通的英国人早晨从新英格兰被单中睁开眼睛起床，用"威廉斯"牌香皂和杨基牌安全剃刀刮去脸上的胡须，在他产自北卡罗莱纳的短袜上套上波士顿的靴子，扎紧康涅狄格的背带，从口袋里拿出华生（Waltham）或沃特伯里（Waterbury）牌手表，然后坐下来吃早餐。……他吃着由美国大草原面粉做成的面包……来自巴尔的摩的罐

---

① 列宁当时虽然也提出了民族自决的思想，甚至还早于威尔逊明确提出"民族自决"这一概念，但有理由认为，被广为接受和寄予厚望的是威尔逊而不是列宁的思想。一是美国的宣传机构和协约国控制的全球通信体系对威尔逊思想的大力传播，而当时苏俄没有这样的传播能力；二是美国当时是最强大的国家，将自决作为和平的条件并主导了战后议和，世界人民普遍相信美国总统威尔逊不仅有意愿，而且有能力推行自决原则，而苏俄自身的生存最初都还是问题；三是当时协约国媒体把列宁领导的布尔什维克描绘为危险的激进团体，这一形象不利于列宁思想的传播。大体说来，列宁的思想是在人们对威尔逊主义幻灭后才开始在殖民地地区广泛传播的。

② Reinhold Wagleitner, *Coca-Colonization and the Cold War：The Cultural Mission of the United States in Austria after the Second World War*, The University of North Carolina Press, 1994, p. 15.

装牡蛎和一小块肯萨斯城的熏肉,而此时他的妻子则摆弄着一小片芝加哥的牛舌,孩子们则吃着"贵格会"的燕麦。他一边吃早餐,一边读着晨报,这份报纸由美国机器、美国的纸张、美国的墨水印制,并很可能由一位来自纽约市的聪明记者来编辑。……在他的办公室,当然一切也都是美国的。他坐在内布拉斯加转椅上,在密西根圆角桌子前用锡拉丘兹打字机写信,用纽约自来水笔签上名字,然后用来自新英格兰的吸墨纸吸干后,将这些信件放入产自大急流域(Grand Rapids)的文件柜里。……当夜幕降临时,他听着最新的美国音乐喜剧放松自己,喝一杯鸡尾酒或某种品牌的加州红酒,吃两片"美国制造"的"小肝泥片",然后进入梦乡。[1]

斯泰德所说的"美国化"是指美国商品以及与商品相伴的美国技术和大众文化在全世界的散播,其本质是现代性的输出。这一现象最早出现在两次世界大战间的欧洲。

20世纪初,美国成为世界上第一个大众消费社会,美国丰富的自然资源、以机械化为核心的技术进步和以福特主义(Fordism)和泰勒制(Taylorism)为代表的管理革命使大规模生产在美国变成现实,美国的工厂生产出越来越多质优价廉的产品。生产过剩促使企业鼓励大众消费,并通过提高工资和分期付款制度加以实现。与此相伴的是广告和大众消费主义的兴起,并带动以电影、体育和爵士乐为主要形式的娱乐业的繁荣。大众消费主义在美国的兴起还与美国的社会状况和民主的政治文化有关。由于缺乏世袭的贵族阶层和严格的阶级划分,社会地位的主要标志是获取财富和消费,这种平等的和民主的政治文化非常有利于大众消费主义的流行,消费和娱乐成为追求"美国梦"的方式。

由于欧美之间悠久而密切的贸易关系,美国廉价工业品首先对欧洲构成冲击,以至于英国记者弗雷德里克·麦肯齐把美国称为"入侵者"。[2] 但在第一次世界大战前,欧洲还是美国的债权国,世界舞台的中心仍然在欧

---

[1] Stead, *The Americanization of the World or the Trend of the Twentieth Century*, pp. 2, 354 – 356.

[2] Frederick A. Mackenzie, *The American Invaders: Their Plans, Tactics and Progress*, New York: Street & Smith, 1901.

洲,巴黎、伦敦是整个世界的时尚之都,欧洲人还不担心美国文化的冲击与威胁。但是,随着第一次世界大战的爆发,特别是美国参战后,美国的工业方法、商业文化和大众娱乐如潮水般涌入欧洲,第一次世界大战成为欧美经济与文化关系的分水岭。

第一次世界大战期间美国大众文化的传播首先是通过美国派往欧洲的远征军。战争期间美国先后有200万远征军到达欧洲,美国迅速装备军队和跨大西洋投送军队的能力令欧洲国家惊叹。同时,美国远征军也把美国的商品、技术和生活方式带到了欧洲。与被战争蹂躏后满目疮痍的欧洲大陆相比,美国是生机勃勃、富有创新精神的强大国家。战后美国军队驻扎在德国的莱茵区,占领军的身份更是增强了美国文化的吸引力。

战时和战后初期,美国不少慈善组织的人员和社会工作者来到欧洲,把美国的社会服务机制和公共精神传到欧洲。美国红十字会的平民事务部是法国境内规模最大的救济机构,该机构聚集了从美国临时招募的社会工作者,在法国照顾难民和被遣返人员、发放救济物资、帮助伤员康复、开办婴儿护理站和儿童卫生中心,以及提供卫生展示课程等。[1] 战时美国妇女成立了"帮助被战争蹂躏的法国委员会"(Committee for Devastated France),在最惨烈的战场之一埃纳省从事重建和社会救济工作,帮助法国人组织农业合作社、公共图书馆、童子军和护士学校。在捷克和波兰,美国的基督教女青年会训练两国的妇女从事社会服务。在阿尔巴尼亚,美国人建立了不少医院和学校,其中最著名的是美国红十字会在地拉那建立的阿尔巴尼亚职业学校。该校开办印刷所,改良农业技术,在阿尔巴尼亚安装了第一条室内自来水管道,训练了成百上千的阿尔巴尼亚青年。1919年2月成立的救济欧洲的机构"美国救济署"(American Relief Administration)也成为美国文化的传播者。救济署在救济过程中极力让救济对象明白,食品来自美国,体现了美国的慷慨和善意。美国救济署在接受救济的欧洲人面前展示了美国强大的生产能力和人道主义精神。

向欧洲传播美国大众文化的第三个渠道是旅游。第一次世界大战后,欧洲通货膨胀,货币贬值,这使持有美元的美国人到欧洲生活非常容易。

---

[1] Daniel T. Rodgers, *Atlantic Crossings*: *Social Politics in a Progressive Age*, Cambridge, M. A.: Harvard University Press, 1998, pp. 368 - 369.

同时由于美国实行高关税政策,限制欧洲商品进入美国,欧洲各国也试图通过吸引美国游客来换取美元,以偿还战债。这促使了大批美国商人、艺术家、旅行者和演员到欧洲旅行和居住。赴欧洲旅行的美国人数从1912年的1.5万人上升到1929年的25.1万人。1929年,美国公民在欧洲的支出是3.23亿美元,另外,来自欧洲的移民回家探亲在欧洲的花费是8700万美元。① 这些美国的观光客和旅居者把他们在本国熟悉的组织形式和社会风尚在欧洲复制,开设教堂、学校、医院和诊所,主办报纸,组织大学校友会,建立俱乐部以及开展体育比赛。他们在欧洲各国使用和消费美国的产品,包括可口可乐、口香糖、打字机和福特牌汽车,与好莱坞电影一起刺激了欧洲人购买和消费美国商品的欲望,促进了美国商品的出口。20年代中期,到欧洲旅行已经成为美国中产阶级时尚,旅游大大促进了美国商品、文化尤其是生活方式在欧洲的传播。

向欧洲输出美国大众文化产品的另一渠道是贸易。从1913年到1929年,世界贸易额增加了13%,而美国对外贸易额增加了26%,包括欧洲在内的世界各国对美国大众消费品的需求急剧增加。根据1929年的统计数字,在美国出口商品中,最大宗的商品是棉花(占总出口的14.9%),机器排在第2位(占11.9%),汽车排在第3位(占10.5%)。美国生产汽车的10%被出口到世界各地,主要出口市场是加拿大、澳大利亚、阿根廷、比利时、英国、德国和日本。② 在整个20年代,美国作为世界上最大的商品出口国,深刻地塑造了世界各地消费者的偏好。

而美国的投资和资本输出又把美国的工业文化和生产方式传到欧洲。第一次世界大战后,美国已经成为欧洲的债权国,联邦政府也有意利用美国资本的力量影响欧洲的政治与安全局势。道威斯计划和杨格计划的制订与实施使美国资本大量涌入欧洲,特别是德国。美国对欧洲的投资在1919年约7亿美元,到1929年增加到13亿美元。③

---

① Costigliola, *Awkward Dominion: American Political, Economic, and Cultural Relations with Europe, 1919 – 1933*, pp. 172 – 173.

② Alfred E. Eckes, Jr. and Thomas W. Zeiler, *Globalization and the American Century*, Cambridge, England: Cambridge University Press, 2003, p. 73.

③ Richard Pells, *Not like us: How Europeans Have Loved, Hated, and Transformed American Culture since World War II*, New York: Basic Books, 1997, p. 10.

1927年5月,查尔斯·林白驾驶"圣路易斯精神"号飞机从纽约出发,用时33小时30分钟,飞行3400英里,到达巴黎,在人类历史上首次完成单人不间断跨大西洋飞行。这成为重要的文化事件,展示了美国的技术力量、机器对自然的征服、冒险精神和创新气质,轰动了整个欧洲。英国下议院全体起立为林白的壮举鼓掌,法国外交部则高举美国国旗欢迎林白的到来。作为普通公民受到如此礼遇,这在历史上是非常罕见的。林白的成功飞行大大缩短了时空的距离,引发航空业的革命,增强了美国文化和产品对欧洲的吸引力。

第二次世界大战更为美国文化的传播提供了新机会。数百万美国大兵遍布世界各个角落,带去了美国的流行文化和各种消费品。对战败国的占领和改造以及战时和战后美国实施的援助都增强了美国文化的吸引力和影响力。战时美国政府的宣传机构——"战争信息署"(Office of War Information)的活动也促进了美国文化的传播。成立于1942年6月的战争信息署的主要使命是在拉美以外的地区开展对外宣传,通过新闻出版、无线电广播和电影来宣传美国的战争目标和民主制度的优越性,展示美国的战争努力,以促进国内外公众对战争的支持。其活动包括:通过"美国之音"等进行广播;提供和发布新闻;出版杂志和时事通信;举办各种展览;与私人出版社合作出版和发行图书;组织外国新闻记者参观美国;制作和播放电影。这些活动在打造美国形象和鼓舞盟国士气的同时,也起到了输出美国生活方式和传播美国文化的作用。

好莱坞电影的影响　从第一次世界大战到第二次世界大战,电影成为生活方式输出的最主要媒介。好莱坞利用第一次世界大战时期欧洲电影制作停滞的有利时机,在战后大举进攻欧洲市场。与欧洲电影业相比,美国电影业有其得天独厚的有利条件:其一,美国广袤秀美的自然风光,使美国电影,特别是西部片非常具有吸引力,而且美国国土辽阔,气候多样,一年四季都可进行户外拍摄。其二,相对于欧洲单个国家而言,美国人口众多,收入较高,同时电影厂实行以低价格吸引观众的营销策略,这使美国电影拥有庞大的国内市场,让美国电影业积累了巨大资本。其三,好莱坞电影的独特风格使其能够吸引来自不同族群和国家的观众。其独特风格包括:简单化地表现善与恶、进步与落后、文明和野蛮的主题,电影结局往往是进步力量战胜黑暗力量;具有强烈的道德色彩,诉诸人的道德情感,突出英雄主义;技术含量高,其拍摄和制作技术带来的声像效果常给观众以强烈震撼;以普通民众为目标观众,旨在为国内来自多元族群的观众提供娱乐,这种大众性和民主性与欧洲的精英主义电影截然不同,往往具有打破阶级和地理界线的强大力量。第一次世界大战后的默片更是超越了语言障碍,其幽默风格以及像卓别林那样的明星对欧洲乃至整个世界普遍具有吸引力。共和党领袖温德尔·威尔基(Wendell L. Willkie)在其1943年出版的畅销书《天下一家》中回忆,自己在环球旅行时经常被关于美国电影明星的问题包围,从商店女售货员、咖啡馆招待到总理大臣和王妃都热烈地与他讨论好莱坞电影。因此,他认为好莱坞电影在培育外国人对美国友好情感方面发挥了重要作用。①

美国政府大力支持好莱坞电影的输出,相信电影有助于传播美国生活方式和促进美国商品的出口。1926年,国会授权在商务部国际和国内商业司建立电影处,为美国电影出口提供服务。而对外国限制美国电影进口的行为,美国政府则坚决反对。② 太平洋战争时期,战争信息署与好莱坞合作,利用电影宣传美国的战争目标和塑造美国形象。战争信息署内设有电影局,对好莱坞拍摄的电影进行拍前审查,删除不利于战争的内容或对电影脚本进行补充;同时对出口电影也进行审查,禁止描绘劳工与阶级冲突以及揭示美国生活阴暗面的电影出口。电影审查制度虽然给私人电影生产带来不便,但美国政府的支持有利于好莱坞电影开辟海外市场。太平洋战争期间,好莱坞每年生产500部电影,周均国内观影人次达8000万,国际

---

① Wendell L. Willkie, *One World*, New York: Simon and Schuster, 1943, p. 159.

② 1928年,法国等欧洲国家对进口电影进行了种种限制,要求删除性与暴力的内容,通过配额制限制美国电影输入的数量,引起美国政府的不满。国务院向法国外交部递交备忘录表示抗议。备忘录称:由于外国观众对美国电影的喜爱,近年来美国电影业增加了很多投资,但"外国政府某些粗暴限制美国电影进口的措施"造成商业环境恶化和电影工业的不稳定,损害了这些投资。美国相信,促进各国电影业利益的最好方式是各国电影之间实现以质量为唯一标准的自由交流,美国愿意看到近年来在自由竞争基础上越来越多的外国电影进入美国,美国电影工业也愿意以最友好的方式与其他国家电影业的代表合作,实现电影不受限制地进口。The Secretary of State to the Chargé in French (Armour), March 28, 1929, *FRUS*, 1929, Vol. 2, pp. 1006 - 1007.

观影人次大约也有 8000 万, 其国际影响超过了广播和出版。[①]

　　20 年代是好莱坞电影主宰世界电影市场的黄金时代。1925—1928 年, 美国电影制造商和分销商从国外市场获得的收入由约 5000 万美元增长至 7000 万美元。[②] 从第一次世界大战结束到 30 年代初, 好莱坞电影基本上占据了世界主要国家电影市场一半以上的份额。以下是 1925 年和 1928 年好莱坞电影在各国电影市场中的份额 (百分比): [③]

国家	1925 年	1928 年
英国	95	81
德国	60	47
澳大利亚	95	82
新西兰	95	90
斯堪的纳维亚	85	65
阿根廷	90	90
加拿大	95	95
法国	70	63
日本	30	22
巴西	95	85
奥地利	70	50
匈牙利	70	80
捷克斯洛伐克	70	48
意大利	65	70
西班牙、葡萄牙	90	85
墨西哥	90	95

　　两次世界大战之间, 好莱坞电影在世界电影工业中的影响和主宰地位

---

　　① *Movies at War*, *Reports of War Activities*, *Motion Picture Industry*, *1942 – 1945*, Vol. 1, No. 1, pp. 1 – 5. 转引自 Clayton R. Koppes and Gregory D. Black, "What to Show the World: The Office of War Information and Hollywood, 1942 – 1945," *The Journal of American History*, Vol. 64, No. 1, Jun. 1977, p. 89。

　　② William Victor Strauss, "Foreign Distribution of American Motion Movies," *Harvard Business Review*, Vol. 8, No. 3, Apr. 1930, p. 311.

　　③ Ibid. , pp. 309, 311.

被一些评论家等同于历史上大英帝国在国际舞台上的地位。1925 年，爱德华·劳里（Edward G. Lowry）评论说："现在看来，大英帝国和美国电影工业的太阳似乎永远不落。"① 第二次世界大战后，大英帝国和"太阳帝国"——日本的太阳都落下了，而"娱乐帝国"（Empire of Fun）——好莱坞的太阳仍然高挂在天空，成为美利坚帝国文化权力的象征。

这一时期，好莱坞电影主要从三个方面输出了美国文化。

其一，电影展示了美国社会的各个方面，是输出美国生活方式的主要媒介。1923 年，《伦敦晨报》（London Morning Post）上的一篇文章这样说道：

> 即使美国取消其外交与领事机构，其轮船不出港，其旅游者都待在家里，美国离开世界市场，但美国公民，美国存在的问题，美国的城镇和乡村，美国的公路、汽车、商店和酒馆仍然会为世界最偏远角落的人们所熟悉。……电影对美国的意义就像过去军旗对于英国的意义，如果不及时加以制止，山姆大叔通过这种方式早晚有一天会使整个世界美国化。②

一位法国人批评说，过去美国的牧师们在全世界散发布道小册子，现在传教士有了更令人愉悦的继承者，即制片商，他们用金发碧眼的电影明星来充斥世界，而"无论是手拿《圣经》的传教士还是提供电影的制片商，美国人都同样热衷于传播美国的生活方式"。③

其二，电影刺激了外国对美国产品的需求，在促进美国贸易的同时，传播了美国的大众文化。好莱坞电影展示了美国的舒适便利和较高的生活水准，引起外国观众的艳羡和效仿。他们想开美国的车，穿美国人的服装，抽美国的香烟，吃美国的食品。正是从这个意义上，美国电影协会国际部

---

① Edward G. Lowry, "Trade Follows the Film," The Saturday Evening Post, Vol. 198, Nov. 7, 1925, p. 12. 转引自 Robert Sklar, Movie-Made America: A Cultural History of American Movies, New York: Vintage Books, 1975, p. 216。

② Sklar, Movie-Made America: A Cultural History of American Movies, p. 219.

③ David Strauss, Menace in the West: The Rise of French Anti-Americanism in Modern Times, Westport, Conn.: Greenwood Press, 1978, p. 148.

执行主任杰拉尔德·迈耶（Gerald M. Mayer）在 1947 年指出，"在向外国推销美国产品方面，还从未有比美国电影更有效的推销员"。① 与美国商品同时输出的还有美国大众消费主义观念。好莱坞电影传达的实际上是另一种门罗主义，即"玛丽莲·门罗（梦露）主义"（Marilyn Monroe doctrine），这种门罗（梦露）主义把《独立宣言》提及的"不可剥夺的权利"之一——追求幸福（pursuit of happiness）变成了追求消费（pursuit of consumption），极大地刺激了对美国产品的需求。② 在 19 世纪，贸易通常跟在军旗之后，而在 20 世纪 20 年代商业界流行的口号是"贸易跟在电影之后"。③

其三，电影潜移默化地影响外国人的思想观念，是美国的个人主义价值观以及自由和民主思想的重要载体。第二次世界大战时期美国战争信息署署长埃尔默·戴维斯（Elmer Davis）曾言，"让大多数人接受某种要宣传的理念的最简易办法是在人们没有意识到这是宣传的情况下通过娱乐画面将这种思想嵌入人的脑海中"，因而电影是"世界上最强大的宣传工具"。④这一判断大体上是准确的。20 世纪 20—40 年代的好莱坞电影反映了平等、充满活力的美国社会和勤劳的美国人民，是对美国民主生活的展现。第二次世界大战前较有影响的电影有表现美国普通人境遇的《约翰·多伊》（*Meet John Doe*，1941），展示农村希望和乐观主义的《我们的小镇》（*Our Town*，1940）。战时电影主要有《卡萨布兰卡》（*Casablanca*，1942）和《太阳之血》（*Blood on the Sun*，1945）。好莱坞电影既展示美国社会好的一面，也展示美国的阴暗面，而这恰恰是其力量之所在。美国电影艺术与科学学院主席沃尔特·万格（Walter Wanger）在其 1943 年的一篇文章中指出："在欧洲人的思想中，民主制度成功运转的最令人钦佩的证据就是坦诚

---

① Gerald M. Mayer, "American Motion Pictures in World Trade," *Annals of the American Academy of Political and Social Sciences*, Vol. 254, No. 1, Nov. 1947, p. 34.

② 此为奥地利萨尔茨堡大学历史学系教授莱因霍尔德·瓦格雷特纳的说法。参见 Reinhold Wagnleitner, "I'm Made for America from Head to Toe," Gèunter Bischof and Anton Pelinka, eds., *The Americanization/Westernization of Austria*, New Brunswick, New Jersey: Transaction Books, 2004, p. 25。

③ Lowry, "Trade Follows the Film," *The Saturday Evening Post*, Vol. 198, Nov. 7, 1925, p. 12. 转引自 Sklar, *Movie-Made America: A Cultural History of American Movies*, p. 216。

④ Koppes and Black, "What to Show the World: The Office of War Information and Hollywood, 1942 – 1945," *The Journal of American History*, Vol. 64, No. 1, Jun. 1977, pp. 88 – 89.

反映美国现实的电影《愤怒的葡萄》（*Grapes of Wrath*）。"他借用一位评论家的说法称："只有真正的民主国家才能生产《愤怒的葡萄》，将其推向市场，然后去做些什么去改变电影所揭示的状况。"而最危险的事情就是美国电影只向世界展示某些理想主义者所主张的"美国生活较好的一面"，如果那样的话，美国电影就会失去其活力，丧失其作用，"也不会在整个世界有卖座力"。① 罗斯福总统在 1941 年 2 月演讲中这样赞扬好莱坞电影对传播民主思想的贡献：

> 我们已经看到美国的电影走在整个世界的前列，它在世界其他地区展示着美国文明——一个自由的民族和自由本身的目标、抱负和理想。这是一些政府不希望美国电影在他们国家放映的真正原因。在推行极权体制的独裁者看来，让他们不幸的民众知道在我们民主国家政府官员从来不是人民的主人而是人民的仆人是一件非常危险的事情。②

"美国方式"的传播与欧洲的"美国化"　　第一次世界大战后，欧洲经历了较长时间的社会与经济动荡，而大洋彼岸的美国则富庶、繁荣、生机勃勃。在 20—30 年代，美国人的生活标准远远高出欧洲。1928 年世界工业生产的 40% 来自美国，而除苏联之外的全部欧洲国家在世界工业生产中的份额也只有 42%。在 1932 年，美国人均拥有收音机的数量是欧洲的 3.5倍；人均拥有电话的数量是欧洲的 8 倍；而人均拥有汽车的数量更是高达欧洲的 26 倍。③ 所谓"美国生活标准"成为欧洲仰望和渴望实现的目标。在欧洲一些政治家和思想家看来，繁盛和民主的美国似乎可以提供解决欧洲问题的良方。在这一背景下，"美国方式"（Americanism）在欧洲开始流行，成为欧洲引进和效仿的对象。"美国方式"最初是指美国采用的不同于

---

① Walter Wanger, "OWI and Motion Pictures," *The Public Opinion Quarterly*, Vol. 7, No. 1, Spring 1943, pp. 110, 109.

② Roosevelt's Address to the Academy Awards Dinner, Feb. 27, 1941, http://www. presidency. ucsb. edu/ws/index. php? pid = 16082&st = motion + picture&st1 = . （2013 年 1 月 7 日获取）

③ Rodgers, *Atlantic Crossings: Social Politics in a Progressive Age*, pp. 372 – 373.

欧洲的处理工业生产和劳资关系的方式，特别是"合理化"（rationaliza-tion）思想以及与"合理化"相关的福特主义和泰勒制。① 后来，"美国方式"又扩大到美国的大众消费主义和建立在消费平等与大众文化基础上的大众社会。"美国方式"被等同于现代性，"美国方式"在欧洲的传播和巨大影响被称为"美国化"（Americanization）。

第一次世界大战后，随着美国资本涌入欧洲，同时也出于复兴经济的需要，欧洲各国开始引进美国的企业管理方法和生产方式，以实现生产的"合理化"。所谓"合理化"，根据 1927 年日内瓦世界经济会议最后报告书的界定，是指"以实现劳动和材料的最少浪费为目标的技术方法与组织方法"，包括"对劳动的科学组织、材料和产品的标准化、（生产）过程的简单化以及运输和营销系统的改善"。② 实际上，"合理化"在 20—30 年代的欧洲成为各种理念和技术的大杂烩，包括产业集聚（industrial concentra-tion）、流水线生产、产品标准化、大规模营销、科学管理、生产者之间的协商、组织变革、技术国家和对劳资关系进行管理等。③ 体现"合理化"思想的是福特主义和泰勒制。这一时期，欧洲人把科学管理视为"美利坚文明的特性"。④

福特主义和泰勒制对欧洲有很大的吸引力。欧洲人学习美国的管理技术和方法主要通过三个渠道：一是通过接触已在欧洲设立的美国企业；二是通过参加美国主办的科学管理会议；三是聘请美国企业家担任管理人员或顾问。在魏玛时期的德国，福特于 1922 年出版的自传《我的生活与工作》很快成了畅销书，也成为那些试图通过效仿美国实现经济复兴的德国

---

① 葛兰西在《狱中札记》中将美国处理工业生产和劳资关系的复杂方式称为"美国方式"（Americanism），其中既包括福特主义，又包括泰勒制，其核心是科学管理。Antonio Gramsci, "A-mericanism and Fordism," Quintin Hoare and Geoffrey N. Smith, eds., *Selections from the Prison Notebooks of Antonio Gramsci*, New York: International Publishers, 1971, pp. 277 – 320.

② *Final Report of the World Economic Conference*, Geneva, 1927, p. 41. 转引自 Robert A. Brady, "The Meaning of Rationalization: An Analysis of the Literature," *The Quarterly Journal of Economics*, Vol. 46, No. 3, May 1932, p. 527。

③ 参见 Richard Kuisel, *Capitalism and the State in Modem France: Renovation and Economic Man-agement in the Twentieth Century*, New York: Cambridge University Press, 1981, p. 77。

④ Charles S. Maier, "Between Taylorism and Technocracy: European Ideologies and the Vision of In-dustrial Productivity in the 1920s," *Journal of Contemporary History*, Vol. 5, No. 2, 1970, p. 27.

人手中的《圣经》。企业界把福特主义和泰勒的科学管理方法视为提高生产效率、降低成本和缓解劳资关系的有效方式。知识分子和艺术家把提高效率和生产率视为实现更大程度的社会公正的途径。当时德国最著名的左翼戏剧导演欧文·皮斯卡托（Erwin Piscator）的妻子玛利亚·皮斯卡托（Maria Piscator）回忆她丈夫领导的左翼戏剧团队如何从对苏俄的好感转向对美国的崇拜，称"美国抓住了"他们的"想象"：

> 一切实用的、高效的、便利的、可操作的，通过正确实施可以促进提高生产能力的事情都被称为美国的，甚至时间都有美国的节奏……他们之中没有人到过美国……但他们钦佩美国所拥有的对他们来说真实存在的一切：美国的大片国土、其物质创造能力以及美国繁荣的经济、美国的广告语和令人崇拜的伟大机器。①

在法国也出现类似的情况，美国的工业"合理化"思想和科学管理方法被视为促进法国经济复兴的有效途径。法国劳工领导人亚森特·迪布吕埃尔（Hyacinthe Dubreuil）曾赴美在福特工厂工作过一段时间，回到欧洲后他确信"科学管理是真正的社会主义不可或缺的工具"，他认为流水线作业将把人从长时间的辛苦劳作中解放出来，制造出人人都可以消费的产品。②

20世纪美国展示给欧洲的不仅是以先进生产技术和管理制度为代表的工业文化，还包括以消费主义和大众文化为代表的新的生活方式。大众消费是大规模生产的前提和目的，而大众消费的实现需要刺激大众的消费欲望，这导致了市场营销和广告的兴起。同时刺激大众消费还需要承认大众平等的消费权利，从而促进一种新的平等——消费平等观念的产生，而消费平等又成为民主社会新的表现形式。大规模生产、大众消费、大规模推销和大众政治是相互联系在一起的，成为"美国方式"的核心内容。它深刻影响了欧洲的社会风尚、大众娱乐方式、艺术发展和对未来的思考。在欧洲人看来，新大陆不再是一个遥远的存在、一个模糊不清的形象，它是

---

① Costigliola, *Awkward Dominion*, pp. 179 – 180.

② Hyacinthe Dubreuil, *Robots or Men? A French Workman's Experience in American Industry*, New York, 1930, p. 246.

欧洲生活中活生生的存在，"美国方式"已经成为年青一代追逐的对象和效仿的榜样，引领着欧洲的未来。

魏玛时期的德国知识分子把"美国方式"视为半封建的德国生活方式的替代品。美国的大众文化，特别是卓别林的喜剧、爵士乐、拳击、体育比赛在德国成为现代性的代表以及实现现代化和民主化的工具。第一次世界大战后，没有哪个欧洲国家像德国那样如此狂热地拥抱美国文化。1930年，德国作家汉斯·乔基姆（Hans Joachim）曾这样回顾20年代美国对德国的巨大影响：

> 美国是一个好的理念，美国是未来希望之地。……我们热爱它。长久以来……技术一直以坦克、地雷和毒气弹的形式出现。……在美国，技术却用来为人类服务。我们对电梯、无线发射塔和爵士乐的喜爱……表达了我们化剑为犁的愿望。……那是一种想要把掷弹筒变为吸尘器的态度。……我们对美国的信念表明了我们的立场。[1]

柏林成为当时最美国化的欧洲城市。美国作家约瑟夫·克鲁奇（Joseph W. Krutch）在1928年发现，在柏林市中心，几乎每家商店的橱窗都在展示美国商品，在街上美国风格的餐馆和咖啡厅里可以非常方便地买到美式冰激凌、波士顿烤豆和薄饼，剧院里上演的是美国戏剧，报纸上刊登的是美国新闻，电影院里放映着美国电影，书摊上充斥着争论"美国方式"的书籍，柏林人"对美国发生的一切都抱有强烈的兴趣"。克鲁奇称，"在我看到的欧洲城市中，没有哪个（比柏林）更像纽约，而且柏林人还在有意识地继续努力使柏林更像纽约"。[2]

在意大利，对美国生活方式的模仿和对美国商品的偏爱成为时尚，"美国方式"成为现代性的隐喻。意大利知名记者、法西斯政治家路吉·巴兹尼（Luigi Barzini, Sr.）在1931年指出美利坚文明是"世界上最强大、最

---

[1]　Costigliola, *Awkward Dominion*, p. 20.

[2]　Joseph Wood Krutch, "Berlin Goes American," *Nation*, Vol. 126, May 16, 1928, p. 565.

令人叹服的现代性现象"。① 这引起法西斯分子对"美国方式"可能污染意大利传统的担心。1929 年 5 月，巴兹尼在给墨索里尼的信中这样批评意大利人追捧美国的种种"不正常"的行为：

> 某种对美国的趋炎附势在意大利已经出现，其结果就是很多意大利人相信像美国人那样生活是最值得向往的。美国人是如何把嚼口香糖的习惯传入意大利还是一个谜，在美国，只有地位非常低下的人才嚼口香糖，嚼口香糖被认为是一种坏习气，而在意大利却似乎成为潇洒的时尚。许多意大利人购买味道难闻的美国雪茄，就因为它产自美国。还有意大利人购买美国品牌的汽车，而实际上这些汽车在各方面都无法与我们自己的品牌相比。②

1934 年 4 月，意大利文学家、1934 年诺贝尔文学奖获得者路伊吉·皮兰德娄（Luigi Pirandello）接受采访时不无担心地说，"美国方式（Americanism）正在吞没我们。我想，一个新的文明的灯塔已经在那里点燃"，"来自美国的钱在整个世界流通，而在这些金钱的背后是生活方式和文化"。③

在法国，美国文化同样成为时尚。法国驻美大使保罗·克劳德尔（Paul Claudel）在 1930 年告诉美国人说：

> 你们的无声电影和有声电影已经让法国人沉醉于美国的生活、方法和风俗之中。美国的汽油和美国的思想在法国各地传播，带来新的权利观念和新的生活节奏。在法国生活和文化中，以前由西班牙和意大利、19 世纪由英国所占据的地位现在属于美国，我们越来越追随美国人。④

美国全国地理协会在 1928 年的报告中说：

---

① Emilio Gentile, "Impending Modernity: Fascism and the Ambivalent Image of the United States," *Journal of Contemporary History*, Vol. 28, No. 1, Jan. 1993, p. 1.

② Emilio Gentile, "Impending Modernity: Fascism and the Ambivalent Image of the United States," *Journal of Contemporary History*, Vol. 28, No. 1, Jan. 1993, p. 10.

③ Hoare and Smith, eds., *Selections from the Prison Notebooks of Antonio Gramsci*, p. 316.

④ *New York Times*, Feb. 7, 1930, p. 20. 转引自 Costigliola, *Awkward Dominion*, p. 20。

　　无论你到哪里旅行，你都无法避开美国的风俗和时尚。柏林人成群结队地涌向最早出现的精心制作的冷饮柜，从时髦漂亮的冷饮"调配师"手里购买圣代坚果冰激凌。美国的电影、汽车、牙科学校、打印机、留声机，甚至职业拳击赛主导了美国时尚和风俗在世界范围内的传播，美国的汽车已经传播了大规模生产的福音。……打印机成为发展成套办公设备的先驱，使很多人转而按照美国的方法从事业务。[①]

　　当时美国最有影响的历史学家查尔斯·比尔德称，美国正在"入侵欧洲"，侵入欧洲的包括美国旅行者、商品和资本；而在欧洲人眼中，美国"要么是威胁，要么是希望"，"无论被当成一种经济制度还是一种文明类型，美国都作为未来的预兆出现在欧洲思想家的思想中"。简言之，"无论是作为物质之地还是作为抽象概念，美国已经钻入欧洲人的意识之中"。[②]著名记者、普利策奖得主埃德加·莫勒（Edgar A. Mowrer）在 1928 年把欧洲的"美国化"（Americanizing）与两千年前地中海世界的"罗马化"（Romanizing）相提并论，并认为"美国是欧美文明（Euro-American civilization）的最新阶段"。[③] 在英国哲学家罗素看来，美国"正在取得人类以前从未取得过的成就并正在培育一种新的人生哲学"，这一"适合机器时代的新观念"，是一种"工业哲学"，"相信人是自己命运的主人，不需要屈从无情的大自然和人类蠢行给人带来的痛苦……包括对饥饿、瘟疫、战败和仇敌策划的谋杀的恐惧"。他认为"不管我们（欧洲人）喜欢与否，这一哲学显然比大多数欧洲人的哲学更适合现代世界"，"不仅在欧洲和美国，而且在亚洲更广大地区越来越取代旧的观念"。[④] 也就是说，效率、机械技术、

　　① Ludwell Denny, *America Conquers Britain*, New York: A. A. Knopf, 1930, pp. 405 – 406.

　　② Charles A. Beard, "The American Invasion of Europe," *Harper's Magazine*, Vol. 158, Mar. 1929, p. 472.

　　③ Edgar Ansel Mowrer, *This American World*, New York: J. H. Sears & Company, Inc., 1928, p. 237.

　　④ Bertrand Russell, "The New Life That is America's," *New York Times*, May 22, 1927, Sec. 4, p. SM1.

标准化生产、大众消费和大众民主这些"美国方式"的诸要素是欧洲乃至世界各地必然要发生的过程,美国代表着欧洲的未来。

1630年,当约翰·温斯洛普(John Winthrop)在"阿尔佩拉"号帆船上发表布道演讲时,他理想中要建立的"山巅之城"是给欧洲人看的。三百年后,温斯洛普的理想似乎变成了现实:美国不再是边缘,而是成为世界经济和文化的中心,并开始为欧洲规定现代化的生活方式和引领欧洲发展的方向。美国实际上已经成为令欧洲注视的"山巅之城",尽管不是温斯洛普所期望的宗教意义上的。有学者这样描述第一次世界大战后美欧经济与文化关系的转变:

> 欧洲主要大国曾经把世界很多地区变成其殖民地,使众多古老的社会受到欧洲文化的主宰,现在却经历着权力与传统的双重巨大损失。曾经作为中心的欧洲现在被它的前殖民地——美国推到了边缘。在两次世界大战之间的岁月……美国的音乐和电影、明星和时尚、英雄和恶棍抓住了欧洲观众的注意力,征服了大批年轻人的心。①

简言之,第一次世界大战带来的经济、社会和文化的变化使其成为美欧关系的分水岭。

欧洲对美国文化的批判和抵制　面对"美国方式"的巨大冲击和欧洲在工业生产与大众文化方面的"美国化"潮流,欧洲很多知识精英"爱恨交加"。在很多欧洲保守的人士看来,"美国方式"与欧洲传统截然不同,其在欧洲流行将导致欧洲传统的丧失,因此美国文化的泛滥代表着欧洲在文化传统和权力地位上的双重失落。尽管年轻人效仿"美国方式",知识界和保守人士则对"美国方式"进行抵制。

一般说来,欧洲对"美国方式"中的工业文化部分,即科学管理普遍接受,但对以大众消费主义为核心的美国商业文化则分歧巨大。大众消费主义崇尚的是平等消费,也就是说,消费特别是对耐用品的消费不

---

① Reinhold Wagnleitner & Elaine Tyler May, eds., "Here, There, and Everywhere": The Foreign Politics of American Popular Culture, Hanover, N. H.: University Press of New England, 2000, Introduction, p. 5.

再是贵族、富人和上层阶级的特权，而成为普通民众的权利。大众消费体现了一种消费民主，成为 20 世纪追求和表达平等理念的新形式。而欧洲侧重生产精心设计、价格昂贵、只供少数人消费和使用的产品，这是一种精英主义的消费文化。德国戴姆勒—奔驰公司的一则声明体现了这种精英主义消费文化："我们这里的形势离每个人都有一台车的美国还有很长一段距离。对我们来说，汽车主要是富裕阶层的交通工具。"① 以大规模生产和大众消费为核心的美国工业与商业文化的传入对欧洲的精英主义构成强有力的冲击。欧洲知识分子担心大规模生产和大众消费主义不仅会导致欧洲奢侈品生产的萎缩，还会削弱欧洲以哲学、艺术为代表的高雅文化（high culture），使欧洲文化滑向粗鄙、原始和垃圾般的大众文化。同时，美国的大众文化是以机械化生产的廉价消费品为载体的，机器产品的盛行在一定程度上削弱了欧洲人文主义传统。因此很多受过良好教育的欧洲人把美国方式等同于空洞贫乏的物质主义，批评消费主义的传入引发了欧洲人对低级趣味、文化女性化和物质主义的追求。一谈起美国，一些欧洲人想到的是这样的国家形象：强大的生产能力、先进的技术和民主制度及其衍生的城市文化；而另一些人想到的是这样一个可怕的形象：由资本、商业主义和试图迎合最大多数公众的低俗大众文化所统治的物质主义社会。

　　早在 1901 年，在美的英国哲学家戈兹沃西·狄金森（Goldsworthy Lowes Dickinson）在给朋友的信中说，"这个国家令我震惊的事情是：一是世界的未来取决于美国；二是从根本上和本质上说，美国是一个野蛮的国家，精神生活……在这个国家不可避免地、永久地，而不是偶然地和暂时地被扼杀"。② 到 20 年代中后期，随着欧洲逐渐实现政治稳定和经济复苏，对"美国方式"的批评越来越多，很多欧洲知识分子相信美国的生产能力和物质主义是以牺牲文化和精神价值为代价的，人们为了追

---

① Volker R. Berghahn, "Philanthropy and Diplomacy in the 'American Century'," Michael J. Hogan, ed., *The Ambiguous Legacy: U. S. Foreign Relations in the "American Century"*, Cambridge, U. K.: Cambridge University Press, 1999, p. 381.

② Henry Fairlie, *The Spoiled Child of the Western World: The Miscarriage of the American Idea in Our Time*, Garden City, N. Y.: Doubleday, 1976, pp. 51 – 52.

求物质目标而出卖了心灵，沉迷于技术和金钱，精神生活荡然无存。

在德国，一些知识分子批评"美国方式"的非人化倾向和工具理性对德国文化的蚕食。保守的文化批评家阿道夫·哈尔菲尔德（Adolf Halfeld）在其 1927 年出版的《美国与美国方式》一书中认为美国文化是没有灵魂的文化，其特性和价值观，诸如生产率、效率和合理化观念与德国文化的根本特性，包括高质量的工作、思考和对闲暇的创造性利用是截然对立的，这种"强调物质主义和生活机器化"的美国文化已经严重威胁"从传统中汲取营养的欧洲文化，特别是德国文化"。[1] 1928 年，德国诗人戈特弗里德·本（Gottfried Benn）在接受采访时称"美国方式"对德国影响巨大，正与主张集体主义和粗鄙唯物主义的共产主义一起，试图消灭德国的个人主义和唯心主义。[2] 反美主义情绪在纳粹上台后达到高潮，纳粹除了利用欧洲既有的对美国的成见外，还利用极端反犹主义来宣传维护德国文化纯洁性的重要性，宣称要消除一切非日耳曼的、不正常的、低劣的和堕落的文化。在纳粹的宣传中，美国文化是美利坚、犹太和黑人文化的混合物，是应该消灭的对象。[3]

在法国，无论是左翼还是右翼知识分子都表现出一定的反美主义倾向，他们虽然在政治与社会问题上有诸多分歧，但却有一个共识：美国是一个粗糙、野蛮、由"赤裸裸的资本主义"主宰的地方，美国工业社会的物质生产率很高，但是伴随而来的却是精神上的贫困和空洞，"美国方式"是对他们所钟爱的法国文化的威胁。右翼人士批评美国精神的贫困和美国文化可能导致欧洲传统的毁灭，左派则指责美国被剥削工人的垄断资本家所主宰。在法国作家伊曼纽尔·伯尔（Emmanuel Berl）看来，美国实力和影响力的上升意味着西方文化核心价值的衰落。他在 1929 年称"美国正成倍地扩张其领地，这些领地很可能会成为西方价值的墓地"。[4] 政治评论家安德

---

① Anton Kaes, "*Metropolis*: City, Cinema, Modernity," Timothy O. Benson, ed., *Expressionist Utopias*: *Paradise*, *Metropolis*, *Architectural Fantasy*, Los Angeles: Los Angeles County Museum of Art, 1993, p. 159.

② Ibid..

③ Wagleitner, *Coca - Colonization and the Cold War*, p. 28.

④ Tony Judt, *Past Imperfect*: *French Intellectuals*, *1944 - 1956*, NewYork: NYU Press, 2011, p. 190.

烈·西格弗里德（Andre Siegfrield）更是号召"我们每一个西方人都必须坚定地抛弃任何美国的要素，无论是居室、服装还是心灵"。① 30 年代一些法国知识分子甚至认为德国纳粹主义、苏联共产主义和"美国方式"之间并没有本质的不同，而且三者之中，"美国方式"的威胁最大，因为法国正在感染"美国癌症"（American cancer）和"工业病"。②

大体说来，两次世界大战之间欧洲的反美主义建立在"质量"与"数量"、"精神"与"物质"、"人"与"机器"的二元对立上。欧洲代表前者，而美国代表后者，欧洲文明与美国文明的差异体现的是"精神文明"（civilization of the spirit）和"机器文明"（civilization of the machine）之间的对立，美国文明被视为欧洲文明退化堕落的衍生物，"美国方式"在欧洲的传播则意味着欧洲传统的丧失。③ 对"美国方式"的批判和抵制既显示了欧洲知识分子对现代化过程中生产的非人化、技术统治时代个人主义的丧失，以及物质主义和消费主义泛滥的不满，在一定程度上也反映了贵族对正在兴起的大众文化的不屑。但是，无论美国在欧洲人的心中是值得效仿的典范，还是憎恨的对象；是欧洲未来的缩影，还是毒化和摧毁欧洲传统的中心，"美国方式"都已经是塑造欧洲进程的巨大力量，欧洲的"美国化"已经在进行之中，这一过程在第二次世界大战后甚至大大加快了。

三 促进国际理解:第二次世界大战与美国文化外交的兴起

在国际文化交流领域，美国长期奉行的是（传统）自由主义文化观，认为政府对文化活动的参与越少越好，相信思想和信息的自由流动符合美国利益。到 30 年代末，美国已经形成由私人团体和机构发展对外文化关系的制度和网络，而政府的职责是给予政策与环境上的支持而不是直接卷入

---

① Tony Judt, *Past Imperfect：French Intellectuals*, *1944 - 1956*, New York：NYU Press, 2011, p. 191.

② Ibid. , p. 192.

③ Emilio Gentile, "Impending Modernity：Fascism and the Ambivalent Image of the United States," *Journal of Contemporary History*, Vol. 28, No. 1, Jan. 1993, p. 9.

对外文化活动。用艾米莉·罗森堡的话说,美国政府试图扮演一个"促进型国家"与"合作型国家"的角色。① 私人团体主导文化输出与文化交流不仅符合美国的价值观,有助于发挥私人的首创精神,而且也与20—30年代美国对外战略相一致,既可以促进美国的全球利益,又可以使美国避免卷入权力政治和国外的纷争之中。

1840年,联邦国会拨款支持国会图书馆与外国图书馆进行出版物的交流,这是联邦政府涉及国际文化交流的首次行动。② 1908年,美国国会通过决议退还"庚款",资助中国学生赴美留学,这是联邦政府最早发起的对外文化关系项目。20世纪20—30年代国会还曾有一些小额拨款用于参加泛美联盟的教育、科学和文化活动。但在1938年前,联邦政府的这些参与都是零星的,而非持续的行动,其作用仅限于提供拨款。实际上,联邦政府一直把文化与教育活动视为公民团体或个人的领域,没有制定明确的对外文化政策,也未直接卷入国际文化交流活动或对这些活动实施管理。

这一局面到30年代后期发生了改变。变化的首要背景是轴心国在拉美的文化与宣传攻势。与美国在文化领域奉行的自由主义和自愿主义(volun-

---

① 艾米莉·罗森堡认为,在1890—1945年间,美国联邦政府在对外经济和文化扩张中的角色经历了三个阶段:从19世纪90年代到第一次世界大战,联邦政府扮演的是"促进型国家"(promotional state)的角色,其作用是通过建立强大的海军、推行门户开放政策、制定保护性关税和推广金本位制度以减少外国设置的壁垒和障碍,打破外国对美国企业的限制,为私人企业和团体的经济与文化扩张创造有利的外部环境。在20年代,联邦政府扮演的是"合作型国家"(cooperative state)的角色,联邦政府在继续为美国经济与文化扩张创造有利外部环境的同时,开始利用私人团体(企业)的自愿行为来实现特定的外交政策目标,联邦政府与私人机构合作共同扩大美国的全球影响,最典型的例子是利用华尔街银行家来制订"道威斯计划"和"杨格计划",以实现促进欧洲经济复兴和稳定欧洲局势的目标,而在这一过程中美国私人企业也获得了巨大利益。大萧条之后,联邦政府成为"规制型国家"(regulatory state)。与新政时期对经济的管制相一致,联邦政府开始直接参与到国际经济与文化秩序的制定,特别是在第二次世界大战结束前后,美国发起建立了一系列的国际和国内组织,如联合国(特别是联合国教科文组织和经社理事会)、国际货币基金组织、世界银行、关贸总协定以及国际开发署和美国新闻署,不仅对美国的对外经济与文化关系进行规范,而且联邦政府还直接卷入对外经济援助与文化交流活动(如富布赖特项目)。在前两个阶段,联邦政府的角色并没有背离以有限政府和自由企业制度为核心的(传统)自由主义原则,而在第三个阶段联邦政府的角色则发生了革命性的变化。Rosenberg, *Spreading the American Dream: American Economic and Cultural Expansion, 1890-1945*, pp. 12-13, 230-231.

② Charles A. Thomson and Walter Herman Carl Laves, *Cultural Relations and U. S. Foreign Policy*, Bloomington: Indiana University Press, 1963, p. 29.

tarism)不同，纳粹德国、意大利和日本把文化视为国家实力的组成部分和推行对外政策的工具，从 30 年代中期开始，通过国家力量在世界各地，特别是美国的"后院"——拉美地区进行宣传与文化渗透。纳粹宣传部长约瑟夫·戈培尔建立高功率的无线电发射台，发布由德国政府控制的各种新闻和信息，拍摄纪录片宣传纳粹意识形态，并把宣传重点放在拉美地区。大批来自德国、意大利以及日本的移民移居拉美国家，特别是巴西、阿根廷和智利。在美国政府看来，德国在拉美"精心组织和资金雄厚"的所谓"文化"活动目标非常明确，即"抵消和削弱美国与拉美国家的文化关系以及败坏美国在这一地区的动机和目标"。① 1941 年，轴心国在拉美建立的学校有 862 所，其中德国 670 所，意大利 58 所，日本 134 所，大学和公立图书馆里的德国出版物远比美国出版物多。② 而此时美国在拉美国家的声望却降到低点，美国依据门罗主义对中美洲和加勒比地区的干涉在拉美国家激起广泛的反美情绪。美国人在拉美公众心中的形象是粗野、傲慢、无礼，追求金钱和物质享受。拉美国家把英国、德国、意大利、法国，以及原宗主国西班牙和葡萄牙作为文化交流的对象，拉美学生更愿意去欧洲，特别是德国留学，而不是去美国。而在美国，对拉美研究感兴趣的学者和学生也少之又少。其结果就是，拉美各国普遍出现对德国文化的尊敬和对德国政策的同情以及反美思想的滋长。这引起联邦政府内一些有识之士的担心，他们提出美国政府应该承担起抵制纳粹德国宣传的责任。后来担任文化关系司首任司长的本·彻林顿（Ben M. Cherrington）回忆说，正是在希特勒和墨索里尼大肆利用文化与教育作为国家政策工具的时候，美国政府"决心向世界证明民主国家的方法与'启蒙与宣传部'的方法之间存在根本不同"，发起针对拉美的文化关系项目。③

变化的另一个背景是"新政"导致联邦政府职能扩大和人们对联邦政府

---

① Manuel Espinosa, *Inter-American Beginnings of U. S. Cultural Diplomacy*, Washington, D. C.：Department of State Publication 8854, 1976, p. 103.

② Frank A. Ninkovich, *Diplomacy of Ideas：U. S. Foreign Policy and Cultural Relations*, *1938 – 1950*, Cmbridge, U. K.：Cambridge University Press, 1981, p. 47.

③ "Ten Years After," *Bulletin of the Association of American Colleges*, Vol. 34, No. 4, Dec. 1948, p. 500. 转引自 Francis J. Colligan, "Twenty Years After：Two Decades of Government-Sponsored Cultural Relations," *The Department of State Bulletin*, Vol. 39, No. 995, Jul. 21, 1958, p. 112.

文化角色的认知发生了变化。新政时期，联邦政府在通过政府干预恢复资本主义经济秩序的同时，在文化领域也开始扮演积极的角色。从 30 年代后期开始，美国人逐渐接受联邦政府对国际文化交流的直接参与，并认可将文化与教育交流作为美国对外关系的一部分，特别是将其运用到美洲国家间关系中。1935 年，助理国务卿萨姆纳·韦尔斯（Sumner Welles）在美国高校协会年会发表演讲，把文化关系视为罗斯福政府对拉美的"睦邻政策"的组成部分。他提出"睦邻政策"要发展三个方面的关系："没有猜疑和误解的政治关系，有助于健康的国际贸易的经济关系和促进更广泛地欣赏其他民族的文化与文明的文化关系"，而且三个方面是"紧密地联系在一起的"。①

在 1936 年 12 月布宜诺斯艾利斯召开的泛美会议上，美国提出通过政府间合作推动美洲国家间文化交流的倡议，与会 21 国签订了《促进美洲国家间文化关系协定》（Convention for the Promotion of Inter-American Cultural Relations），协定的目的是通过美洲国家间大学教授、中学教师和研究生之间的交换来促进美洲各国人民和机构之间的相互了解。协定规定，签约国每年互派两名学生和一位教授，这样美国每年接受大约 40 名学生和 20 位教授，同时向美洲国家派出同样数量的学生与教授。② 美国代表团认为，开展文化与教育交流是"在美洲共和国培育赞同和支持西半球和平舆论的最可行手段之一"。③ 1937 年，国会批准该协定。1938 年 5 月，联邦政府成立"与美洲国家合作部际委员会"（Interdepartmental Committee on Cooperation with the American Republics），由已经升任副国务卿的萨姆纳·韦尔斯任主席，部际委员会的任务是协调联邦政府各部的资源，发挥政府部门和人员的作用，共同推动与拉美各国在技术领域的合作，合作领域包括劳工、农业、通信、公共卫生、公共管理、经济、商业和财政事务，合作形式包括联合研究、资料交换与人员交流。共有 25 个联邦机构参与了该委员会，主要包括国务院、农业部、商务部、劳工部、内政部、国会图书馆、公共卫生署和史密森学会。1940 年，国会

---

① Sumner Welles, *The Roosevelt Administration and Its Dealings with the Republics of the Western Hemisphere*, Department of State Publications No. 692, Washington, D. C.：GOP, 1935, pp. 1, 16, 11.

② 条约全文见 U. S. Department of State, *Treaties and Other International Agreements of the United States of America, 1776 –1949*, Vol. 3, Washington, D. C.：GOP, 1969, pp. 372 –377。

③ Thomson and Laves, *Cultural Relations and U. S. Foreign Policy*, p. 28.

给该委员会的拨款是 37.05 万美元，到 1948 年增加到 400 万美元。[①] 1944 年 12 月 20 日，该机构改名为"文化和科学合作部际委员会"（Interdepartmental Committee on Cultural and Scientific Cooperation）。

1938 年 7 月，国务院设立"文化关系司"（Division of Cultural Relations），专门负责实施美国与拉美国家的文化关系项目，第一任司长是本·彻林顿。根据国务卿赫尔的解释，文化关系司的职能是"管理国务院涉及文化关系的官方活动"，"协调对智力合作有兴趣的政府各部门的活动"，以及"与全国的私人团体合作，为其提供适当的设备和支持并尽可能地协调它们的活动"。其管理和协调的领域包括：（1）《促进美洲国家间文化关系协定》所规定的学生、教授和出版物的交换；（2）有代表性的美国作品和拉美国家西班牙、葡萄牙语作品的翻译；（3）音乐和艺术领域的交流与合作，包括举办音乐会和艺术展；（4）国际广播活动。[②]《促进美洲国家间文化关系协定》的实施和文化关系司的建立是美国政府"首次在国际文化关系中承担实质性的和持续的责任"，[③] 是美国文化外交[④]的肇端。

文化关系司的职责范围虽然很广泛，但它并不直接参与文化关系项目

---

① Thomson and Laves, *Cultural Relations and U. S. Foreign Policy*, p. 37.

② Cordell Hull, "The Division of Cultural Relations of the Department of State," Lewis Hanke, ed., *Handbook of Latin American Studies：A Selected Guide to the Material Published in 1937 on Anthropology, Art, Economics, Education, Folklore, Geography, Government, History, International Relations, Law, Language, and Literature*, Cambridge, Mass.：Harvard University Press, 1938, pp. 502 – 503.

③ Colligan, "Twenty Years After：Two Decades of Government-Sponsored Cultural Relations," *The Department of State Bulletin*, Vol. 39, No. 995, Jul. 21, 1958, p. 112.

④ 这里的"文化外交"（cultural diplomacy）是指美国政府发起的对外文化与教育交流项目，旨在增进国家间相互理解，培育国际善意，树立美国良好形象，传播美国文化和价值观。与"信息外交"（informational diplomacy）或"对外宣传"（propaganda abroad）不同，文化外交主要着眼于长远的政治目标，即促进相互理解和培育国际友谊，而不是短期的政策目标；主要通过慢媒介（slow media），如学生、学者和文化领袖之间的交流，艺术展览以及书籍交换等产生潜移默化的影响；对象是外国的精英阶层。文化外交的目标无疑是政治性的，但其方法是非政治性的：思想和人员之间的自由交流。文化外交的倡导者相信，让其他国家人民到美国来了解美国社会以及让美国的文化人士到海外展示美国人民的面貌就是对美国的最好宣传。文化外交注重的是知识的交流而不是对方情感和态度的转变，其基本预设是国家间越是相互理解，就会越支持对方的对外目标，越同情对方的行动。同时文化外交强调互惠性而不是单方面文化输出，试图通过文化交流借鉴其他国家的思想和文化成就。而"信息外交"旨在向其他国家解释美国的对外政策和改变外国公众的态度，着眼于取得短期的政治效果，主要利用快媒介（fast media），如广播、电影、（转下页）

的实施，而是与私人团体和机构合作，利用私人机构来实施对外文化与教育交流活动。1938 年 11 月 1 日，文化关系司助理司长理查德·帕蒂（Richard F. Pattee）在新泽西现代语言教师协会的演讲中提到，美国与其他国家的文化与教育交流一直是由私人机构，包括大学来进行的，但是国务院意识到，私人团体的努力会有很多局限，而"一个官方机构的支持与合作非常必要"，"尽管这在某种意义上是对传统做法的背离"。这一机构将"以一切可能的方式与私人机构进行合作并对其提供咨询、建议和资助"，从而起到扩大资金来源和避免活动重复的作用。[①]1939 年，副国务卿韦尔斯在对美国教育家的演讲中也谈道，"国务院非常明确地认为，在这个国家，文化交流的发起权应该属于你们，文化关系司的主要功能是发挥你们应该获得的政府的协调作用"，"而不会介入，更不会取代你们的行动"。韦尔斯称："'官方'文化的概念对我们来说是完全不能接受的。"[②]

（接前页）新闻和海报，其对象是大众。快媒介所进行的信息外交是单方面的，不注重互惠性，不需要政府间的正式安排和协议。信息外交通常使用公共关系技术和心理战的方法，试图通过对信息和表达的操纵有目的地影响受众的态度、认识和情感，无论手段还是目标都是政治性的。信息外交实际上是"宣传"的委婉说法，以避免当时"宣传"一词在人们印象中的贬义。在 30—40 年代的历史语境中，国务院从事的文化关系项目通常被认为是文化外交，而美洲国家间事务办公室和战争信息署的绝大多数活动是信息外交，也就是对外宣传。而"公共外交"（public diplomacy）是 1965 年才开始使用的说法，在冷战结束后开始流行。公共外交既使用快媒介，也使用慢媒介，既着眼于短期政策目标，又追求树立美国良好形象这一长远目标，因此似乎是文化外交和信息外交的结合。但从其影响对象来看，公共外交的主要对象是大众，以影响外国公众对美国的认识、态度和情感为目标，并不强调互惠性，也并不把促进相互理解作为其主要目标，因此一般被认为具有强烈的宣传色彩，可以认为是 40 年代信息外交的延续。但公共外交与文化外交也有重合的地方，这主要是因为冷战后的国际关系特点和传媒业的发达，美国对外关系的长远目标和短期目标变得难以区分，传播知识和影响态度往往也混合在一起。关于文化外交与信息外交的区别，可参见 Kevin V. Mulcahy，"Cultural Diplomacy and the Exchange Programs：1938 - 1978，" *Journal of Arts Management，Law & Society*，Vol. 29，No. 1，Spring 1999，pp. 7 - 8；Rosenberg，*Spreading the American Dream*，p. 215。关于"宣传"和"公共外交"的定义，可参见 Nicholas J. Cull，David Culbert David Welch，eds.，*Propaganda and Mass Persuasion：A Historical Encyclopedia，1500 to the Present*，Santa Barbara，California：ABC-CLIO，Inc.，2003，pp. 317 - 323，327。

①　Richard F. Pattee，"The Division of Cultural Relations and the Role of Modern Language Teachers in the Promotion of Inter-American Cultural Relations，" *Modern Language Journal*，Vol. 23，No. 7，1939，p. 483.

②　Thomson and Laves，*Cultural Relations and U. S. Foreign Policy*，p. 41.

　　因此，文化关系司本质上是一个为私人团体服务的"信息交流中心"

和 "协调机构"，① 而不是一个管理性的官僚部门，其职能是鼓励、支持和协调私人机构参与国际文化交流，具体工作包括与外国政府进行必要的联系、为私人机构提供必要的信息以及管理个别的文化项目。也就是说，文化关系司在文化交流中扮演的是辅助角色。用韦尔斯的话说，文化关系司只承担对外教育与文化交流5%的工作，而另外95%的工作交给私人团体和民间机构来承担。② 文化关系司开始运作时只有8名工作人员，国会拨款27920美元，用于支付工作人员的工资。③ 与文化关系司合作的私人团体主要有：负责实施学生与教师交流的 "国际教育协会"（Institute of International Education）、负责图书资料交流的 "美国图书馆协会"（American Library Association）、负责向海外美国学校提供资助的 "美国教育理事会"（American Council on Education）、承担学术交流的 "美国学术团体理事会"（American Council of Learned Societies）、承担图书翻译的科学服务公司（Science Service Inc.）以及负责向近东文化机构提供资助的近东大学协会（Near East College Association）。为了发挥民间人士的作用，国务卿还任命了一个由民间人士组成的文化关系项目总咨询委员会（General Advisory Committee），其成员包括纽约城市学院教育系前主任、国际教育协会主席斯蒂芬·达甘（Stephen Duggan）博士，著名国际主义者、哥伦比亚大学教授詹姆斯·肖特维尔，美国广播教育委员会主席约翰·史蒂倍克（John W. Studebaker）博士，杰出图书馆学家、美国图书馆协会主席卡尔·米拉姆（Carl H. Milam）。④

美国对外文化关系项目采取由民间机构承担的方式是因为美国没有联邦政府控制的教育和文化机构，没有私人团体的支持，特别是如果美国各大学不愿意接收外国学生和学者，文化关系项目是无法进行的。另外，美国深厚的自由主义传统也反对联邦政府直接从事和介入教育与文化事务。

---

①　此为萨姆纳·韦尔斯的说法。Thomson and Laves, *Cultural Relations and US Foreign Policy*, p. 41.

②　Richard T. Arndt, *The First Resort of Kings: American Cultural Diplomacy in the Twentieth Century*, Washington, D. C.: Potomac Books, Inc., 2005, p. 60.

③　Espinosa, *Inter-American Beginnings of U. S. Cultural Diplomacy*, p. 114.

④　Ben Cherrington, "The Division of Cultural Relations of the Department of State," *Institute of International Education News Bulletin*, Vol. 14, No. 8, May 1, 1939, p. 6.

对外文化项目的拨款需要国会批准,而保守的国会一直对新政时期联邦行政分支权力的扩大不满,反对行政当局扩大职能和建立新的官僚机构。就此而言,文化关系司的成立及其开展的项目并没有背离美国一贯依靠私人团体输出美国文化的传统,参与者仍然坚持自由主义的理想,相信不受政治污染的思想自由流动可以促进人类福祉和美国的利益。

除了发挥私人团体的作用外,由文化关系司负责的对外文化关系项目还特别强调美国与拉美之间文化交流的互惠性质。首任司长本·彻林顿在1940年5月的一份备忘录中提到,文化项目秉持国务院一直贯彻的两个基本原则:一是"政府和私人团体合作,其中政府是小伙伴";二是"在与美洲其他共和国之间的关系中严格遵守互惠的精神"。① 国务院负责对外文化事务的主要官员都把互惠性作为文化关系项目的基本原则之一,强调文化关系司不是一个外交和宣传机构以及文化项目的"教育性"而非"宣传性"。赫尔曾解释说,文化关系司发起的项目是"建立在互惠基础上的","文化关系必须是双向的",文化关系司的任务是"向国外传播美国有代表性的文化和智力作品并在美国传播其他国家的同类作品",以实现"美国与其他国家人民之间建立在文化与精神联系基础上的更好理解和相互尊重"。② 代理国务卿爱德华·斯退丁纽斯(Edward R. Stettinius, Jr.)在1944年2月给总统的报告中也强调互惠性,指出"让美国人了解美洲共和国和其他国家与让这些国家了解美国同样重要"。③ 布宜诺斯艾利斯会议上签订的《促进美洲国家间文化关系协定》也体现了互惠原则。

虽然国务院极力强调文化关系的民间性和互惠性,作为政府机构的文化关系司的建立还是引起很多信奉自由主义思想的社会人士的疑虑,他们担心文化关系项目会变成联邦政府外交政策的工具,甚至沦为政府对外宣传的手段。为打消这种疑虑,国务院有关官员极力表明文化关系项目不是针对纳粹宣传的反宣传。负责拉美事务的助理国务卿乔治·梅瑟史密斯

---

① Memorandum by Cherrington, May 27, 1940, Ninkovich, *Diplomacy of Ideas*, p. 35.

② Hull, "The Division of Cultural Relations of the Department of State," Hanke, ed., *Handbook of Latin American Studies*, 1937, pp. 503 – 504.

③ Edward R. Stettinius, Jr., "The United States Program for the Promotion of Mutual Understanding with other Peoples of the World," *Department of State Bulletin*, Vol. 10, No. 245, Mar. 4, 1944, p. 216.

（George Messersmith）表示，"我们并非在试图进行反宣传……我们感兴趣的是在我国与邻国之间发展真正友好关系这一根本性的大问题"。① 副国务卿韦尔斯也极力澄清"文化关系司不是一个宣传机构"。② 文化关系司的官员也确实反对把文化关系当成宣传的工具。本·彻林顿主张文化关系项目应尽可能超脱于政治，文化关系司的活动应"与国务院相分离"。在彻林顿看来，文化宣传带有"渗透、强加和单边主义"的色彩，而文化关系司的理想是在没有政府限制和压力的情况下推进广泛的文化交流。③ 文化关系司第二任司长查尔斯·汤姆森（Charles Thomson）在1942年指出，"无论是为了目前的战争还是战后的和平，（文化关系项目的）主要目标都是通过科学、技术和教育的改善，通过艺术、新闻、电影和广播以及各领域知识领袖的访问来增进相互理解，消除文化交流的障碍以及促进思想和智力成就的自由交换"。④ 汤姆森还称"宣传的方法一般类似于推销（advertising）"，"而文化关系的方法是教育的方法"，"文化关系的目标更深入、更持久，即培育一种可以恰当地称之为'谅解'（understanding）的思想状态，而谅解通常是持久的，它是根植于知识的思想和由知识中生长出来的信念"。⑤ 在珍珠港事件前，文化关系司的活动大体上坚持了这一理想。

但是，珍珠港事件后，动员文化资源为国家安全服务的呼声越来越高，联邦政府内部越来越强调文化关系项目的宣传作用，把文化与教育交流视为反对轴心国战争努力的一部分，结果是"随着时间的推移，单方面宣传和互惠的文化合作之间的界限越来越模糊"。⑥ 为了培育亲美舆论，国务院

①　Espinosa, *Inter-American Beginnings of U. S. Cultural Diplomacy, 1936 - 1948*, p. 102.

②　Ibid. , p. 114.

③　Frank Ninkovich, "Cultural Relations and American China Policy, 1942-1945," *Pacific Historical Review*, Vol. 49, No. 3, Aug. 1980, p. 473.

④　Charles A. Thomson, "The Cultural-Relations Program of the Department of State," *Journal of Educational Sociology*, Vol. 16, No. 3, Nov. 1942, p. 135.

⑤　Charles A. Thomson, "The Role of Cultural Exchange in Wartime," Address Delivered before the American Political Science Association, New York, N. Y. , December 31, 1941, *Department of State Bulletin*, Vol. 6, No. 132, Jan. 3, 1942, p. 30.

⑥　Ben M. Cherrington, "Ten Years After," *Association of American Colleges Bulletin*, Vol. 34, Dec. 1948, p. 5. 转引自 Mulcahy, "Cultural Diplomacy and the Exchange Programs: 1938 - 1978," *Journal of Arts Management, Law & Society*, Vol. 29, No. 1, Spring 1999, p. 14。

热衷于资助拉美人士访问美国，而不是美国人访问拉美，受邀的拉美人士多是对舆论有影响的人士而不是学术和教育界的领袖。1944 年 1 月，国务卿赫尔发布命令，撤销文化关系司，成立"公共信息办公室"（Office of Public Information），下设五个部门：当前信息处，研究和出版处，电影和广播处，科学、教育和艺术处以及中央翻译处。其中科学、教育和艺术处承担原来文化关系司的职能，负责与外国的教育与文化交流项目。1944 年年底，公共信息办公室又改名为"公共事务办公室"（Office of Public Affairs）。这一机构改组本身反映了战争对文化关系项目的影响，即越来越把国际文化交流作为战时美国对外政策的工具。

但是，多数文化关系司的官员和参与文化关系项目的民间团体抵制把文化项目等同于宣传的做法，反对改变文化关系项目的目标。这引发了美国政府内部关于文化关系项目功能和目标的争论。争论的核心是：文化事务如何促进美国利益？文化关系是不是政府外交政策的一部分？文化关系项目是否应为特定的外交政策目标服务？国务院负责文化关系项目的官员如副国务卿韦尔斯、文化关系司首任司长彻林顿，以及第二任司长汤姆森都坚持强调文化关系有自己的长远目标而不应该成为服务于短期政策目标的工具，文化关系项目对美国国家安全的贡献不是进行反宣传，而是培育国家间善意与相互理解。用汤姆森的话说，文化关系项目可以"通过在外国土地上建立一个友谊和理解的防波堤来促进美国的安全"。①

1943 年 2 月，总咨询委员会对文化项目与美国外交政策的关系进行了深度讨论和评估。与会者几乎一致认为，把文化关系仅仅作为政治和经济政策的工具是抹杀了其根本目标，文化关系的作用是通过促进国家间的相互理解和培育有利于国际和平与安全的氛围来间接地而非直接地促进美国的安全。斯蒂芬·达甘更是明确提出，文化关系活动如果被用来实施某项外交政策，那么它"就不再是文化关系，而是宣传"。但是，在另一方面，一个国家的外交政策包括其人民对外交往的所有方面，因此文化项目不大可能在与整体对外政策无关联的情况下来实施。总咨询委员会通过以下决

---

① Charles A. Thomson, "The Emerging Program of Cultural Relations," *ALA Bulletin*, Vol. 38, No. 2, Feb. 1944, p. 75.

议:应该大力发展美国人民与其他自由国家人们之间的文化关系,"以培育在相互理解和欣赏基础上的有益的国家间关系";文化关系项目是长期的、持续的活动,但也应该"现实地适应变化的形势和需要";文化关系项目的范围是广泛的,应该涵盖智力和文化活动的各个方面,包括艺术、科学、技术、文学和教育等各方面的交流;这种交流应该对所有参与国都有益,并扩大到参与国的各个群体,应该用来促进人类福祉和有助于维护知识和文化自由。委员会认为,美国对外政策有两个具有特别意义的目标:思想和信息的自由交流以及建立一个和平、安全与合作的世界秩序,文化项目无疑是在贯彻这两个目标。①

经过讨论,美国政府内部在文化关系项目的目标和作用方面基本达成了共识:文化关系项目是教育性的活动,而不是对外宣传;它是美国对外政策的工具,但其目标和效果都是长期的,而非短期的;它既可增强美国的影响,同时也促进国家间相互理解与进步,并因此有助于美国的安全。正如斯退丁纽斯在1944年2月给总统的报告中指出的,文化交流与合作可以"扩大对民主生活方式的理解,传播科学知识",是"实现国际安全因而实现国家安全的有效方式","通过为世界各国人民提供改善自己生活的手段,美国人民可以获得有利于自己生活方式发展的条件,仅就此而言就符合真正的国家安全"。② 这一共识大体上一致延续下来。约翰逊政府负责教育和文化事务的助理国务卿查尔斯·弗兰克尔(Charles Frankel)对此进行了这样的概括:

> 美国作为一个民族和世界文明的成员对海外教育与文化项目有无可置疑的兴趣。这部分是因为这样的项目有助于培育更有利的美国"形象",以及使美国的政治性政策更可能成功,还因为美国的教育、学术和文化资源可以对提高其他国家人民的福祉和生活乐趣,以及促进其

---

① Minutes of Meeting of Feb. 23 – 24, 1943, General Advisory Committee, Division of Cultural Relations, Department of State, Apr. 1943, pp. 9, 17 – 18, CU History Files.

② Edward R. Stettinius, Jr., "The United States Program for the Promotion of Mutual Understanding with other Peoples of the World," *Department of State Bulletin*, Vol. 10, No. 245, Mar. 4, 1944, pp. 217 – 218.

社会的稳定与安宁作出重要贡献。同时，美国对海外教育与文化交流抱有兴趣还因为其他民族的智力和艺术成就是美国可以获取力量和启发的源泉。从这个意义上可以说，国际教育与文化项目是美国国家政策的工具。①

根据汤姆森的总结，由文化关系司负责组织、协调和实施的对拉美的文化关系项目包括如下方面：②

第一，人员交流：包括新闻、教育、艺术和科学领域杰出人士的互访，以及美国大学和拉美国家大学教授与学生之间的访问交流。目的是通过美洲国家智力和科学领袖之间个人关系的建立来促进相互理解。文化关系司为这些人士提供旅行补助，同时负责管理学生与教授交流项目。

第二，在拉美国家的重要城市建立美国文化中心。中心的工作包括：教授英语、西班牙语和葡萄牙语，开办美国图书与杂志阅览室，发起和组织广播项目、音乐会、演讲和展览，接待到访的美国公民以及为在当地学习的美国学生提供建议和帮助等。截至1944年2月，美国在13个美洲国家的23个重要城市建立了美国文化中心，并在墨西哥首都墨西哥城、乌拉圭首都蒙得维的亚和尼加拉瓜首都马那瓜建立了设施完备的图书馆。③ 文化关系司的职责是提供资金支持，以及与这些美国文化中心进行合作。图书馆由美国图书馆协会负责管理，国务院文化关系司负责监管。

第三，通过与"美洲国家间事务协调员办公室"（Office of the Coordinator of Inter-American Affairs）合作，在拉美国家分发有关美国的文化资料，包括图书、杂志和其他出版物，具体分发工作则由美国图书馆协会来承

---

① Charles Frankel, *The Neglected Aspect of Foreign Affairs: Educational and Cultural Policy Abroad*, Washington: The Brookings Institution, 1966, pp. 88 – 89.

② Thomson, "The Cultural-Relations Program of the Department of State," *Journal of Educational Sociology*, Vol. 16, No. 3, Nov. 1942, pp. 137 – 138; Thomson, "The Emerging Program of Cultural Relations," *ALA Bulletin*, Vol. 38, No. 2, Feb. 1944, pp. 75 – 81.

③ Thomson, "The Emerging Program of Cultural Relations," *ALA Bulletin*, Vol. 38, No. 2, Feb. 1944, p. 75.

担。① 在文化关系司和美洲国家间事务协调员办公室的赞助下，1943 年夏，美国五家主要出版社的负责人还对拉美国家的出版业进行考察，以便更好地实施与拉美国家的图书交流。在 1942—1943 学年，共有 10.5 万美元的图书被分给拉美国家的 472 个图书馆。② 通过美国学术团体理事会，将 200 种美国书籍译成西班牙文或葡萄牙文，同时还把一些拉美国家的著作翻译成英文在美国出版。美国国内出版的针对国内读者的图书和杂志通常被视为最有效的文化交流媒介。卡内基图书馆馆长拉尔夫·芒恩（Ralph Munn）对此评论说：

> 任何由政府设计和实施的国际友谊项目都会引起怀疑，无论动机多么高尚……项目几乎都难以摆脱追求私利的污点。……在所有可能的媒介中，为国内读者撰写的图书和杂志是最不被怀疑的。当马克·吐温书写密西西比河、辛克莱·刘易斯揭露索克镇的时候，二人并没有要改变南美人对美国的看法的目的。《星期六晚邮报》和《读者文摘》完全是关于美国的，由美国人撰写和针对美国人的。它们是对美国的真实记录，这种真实不是任何按照擅长培育国际善意的专家的标准而特意制作的小册子、电影、广播稿能达到的。③

第四，在国外分发和放映科教电影和纪录片。1943 年 4—8 月，每月吸引约 100 万海外观众观看美国科教电影及纪录片，到 1943 年 9 月，这一数字超过了 200 万。④ 这项工作并不局限于拉美，同时也是通过与美洲国家间事务协调员办公室和战争信息署的合作来完成的。

1941 年 8 月，美国开始向拉美国家派遣文化官员。从 1943 年中期开始，美国开始向拉美以外国家的美国使馆派遣文化官员。到 1945 年年底，

---

① Ibid. , p. 77.

② Thomson, "The Emerging Program of Cultural Relations," *ALA Bulletin*, Vol. 38, No. 2, Feb. 1944, p. 78.

③ Discussion on Charles A. Thomson's "The Emerging Program of Cultural Relations," *ALA Bulletin*, Vol. 38, No. 2, Feb. 1944, p. 82.

④ Thomson, "The Emerging Program of Cultural Relations," *ALA Bulletin*, Vol. 38, No. 2, Feb. 1944, p. 76.

美国向 31 个国家派遣了文化事务官员（cultural affairs officer），其中 20 个国家在拉美，其他 11 个国家是西班牙、土耳其、中国、叙利亚、埃及、比利时、法国、希腊、荷兰、意大利和葡萄牙。①

战时对华文化外交 太平洋战争爆发后，中美结成同盟，出于支持中国抗战的需要，美国政府在 1942 年 1 月将文化关系项目扩大到中国。国务院在 1942 年 1 月 29 日给驻重庆使馆的电报中称，实施对华文化关系项目的目的主要是"加强中国的士气"，其次是"让美国的科学、技术、社会、教育、工业和其他方面的经验用来提高中国的生活水平、改善农业人口的条件以及支持中国教育、社会和管理项目的发展，从而促进中国的抗战努力"。② 汤姆森在 1944 年也谈道，对华文化关系项目的目标是"有效地支持中国的抗战努力以及加深中美之间的相互理解"。③ 在战争后期，项目的实施还着眼于战后使中国成为美国的政治盟友。按照美国驻重庆的首位文化专员费蔚梅（Wilma Fairbank）的说法，战时美国对华政策的目标是"与中国盟友一起加快对日作战和尽一切努力培育一个强大、统一、民主和对美友好的中国，以作为远东和平的保障"，而文化关系项目"旨在贯彻我们外交政策的这两个目标"。④ 由于文化关系司掌管的拨款数量有限，中国项目资金从总统紧急资金中拨付，首笔拨款是 15 万美元，用于 1942 年上半年的对华文化项目。1942—1943 财年拨款是 50 万美元，1943—1944 财年则达到 70 万美元。⑤ 文化关系司内设立了中国部，由前美国驻华使馆官员裴克（Willys Peck）任主任。

对华文化关系项目延续了西半球的模式，同时根据战时需要进行了调

---

① Espinosa, *Inter-American Beginnings of U. S. Cultural Diplomacy*, p. 188; Mulcahy, "Cultural Diplomacy and the Exchange Programs: 1938 – 1978," *Journal of Arts Management*, *Law & Society*, Vol. 29, No. 1, Spring 1999, p. 14.

② Department of State to American Embassy at Chungking, Jan. 29, 1942, Decimal Files, DOS 811. 42783/527A, National Archives, College Park, Maryland.

③ Thomson, "The Emerging Program of Cultural Relations," *ALA Bulletin*, Vol. 38, No. 2, Feb. 1944, p. 75.

④ Memorandum by Wilma Fairbank "The Cultural Relations Program", Jul. 15, 1945, Decimal Files, DOS 811. 42793/7 – 2845, National Archives, College Park, Maryland.

⑤ Department of State to American Embassy at Chungking, Jan. 29, 1942, Decimal Files, DOS 811. 42783/527A, National Archives, College Park, Maryland; Espinosa, *Inter-American Beginnings of U. S. Cultural Diplomacy*, p. 187.

整。罗斯福的顾问居里提出"文化租借"（cultural lend-lease）的思想，成为战时对华文化关系项目的主导思想。[①] 这一思想强调技术援助而不是文化传播，旨在对中国产生立竿见影的效果以及维持中国的抗战士气，但是忽视理想主义者重视的人文交流。对华文化项目初期的两个项目都与技术援助有关：一是派遣美国工程师来华；二是资助在美国的中国学生以培养中国本土的技术专家。

从 1943 年起，美国对华文化项目强调技术援助的路线遭到批评，最激烈的批评者是费正清。时任国会图书馆远东代表的费正清与国立北平图书馆馆长袁同礼联合向国务院提交了一份备忘录。在备忘录中，费正清强调对华文化关系项目必须坚持两个原则：一是"思想与技术同样重要"，美国的技术援助虽然可以加快中国的工业化进程，但"不必然带来中国与美国在思想和情感上更加接近"，因此"除了目前以赢得战争为目标的项目外，还迫切需要教育和思想交流领域的长期项目"；二是"与中国的智识（intellectual）关系必须坚持互惠的原则"，"美国需要从中国了解的与中国需要从美国学习的几乎一样多"。他建议美国国会图书馆增加对中国出版物的收集，派遣人文与社会科学领域的教授访华，资助人文与社会科学领域的中国学生赴美留学，以及增加资金向中国提供更多的美国图书和期刊资料等。[②] 4 月 28 日，费正清给负责对华租借事务的居里写信，呼吁派遣更多的美国学者到中国以消除中国的"智识饥渴"，给予中国"更多的智识支持，而不是物质支持"。费正清告诉居里，"美国最有效的行动在智识领域而不是物质领域，应使用人员而不是美元。教授们物质上的饥饿（physical starvation）是中国国内的问题，而智识饥渴（intellectual starvation）才是我们理当关心的问题"。他提出应该多派人文与社会科学领袖来华以弥补中国政府过于重视技术培训的局限性，因为技术援助实际上已经成为"具有极权主义思想的官僚用来扼杀美式博雅教育（liberal education）的工具"。[③]

---

① Ninkovich, *Diplomacy of Ideas*, p. 57.

② Memo by John King Fairbank and T. L. Yuan, "Sino-American Intellectual Relations," Enclosure in Dispatch（from Gauss to Secretary of State）No. 907, Jan. 30, 1943, Decimal Files, DOS 811. 42793/1006, National Archives, College Park, Maryland.

③ J. K. Fairbank to Lauchlin Currie, Apr. 28, 1943, Decimal Files, DOS 811. 42793/1100, National Archives, College Park, Maryland.

费正清在 1943 年 11 月 11 日给驻华大使高思（Clarence E. Gauss）的备忘录中继续强调人文交流的重要性，建议应该向中国提供"最具文化色彩"的"文学资料"，包括诗歌、小说、散文和文学评论，以缓解中国知识分子的"智识饥渴"。这种文学资料不应以胶卷形式，而应以原版书籍和期刊形式呈现，数量不用太多，可以在运给中国的文化物资中加入几磅重的文学资料，用于在重庆有兴趣的人士中间传播。① 高思大使将备忘录转给国务院，并在给国务院的信中称，虽然对华文化关系项目目前"应该继续集中在科学领域"，但是"使馆也认为，将费正清博士所建议的纯粹文学性质的少量材料不断运到中国将有助于满足很多在外国受过教育的中国知识分子对有激励作用的西方文学不断增长的需要"。② 在费正清等人的努力下，美国对华文化关系项目逐渐增加了思想交流的内容。

战时美国对华文化项目包括以下几个方面：

一是派遣美国技术专家和大学教授访华。1942—1945 年通过文化关系司的选拔和资助，美国共向中国派遣了 30 名技术专家，涉及领域包括土壤保护、农作物栽培、工业合作、国际关系、家畜繁殖、无线电制造、机械工程、液压工程、航空工业、新闻摄影、新闻编辑、电子工程、兽医学、大坝和灌溉工程、生物制品、卫生工程、冶金、建筑、发射学、军队手术以及实验室和科学设备等，他们在中国居住一至两年不等。③ 其中美国学术领袖、著名地理和地质学家葛德石（George B. Cressey）1943 年的访华最引人瞩目。作为美国科学院的代表，葛德石在中国多个大学开办讲座和出席学术会议，同时与中国教育部和包括中央研究院在内的中国学术、文化机构建立联系。国务院希望葛德石在演讲中要强调"学术自由和知识笃诚（intellectual integrity）的重要性以及知识的广泛传播和应用"，以"激发中国教师和学生的士气"。同时国务院认为，与中国政府和教育文化机构建立

---

① John Fairbank, Memorandum for the Ambassador, Subject: "Cultural Relation, Literary Publica-tion", Nov. 11, 1943, Decimal Files, DOS 811.42793/1447, National Archives, College Park, Mary-land.

② Gauss to the Secretary of State, Nov. 23, 1943, Decimal Files, DOS 811.42793/1447, Nation-al Archives, College Park, Maryland.

③ Wilma Fairbank, *America's Cultural Experiment in China*, *1942 – 1949*, Washington, D.C.: U. S. Government Printing Office, 1976, pp. 214 – 216.

联系将促进"民主的思维方式",有助于"加强与美国有共同教育与国际理想的大学和教授的力量"。① 1943 年,在国务院的安排下,哥伦比亚大学派遣以哈罗德·克罗斯(Harold L. Cross)为首的四位教授来华,在重庆建立新闻学院,为中国培养战时新闻人才。

二是邀请中国的知识领袖访问美国,由国务院提供资助。这既有助于美国了解中国的文化,又可以改善战时中国知识精英的经济困境,还可以在战时信息闭塞的情况下让中国学者了解美国的学术状况,从而鼓舞中国大学的士气。从 1943 年到 1947 年,美国国务院邀请了 4 批,共 26 位(其中战时 3 批,共 18 位)中国大学教授和艺术家访美,其中包括张其昀、费孝通、金岳霖、萨本栋、陈序经等杰出教授。②

三是由国务院资助翻译中国学者的文章在美国杂志上发表,后来扩大到翻译中国的文学作品。该项目从 1943 年开始启动,有 100 多篇中国学者的论文被译为英文并在美国刊出,涉及领域包括自然科学、法律、语言学、考古学、心理学、工程学等。被翻译的文学作品中包括茅盾、老舍等左翼作家的作品。③

四是向中国提供包括图书、杂志、图片、电影和设备在内的"文化资料"(cultural materials),以改变战时中国资料匮乏和信息闭塞的局面,满足中国知识界的"智识饥渴",为中国知识界提供"智识支持"。通常的做法是由国务院联系各学术团体和组织,获得版权,并提供资金,由国会图书馆制成胶卷,运到中国。根据费蔚梅的统计,截至 1943 年年底,共有 107.1 万页的杂志被制作成胶卷运抵中国。④ 美方同时还提供胶卷阅读器。1944 年 2 月,葛德石访问西南联大时,发现该校共有 4 台胶卷阅读器。⑤ 1944 年 6 月,美国副总统华莱士访华时,曾随团携带 34 本涉及 27 个科学与工程领域的新书赠送给中国。运抵中国的教科书通常会在国内重印并向大学发放,重印教科书数量巨大,但准确数字已不可考。"中国信息委员

① "Description of Dr. Cressey's Duties in China", Oct. 12, 1943, Decimal Files, DOS 811.42793/1339, National Archives, College Park, Maryland.

② Fairbank, *America's Cultural Experiment in China, 1942 – 1949*, pp. 217 – 218.

③ 张洁洁:《扶植自由主义的失败努力:20 世纪 40 年代美国对华文化外交研究》,博士学位论文,北京大学,2011 年,附录三至附录六。

④ Fairbank, *America's Cultural Experiment in China, 1942 – 1949*, p. 48.

⑤ Ibid. .

会"（China Information Committee）1944 年 11 月 11 日的简报称，1945 年春季学期将有 3.8 万册英文教科书分发给中国的学校，并认为这将缓解中国缺乏英文教科书的状况。[1] 1945 年 2 月 1 日的一份报告显示，有 27 种美国出版的英文教科书在中国重印。[2] 美国国务院还与"华美协进社"（China Institute in America）合作向中国提供了 57 部、共 120 卷胶片的电影，主要是介绍美国科技成就的教育电影和介绍美国社会和战争努力以及工业进步的信息电影，不包括商业电影。[3]

五是援助在美学习的技术、管理和教育领域的中国留学生。1942 年，美国政府资助了将近 1000 名中国在美学生。[4]

针对近东地区的文化项目　战时文化关系项目扩大到了近（中）东地区。这一地区长期是英、法等欧洲国家统治的地区，当地人民把英、法视为帝国主义者，对欧洲抱有恶感，但对美国抱有好感，认为美国没有欧洲那种试图控制中东的帝国主义野心。美国政府也意识到近东是美国文化影响较大的地区，应该让这一影响持续下去。随着盟国与德国对北非和中东的争夺越来越激烈，文化关系司从总统紧急资金中获得 37.5 万美元拨款，[5] 于 1943 年 9 月开始在近东实施文化关系项目，主要有：通过向"近东大学协会"（Near College Association）和"近东基金会"（Near East Foundation）提供资金的方式支持贝鲁特美利坚大学、伊斯坦布尔的罗伯特学院、开罗美利坚大学和其他在近东的美国学校（这些学校原为美国私人团体所建立，但战时出现了经费困难）；资助出版了突厥—英语词典和阿拉伯语的美国历史书籍，通过向专门支持非洲发展的私人性质的"费尔普斯—斯托克斯基金"（Phelps-Stokes

---

① China Information Committee, Daily Bulletin 1078, Nov. 11, 1944, "English Textbooks for Chinese Students", Nov. 11, 1944, Decimal Files, DOS 811. 42793/11 – 2144, National Archives, College Park, Maryland.

② Ad Interim Report as of Feb. 1, 1945, "Text Book Production Project", Decimal Files, DOS 811. 42793/2 – 945, National Archives, College Park, Maryland.

③ John Begg (Acting Chief of Motion Picture and Radio Division) to Chih Meng, Jun. 20, 1944, Decimal Files, 811. 42793/6 – 2044; John Begg (Chief of International Information Division) to Chih Meng, Dec. 30, 1944, Decimal Files, DOS 811. 42793/12 – 3044, National Archives, College Park, Maryland.

④ Ninkovich, *Diplomacy of Ideas*, p. 57.

⑤ Espinosa, *Inter-American Beginnings of U. S. Cultural Diplomacy*, p. 188.

Fund）提供赠款的方式资助利比里亚的教育，特别是利比里亚的布克·T. 华盛顿农业与技术学院；应阿富汗外交部的要求，向阿富汗喀布尔的哈比比亚学院（Habibia College）提供教师和受雇于阿富汗公共工程部的工程师，以填补德国和日本教师和技术专家撤走后出现的空缺；向伊朗、摩洛哥和埃塞俄比亚提供图书和文化资料。在美国政府看来，支持这一地区的美国文化和教育机构不仅可以促进当地社会的现代化，而且也可以提高美国的声誉。1944年，美国国务院任命唐纳德·韦伯斯特（Donald E. Webster）为美国驻安卡拉的文化专员，以扩大美国在近东地区的文化影响。

美洲国家间事务协调员办公室的文化活动　第二次世界大战爆发后，美国非常担心轴心国对拉美的经济、政治和文化渗透会威胁美国的安全。1939年，企业大亨、共和党领袖纳尔逊·洛克菲勒（Nelson Rockefeller）在游历拉美国家后，向罗斯福总统提议建立一个机构来推动亲美信息的发布。罗斯福接受这一建议，于1940年8月设立"协调美洲国家间商业和文化关系办公室"，任命纳尔逊·洛克菲勒为主任；1941年7月更名为"美洲国家间事务协调员办公室"，由洛克菲勒担任协调员。1945年3月该机构改为"美洲国家间事务办公室"（Office of Inter-American Affairs）。

美洲国家间事务协调员办公室的活动虽然在名义上接受国务院的领导，但是实际上有很大独立性。与国务院文化关系司从事文化外交不同，美洲国家间事务协调员办公室本质上是对外宣传机构，更强调急迫的国家安全需要和文化活动的宣传功能，主要任务是宣传民主和美国生活方式的优越性，在拉美培育亲美舆论，实际上是针对纳粹德国宣传活动而进行的反宣传。其活动主要有：播放电影和西班牙语新闻片、发布新闻简报、进行无线电广播、散发图书和报纸等。该机构设立了自己的新闻部，为拉美国家提供各种电讯，主题是西半球的团结和睦邻政策；广播部则每天用西班牙语和葡萄牙语对拉美国家进行广播。洛克菲勒从企业雇佣大量人员，从政府和民间筹集大量经费，把该机构打造成一个庞大的宣传帝国。1941年，该机构的经费是350万美元，到1943年增至6000万美元，1944年是4000万美元。[1]

该机构也开展了一些教育和文化交流活动，主要功能是为战争时期的

---

[1] Thomson and Laves, *Cultural Relations and U. S. Foreign Policy*, p. 49.

美国国家安全服务,突出其应对紧急事态的功能。用洛克菲勒的话说,"在当前时刻,智力帝国主义和思想帝国主义是同军事入侵危险一样的对西半球安全与防务的严重威胁",因此要开展一些与国务院不同的"特殊的紧急项目",以实现文化自卫。① 例如,通过输出迪士尼动画和组织好莱坞影星访问拉美等方式来打造美国的形象,赢得拉美国家的好感。

除了出于国家安全考虑而实施的文化活动外,美洲国家间事务协调员办公室也开展了一些具有长远价值和文化外交性质的教育与文化活动,包括:向拉美国家亲美的文化机构提供资助,拨款援助美国人在拉美兴办的学校,仅在1942 年,该机构就向大约 200 所这样的学校提供了资金援助;② 建立拉美国家与美国学术机构在人员和组织方面的联系;将美国的师资培训机构向拉美人开放,通过"美洲国家间教育基金会"开展中小学和职业教育领域的合作;向美国从事拉美研究的一些研究中心提供资助;推动美国的西班牙语和葡萄牙语教学;资助在美国出版关于拉美文化的教科书;与美国的一些主要博物馆合作,举办多次拉美艺术与文明展;提供资金将拉美文学作品翻译成英文;组织拉美艺术家、科学家、知识分子和商务人士到美国旅行和演讲。③

在拉美事务上,国务院与美洲国家间事务协调员办公室进行了一些合作,建立了协调机构——文化关系联合委员会,由国务院、协调员办公室各派一名代表和民间团体选出的一名代表组成,每周开一次会,讨论拉美地区的行动计划,以避免两个机构活动的重合。④ 两个机构之间虽然在争夺政策制定权和国会预算方面存在一些矛盾,但合作总的来说是比较和谐的。

战争信息署的文化外交 第二次世界大战期间战争信息署也实施和参与了少量的对外文化交流活动。与美洲国家间事务协调员办公室一样,战争信息署主要是一个宣传机构,但也开展了一些文化活动,作为信息和宣传活动的补充,主要有:资助外国媒体人士和新闻评论员短期访问美国以了解美国的战争努力

---

① Ninkovich, *Diplomacy of Ideas*, p. 36.

② Ibid. , p. 47.

③ Gisela Cramer and Ursula Prutsch, "Nelson A. Rockefeller's Office of Inter-American Affairs (1940 - 1946) and Record Group 229," *Hispanic American Historical Review*, Vol. 86, No. 4, 2006, p. 797.

④ Thomson, "The Cultural-Relations Program of the Department of State," *Journal of Educational Sociology*, Vol. 16, No. 3, Nov. 1942, p. 138.

和生活方式，有来自比利时、丹麦、荷兰、法国、挪威、瑞典、伊朗和土耳其等国的新闻人士在战争信息署的支持下访问了美国；在世界各地建立了 28 个图书馆，收藏关于美国文化、历史和社会的书籍，包括人物专辑、历史、文学经典和各学科领域的著作，以及政府文件和杂志。①

第二次世界大战结束后，战争信息署和美洲国家间事务办公室被撤销，其中对外文化与人员交流的职能被合并到国务院，与国务院公共事务办公室合并，于 1946 年 1 月组建了"国际信息和文化事务办公室"（Office of International Information and Cultural Affairs），统筹对外宣传与文化交流。

四 "美国化"还是"地方化"：美国文化输出的影响及相关争论

从世纪之交开始的美国对外文化扩张无疑对世界各国产生了深远影响。20 世纪世界各国在思考自身文化发展和现代化进程时，美国恐怕是难以回避的因素，对一些人来说，美国是值得效仿的典范，而对另一些人来说，美国可能是必须抵制的对象。不论是喜欢还是痛恨，恐怕没有人否认美国文化的巨大影响，人们争论的仅仅是这种影响的性质。这一争论在 20 世纪 20 年代的欧洲就已开始，并随着美国流行文化在第二次世界大战后的全球传播而日趋激烈，大体出现五种不同看法。

第一种观点认为美国文化是进步的力量，对世界的影响是积极的，给其他国家带来了现代性和民主的观念，丰富和改善了其他国家的生活。在 40 年代美国大力开展文化外交时，美国政府官员即持此种看法。美国国务院顾问阿瑟·麦克马洪（Arthur W. Macmahon）在 1945 年 7 月说："如果我们不希望其他人了解……已经显著促进人类幸福的美国的标准和美国的技术，我们就是一个堕落的民族。"② 亨利·卢斯在其《美国世纪》一文中也讴歌美国的文化输出，称美国是向全世界传播文明理想的"动力工厂"，美国技术和理想的广泛传播可以"把人类生活从野兽的水平提升到《诗篇》

---

① Thomson and Laves, *Cultural Relations and U. S. Foreign Policy*, p. 52.

② Arthur W. Macmahon, *Memorandum on the Postwar International Information Program of the United States*, Washington, D. C. : G. P. O. , 1945, p. 2.

(*Psalmist*) 所说的比天使低一点点的水平"。① 第二次世界大战后曾参与战时美国文化外交活动的前国务院官员出版了一系列著作,对国务院的文化关系项目进行回顾,这些著作赞美美国的文化输出,对文化外交给予了极高的评价。② 50 年代,对美国文化影响的正面看法居于主导地位,无论是外交决策者还是学者都相信美国文化的输出有助于促进民主和抵制专制主义、极权主义意识形态的传播。这种看法在冷战结束后仍有市场。斯坦福大学教授彼得·杜伊格南等人这样评价第二次世界大战后美国文化对欧洲的影响:

> 1945 年之后欧洲的复兴很大程度上受美国的慷慨、价值观和方法的启发、支持和指导。西欧不仅得以复兴,而且经济上、精神上和军事上欣欣向荣,这在战争结束之时是任何人都不曾梦想到的。尽管一些西欧国家的领导人,尤其是知识分子,并不欣赏美国的成就或不愿接受欧洲的美国化,但是,正是马歇尔计划使西欧得到了重建,美国发起的北大西洋公约组织使西欧得到了保护。美国人成千上万地驾临欧洲,他们作为救济官员、作为外交官和士兵、作为商人和分析家,以及作为学生和学者给欧洲带来新形式的立宪民主、科学和技术、流行文化、消费社会和跨国公司。他们的生活方式、习俗、食品、服饰、音乐以及电影加速了第一次世界大战后在欧洲就已开始的部分美国化进程。这是许多人哀叹,很少人能逆转,也无人能终结的进程。③

第二种观点是批判美国文化输出的影响,指责美国借助其政治和经济影响力大量输出文化产品,把美国的生活方式和价值观强加给他国,破坏了其他国家的文化传统,其结果是全球文化的"美国化"、单一化和同质化以及

---

① Henry R. Luce, "The American Century," *Life*, Vol. 10, No. 7, Feb. 17, 1941, p. 65.

② 主要有: Fairbank, *America's Cultural Experiment in China, 1942 – 1949*; Espinosa, *Inter-American Beginnings of U. S. Cultural Diplomacy, 1936 – 1948*; Henry J. Kellermann, *Cultural Relations as an Instrument of U. S. Foreign Policy: The Educational Exchange Program between the United States and Germany, 1945 – 1954*, Washington, D. C.: U. S. Government Printing Office, 1978。

③ Peter Duignan and L. H. Gann, *The Rebirth of the West: The Americanization of the Democratic World, 1945 – 1958*, Cambridge, Mass.: Blackwell, 1992, p. 713.

美国文化对其他国家文化的主宰;一些激进人士甚至认为美国文化输出为美国对其他国家的经济剥削和政治控制服务,是资本主义扩张的工具。简言之,美国文化输出是"文化帝国主义"行为。这种"文化帝国主义"批判盛行于60—70年代,其源头可以追溯到20—30年代欧洲知识界的反美主义,同时又从战后法兰克福学派对资本主义和现代性的批判,以及60年代新左派史学家对美国第三世界政策的批评(特别是威廉·威廉斯的"非正式帝国"命题)中获得灵感。美国著名历史学家小阿瑟·施莱辛格1974年在讨论美国基督教传教运动时提出,"文化帝国主义是一种文化对另一种文化的思想和观念进行的有目的的侵略,单纯的思想和价值观的跨国传播本身并不是帝国主义",但是如果"这种传播伴随政治、经济和军事压力就是侵略",而传教运动就是典型的文化帝国主义行为。① 由于"文化帝国主义"批判的流行,1977年版的《丰塔纳现代思想辞典》收录了该词条(放在"帝国主义"条目之下),将其界定为"运用经济和政治的力量,以牺牲本土文化为代价,宣扬和传播外来文化的价值观和习惯",并以美国电影的出口为例,认为"文化帝国主义"行为既追求扩大文化影响本身,同时又"经常扮演经济帝国主义辅助工具的角色"。② 1982年出版的论文集《慈善与文化帝国主义》可以说是"文化帝国主义"批判的代表作,该书的中心主题是认为卡内基、洛克菲勒和福特等基金会"有助于在国际范围内维护一种有利于慈善家和慈善基金会管理者等统治阶级利益的经济与政治秩序",即"一种敌视少数派、工人阶级和第三世界人民利益的制度"。③ 论文集作者之一理查德·布朗(E. Richard Brown)更是尖锐地指出,1949年前洛克菲勒基金会在华的医疗和教育事业并没有满足当地的需要,这些在华机构实际上是为帝国主义目标服务的"特洛伊木马","更关注培育一个实施文化和技术变革的职业精英阶层,而不是

---

① Arthur Schlesinger, Jr. , "Missionary Enterprise and Theories of Imperialism," John K. Fairbank, ed. , *The Missionary Enterprise in China and America*, Cambridge, Mass. : Harvard University Press, 1974, pp. 363 – 364.

② Alan Bullock and Olive Stallybrass, eds. , *The Fontana Dictionary of Modern Thought*, London: Collins, 1977, p. 303.

③ Robert F. Arnove, "Introduction," Robert F. Arnove, ed. , *Philanthropy and Cultural Imperialism: The Foundations at Home and Abroad*, Bloomington: Indiana University Press, 1982, p. 1.

满足每一个国家人民的健康需要"。①

　　这种"文化帝国主义"批判在冷战后逐渐式微，但仍有一定的支持者。2001 年，秘鲁著名作家、诺贝尔文学奖获得者马里奥·巴尔加斯·略萨（Mario Vargas Llosa）指出，在全球化时代，"世界大多数国家无力抵御必然跟随大跨国公司涌入的来自发达国家——更确切地说，来自超级大国美国——文化产品的入侵，北美文化终将强加给其他国家，使整个世界标准化并消灭丰富多彩的多元文化。通过这种方式，不仅仅是弱小国家，所有其他国家的人民都将失去其特性和心灵，将成为 21 世纪的殖民地"。他称这是"新帝国主义"，这种"新帝国主义""除了用其资本和军事力量统治这个星球外，还把其语言、思维、信仰、娱乐和梦想的方式强加给其他国家"。②

　　第三种观点与第二种观点针锋相对，认为美国文化的全球传播并未摧毁其他国家文化传统以及造成世界文化"美国化"和单一化的结果，用"文化帝国主义"和"美国化"来评价美国文化输出是肤浅的，也是不公平的。持这种主张的学者认为，"美国化"不是一个真实的历史过程，而是建构出来的历史概念，表达的是其他国家在某些脆弱的历史时刻对外来影响的恐惧。荷兰学者、阿姆斯特丹大学美国研究系教授罗布·克罗斯指出，"美国化"是一个"过分危言耸听"的词语，它把包含借鉴、模仿和接受的复杂的文化影响过程简化为以严格的二元对立为特征的零和游戏，即"多大程度的美国化意味着多大程度的去欧洲化"。③ 实际上，消费习惯和方式的变化不一定意味着文化观念的深刻改变，其他国家也并非被动地、毫无选择地接受美国文化，相反会对其进行选择、抵制、改造和利用，而这种"抵制"和"改造"使美国文化输出"不会破坏（接受）国家的特

---

　　①　E. Richard Brown, "Rockefeller Medicine in China: Professionalism and Imperialism," Arnove, ed. , *Philanthropy and Cultural Imperialism: The Foundations at Home and Abroad*, pp. 130, 142.

　　②　Mario Vargas Llosa, "The Culture of Liberty," *Foreign Policy*, No. 122, Jan. /Feb. 2001, p. 66.

　　③　Rob Kroes, *If You've Seen One You've Seen the Mall: Europeans and American Mass Culture*, Urbana: University of Illinois Press, 1996, p. xi.

性，相反会促进或更新现存的文化和经济特性"。① 美国文化的接受方常常
将接受的文化信息重新语义化（resemanticize）和再处境化（recontextual-
ize），受美国文化影响的国家和地区并没有被"美国化"，而是美国文化被
"在地化"了。这种观点认为，"文化帝国主义"批评者仅仅关注文化生产
者和输出者的意图和世界观，很少关注文化接受者一方，没有看到接受者
的自由和自主性，是片面的。艾米莉·罗森堡指出，"文化交流是特定情境
下的协商和相互妥协，既有抵制也有接受，并因时空变化会有很大不同"，
美国文化输出不会"把每个人都变成美国资本主义的被动接受者"，也不会
"消灭世界文化的多样性"。②

　　罗布·克罗斯等人编辑的论文集《文化传播与接受：美国大众文化在
欧洲》对欧洲国家如何接受、改变或拒绝美国文化进行了个案研究，是第
三种观点的代表作。其中理查德·佩尔斯的论文研究了1945年后的欧洲如
何有意识地对美国文化和观念进行筛查和拣选，选择他们喜欢并认为适合
自己国家的文化形式，如电影和食品，而拒绝了不适合欧洲的戏剧和时尚。
佩尔斯拒绝"文化帝国主义"的概念，而用"相互借鉴"（mutual fertiliza-
tion）来评价美国文化与欧洲的关系，认为美欧之间的文化交流是相互借鉴
的过程而不是一方主导另一方的文化帝国主义的过程，其结果是出现一种
全球性西方文化（a global Western Culture）。③ 佩尔斯在后来出版的著作中
继续表达这一看法：

　　　　尽管美国产品潮水般涌入（欧洲），美国大众文化具有无可争辩的
　　影响力以及华盛顿努力使欧洲人更加欣赏美国的对外政策，但西欧并
　　没有成为美国的缩微版，欧洲也不是美国"文化帝国主义"的被动受

　　① Ellen Furlough, "Selling the American Way in Interwar France: 'Prix Uniques' and the Salons
Des Arts Menagers," *Journal of Social History*, Vol. 26, No. 3, Spring 1993, p. 510.
　　② Emily S. Rosenberg, "Cultural Interaction," Thomas Paterson and Dennis Merrill, eds., *Major
Problems in American Foreign Relations: Documents and Essays*, Vol. 2, since 1914, D. C. Heath and Com-
pany, 2005, p. 8.
　　③ Richard Pells, "American Culture Abroad: The European Experience since 1945," Rob Kroes,
Robert W. Rydell and D. F. J. Bosscher, eds., *Cultural Transmissions and Receptions: American Mass Cul-
ture in Europe*, Amsterdam: Vu University Press, 1993, pp. 67–83.

害者。相反，西欧人民使美国文化适应了他们的需要、趣味和传统，最终"欧洲化"了他们从美国接受的东西。无论模仿美国的诱惑多么强烈，通过抵制和改造，西欧的每个国家都能保持其文化特性。①

印度裔英国评论家皮科·艾耶对第一次世界大战以来美国文化在东亚的传播进行了考察。他发现，美国文化在亚洲虽然很盛行，但亚洲各国的文化传统仍然得以保留，东亚文化仍然是独特的，美国文化产品和表现形式被融入亚洲本土的文化之中。例如，日本人非常迷恋棒球，日本棒球也来自美国，在30年代就已经成为日本全国性运动，但日本棒球文化与美国有很大的差别，它展示的是日本守纪、勤勉和完美主义的价值观，与美国人对棒球的看法大不相同。其结论是：东亚并没有被"美国化"，美国文化在亚洲被"在地化"。②研究美国体育扩张的美国学者杰拉尔德·吉姆斯则指出，从1890年至第二次世界大战期间美国体育运动在夏威夷、波多黎各、菲律宾、古巴和多米尼加传播，信奉新教的白人男性试图用美国的体育把美国的种族、商业伦理和美德传入这些地区，以加强对这一地区的控制，但这一过程在这些美国控制地区产生意想不到的后果：这里的人民对美国的目标进行了抵制和改造，通过在体育比赛中展示自己的勇猛和赢得尊重，以及通过利用体育活动培育国家身份意识，体育成为有色人种挑战白人优越论、社会达尔文主义和白人文化霸权的工具。③罗布·克罗斯得出结论说："在这个所谓的'美国世纪'，美国化不应该被视为美国传播其文化语言、其他国家人民获取这一语言的故事，其他国家用这一语言讲述的实际上是完全不同的故事。"④
　　一些历史学家借鉴人类学的概念，用"克里奥化"（creolization）或

①　Pells, *Not like Us: How Europeans Have Loved, Hated, and Transformed American Culture since World War* II, p. xv.

②　Pico Iyer, *Video Night in Kathmandu: And Other Reports from the Not-So-Far East*, New York: Alfred A. Knopf, 1988.

③　Gerald R. Gems, *The Athletic Crusade: Sports and American Cultural Imperialism*, Lincoln: Nebraska University Press, 2006.

④　Rob Kroes, "American Empire and Cultural Imperialism: A View from the Receiving End," Hogan, ed., *The Ambiguous Legacy: U. S. Foreign Relations in the "American Century"*, p. 520.

"混杂"（hybridization）来概括和解释美国文化输出的结果。"克里奥化"意味着全球／外来文化与地方／本土文化的混合，强调本土文化对外来文化冲击的"驯化"以及本土与外来文化的相互融合。无论是"克里奥化"还是"在地化"，两个概念的倡导者都不认为美国文化扩张会导致其他国家文化传统的丧失和世界文化的"美国化"。

实际上，自20世纪90年代以来，越来越多的学者反对把美国和西方文化的扩张解释为"文化帝国主义"。有人甚至尖锐地指出，"文化帝国主义"范式的提出者采用极其简单化的主动—被动、控制者—受害者的二元模式，把第三世界的文化看作是脆弱的、无助的、被动的和顺从的，而把美国文化视为强大的、进取的和主动的，实际上与其批评的对象分享了同样的帝国式语言和帝国主义立场，本身就是"最糟糕的文化帝国主义者"。[①]

在反对"文化帝国主义"范式的学术潮流中，有学者还试图从根本上解构"美国化"这一概念，指出这一概念意味着存在一个同质的、铁板一块的、具有领土边界的国家文化——"美国文化"。然而美国文化并非同质的，而是异质和多元的，其输出也并非由某一机构统一安排。理查德·佩尔斯言道：

　　从20世纪90年代的视角来看，有关存在一个和谐的、独特的"美国"文化——它环绕地球，把世界改造成美国的复制品——的观念一直就是一个神话。作为一个移民国度，以及作为20世纪30—40年代流亡学者和艺术家的避难所，美国一直是世界的摹本，其文化从来都不是同质的，对世界其他地区的影响也不是铁板一块的。相反，美国文化是混杂的，一直依赖外来文化的输入。[②]

在这些学者看来，"美国化"本身是一个神话（myth），不是一个可用的分析概念，被认为是"美国化"的现象实际上是现代化。大众文化的兴起是现代化过程不可分割的一部分，它是工业化、商业化和大众消费主义

---

① Jessica C. E. Gienow-Hecht, "Shame on US? Academics, Cultural Transfer, and the Cold War-A Critical Review," *Diplomatic History*, Vol. 24, No. 3, Summer 2000, pp. 481, 487.

② Richard Pells, "Who's afraid of Steven Spielberg?" *Diplomatic History*, Vol. 24, No. 3, Summer 2000, pp. 497 – 498.

兴起的结果，其本质是休闲与娱乐。由于美国是现代性的主要生产者，因此，大众文化的兴起——这一现代化过程中必然出现的普遍现象被误以为是"美国化"。另外，一些人士乃是因为难以适应第一次世界大战后欧洲的文化动荡和现代化进程而将其贴上"美国化"的标签加以反对，他们反对的与其说是"美国方式"或"美国化"，还不如说是现代物质文明的发展。罗布·克罗斯认为，"在对美国化的很多批评中，一个常见的谬误就是指责美国为那些本来就会出现，甚至没有美国也会出现的趋势和变化负责"；从表面上看，资本主义的扩张是在美国的庇护下出现的，打上了美国的烙印，但这其实不过是"从资本主义影响到政治民主化进程或消费文化兴起的现代化进程"的一个方面。[①]

　　第四种观点认为"文化帝国主义"范式曲解了美国文化的影响，确实应该抛弃，但否定"文化帝国主义"话语不应该走向另一个极端，即否定"美国化"的存在，忽视美国文化的巨大影响，把"美国化"视为想象和虚构。持这种看法的学者认为，"美国化"仍然是可用的概念，"美国化"是真实的历史过程，无视美国政治、经济和军事主导地位对美国文化传播的影响，而仅仅"用其内在吸引力来解释美国大众文化或消费产品的成功是错误的"。实际上，跨国公司的市场控制、广告推销和美国巨大的政治影响大大促进了美国文化产品的全球传播，"美国化"实际上已经发生。而且也不应该夸大其他国家的抵制能力，他国对美国文化的抵制、改造和利用不是美国文化传播过程中的"主要情节"，而是"次要情节"，把欧洲的"美国化"与美国的"欧洲化"等量齐观是错误的。"美国化"在欧洲已经带来巨大的社会、经济和文化变革，使欧洲更像美国。如果欧洲人饮食、娱乐、工作、生活甚至说话的方式更像美国人，那么"美国化已经发生"。[②] 这种主张的代表人物是乔治城大学历史系教授理查德·凯塞尔。凯塞尔还反对那种认为并不存在一个与其他国家截然不同的同质的"美国文

[①] Kroes Rob, "American Empire and Cultural Imperialism: A View from the Receiving End," Thomas Bender, ed., *Rethinking American History in a Global Age*, Berkeley: University of California Press, 2002, pp. 295 – 313. 引文引自 p. 298。

[②] Richard Kuisel, "Americanization for Historians," *Diplomatic History*, Vol. 24, No. 3, Summer 2000, p. 510.

化"的观点。他承认,无论是在国内还是在国外,关于什么是美国文化或其要素是什么并无共识,一个国家的文化并非给定的、同质的和静止不变的,也不局限于领土疆界之内,而且很多被认为属于美国文化的特质也并非为美国所独有,但这并不妨碍存在一个"美国文化"。他认为,美国文化的内容可以通过"主观标准"来解决:如果某些文化形式和产品被普遍认为是属于美国的,那它就是"美国文化",如泰勒制和福特主义等生产方法、可口可乐和麦当劳等产品、摇滚乐和爵士乐等艺术形式以及棒球帽等时尚,被世界普遍认为是美国文化的代表,那它们就是美国文化。19世纪末以来,美国输出其商品、技术、时尚、资本、艺术形式以及人员、制度和价值观,这些被美国自己和其他国家强烈认为属于美国。固然,其中很多属于大众文化和消费社会的共同要素,而且大众文化和消费社会也并非美国所独有,但它们却在美国最先被完善,在历史上被美国人所传布,并被其他国家视为是"美国的"。好莱坞电影自默片时代就从世界各地招揽人才并且已经成为真正跨国性的产业,但一直到现在仍然被认为是美国的象征。因此,"美国文化"并非是一个神话。①

持这种看法的学者反对过分强调边缘地区抵制中心地区文化扩张的能力,认为美国文化消费者的自主性是有限的,即使美国文化在不同的地方背景下被在地化,但美国仍然是全球化进程的中心。用凯塞尔的话说,文化传播"可以是双行道,但是大部分往来的车辆和行人是去往一个方向,即从美国到其他地区"。②

第五种观点试图从冷战后全球化的视角理解美国文化输出及其后果,认为全球化浪潮既有利于美国文化的全球传播,但同时也为其他地方性文化走向世界提供了机会,开启的是全球文化地方化和地方文化全球化的过程,而后一过程会削弱美国文化的特性和影响。也就是说,全球化"既牺牲非西方文化,也以西方文化为'代价'"。③全球化与美国化的最大不同在于人口、思想和商品的流动不仅从美国流向世界,也从世界流向美国,

---

① Richard Kuisel, "Americanization for Historians," *Diplomatic History*, Vol. 24, No. 3, Summer 2000, p. 511.

② Ibid., p. 510.

③ Peter Beyer, *Religion and Globalization*, London: SAGE Publications, Ltd., 1994, p. 9.

使美国文化受到非美国文化的影响和冲击。比如,作为美国大众文化标志的"福特"牌汽车实际上从世界各地生产配件,已经成为"世界"牌汽车。好莱坞电影也越来越多地把其他国家的文化元素和历史故事纳入其题材之中,并有越来越多的外国导演和演员加入,因此好莱坞电影在多大程度上还是美国文化的标志已经开始受到质疑。《纽约时报杂志》编辑林恩·赫希伯格在 2004 年的一篇文章中表达了对好莱坞电影正在"去美国化"的担心。他抱怨说,过去美国制造商主要是为美国观众拍摄电影,那时"美国电影常常是美国各州生活的广告",但是,在全球化时代,好莱坞电影制造商的目标观众"已经从美国 50 州变成全球市场",因此在其他国家把全球化视为可以通过电影展示本国文化和社会状况的时候,"美国更感兴趣的却是吸引尽可能多的国际观众","大部分大电影厂的电影都对美国失去了兴趣,而更愿意描绘一个想象的或发明的世界",其结果就是"我们的电影不再反映我们的文化"。① 在赫希伯格看来,全球化进程实际上是在削弱好莱坞电影的美国特性和美国文化元素。不仅电影中出现这种现象,美国的其他大众文化形式,也越来越受到外国文化影响,美国大众文化制造者在全球化进程和文化多元主义影响下越来越愿意吸收其他国家的文化元素,以开拓全球市场。有学者发出这样的疑问:如果很多在美国流行的大众文化产品的生产者是美国社会的受害者(underdogs)和非美国人,那么美国的大众文化还在多大程度上是"美国的"?② 埃米莉·罗森堡则提出,现在我们也许可以仿造乔斯特·利普斯的预言对美国说:"你曾经征服的那个世界现在正在征服你。"③

以上五种观点分别从不同的角度分析了美国文化输出的影响,代表不同时期的人们对这一问题的认识,应该说都有一定道理,各自反映了部分历史真实。美国文化对世界的影响异常复杂,在不同国家和地区以及不同的历史时期,其影响肯定是不同的,因此越是高度概括性的和贴标签式的

---

① Lynn Hirschberg, "What is an American Movie Now?" *New York Times Magazine*, Nov. 14, 2004, pp. 90, 91.

② Wagnleitner & May, eds., "*Here, There, and Everywhere*": *The Foreign Politics of American Popular Culture*, p. 2.

③ Rosenberg, "Cultural Interaction," Paterson and Merrill, eds., *Major Problems in American Foreign Relations: Documents and Essays*, Vol. 2, p. 12.

评价离历史真相越远。恰当的方法是将研究具体化,考察具体历史情境下某项美国文化要素对某个国家或某个群体的影响。

而从国际秩序的视角来看,以上五种观点忽略了美国文化输出的另一个后果,即国际文化的兴起。以牛仔裤、篮球、爵士乐、摇滚乐、好莱坞电影、麦当劳食品为代表的美国大众文化在世界的流行是 20 世纪人类最重要的文化现象之一,它们已经成为世界各国人民共享的文化形式。

这一过程最早是从 20 世纪 20 年代的欧洲开始的。第一次世界大战后美国文化在欧洲的传播在大西洋共同体内培育了一种"新的、消费驱动的、美国化的国际文化(Americanized international culture)"。① 在这一过程中,电影和无线电通信发挥了特别重要的作用。好莱坞电影诉诸共同的人性,超越了民族和文化界限,成为不同民族沟通和交流的工具,在大西洋两岸培育了国际主义观念。无线电通信则让相隔遥远的地区同时分享同样的信息,产生全球一体的想象。早在 1926 年,美国知名社会学家罗伯特·派克就指出电影对国际关系的深刻影响。他发现,电影"让过去只能通过二手渠道间接地相互了解的各国人民直面相对",认识到外国人"奇怪的风俗和陌生面孔背后,具有我们既能够理解又能够分享的情感以及我们或者尊敬、或者担忧、或者痛恨的动机",因而促进了国家和种族之间的相互理解。其结果是,"世界不同地区形成了几年前不可想象的那种紧密关系","不同种族和民族在风俗和行为方式上的个性、陌生和独特已经开始消融并正在改变之中"。② 美国电影协会主席埃里克·约翰斯顿(Eric Johnston)在 1946 年的报告中也表达了类似的看法:

> 电影是当今世界上所有国家的人民可以共同欣赏的唯一艺术。它是世界各国人民可以通过通用的图画语言相互交流的唯一沟通媒介。由于屏幕上人物活动和说话的形象具有即时性并展现活生生的生活,因

① Emily S. Rosenberg, "Consuming Women: Images of Americanization in the 'American Century'," Hogan, ed., *The Ambiguous Legacy: U. S. Foreign Relations in the "American Century"*, p. 438.

② Robert E. Park, "Our Racial Frontier on the Pacific," *Survey Graphic*, Vol. 8, May 1926, pp. 192 – 196. 收入 Robert E. Park, *Race and Culture: Essays in the Sociology of Contemporary Man*, New York: The Free Press, 1950, pp. 138 – 151, 引文引自 pp. 148 – 149。

此世界各地的电影观众都进入到对方的场景之中，并共同生活在同一现实之中。电影观众这一共同体是即将到来的世界共同体的标志。最纷繁多样的不同群体通过电影相互认识，开始共同感受到作为同一个星球的居民和同是人类的成员意味着什么。①

正是在这个意义上，派克把电影和广播视为"国际和种族关系中真正的新因素"，认为二者的发明"再加上越来越高的识字率正在稳步地把地球上所有国家的人民显著地带进共同的文化和共同的历史生活之中"。②

除了电影之外，美国大众文化的其他要素，例如食品、音乐、体育、时尚等，都起到培养共享的跨国文化的作用。1941 年 2 月，亨利·卢斯注意到，"美国爵士乐、好莱坞电影、美国俚语、美国的机器和专利产品实际上是从桑给巴尔到汉堡的世界每个社区都认可的仅有的事物"。③ 实际上，伴随着美国大众文化产品被输往世界各地，不论人们在世界什么地方，都可以看同样的电影、消费同样的食品和购买同样品牌的衣服。这些大众文化产品不再是美国的，而是成为现代消费社会的全球性符号，实际上是正在出现的全球文化的一部分。正如德国人类学家卡斯帕·马斯（Kaspar Maase）所言，"在企业、政治、科学和技术上层精英集团，在受过学术训练的专业人员中，公民拥有享受共同文化乐趣的权利的观念得到广泛支持，流行艺术和大众娱乐已经成为所有人的文化"。④

正在发展中的国际文化不仅包括美国所代表的大众文化，还包括美国从威尔逊时代就极力倡导和输出的自由、平等和人权观念。通过第一次世界大战期间公共信息委员会的宣传、30—40 年代的美国文化外交和太平洋

---

① Eric Johnston, *The Motion Picture on the Threshold of a Decisive Decade*, Annual Report to the Motion Picture Association of America, Inc., New York, 1946, pp. 7 – 8. 转引自 Gerald M. Mayer, "American Motion Pictures in World Trade," *Annals of the American Academy of Political and Social Sciences*, Vol. 254, No. 1, Nov. 1947, p. 35。

② Park, "Our Racial Frontier on the Pacific," Park, *Race and Culture: Essays in the Sociology of Contemporary Man*, p. 149.

③ Luce, "American Century," *Life*, Vol. 10, No. 7, Feb. 17, 1941, p. 65.

④ Berghahn, "Philanthropy and Diplomacy in the 'American Century'," Hogan, ed., *The Ambiguous Legacy: U. S. Foreign Relations in the "American Century"*, p. 414.

战争时期战争信息署的活动，到第二次世界大战结束时，自由、平等、人权和正义的理念已经成为多数国家认可的共同价值观和战后国际秩序的基础。

正是美国文化的全球传播催生了一种共享的"国际文化"或"全球文化"，促进了世界共同体观念的兴起，整个世界开始成为一个"想象的共同体"。从这个意义上说，所谓美国"生活方式"的传播具有世界秩序的意义。

结 束 语

一

　　经过两次惨烈的世界大战和国内激烈的政治辩论，到第二次世界大战结束的时候，美国在如何处理与外部世界的关系、什么是美国的国际角色和国家身份等困惑了美国近半个世纪的问题上达成了共识：美国必须积极参与国际事务，充当世界的领袖和民主的"捍卫者"。与20世纪后半期频繁的对外干涉和全球主义外交不同，美国在1945年以前实际上并没有执行与其实力相称的积极的对外政策，对国际事务的参与是相当有限的。如果从19世纪90年代美国成为世界第一经济强国算起，美国经过半个世纪的犹豫和摇摆，并两次拒绝英国让与的领导地位后才把其强大经济实力转化为全球性的政治权力，确立起领导世界的决心。从这个意义上说，第二次世界大战结束前的美国实际上是一个相当踌躇，甚至有些不情愿的霸权。这种"踌躇"与"不情愿"与多种因素有关，包括美国独特的地理位置和自然条件、分权制衡的外交决策体制、以自由为核心的国家传统、对霸权（领导世界）代价的担心以及独特的自我形象。如前所述，一直到珍珠港事件前，多数美国人仍然相信美国远离欧洲的地理位置使美国不用卷入欧洲事务就可以确保自己的安全。而当总统试图推行积极的对外政策，让美国承担国际责任的时候，通常是国会对总统的政策构成掣肘，从第一次世界大战时起，国会就成为孤立主义的大本营。美国人根深蒂固的自由传统反对联邦政府把追求国家强大作为主要的国家目标，限制了联邦政府推行扩张主义和干涉主义政策的能力。而对霸权代价的担心使很多美国人在两次世界大战之间反对美国干预国际事务、充当世界领袖，美国人所担心的霸权代价不仅是生命损失和物质付出，还包括卷入外国纷争和充当世界警察对美国民主制度和自由生活方式的损害和威胁：民众税负的加重、国家权力的膨胀、公民自由的丧失以及外国对美国的嫉妒和仇恨。更重要的是，自殖民地时代开始，美国人就把美洲新大陆与世界其他地区分离开来，把自己描绘成特殊的"新世界"，相信自己是"例外的"（exceptional）和"独特的"（unique），不能卷入欧洲的纷争中，更不能与腐败和堕落的"旧世界"同流合污。这种独特的自我认知支持美国与欧洲主导的国际体系相分离，反对美国参与国际事务。到第二次世界大战结束的时候，美国人放弃了过去的踌躇与不情愿，在世界各国的"拥戴"下踌躇满志地承担起领导世界的重任，从此踏入凶险的国际政治丛林之中，走上全球干涉之路。

二

当美国决心参与国际事务，充当世界领袖和全球霸权的时候，美国社会在国际秩序问题上也达成了共识：美国加入国际体系的前提不是认同和接受欧洲主导的"旧秩序"，而是按照美国的形象对"旧秩序"进行改造，建立一个国际"新秩序"，只有在一个被改造的、体现美国价值观的世界里，美国才会感到安全。如果说第一次世界大战后美国不得不与英、法等欧洲强国共享国际秩序制定权的话，那么第二次世界大战后美国已经成为国际秩序的主导者。美国运用自己强大的实力和声望，利用重建战后世界的契机，建立起一整套基于以下原则的自由主义国际秩序，实现了国际秩序的"美国化"：开放的市场和自由贸易、民族自决、民主的国内治理、人权保障、国际合作与集体安全、法治、渐进与和平的变革。到 20 世纪中期，国际关系与世界政治经历了深刻而巨大的变革，包括民主的扩展（极权主义的德国和军国主义的日本被改造成民主国家）、自由资本主义国际经济体系的形成（布雷顿森林体系）、国际制度和国际法的发展以及国际组织（联合国）的建立。这些变化在 19 世纪欧洲主导国际关系的时代是不可想象的。而世界政治的这一变化主要是美国崛起及其对国际事务积极参与的结果，没有美国的理念、实力和决心，国际政治的这一变化显然不会发生。美国成为自由主义国际秩序的首倡者和捍卫者。

随着冷战的兴起和东西方的分裂，罗斯福和赫尔等人设计和建立的战后自由主义国际秩序很快发生了改变。在罗斯福设想中，战后国际秩序是一个涵盖整个世界的统一的国际体系，其应用范围是全球的；诸大国，特别是美苏之间通过合作共同维护国际和平与安全。但是，伴随着美苏对抗的加剧，世界逐渐分裂成两大阵营，自由主义国际秩序不再是一个包容所有国家的普遍性世界秩序，而变成西方世界的秩序，具有强烈的西方色彩。无论是布雷顿森林体系、集体安全原则，还是人权保障都只适用于西方阵营。建立在大国合作基础上的全球性集体安全体系被抛弃，代之以西方世界的安全共同体——大西洋共同体，安全合作也从联合国安理会转移到北约和美国领导的各种军事与政治同盟中。这一秩序的基础不再是美苏合作，而是美国对西方世界的领导。

三

美国倡导的自由主义国际秩序在很大程度上也是美国国内秩序的翻版，是美国价值观的外化。正如著名经济史家查尔斯·金德尔伯格所言，领导国常常"自觉或不自觉地准备按照国内所认可的一套系统的规则为其他国家确立行为准则，力求其他国家遵循那些准则"。① 柯立芝总统在 1925 年 11 月曾指出，美国"应该鼓励和支持把我们在联邦不同州之间做的事情应用到世界不同国家的关系中去"，美国的"雄心"是"不但要让华盛顿建立的制度成长起来赐福给我们自己的公民，而且还要不断扩大其影响让全世界受益"。② 柯立芝所说的"联邦不同州之间做的事情"就是通过司法途径解决彼此的矛盾。20 年代共和党政府倡导的依赖国际法、国际仲裁和国际舆论而非武力来解决国家间纠纷的政策直接来源于美国国内的政治实践。凯南在评价现代美国外交时也曾指出，美国人处理国际问题的法治主义取向实际上深受美国政治和社会生活经验的影响，即"试图将适用于个人的盎格鲁—撒克逊法律观念移植到国际领域中去，并使之适用于各国政府，

---

① 金德尔伯格：《1929—1939 年世界经济萧条》，第 12 页。

② Coolidge's Speech before the Chamber of Commerce of the State of New York, New York City, Nov. 19, 1925, pp. 42 - 44, http://memory. loc. gov/ammem/coolhtml/coolbibTitles02. html. （2009 年 9 月 1 日获取）

正如在美国国内适用于个人那样"。凯南进一步解释说，这种信念部分源于"美国政治制度的起源"，美国"曾经通过接受一种共同的制度和司法框架把最初 13 州在利益和愿望上的冲突减少到无害的程度，并使他们彼此之间建立起一种秩序井然、和睦相处的关系"，在美国人看来，"在一定条件下 13 个殖民地能做到的事"自然可以应用到"更广阔的国际领域"。①

美国对国联和联合国等国际组织的倡导则直接来自组建联邦的经验，即通过契约的方式把相互敌视和猜忌的主权国家联合起来，建立起和平与秩序，美国的联邦主义与自由国际主义实际上存在高度的相似性。从这个意义上，可以把威尔逊主义视为"全球相互依赖背景下的麦迪逊主义"（Madisonianism）。②

美国倡导的国际秩序的其他原则，如自由贸易、民主的国内治理等也基于其国内政治制度和市场经济的实践。进步主义时代的乐观精神激发威尔逊试图通过理性的设计来改造旧的国际秩序，建立一个更加合理的国际新秩序。罗斯福新政的经验则促使他在战后重建中倡导社会正义、经济发展和人权保障，并对国际金融体系进行适当的监管。美国宪法学者爱德华·科温在 1944 年言道，"海外和平事业与国内宪政民主事业是一对盟友"。③ 这句话实际上表达了这样一个逻辑：国外和平有利于美国民主的保持，而国内宪政民主经验可以用来促进世界和平。

显然，自由主义国际秩序是美国国内秩序在国际关系领域的延伸，没有国内的宪政民主与市场经济实践，美国不可能提出自由主义国际秩序。一国的国内政治经验和（政治）文化传统是其国际秩序构想的基础。

四

毫无疑问，美国决心充当"世界领袖"，推动自由主义国际秩序的建立

---

①　Kennan, *American Diplomacy*, pp. 95 – 96.

②　Daniel Deudney, *Bounding Power: Republican Security Theory from the Polis to the Global Village*, Princeton: Princeton University Press, 2007, p. 186.

③　Edward Corwin, *The Constitution and World Organization*, Princeton: Princeton University Press, 1944, reprinted in 1990, p. 56.

是为了更好地维护美国的安全和利益，美国为国际关系建立新秩序的过程实际上也就是美国确立全球霸权和世界领导地位的过程。通过在全世界范围内促进和输出民主，美国自身的民主制度不仅得到了巩固，美国价值观和民主制度的影响力也随之扩大。自由贸易原则的推行不仅使美国获得了全球市场和世界各国的原料，促进了战后美国经济的繁荣，而且使美国的文化产品行销全球，扩大了美国大众文化的影响力；以联合国为中心的大国合作与集体安全机制降低了美国管理世界的成本，支撑起美国的领导地位。从这个意义上说，自由主义国际秩序是第二次世界大战后美国维持全球霸权和领袖地位的重要工具。

自由主义国际秩序在促进美国利益、支撑美国霸权的同时，也带来了国际关系和世界政治的进步：一是国际关系的道德化。自由国际主义实际上把公民社会中约束个人关系的道德准则应用到国家间关系中，如平等、守信、互助、合作以及和平解决争端等，国际关系不再是单纯由"国家理性"主导的排除道德规范的丛林，而在一定程度上成为受道德约束的领域。二是国际关系的有序化。自由主义国际秩序提供了国家交往的一系列规则、规范和制度，促进了国际法的发展和国际组织的建立，改变了国际关系的无政府状态，缓解了国家间的安全困境，使国家行为具有可预见性，实现了国家间的有序交往。三是人权保障的国际化和民主制度的扩展。战后，人权保障从国家内政问题变成国际关系问题，普遍人权的观念开始深入人心，第二次世界大战元凶德国和日本从极权主义和军国主义国家被改造成崇尚和平主义的宪政民主国家，这些都是美国积极推行自由国际主义秩序的直接结果。国际关系和世界政治的这些积极变化是人类经历了两次世界大战和30年代的经济大萧条，付出了惨重的代价后才换来的。

从宏观的历史视野来看，自由主义国际秩序的建立顺应了20世纪现代性发展带来的两大潮流，即工业革命后国家间联系日益密切的全球化浪潮和法国大革命后大众政治兴起开启的民主化浪潮。由于工业化、交通和通信技术的进步以及国际贸易的发展，国家间相互依赖日益加深，在这种情况下，经济民族主义和国家间的无序竞争带来的是两败俱伤和世界经济的萧条，建立在国家完全自足和绝对主权基础上的均势政治也已经无法维护世界稳定与和平。而市场开放、自由贸易、国际合作和集体安全与全球化潮流相适应，有助于经济繁荣与世界和平。法国大革命前，政治权威是继承性的和专断的，民主被等同于暴民统治，而法国大革命用人民意志和人民主权取代君主主权作为政治合法性的基础，使自由、平等和民主的观念广泛传播，第一次世界大战更是终结了欧洲大陆的君主政治和王朝统治。威尔逊和罗斯福等自由国际主义者相信政府的合法权力必须来自被统治者的同意，试图推进各国国内政治的重组和民族自决，并将民主化和人权保障作为国际新秩序的准则，在一定程度上顺应了大众参与政治生活和建立民族国家的愿望。从这个意义上说，美国在第一次世界大战后倡导建立的自由主义国际秩序与第一次世界大战前欧洲旧秩序相比无疑是历史的进步，更有助于世界的和平与繁荣。

五

美国倡导建立的自由主义国际秩序并不能带来持久的和平，自由国际主义思想存在若干重大缺陷，它在促进国际秩序的改善与世界和平的同时也引发了巨大灾难。

自由国际主义的第一个缺陷在于它试图用统一的政治文化和政治模式来整合整个世界，而没有看到世界的多样性。自由民主制度固然具有普适性，但是一个国家成熟、稳定的民主制度必须植根于该国的文化，美国的悖论就在于它可以通过劝说、威胁和武力移植民主制度，却无法移植滋养民主制度的文化，这导致其促进民主的努力往往失败。从这个意义上说，自由国际主义是天真和幼稚的。相互依赖和多样性是 20 世纪世界的特征，自由国际主义看到了世界的相互依赖，试图用统一的秩序来规范国家间的关系，从而实现繁荣与和平，但是忽视了世界的多样性，正是世界经济、文化和政治的多样性妨碍了自由国际主义的胜利。"全球依赖和多样性一起为 20 世纪的美国制造了根本的困境。"[1]

自由国际主义的第二个缺陷在于其宏大的目标与实现目标的手段之间、美国高远的国际理想与愿意为这一理想而付出的代价之间存在严重的失衡。

---

[1] Lloyd E. Ambrosius, *Woodrow Wilson and the American Diplomatic Tradition：The Treaty Fight in Perspective*, Cambridge, U. K.：Cambridge University Press, 1987, p. ix.

自由国际主义的目标是通过重新塑造有利于美国制度生存和繁荣的国际环境来获取绝对安全,为此在全球范围内推行自由主义国际秩序,试图培育一个开放的、自由主义意识形态主导的世界环境。① 这一旨在实现全球变迁的目标无疑比追求经济利益和国际权势的目标要宏大得多。但是,美国民众却常常不愿意为实现这一宏大目标付出代价,一旦代价高昂,即要求美国政府减少对国际事务的卷入。在美国外交史上通常看到的情景是:大战的胜利往往会激发美国决策者通过改造世界赢得持久和平的抱负,但是改造世界的抱负往往因为公众不愿承受越来越高的代价而半途而废,其结果就是美国回到孤立主义或暂时奉行现实主义的外交政策,通过建立均势而不是改造世界来维护美国的安全,两次世界大战之间和20世纪70年代就是如此,这导致美国外交史上经常出现"赢得了战争却失去和平"的奇特现象。

自由国际主义的第三个缺陷在于其隐含的种族主义思想。自由国际主义者追求在全球范围内按照美国的价值观和制度对其他国家的治理方式与国际政治进行改造,声称只有美国有资格和能力充当世界的领导者,实际上预设美国的价值观和制度是最先进的,具有普世价值,美国的原则就是世界的原则。这种强烈的种族和文化优越感在自由国际主义思想的集大成者——威尔逊总统身上表现得非常明显。威尔逊对黑人充满偏见,支持美国南部种族隔离制度;在设计国际秩序时认为民族自决原则只适用于欧洲白人,而亚非的有色人种不能自治,需要国联授权大国进行委任统治。日本在巴黎和会上提出种族平等要求时,威尔逊也反应冷淡,并拒绝把种族平等原则写入《凡尔赛和约》。实际上,富兰克林·罗斯福也有类似的偏见。这种种族主义思想与自由国际主义者倡导的国家平等和民族自决原则无疑是矛盾的,体现了自由主义国际秩序的虚伪性,而这种虚伪性又削弱了这一秩序的正当性和权威性以及在维护和平方面的效力。两次世界大战后第三世界反西方的民族主义的兴起与自由国际主义秩序的虚伪性存在直

---

① 这集中体现在1950年4月出台的国家安全委员会第68号(NSC68)文件中。该文件称:美国"目前总的政策"是"旨在培育有利于美国制度生存和繁荣的世界环境","培育一个健康的国际社会"将是美国"长期从事的建设性活动",因此,美国"拒绝孤立的概念,并确信我们积极参与国际社会的必要性"。NSC 68, *FRUS*, 1950, Vol. 1, p. 252.

接的关系。

自由国际主义者一厢情愿地输出民主以实现对其他国家的改造，这常常导致美国对其他国家内政进行干涉，甚至试图以武力输出民主并因此引发战争。而干涉和战争往往导致动荡和杀戮，给相关国家带来巨大的苦痛和灾难，美国也因此付出了惨重的代价。越南战争和伊拉克战争就是自由国际主义思想造成的诸多灾难中最大的两场。如果说，第一次世界大战前欧洲盛行的现实主义思想和均势政治原则常常导致小国被任意瓜分和世界性战争，第二次世界大战后美国倡导的自由国际主义秩序带来的就是大国对小国的干涉和局部冲突。

简言之，自由国际主义者为美国确立的世界领袖（霸权）角色及其在第二次世界大战后建立的国际秩序给人类既带来了福祉，也造成了灾祸。人类离实现持久和平和普遍正义的目标还相当遥远。

参考文献

基本史料

政府文件：

1. Bartlett, Ruhl, ed. *The Record of American Diplomacy*：*Documents and Readings in the History of American Foreign Relations.* New York：Knopf, 1954.

2. Butler, Rohan, et al., eds. *Documents on British Foreign Policy*, *1919 – 1939.* London：Her Majesty's Stationary Office, 1966.

3. Butler, Susan, ed. *My Dear Mr. Stalin*：*The Complete Correspondence between Franklin D. Roosevelt and Joseph V. Stalin.* New Haven, C. T. ：Yale University Press, 2005.

4. Gooch, G. P. and H. Temperly, eds. *British Documents on the Origins of the War*, *1898 – 1914.* London, 1928.

5. Goodrich, Leland M. , and Marie J. Carroll. *Documents on American Foreign Relations.* Boston：World Peace Foundation, 1944.

6. Kimball, Warren F. , ed. *Churchill & Roosevelt*：*The Complete Correspondence*, 3vols. Princeton, N. J. ：Princeton University Press, 1984.

7. Link, Arthur, ed. *The Papers of Woodrow Wilson*, 69vols. Princeton, N. J. ：Princeton University Press, 1966 – 1994.

8. Rosenman, Samuel, ed. *Public Papers and Addresses of Franklin D. Roosevelt*, 13vols. New York：Macmillan and Company, 1938 – 1950.

9. U. S. Congress. *American Neutrality Policy*：*Hearings before the Committee on Foreign Affairs*, *House of Representatives*, *Seventy-sixth Congress*, *First session*, *April 11-May 2*, *1939.* Washington, D. C. ：U. S. Government Printing Office, 1939.

10. U. S. Congress. *Neutrality*, *Peace Legislation and Our Foreign Policy*: *Hearings before the Committee on Foreign Relations*, *United States Senate*. *Seventy-sixth Congress*, *First Session*. Washington, D. C. : U. S. Government Printing Office, 1939.

11. U. S. Congress. *Congressional Record*, 1919 – 1941.

12. U. S. Department of State. *Peace and War*: *United States Foreign Policy*, *1931 – 1941*. Washington, D. C. : Government Printing Office, 1942.

13. U. S. Department of State. *Postwar Foreign Policy Preparation*, *1939 – 1945*. Washington, D. C. : Government Printing Office, 1949.

14. U. S. Department of State. *United States Relations with China*: *With Special Reference to the Period 1944 – 1949*. Washington, D. C. : G. P. O. , 1949.

15. U. S. Department of State. *A Decade of American Foreign Policy*: *Basic Documents*, *1941 – 1949*. Washington, D. C. : U. S. Government Printing Office, 1950.

16. U. S. Department of State. *Foreign Relations of the United States* (*FRUS*), *1917 – 1945*. Washington, D. C. : U. S. Government Printing Office, 1926 – 1955.

17. U. S. Department of State. *U. S. Department of State Bulletin*, 1939 – 1945.

18. Welles, Sumner. *The Roosevelt Administration and Its Dealings with the Republics of the Western Hemisphere*. Washington, D. C. : U. S. Government Printing Office, 1935.

19. Wilson, Woodrow. *New Democracy*: *Presidential Messages*, *Addresses*, *and Other Papers* (*1913 – 1917*), edited by Ray Stannard Baker and William E. Dodd, 2 vols. New York: Harper, 1926.

20. Wilson, Woodrow. *War and Peace*: *Presidential Messages*, *Addresses*, *and Public Papers* (*1917 – 1924*), edited by Ray Stannard Baker and William E. Dodd, 2 vols. University Press of the Pacific, 2002, reprinted from the 1927 edition.

日记、书信、文集、回忆录、会议记录、年鉴、时人著作:

1. Acheson, Dean. *Present at the Creation*: *My Years in the State Department*. New York: W. W. Norton, 1969.

2. American Council of the Institute of Pacific Relations. *Annual Report of the Amer-*

ican Council of the Institute of Pacific Relations, 1936 – 1941. New York, 1937 – 1942.

3. Beard, Charles A. "The American Invasion of Europe." *Harper's Magazine*, Vol. 158, Mar. 1929.

4. Bender, George H. *The Challenge of 1940*. New York: G. P. Putnam's Sons, 1940.

5. Blum, John M., ed. *From the Morgenthau's Diaries*. Boston: Houghton Mifflin, 1967.

6. Borah, William. *Bedrock: Views on Basic National Problems*. Washington, D. C. : National Home Library Foundation, 1936.

7. Borchard, Edwin. "The Problems of Backward Areas and of Colonies." in Stephen P. Duggan, ed., *The League of Nations: The Principle and the Practice*. Boston: Atlantic Monthly Press, 1919.

8. Byrnes, James F. *Speaking Frankly*, New York: Harper and Brothers, 1947.

9. Campbell, Thomas M., and George C. Herring, Jr., eds. *The Diaries of Edward R. Stettinius, Jr., 1943 – 1946.* New York: New Viewpoints, 1975.

10. Cantril, Hadley, and Mildred Strunk, eds. *Public Opinion, 1935 – 1946.* Princeton, N. J. : Princeton University Press, 1951.

11. Challener, Richard D., ed. *From Isolation to Containment, 1921 – 1952.* New York: St. Martin's Press, 1970.

12. Cherrington, Ben. "The Division of Cultural Relations of the Department of State." *Institute of International Education News Bulletin*, Vol. 14, No. 8, May 1, 1939.

13. Commager, Henry S. *Documents of American History*. New York: Appleton-Century-Crofts, Inc., 1958.

14. Commission of Appraisal. *Rethinking Missions: A Laymen's Inquiry after One Hundred Years*. New York: Harper and Brothers, 1932.

15. Condliffe, John B. ed. *Problems of the Pacific: Proceedings of the Second Conference of the Institute of Pacific Relations, Honolulu, Hawaii, July 15 to 29, 1927.* Chicago: University of Chicago Press, 1928.

16. Condliffe, John B. ed. *Problems of the Pacific: Proceedings of the Third Conference of the Institute of Pacific Relations, Nara and Kyoto, Japan, October 23 - November 9, 1929.* The University of Chicago Press, 1930.

17. Coolidge, Calvin. *Foundations of the Republic: Speeches and Addresses.* New York: Scribner, 1926.

18. Copeland, Lewis, et al., eds. *The World's Greatest Speeches.* Mineola, N. Y.: Dover Publications, Inc., 1999.

19. Cravan, Avery, Walter Johnson, and F. Roger Dunn, eds. *A Documentary History of the American People.* Boston: Ginn and Company, 1951.

20. Creel, George. *How We Advertised America: The First Telling of the Amazing Story of the Committee on Public Information That Carried the Gospel of Americanism to Every Corner of the Globe.* New York: Harper and Brothers, 1920.

21. Creel, George. *The War, the World, and Wilson.* New York: Harper and Brothers, 1920.

22. Crow, Carl. *China Takes Her Place.* New York: Harper and Brothers, 1944.

23. Davis, Forrest. "Roosevelt's World Blueprint." *Saturday Evening Post*, Vol. 115, No. 41, Apr. 10, 1943.

24. Davis, Forrest. "What Really Happened at Tehran." *Saturday Evening Post*, Vol. 216, No. 46, May 13, 1944.

25. Denny, Ludwell. *America Conquers Britain.* New York: A. A. Knopf, 1930.

26. Doenecke, Justus D. *In Danger Undaunted: The Anti-Interventionist Movement of 1940 - 1941 as Revealed in the Papers of the America First Committee.* Stanford, Calif.: Hoover Institution Press, 1990.

27. Fenwick, Charles G., and Edwin M. Borchard. "The Distinction between Legal and Political Questions." In *Proceedings of the American Society for International Law at Its Eighteenth Annual Meeting Held at Washington, D. C., April 24 - 26, 1924.* Washinton, D. C., 1924.

28. Fleming, Daniel J. *Whither Bound in Missions.* New York: Association Press, 1925.

29. Foner, Philip S., and Richard C. Winchester, eds. *The Anti-Imperialist*

Reader: *A Documentary History of Anti-Imperialism in the United States*, 2 vols. New York: Holmes & Meier Publishers, Inc. , 1984.

30. Foreign Missions Conference of North America. *Foreign Missions Conference of North America: Being the Report of the Twenty-fifth Conference of Foreign Missions Boards in the United States and Canada at Garden City, New York, January 15 - 17, 1918.* New York: Foreign Missions Library, 1918.

31. Fosdick, Raymond B. , ed. *Letters on the League of Nations: From the Files of Raymond B. Fosdick.* Princeton, N. J. : Princeton University Press, 1966.

32. Gallup, George H. *The Gallup Poll: Public Opinion, 1935 - 1971.* New York: Random House, 1972.

33. Gallup, George, and Claude Robinson. "American Institute of Public Opinion-Surveys, 1935 - 1938. " *Public Opinion Quarterly*, Vol. 2, No. 3, Jul. 1938.

34. Graebner, Norman A. *Ideas and Diplomacy: Readings in the Intellectual Tradition of American Foreign Policy.* Oxford, U. K. : Oxford University Press, 1964.

35. Hoare, Quintin, and Geoffrey Nowell Smith, ed. *Selections from the Prison Notebooks of Antonio Gramsci.* New York: International Publishers, 1971.

36. Hofstadter, Richard, ed. *Great Issues in American History: A Documentary Record.* New York: Vintage Books, 1958.

37. Hoover, Herbert. "A Year of Cooperation. " *Nation's Business*, Vol. 10, No. 7, Jun. 5, 1922.

38. Hopkins, C. Howard. *John R. Mott, 1865 - 1955: A Biography.* Grand Rapids: Eerdmans, 1979.

39. Hughes, Charles E. "The Development of International Law. " In *Proceedings of the American Society for International Law at Its Eighteenth Annual Meeting Held at Washington, D. C. , April 23 - 25, 1925.* Washinton, D. C. , 1925.

40. Hughes, Charles Evans. "Some Aspects of the Work of the Department of State," Address before the Chamber of Commerce of the United States at Con-

vention Held in Washington, D. C., May 18, 1922. *American Journal of International Law*, Vol. 16, No. 3, Jul. 1922.

41. Hughes, Charles Evans. "The Permanent Court of International Justice," Address by the Secretary of State of the United States before the American Society of International Law, April 27, 1923. In *Proceedings of the American Society for International Law at Its Eighteenth Annual Meeting Held at Washington, D. C., April 26 – 28, 1923.* Washinton, D. C., 1923.

42. Hughes, Charles Evens. *The Pathway of Peace: Representative Addresses Delivered during His Term as Secretary of State.* New York: Harper and Brothers, 1925.

43. Hull, Cordell. "The Division of Cultural Relations of the Department of State." in Lewis Hanke, ed., *Handbook of Latin American Studies: A Selected Guide to the Material Published in 1937 on Anthropology, Art, Economics, Education, Folklore, Geography, Government, History, International Relations, Law, Language, and Literature.* Cambridge, Mass. : Harvard University Press, 1938.

44. Hull, Cordell. *The Memoirs of Cordell Hull*, 2 vols. New York: The Macmillan Company, 1948.

45. Hull, Cordell. *The Outlook for the Trade-Agreements Program.* Washington, D. C. : U. S. Government Printing Office, 1938.

46. Ickes, Harold L. *The Secret Diary of Harold L. Ickes*, 3 vols. New York: Simon and Schuster, 1953 – 1954.

47. Institute of Pacific Relations. *Institute of Pacific Relations, Honolulu Session, June 30 – July 14, 1925: History, Organization, Proceedings, Discussions, and Addresses.* Honolulu, Hawaii, 1925.

48. Institute of Pacific Relations. *IPR Publications on the Pacific: 1925 – 1952.* New York: International Secretariat of the Institute of Pacific Relations, 1953.

49. International Missionary Council. *The Authority of the Faith* (Tambaram Series Following the International Missionary Council Meeting at Tambaram, Madras, De-

cember 1 – 29, 1938）. London: Oxford University Press, 1939.

50. International Missionary Council. *The Jerusalem Meeting of the International Mission-ary Council*, *March 24 – April 8*, *1928*, 5 vols. New York and London, 1928.

51. International Missionary Council. *The World Mission of Christianity: Message and Recommendations of the Enlarged Meeting of the International Missionary Council held at Jerusalem March 24 – April 8*, *1928*. Reprinted by National Christian Council of China, Shanghai, China, 1929.

52. International Missionary Council. *The World Mission of the Church: Findings and Recommendations of the International Missionary Council*, *Tambram*, *Madras*, *India*, *Dec. 12 to 29*, *1938*. London and New York, 1939.

53. Johnson, Gerald W. "The Ghost of Woodrow Wilson." *Harper's Magazine*, Vol. 183, June 1941.

54. Kellogg, Frank B. "The War Prevention Policy of the United States." *The A-merican Journal of International Law*, Vol. 22, No. 2, Apr. 1928.

55. Koch, Adrienne, and William Peden, eds. *The Life and Selected Writings of Thomas Jefferson*. New York: Random House, 1944.

56. Krutch, Joseph Wood. "Berlin Goes American." *Nation*, Vol. 126, May 16, 1928.

57. Lasswell, Harold D. "Sino-Japanese Crisis: The Garrison State versus the Civilian State." *The China Quarterly*, Vol. 11, Fall 1937.

58. Lasswell, Harold D. "The Garrison State." *The American Journal of Sociolo-gy*, Vol. 46, No. 4, Jan. 1941.

59. Levinson, Salmon. "The League Status of War." *New Republic*, Vol. 14, No. 175, Mar. 9, 1918.

60. Lippmann, Walter. *American Foreign Policy: Shield of the Republic*. New York: Pocket Books Inc. , 1943.

61. Luce, Henry R. "The American Century." *Life*, Vol. 10, No. 7, Feb. 17, 1941.

62. McJimsey, George T. *Documentary History of the Franklin D. Roosevelt Presi-dency*. Bethesda, Maryland: University Publications of America, 2001.

63. Merrill, William Pierson. *Christian Internationalism*. New York: The Macmil-

lan Company, 1919.

64. Mott, John R. *The Evangelization of the World in This Generation.* New York: Student Volunteer Movement for Foreign Missions, 1900.

65. Mott, John R. *The World's Student Christian Federation: Origin, Achievements, Forecast.* N. P. : WSCF, 1920.

66. Mowrer, Edgar Ansel. *This American World.* New York: J. H. Sears & Company, Inc. , 1928.

67. Olney, Richard. "International Isolation of the United States. " *Atlantic Monthly,* Vol. 81, No. 487, May 1898.

68. Pattee, Richard F. "The Division of Cultural Relations and the Role of Modern Language Teachers in the Promotion of Inter-American Cultural Relations. " *Modern Language Journal,* Vol. 23, No. 7, 1939.

69. Petty, Orville A. ed. *Laymen's Foreign Missions Inquiry Fact-Finders' Reports,* Part 2, 5 vols. New York and London: Harper and Brothers, 1933.

70. Reinsch, Paul S. *An American Diplomat in China.* New York: Doubleday, Page & Company, 1922.

71. Robinson, Edgar E. , and Paul C. Edwards, eds. *The Memoirs of Ray Lyman Wilbur.* Stanford, Calif. : Stanford University Press, 1960.

72. Roosevelt, Elliott, ed. *F. D. R. , His Personal Letters, 1928 – 1945,* 4 vols. New York: Duell, Sloan and Pearce, 1950.

73. Roosevelt, Elliott. *As He Saw It.* New York: Duel, Sloan and Pearce, 1946.

74. Russell, Bertrand. "The New Life that is America's. " *New York Times,* May 22, 1927.

75. Schlesinger, Arthur M. Jr. , ed. *My Fellow Citizens: The Inaugural Addresses of the Presidents of the United States, 1789 – 2009. New York:* Infobase Publishing, 2010.

76. Seymour, Charles. *The Intimate Papers of Colonel House.* London: Ernest Benn Limited, 1926.

77. Shotwell, James T. *The Autobiography of James T. Shotwell.* New York: Bobbs-Merrill, 1961.

78. Stead, William T. *The Americanization of the World or the Trend of the Twenti-eth Century*. New York and London: Horace Markley, 1902.

79. Stimson, Henry L. "Bases of American Foreign Policy during the Past Four Years." *Foreign Affairs*, Vol. 11, No. 3, Apr. 1933.

80. Stimson, Henry L. "The Pact of Paris: Three Years of Development," Address Before the Council on Foreign Relations, Aug. 8, 1932. *Foreign Affairs*, Vol. 11, No. 1, Special Supplement, Oct. 1932.

81. Stimson, Henry L. *The Far Eastern Crisis: Recollections and Observations*. New York: Harper and Brothers, 1936.

82. Stimson, Henry, and McGeorge Bundy. *On Active Service in Peace and War*. New York: Harper and Brothers, 1948.

83. Thomson, Charles A. "The Cultural-Relations Program of the Department of State." *Journal of Educational Sociology*, Vol. 16, No. 3, Nov. 1942.

84. Thomson, Charles A. "The Emerging Program of Cultural Relations." *ALA Bulletin*, Vol. 38, No. 2, Feb. 1944.

85. Turner, Fennell P., and Frank Knight Sanders, eds. *The Foreign Missions Convention at Washington, 1925: Addresses Delivered at the Foreign Missions Conventions of the United States and Canada Held at Washington, D. C., January 28 to February 2, 1925*. New York: Foreign Missions Conference of North America and Fleming H. Revell Company, 1925.

86. United States Department of Commerce. *Statistical Abstract of the United States, 1946 – 1950*. Washington D. C.: Government Printing Office, 1946 – 1950.

87. Vandenberg, Arthur H., Jr., ed. *The Private Papers of Senator Vandenberg*. London: Victor Gollanez Ltd., 1953.

88. Wallace, Henry. *Democracy Reborn*, edited by Russell Lord. New York: Reynal and Hitchcock, 1944.

89. Welles, Sumner. *Seven Major Decisions That Shaped History*. New York: Harper and Brothers, 1951.

90. Welles, Sumner. *The Time for Decision*. Cleveland and New York: The World Publishing Company, 1944.

91. Welles, Sumner. *Where Are We Heading?* New York：Harper & Brothers，1946.

92. Willkie, Wendell L. *One World.* New York：Simon and Schuster，1943.

93. Woolley, John, and Gerhard Peters, eds. The Papers of Presidents（American Presidency Project at the University of California, Santa Barbara）. http：//www. presidency. ucsb. edu.（网络资源）

94. Wright, Quincy. "Human Rights and the World Order." *International Conciliation*，No. 389，Apr. 1943.

95. Wunderlin, Clarence E., Jr., ed. *Papers of Robert A. Taft.* Kent, Ohio：Kent State University Press，2001.

96. Yust, Walter, ed. *Ten Eventful Years*：*A Record of Events of the Years Preceding Including and Following World War II*. Chicago：E. B. Inc.，1947.

97. 刘驭万编：《最近太平洋问题：太平洋国际学会第四届大会报告书》，中国太平洋国际学会，1932 年。

研究性论著

英文著作：

1. Adler, Selig. *The Isolationist Impulse*：*Its Twentieth Century Reaction.* New York：Collier Books，1957.

2. Akami, Tomoko. *Internationalizing the Pacific*：*The United States, Japan and the Institute of Pacific Relations in War and Peace, 1919 – 1945.* London and New York：Routledge，2002.

3. Ambrose, Stephan. *Rise to Globalism*：*American Foreign Policy since 1938*，New York：Penguin Books，1997.

4. Ambrosius, Lloyd E. *Wilsonian Statecraft*：*Theory and Practice of Liberal Internationalism during World War I.* Wilmington, D. E.：SR Books，1991.

5. Ambrosius, Lloyd E. *Woodrow Wilson and the American Diplomatic Tradition*：*The Treaty Fight in Perspective.* Cambridge, U. K.：Cambridge University Press，1987.

6. Arndt, Richard T. *The First Resort of Kings*：*American Cultural Diplomacy in the Twentieth Century.* Washington, D. C.：Potomac Books, Inc.，2005.

7. Arnove, Robert F. , ed. *Philanthropy and Cultural Imperialism*: *The Foundations at Home and Abroad*. Bloomington, Indiana: Indiana University Press, 1982.

8. Bailey, Thomas A. *A Diplomatic History of the American People*. Englewood Cliffs, N. J. : Prentice-Hall, 1980.

9. Beale, Howard. *Theodore Roosevelt and the Rise of America to World Power*. Baltimore, Maryland: Johns Hopkins University Press, 1956.

10. Bemis, Samuel F. *A Diplomatic History of the United States*. New York: Henry Holt and Company, 1955.

11. Berinsky, Adam J. *In Time of War*: *Understanding American Public Opinion from World War II to Iraq*. Chicago: The University of Chicago Press, 2009.

12. Borg, Dorothy, and Shumpei Okamoto, eds. *Pearl Harbor as History*: *Japanese-American Relations*, *1931 – 1941*. New York: Columbia University Press, 1973.

13. Borg, Dorothy. *The United States and the Far Eastern Crisis of 1933 – 1938*: *From the Manchurian Incident through the Initial Stage of the Undeclared Sino-Japanese War*. Cambridge, Mass. : Harvard University Press, 1964.

14. Borgwardt, Elizabeth. *New Deal for the World*: *America's Vision for Human Rights*. Cambridge, Mass. : Belknap Press of Harvard University Press, 2007.

15. Braeman, John, Robert H. Bremner, and David Brody. *Twentieth-Century American Foreign Policy*. Columbus, Ohio: The Ohio State University Press, 1971.

16. Buchanan, Patrick J. *A Republic*, *Not an Empire*: *Reclaiming America's Destiny*. Washington, D. C. : Regnery Publishing, Inc. , 2002.

17. Buckley, Thomas H. , and Edwin B. Strong. *American Foreign and National Security Policies*, *1914 – 1945*. Knoxville, Tennessee: The University of Tennessee Press, 1987.

18. Carroll, John M. , and George C. Herring. *Modern American Diplomacy*, Revised and Enlarged Edition. Wilmington, Delaware: Scholarly Recourses Inc. , 1996.

19. Casey, Steven. *Cautious Crusade: Franklin D. Roosevelt, American Public O-pinion and the War against Nazi Germany*. Oxford, U. K. : Oxford University Press, 2001.

20. Cashman, Sean Dennis. *America Ascendant: From Theodore Roosevelt to FDR in the Century of American Power, 1901 – 1945*. New York: New York University Press, 1998.

21. Chalberg, John C. *Isolationism: Opposing Viewpoints*. San Diego, California: Greenhaven Press, 1994.

22. Chambers II, John Whiteclay, ed. *Eagle and Dove: The American Peace Movement and United States Foreign Policy, 1900 – 1922*. Syracuse, N. Y. : Syracuse University Press, 1991.

23. Chatfield, Charles, ed. *For Peace and Justice: Pacifism in America, 1914 – 1941*. Knoxville, Tenn. : University of Tennessee Press, 1971.

24. Chatfield, Charles, ed. *Peace Movements in America*. New York: Schocken Books, 1973.

25. Chatfield, Charles, ed. *The American Peace Movement: Ideal and Activism*. New York: Twayne Publishers, 1992.

26. Churchill, Winston. *The Second World War*, 6 vols. Boston: Houghton Mifflin Company, 1948 – 1953.

27. Cohen, Paul A. , and Merle Goldman, eds. *Fairbank Remembered*. Cambridge, Mass. : John K. Fairbank Center for East Asian Research, Harvard University, 1992.

28. Cohen, Warren. *Empire without Tears: America's Foreign Relations, 1921 – 1933*. Philadelphia: Temple University Press, 1987.

29. Cohrs, Patrick O. *The Unfinished Peace after World War I: America, Britain and the Stabilization of Europe, 1919 – 1932*. Cambridge, U. K. : Cambridge University Press, 2008.

30. Cooper, John Milton, Jr. , ed. *Reconsidering Woodrow Wilson: Progressivism, Internationalism, War and Peace*. Baltimore: Johns Hopkins University Press, 2008.

31. Cooper, John Milton, Jr. , ed. *The Warrior and the Priest*: *Woodrow Wilson and Theodore Roosevelt*. Cambridge, Mass. : Belknap Press of Harvard University Press, 1983.

32. Costigliola, Frank. *Awkward Dominion*: *American Political, Economic, and Cultural Relations with Europe, 1919 – 1933*. Ithaca, N. Y. : Cornell University Press, 1984.

33. Dallek, Robert. *American Style of Foreign Policy*, New York: Oxford University Press, 1983.

34. Dallek, Robert. *Franklin D. Roosevelt and American Foreign Policy, 1932 – 1945*. New York: Oxford University Press, 1981.

35. DeBenedetti, Charles. *Origins of the Modern American Peace Movement, 1915 – 1929*. Millwood, New York: Kto Press, 1978.

36. DeBenedetti, Charles. *The Peace Reform in American History*. Bloornington, Indiana: University of Indiana Press, 1980.

37. Deconde, Alexander, et al. , eds. *Encyclopedia of American Foreign Policy*, 3vols. New York: Charles Scribner's Sons, 2002.

38. DeConde, Alexander. *Isolation and Security*. Durham, North Carolina: Duke University Press, 1957.

39. Deudney, Daniel. *Bounding Power*: *Republican Security Theory from the Polis to the Global Village*. Princeton, N. J. : Princeton University Press, 2007.

40. Divine, Robert A. *Second Chance*: *The Triumph of Internationalism in America during World War Ⅱ*. New York: Atheneum, 1967.

41. Dorsey, Leroy G. , ed. *The Presidency and Rhetorical Leadership*. College Station, TA: Texas A&M University Press, 2002.

42. Duignan, Peter, and L. H. Gann. *The Rebirth of the West*: *The Americanization of the Democratic World, 1945 – 1958*. Cambridge, Mass. : Blackwell, 1992.

43. Eckes, Alfred E. Jr. , and Thomas W. Zeiler. *Globalization and the American Century*. Cambridge, England: Cambridge University Press, 2003.

44. Ekirch, Arthur A. , Jr. *The Decline of American Liberalism*. New York: Long-

man, Green and Company, 1955.

45. Ellis, L. Ethan. *Frank B. Kellogg and American Foreign Relations, 1925 – 1929*. New Brunswick: Rutgers University Press, 1961.

46. Ellis, L. Ethan. *Republican Foreign Policy, 1921 – 1933*. New Brunswick, N. J. : Rutgers University Press, 1968.

47. Espinosa, Manuel. *Inter-American Beginnings of U. S. Cultural Diplomacy*. Washington, D. C. : U. S. Government Printing House, 1976.

48. Fairbank, John K. , ed. *The Missionary Enterprise in China and America*. Cambridge, Mass. : Harvard University Press, 1974.

49. Fairbank, Wilma. *America's Cultural Experiment in China, 1942 – 1949*. Washington, D. C. : U. S. Government Printing Office, 1976.

50. Feis, Herbert. *Churchill, Roosevelt and Stalin: The War They Waged and the Peace They Sought*. Princeton, N. J. : Princeton University Press, 1957.

51. Ferrell, Robert H. *Peace in Their Time: The Origins of Kellogg-Briand Pact*. Hamden, Conn. : Archon Books, 1968.

52. Fosdick, Harry Emerson. *The Living of These Days: An Autobiography*. New York: Harper and Brothers, 1956.

53. Foster, Carrie A. *Women and Warriors: The United States Section of the Women's International League for Peace and Freedom, 1915 – 1946*. Syracuse, New York: Syracuse University Press, 1995.

54. Frankel, Charles. *The Neglected Aspect of Foreign Affairs: Educational and Cultural Policy Abroad*. Washington, D. C. : The Brookings Institution, 1966.

55. Fromkin, David. *In the Time of the Americans: FDR, Truman, Eisenhower, Marshall, MacArthur-The Generation That Changed America's Role in the World*. New York, Alfred A. Knopf, 1995.

56. Frost, Bryan-Paul, and Jeffrey Sikkenga, eds. *History of American Political Thought*. Lanham, Maryland: Lexington Books, 2003.

57. Gaddis, John L. *Long Peace: Inquiries into the History of the Cold War*. New York: Oxford University Press, 1987.

58. Gaddis, John L. *We Now Know: Rethinking the Cold War History*. New York:

Oxford University Press, 1998.

59. Gardner, Lloyd C. *A Covenant with Power: America and World Order from Wilson to Reagan.* New York: Oxford University Press, 1984.

60. Gems, Gerald R. *The Athletic Crusade: Sports and American Cultural Imperialism.* Lincoln: Nebraska University Press, 2006.

61. Glad, Betty. *Charles Evans Hughes and the Illusions of Innocence.* Champaign, Illinois: University of Illinois Press, 1966.

62. Glantz, Mary E. *FDR and Soviet Union: The President's Battles over Foreign Policy.* Lawrence, Kansas: University of Kansas Press, 2005.

63. Goldstein, Erik, and John Maurer, eds. *The Washington Conference, 1921 – 1922: Naval Rivalry, East Asian Stability and the Road to Pearl Harbor.* Essex, UK: Frank Cass, 1994.

64. Grabill, Joseph L. *Protestant Diplomacy and the Near East: Missionary Influence on American Policy, 1810 – 1927.* Minneapolis, Minn. : University of Minnesota Press, 1971.

65. Graebner, Norman A. *America as a World Power: A Realist Appraisal from Wilson to Reagan.* Wilmington, Del. , Scholarly Resources Inc. , 1984.

66. Graebner, Norman A. , ed. *An Uncertain Tradition: American Secretaries of State in the Twentieth Century.* New York: McGraw-Hill, 1961.

67. Hardiman, David, ed. *Healing Bodies, Saving Souls: Medical Missions in Asia and Africa.* Amsterdam and New York: Editions Rodopi B. V. , 2006.

68. Hartz, Louis. *The Liberal Tradition in America.* San Diego, California: Harcourt, Brace, 1983.

69. Hearden, Patrick J. *Architects of Globalism: Building a New World Order during World War* II. Fayetteville: University of Arkansas Press, 2002.

70. Hendrickson, David C. *Union, Nation, or Empire: The American Debate over International Relations, 1789 – 1941.* Lawrence: University Press of Kansas, 2009.

71. Hernon, Joseph M. *Profiles in Character: Hubris and Heroism in the U. S. Senate.* Armonk, N. Y. : M. E. Sharpe, Inc. , 1997.

72. Herring, George. *From Colony to Superpower.* New York: Oxford University

Press, 2008.

73. Hess, Gary R. *The United States at War, 1941 - 1945.* Wheeling, Illinois: Harlan Davidson, Inc. , 1986.

74. Hixson, Walter L. *The Myth of American Diplomacy: National Identity and U. S. Foreign Policy.* New Haven, C. T. : Yale University Press, 2008.

75. Hogan, Michael J. *Informal Entente: The Private Structure of Cooperation in Anglo-American Economic Diplomacy, 1918 - 1928.* Columbia, Missouri: University of Missouri Press, 1991.

76. Hogan, Michael J. , ed. *The Ambiguous Legacy: U. S. Foreign Relations in the "American Century"* . New York: Cambridge University Press, 1999.

77. Holsti, Kalevi J. *War and Peace: Conflicts and International Order, 1648 - 1989.* Cambridge, U. K. : Cambridge University Press, 1991.

78. Hooper, Paul F. , ed. *Rediscovering the IPR: Proceedings of the First International Research Conference on the Institute of Pacific Relations.* Center for Arts and Humanities, University of Hawaii at Manoa, 1994.

79. Hoopes, Townsend, and Douglas Brinkley. *FDR and the Creation of the U. N.* New Haven, C. T. : Yale University Press, 1997.

80. Hunt, Michael H. *Ideology and U. S. Foreign Policy.* New Haven, C. T. : Yale University Press, 2009.

81. Hunt, Michael H. *The American Ascendancy: How the United States Gained and Wielded Global Dominance.* Chapel Hill, N. C. : University of North Carolina Press, 2007.

82. Ikenberry, G. John. *After Victory: Institutions, Strategic Restraint, and the Rebuilding of Order after Major Wars.* Princeton, N. J. : Princeton University Press, 2001.

83. Iriye, Akira. *After Imperialism: The Search for a New Order in the Far East, 1921 - 1931.* Chicago: Imprint Publications, 1990.

84. Iriye, Akira. *Cultural Internationalism and World Order.* Baltimore: The Johns Hopkins University Press, 1997.

85. Iriye, Akira. *Pacific Estrangement: Japanese and American Expansion,*

1897 – 1911. Chicago: Imprint Publications, 1994.

86. Iriye, Akira. *Power and Culture: The Japanese-American War, 1941 – 1945*. Cambridge, Mass. : Harvard University Press, 1981.

87. Iriye, Akira. *The Cambridge History of American Foreign Relations*, Vol. 3, The Globalizing of America, 1913 – 1945. New York: Cambridge University Press, 1993 and 2013.

88. Iriye, Akira. *The Origins of the Second World War in Asia and the Pacific*. London and New York: Longman Group Limited, 1987.

89. Johnson, Robert D. *The Peace Progressives and American Foreign Relations*. Cambridge, Mass. : Harvard University Press, 1995.

90. Jonas, Manfred. *Isolationism in America, 1935 – 1941*. Ithaca, N. Y. : Cornell University Press, 1966.

91. Josephson, Harold. *James T. Shotwell and the Rise of Internationalism in America*. Madison, N. J. : Fairleigh Dickinson University Press, 1975.

92. Judt, Tony. *Past Imperfect: French Intellectuals, 1944 – 1956*. New York: NYU Press, 2011.

93. Kennan, George F. *American Diplomacy*. Chicago: The University of Chicago Press, 1984.

94. Keylor, William R. *The Twentieth-Century World: An International History*. New York: Oxford University Press, 1996.

95. Kimball, Warren F. *Juggle: Franklin Roosevelt as Wartime Statesman*. Princeton, N. J. : Princeton University Press, 1991.

96. Kimball, Warren F. , ed. *America Unbound: World War II and the Making of a Superpower*. New York: St. Martin's Press, 1992.

97. Kissinger, Henry. *Diplomacy*. New York: Simon & Schuster, 1994.

98. Knock, Thomas J. *To End All Wars: Woodrow Wilson and the Quest for a New World Order*. New York: Oxford University Press, 1992.

99. Kroes, Rob, Robert W. Rydell, and D. F. J. Bosscher, eds. *Cultural Transmissions and Receptions: American Mass Culture in Europe*. Amsterdam: Vu University Press, 1993.

100. Kroes, Rob. *If You've Seen One You've Seen the Mall: Europeans and American Mass Culture*. Champaign: University of Illinois Press, 1996.

101. Kuehl, Warren F. *Seeking World Order: The United States and International Organization to 1920*. Nashville, Tenn. : Vanderbilt University Press, 1969.

102. Kuehl, Warren F. , and Lynne K. Dunne. *Keeping the Covenant: American Internationalists and the League of Nations, 1920 - 1939*. Kent, Ohio: The Kent State University Press, 1997.

103. LaFeber, Walter, ed. *John Quincy Adams and American Continental Empire: Letters, Papers and Speeches*. Chicago: Quadrangle Books, Inc. , 1965.

104. LaFeber, Walter. *The American Age: U. S. Foreign Policy at Home and Abroad, 1750 to Present*. New York: Norton, 1994.

105. Latourette, Kenneth Scott. A *History of Christian Missions in China*. New York: The Macmillan Company, 1967.

106. Latourette, Kenneth Scott. *A History of the Expansion of Christianity*, Vol. 4, The Great Century, 1800 - 1914. New York: Harper and Row, 1941.

107. Leffler, Melvyn. *The Elusive Quest: America's Pursuit of Europe Stability and French Security, 1919 - 1933*. Chapel Hill: University of North Carolina Press, 1979.

108. Leigh, Michael. *Mobilizing Consent: Public Opinion and American Foreign Policy, 1937 - 1947*. Westport, C. T. : Greenwood Press, 1976.

109. Lentin, Antony. *Lloyd George, Woodrow Wilson and the Guilt of Germany*. Leicester, England: Leicester University Press, 1984.

110. Leopold, Richard W. , and Arthur S. Link, eds. *Problems in American History*. New York: Prentice-Hall, Inc. , 1952.

111. Leuchtenberg, William E. *The Perils of Prosperity, 1914 - 1932*. Chicago: The University of Chicago Press, 1958.

112. Levin, N. Gordon. *Woodrow Wilson and World Politics: America's Response to War and Revolution*. New York: Oxford University Press, 1968.

113. Link, Arthur S. *Wilson the Diplomatist*. Baltimore, Maryland: Johns Hop-

kins University Press, 1957.

114. Louis, William Roger. *Imperialism at Bay*: *The United States and the Decolonization of The British Empire*, *1941 - 1945*. Oxford, U. K. : Oxford University Press, 1978.

115. Lynch, Cecelia. *Beyond Appeasement*: *Interpreting Interwar Peace Movements in World Politics*. Ithaca, N. Y. : Cornell University Press, 1999.

116. MacMillan, Margaret. *Paris 1919*: *Six Months That Changed the World*. New York: Random House, 2002.

117. Maddox, Robert J. *William E. Borah and American Foreign Policy*. Baton Rouge, La. : Louisiana State University Press, 1969.

118. Madsen, Deborah L. *American Exceptionalism*. Jackson, Miss. : University Press of Mississippi, 1998.

119. Manela, Erez. *The Wilsonian Moment*: *Self-Determination and the International Origins of Anticolonial Nationalism*. Oxford, U. K. : Oxford University Press, 2007.

120. Mayers, David. *Dissenting Voices in America's Rise to Power*. New York: Cambridge University Press, 2007.

121. McDougall, Walter A. *Promised Land*, *Crusader State*: *The American Encounter with the World since 1776*. Boston, M. A. : Houghton Mifflin, 1997.

122. Mead, Walter L. *Special Providence*: *American Foreign Policy and How it Changed the World*. New York: Alfred A. Knopf, 2001.

123. Mock, James R. , and Cedric Larson. *Words That Won the War*: *The Story of the Committee on Public Information*, *1917 - 1919*. Princeton, N. J. : Princeton University Press, 1939.

124. Morgenthau, Hans. *In Defense of the National Interest*: *A Critical Examination of American Foreign Policy*. New York: Alfred A. Knopf, 1951.

125. Muravchik, Joshua. *The Imperative of American Leadership*: *A Challenge to Neo-Isolationism*. Washington, D. C. : The AEI Press, 1996.

126. Myers, William Starr. *The Foreign Policies of Herbert Hoover*, *1929 -*

1933. New York: Charles Scribner's Sons, 1940.

127. Nanthan, James A. , and James K. Oliver. *United States Foreign Policy and World Order*. Boston: Little, Brown and Company, 1985.

128. Neils, Patricia, ed. *U. S. Attitudes and Policies toward China: The Impact of American Missionaries*. Armonk, N. Y. : M. E. Sharpe, 1990.

129. Ninkovich, Frank A. *Diplomacy of Ideas: U. S. Foreign Policy and Cultural Relations, 1938 – 1950*. New York: Cambridge University Press, 1981.

130. Ninkovich, Frank A. *The Wilsonian Century: U. S. Foreign Policy since 1900*. Chicago: University of Chicago Press, 1999.

131. Osgood, Robert. *Ideals and Self-Interest in America's Foreign Relations*. Chicago: University of Chicago Press, 1964.

132. Paterson, Thomas, et al. *American Foreign Policy: A History*, 2 vols. Lexington, Mass. : D. C. Heath and Company, 1983 and 2005.

133. Paterson, Thomas and Dennis Merrill, eds. *Major Problems in American Foreign Relations: Documents and Essays*, 2 vols. Lexington, Mass. : D. C. Heath and Company, 2005.

134. Pells, Richard. *Not like Us: How Europeans Have Loved, Hated, and Transformed American Culture since World War II*. New York: Basic Books, 1997.

135. Perkins, Dexter. *Foreign Policy and the American Spirit*. Ithaca, N. Y. : Cornell University Press, 1957.

136. Polanyi, Karl. *The Great Transformation: The Political and Economic Origins of Our Time*. Boston: Beacon Press, 1944.

137. Pollard, Robert A. *Economic Security and the Origins of the Cold War, 1945 – 1950*. New York: Columbia University Press, 1985.

138. Powaski, Ronald E. *Toward an Entangling Alliance: American Isolationism, Internationalism, and Europe, 1901 – 1950*. Westport, C. T. : Greenwood Press, 1991.

139. Range, Willard. *Franklin D. Roosevelt's World Order*. Athens, Georgia: University of Georgia Press, 1959.

140. Reynolds, David, Warren F. Kimball, and A. O. Chubarian, eds. *Allies at War:*

The Soviet, American, and British Experience, 1939 – 1945. New York: St. Martin's Press, 1994.

141. Reynolds, David. *The Creation of the Anglo-American Alliance 1937 – 1941: A Study in Competitive Co-operation.* Chapel Hill, N. C. : University of North Carolina Press, 1982.

142. Rhodes, Benjamin D. *The United States Foreign Policy in the Interwar Period, 1918 – 1941.* Westport, C. T. : Praeger Publishers, 2001.

143. Robert, Dana L. *Christian Mission: How Christianity Became a World Religion.* West Sussex, U. K. : Wiley-Blackwell, 2009.

144. Rodgers, Daniel T. *Atlantic Crossings: Social Politics in a Progressive Age.* Cambridge, Mass. : Harvard University Press, 1998.

145. Roosevelt, Elliot, and James Brough. *A Rendezvous with Destiny: The Roosevelts of the White House.* New York: G. P. Putnam's Sons, 1975.

146. Rosenberg, Emily. *Spreading American Dream: American Economic and Cultural Expansion, 1890 – 1945.* New York: Hill and Wang, 1982.

147. Rossini, Daniela. *From Theodore Roosevelt to FDR: Internationalism and Isolationism in American Foreign Policy.* Staffordshire, England: Keele University Press, 1995.

148. Ryan, David. *U. S. Foreign Policy in World History.* London and New York: Routledge, 2000.

149. Salzman, Neil V. *Reform and Revolution: The Life and Times of Raymond Robins.* Kent, Ohio: Kent State University Press, 1991.

150. Schmitz, David F. *The Triumph of Internationalism: Franklin D. Roosevelt and a World in Crisis, 1933 – 1941.* Washington, D. C. : Potomac Books, 2007.

151. Schulzinger, Robert D. *U. S. Diplomacy since 1900.* New York: Oxford University Press, 2008.

152. Schulzinger, Robert D. , ed. *A Companion to American Foreign Relations.* Oxford, U. K. : Blackwell Publishing Ltd, 2003.

153. Sherry, Michael S. *Preparing for the Next War: American Plans for Postwar*

Defense, 1941 – 1945. New Haven, C. T. : Yale University Press, 1977.

154. Sherwood, Robert E. *Roosevelt and Hopkins: An Intimate History*. New York: The Universal Library, 1950.

155. Siracusa, Joseph M. , and David G. Coleman. *Depression to Cold War: A History of America from Hebert Hoover to Ronald Reagan*. Westport, C. T. : Praeger Publishers, 2002.

156. Sirgiovanni, George. *An Undercurrent of Suspicion: Anti-Communism in A-merica during World War II* . New Brunswick, N. J. : Transaction Publishers, 1990.

157. Sklar, Robert. *Movie-Made America: A Cultural History of American Movies*. New York: Vintage Books, 1975.

158. Smith, Gaddis. *American Diplomacy in the Second World War, 1941 – 1945*. New York: Wiley, 1965.

159. Smith, Joseph. *The United States and Latin America: A History of American Diplomacy, 1776 – 2000*. New York: Routledge, 2005.

160. Smith, Tony. *America's Mission: The United States and the World Struggle for Democracy in the Twentieth Century*. Princeton, N. J. : Princeton University Press, 1994.

161. Stanley, Brian. *The World Missionary Conference: Edinburgh 1910*. Grand Rapids, Michigan: Wm. B. Eerdmans Publishing Co. , 2009.

162. Steel, Ronald. *Walter Lippmann and the American Century*. New York: Little, Brown and Company, 1980.

163. Steigerwald, David. *Wilsonian Idealism in America*. Ithaca, N. Y. : Cornell University Press, 1994.

164. Stoler, Mark A. *Allies and Adversaries: The Joint Chiefs of Staff, the Grand Alliance, and U. S. Strategy in World War II* . Chapel Hill: University of North Carolina Press, 2000.

165. Strauss, David. *Menace in the West: The Rise of French Anti-Americanism in Modern Times*. Westport, Conn. : Greenwood Press, 1978.

166. Stromberg, Roland N. *Collective Security and American Foreign Policy: From*

the League of Nations to NATO. New York: Praeger, 1963.

167. Stuckey, Mary E. *Defining Americans: The Presidency and National Identity.* Lawrence, Kansas: University Press of Kansas, 2004.

168. Thomas, John N. *The Institute of Pacific Relations: Asian Scholars and American Politics.* Seattle, Washington: University of Washington Press, 1974.

169. Thomson, Charles A., and Walter Herman Carl Laves. *Cultural Relations and U. S. Foreign Policy.* Bloomington, Indiana: Indiana University Press, 1963.

170. Thorne, Christopher. *Allies of a Kind: The United States, Britain and the War against Japan, 1941 - 1945.* New York: Oxford University Press, 1978.

171. Tucker, Robert W. *Woodrow Wilson and the Great War: Reconsidering America's Neutrality, 1914 - 1917.* Charlottesville, V. A.: University of Virginia Press, 2007.

172. Varg, Paul A. *Missionaries, Chinese and Diplomats: American Missionary Movement in China, 1890 - 1952.* Princeton, N. J.: Princeton University Press, 1958.

173. Wagleitner, Reinhold. *Coca-Colonization and the Cold War: The Cultural Mission of the United States in Austria after the Second World War.* Chapel Hill, N. C.: The University of North Carolina Press, 1994.

174. Watson, Robert P., Charles Gleek and Michael Grillo, eds. *Presidential Doctrines: National Security from Woodrow Wilson to George W. Bush.* New York: Nova Science Publishers, 2003.

175. Wells, Samuel F., and William H. Becker, eds. *Economics and World Power: An Assessment of American Diplomacy since 1789.* New York: Columbia University Press, 1984.

176. Whitcomb, Roger S. *The American Approach to Foreign Affairs: An Uncertain Tradition.* Westport, C. T.: Praeger Publishers, 1998.

177. White, Donald W. *The American Century: The Rise & Decline of the United States as a World Power.* New Haven, C. T.: Yale University Press, 1996.

178. Widenor, William C. *Henry Cabot Lodge and the Search for an American Foreign Policy.* Berkeley, C. A.: University of California Press, 1980.

179. Williams, William A. *The Tragedy of American Diplomacy.* New York: W. W. Norton and Company, 2009.

180. Williams, William A., ed. *From Colony to Empire: Essays in the History of American Foreign Relations.* New York: J. Wiley, 1972.

181. Winter, Jay, ed. *America and the Armenian Genocide of 1915.* New York: Cambridge University Press, 2008.

182. Wolfers, Arnold. *Discord and Collaboration: Essays on International Politics.* Baltimore, Maryland: The Johns Hopkins Press, 1962.

183. Wright, Robert. *A World Mission: Canadian Protestantism and the Quest for a New International Order, 1918 - 1939.* Montreal, Canada: McGill-Queen's University Press, 1991.

184. Wunderlin, Clarence E. *Robert A. Taft: Ideas, Tradition, and Party in U. S. Foreign Policy.* Oxford, U. K.: Rowman & Littlefield Publishers, 2005.

英文论文:

1. Asada, Sadao. "Between the Old Diplomacy and the New, 1918 - 1922: The Washington System and the Origins of Japanese-American Rapprochement." *Diplomatic History*, Vol. 30, No. 2, Apr. 2006.

2. Borg, Dorothy. "American Public Opinion Reflected in the Polls." *Amerasia*, Vol. 3, No. 12, Feb. 1940.

3. Braeman, John. "Power and Diplomacy: The 1920's Reappraised." *The Review of Politics*, Vol. 44, No. 3, Jul. 1982.

4. Braeman, John. "The New Left and American Foreign Policy during the Age of Normalcy: A Re-Examination." *The Business History Review*, Vol. 57, No. 1, Spring 1983.

5. Bu, Liping. "Cultural Understanding and World Peace: The Role of Private Institutions in the Interwar Years." *Peace & Change*, Vol. 24, No. 2, Apr. 1999.

6. Burgers, Jan Herman. "The Road to San Francisco: The Revival of the Human Rights Idea in the Twentieth Century." *Human Rights Quarterly*, Vol. 14, No. 4, Nov. 1992.

7. Craft, Stephen. "Peace Makers in China: American Missionaries and the Sino-Japanese War, 1937 – 1941. " *Journal of Church and State*, Vol. 41, No. 3, Summer 1999.

8. Costigliola, Frank. "The United States and the Reconstruction of Germany in the 1920s. " *The Business History Review*, Vol. 50, No. 4, Winter 1976.

9. Dulles, Foster Rhea, and Gerald E. Ridinger. "The Anti-Colonial Policies of Franklin D. Roosevelt. " *Political Science Quarterly*, Vol. 70, No. 1, Mar. 1955.

10. Duroselle, J. B. "The Spirit of Locarno: Illusions of Pactomania. " *Foreign Affairs*, Vol. 50, No. 4, Jul. 1972.

11. Earle, Edward Mead. "American Missions in the Near East. " *Foreign Affairs*, Vol. 7, No. 3, Apr. 1929.

12. Eksteins, Modris. "*All Quiet on the Western Front* and the Fate of a War. " *Journal of Contemporary History*, Vol. 15, No. 2, Apr. 1980.

13. Gentile, Emilio. "Impending Modernity: Fascism and the Ambivalent Image of the United States. " *Journal of Contemporary History*, Vol. 28, No. 1, Jan. 1993.

14. Gienow-Hecht, Jessica C. E. "Shame on US? Academics, Cultural Transfer, and the Cold War-A Critical Review. " *Diplomatic History*, Vol. 24, No. 3, Summer 2000.

15. Gilbert, Felix. "The 'New Diplomacy' of the Eighteenth Century. " *World Politics*, Vol. 4, No. 1, Oct. 1951.

16. Harrington, Fred H. "The Anti-Imperialist Movement in the United States. " *The Mississippi Valley Historical Review*, Vol. 22, No. 2, Sept. 1935.

17. Herman, Sondra, et al. "Internationalism as a Current in the Peace Movement: A Symposium. " *American Studies*, Vol. 13, No. 1, Spring 1972.

18. Hirschberg, Lynn. "What is an American Movie Now?" *New York Times Magazine*, Nov. 14, 2004.

19. Hoffmann, Stanley. "The Crisis of Liberal Internationalism. " *Foreign Policy*, No. 98, Spring 1995.

20. Hooper, Paul F. "The Institute of Pacific Relations and the Origins of Asian

and Pacific Studies. " *Pacific Affairs*, Vol. 61, No. 1, Spring 1988.

21. Huntington, Samuel P. "Equilibrium and Disequilibrium in American Military Policy. " *Political Science Quarterly*, Vol. 76, No. 4, Dec. 1961.

22. Koppes, Clayton R., and Gregory D. Black. "What to Show the World: The Office of War Information and Hollywood, *1942 – 1945.* " *The Journal of American History*, Vol. 64, No. 1, Jun. 1977.

23. Kuisel, Richard. "Americanization for Historians. " *Diplomatic History*, Vol. 24, No. 3, Summer 2000.

24. Latourette, Kenneth Scott. "Missionaries Abroad. " *Annals of the American Academy of Political and Social Science*, Vol. 368, Nov. 1966.

25. Leffler, Melvyn P. "Political Isolationism, Economic Expansionism or Diplomatic Realism: American Policy toward Western Europe, 1921 – 1933. " *Perspectives in American History*, Vol. 8. Cambridge, Mass. : Charles Warren Center for Studies in American History, Harvard University, 1974.

26. Maier, Charles S. "Between Taylorism and Technocracy: European Ideologies and the Vision of Industrial Productivity in the 1920s. " *Journal of Contemporary History*, Vol. 5, No. 2, Jan. 1970.

27. Maier, Charles S. "The Politics of Productivity: Foundations of American International Economic Policy after World War II . " *International Organization*, Vol. 31, No. 4, Autumn 1977.

28. Mandelbaum, Michael. "Bad Statesman, Good Prophet: Woodrow Wilson and the Post-Cold War Order. " *The National Interest*, No. 64, Summer 2001.

29. Manela, Erez. "Imagining Woodrow Wilson in Asia: Dreams of East-West Harmony and the Revolt against Empire in 1919. " *The American Historical Review*, Vol. 111, No. 5, Dec. 2006.

30. Masland, John W. "Missionary Influence upon American Far Eastern Policy. " *The Pacific Historical Review*, Vol. 10, No. 3, Sept. 1941.

31. Mayer, Gerald M. "American Motion Pictures in World Trade. " *Annals of the American Academy of Political and Social Sciences*, Vol. 254, No. 1, Nov. 1947.

32. Meter, Robert H. Van, Jr. "The Washington Conference of 1921 – 1922: A New Look. " *Pacific Historical Review*, Vol. 46, No. 4, Nov. 1977.

33. Miscamble, Wilson D. "Roosevelt, Truman and the Development of Postwar Grand Strategy. " *Orbis*, Vol. 53, No. 4, Fall 2009.

34. Mulcahy, Kevin V. "Cultural Diplomacy and the Exchange Programs: 1938 – 1978. " *Journal of Arts Management, Law & Society*, Vol. 29, No. 1, Spring 1999.

35. Ninkovich, Frank. "Cultural Relations and American China Policy, 1942 – 1945. " *Pacific Historical Review*, Vol. 49, No. 3, Aug. 1980.

36. Ninkovich, Frank. "Theodore Roosevelt: Civilization as Ideology. " *Diplomatic History*, Vol. 10, No. 3, Summer 1986.

37. Pells, Richard. "Who's Afraid of Steven Spielberg?" *Diplomatic History*, Vol. 24, No. 3, Summer 2000.

38. Reynolds, David. "A 'Special Relationship'? America, Britain and the International Order since the Second World War. " *International Affairs*, Vol. 62, No. 1, Dec. 1985.

39. Rob, Kroes. "American Empire and Cultural Imperialism: A View from the Receiving End. " in Thomas Bender, ed. , *Rethinking American History in a Global Age*. Berkeley: University of California Press, 2002.

40. Robert, Dana L. "The First Globalization: The Internationalization of the Protestant Missionary Movement between the World Wars. " *International Bulletin of Missionary Research*, Vol. 26, No. 2, Apr. 2002.

41. Roger, William. "American Anti-Colonialism and the Dissolution of the British Empire. " *International Affairs*, Vol. 61, No. 3, Summer 1985.

42. Ruggie, John Gerald. "International Regimes, Transactions, and Change: Embedded Liberalism in the Postwar Economic Order. " *International Organization*, Vol. 36, No. 2, Spring 1982.

43. Schild, Georg. "The Roosevelt Administration and the United Nations: Recreation or Rejection of the League Experience?" *World Affairs*, No. 158, Summer 1995.

44. Schlesinger, Arthur M. , Jr. "Back to the Womb?" *Foreign Affairs*, Vol. 74,

No. 4, Jul. /Aug. 1995.

45. Schlesinger, Arthur M., Jr. "The New Isolationism." *Atlantic Monthly*, Vol. 189, No. 5, May 1952.

46. Schmidt, Hans. "Democracy for China: American Propaganda and the May Fourth Movement." *Diplomatic History*, Vol. 22, No. 1, Winter 1998.

47. Sebrega, John J. "The Anti-Colonial Policies of Franklin D. Roosevelt: A Reappraisal." *Political Science Quarterly*, Vol. 101, No. 1, Spring 1986.

48. Stone, Ralph A. "Two Illinois Senators among the Irreconcilables." *The Mississippi Valley Historical Review*, Vol. 50, No. 3, Dec. 1963.

49. Strauss, William Victor. "Foreign Distribution of American Motion Movies." *Harvard Business Review*, Vol. 8, No. 3, Apr. 1930.

50. Toth, Charles W. "Isolationism and the Emergence of Borah: An Appeal to American Tradition." *The Western Political Quarterly*, Vol. 14, No. 2, Jun. 1961.

51. Tucker, Robert W. "Woodrow Wilson's 'New Diplomacy'." *World Policy Journal*, Vol. 21, No. 2, Summer 2004.

52. Wanger, Walter. "OWI and Motion Pictures." *The Public Opinion Quarterly*, Vol. 7, No. 1, Spring 1943.

53. Zasloff, Jonathan. "Law and the Shaping of American Foreign Policy: The Twenty Years' Crisis." *Southern California Law Review*, Vol. 77, No. 3, Mar. 2004.

54. Zeiger, Susan. "Finding a Cure for War: Women's Politics and the Peace Movement in the 1920s." *Journal of Social History*, Vol. 24, No. 1, Autumn 1990.

中文著作和译著（以作者姓名拼音为序）：

1. ［美］罗伯特·达莱克：《罗斯福与美国对外政策（1932—1945）》，伊伟译，商务印书馆1984年版。

2. 费孝通：《美国与美国人》，生活·读书·新知三联书店1986年版。

3. ［美］查尔斯·P. 金德尔伯格：《世界经济萧条（1929—1939）》，宋承先、洪文达译，上海译文出版社1986年版。

4. ［英］爱德华·卡尔：《20年危机（1919—1939）：国际关系研究导论》，秦亚青译，世界知识出版社2005年版。

5.〔英〕E. H. 卡尔：《两次世界大战之间的国际关系（1919—1939）》，徐蓝译，商务印书馆 2009 年版。

6.〔美〕戈登亚·克雷格、亚历山大·乔治：《武力与治国方略》，时殷弘、周桂银、石斌译，商务印书馆 2004 年版。

7.〔美〕保罗·肯尼迪编：《战争与和平的大战略》，时殷弘、李庆四译，世界知识出版社 2005 年版。

8.〔美〕孔华润主编：《剑桥美国对外关系史》，周桂银等译，新华出版社 2004 年版。

9. 任东来：《争吵不休的伙伴——美援与中美抗日同盟》，广西师范大学出版社 1995 年版。

10.〔美〕入江昭、孔华润编：《巨大的转变：美国与东亚》，张静尔译，复旦大学出版社 1997 年版。

11.〔美〕入江昭：《20 世纪的战争与和平》，颜子龙、李静阁译，世界知识出版社 2005 年版。

12. 王玮、戴超武：《美国外交思想史（1775—2005）》，人民出版社 2007 年版。

13. 王晓德：《梦想与现实：威尔逊理想主义外交研究》，中国社会科学出版社 1995 年版。

14. 王晓德：《文化的帝国：20 世纪全球"美国化"研究》，中国社会科学出版社 2011 年版。

15. 杨生茂主编：《美国外交政策史》，人民出版社 1990 年版。

16. 赵志辉：《罗斯福外交思想研究》，安徽大学出版社 2009 年版。

索　引

E

F

N

O

X

后 记

　　2005 年秋，由当时还在南开大学历史学院任教的王晓德教授牵头，国内六位从事美国对外关系史研究的学者合作申报"美国对外关系史研究（1776—2005）"项目。2006 年年初，该项目获得教育部人文社会科学重点研究基地南开大学世界近现代史研究中心的立项。按照项目的设想，六位学者计划撰写六卷本的美国对外关系史，每人承担一卷，我负责其中的第三卷，内容为伍德罗·威尔逊至富兰克林·罗斯福时期的美国对外关系。从 2006 年立项到 2014 年 5 月将书稿交给出版社，本书的写作历时八年。我在最初承担该任务时，以为三五年的时间即可完成，但开始着手写作时才发现，完成这样一部通论性著作比撰写一部专题性著作难得多，花费的时间也要多得多。美国学者的相关论著非常之多，用汗牛充栋来形容一点都不过分，了解和消化这些既有研究就需要耗费大量的时间。这一时期的外交档案早已全部解密，相关史料浩如烟海，对这些材料进行收集和处理是异常繁重的工作。史料匮乏固然会影响研究的质量，而史料过多对研究者则构成巨大的负担。再者，美国学者对这一时期美国对外关系的所有重要问题都有充分而深入的研究，不同学派数十年的耕耘使绝大多数问题早已题无剩义，在这种情况下想写出新意殊为不易。而一部通论性的著作不能只是陈述史实和归纳既有研究成果，还需要有自己的观察视角、叙事主题和解释框架。在处理这些问题时，我常有力不从心之感，在苦无头绪、茫然无措时甚至曾想放弃。好在一路坚持下来，最后呈献给读者的就是这部我自己并不十分满意的成果。

　　这一时期涉及的美国对外关系问题繁多，如果对所有问题都从第一手材料入手加以研究，则穷尽一生恐怕也难以完成。本书在一些问题上主要使用第一手资料，尝试做出原创性的研究；在另一些问题上则较多借鉴了美国学者的研究成果，但力图从新的视角对这些问题进行阐述并将其纳入本书的总体解释框架中，从而赋予其新的意义。笔者的这些努力是否成功，尚祈读者给予评判。

在本书构思与写作过程中，我有幸得到许多学界前辈和师友的启发与帮助，他们是：哈佛大学的入江昭（Akira Iriye）教授、戴维·阿米蒂奇（David Armitage）教授，耶鲁大学的约翰·加迪斯（John L. Gaddis）教授、帕特里克·科尔斯（Patrick O. Cohrs）博士，哥伦比亚大学的安德斯·斯蒂芬森（Anders Stephenson）教授，加州大学尔湾分校的艾米莉·罗森堡（Emily S. Rosenberg）教授，北京大学的王希教授、李剑鸣教授、牛可副教授，福建师范大学的王晓德教授，香港大学的徐国琦教授。本书的部分内容曾以课程或讲座的形式在北京大学、南开大学、武汉大学、东北师范大学、首都师范大学、暨南大学和广东外语外贸大学讲授过，听众的提问和评论极大地激发了我的思考。我的研究生刘青、张洁洁、刘义勇、翟韬、王睿恒、史宏飞和任一在美访学期间帮我收集了不少资料，刘义勇、翟韬、李金仙、刘祥、任一、李学宜和滕凯炜等同学帮我校对了文字。在此一并致以深切的谢意！我还要特别感谢中国社会科学出版社的郭沂纹副总编，没有她的一再建议和督促，我可能不会申请国家哲学社会科学成果文库。

本书讨论的是美国对外关系，但在构思和写作过程中我脑海中不时浮现的却是中国。崛起的中国将如何运用自己的力量？在国际事务中扮演何种角色？追求什么样的国际秩序？中国领导人对这些问题的回答不仅会深刻影响 21 世纪的国际关系，也直接关系到中国人民的福祉。如果本书阐述的美国经验能为国人思考这些问题提供一些启示，则心愿足矣。

2015 年 1 月 12 日

于京北西二旗智学苑